欧阳哲生 编

胡适文集 ③

胡适文存二集

北京大学出版社
PEKING UNIVERSITY PRESS

1922年胡适摄于北京。

1921年冬的胡适。

上：1923年胡适与《国学季刊》编委会同人合影。从右至左：陈垣、朱希祖、顾颉刚、胡适、马衡、沈兼士、徐炳昶。

下：北京大学第二院大礼堂，胡适在北大任教时常在此处上课或者演讲。

上：胡适（右二）与高梦旦（左一）、郑振铎（左二）、曹诚英（右一）在一起。

下左：1924年胡适的三个孩子胡祖望（右）、胡思杜（中）、胡素斐（左）与江冬秀合影。

下右：胡适在北大任教时留影。

上：1924年9月，胡适（三排左二）与北大国学门同人（左起一排：董作宾、陈垣、朱希祖、蒋梦麟、黄文弼；二排：孙伏园、顾颉刚、马衡、沈兼士、胡鸣盛）在三院译学馆原址合影。

下：1926年胡适（二排右五）与伦敦中国学生会成员合影。

第三册说明

《胡适文存二集》,1924年11月由上海亚东图书馆出版,分平装(四册)、精装(两册)两种,六开本。以后重印多版,至1941年已出十二版。《胡适文存二集》所收文章,大都写于1922年1月到1924年9月之间,除个别的未发表外,基本上都已在报纸杂志上公开发表,或作为序跋收入已出书籍;有些文章收入本集时,胡适又作了大幅度修改、扩充,具体情形胡适在序中作了交待。1953年12月,台北远东图书公司印行《胡适文存》四集合印本。二集删去:《一个最低限度的国学书目》、《梁任公〈墨经校释〉序》、《论墨学》、《十七年的回顾》、《祝〈白话晚报〉》、《黄梨洲论学生运动》、《〈政治概论〉序》、《〈天乎帝乎〉序》、《我们的政治主张》、《我的歧路》、《国际的中国》、《一个平庸的提议》、《与一涵等四位的信》、《这一周》、《北京的平民文学》、《读王国维先生的〈曲录〉》诸篇。

此次整理出版《胡适文存二集》,系依1929年3月亚东图书馆所出第六版排印。原书无文章发表出处,现将每篇文章的出处,附注说明,供读者参考。

目 录

序/1

卷一

《国学季刊》发刊宣言/5

发起《读书杂志》的缘起/17

王莽(一千九百年前的一个社会主义者)/18

记李觏的学说(一个不曾得君行道的王安石)/24

费经虞与费密(清学的两个先驱者)/38

读《楚辞》/67

古史讨论的读后感/72

一个最低限度的国学书目/80

 附录一 《清华周刊》记者来书/89

 附录二 答书/90

 附录三 《国学入门书要目及其读法》 梁启超/92

梁任公《墨经校释》序/113

 附录一 梁任公先生来书/117

 附录二 答书/120

论墨学/123

《章实斋年谱》自序/(收入《胡适文集》第7册,此处存目)

《淮南鸿烈集解》序/130

卷二

《科学与人生观》序/137

附录一　陈独秀先生序/150
附录二　答陈独秀先生/155
附录三　答适之　陈独秀/157
孙行者与张君劢/162
读梁漱冥先生的《东西文化及其哲学》/165
附录一　梁漱冥先生第一次来书/178
附录二　答书/179
附录三　第二次来书/180
五十年来中国之文学/181
附录　日本译《中国五十年来之文学》序/237
五十年来之世界哲学/239

卷三
十七年的回顾/281
祝《白话晚报》/285
黄梨洲论学生运动/286
《政治概论》序/288
《天乎帝乎》序/292
我们的政治主张/293
附录　关于《我们的政治主张》的讨论/296
我的歧路/322
附录一　王伯秋先生来信/327
附录二　傅斯稜先生来信/328
附录三　答伯秋与傅斯稜两先生/329
联省自治与军阀割据（答陈独秀）/331
附录　对于现在中国政治问题的我见　陈独秀/336
国际的中国/341
一个平庸的提议（解决目前时局的计画）/346
一年半的回顾/351
与一涵等四位的信/357

这一周(十一年六月至十二年四月)/359

卷四

吴敬梓年谱/425
《西游记》考证/447
　　附录　读《〈西游记〉考证》　董作宾/472
《镜花缘》的引论/479
跋《〈红楼梦〉考证》/502
　　附录　《〈石头记〉索隐》第六版自序　蔡孑民/508
《〈水浒〉续集两种》序/513
《三国志演义》序/525
高元《国音学》序/531
赵元任《国语留声片》序/534
再论中学的国文教学/537
《中古文学概论》序/544
评新诗集/548
《尝试集》四版自序/(收入《胡适文集》第9册,此处存目)
《蕙的风》序/557
歌谣的比较的研究法的一个例/563
北京的平民文学/569
　　附录　谈北京的歌谣　常惠/574
《国语月刊·汉字改革号》卷头言/581
读王国维先生的《曲录》/584

序

《文存》的第一集,是十年十一月结集的。三年以来,又积下了五十万字的杂文。亚东图书馆里的朋友们帮我编集起来,成为《文存》第二集。汪原放先生特为此事远道跑来北京,住在我家里逼着我编定目录;章希吕、余昌之两先生担任校对:这都是我应该道谢的。

我本想分作四卷,第一二卷为讲学之文,第三卷为论政治之文,第四卷为杂文。但因为文字的长短,每册的厚薄,竟不能严格地拘守这个区分。有几篇稍长的讲学文字,如《崔述的年谱》,如《戴东原的哲学》,因未完篇,故不曾收入。因此,卷一与卷四不免有截长补短,互相移动的痕迹。

卷三的政治文字,大都是迁就朋友的主张,勉强编入的。《这一周》的短评,本无保存的价值。因为有朋友说,这种体裁在今日或以后的舆论界也许有推行的必要,所以我暂时留在这里。

卷二里《五十年来中国之文学》和《五十年来之世界哲学》两篇,原是为《申报》五十年纪念册做的;《申报》馆另出有单行本。《申报》馆许我重印的好意是我很感谢的。

这一集里也收有几篇三年前的旧作,也有一两篇是不曾发表过的。《费经虞与费密》一篇,是用旧稿《记费密的学说》,从头改作,比旧稿增多不止十倍了。

《文存》第一集出版时,我曾说:

　　我自己现在回看我这十年来做的文章,觉得我总算不曾做过一篇潦草不用气力的文章,总算不曾说过一句我自己不深信的话:只有这两点可以减少我良心上的惭愧。

我现在拿这两点来审查这第二集,觉得还不至于自己痛打自己的嘴巴。所以我还用这两句话来介绍这几册文字给我的读者罢。

十三,九,廿三　胡适

胡适文存二集　卷一

《国学季刊》发刊宣言

近年来,古学的大师渐渐死完了,新起的学者还不曾有什么大成绩表现出来。在这个青黄不接的时期,只有三五个老辈在那里支撑门面。古学界表面上的寂寞,遂使许多人发生无限的悲观。所以有许多老辈遂说,"古学要沦亡了!""古书不久要无人能读了!"

在这个悲观呼声里,很自然的发出一种没气力的反动的运动来。有些人还以为西洋学术思想的输入是古学沦亡的原因;所以他们至今还在那里抗拒那他们自己也莫名其妙的西洋学术。有些人还以为孔教可以完全代表中国的古文化;所以他们至今还梦想孔教的复兴;甚至于有人竟想抄袭基督教的制度来光复孔教。有些人还以为古文古诗的保存就是古学的保存了;所以他们至今还想压语体文字的提倡与传播。至于那些静坐扶乩,逃向迷信里去自寻安慰的,更不用说了。

在我们看起来,这些反动都只是旧式学者破产的铁证;这些行为,不但不能挽救他们所忧虑的国学之沦亡,反可以增加国中少年人对于古学的蔑视。如果这些举动可以代表国学,国学还是沦亡了更好!

我们平心静气的观察这三百年的古学发达史,再观察眼前国内和国外的学者研究中国学术的现状,我们不但不抱悲观,并且还抱无穷的乐观。我们深信,国学的将来,定能远胜国学的过去;过去的成绩虽然未可厚非,但将来的成绩一定还要更好无数倍。

自从明末到于今,这三百年,诚然可算是古学昌明时代。总括这三百年的成绩,可分这些方面:

(一)整理古书。 在这方面,又可分三门。第一,本子的校勘;

第二,文字的训诂;第三,真伪的考订。考订真伪一层,乾嘉的大师(除了极少数学者如崔述等之外)都不很注意;只有清初与晚清的学者还肯做这种研究,但方法还不很精密,考订的范围也不大。因此,这一方面的整理,成绩比较的就最少了。然而校勘与训诂两方面的成绩实在不少。戴震、段玉裁、王念孙、阮元、王引之们的治"经";钱大昕、赵翼、王鸣盛、洪亮吉们的治"史";王念孙、俞樾、孙诒让们的治"子";戴震、王念孙、段玉裁、邵晋涵、郝懿行、钱绎、王筠、朱骏声们的治古词典:都有相当的成绩。重要的古书,经过这许多大师的整理,比三百年前就容易看的多了。我们试拿明刻本的《墨子》来比孙诒让的《墨子间诂》,或拿二徐的《说文》来比清儒的各种《说文》注,就可以量度这几百年整理古书的成绩了。

（二）发现古书。 清朝一代所以能称为古学复兴时期,不单因为训诂校勘的发达,还因为古书发现和翻刻之多。清代中央政府,各省书局,都提倡刻书。私家刻的书更是重要:丛书与单行本,重刊本,精校本,摹刻本,近来的影印本。我们且举一个最微细的例。近三十年内发现与刻行的宋、元词集,给文学史家添了多少材料?清初朱彝尊们固然见着不少的词集;但我们今日购买词集之便易,却是清初词人没有享过的福气了。翻刻古书孤本之外,还有辑佚书一项,如《古经解钩沉》,《小学钩沉》,《玉函山房辑佚书》,和《四库全书》里那几百种从《永乐大典》辑出的佚书,都是国学史上极重要的贡献。

（三）发现古物。 清朝学者好古的风气不限于古书一项;风气所被,遂使古物的发现,记载,收藏,都成了时髦的嗜好。鼎彝,泉币,碑版,壁画,雕塑,古陶器之类:虽缺乏系统的整理,材料确是不少了。最近三十年来,甲骨文字的发现,竟使殷商一代的历史有了地底下的证据,并且给文字学添了无数的最古材料。最近辽阳、河南等处石器时代的文化的发现,也是一件极重要的事。

但这三百年的古学的研究,在今日估计起来,实在还有许多缺点。三百年的第一流学者的心思精力都用在这一方面,而究竟还只有这一点点结果,也正是因为有这些缺点的缘故。那些缺点,分开来说,也有三层:

（一）研究的范围太狭窄了。　这三百年的古学，虽然也有整治史书的，虽然也有研究子书的，但大家的眼光与心力注射的焦点，究竟只在儒家的几部经书。古韵的研究，古词典的研究，古书旧注的研究，子书的研究，都不是为这些材料的本身价值而研究的。一切古学都只是经学的丫头！内中固然也有婢作夫人的；如古韵学之自成一种专门学问，如子书的研究之渐渐脱离经学的羁绊而独立。但学者的聪明才力被几部经书笼罩了三百年，那是不可讳的事实。况且在这个狭小的范围里，还有许多更狭小的门户界限。有汉学和宋学的分家，有今文和古文的分家；甚至于治一部《诗经》还要舍弃东汉的《郑笺》而专取西汉的《毛传》。专攻本是学术进步的一个条件；但清儒狭小研究的范围，却不是没有成见的分功。他们脱不了"儒书一尊"的成见，故用全力治经学，而只用余力去治他书。他们又脱不了"汉儒去古未远"的成见，故迷信汉人，而排除晚代的学者。他们不知道材料固是愈古愈可信，而见解则后人往往胜过前人；所以他们力排郑樵、朱熹而迷信毛公、郑玄。今文家稍稍能有独立的见解了；但他们打倒了东汉，只落得回到西汉的圈子里去。研究的范围的狭小是清代学术所以不能大发展的一个绝大原因。三五部古书，无论怎样绞来挤去，只有那点精华和糟粕。打倒宋朝的"道士《易》"固然是好事；但打倒了"道士《易》"，跳过了魏、晋人的"道家《易》"，却回到两汉的"方士《易》"，那就是很不幸的了。《易》的故事如此；《诗》、《书》、《春秋》、《三礼》的故事也是如此。三百年的心思才力，始终不曾跳出这个狭小的圈子外去！

（二）太注重功力而忽略了理解。　学问的进步有两个重要方面：一是材料的积聚与剖解；一是材料的组织与贯通。前者须靠精勤的功力，后者全靠综合的理解。清儒有鉴于宋、明学者专靠理解的危险，所以努力做朴实的功力而力避主观的见解。这三百年之中，几乎只有经师，而无思想家；只有校史者，而无史家；只有校注，而无著作。这三句话虽然很重，但我们试除去戴震、章学诚、崔述几个人，就不能不承认这三句话的真实了。章学诚生当乾隆盛时（乾隆，1736—1795；章学诚，1738—1800），大声疾呼的警告当日的学术界道：

> 今之博雅君子,疲精劳神于经传子史,而终身无得于学者,正坐……误执求知之功力,以为学即在是尔。学与功力实相似而不同。学不可以骤几,人当致攻乎功力,则可耳。指功力以为学,是犹指秫黍以为酒也。(《文史通义·博约篇》)

他又说:

> 近日学者风气,征实太多,发挥太少,有如蚕食叶而不能抽丝。(《章氏遗书·与汪辉祖书》)

古人说:"鸳鸯绣取从君看,不把金针度与人。"单把绣成的鸳鸯给人看,而不肯把金针教人,那是不大度的行为。然而天下的人不是人人都能学绣鸳鸯的;多数人只爱看鸳鸯,而不想自己动手去学绣。清朝的学者只是天天一针一针的学绣,始终不肯绣鸳鸯。所以他们尽管辛苦殷勤的做去,而在社会的生活思想上几乎全不发生影响。他们自以为打倒了宋学,然而全国的学校里读的书仍旧是朱熹的《四书集注》,《诗集传》,《易本义》等书。他们自以为打倒了伪《古文尚书》,然而全国村学堂里的学究仍旧继续用蔡沈的《书集传》。三百年第一流的精力,二千四百三十卷的《经解》,仍旧不能替换朱熹一个人的几部启蒙的小书!这也可见单靠功力而不重理解的失败了。

(三)缺乏参考比较的材料。 我们试问,这三百年的学者何以这样缺乏理解呢?我们推求这种现象的原因,不能不回到第一层缺点——研究的范围的过于狭小。宋、明的理学家所以富于理解,全因为六朝、唐以后佛家与道士的学说弥漫空气中,宋、明的理学家全都受了他们的影响,用他们的学说作一种参考比较的资料。宋、明的理学家,有了这种比较研究的材料,就像一个近视眼的人戴了近视眼镜一样;从前看不见的,现在都看见了;从前不明白的,现在都明白了。同是一篇《大学》,汉、魏的人不很注意他,宋、明的人忽然十分尊崇他,把他从《礼记》里抬出来,尊为《四书》之一,推为"初学入德之门"。《中庸》也是如此的。宋明的人戴了佛书的眼镜,望着《大学》、《中庸》,便觉得"明明德"、"诚"、"正心诚意"、"率性之谓道"等等话头都有哲学的意义了。清朝的学者深知戴眼镜的流弊,决意不配眼镜;却不知道近视而不戴眼镜,同瞎子相差有限。说《诗》的回到《诗序》,说《易》的回到"方士《易》",说《春秋》的回到《公羊》,可谓"陋"之至了;然而我们试想这一班第一流才士,何以陋到这步田地,可不是因为他们没有高明的参考资料吗?他们排斥"异端";他们得着一部《一切经音义》,只认得他有保存古韵书古词典的用处;他们拿着一部子书,也只认得他有旁证经文古义的功用。他们只向那几部儒书里兜圈子;兜来兜去,始终脱不了一个"陋"字!打破这个"陋"字,没有别的法子,只有旁搜博采,多寻参考比较的材料。

以上指出的这三百年的古学研究的缺点,不过是随便挑出了几桩重要的。我们的意思并不要菲薄这三百年的成绩;我们只想指出他们的成绩所以不过如此的原因。前人上了当,后人应该学点乖。我们借鉴于前辈学者的成功与失败,然后可以决定我们现在和将来研究国学的方针。我们不研究古学则已;如要想提倡古学的研究,应该注意这几点:

(1)扩大研究的范围。
(2)注意系统的整理。
(3)博采参考比较的资料。

(一)怎样扩大研究的范围呢? "国学"在我们的心眼里,只是"国故学"的缩写。中国的一切过去的文化历史,都是我们的"国故";研究这一切过去的历史文化的学问,就是"国故学",省称为"国学"。"国故"这个名词,最为妥当;因为他是一个中立的名词,不含褒贬的意义。"国故"包含"国粹";但他又包含"国渣"。我们若不了解"国渣",如何懂得"国粹"? 所以我们现在要扩充国学的领域,包括上下三四千年的过去文化,打破一切的门户成见:拿历史的眼光来整统一切,认清了"国故学"的使命是整理中国一切文化历史,便可以把一切狭陋的门户之见都扫空了。例如治经,郑玄、王肃在历史上固然占一个位置,王弼、何晏也占一个位置,王安石、朱熹也占一个位置,戴震、惠栋也占一个位置,刘逢禄、康有为也占一个位置。段玉裁曾说:

校经之法,必以贾还贾,以孔还孔,以陆还陆,以杜还杜,以郑还郑,各得其底本,而后判其理义之是非。……不先正注,疏,释文之底本,则多诬古人。不断其立说之是非,则多误今人。
(《经韵楼集·与诸同志书论校书之难》)

我们可借他论校书的话来总论国学;我们也可以说:

> 整治国故,必须以汉还汉,以魏、晋还魏、晋,以唐还唐,以宋还宋,以明还明,以清还清;以古文还古文家,以今文还今文家;以程、朱还程、朱,以陆、王还陆、王,……各还他一个本来面目,然后评判各代各家各人的义理的是非。不还他们的本来面目,则多诬古人。不评判他们的是非,则多误今人。但不先弄明白了他们的本来面目,我们决不配评判他们的是非。

这还是专为经学哲学说法。在文学的方面,也有同样的需要。庙堂的文学固可以研究,但草野的文学也应该研究。在历史的眼光里,今日民间小儿女唱的歌谣,和《诗》三百篇有同等的位置;民间流传的小说,和高文典册有同等的位置,吴敬梓、曹霑和关汉卿、马东篱和杜甫、韩愈有同等的位置。故在文学方面,

> 也应该把"三百篇"还给西周、东周之间的无名诗人,把古乐府还给汉、魏、六朝的无名诗人,把唐诗还给唐,把词还给五代、两宋,把小曲杂剧还给元朝,把明、清的小说还给明、清。每一个时代,还他那个时代的特长的文学,然后评判他们的文学的价值。不认明每一个时代的特殊文学,则多诬古人而多误今人。

近来颇有人注意戏曲和小说了;但他们的注意仍不能脱离古董家的习气。他们只看得起宋人的小说,而不知道在历史的眼光里,一本石印小字的《平妖传》和一部精刻的残本《五代史平话》有同样的价值,正如《道藏》里极荒谬的道教经典和《尚书》、《周易》有同等的研究价值。

总之,我们所谓"用历史的眼光来扩大国学研究的范围",只是要我们大家认清国学是国故学,而国故学包括一切过去的文化历史。历史是多方面的:单记朝代兴亡,固不是历史;单有一宗一派,也不成历史。过去种种,上自思想学术之大,下至一个字,一只山歌之细,都是历史,都属于国学研究的范围。

（二）怎样才是"注意系统的整理"呢？　学问的进步不单靠积聚材料，还须有系统的整理。系统的整理可分三部说：

（甲）索引式的整理。　不曾整理的材料，没有条理，不容易检寻，最能销磨学者有用的精神才力，最足阻碍学术的进步。若想学问进步增加速度，我们须想出法子来解放学者的精力，使他们的精力用在最经济的方面。例如一部《说文解字》，是最没有条理系统的；向来的学者差不多全靠记忆的苦工夫，方才能用这部书。但这种苦工夫是最不经济的；如果有人能把《说文》重新编制一番（部首依笔画，每部的字也依笔画），再加上一个检字的索引（略如《说文通检》或《说文易检》），那就可省许多无谓的时间与记忆力了。又如一部《二十四史》，有了一部《史姓韵编》，可以省多少精力与时间？清代的学者也有见到这一层的；如章学诚说：

> 窃以典籍浩繁，闻见有限；在博雅者且不能悉究无遗，况其下乎？校雠之先，宜尽取四库之藏，中外之籍，择其中之人名、地名官阶书目，凡一切有名可治有数可稽者，略仿《佩文韵府》之例，悉编为韵；乃于本韵之下，注明原书出处及先后篇第；自一见再见，以至数千百，皆详注之；藏之馆中，以为群书之总类。至校书之时，遇有疑似之处，即名而求其编韵，因韵而检其本书，参互错综，即可得其至是。此则渊博之儒穷毕生年力而不可究殚者，今即中才校勘可坐收于几席之间，非校雠之良法欤？（《校雠通义》）

当日的学者如朱筠、戴震等，都有这个见解，但这件事不容易做到，直到阮元得势力的时候，方才集合许多学者，合力做成一部空前的《经籍籑诂》，"展一韵而众字毕备，检一字而诸训皆存，寻一训而原书可识"（王引之序）；"即字而审其义，依韵而类其字，有本训，有转训，次叙布列，若网在纲"（钱大昕序）。这种书的功用，在于节省学者的功力，使学者不疲于功力之细碎，而省出精力来做更有用的事业。后来这一类的书被科场士子用作夹带的东西，用作抄窃的工具，所以有许多学者竟以用这种书为可耻的事。这是大错的。这一类"索引"式的整理，乃是系统的整理的最低而最不可少的一步；没有这一步的预备,国学止限于少数有天才而又有闲空工夫的少数人;并且这些少数人也要因功力的拖累而减少他们的成绩。偌大的事业,应该有许多人分担去做的,却落在少数人的肩膀上:这是国学所以不能发达的一个重要原因。所以我们主张,国学的系统的整理的第一步要提倡这种"索引"式的整理,把一切大部的书或不容易检查的书,一概编成索引,使人人能用古书。人人能用古书,是提倡国学的第一步。

(乙)结账式的整理。 商人开店,到了年底,总要把这一年的账结算一次,要晓得前一年的盈亏和年底的存货,然后继续进行,做明年的生意。一种学术到了一个时期,也有总结账的必要。学术上结账的用处有两层:一是把这一种学术里已经不成问题的部分整理出来,交给社会;二是把那不能解决的部分特别提出来,引起学者的注意,使学者知道何处有隙可乘,有功可立,有困难可以征服。结账是(1)结束从前的成绩,(2)预备将来努力的新方向。前者是预备普及的,后者是预备继长增高的。古代结账的书,如李鼎祚的《周易集解》,如陆德明的《经典释文》,如唐、宋的《十三经注疏》,如朱熹的《四书》,《诗集传》,《易本义》等,所以都在后世发生很大的影响,全是这个道理。三百年来,学者都不肯轻易做这种结账的事业。二千四百多卷的《清经解》,除了极少数之外,都只是一堆"流水"烂账,没有条理,没有系统;人人从"粤若稽古"、"关关雎鸠"说起,人人做的都是杂记式的稿本!怪不得学者看了要"望洋兴叹"了;怪不得国学有沦亡之忧了。我们试看科举时代投机的书坊肯费整年的工夫来编一部《皇清经解缩本编目》,便可以明白索引式的整理的需要;我们又看那时代的书坊肯费几年的工夫来编一部《皇清经解分经汇纂》,便又可以明白结账式的整理的需要了。现在学问的途径多了,学者的时间与精力更有经济的必要了。例如《诗经》,二千年研究的结果,究竟到了什么田地,很少人说得出的,只因为二千年的《诗经》烂账至今不曾有一次的总结算。宋人驳了汉人,清人推翻了宋人,自以为回到汉人:至今《诗经》的研究,音韵自音韵,训诂自训诂,异文自异文,序说自序说,各不相关连。少年的学者想要研究《诗经》的,伸头望一望,只看见一屋子的烂账簿,吓得吐舌缩不进去,只好叹口气,"算了罢!"《诗经》在今日所以渐渐无人过问,是少年人的罪过呢?还是《诗经》的专家的罪过呢?我们以为,我们若想少年学者研究《诗经》,我们应该把《诗经》这笔烂账结算一遍,造成一笔总账。《诗经》的总账里应该包括这四大项:

(A)异文的校勘:总结王应麟以来,直到陈乔枞、李富孙等校勘异文的账。

(B)古韵的考究:总结吴棫、朱熹、陈第、顾炎武以来考证古音的账。

(C)训诂:总结毛公、郑玄以来直到胡承珙、马瑞辰、陈奂,二千多年训诂的账。

(D)见解(序说):总结《诗序》、《诗辨妄》、《诗集传》、《伪诗传》,姚际恒、崔述、龚橙、方玉润……等二千年猜迷的账。

有了这一本总账,然后可以使大多数的学子容易踏进"《诗经》研究"之门:这是普及。入门之后,方才可以希望他们之中有些人出来继续研究那总账里未曾解决的悬账:这是提高。《诗经》如此,一切古书古学都是如此。我们试看前清用全力治经学,而经学的书不能流传于社会,倒是那几部用余力做的《墨子间诂》,《荀子集解》,《庄子集释》一类结账式的书流传最广。这不可以使我们觉悟结账式的整理的重要吗?

(丙)专史式的整理。 索引式的整理是要使古书人人能用;结账式的整理是要使古书人人能读:这两项都只是提倡国学的设备。但我们在上文曾主张,国学的使命是要使大家懂得中国的过去的文化史;国学的方法是要用历史的眼光来整理一切过去文化的历史。国学的目的是要做成中国文化史。国学的系统的研究,要以此为归宿。一切国学的研究,无论时代古今,无论问题大小,都要朝着这一个大方向走。只有这个目的可以整统一切材料;只有这个任务可以容纳一切努力;只有这种眼光可以破除一切门户畛域。

我们理想中的国学研究,至少有这样的一个系统:

中国文化史:(一)民族史;(二)语言文字史;(三)经济史;(四)

政治史;(五)国际交通史;(六)思想学术史;(七)宗教史;(八)文艺史;(九)风俗史;(十)制度史。这是一个总系统。历史不是一件人人能做的事;历史家须要有两种必不可少的能力:一是精密的功力,一是高远的想像。没有精密的功力,不能做搜求和评判史料的工夫;没有高远的想像力,不能构造历史的系统。况且中国这么大,历史这么长,材料这么多,除了分功合作之外,更无他种方法可以达到这个大目的。但我们又觉得,国故的材料太纷繁了,若不先做一番历史的整理工夫,初学的人实在无从下手,无从入门。后来的材料也无所统属;材料无所统属,是国学纷乱烦碎的重要原因。所以我们主张,应该分这几个步骤:

第一,用现在力所能搜集考定的材料,因陋就简的先做成各种专史,如经济史,文学史,哲学史,数学史,宗教史,……之类。这是一些大间架,他们的用处只是要使现在和将来的材料有一个附丽的地方。

第二,专史之中,自然还可分子目,如经济史可分时代,又可分区域;如文学史哲学史可分时代,又可分宗派,又可专治一人;如宗教史可分时代,可专治一教,或一宗派,或一派中的一人。这种子目的研究是学问进步必不可少的条件。治国学的人应该各就"性之所近而力之所能勉者",用历史的方法与眼光担任一部分的研究。子目的研究是专史修正的唯一源头,也是通史修正的唯一源头。

(三)怎样"博采参考比较的资料"呢? 向来的学者误认"国学"的"国"字是国界的表示,所以不承认"比较的研究"的功用。最浅陋的是用"附会"来代替"比较":他们说基督教是墨教的绪余,墨家的"巨子"即是"矩子",而"矩子"即是十字架!……附会是我们应该排斥的,但比较的研究是我们应该提倡的。有许多现象,孤立的说来说去,总说不通,总说不明白;一有了比较,竟不须解释,自然明白了。例如一个"之"字,古人说来说去,总不明白;现在我们懂得西洋文法学上的术语,只须说某种"之"字是内动词(由是而之焉),某种是介词(贼夫人之子),某种是指物形容词(之子于归),某种是代名词的第三身用在目的位(爱之能勿劳乎),就都明白分明了。又如封建制度,向来被那方块头的分封说欺骗了,所以说来说去,总不明白;现在我们用欧洲中古的封建制度和日本的封建制度来比较,就容易明白了。音韵学上,比较的研究最有功效。用广东音可以考"侵"、"覃"各韵的古音,可以考古代入声各韵的区别。近时西洋学者如 Karlgren,如 Baron von Staël‐Holstein,用梵文原本来对照汉文译音的文字,很可以帮助我们解决古音学上的许多困难问题。不但如此:日本语里,朝鲜语里,安南语里,都保存有中国古音可以供我们的参考比较。西藏文自唐朝以来,音读虽变了,而文字的拼法不曾变,更可以供我们的参考比较,也许可以帮助我们发现中国古音里有许多奇怪的复辅音呢。制度史上,这种比较的材料也极重要。懂得了西洋的议会制度史,我们更可以了解中国御史制度的性质与价值;懂得了欧美高等教育制度史,我们更能了解中国近一千年来的书院制度的性质与价值。哲学史上,这种比较的材料已发生很大的助力了。《墨子》里的《经上、下》诸篇,若没有印度因明学和欧洲哲学作参考,恐怕至今还是几篇无人能解的奇书。韩非,王莽,王安石,李贽,……一班人,若没有西洋思想作比较,恐怕至今还是沉冤莫白。看惯了近世国家注重财政的趋势,自然不觉得李觏、王安石的政治思想的可怪了。懂得了近世社会主义的政策,自然不能不佩服王莽、王安石的见解和魄力了。《易·系辞传》里"易者,象也"的理论,得柏拉图的"法象论"的比较而更明白;荀卿书里"类不悖,虽久同理"的理论,得亚里士多德的"类不变论"的参考而更易懂。这都是明显的例。至于文学史上,小说戏曲近年忽然受学者的看重,民间俗歌近年渐渐引起学者的注意,都是和西洋文学接触比较的功效更不消说了。此外,如宗教的研究,民俗的研究,美术的研究,也都是不能不利用参考比较的材料的。

以上随便举的例,只是要说明比较参考的重要。我们现在治国学,必须要打破闭关孤立的态度,要存比较研究的虚心。第一,方法上,西洋学者研究古学的方法早已影响日本的学术界了,而我们还在冥行索途的时期。我们此时应该虚心采用他们的科学的方法,补救我们没有条理系统的习惯。第二,材料上,欧美日本学术界有无数的成绩可以供我们的参考比较,可以给我们开无数新法门,可以给我们添无数借鉴的镜子。学术的大仇敌是孤陋寡闻；孤陋寡闻的唯一良药是博采参考比较的材料。

我们观察这三百年的古学史,研究这三百年的学者的缺陷,知道他们的缺陷都是可以补救的;我们又返观现在古学研究的趋势,明白了世界学者供给我们参考比较的好机会,所以我们对于国学的前途,不但不抱悲观,并且还抱无穷的乐观。我们认清了国学前途的黑暗与光明全靠我们努力的方向对不对。因此,我们提出这三个方向来做我们一班同志互相督责勉励的条件：

第一,用历史的眼光来扩大国学研究的范围。

第二,用系统的整理来部勒国学研究的资料。

第三,用比较的研究来帮助国学的材料的整理与解释。

十二,一月

（原载 1923 年 1 月《国学季刊》第 1 卷第 1 号,又载 1923 年 3 月 12 日至 14 日《北京大学日刊》）

发起《读书杂志》的缘起

差不多一百年前,清朝的大学者王念孙和他的儿子王引之两个人合办了一种不朽的杂志,叫做《读书杂志》。这个杂志前后共出了七十六卷,这一百年来,也不知翻刻翻印了多少次了!我们想像那两位白发的学者——一位八十多岁,一位六十多岁——用不老的精神和科学的方法,校注那许多的古书来嘉惠我们,那一副"白发校书图"还不够使我们少年人惭愧感奋吗?我是崇拜高邮王氏父子的一个人,现在发起这个新的《读书杂志》,希望各位爱读书的朋友们把读书研究的结果,借他发表出来。一来呢,各人的心得可以因此得着大家的批评。二来呢,我们也许能引起国人一点读书的兴趣,——大家少说点空话,多读点好书!

十,二,二二

(原载 1921 年 4 月 4 日上海《民国日报·觉悟》副刊,
又载 1922 年 9 月 3 日《读书杂志》第 1 期)

王莽
一千九百年前的一个社会主义者

王莽受了一千九百年的冤枉,至今还没有公平的论定。他的贵本家王安石虽受一时的唾骂,却早已有人替他伸冤了。然而王莽确是一个大政治家,他的魄力和手腕远在王安石之上。我近来仔细研究《王莽传》及《食货志》及《周礼》,才知道王莽一班人确是社会主义者。王莽于西历纪元9年建国,那年他就下诏曰:

> 古者设庐井八家,一夫一妇田百亩,什一而税,则国给民富而颂声作。此唐虞之道,三代所遵行也。秦为无道,厚赋税以自供奉,罢民力以极欲,坏圣制,废井田,是以兼并起,贪鄙生:强者规田以千数,弱者曾无立锥之居;又置奴婢之市,与牛马同兰[栏],制于民臣,颛断其命,奸虐之人,因缘为利,至略卖人妻子,逆天心,悖人伦,缪于"天地之性人为贵"之义(此等处皆可以补史传的不足。百年前,董仲舒也有"去奴婢,除专杀之威"的主张)。……汉氏减轻田税,三十而税一,常有更赋:罢癃咸出(晋灼曰,虽老病者,皆复出口算),而豪民侵陵,分田劫假;厥名三十税一,实什税五也。父子夫妇终年耕芸,所得不足以自存,故富者犬马余菽粟,……贫者不厌糟糠。……今更名天下田曰王田,奴婢曰私属,皆不得卖买。其男口不盈八而田过一井者,分余田予九族邻里乡党。故无田,今当受田者,如制度。
>
> 敢有非井田圣制,无法惑众者,投诸四裔,以御魑魅。如皇始祖考虞帝故事。(此莽诏须看《王莽传》)

《莽传》说,

> 坐卖买田宅奴婢铸钱,自诸侯大夫至于庶民,抵罪者不可胜

数。(《食货志》同)

此政策即"土地国有","均产","废奴"三个大政策。当日施行时自然有大困难。到了西历12年,中郎区博谏莽曰:

> 井田虽圣王法,其废久矣。周道既衰,而民不从。秦知顺民之心可以获大利也,故灭庐井而置阡陌,遂王诸夏。迄及海内未厌其敝,今欲违民心,追复千载绝迹,虽尧、舜复起而无百年之渐,弗能行也。天下初定,万民新附,诚未可施行。(《传》)

莽知民愁,乃下书曰:

> 诸名食"王田",皆得卖之,勿拘以法。犯私买卖庶人者,且一切勿治。(同)

西历10年,莽即位之二年,初设"六筦之令"。"筦"字《食货志》作"斡",即是"归国家管理"之意。六筦是:

> (1)盐,(2)酒,(3)铁,(4)名山大泽,(5)钱布铜冶,(一今本钱作铁,今依钱大昭校,据闽本。)(6)五均赊贷。

《食货志》记诸筦,有两次诏令的原文。《莽传》亦有两次,一在西10年,一在西17年。《食货志》第一诏当是10年的:

> 夫《周礼》有赊贷(此指"泉府"之职),《乐语》有"五均"。(邓展曰,《乐语》,《乐元语》,河间献王所传,道五均事。臣瓒曰,其文云,"天子取诸侯之土,以立'五均',则市无二贾,四民常均,强者不得困弱,富者不得要贫,则公家有余,恩及小民矣。"沈钦韩曰,《乐语》,《白虎通》引之。)传记各有"斡"焉。今开赊贷,张五均,设诸"斡"者,所以齐众庶,抑并兼也。

"遂于长安及五都立五均官,更名长安东西市,令及洛阳、邯郸、临淄、宛、成都市长,皆为'五均司市师'。〔两市及五都〕皆置交易丞五人,钱府(即泉府)丞一人"。此时似尚未明定"六筦"之数,诸"斡"次第举行。凡属国有富源的,办法如下:

> 工商能采金银铜连(铅)锡,登龟取贝者。皆自占〔于〕司市钱府,顺时气而取之。……

这不是国家自办,乃是归国家管理;凡做此项事业的,须呈报("占")于司市钱府。营业所得,国家要抽"所得税"。故《食货志》说:

> 诸取众物——鸟兽鱼鳖百虫——于山林水泽,及畜牧者,嫔妇桑蚕织纴纺绩补缝,工匠医巫卜祝,及它方技商贩贾人坐肆列里区谒舍,皆各自占所为于其所在之县;官除其本,计其利,十一分之,而以其一为贡。敢不自占,自占有不实者,尽没入所采取,而作〔于〕县官一岁。

抽所得税竟抽到女工方技,似乎不确。况且科罚条文内说"尽没入所采取",似乎原令的所得税只限于"诸取众物于山林水泽,及畜牧者"或至多"及它方技商贩贾人坐肆列里区谒舍者"。《莽传》也只说"命县官酤酒,卖盐铁器,铸钱。诸采取名山大泽众物者,税之"。可以互证。

《食货志》说酤酒的办法最详细:

> 令官作酒,以二千五百石为一均,率开一卢以卖,雠五十酿为准。一酿用粗米二斛,曲一斛,得成酒六斛六斗。各以其市月朔米曲三斛并计其贾而参分之,以其一为酒一斛之平。除米曲本贾,计其利而什分之,以其七入官,其三及醋酨(酢浆也)灰炭给工器薪樵之费。

五均之制,《食货志》也说的详细:

> (1)市平(平均的物价)"诸司市常以四时中月,实定所掌,为物上中下之贾,各自用为其市平,毋拘他所。"
>
> (2)收滞货"众民卖买五谷布帛丝绵之物,周于民用,而不雠者,均官有以考检厥实,用其本贾取之,毋令折钱。"
>
> (3)平市"万物卬贵过平一钱,则以〔所收不雠之物以〕平贾卖与民。其贾氏贱减〔于〕平者,听民自相与市,以防贵庾者。
>
> (4)赊"民欲祭祀丧纪而无用者,钱府以所入工商之贡,但赊之。(师古曰,但,空也,徒也,言不取息利也。)祭祀无过旬日,丧纪无过三月。"
>
> (5)贷本"民或乏绝,欲贷以治产业者,均授之,除其费,计所得〔而〕受息,毋过岁什一"。《莽传》作"赊贷与民,收息百月三"。

这些政策,都是"国家社会主义"的政策。他们的目的都是"均众庶,抑并兼"。但当那个时代,国家的组织还不完备,这种大计划的干涉政策,当然不能一时收效。政府里的书生又不能不依靠有经验的商人,故《食货志》又说:

> 羲和(官名)置命士,督五均六斡,郡有数人,皆用富贾。洛阳薛子仲、张长叔,临菑姓伟等,乘传求利,交错天下。因与郡县通奸,多张空簿,府藏不实。百姓俞病。

到了西17年,王莽又下诏曰:

> 夫盐,食肴之将;酒,百药之长,嘉言之好;铁,农田之本;名山大泽,饶衍之藏;五均赊贷,百姓所取平,仰给以赡;钱布铜冶,通行有无,备民用也。此六者,非编户齐民所能家作,必仰于市;虽贵数倍,不得不买。豪民富贾,即要贫弱,先圣知其然也,故筦之。每一斡为设科条防禁,犯者罪至死。

我们看这一诏,可以知道当日的政治家确能了解"国家社会主义"的精意。六筦都是民间的"公共用具",私人自做,势必不能;若让少数富贾豪民去做,贫民必致受他们的剥削。社会主义者所以主张把这种"公共用具"一切收归社会(或国家)办理。这个意思,即是王莽的政策的用意,那是无可疑的了。

西21年,南郡秦丰,平原女子迟昭平各聚兵作乱。莽召群臣问禽贼方略。故左将军公孙禄征来与议,他说:

> ……国师嘉信公(刘歆)颠倒五经,毁师法,令学士疑惑。明学男张邯,地理侯孙阳,造井田,使民弃土业。羲和鲁匡设六筦,以穷工商。……宜诛此数子,以慰天下。

这几个重要人物,除了刘歆之外,几乎全不可考。若不是公孙禄明白提出,我们竟无从知道这些主名了。作井田的孙阳,已不可考。张邯见于《汉书·儒林传》(八十八)之《后苍传》下。后苍通诗礼,传匡衡翼奉萧望之,匡衡的传经表如下:

按《莽传》，满昌为莽太子讲诗。又按《后苍传》，张邯与皮容"皆至大官,徒众尤盛"。鲁匡见于《后汉书·鲁恭传》（五十五），"恭,扶风平陵人也。……哀平间,自鲁而徙。祖父匡,王莽时为羲和,有权数,号曰智囊。"《食货志》说：

> 国师公刘歆言周有泉府之官,取不雠,与欲得,即《易》所谓"理财正辞禁民为非"者也。莽乃下诏。（即十年之诏）……羲和鲁匡言：

> 名山大泽,盐,铁,钱,布帛,五均赊贷,筦在县官。唯酒酤独未筦。……《诗》曰,"无酒酤我。"而《论语》曰,"酤酒不食。"二者非相反也。夫《诗》据承平之世,酒酤在官,和旨便人,可以相御也。《论语》孔子当周衰乱,酒酤在民,薄恶不诚,是以疑而弗食。今绝天下之酒,则无以行礼相养,放而亡限,则费财伤民。请法古令官作酒。（余见上）

这种穿凿附会,绝像王莽时代的经学家。《莽传》又说,公孙禄请诛数子之后,

> 莽怒,使虎贲扶禄出,然颇采其言,左迁鲁匡为五原卒正。以百姓怨非,故六莞非匡所独造,莽厌众意而出之。

大概酒筦是鲁匡的计划,其余则刘歆等人的合作,未必是鲁匡一人"所独造"了。

西22年,四方盗贼并起,太师王匡等战数不利。莽"乃议遣风俗大夫司国宪等分行天下,除井田奴婢山泽六筦之禁。即位以来诏令不便于民者,皆收还之,待见未发"。此事竟无下文,似乎终莽之世,这些政策不曾废除。再过一年,他就死了。

《食货志》说：

> 莽性躁扰,不能无为。每有所兴造,必欲依古。

《莽传》说：

> 莽意以为制定则天下自平,故锐思于地里,制礼作乐,讲合六经之说。公卿旦入暮出,论议连年不决。……莽自见前颛权以得汉政,故务自揽众事。……莽常御灯火至明,犹不能胜。

可怜这样一个勤勤恳恳,生性"不能无为",要"均众庶,抑并兼"的

人,到末了竟死在渐台上,他的头被一个商人杜吴斫去,尸首被军人分裂,"支节肌骨脔分"！而二千年来,竟没有人替他说一句公平的话！

十一,九,三

（原载1922年9月3日《读书杂志》第1期）

记李觏的学说
一个不曾得君行道的王安石

读《直讲李先生集》(商务印书馆《四部丛刊》用明成化刊本景印,凡《年谱》一卷,《文集》三十七卷,《外集》三卷。共八册。)

李觏是北宋的一个大思想家。他的大胆,他的见识,他的条理,在北宋的学者之中,几乎没有一个对手!然而《宋元学案》里竟不给他立学案,只附在范仲淹的学案内,全祖望本想为他立"盱江学案",后来不知怎样,终于把他附在"高平学案"内。这几百年来,大家竟不知道有李觏这一位大学者了!我从前读北宋和尚契嵩的文集,见他特别注意李觏的言论,当时我就很想研究他的著作。近来读他的全集,才知道他是江西学派的一个极重要的代表,是王安石的先导,是两宋哲学的一个开山大师。因此,我现在热心的介绍他给国中研究思想史的人们。

(一) 事迹

李觏,字泰伯,建昌军南城人。生于大中祥符二年(1009),死于嘉祐四年(1059),年五十一。

十三岁(1021),是年王安石生。

二十三岁(1031),作《潜书》十五篇。

二十四岁(1032),作《礼论》七篇。

二十八岁(1036),作《明堂定制图》并序、《平土书》。是年入京。

二十九岁(1037),往鄱阳谒范仲淹。

三十岁(1038),作《广潜书》十五篇。

三十一岁(1039),作《富国强兵安民》三十策。

三十三岁(1041),应制科试入京。明年试不第。归。

三十五岁(1043),作《庆历民言》三十篇,《周礼致太平论》三十篇。是年集《退居类稿》十二卷。在南城主郡学,学者来者数百人。

三十七岁(1045),余靖荐先生于朝,略云,"李觏博学通识,包括古今;潜心著书,研极治乱。江南儒士,共所师法。"

三十九岁(1047),作《礼论后语》,《删定刘牧易图序》。

按《序》云"尝作《易论》十三篇",是《易论》作于此年之前。

四十一岁(1049),范仲淹荐于朝,略云,"李觏著书立言,有孟轲、扬雄之风义,……斯人之才之学,非常儒也。"

四十二岁(1050),范仲淹再荐于朝,旨授将仕郎,太学助教。

四十四岁(1052),范仲淹卒。是年王安石三十一岁。

集《皇祐续稿》八卷。刊行《周礼致太平论》十卷。

四十五岁(1053),著《常语》三卷。明年作《常语后序》。

四十九岁(1057),国子监奏乞差李觏充太学说书。

五十岁(1058),除通州海门主簿,太学说书。

五十一岁(1059),权同管勾太学;因胡瑗病,故有是命。是年胡瑗卒;八月,先生亦卒。

集后附《门人录》,可考者三十八人。门人陈次公作墓志,言门人登录者千有余人。此盖并合太学生徒而言耳。

(二) 学说

李觏是一个实用主义家。他很光明昭著的提倡乐利主义。所以他的《原文》篇说:

> 利可言乎?曰,人非利不生,曷为不可言?欲可言乎?曰,欲者,人之情,曷为不可言?言而不以礼,是贪与淫,罪矣。不贪不淫,而曰不可言,无乃贼人之生,反人之情?世俗之不熹儒,以此。

> 孟子谓何必曰利,激也。焉有仁义而不利者乎?……孔子七十所欲不逾矩,非无欲也。于《诗》则道男女之时,容貌之美,

悲感念望,以见一国之风,其顺人也至矣。

因为他注重在功利,故他大胆的提倡霸国与强国。他《寄上范参政书》有云:

> 儒生之论但恨不及王道耳。而不知霸也,强国也,岂易可及哉?管仲之相齐桓公,是霸也,外攘戎狄,内尊京师。较之于今何如?商鞅之相秦孝公,是强国也,明法术耕战,国以富而兵以强。较之于今何如?

又《常语》上云:

> 或曰,"仲尼之徒无道桓文之事者。吾子何为?"曰,"衣裳之会十有一,《春秋》也,非仲尼修乎?《木瓜》,《卫风》也,非仲尼删乎?正而不谲,《鲁论语》也,非仲尼言乎?仲尼亟言之,其徒虽不道,无歉也。呜呼,霸者岂易与哉。使齐桓能有终,管仲能不侈,则文王太公何恧焉?《诗》曰,采葑采菲,无以下体,盖圣人之意也。"

又《常语》下云:

> 或问"自汉迄唐,孰王孰霸?"曰,"天子也,安得霸哉?皇帝王霸者,其人之号,非其道之目也。自王以上,天子号也。……霸,诸侯号也。霸之为言伯也,所以长诸侯也。……道有粹有驳,其人之号,不可以易之也。……人固有父为士子为农者矣。谓天下之士者曰行父道,谓天下之农者曰行子道,可乎?"

这一段驳向来区别王霸的谬论,非常明白痛快。他的结论是:

> 所谓王道,……安天下也。所谓霸道,……尊京师也。非粹与驳之谓也。

这是说:天子安天下,便是王道;诸侯拥护中央政府而安天下,便是霸道。真的区别只是立功的人的地位不同,并不是义与利的分别,也不是纯粹与驳杂的区别。

因为他注重富国利民,故他有《富国强兵安民》三十策,有《平土书》,有《周礼致太平论》五十一篇。

他的《富国策》开端的几句话可以引来作他的理财论的引子:

> 愚窃观儒者之论,鲜不贵义而贱利,其言非道德教化则不出

诸口矣。然《洪范》八政,一曰食,二曰货。孔子曰,"足食足兵,民信之矣"。是则治国之实,必本于财用。盖城郭宫室非财不完,羞服车马非财不具,百官群吏非财不养,军旅征戍非财不给,郊社宗庙非财不事,……诸侯四夷朝觐聘问非财不接,矜寡孤独凶荒札瘥非财不恤。礼以是举,政以是成,爱以是立,威以是行。舍是而克为治者,未之有也。是故贤圣之君,经济之士,必先富其国焉。

这是他的根本主张,也就是王安石新法的根本主张,故最可注意。

他的《周礼致太平论》把一部《周礼》的材料,整理出来,分作《内治》,《国用》,《军卫》,《刑禁》,《官人》,《教道》六类。这样分类,颇有点像近人做的《周礼政要》一类的书,虽是讲《周礼》,其实是谈当时的政治。这六类之中,《国用》十六篇最为重要,因为他的许多主张都是和王安石一致的。我们可以说,李觏是熙宁元丰新法的哲学家,他的政治哲学是新法的学理的背景。我且举他的重要主张如下:

(1)国用出入须有定制:"一谷之税,一钱之赋,给公上者,各有定制。""凡其一赋之出,则给一事之费。费之多少,一以式法。"(《国用》一)

(2)天子无私财:"盖王者无外,以天下为家。尺地莫非其田,一民莫非其子。财物之在海内,如在橐中,况于贡赋之入,何彼我之云哉?历观书传,自《禹贡》以来,未闻天子有私财者,……故虽天子器用财贿燕私之物,受贡献,备赏赐之职,皆属于大府。属于大府,则日有成,月有要,岁有会;职内之入,职岁之出;司书之要贰,司会之钩考,废置诛赏之典存焉。"(《国用》二)

(3)"人各有事,事各有功":"天之生民,未有无能者也。能其事而后可以食。无事而食,是众之殃,政之害也。是故圣人制天下之民各从其能以服于事;取有利于国家,然后可也。……昔胥臣对晋文公,谓'戚施植镈,蘧除蒙璆,侏儒扶庐,矇瞍修声,聋聩司火'。《王制》:'瘖聋跛躃断者侏儒,各以其器食之。'古者废疾之人犹有所役。"这个"不作工不配吃饭"的主义原来不是俄国的波雪维克的新发明!(《国用》三。参看七)

(4)"人无遗力,地无遗利":他根据《周礼》(大司徒,遂人)主张"余夫,致仕者,仕者,贾人,庶人在官者,畜牧者之家皆受田,则是人无不耕;无不耕则力岂有遗哉?一易,再易,莱(莱谓休不耕者),皆颁之。则是地无不稼;无不稼,则利岂有遗哉?自阡陌之制行,兼并之祸起,贫者欲耕而或无地,富者有地而或乏人,野夫犹作惰游,况邑居乎?沃壤犹为芜秽,况瘠土乎?饥馑所以不支,贡赋所以日削。孟子曰,'仁政必自经界始',师丹言宜略为限。不可察也。"(《国用》四。参看七)

(5)应调查民财:《周礼》司书"三岁则大计群吏之治,以知民之财器械之数,以知田野夫家六畜之数,以知山林川泽之数,以逆群吏之政令"(逆谓钩考)。"恐其群吏滥税敛万民,故知此本数,乃钩考其政令也。"(《国用》八)

(6)平准(此即后来王安石所谓"均输"):《周礼》有"制其贡各以其所有",及"辨地物而原其生,以诏地求"二事。他因主张仿桑弘羊的办法,"令远方各以其物,如异时商贾所转贩者,为赋;置平准于京师,都受天下委输;大农诸官尽笼天下之货物。如此,富商大贾无所牟大利,则反本而万物不得腾跃。故抑天下之物,名曰平准。"他的理由是:"地所有而官不用,则物必贱;地所无而反求之,则价必贵,……买贱卖贵,乘人之急,必劫倍蓰之利者,大贾蓄家之幸也。为民父母,奈何不计本末,罔农夫以附商贾?"(《国用》九)

(7)泉府之制:此即王安石"青苗钱"所本,故我详引李觏的议论于此。《周礼》本文云:

> 泉府掌以市之征布。敛市之不售货之滞于民用者,以其贾买之,物揭而书之,以待不时而买者。买者各从其抵。都鄙从其主,国人郊人从其有司,然后予之。凡赊者,祭祀无过旬日,丧纪无过三月。凡民之贷者,与其有司,辨而授之;以国服为之息。

郑司农说,"抵,故贾也"。郑玄说,"抵实柢字;柢,本也;本谓所属吏,主有司是"。此处当从郑司农说。因为从原价,不取利,故须保证,不愿买者拿去牟利。国服二字亦有两说:郑司农说,"贷者,谓从官借本贾也。故有息,使民弗利,以其所贾之国所出为息。假令其国出丝絮,则以丝絮偿;其国出绨葛,则以绨葛偿"。郑玄说,"以国服为之息,以其于国服事之税为息也。于国事受园廛之田而贷万泉者,则期出息五百。王莽时,民贷以治产业者,但计赢所得受息,无过岁什一"。李觏与王安石皆从郑玄说。李觏说:

> 天之生物而不自用,用之者人。人之有财而不自治,治之者君。《系辞》曰,"理财正辞,禁民为非,曰义"是也。君不理则权在商贾。商贾操市井之权,断民物之命。缓急,人之所时有也。虽贱,不得不卖,裁其价太半,可矣。虽贵,不得不买,倍其本什百,可矣。如此,蚩蚩之氓何以能育?是故不售之货则敛之,不时而买则与之;物揭而书,使知其价;而况赊物以备礼,贷本以治生,皆所以纾贫窭而钳并兼,养民之政,不亦善乎?管仲通轻重而桓公以霸,李悝平籴而魏国富强,耿寿昌筑常平而民便之,师古之效也。宜其流风遂及于今。必也,事责其实,官得其人,亦何愧彼哉?(《国用》十一)

(8)均役使:《周礼》役民之法甚平均,免役只限于"国中贵者,贤者,能者,服公事者,老者,疾者"。李觏说,"君子之于人,裁其劳逸而用之,可不谓义乎?世有仕学之乡,或舍役者半。农其间者,不亦难乎?而上弗之恤,悖矣。贵者有爵命,服公事者有功劳,诚不可役。然复其身而已。世有一户皆免之。若是:则老者疾者亦可以阖门不使耶?"(《国用》十五)王安石后来行的"免役钱",亦是这个道理。宋代"差役"之法,当时人大都知其不便。故虽反对王安石最力的人,如苏轼、范纯仁等,皆反对司马光推翻此法。

李觏不但把一部《周礼》做成一部有系统的政治学说,他还把一部《周易》也做成一部实用的学说。他的《易论》十三篇,"援辅嗣之注以解义,盖急乎天下国家之用"。(《删定易图序论》)第一篇论《易》的为君之道,第二篇论任官,第三篇论为臣之道,第四篇论治身之道及治家之道,第五篇论遇人,第六篇论动而无悔之道,第七篇论应变,第八篇论常与权,第九篇论慎祸福,……

他在《易论》第一篇里说:

> 圣人作《易》,本以教人,而世之鄙儒忽其常道,竞习异端。

> 有曰，我明其象，则卜筮之书未为泥也。有曰，我通其意，则释老之学未为荒也。昼读夜思，疲心于无用之说，其以惑也，不亦宜乎？包羲画八卦而重之，文王、周公、孔子系之辞，辅嗣之贤从而为之注。炳如秋阳，坦如大逵；君得之以为君，臣得之以为臣：万事之理，犹辐之于轮，靡不在其中矣。

他最恨那些"昼读夜思，疲心于无用之说"的《易》学，故他对于当时最风行的刘牧的《易图》（牧字长民，是范仲淹、孙复的门人，受《易》于范谔昌，范受之于许坚，许受之于种放。）极不满意。牧有五十五图，李觏删存三图——河图，洛书，八卦。他保留这三图，固是不能十分彻底。但他的《删定易图序论》确然有许多很有价值的议论。其第六篇尤为有精采，今录其末段：

> 或曰，吾子之言性命，何其异也？
>
> 曰，吾之言也，折诸圣，宜乎其异矣。命者，天之所以使民为善也。性者，人之所以明于善也，观其善，则见人之性。见其性，则知天之命。

这几句话不甚明白，须看下文始知他的用意只是要人注意性命的外面的表现——"善"。他不要我们空谈那不可捉摸的性命。他下文说：

> 董仲舒曰，"天令之谓命，命非圣人不行；质朴之谓性，性非教化不成"。人受命于天，固超然异于群生。入有父子兄弟之亲，出有君臣上下之谊，会聚相遇则有耆老长幼之施，粲然有文以相接，驩然有恩以相爱。此人之所以贵也。生五谷以食之，桑麻以衣之，六畜以养之，服牛乘马，圈豹槛虎，是其得天之灵贵于物也。然则本乎天谓之命，在乎人谓之性。非圣人则命不行。非教化则性不成。是以制民之法，足民之用，而命行矣。导民以学，节民以礼，而性成矣。则是圣人为天之所为也。

此论极重要。他所说的"命"只是一种"本来应该如此"的道理。但这种命须要有圣人"制民之法，足民之用"，然后可以表现出来，故说"非圣人则命不行"。他所说的"性"只有一块"可以如此，可以如彼"的质料。但这种质料须要有教育礼法的制裁，然后可为成材。

性命都是天然的,但都全靠人力,方能有成,圣人只是那些用人力做到天然的可能性的人,故说"圣人为天之所为"。他下文说:

> 吉凶由人,乃《易》之教也。"黄帝、尧、舜(所谓圣人)通其变使民不倦,神而化之使民宜之,是以自天祐之,吉,无不利。"若夫释人事而责天道,斯孔子所罕言。古之龟筮虽质诸神明,必参以行事。南蒯将乱而得黄裳元吉,穆姜弃位而遇元亨利正。德之不称,知其无益。后之儒生,非史非巫,而言称运命,矫举经籍以缘饰邪说,谓存亡得丧一出自然。其听之者,亦已荒矣。《王制》曰,"执左道以乱政,杀。假于鬼神时日卜筮以疑众,杀"。为人上者,必以"王制"从事,则《易》道明而君道成矣。

这种完全注重人事的哲学,真是李觏的特色!当时的思想界几乎全是一个道士的世界。天书的笑柄还在当时人的心目中,陈抟、种放的高徒正在得意的时候。孙复为北方大儒,范仲淹为南方大师,而他们的弟子中乃有刘牧、周敦颐一流的道士!只有江西一派,完全是"非道士派":欧阳修大胆疑古于前;李觏大胆主张功利,主张人事,比欧阳修更进一步;后来王安石的"天变不足畏,祖宗不足法,人言不足恤",乃是江西派的具体表现了!

李觏的功利主义和人事主义并不是要反乎自然,其实还是要根据自然。礼制法度都是人为的谋乐利的工具,但不是违背人情的天然趋势的。人事的制度乃是谋天然的本能的正当发展的唯一法门。礼制若违反人情,就不能存在了。上文说"圣人为天之所为",即是此意。他很反对当时儒者的反人情论。例如胡瑗作《原礼篇》有云:

> 民之于礼也,如兽之于圈也,禽之于绁也,鱼之于沼也,岂其所乐哉?勉强而制尔。民之于侈纵奔放也,如兽之于山薮也,禽之于飞翔也,鱼之于江湖也,岂有所使哉?情之自然尔。

李觏驳他道:

> 觏不敏,大惧此说之行则先王之道不得复用;天下之人将以圣君贤师为仇敌,宁肯俛首而从之哉?民之于礼既非所乐,则勉强而制者,何欤?君与师之教也。去自然之情而就勉强,人之所

难也。而君欲以为功，师欲以为名，命之曰雠敌，不妄也。且制作之意，本不如此。惟礼为能顺人情，岂尝勉强之哉？

　　人之生也，莫不爱其亲，然后为父子之礼；莫不畏其长，然后为兄弟之礼；少则欲色，长则谋嗣，然后为夫妇之礼；争则思决，患则待救，然后为君臣之礼。……凡此之类，难以遽数，皆因人之情而把持之。使有所成就耳。

　　有是情而无是礼，则过恶袭之。情虽善，末如之何。故父子之礼废则子将失其孝，……君臣之礼废则臣将失其忠。一失之则为罪辜，为离散。向之所谓情者，虽积于中，安得复施设哉？故曰，因人之情而把持之，使有所成就者也。

　　然则有礼者得遂其情，以孝，以弟，以忠，以义，身尊名荣，罔有后患，是谓兽之于山薮，鸟之于飞翔，鱼之于江湖也。无礼者不得遂其情，为罪辜，为离散，穷苦怨悔，弗可振起，是谓兽之于圈，鸟之于绁，鱼之于沼也。而先生倒之，何谓也。若以人之情皆不善，须礼以变化之，则先生之视天下，不啻如蛇豕，如虫蛆，何不恭之甚也！（《与胡先生书》）

他的《礼论》说的更详细。《礼论》一说：

　　夫礼之初，顺人之性欲而为之节文者也。人之始生，饥渴存乎内，寒暑交乎外。饥渴寒暑，生民之大患也。食草木之实，鸟兽之肉；茹其毛而饮其血，不足以养口腹也。被发衣皮，不足以称肌体也。圣王有作，于是因土地之宜以殖百谷，因水火之利以为炮燔烹炙，治其犬豕牛羊及酱酒醴酏，以为饮食，艺麻为布，缲丝为帛，以为衣服。夏居橧巢则有颠坠之忧，冬入营窟则有阴寒重腿之疾，于是为之栋宇，取材于山，取土于地，以为宫室。手足不能以独成事也，饮食不可以措诸地也，于是范金斫木，或为陶瓦脂胶丹漆，以为器皿。夫妇不正则男女无别，父子不亲则人无所本，长幼不分则强弱相犯；于是为之婚姻以正夫妇，为之左右奉养以亲父子，为之伯仲叔季以分长幼。君臣不辨则事无统，上下不列则群党争；于是为之朝觐会同以辨君臣，为之公卿大夫士庶人以列上下。人之心不学则懵也，于是为之庠序讲习以立师友。人之道不接则离也,于是为之宴享苞苴以交宾客。死者,人之终也,不可以不厚也,于是为之衣衾棺椁衰麻哭踊以奉死丧。神者,人之本也,不可以不事也,于是为之禘尝郊社山川中霤以修祭祀。丰杀有等,疏数有度,贵有常奉,贱有常守,贤者不敢过,不肖者不敢不及:此礼之大本也。

最可注意的是他讲礼的范围极大,包括乐刑政及仁义智信七项。他说:

曰乐,曰政,曰刑,礼之支也。……曰仁,曰义,曰智,曰信,礼之别名也,是七者盖皆礼矣。

他说明这一层如下:

"礼既备"而天下大和矣。人之和必有发也,于是因其发而节之;和久必怠也,于是率其怠而行之;率之不从也,于是罚其不从以威之。是三者,礼之大用也,同出于礼而辅于礼者也。不别不异,不足以大行于世。是故节其和者,命之曰乐;行其怠者,命之曰政;威其不从者,命之曰刑。此礼之三支也。

在礼之中,有温厚而广爱者,有断决而从宜者,有疏达而能谋者,有固守而不变者。是四者,礼之大旨也,同出于礼而不可缺者也。于是乎又别而异之:温厚而广爱者,命之曰仁;断决而从宜者,命之曰义;疏达而能谋者,命之曰智;固守而不变者,命之曰信。此礼之四名也。……言乎人,则手足筋骸之类在其中矣。言乎礼,则乐刑政仁义智信在其中矣。故曰,夫礼,人道之准,世教之主也。圣人之所以治天下国家修身正心,无他,一于礼而已矣。

他这种分类法,颇有一种很正当的见解。古人把仁义礼智信看作五件平等的东西,如汉人把木金火水土分配五常,是很没有道理的。礼是很具体的东西,如何能与那四个抽象名词并列?故李觏说:

夫仁义智信,岂有其物哉?总乎礼乐刑政而命之,则是仁义智信矣。故止谓之别名也。有仁义智信然后有法制。法制者,礼乐刑政也。

有法制然后有其物。无其物则不得以见法制,无法制则不

得以见仁义智信,备其物,正其法,而后仁义智信炳然而章矣。(《礼论》五)

李觏的大贡献是把五常之中最具体的一项提出来,特别注重。他说的礼不是那悬空阔大的虚谈,乃是那根据于人的性欲上的法制。他说,"礼者,先王之法制也"。用"法制"来解释"礼",有两层好处:第一,法制是应用的;第二,法制是在外面的,是具体的制度。这样一来,可以扫除许多无稽的玄谈。故他设为问答的话,说明这一点:

曰,古之言礼乐者,必穷乎天地阴阳。今吾子之论,何其小也?

曰,天地阴阳者,礼乐之象也;人事者,礼乐之实也。言其象,止于尊大其教;言其实,足以轨范于人。前世之言教道者,众矣。例多阔大其意,汪洋其文,以旧说为陈熟,以虚辞为微妙,出入混沌,上下鬼神,使学者观之耳目惊眩,不知其所取。是亦教人者之罪也。(《礼论》六)

这种议论自然引起当时人的反动。他的《礼论》成书后十五年,有章望之(名表民)作文驳他道:

率天下之人为礼,不求诸内而竟诸外。人之内不充而惟外之饰焉,终亦必乱而已矣。亦犹老子之言"礼者,忠信之薄"。盖不知礼之本,徒以其节制文章献酬揖让登降俯仰之繁而罪之也。(《礼论》后语引)

这个驳议最可指出李觏的思想的特点。他的特点就在这个"外"字上。他说,"无法制则不得以见仁义智信"。单有内而没有外面的表现,是没有用的。故他的答复是:

夫章子以"仁义礼智信为内,犹饥而求食,渴而求饮,饮食非自外来也,发于吾心而已矣;礼乐刑政为外,犹冠弁之存首,衣裳之在身,必使正之耳,衣冠非自内出也。"呜呼,章子之惑甚矣!夫有诸内者,必出诸外;有诸外者,必由于内。孰谓礼乐刑政之大,不发于心而伪饰云乎?且谓衣冠非自内出,则寒而被之葛,热而被之裘,可乎?夏则求轻,冬则求暖,固出于吾心,与饥渴之求饮食,一也。而章子异之,不已惑乎?故天下之善,无非

内者也。(《礼论》后语)

他不承认内外的区别，故说，连衣冠也都是根据于人的性欲的需要的，故是"内"的。他又说"天下之善，无非内者"。这句话便是打破一切重内轻外的成见。因为一切善都是内的，故他明白主张法制的重要。他说，"有诸内者，必出诸外"。单注重内而不注重外面表现的制度，不是儒家的性理空谈，便是禅家与道士的"内功"了。他在《礼论》四中说，"性畜于内，法行于外"。这是李觏的一大主张。后来王安石的新法便是想从外面的制度上做一番救世的工夫。后来王安石一系与司马光程颐一系的势不两立的竞争，从哲学史上看来，仍旧是一个主外与主内之争。王安石一系究竟失败了，故这八百年的思想史仍旧是主内派的胜利史。

李觏是一个排佛教最力的人，他的极力提倡礼制，也是想用儒家的礼教来代替佛道的仪式。他说：

> 民之欲善，盖其天性。古之儒者用于世，必有以教导之，民之耳目鼻口心知百体，皆有所主，其于异端，何暇及哉？后之儒者用于世，则无以教导之。民之耳目鼻口心知百体皆无所主；将舍浮屠何适哉。汉杰(姓黄)两执亲丧矣，亦尝礼佛饭僧矣。如使《周礼》尚行，……日月时岁皆有礼以行之，……哀情有所泄，则汉杰必不暇曰七七，曰百日，曰周年，曰三年斋也。吾故曰，"儒失其守，教化坠于地，凡所以修身正心养生送死，举无其柄。天下之人若饥渴之于饮食，苟得而已。当是时也，释之徒以其道鼓行之，焉往而不利！"(《答黄汉杰书》，书中所引乃《景德寺重修大殿记》)

这是当时少数学者公认的论调。如欧阳修《本论》中下两篇(著作的时代与李觏的《景德寺记》相近。)即是这个意思。欧阳修说：

> 礼义者，胜佛之本也。今一介之士知礼义者，尚能不为之屈，使天下皆知礼义，则胜之矣。此自然之势也。(《本论》中)

又说：

> 今尧舜三代之政，其说尚传，其具皆在。诚能讲而修之，行之以勤而浸之以渐，使民皆乐而趋焉，则充行乎天下，而佛无所

施矣。(《本论》下)

李觏的主张完全与此相同,故他极力说明礼制是顺于人情的,是适用的。他要使儒家相传的礼教,——"凡所以修身正心养生送死"——一一回复他们旧有的势力,范围社会的一切生活,满足"民之耳目鼻口心知百体"的需要。这是中国近世哲学的中心问题。李觏说:

> 儒者诟释氏,为其笼于世也,而不解其所以然,释之徒善自大其法,内虽不腆,而外强焉。童而老,约而泰,无日不在于佛。民用是信,事用是立。
>
> 儒者则不然。其未得之,借儒以干上。既得之,则谓政事与文学异,孳孳唯府史之师,顾其旧如蝉蜕。及其困于淫僻,怵乎罪戾,欲问性命之趣,不知吾儒自有至要,反从释氏而求之!吾游江淮而南,不一日;有庠序者,不一邦。踵其地而问之:栋宇修欤?或曰,为去官之舍馆矣。委积完欤?曰,充郡府之庖厨矣。刺史在欤?曰,某院参禅,某院听讲矣。噫!释之行固久,始吾闻之疑。及味其言,有可爱者,盖不出吾《易·系辞》、《乐记》、《中庸》数句间。苟不得已,犹有老子、庄周书在。何遽冕弁匍匐于戎人前耶?(《邵武军学置庄田记》)

这一段说的最感慨。释氏所以大行于世,只为他们"善自大其法",故儒者的问题也是"如何自大其法"释氏能使人"童而老,约而泰,无日不在于佛;民用是信,事用是立"。故儒家的问题也是如何能使人"童而老,约而泰,无日不在于儒;民用是信,事用是立"。

懂得这个中心问题,方才可以了解近世哲学。李觏、欧阳修、王安石一班人想从礼乐刑政一方面来做那"自大其教"的事业;程颐、朱熹一班人想从身心性命一方面来做那"自大其教"的事业。李觏是最能代表这种精神的人。他说:

> 孔子之言满天地,孔子之道未尝行!簠簋牲币,庙以王礼。食(原注,祥吏反。)其死,不食其生!师其言,不师其道!故得其言者为富贵,得其道者为饿夫!悲夫!(《潜书》)

他在他的《袁州学记》内,很痛切的提出他的教育宗旨:

> 今代遭圣神,尔袁得贤君,俾尔由庠序践古人之迹。天下

治,则禅礼乐以陶吾民。一有不幸,犹当伏大节,为臣死忠,为子死孝,使人有所法,且有所赖。是惟朝家教学之意。

这是他"自大其教"的精神。

(三) 余论

李觏和王安石的关系,可以证明吗?

本书《门人录》引《盱江旧志》云:"曾舍人巩,邓左丞温伯,皆先生之高弟。"邓温伯即是邓润甫,润甫先以字行。《宋史》四百三十二,《李觏传》末有云,"门人邓润甫熙宁中上其《退居类稿》,《皇祐续稿》并《后集》,请官其子参鲁,诏以为郊社斋郎"。邓润甫亦是建昌人,与李觏同乡。王安石用他为编修中书户房事,后改知谏院,知制诰;后升为御史中丞。邓润甫是王安石的一员健将,他们在熙宁变法时代特别奏上李觏的遗著,可见李觏在新法一派人的眼里,确是同调,确是一个前辈的大师。后来哲宗亲政时,邓润甫首先陈"武王能继文王之声,成王能嗣文武之道",遂开"绍述"的运动。绍圣元年,润甫作尚书右丞。

欧阳修生于庐陵,属吉州,王安石生于临川,属抚州;曾氏弟兄,邓润甫,和李觏同属建昌军。这一班人同属北宋之西路,南宋之隆兴府,今之江西省。

(原载 1922 年 11 月 5 日《读书杂志》第 3 期)

费经虞与费密
清学的两个先驱者

读费密的《弘道书》,三卷,成都唐氏怡兰堂刻的《费氏遗书》本,民国九年刻成。

明末清初的学术思想界里,有两个很可代表时代的人物,而三百年来很少人知道或表章的:费经虞和他的儿子费密。乾嘉之际,章学诚得读费密的儿子费锡璜的《贯道堂文集》,因做了一篇很详细的提要(见浙江图书馆排本《章氏遗书》及吴兴刘氏刻本《章氏遗书》)。但章学诚虽然能赏识费氏的家学,终有点怀疑;他疑心费锡璜说的太夸张了。清朝晚年,戴望以颜、李学派的信徒的资格,来作《费舍人别传》(见《谪麟堂集》);他的赏识应该比章学诚更深一层了。但他的叙述太简单了,终不能使人知道费氏家学的真相。直到近年(1920)成都唐鸿学先生刻《费氏遗书》三种,——《弘道书》,《荒书》,《燕峰诗抄》——世间始有人知道费密的思想确有很可表章的价值,确可以算是清初思想界代表之一。我在几年前曾作一篇《记费密的学说》,是匆匆做的笔记,被朋友抢去发表了。近年重读《弘道书》,觉得费氏父子的思想应该有一篇更详细的研究,故重做了这一篇。前年又承江都周绍均先生替我借得费氏的族谱,添了许多传记的材料。现在我把这些材料附录在这里,使爱敬费氏的人可以参考。

(一)费经虞家传(《江都费氏族谱》六)

先名曰经野,入学时名经纬,中式时乃名经虞。字仲若,号鲜民。云衢公(字良辅,名嘉诰,万历二十三年乙巳明经,三十九年辛亥选授四川大竹县训导,四十二年甲寅卒于官,年六十三。)第三子,(兄弟四人,长经国,次经世,次经虞,次经济,姊妹四人。)母邓氏。

明万历二十七年己亥(1599)二月十七日生。

丁巳,补邑庠生。

天启三年癸亥,进廪膳。

崇祯九年丙子,中副卷。十二年己卯,中式五十四名。十七年甲申正月二十五日选授云南昆明县令。是年十一月十六日到任。

丙戌年(1646),因成都奇祸,家口未知安否,欲归里访问,屡次辞官未得。按院罗国瓛加升为云南府同知。

丁亥年三月,兵逼滇省;力辞,方得许。四月初三日,率次子燕峰公(密)及诸仆启行,渡金沙江,抵建昌卫。

戊子,会妻曹氏于黎州。四月至雅州。

己丑,移家至荣[荥]经县之杨村。住二年。

壬辰,正月,至崇庆州国寺村,住两月余。四月归新繁。十月移家居彭县野鸭池。十一月,移彭县凤皇山,与诸亲谋远行。十二月过什邡绵竹安县;除夕至绵州。

癸巳二月初七日至蒲家村;三月十八日至圆山砦陕西沔砦。

甲午正月九日,移萧家砦,共住三年十月。

丁酉(1657)十一月廿五日,因杨鸣九公(父嘉诰元配杨氏,父名端云;疑鸣九是母族之人。)归扬之便,阖家启行。十二月六日至汉口,戊戌年二月三日抵扬州。

己亥春,闻海寇消息日急,至六月十七日方得出扬州城,登舟至乔墅。……十月十八日至泰州。

庚子三月二十日复归扬州。

辛丑三月,燕峰同张曲山(乙未进士)往广东。闰七月,公至苏州。苏州又有围城之警,因匿居于施家浜顾厨子家。

八月,燕峰自广东归扬;十二月十四,往苏州迎公。二十二日同回扬州。二十三日至泰州,住过壬寅年癸卯年。

甲辰十二月四日,自泰州复移至扬州。

戊申九月,到塘头,移家入戈庄宅。

己酉八月十八日,燕峰往平乡县赵公讳弼字子匡任中抽丰。
庚戌七月,水淹戈庄宅。十八日往扬州。
康熙十年辛亥(1671)正月二日申时,卒于扬州。……
门人私谥曰孝贞先生。

(二)节录费密的家传(同上)

费密,字此度,号燕峰。

鲜民公次子,母王氏。(父名以廉,彭县野鸭池人,蜀王府典仪官。)

明天启五年乙丑(1625)七月二十三日子时生。……

清康熙十三年(1674)四月,移居野田。

康熙辛巳(1701)九月七日未时,卒于家,年七十有七。葬野田鲜民公墓西一冢,有碑,东北向。门人私谥曰中文先生。……

生二子,长锡琮,次锡璜;二女。……

适按:戴望作《费舍人别传》,说费密卒于康熙三十八年,年七十七。章学诚《书<贯道堂文集>后》也说费密"生天启六年(丙寅,1626),卒康熙三十八年"。而《族谱》与《新繁志》传皆作卒于四十年辛巳。章戴虽然同根据于费密之子锡璜的书,其实不足凭信。费密若生于天启六年,至康熙三十八年只有七十四岁,其误可见。况《弘道书》首有康熙乙亥(三十四年,1695)张含章的序,有"吾师……今七十一矣"之语。足证费密生于天启五年之不误。儿子纪父亲生死之年,尚不可轻信,这可见史学上"旁证"的重要了。

十三,七,廿九在大连

(三)费密传(《新繁县志·人物志·孝弟》)

费密,字此度,号燕峰。九岁,祖母殁,哀泣如成人。十岁,父经虞为讲《通鉴》盘古氏相传为首出御世之君(适按,《通鉴》无此文),遽问曰,"盘古以前?"曰,"鸿荒未辟"。又问"鸿荒以前?"经虞呵之,然心奇之。……

崇祯甲申(1644),流贼张献忠乱蜀;密年二十,为书上巡按御史刘之渤,言四事:练兵一,守险二,蜀王出军饷三,停征十六十七两年钱粮四。仓卒未果行。贼遂陷成都。密辗转迁徙,得不遇害。

丙戌,入什邡县高定关,倡义,为砦拒贼,贼乘间劫营,设伏待之,不敢犯,一方以安。

时经虞仕滇,以家遭大乱,屡乞休。密闻之,遂只身从兵戈蛮峒中入滇。丁亥,奉父入建昌卫。十月,至黎州省母;十二月,复入建昌;过相岭,被叫者蛮掳去。明年戊子,赎归。

会杨展镇嘉定关,闻密名,遣人致聘焉。因说展屯田于雅州龙门山;复于青神江口,命人沉水得张献忠弃金,为民间买牛,余悉给诸镇,得久与贼相持。

十月,同展子璟新复屯田于荣[荥]经瓦屋山之杨村;入叙州府,遇督师吕大器,署为中书舍人(故戴望称费舍人)。内江范文荄见密文,大惊曰:"始以吾此度有经济才,不知吾此度词客也!"

是时密与成都邱履程,雅州傅光昭,以诗文雄西南,称三子。

己丑秋,杨展为降将武大定、袁韬所害,密与璟新整师复仇,与贼战,身自擐甲。时营在峨眉,裨将来某与花溪民有隙,诈称花溪民下石击吾营,势且反,以激璟新。璟新遽署檄讨之,密力争,……乃止。率残卒复与璟新屯田于瓦屋山。

庚寅七月,还成都省墓;至新津,为武大定贼兵所劫;十月,又为杜汉良掠送大定营中,几被害。十二月,乘间还杨村。

辛卯四月,归新繁,旧宅皆为灰烬。

明年癸巳(1652)二月,至陕西沔县,遂家焉。

密留杨展父子幕最久,所至屯田,为持久计。而天命人事已改,是以大功不就。

已乃究心《内经》《伤寒论》《金匮》诸书,为《长沙发挥》。后闻二程见人静坐,便以为善学;丙申(1656),与通醉(僧名?)论禅,四人静明寺,杂僧徒静坐。坐六七日,心不能定;自厉曰,"百日之坐尚不能定,况其大者乎?"誓不出门,半月余乃定。尝自言,始半月视物疑为二,如履在床前,心中复有履。久之,心中见红圈渐大,至肌肤而散,颇觉畅美。一夕,闻城壕鸭声,与身隔一层,如在布袋;良久,忽通,鸭声与水流入身中,甚快。乃叹曰,"静坐,二氏之旨,吾儒实学当不在是。"自是益有志古学矣。

丁酉(1657)十月,携家出沔汉。戊戌春,至扬州;闻常熟钱尚书谦益以古文名天下,乃上书钱公;钱公得书大惊,与论诗于芙蓉庄,指密《北征》诗,叹曰,"此必传之作也"。

时王司寇士祯司李扬州,见密古诗,以为绝伦,而尤爱近体"白马岩中出,黄牛壁上耕","鸟声下杨柳,人语出菰蒲","大江流汉水,孤艇接残春"等句。当时咸谓知言。

辛亥(1671),居父丧,悉遵古礼,冠衰皆仿古自制。三原孙枝蔚见之,自谓弗及。服阕(1673),以父遗命,往事孙征君奇逢。一日,与论朱、陆异同,进言汉、唐诸儒有功后世,不可泯没。征君大以为然。又与考历代礼制之变。逾月,辞归;征君题"吾道其南"四字为赠。

丙辰(1676)冬,闻孙征君卒,哭于泰州圆通庵,设主受吊;冠细麻,加粗麻一道,横于上;衣用白布。二十一日始焚主出庵,心丧未去怀也。

丁巳,入山东提督将军柯永蓁幕。会举博学鸿词,永蓁屡欲论荐;力辞,乃止。

乙丑,修《明史》,颇采旧臣遗佚者。密涂泥入都,奉其父行状,入史馆,下拜,涕泣沾襟袖。在馆诸人皆为感动。

己巳,大病,寻愈;乃自定生平所著诸书。

辛巳(1701)六月,病下痢,遂不起,年七十有七。门人私谥中文先生。

密少遭丧乱,经历兵戈,中年迁徙异国,足迹遍天下。晚年穷困,阖户著书,笃守古经,倡明圣学,以教及门。尝谓子锡琮、锡璜曰,"我著书皆身经历而后笔之,非敢妄言也"。凡与诸生论经术及古文诗辞,必本之人情事实,不徒高谈性命,为无用之学。天性和平,与人无忤;终身未尝言人过失;有机相向者,淡然处之。村居数十年,著书甚多。

自宋人谓周、程接孔、孟,二千年儒者尽黜,无一闻道者,密尝为之悲恸,乃上考古经与历代正史,旁采群书,作《中传正纪》一百二十卷,序儒者授受源流;为传八百余篇,儒林二千有奇。

又作《弘道书》十卷。弘道者,所以广圣人之道也。……(此下叙诸篇目,与戴望所作《传》同,故不录。)……《圣门旧章》六种,共二十四卷。《文集》二十卷,《诗钞》二十卷。外集三十二种,百二十二卷。藏于家。(《江都志》、《弘道书》及《旧章》卷数同此。但又云,"《中旨定论》以及《历代贡举》二十二种,共九十卷,《诗古文词》二十二卷。")

密生平精于古注疏,谓古注言简味深,平实可用。后儒即更新变易,卒不能过。古经之文,专赖此书。变易经文,各自为说,势将不止,深为可惧。

次则尤爱《史记》,枕籍其中者八年;于诸子则熟《南华》,于八家则爱昌黎。……

(四) 费氏的书目(《新繁志·艺文》)

费经虞:《四书广训》一卷　　《毛诗广义》三十卷
　　　　《字学》十卷　　　　《古韵拾遗》一卷
　　　　《雅伦》一卷

《扬州府志》作
　　　　《毛诗广义》二十卷　《四书字义》一卷
　　　　《雅伦》三十卷　　　《临池懿训》三卷
　　　　《注周易参同契》一卷

《江都县志》则作
　　　　《剑阁芳华集》二十卷　《雅伦》三十卷

费　密:
　　　　《中传正纪》百廿卷　《弘道书》十卷(今本三卷)
　　　　《圣门旧章》廿四卷　《文集》廿卷
　　　　《诗钞》廿卷　　　　《河洛古文》一卷
　　　　《尚书说》一卷　　　《周礼注论》一卷
　　　　《二南偶说》一卷　　《瓮录》一卷

《中庸大学古文》一卷　　《中庸大学驳论》一卷
《太极图记》八卷　　　　《圣门学脉中旨录》一卷
《古史正》十卷　　　　　《史记补笺》四卷
《历代纪年》四卷　　　　《四礼补录》十卷
《古文旨要》二卷　　　　《蚕此遗录》二卷
《答箸归来晚暇记》四卷
《奢乱纪略》一卷　　　　《费氏荒书》四卷（今本一卷）
《历代贡举》九十卷　　　《二氏论》一卷
《题跋》六卷　　　　　　《尺牍》六卷
《诗余》二卷　　　　　　《杂著》二卷
《费氏家训》四卷　　　　《祀先仪礼》一卷
《长沙发挥》一卷　　　　《王氏疹论》一卷
《金匮本草》六卷　　　　《伤寒口义》二卷
《集外杂存》八卷　　　　《补剑阁芳华集》廿卷
《雅伦》廿六卷　　　　　《中旨定论》一卷
《中旨正录》二卷　　　　《中旨辨录》二卷
《中旨统论》二卷　　　　《中旨申惑》二卷
《历代贡举合议》二卷　　《朝野争论》二卷
《老农记事》二卷　　　　《天涯知己录》一卷
《全唐诗选》十卷

以下各见本传
费锡琮：《家庭偕咏集》　　《白雀楼集》
费锡璜：《贯道堂文集》　　《掣鲸堂诗抄》

（五）孙奇逢给费密的手书（皆载《费氏族谱》）

（1）

老夫年忽九十，耳目气血衰耗，无以益吾子远来就正之意。念衰朽少承家学；先祖沐阳公与阳明高弟邹东廓之子讳美者同举京兆，得闻其家学。……老夫奉父命，从季父成轩公学。此渊源之所自，而尤得良友鹿伯顺之力居多。伯顺，深得阳明之学者也。

老夫近见得学问一事原不在寻常数墨较量字句之间。建安、青田、姚江皆效法孔孟,虽不尽同,俱非立异。我辈只要眼阔心虚,实求自信,不必拾人颊吻,随人转移尔。(癸丑春中)

(2)

此度留兼山草堂旬余矣。素不闻其师事者何人,友事者何人。今阅其著书,闻其持论,若久在江村侍讲席者。其论朱、陆异同,阳明之效诤论于紫阳,皆确有所见,不随人口吻。至论汉、唐诸儒有功于圣人,且有功于宋人,可谓汉儒知己。然此皆往事,犹有人论说。其论目前人,谓某非谏官,持论亦不必太激;某某当国而令小人溃决至此,亦未免不学无术:此皆予在江村四十年前所论说,此度若习闻之。此度既能世其家学,自能光大师说。老夫拭目望之矣。启泰氏又书。

(3)

王文成公之学,邹文庄公得之,传其子昌泉公,讳美。先大父敬所公,讳臣,与昌泉公同举嘉靖辛酉京兆榜,得闻其家学,暨其著述,以授先季父司训公,讳丕基。不肖逢奉父命从受学,尤得吾友鹿忠节,讳善继,切磋之力。成都费密事予山中,因述付之。癸丑春日。

(4)

从来聚首之难!然同此覆载照临,犹比屋而居也。此度勉之!临路手书。启泰。

(六)费密答李塨的书(载《恕谷年谱》)

费氏家学与北方颜李学派有无关系,这是很可注意的问题。李塨的《恕谷年谱》卷二,记康熙戊辰(1688),李塨三十岁时,费密六十四岁时,李塨寓书费燕峰论学。自注云,"燕峰,名密,字此度,成都人,博学能文"。费氏复书亦载此卷中,今附录于此。

是时李塨未曾到南方,已知费氏之名,可见费氏在当日的名闻不小。后来康熙甲戌(1694),李塨三十六岁时,费氏又有论学书给李氏,今不存。次年(1695),李塨南游,"过扬州,拜蔡瞻岷廷治(刻本讹作蔡瞻治岷,今正),与言习斋《存学》大旨,瞻岷击节称是。拜其师费此度,病不能会,遣其次子滋衡(锡璜)来谒"。(《恕谷年谱》卷二)那时费密已七十一岁了。

古经注疏自王介甫始变。当时天下皆从王氏学。绍兴初,程氏始盛;然与介甫异〔者〕亦止静坐义利之辨。陆子静不喜程正叔,朱元晦独尊二程。两家门徒各持师说。元晦弟子尤众。至正中,陈君采(樵)又以为与洙泗不同,著《淳熙辟谬》。永乐间,以元晦国姓,尊行其所传,而圣门旧章大变。先辈有古学者,无不诤论。王伯安更远绍子静。故嘉靖万历以来,学者不入于穷理,即入于致〔良〕知。古经本旨荒矣。夫即物穷理,承讹既久。良知哗世,又百有余年。朱也,王也,各自为旨,违悖古经,蔽锢后世,陷溺胶庠。而其言在天下,已如江如河,莫之可遏。密著《中传录》,《圣门旧章》;而世习宋传,举科已久,未求古注,反似创言,易生毁谤。虽然,乌有圣人之古经任后世颠倒窜乱,遂为臆说所绝而不重还旧观与?

今得有道师弟,以高明沉深之才,出而力追古学,拨正支离。自兹以后,弘儒硕识必剖诤满世,宁非圣学一大快乎?古之名儒多在北方,以诚实有力能任圣道也。望之,望之!

(七) 费氏父子的学说

(1) 费氏家学与道统论

费氏父子都长于历史知识,故他们第一步便要打破宋儒的"道统论"。道统说始于韩愈,他说"尧以是传之舜,……孔子传之孟轲,轲之死不得其传焉"。宋时,蔡京极推崇王安石,说他"奋乎百世之下,追溯尧、舜三代,……与孟轲相上下。"程颢死时,程颐作他的行状,说他是孟轲后一人。至朱熹作《三先生祠记》,他说:

> 自邹孟氏没而圣人之道不传,世俗所谓儒者之学,……浅陋乖离,莫适主统。……濂溪周先生奋乎百世之下,乃始深探圣贤之奥,疏观造化之原,而独心得之;立象著书,阐发幽秘,词义虽约,而天人性命之微,修己治人之要,莫不毕举。河南两程先生既亲见之而得其传,于是其学遂行于世。(此《袁州州学三先生词记》,淳熙五年。参观同类的《祠记》甚多。)

又他的《中庸集解序》说:

>《中庸》之书,……孟子没而不得其传焉。……至于本朝,濂溪周夫子始得其所传之要,以著于篇。河南二程夫子又得其遗旨而发挥之,然后其学布于天下。(乾道癸巳)

又《大学章句序》:

>孟子没而其传泯焉,……河南程氏两夫子出而有以接乎孟氏之传,实始尊信此篇而表章之。(淳熙己酉)

又《中庸章句序》:

>及其(孟氏)没而遂失其传焉,则吾道之所寄不越乎言语文字之间,而异端之说日新月盛;以至于佛、老之徒出,则弥近理而大乱真矣。然而尚幸此书之不泯,故程夫子兄弟者出,得有所考以续夫千载不传之绪,得有所据以斥夫二家似是之非。(同上年)

这叫做"道统论"。这种道统论一日不去,则宋、明理学的尊严一日不破。孙奇逢的《理学宗传》只是一种因袭的道统论,他说上古的道统(宗传)是:

>(元)羲皇　(亨)尧舜　(利)禹汤　(贞)文武周公。

中古的统是:

>(元)孔子　(亨)颜曾　(利)子思　(贞)孟子。

近古的统是:

>(元)周子　(亨)程张　(利)朱子　(贞)王子。

这竟是海智尔的哲学史观了! 故他的"宗传"以周,大程,小程,张,邵,朱,陆,薛瑄,王守仁,罗洪先,顾宪成十一人为正统;余人自汉至明皆为附考。他的特别贡献只在把王守仁作为程、朱的嫡派。此外全都是因袭的,并且是更坏的(因为更详密的)道统论。

费氏父子根本否认这种道统论,故说:

>道统之说,孔子未言也。不特孔子未言,七十子亦未言,七十子门人亦未言,百余岁后,孟轲、荀卿诸儒亦未言也。……流传至南宋,遂私立道统。自道统之说行,于是羲、农以来尧、舜、禹、汤、文、武裁成天地,周万物而济天下之道,忽然不属之君上而属之儒生,致使后之论道者,草野重于朝廷,空言高于实事。(《弘道书》上,一)

又说：

> 求圣人道德百之一以自淑，学之修身，可也。取经传之言而颠倒之，穿凿之，强谓圣人如此，吾学圣人遂得之如此；自以为古人与一世皆所未知，而独吾一二人静坐而得之，以吾之学即至圣人：——是孔子所不居，七十子所未信，孟轲、荀卿诸儒所不敢，后世俨然有之，何其厚诬之甚欤？（上，四）

这话何等痛快！

他们父子因为要打破宋儒的道统论，故也提出一种他们认为正当的道统论。他们以为最古政教不分，君师合一，政即是道。后来孔子不得位，故君师分为二，故帝王将相传治统，而师儒弟子传道脉。但所谓"道"仍是古昔的政教礼制，故"欲正道统，非合帝王公卿，以事为要，以言为辅，不可。"（上，四）

他主张：

> 上之，道在先王，立典政以为治；其统则历代帝王因之，公卿将相辅焉。下之，道在圣门，相授受而为脉；其传则胶序后世师儒弟子守之，前言往行存焉。（上，二）

他把这个意思列为"天子统道表"：

```
                              ┌─ 公卿辅行道统
 二帝三王 ── 孔子 ── 历代  帝王统道  （君师之尊，治教所本。）
 （君师合一） （师）          └─ 师儒讲传道脉
```

这个表，初看去似乎很浅陋。但我们要进一步去寻他的真意义。费氏父子的意思只是要否认那"一二人静坐而得"的不传的绝学。他的根据是历史的：他只说，古往今来的一部中国历史就是道统史；政治就是道，教育就是道，此外别无所谓道，也别无所谓道统。简单一句话，事业即是道，事业史即是道统。他们父子说：

> 二帝三王皆以事业为道德，典谟训诰记录彰明。战国分争，始以攘夺为事业。谓之变，可也。非事业外又有所谓道德。以言无，言天，言心性，言静，言理为道德，以事业为伯术，则后儒窜杂谬诞而非圣门之旧。（上，十）

这个意思,他们也列为一表:

> 王道久而渐变遂分表。(下,二八)
> ▲儒
> 君臣将相行于通都大郡之中,是皆儒道。
> 开国承家,修己安人,
> 立治兴教,弘济天下。
> 三纲五常,饮食衣服,宫室器用,吉凶仪物,殊途同归;《诗》、《书》、《礼》、《乐》所载,士农工贾〔所〕遵守:此为吾道,实事,中庸。
> ▲二氏
> 山林幽简之俦行于一室,名曰二氏。
> 老氏
> 其徒静坐相传为专养心性。
> 佛氏
> 其徒静坐相传为专悟心性。

这种见地是很深刻明白的。儒家本是入世的,二氏是出世的:这是大家口头都会说的区别。但费氏父子提出的区别,说的更痛快。第一,儒家的道是城市生活的事业,二氏是山林幽隐的道;我们不能用山林生活的道来做我们的城市生活的事业。第二,儒家的道的内容是日用的器物制度,是士农工商所遵守的实事实用;二氏的道是少数闲人废物的养心性与悟心性的工夫。我们不能叫士农工商都抛弃了他们的日用事业来做养心明性的工夫。

费氏家学所谓"道",以"实事,中庸"为主。费密曾说:

> 通诸四民之谓中,信诸一己之谓偏。见诸日用常行之谓实,故为性命怳忽之谓虚。(中,三五)

他们认定这"通诸四民""见诸日用常行"的道才是真正儒家的"道",故他们极注重事功,政治,制度。此意很像荀子说的:

> 道者,非天之道,非地之道,人之所以道也。(《荀子·儒效》)
> 道者何也?曰,君道也。君者何也?曰,能群也。

(《荀子·君道》)

但费氏父子的这种主张并非有意因袭前人,乃是从痛苦患难之中体验出来的结论。费密说:

> 天下之治,群黎乐业,万物遂其生,皆法制礼义所继持(持,刻本作特,以意改),君相之功也。……君统于上,文武臣僚奉令守职;自上古至今,无有逾此而可致治者。后儒以静坐谈性辨理为道,一切旧有之"实"皆下之,而圣门大旨尽失矣。密少逢乱离,屡受饥馑,深知朝廷者海宇之主也,公卿者生民之依也;稍有参差,则弱之肉,强之食。此时"心在腔子","即物穷理","致良知",有何补于救世?岂古经之旨哉?言道而舍帝王将相,何以称儒说?先子(经虞)平日论次,密老年益确信不疑也。(上,十五)

这一段自叙使我们看出时势与学说的关系。清代学者所以群趋于"反理学"的运动,也正是因为静坐致良知等等空谈禁不起李自成、张献忠一班人的试验。费氏父子从乱离饥馑里体验出"道在于政治"的一个道理,故说,"言道而舍帝王将相,何以称儒说?"

费密的儿子费锡璜也能承家学,章学诚引他的《贯道堂文集》,有云:

> 儒贵能治天下,犹工贵能治木也。宋儒崇性命而薄事功,以讲治术为粗,是犹见工之操绳墨斧斤,斥以为粗,而使究木理之何以作酸,何以克土,何以生火,何以生东方而主甲乙也。终身探索未有尽期,而大不能为宫室,小不能为轮辕,尚可以为工乎?(刘刻《章氏遗书》八,页二十)

这确是费氏的家学。他们把儒者看作一种"政治匠",他的职业是治天下,和木工的治木制器一样。他们菲薄理论,但用事功作标准,有时未免趋于极端,变成一种狭义的功利主义。这也和《荀子·儒效篇》的狭义的功利主义相同(参看我的《中国哲学史》上,页三百十一),同为事势的产儿。

以上所述,皆可表示费氏家学的道统论。他们否认宋儒的道统论,他们认定儒术贵在能治天下,不在高谈玄理,所以主张欲正道统，非合帝王公卿，以事为要，以言为辅，不可。（宋则议论为主，实事为末。）盖人主镇抚四海，提挈纲维；士大夫协恭共济，政和化洽。泽之渥者，当世蒙其休；法之善者，后世著为令：皆益治保民之大，当遵经据史，序上古及历代，为统典。……汉、唐以来，治乱不一；睿帝哲王，救民除暴，因时为政，布惠敷恩，宣襃古经，兴立学校；使先王之典制不致尽没，黎庶之涂炭不致久困；一时赖之，数百年享之，——追继三代无疑也。历世久远，诸儒皆无异辞。何为至南宋遂敢杜撰私议，而悉谤毁黜削之，谓"秦、汉而下，诏令济得甚事，皆势力把持，牵滞过日！"（上，五）

这种道统论，认事业即是道德，政治史即是道统，"序上古及历代为统典"，——这是费氏家学的一个主要见解。其说与南宋的陈亮、叶适颇多相同，但陈亮虽大胆，说的尚不能有费氏父子这样的透彻明白；这大概是因为费氏父子饱尝了无政治的痛苦，体验的深切，故主张也更老实透切了。

（2）费氏论经学传授源流

用帝王公卿治安天下的政治史作道统，这是费氏父子的一种道统论。但他们另作一种《道脉谱》，叙七十子之后经学传授的统系，表示儒学传授并不曾中断，并没有宋儒说的"孟子没而不得其传焉"的事。这也是用历史的事实来证明宋儒的道统论的虚妄。费密作《道脉谱论》（《弘道书》上），简直是一篇儒学史论。他说：

秦人焚书，经文尽失。儒者壁藏之，冢藏之，子若孙口授之，二三门人讨论纂述之：保秘深厚，幸获不坠。经已绝复存者，先秦诸儒之力也。

汉兴，……正定讹残，互述传义，共立学官。……经久亡而复彰者，汉儒之力也。

自汉而后，中罹兵事，书传佚落。六朝以来诸儒于经注解音释，或得其遗以补亡脱，至唐始会为十二经；上自朝廷，下逮草野，皆有其书。经如丝复盛者，魏、晋、隋、唐诸儒力也。（上，十七）

自《宋史》分"道学""儒林"为两途,后人遂轻视汉魏以下的经师,以为他们未闻大道;而道统所寄,竟像真在那些得千圣不传之绝学的周、程、张、朱诸人了。费氏父子不认政治史上三代以后全是"势力把持,牵滞过日",也不认学术史上孟子以后儒学遂无传人。他们用历史事实来指出秦、汉以下的传经诸儒皆是七十子的真正传人。但从历史上看来,汉儒尤为重要。他们说:

> 然汉儒,冢子也;后儒,叔季也。汉儒虽未事七十子,去古未远,初当君子五世之泽,一也。尚传闻先秦古书,故家遗俗,二也。未罹永嘉之乱,旧章〔未〕散失,三也。(上,廿七)

这不但代表费氏家学,并且代表清朝学者的"汉学运动"。这三层理由,其实只是一个理由,其实只是"去古未远"四个字。清代学者所以推崇汉儒,只是因为汉儒"去古未远",比较后代的宋、明臆说为更可信任。这个态度是历史的态度。宋明儒者的毛病在于缺乏历史的态度。他们的思想富于自由创造的成分,确有古人所不曾道过的;但他们不认这是他们自己的创见,却偏要说这是古经的真义。这并不是他们有心作伪欺人,只是缺乏历史的眼光,不知不觉地把他们自己的创见误认作千余年前孔子、孟子的真谛。后来他们的经说既成了学术思想界的无上权威,后人无法可以推翻他们。只有从历史上立脚,指出宋、明儒者生当千余年之后,万不能推翻那"去古未远"的汉儒的权威。清代的汉学运动的真意义在此;上文引的费密主张汉儒所以最可崇信的三层理由,要算是这个运动的最明白的说明了。

人皆知汉学盛于清代,而很少人知道这个尊崇汉儒的运动在明朝中叶已很兴盛。费氏父子富于历史的兴趣,自言他们的主张乃是宋、元、明三朝学者屡次主张的。在一处(上,廿二)他们列举宋朝司马光、欧阳修以下,直到明末的钱谦益等,凡一百零二人,都是主张汉唐诸儒可以继承七十子的。他引明朝的学者的话,更可以表示明朝中叶以后反理学,重汉学的倾向。如王鏊说:

> 汉初六经皆出秦火煨烬之末,孔壁剥蚀之余。然去古未远,尚遗孔门之旧。诸儒掇补葺,专门名家,各守其师之说。其后郑康成之徒笺注训释,不遗余力,其功不可诬也。宋儒性理学行,

> 汉儒之说尽废。其间有不可尽废者，今犹见之《十三经注疏》，惟闽中有板。闽本亡，汉儒之学或几乎息矣。

又引郑晓的话：

> 宋儒论汉儒驳杂，讥其训诂，恐未足以服汉儒之心。宋儒取资汉儒者，十之七八。宋诸经书传注尽有不及汉儒者。

又引归有光的话：

> 光钻研六经，溯其源本。秦火以后，儒者专门名家，确有指授。古圣贤之蕴奥未必久晦于汉唐，而乍辟于有宋。

又引新安黄洪宪的话：

> 经艺奥微，汉儒精通其旨。使非《注疏》先行于世，则扃鐍未启，宋儒之学未必能窥其堂奥。……矧汉去古未远，表章之后，遗书四出；诸儒校雠未必无据焉，可尽訾哉？

这皆可表见尊崇汉儒的风气不起于明末清初。费密又叙他的直接渊源有四个人：

(1) 张朝瑞作《孔门传道录》，纪七十子。

(2) 朱睦㮮作《授经图》，列汉儒。

(3) 邓元锡作《学校志》，从七十子序及近代。

(4) 王圻作《道统考》，取儒林世系，取秦、汉、魏、晋、南北朝、隋、唐诸儒于宋之前，著论明其不可废。

因为这四个人的书不大行于世，所以费经虞父子推广这个意思，"遵圣门定旨，辑为《中传正纪》"。此书今不传了，但据《新繁志》及《贯道堂集》所称，"《中传正纪》一百二十卷，序儒者授受源流，为传八百余篇，儒林二千有奇"。《中传》的意思即是我们在上文说过的"通诸四民之谓中"。他们自己又下定义道：

> 中者，圣人传道准绳也。不本中以修身，僻好而已；不本中以言治，偏党而已；不本中以明学，过不及而已。故谓之中传。

（上，廿二）

据《新繁志》载的书目，费密还有《中旨定论》一卷，《中旨正录》二卷，《中旨辨录》二卷，《中旨统论》二卷，《中旨申惑》二卷。这可见"中"字是费氏家学的一个中心观念。

《道脉谱》似是《中传正纪》的一种图表,"画图详其世次,述传授之宗系"。此谱亦不传。但章学诚引《贯道堂集》,说费密"自推其学出于子夏七十二传",大概此谱必有许多牵强附会的地方,怪不得章氏要说他"妄诞不经"了。

《道脉谱论》的后半列举五种反对的议论,并举五种答复。其第二辨云:

> 周公没,圣人之道不行;孟轲死,圣人之学不传。道不行,百世无善治;学不传,千载无真儒。河南程氏两夫子出而有以接乎孟氏之传。盖千四百年之后,乃得不传之学于遗经而承道统。

费密驳他道:

> ……既不敢自为传,云得之遗经,是遗经也,汉、唐诸儒……兴之继之,初非一人力,非一代力获传此遗经也。……传此遗经以惠后世,使得因之以识圣门所述先王之遗,何一二儒生窜乱经文,悍然自是,皆黜削不以为传也?不亦太过乎?

其第三辨云:

> 汉、唐传遗经,信矣;未得性命微旨,不闻道也。汉、唐只可言传经,宋始传道。

这就是"道学"、"儒林"分家的话。费密驳他道:

> 圣人之道,惟经存之。舍经,无所谓圣人之道。凿空支蔓,儒无是也。归有光尝辟之云:"自周至于今,二千年间,先王教化不复见,赖孔氏书存,学者世守以为家法,讲明为天下国家之具。汉儒谓之讲经,后世谓之讲道。能明于圣人之经,斯道明矣。世之论纷纷然异说者,皆起于讲道也。"有光真不为所惑哉?……即圣门果有性命突起之说,汉、唐果未得,果至宋乃得之,亦不可废也。……笾俎铏鼎铏,至文也,必先毛血;大烹酒醴,至美也,必重明水;示不忘其先也,圣人之至仁也。子贡曰:"文武之道未坠于地,在人;贤者识其大者,不贤者识其小者,莫不有文武之道焉。"传曰:"礼失而求诸野。"不贤也,野也,皆道所在,圣人不废。七十子与汉、唐诸儒传遗经而道获存。不贤焉,野焉,亦可为毛血明水。遂尽削之,其合于圣人之仁否也?

这一段的议论最公平。宋儒凭借汉、唐的经学,加上佛家与道家的影响,参考的材料多了,他们对于古书的了解往往有确然超过汉、唐之处。但他们为中兴儒教起见,虽得力于佛、老而不得不排斥佛、老;又为自尊其说起见,虽得力于汉、唐而不能不压倒汉、唐。谁知他们的权威太大,终久要引起反宋学的运动,于是清儒虽皆得力于宋学而皆不能不充分排斥宋学。这真是"一报还一报"。我们今日用纯粹历史的眼光看来,只看见古今一线相承,演化不息。汉儒去古未远,保存得不少的古训诂,有抱残守阙之功,而他们的见解实在鄙陋的可笑。魏、晋以后,经过低等民族的扰乱,印度宗教的侵入,造成一个黑暗的中古时代,这也是不可讳的。在这个长期的中古时代里,儒家实在不曾产出一个出色的人才,不能不把一两个平凡的王通、韩愈来撑持门面。因为中古儒家没有出色的人物,所以后来儒者看不起中古时期,而有"孟子没而不得其传焉"的话头。但平心看去,魏、晋、六朝的经师确也有继续不断的努力;至唐始有大规模的结集,上结八代的经学,下开宋儒的经学。宋儒的理解能力来自中古的佛老哲理,而宋儒解经的基础工具仍然是汉、唐的注疏。不过宋儒生当禅宗大行之后,思想经过大解放,所以理解突过汉、唐诸位学究先生,所以能有深刻的了悟,能组织伟大的系统。但这正是学问进化的自然现象,像堆柴一般,后来的应该在上面。费密说汉、唐诸儒不妨等于"毛血明水"这是最公平的话。宋儒排斥汉、唐,然而宋儒实在是毛公、郑玄、王弼、王肃的嫡派儿孙。清儒又排斥宋儒,然而顾炎武、戴震、钱大昕也实在是朱熹、黄震、王应麟的嫡传子孙(章学诚已能见及此)。所以从历史上看来,宋学只是一种新汉学,而清代的汉学其实只是一种新宋学!

费氏父子说:

古经之旨未尝不传,学未尝绝也。(上,三十三)

这真是历史的眼光。不过他们生当宋学的反动时期,不免一笔抹杀宋儒的贡献,不免过崇汉儒。这也正是费氏父子代表时代精神之处。他们说的"舍经,无所谓圣人之道",也和顾炎武说的"经学即理学"相同,也代表当日的学术界的一种大趋势。

(3) 费氏的实用主义

费氏著的书之中，最大的著作是《中传正纪》，而这书所代表的只是他们的新道统论，所以我们述他们的主张时也首先注重这一点。费氏的历史的道统论既说明了，我们现在可以研究他们用历史眼光去观察儒家的学说所得的什么结论。我们除去细节，只提出两个方面：一是他们的实用主义，一是他们尚论古人的态度。

《新繁志》的《费密传》曾述费密常对他的儿子说道："我著书皆身经历而后笔之，非敢妄言也。"志传又说他"凡与诸生论经术及古文诗辞，必本之人情事实，不徒高谈性命，为无用之学"。他的注重经验事实，他的注重实用，是他的学说的特别色彩。他们从痛苦的经验里出来，深深地感觉宋明理学的空虚无用，所以主张一种实用主义。《新繁志》说费密壮年时（1656）曾在静明寺和一班和尚学静坐。坐到半月余，心始定。他曾自言：

> 始半月视物疑为二，如履在床前，心中复有履。久之，心中见红圈渐大，至肌肤而散，颇觉畅美。一夕，闻城壕鸭声，与身隔一层，如在布袋；良久，忽通，鸭声与水流入身中，甚快。乃叹曰，"静坐，二氏之旨；吾儒实学当不在是"。

《弘道书》（下，二十）也说：

> 密壮时尝习静坐，先子深加呵禁。后在乡塾，考定古说，条晰辨论。盖密事先子多年，艰苦患难阅历久，见古注疏在后。使历艰苦患难而不见古注疏，无以知道之源；使观古注疏而不历艰苦患难，无以见道之实。

这两段都最可注意。宋儒轻视汉、唐古注疏，只为汉、唐儒者只做得名物训诂的工夫，不谈微言大义，所以宋儒嫌他们太浅陋了，笑他们未闻大道。宋儒的理学所以能风行一世，也只为他们承禅宗的影响，居然也能谈玄说妙，一洗"儒门淡薄"之风。现在当理学极绚烂之后，忽要回到那淡薄的古注疏，那是极困难的事；非经过一番大觉悟或大反动之后，那是不会实现的。明末清初的学者，承王学极盛之后，所以能抛弃那玄妙的理学而回到那淡薄的经学，正是因为明朝晚年的政治太腐败了，阉宦的横行太可耻了，流寇的祸乱太惨酷了，人民身受的痛苦太深切了,种种的原因构成了一个有力的反动,方才有那样的大觉悟,方才有那样的大决心。况且乱世的人大概容易走向悲观消极的路上去。幸而那时正当古学复兴的时期,杨慎、焦竑、胡应麟、陈第等人已把门户打开,归有光、钱谦益诸人又极力提倡古注疏。(崇祯十二年吴凤苞新刻《十三经注疏》,钱谦益为作长序。费氏父子屡引此序。)所以费氏父子从患难里出来,不致于走入静坐遁世的堕落路上去,却在古注疏里寻出古代儒家所谓"道",本无谈玄说妙的话,乃是治国平天下的实事实功。所以费密说,"使历艰苦患难而不见古注疏,无以见道之源"。一方面,费氏父子若不经过那种痛苦的经验,也不容易甘心舍弃那神秘的主静主敬的理学,诚心地来提倡那"淡薄"的儒学。所以他说,"使观古注疏而不历艰苦患难,无以见道之实"。

费氏父子从痛苦的经验里出来,主张实用主义。他们有一个《吾道本旨表》(中,三九),大略如下:

$$吾道本旨 = 有一 \begin{cases} 力行 \\ 内省 \end{cases}$$

$$吾道变说 = 无一 \begin{cases} 清谈 \\ 高论 \end{cases}$$

他们又有一个《先王传道表》(中,二八):

先王传道

三重:(1)议礼,(2)制度,(3)考文。

九经:(1)修身,(2)尊贤,(3)亲亲,(4)敬大臣,(5)体群臣,(6)子庶民,(7)来百工,(8)柔远人,(9)怀诸侯。

五品:君臣,父子,夫妇,昆弟,朋友。

四民:士,农,工,商。

他们对于"道"的见解,只是政治的,伦理的,实用的。一部《中庸》,在宋儒的眼里,成了一部高谈性命的根据;而费氏父子在那部书里只看出那"三重"、"九经"几个政治的观念。他们认定"儒贵能治天下";"三重九经"之说虽极淡薄,却是一种整治社会国家的途径,比那性命玄谈是实用多多的了。

费氏父子最看不起空谈,常说事功为要,言说为下。他们常叹息:
> 其下立言,士之一端;立德立功,久置不讲。(下,二)

他们也反对宋儒说"下学"为人事,"上达"为天理的话。他们说:
> 邵雍曰,"学以人事为大"。今之经典,古之人事也。盖天地以天道生万物而蕃,圣人以人道济群生而安。天道远而难知,论之易生纷恶,故圣人不言。人道实而可见,所以通伦常而错礼义,故圣人重之。(下,三)

这是一种"存疑主义"(Agnosticism)的论调。他们因为要推开那宋儒的玄学,故轻轻地用"天道远而难知"一句话,把宋儒的宇宙玄学放在存而不论的地位。放开了那远而难知的,且来研究那实而易见的:这是实用主义者的存疑主义。四五十年前赫胥黎一班人提倡存疑主义的态度,要使人离开神学与玄学的圈套,来做科学的工夫。费氏父子的存疑主义也只是要大家离开那太极先天的圈子,来做实学的研究。

他们推开了那无用的道,主张那整治国家,实事实功的道。他们说:
> 圣人生平可考,乡党所记可征,弟子问答可据。后儒所论,惟深山独处,乃可行之;城居郭聚,有室有家,必不能也。盖自性命之说出,而先王之三物六行亡矣;《四书》之本行,而圣王之六经四科乱矣。……果静极矣,活泼泼地会矣,坐忘矣,冲漠无朕至矣,心无不[在]腔子,性无不复,即物之理无不穷,本心之大无不立,而良知无不致矣,——亦止与达摩面壁,司马祯坐忘,天台止观,同一门庭,则沙门方士之能事耳。何补于国?何益于家?何关于政事?何救于民生?安能与古经之修身齐家治国平天下合哉?(下,十九)

拿家国民生作有用无用的标准,虽然颇近于狭义的实用主义,然而当时的虚空无稽的玄谈实在需要这样的一个严格的评判标准。费氏指出宋明的理学只是"深山独处"的自了汉的哲学,但不适用于"城居郭聚,有室有家"的生活。他们的"道",是要能适用于一切社会阶级的:

> 帝王天命统道,为"首出庶物"之尊;公卿百僚,布道之人;师儒,讲道之人;生徒,守道之人;农工商贾给食成器,遵道之人;女妇织纴酒浆,助道之人。朝廷,政所从出,立道之源;有司公堂,行道之所;胶庠,言道之所;乡塾,学道之所;六经,载道之书;历代典章,续道之书;文章辞赋,彰道之书;冠婚丧祭,吉凶仪物,安道之用;军务边防,五刑百度,济道之用。——此圣门所谓道也,非后儒"宗旨"之谓也。(下,二十)

这种见地,初看去似乎是很浅近淡薄的,但仔细看来,却是几千年无人敢说,无人能说的大见识。他的主旨只是要使思想与人生日用发生交涉;凡与人生日用没交涉的,凡与社会国家的生活没关系的,都只是自了汉的玄谈,都只是哲学家作茧自缚的把戏,算不得"道"。他们说:

> 圣人中正平实,广大无尽,国家是赖,本配天配地之学。后儒变立新说,化为各自一种囊风橐雾,或可有可无之经。(下,二十)

凡经不起这个实用主义的标准的评判的,都只是可有可无的"囊风橐雾"。

> 天下既治,无异于中材;天下已乱,无救于成败;上不足以急君父之难,下不足以拯生民之厄;浮言荒说,高自矜许,诬古人而惑后世。(上,四十五)

这叫做可有可无的囊风橐雾!

费氏父子的实用主义,简单说来,只是

> 教实以致用,学实以致用。(上,五十一)

十个大字。说得更明白点,只是

> 言必虑其所终,而行必稽其所蔽。(上,四五)

说的更明白点,只是

> 修之有益于身,言之有益于人,行之有益于事,仕则有益于国,处则有益于家。(上,四十五)

在教育方面的应用,只是

> 用元先儒袁桷《国学旧议》,令习实事,如礼乐兵农漕运河

> 工盐法茶马刑算,——一切国家要务,皆平日细心讲求,使胸有有本末定见,异日得施于政。在学十年,选而仕之,使自署其习云"能某事",得以课勤其实,悉考为伍贰,禄俸足以养廉,历练国事;能则迁升,不能则罢去。(上,四十七)

在政治方面的应用,只是

> 论政,以身所当者为定,考古斟酌调剂之。仁义礼乐,遵二帝三王为法。至于典制政刑,采之历代,庶可施行。尧舜三代风气未开;今所用者,亦政之大端;而世所行,皆汉唐以来累朝讲求明备,传为定章。使天下安宁,不过济时救弊也已。(中,二十二)

上文最后引的一段话,即荀卿"法后王"之意,但费氏父子说的更痛快明白。如云,"尧舜三代风气未开",此是何等见识!费氏父子又举封建井田为例,说明此意。他们说:

> 欲行郡县阡陌于先王风尚淳质之世,时有所不可;即欲行封建井田于后王人心大变之日,势亦有所不能。故封建井田,先王之善政也;郡县阡陌,后王之善政也。所谓"王道",不过使群黎乐业,海宇无扰,足矣。(中,二十三)

这是历史的眼光。费经虞曾讲《中庸》"议礼,制度,考文"云:

> 定天下之大端在礼。六官,一代之政俱在,名曰《周礼》,则礼广矣。度与文皆礼中事,别成一条。天子公侯卿大夫庶人悉有定数,不敢逾越,此之谓度。文者,所以知古今因革变通也。议者,合众论而成一是也。制者,画为一代章程也。考者,取其适用而不颇僻也。(中,二十六)

他们的结论是:

> 立政兴事,不泥古,不随俗;或革,或因,上不病国,下不困民,求合于中。(中,二十四)

应用的标准仍是那实用主义的标准,——"济时救弊也已"。

(4)费氏议论人的态度

费氏父子经过无数痛苦的经验,深知人情世故,故他们议论人物,往往能持一种忠恕平允的态度。自从宋儒以来,士大夫自居于穷理,其实只是执着一些迂腐的意见;他们拿这些意见来裁量人物,往往不惜割削人的骨肉,勉强凑合他们的死板法式。他们自己迷信"无欲"为理想境界,所以他们上论古人,下论小百姓,也期望他们无私无欲。他们抱着成见,遂不肯细心体谅人们的境地,一律苛刻,吹毛求疵,削足就履。所以自程颢、朱熹以后,学者心眼里只认得几个本来没有的圣人,其余的都不是完人。殊不知他们的教主孔丘先生当日本是一个很和平圆通的人。孔丘也肯见见南子,也不拒绝阳货的猪肉,也和他国里的一班贵族权臣往来问答;他的弟子也有做季氏的家臣的,也有做生意发财的,也有替蒯聩出死力的。他老人家晚年也曾说过,乡原是德之贼,而狂狷却还有可取。他老人家教人要"绝四",而宋儒却偏偏忘了"毋固"、"毋我"的教训!费氏父子对于宋明理学家的这种态度,最不满意,常常提出抗论。他们说:

> 夫运代不同,犹四时之递序;而性情互异,若水火之相隔也。……历代人才不一:或识高而学浅,或学赡而识卑;或文多而浮,或武壮而暴;或刚德而败事,或激昂以邀名;或谋深而谤腾,或名重而毁至;或始而亡命江湖也,后能立勋钟鼎;或其初托足匪类也,继乃望重朝端;或辱身以就奸贼,而曲忍全君;或畏势觉其难移,而退避免祸;或公忠体国,事欲核实,而诸臣怨之;或招呼同类,朋党害政,而天下称之;或为众所攻而未尽非,或为众所宗而非无过;或规模弘远而人议其侈,或守身清介而人讥其固;或刚正之质以温厚为怯懦,或柔婉之哲以劲直为乖张:——天下原非可一定不移,为衡宜百务精当。……此伊尹不求备于一人,孔子论朱干玉戚豚肩不掩皆贤大夫也。乌有一生事事无疵,言言中节乎?……宋世曲士陋儒,志浮目狭,未尝炼达,辄凭枯竹衡量古人;洗沙而数,拔毛而度,未悉之事,闭户以谈;往代之非,意见为刺;削平生之勋德,搜隙罅以为罪。……固薄之论满世,忠恕之道全乖;使识略高贤遗冤简册,饮恨九原:此百世无已之大痛也。(上,十一——十二)

这已是很平允的议论了。他们又说:

> 邵雍曰,"古今之时则异也,而民好生恶死之心无异也。"故

> 人臣不幸,世治而遭值奸凶,世乱而陷没盗贼,隐忍污辱,苟全性命,保妻子,以守宗祀,未为尽失。惟相与煽乱为可诛耳。故生命,人所甚惜也;妻子,人所深爱也;产业,人所至要也;功名,人所极慕也;饥寒困辱,人所难忍也;忧患陷厄,人所思避也;义理,人所共尊也。——然恶得专取义理,一切尽舍而不合量之欤?论事必本于人情,议人必兼之时势。功过不相掩,而得失必互存。不尽律人以圣贤,不专责人以不死。不以难行之事徒侈为美谈,不以必用之规定指为不肖。后事之忠咸足以立身,异时之善皆可以补过。从古从今,救时为急;或可或否,中正为宜。倘坚信宋儒刻隘臆说,恐伊、吕、微、箕生于汉、唐,亦多遗议矣。《诗》云:"神之听之,终和且平。"所当尽绝语录酷深之浮辞,仍守经传忠恕之定旨。(上,十三)

这种见解,非常平易,却是宋以后无人敢道的议论。程颐说,"饿死事极小,失节事极大"。那种武断的论调,在这八百年中,不知害死了多少无辜的男女。费氏把生命,妻子,产业等等,和义理看作同样重要的东西;教人要把这各种分子合起来看,不可单拿"义理"一种来评判人。这真是平允忠厚的态度。

他们又说:

> 尚论者,生不同时,事不共历,固宜考详始终,推量隐曲,安可悉铢两于圣贤而立论哉?古人有言,"难得而易失者,时也"。不特此也。难一而易二者,心也。难合而易乖者,情也。难决而易动者,疑也。难无而易有者,争也。难平而易忿者,气也。难免而易来者,忌也。难伏而易起者,谤也。难完而易瑕者,名也。难久而易变者,事也。难善而易坏者,政也。难除而易生者,弊也。……难通而易执者,意见也。难悔而易遂者,过误也。难成而易欺者,勋业也。世若此其纷纷难处;甫一行事,操尺寸而议者在其后矣。有不自恐自惧,而深究责,大生愧悔,求以寡过,尚何敢任意苛搜,轻刺往哲哉?(上,十七——十八)

这一大段中,如"难一而易二者,心也;难平而易忿者,气也;难通而易执者,意见也",皆是阅历有得的名言。宋以来的儒者往往意气用事,勇于责人,而不自觉其太过。如朱熹之劾奏唐仲友,如元祐后人之诬蔑王安石,都是道学史上的绝大污点。费氏最恨那"斤斤焉同乎我者纳之,其未同乎我者遂摈而弃之"(上,四四)的不容忍的态度。费氏形容他们:

> 不危坐,不徐言,则曰非儒行也;著书不言理欲,则曰非儒学也。二三师儒各立一旨,自以为是;外此,非。绝天下之人,以为不闻道;自命曰真儒。其说始固蔽不通,学者不能尽可其说,辨论亦从此纷起矣。……于是以儒之说为昧难测也,儒之意为执难平也,儒之事为烦难从也,儒之情为隔难合也,儒之气象为厉难近也。彼方夷然自远,此复绝之;不肯钳然以处人后,二者各欲为名高,交相恶矣。……立于朝廷,两相危陷,……以忧社稷。下处草野,是非烦辨,损害学案,激使他趋。天下之人婚官丧祭,终身儒行之中,所尊反与儒异,所言反与儒敌,其何尤哉?(上,四四——四五)

宋以来的理学有几个大毛病:第一,不近人情;第二,与人生没大交涉;第三,气象严厉,意气陵人。费氏父子痛斥这种理学,说他"矜高自大,鄙下实事"。(上,四七)他们要提倡一种平易近人的"中,实"之道:

> 盖圣人立教,十人中五人能知,五人不能知,五人能行,五人不能行,不以为教也。可言也,不可行,君子弗言也。可行也,不可言,君子弗行也。故言必虑其所终,而行必稽其所蔽。(上,四五)

这真不愧为实用主义者的态度。

费氏父子皆有历史的嗜好,故他们对于古今学派的异同沿革,也用历史的眼光去观察他们。他们提出一种"心理区别论"来解释历史上学派的异同。他们说:

> 天地絪缊,万物化醇。……人生其中,性安得皆同而不少异耶?男女媾精,自化而形。目于色,耳于声,鼻于臭,口于味,其官甚异;同出一身,不见其异,不闻其同也。学者论道,安得执其同,遂谓无异;执其异,遂谓无同耶?

> 子曰,"不得中行而与之,必也狂狷乎?"……圣人以狂狷兼三德也。《洪范》传曰:"又用三德:平康正直,沉潜刚克,高明柔克。"平康,中行也。沉潜多者狷。高明多者狂。刚柔者,裁之也。……高明而教使柔,沉潜而教使刚,然后才因学以当于用。(上,四九)

> 中行,狂,狷,同传圣人之道;高明,沉潜,不可偏废。圣人谓颜氏之子有不善未尝不知,知之未尝复行;子贡告诸往而知来:高明者欤? 子羔执亲之丧,泣血三年未尝见齿;曾子曰,慎终追远,民德归厚矣:沉潜者欤? 子张之学多高明,门人所传近于狂;子夏之学多沉潜,门人所传近于狷。师也过,商也不及,圣人进退之;未尝谓二子遂以过不及终其身也。……高明而学焉,则以高明入于道;沉潜而学焉,则以沉潜入于道。道同而所入异,入异而道亦同(疑当作因)之不同。韩愈所谓学焉各得其性之所近也。(上,五十)

我们分中行,高明,沉潜三种性质,颇似近世詹姆士(James)说的哲学家有"心硬""心软"两大区别。高明一派,费氏谓近于刚,其实乃是詹姆士所谓"心软"的一派。沉潜一派,费氏谓近于柔,其实乃是"心硬"的一派。心软,故富于理想,而易为想像力所诱惑;自趋于高明,而易陷于空虚。心硬,故重视事实,重视效果;虽不废想像,而步步脚踏实地;然其魄力小者,易堕入拘迂,易陷于支离琐碎。费氏拿这个区别来说明学术思想史上的派别:

> 后世学者,性本沉潜,子夏氏之儒也;而说变焉,自以为尽于圣人之道;执其说〔以〕非天下之高明,学者之沉潜者皆从而和〔之〕,谓其非合于圣人,不知其为沉潜之非高明也。

> 性本高明,子张氏之儒也;而说变焉,自以为尽于圣人之道;执其说〔以〕非天下之沉潜,学者之高明者皆从而和〔之〕,谓其非合于圣人,不知其为高明之非沉潜也。

> 圣人之道于是乎异矣。群言肴乱,不得圣人折衷之,必折衷古经乃可定也。古经之旨皆教实以致用,无不同也;而其传亦皆学实以致用。即有异,无损于圣人之道,亦不害其为传也。

(上,五十一)

以上说的,皆为有人问"程颢、程颐、朱熹、陆九渊、王守仁言学异同之辨"而发的。小程子与朱熹属于沉潜一路,陆、王属于高明一路。费氏此论最为平允,发前人所未发。费氏父子的家学也属于沉潜一路,故费密虽受学于孙奇逢,为王学后人,而他攻击"良知"之说甚猛烈;他只取王守仁恢复古本《大学》一件事而已。费密作《孙征君传》(《耆献类征》三百九十七,页三六——三七),只说:

> 其学以澄彻为宗,和易为用;是王守仁,亦不非朱熹。密曰,"先子有言,汉儒注疏邃奥,学者安可不造?"征君则叹以为果然。

费密所取于孙奇逢,如是而已。费密又自说是子夏七十二传,是他也自居于沉潜一路。但他屡次自命为中行,自称为"中传",自以为得古经之旨,故对于程、朱、陆、王的玄学方面一律攻击。然而他的推崇古注疏,他的崇尚事实,都只是他的沉潜的天性的表现。他所攻击的程、朱,只是程、朱受了高明的传染的方面,并不是他们的沉潜的方面。我们也可以说他"自以为尽于圣人之道,执其说以非天下之高明,……谓其非合于圣人,不知其为沉潜之非高明也"。

但费氏父子的沉潜,虽然是个人天性的表现,却也是"时代精神"的先驱。八百年前,程颐给他的哥哥程颢作《行状》,曾述程颢的话道:

> 道之不明,异端害之也。昔之害,近而易知;今之害,深而难辨。昔之惑人也,乘其迷暗;今之入人也,因其高明。自谓之穷神知化,而不足以开物成务。言为无不周遍,实则外于伦理。穷深极微,而不可以入尧、舜之道。

这是二程当近世哲学开幕时期对于中国当日思想界下的诊断。他们深知当日最大的病根是那"高明"病,是那"自谓之穷神知化而不足以开物成务"的玄学。然而自他们以后,以至明末,五百年中,程、朱之学盛行,结果还只是一种"自谓之穷神知化而不足以开物成务"的玄学。这是什么缘故呢?原来两宋时代高明之病太深,病根入骨,不易拔去。"高明之家,鬼瞰其室。"这个鬼就是玄学鬼。二程不睬邵雍、周敦颐的玄学的宇宙论,却舍不得那主静主敬的玄学。朱熹提倡格物穷理,却又去把二程唾弃的先天太极之学重新掘出来,奉为玄学的奇宝。陆、王唾弃先天太极的玄学,却又添出了"良知"、"心即理"的玄学。陆、王末流的玄学狂热,更不消说了。高明的病菌弥漫在空气里,凡要呼吸的人,多少总得吸一点进去;沉潜的抵抗力强的人,也不能完全避免。所以费密活在程颢之后五百年,他诊察五百年的思想界的毛病,仍不能不下"囊风橐雾,可有可无"的诊断。五百年的玄学病,到此已成"强弩之末";李闯、张献忠承客氏、魏忠贤之后,屠杀了几百万生民,倾覆了明朝的天下,同时也冰冷了五百年的玄学热。费氏父子一面提倡实事实功,开颜、李学派的先声;一面尊崇汉儒,提倡古注疏的研究,开清朝二百余年"汉学"的风气:他们真不愧为时代精神的先驱者!

十三,九,十七脱稿

(原题《记费密的学说》,载 1921 年 10 月 12 日至 15 日、17 日《晨报副镌》。收入本集时作了较大修改,改用现题)

读《楚辞》

十年六月，洪熙、思永们的读书会要我讲演，我讲的是我关于《楚辞》的意见，后来记在《日记》里，现在整理出来，作为一篇读书记。我很盼望国中研究《楚辞》的人平心考察我的意见，修正他或反证他，总期使这部久被埋没，久被"酸化"的古文学名著能渐渐的从乌烟瘴气里钻出来，在文学界里重新占一个不依傍名教的位置。

（一）屈原是谁？

屈原是谁？这个问题是没有人发问过的。我现在不但要问屈原是什么人，并且要问屈原这个人究竟有没有。为什么我要疑心呢？因为：

第一，《史记》本来不很可靠，而《屈原贾生列传》尤其不可靠。

（子）《传》末有云："及孝文崩，孝武皇帝立，举贾生之孙二人至郡守，而贾嘉最好学，世其家，与余通书，至孝昭时，列为九卿。"司马迁何能知孝昭的谥法？一可疑。孝文之后为景帝，如何可说"及孝文崩，孝武皇帝立"？二可疑。

（丑）《屈原传》叙事不明。先说，"王怒而疏屈平"。次说，"屈平既疏，不复在位，使于齐，顾反谏怀王曰，何不杀张仪。王悔，追张仪不及"。又说，"怀王欲行，屈平曰，秦虎狼之国，不可信，不如无行"。又说，"顷襄王立，以子兰为令尹。楚人既咎子兰以劝怀王入秦而不反也，屈平既嫉之，虽放流，眷顾楚国，系心怀王，不忘欲反"。又说，"令尹子兰闻之大怒，卒使上官大夫短屈原于顷襄王。王怒而迁之。屈原至于江滨，被发行吟泽畔"。既"疏"了，既"不复在位"了，又"使于齐"，又"谏"重大的事，一大可疑。前面并不曾说"放流",出使于齐的人,又能谏大事的人,自然不曾被"放流"。而下面忽说"虽放流",忽说"迁之",二大可疑。"秦虎狼之国,不可信"二句,依《楚世家》,是昭雎谏的话。"何不杀张仪"一段,张仪传无此语,亦无"怀王悔,追张仪不及"等事,三大可疑。怀王拿来换张仪的地,此传说是"秦割汉中地",张仪传说是"秦欲得黔中地",《楚世家》说是"秦分汉中之半"。究竟是汉中是黔中呢?四大可疑。前称屈平,而后半忽称屈原,五大可疑。

第二,传说的屈原,若真有其人,必不会生在秦汉以前。

(子)"屈原"明明是一个理想的忠臣,但这种忠臣在汉以前是不会发生的,因为战国时代不会有这种奇怪的君臣观念。我这个见解,虽然很空泛,但我想很可以成立。

(丑)传说的屈原是根据于一种"儒教化"的《楚辞》解释的。但我们知道这种"儒教化"的古书解是汉人的拿手戏,只有那笨陋的汉朝学究能干这件笨事!

依我看来,屈原是一种复合物,是一种"箭垛式"的人物,与黄帝、周公同类,与希腊的荷马同类。怎样叫做"箭垛式"的人物呢?古代有许多东西是一班无名的小百姓发明的,但后人感恩图报,或是为便利起见,往往把许多发明都记到一两个有名的人物的功德簿上去。最古的,都说是黄帝发明的。中古的,都说是周公发明的。怪不得周公要一饭三吐哺,一沐三握发了!那一小部分的南方文学,也就归到屈原、宋玉(宋玉也是一个假名)几个人身上去。(佛教的无数"佛说"的经也是这样的,不过印度人是有意造假的,与这些例略有不同。)譬如诸葛亮借箭时用的草人,可以收到无数箭,故我叫他们做"箭垛"。

我想,屈原也许是二十五篇《楚辞》之中的一部分的作者,后来渐渐被人认作这二十五篇全部的作者。但这时候,屈原还不过是一个文学的箭垛。后来汉朝的老学究把那时代的"君臣大义"读到《楚辞》里去,就把屈原用作忠臣的代表,从此屈原就又成了一个伦理的箭垛了。

大概楚怀王入秦不返,是南方民族的一件伤心的事,故当时有

"楚虽三户，亡秦必楚"的歌谣。后来亡秦的义兵终起于南方，而项氏起兵时竟用楚怀王的招牌来号召人心。当时必有楚怀王的故事或神话流传民间，屈原大概也是这种故事的一部分。在那个故事里，楚怀王是正角，屈原大概还是配角，——郑袖唱花旦，靳尚唱小丑，——但秦亡之后，楚怀王的神话渐渐失其作用了，渐渐销灭了；于是那个原来做配角的屈原反变成正角了。后来这一部分的故事流传久了，竟仿佛真有其事，故刘向《说苑》也载此事，而补《史记》的人也七拼八凑的把这个故事塞进《史记》去。补《史记》的人很多，最晚的有王莽时代的人，故《司马相如列传》后能引扬雄的话；《屈贾列传》当是宣帝时人补的，那时离秦亡之时已一百五十年了，这个理想的忠臣故事久已成立了。

（二）《楚辞》是什么？

我们现在可以断定《楚辞》的前二十五篇决不是一个人做的。那二十五篇是：

《离骚》	1	《九歌》	9
《天问》	1	《九章》	9
《远游》	1	《卜居》	1
《渔父》	1	《招魂》	1
《大招》	1		

这二十五篇之中，《天问》文理不通，见解卑陋，全无文学价值，我们可断定此篇为后人杂凑起来的。《卜居》、《渔父》为有主名的著作，见解与技术都可代表一个《楚辞》进步已高的时期。《招魂》用"些"，《大招》用"只"，皆是变体。《大招》似是模仿《招魂》的。《招魂》若是宋玉作的，《大招》决非屈原作的。《九歌》与屈原的传说绝无关系，细看内容，这九篇大概是最古之作，是当时湘江民族的宗教舞歌。剩下的，只有《离骚》、《九章》与《远游》了。依我看来，《远游》是模仿《离骚》做的；《九章》也是模仿《离骚》做的。《九章》中，《怀沙》载在《史记》，《哀郢》之名见于《屈贾传论》，大概汉昭宣帝时尚无"九章"之总名。《九章》中，也许有稍古的，也许有晚出的伪作。我们若不愿完全丢弃

屈原的传说，或者可以认《离骚》为屈原作的。《九章》中，至多只能有一部分是屈原作的。《远游》全是晚出的仿作。

我们可以把上述的意见，按照时代的先后，列表如下：

（1）最古的南方民族文学　　《九歌》
（2）稍晚——屈原？　　　　《离骚》
　　　　　　　　　　　　　　《九章》的一部分（？）
（3）屈原同时或稍后　　　　《招魂》
（4）稍后——楚亡后　　　　《卜居》《渔父》
（5）汉人作的　　　　　　　《大招》《远游》
　　　　　　　　　　　　　　《九章》的一部分
　　　　　　　　　　　　　　《天问》

（三）《楚辞》的注家

《楚辞》注家分汉宋两大派。汉儒最迂腐，眼光最低，知识最陋。他们把一部《诗经》都罩上乌烟瘴气了。一首"关关雎鸠"明明是写相思的诗，他们偏要说是刺周康王后的，又说是美后妃之德的！所以他们把一部《楚辞》也"酸化"了。这一派自王逸直到洪兴祖，都承认那"屈原的传说"，处处把美人香草都解作忠君忧国的话，正如汉人把《诗三百篇》都解作腐儒的美刺一样！宋派自朱熹以后，颇能渐渐推翻那种头巾气的注解。朱子的《楚辞集注》虽不能抛开屈原的传说，但他于《九歌》确能别出新见解。《九歌》中，《湘夫人》，《少司命》，《东君》，《国殇》，《礼魂》，各篇的注与序里皆无一字提到屈原的传说；其余四篇，虽偶然提及，但朱注确能打破旧说的大部分，已很不易得了。我们应该从朱子入手，参看各家的说法，然后比朱子更进一步，打破一切迷信的传说，创造一种新的《楚辞》解。

（四）《楚辞》的文学价值

我们须要认明白：屈原的传说不推翻，则《楚辞》只是一部忠臣教科书，但不是文学。如《湘夫人》歌："袅袅兮秋风，洞庭波兮木叶下"，本是白描的好文学，却被旧注家加上"言君政急则众民愁而贤

者伤矣"(王逸),"喻小人用事则君子弃逐"(五臣)等等荒谬的理学话,便不见他的文学趣味了。又如:

> 捐余袂兮江中,遗余褋兮醴浦,搴汀洲兮杜若,将以遗兮远者。

这四句何等美丽!注家却说:

> 屈原托与湘夫人,共邻而处,舜复迎之而去,穷困无所依,故欲捐弃衣物,裸身而行,将适九夷也。远者谓高贤隐士也。言己虽欲之九夷绝域之外,犹求高贤之士,平洲香草以遗之,与共修道德也。(王逸)

或说:

> 袂褋皆事神所用,今夫人既去,君复背己,无所用也,故弃遗之。……杜若以喻诚信;远者,神及君也。(五臣)

或说:

> 既诒湘夫人以袂褋,又遗远者以杜若。好贤不已也。(洪兴祖)

这样说来说去,还有文学的趣味吗?故我们必须推翻屈原的传说,打破一切村学究的旧注,从《楚辞》本身上去寻出他的文学兴味来,然后《楚辞》的文学价值可以有恢复的希望。

十一,八,二十八改稿

(原载 1922 年 9 月 3 日《读书杂志》第 1 期)

古史讨论的读后感

《读书杂志》上顾颉刚,钱玄同,刘掞藜,胡堇人四位先生讨论古史的文章,已做了八万字,经过了九个月,至今还不曾结束。这一件事可算是中国学术界的一件极可喜的事,他在中国史学史上的重要一定不亚于丁在君先生们发起的科学与人生观的讨论在中国思想史上的重要。这半年多的《努力》和《读书杂志》的读者也许嫌这两组大论争太繁重了,太沉闷了;然而我们可以断言这两组的文章是《努力》出世以来最有永久价值的文章。在最近的将来,我这个武断的估价就会有多人承认的。

这一次古史的讨论里最徼幸的是双方的旗鼓相当,阵势都很整严,所以讨论最有精采。顾先生说的真不错:

> 中国的古史全是一篇糊涂账。二千余年来随口编造,其中不知有多少罅漏,可以看得出它是假造的。但经过了二千余年的编造,能够成立一个系统,自然随处也有它的自卫的理由。现在我尽寻它的罅漏,刘先生尽寻它的自卫的理由,这是一件很好的事。即使不能遽得结论,但经过了长时间的讨论,至少可以指出一个公认的信信和疑疑的限度来,这是无疑的。

我们希望双方的论主都依着这个态度去搜求证据。这一次讨论的目的是要明白古史的真相。双方都希望求得真相,并不是顾先生对古史有仇,而刘先生对古史有恩。他们的目的既同,他们的方法也只有一条路:就是寻求证据。只有证据的充分与不充分是他们论战胜败的标准,也是我们信仰与怀疑的标准。

现在双方的讨论都暂时休战了,——顾先生登有启事,刘先生也没有续稿寄来。我趁这个机会,研究他们的文章,忍不住要说几句旁观的话,就借着现在最时髦的名称"读后感"写了出来,请四位先生指教。

第一,所谓"影响人心"的问题。这是开宗明义的要点,我们先要说明白。刘先生说:

> 因为这种翻案的议论,这种怀疑的精神,很有影响于我国的人心和史界,心有所欲言,不敢不告也。(十三期)

他又说:

> 先生这个翻案很足影响人心;我所不安,不敢不吐。(十六期)

否认古史某部分的真实,可以影响于史界,那是自然的事。但这事决不会在人心上发生恶影响。我们不信盘古氏和天皇、地皇、人皇氏,人心并不因此变坏。假使我们进一步,不能不否认神农、黄帝了,人心也并不因此变坏。假使我们更进一步,又不能不否认尧、舜和禹了,人心也并不因此变坏。——岂但不变坏? 如果我们的翻案是有充分理由的,我们的翻案只算是破了一件几千年的大骗案,于人心只有好影响,而无恶影响。即使我们的证据不够完全翻案,只够引起我们对于古史某部分的怀疑,这也是警告人们不要轻易信仰,这也是好影响,并不是恶影响。本来刘先生并不曾明说这种影响的善恶,也许他单指人们信仰动摇。但这几个月以来,北京很有几位老先生深怪顾先生"忍心害理",所以我不能不替他伸辩一句。这回的论争是一个真伪问题;去伪存真,决不会有害于人心。譬如猪八戒抱住了假唐僧的头颅痛哭,孙行者告诉他那是一块木头,不是人头,猪八戒只该欢喜,不该恼怒。又如穷人拾得一圆假银圆,心里高兴,我们难道因为他高兴就不该指出那是假银圆吗? 上帝的观念固然可以给人们不少的安慰,但上帝若真是可疑的,我们不能因为人们的安慰就不肯怀疑上帝的存在了。上帝尚且如此,何况一个禹? 何况黄帝、尧、舜? 吴稚晖先生曾说起黄以周在南菁书院做山长时,他房间里的壁上有八个大字的座右铭:

> 实事求是,莫作调人。

我请用这八个字贡献给讨论古史的诸位先生。

第二，顾先生的"层累地造成的古史"的见解真是今日史学界的一大贡献，我们应该虚心地仔细研究他，虚心地试验他，不应该叫我们的成见阻碍这个重要观念的承受。这几个月的讨论不幸渐渐地走向琐屑的枝叶上去了；我恐怕一般读者被这几万字的讨论迷住了，或者竟忽略了这个中心的见解，所以我要把他重提出来，重引起大家的注意。顾先生自己说"层累地造成的古史"有三个意思：

（1）可以说明时代愈后，传说的古史期愈长。

（2）可以说明时代愈后，传说中的中心人物愈放愈大。

（3）我们在这上，即不能知道某一件事的真确的状况，也可以知道某一件事在传说中的最早状况。

这三层意思都是治古史的重要工具。顾先生的这个见解，我想叫他做"剥皮主义"。譬如剥笋，剥进去方才有笋可吃。这个见解起于崔述；崔述曾说：

> 世益古则其取舍益慎，世益晚则其采择益杂。故孔子序《书》，断自唐虞；而司马迁作《史记》乃始于黄帝。……近世以来……乃始于庖牺氏或天皇氏，甚至有始于开辟之初盘古氏者。……嗟夫，嗟夫，彼古人者诚不料后人之学之博之至于如是也！
>
> （《考信录·提要》上，二二）

崔述剥古史的皮，仅剥到"经"为止，还不算彻底。顾先生还要进一步，不但剥的更深，并且还要研究那一层一层的皮是怎样堆砌起来的。他说：

> 我们看史迹的整理还轻，而看传说的经历却重。凡是一件史事，应看他最先是怎样，以后逐步逐步的变迁是怎样。

这种见解重在每一种传说的"经历"与演进。这是用历史演进的见解来观察历史上的传说。

这是顾先生这一次讨论古史的根本见解，也就是他的根本方法。他初次应用这方法，在百忙中批评古史的全部，也许不免有些微细的错误。但他这个根本观念是颠扑不破的，他这个根本方法是愈用愈见功效的。他的方法所以总括成下列的方式：

（1）把每一件史事的种种传说，依先后出现的次序，排列起来。

（2）研究这件史事在每一个时代有什么样子的传说。

（3）研究这件史事的渐演进：由简单变为复杂，由陋野变为雅驯，由地方的（局部的）变为全国的，由神变为人，由神话变为史事，由寓言变为事实。

（4）遇可能时，解释每一次演变的原因。

他举的例是"禹的演进史"。

禹的演进史，至今没有讨论完毕，但我们不要忘了禹的问题只是一个例，不要忘了顾先生的主要观点在于研究传说的经历。

我在几年前也曾用这个方法来研究一个历史问题——井田制度。我把关于井田制度的种种传说，依出现的先后，排成一种井田论的演进史：

（1）《孟子》的井田论很不清楚，又不完全。

（2）汉初写定的《公羊传》只有"什一而藉"一句。

（3）汉初写定的《穀梁传》说的详细一点，但只是一些"望文生义"的注语。

（4）汉文帝时的《王制》是依据《孟子》而稍加详的，但也没有分明的井田制。

（5）文、景之间的《韩诗外传》演述《穀梁传》的话，做出一种清楚分明的井田论。

（6）《周礼》更晚出，里面的井田制就很详细，很整齐，又很烦密了。

（7）班固的《食货志》参酌《周礼》与《韩诗》的井田制，并成一种调和的制度。

（8）何休的《公羊解诂》更晚出，于是参考《孟子》、《王制》、《周礼》、《韩诗》的各种制度，另做成一种井田制。（看《胡适文存》二，页二六四——二八一）

这一个例也许可以帮助读者明了顾先生的方法的意义，所以我引他在这儿，其实古史上的故事没有一件不曾经过这样的演进，也没有一件不可用这个历史演进的（evolutionary）方法去研究。尧、舜、禹的故事，黄帝、神农、庖牺的故事，汤的故事，伊尹的故事，后稷的故事,文王的故事,太公的故事,周公的故事,都可以做这个方法的实验品。

第三,我们既申说了顾先生的根本方法,也应该考察考察刘掞藜先生的根本态度与方法。刘先生自己说:

> 我对于古史,只采取"察传"的态度,参之以情,验之以理,断之以证。(《读书杂志》十三期)

他又说:

> 我对于经书或任何子书,不敢妄信,但也不敢闭着眼睛,一笔抹杀;总须度之以情,验之以理,决之以证。

这话粗看上去似乎很可满人意了。但仔细看来,这里面颇含有危险的分子。"断之以证"固是很好,但"情"是什么?"理"又是什么?刘先生自己虽没有下定义,但我们看他和钱玄同先生讨论的话,一则说:

> 但是我们知道文王至仁。

再则说:

> 我们也知道周公至仁。

依科学的史家的标准,我们要问,我们如何知道文王、周公的至仁呢?"至仁"的话是谁说的?起于什么时代?刘先生信"文王至仁"为原则,而以"执讯连连,攸馘安安"为例外;又信"周公至仁"为原则,而以破斧缺斨为例外。不知在史学上,《皇矣》与《破斧》之诗正是史料,而至仁之说却是后起的传说变成的成见。成见久据于脑中,不经考察,久而久之便成了情与理了。

刘先生列举情,理,证三者,而证在最后一点。他说"参之以情",又说"度之以情"。崔述曾痛论这个方法的危险道:

> 人之情好以己度人,以今度古……往往迳庭悬隔,而其人终不自知也……以己度人,虽耳目之前而必失之。况欲以度古人,……岂有当乎?(《考信录·提要》上,四)

作《皇矣》诗的人并无"王季、文王是纣臣"的成见,作《破斧》诗的人也并无"周公圣人"的成见;而我们生在几千年后,从小就灌饱了无数后起的传说,于今戴着传说的眼镜去读诗,自以为"度之以情",而不知只是度之以成见呵。

至于"验之以理",更危险了。历史家只应该从材料里,从证据里,去寻出客观的条理。如果我们先存一个"理"在脑中,用理去"验"事物,那样的"理"往往只是一些主观的意见。例如刘先生断定《国语》《左传》说烈山氏之子柱能殖百谷百蔬的话不是凭空杜撰的,他列举二"理",证明烈山氏时有"殖百谷百蔬"的可能。他所谓"理",正是我们所谓"意见"。如他说:

> 人必借动植物以生;既有动植物矣,则必有谷有蔬也无疑。夫所谓种植耕稼者,不过以一举手一投足之劳,扫荒薉,培所欲之植物而已。此植物即所谓"百谷百蔬"也(《读书杂志》十五,圈点依原文)。

这是全无历史演进眼光的臆说。稍研究人类初民生活的人,都知道一技一术在今日视为"不过一举手一投足之劳"的,在初民社会里往往须经过很长的时期而后偶然发明。"借动植物以生"是一件事,而"种植耕稼"另是一件事。种植耕稼须假定(1)辨认种类的能力,(2)预料将来收获的能力,(3)造器械的能力,(4)用人工补助天行的能力,(5)比较有定居的生活,……等等条件备具,方才有农业可说。故治古史的人,若不先研究人类学社会学,决不能了解先民创造一技一艺时的艰难,正如我们成年的人高谈阔论而笑小孩子牙牙学语的困难;名为"验之以理",而其实仍是"以己度人,以今度古"。

最后是"断之以证"。在史学上证据固然最重要,但刘先生以情与理揣度古史,而后"断之以证",这样的方法很有危险。我们试引刘先生驳顾先生论古代版图的一段做例。《尧典》的版图有交趾,顾先生疑心那是秦汉的疆域。刘先生驳他道:

> 就我所知,春秋之末,秦汉之前,竟时时有人道及交趾,甚且是尧舜抚有交趾。

他引四条证据:

(a)《墨子·节用中》。　(b)《尸子》佚文。

(c)《韩非子·十过》。　(d)《大戴礼记·少闲》。

《大戴礼》是汉儒所作,刘先生也承认。前面三条,刘先生说"总可认为战国时文"。——这一层我们姑且不和他辩；我们姑且依他承认此三条为"战国时文"。依顾先生的方法,这三条至多不过证明战国时有人知有交趾罢了。然而刘先生的"断之以证"的方法却真大胆！他说：

> 知有交趾,则是早已与交趾有关系了。但是我们知道春秋、东周、西周、商、夏都与交趾没有来往,是墨子、尸子、韩非等所言,实由尧之抚有交趾也（圈是我加的）。

战国时的一句话,即使是真的,便可以证明二千年前的尧时的版图,这是什么证据？况且刘先生明明承认"《春秋》东周、西周、商、夏都与交趾没有来往"；若依顾先生的方法,单这一句已可以证明《尧典》为秦汉时的伪书了。

我们对于"证据"的态度是：一切史料都是证据。但史家要问：(1)这种证据是在什么地方寻出的？(2)什么时候寻出的？(3)什么人寻出的？(4)地方和时候上看起来,这个人有做证人的资格吗？(5)这个人虽有证人资格,而他说这句话时有作伪(无心的,或有意的)的可能吗？

刘先生对于这一层,似乎不很讲究。如他上文举的三条证据,(a)《墨子·节用》篇屡称"子墨子曰",自然不是"春秋之末"的作品。(b)尸佼的有无,本不可考；《尸子》原书已亡,依许多佚文看来,此书大概作于战国末年,或竟是更晚之作。(c)《韩非子》一书本是杂凑起来的；《十过》一篇,中叙秦攻宜阳一段,显然可证此篇不是韩非所作,与《初见秦》等篇同为后人伪作的。而刘先生却以为"以韩非之疑古,犹且称道之"。不知《显学》篇明说"明据先王,必定尧、舜者,非愚则诬也"；《五蠹》篇明说"今有美尧、舜、汤、武、禹之道于当今之世者,必为新圣笑矣"。即用此疑古的两篇作标准,已可以证明《十过》篇之为伪作而无疑。这些东西如何可作证据用呢？

以上所说,不过是我个人的读后感。内中颇有偏袒顾先生的嫌疑,我也不用讳饰了。但我对于刘掞藜先生搜求材料的勤苦,是十分佩服的；我对他的批评,全无恶感,只有责备求全之意,只希望他对他自己治史学的方法有一种自觉的评判,只希望他对自己搜来的材料也有一种较严刻的评判,而不仅仅奋勇替几个传说的古圣王作辩护士。行文时说话偶有不检点之处,我也希望他不至于见怪。

十三,二,八

（原载 1924 年 2 月 22 日《读书杂志》第 18 期）

一个最低限度的国学书目

序　言

这个书目是我答应清华学校胡君敦元等四个人拟的。他们都是将要往外国留学的少年,很想在短时期中得着国故学的常识。所以我拟这个书目的时候,并不为国学有根柢的人设想,只为普通青年人想得一点系统的国学知识的人设想。这是我要声明的第一点。

这虽是一个书目,却也是一个法门。这个法门可以叫做"历史的国学研究法"。这四五年来,我不知收到多少青年朋友询问"治国学有何门径"的信。我起初也学着老前辈们的派头,劝人从"小学"入手,劝人先通音韵训诂。我近来忏悔了!那种话是为专家说的,不是为初学人说的;是学者装门面的话,不是教育家引人入胜的法子。音韵训诂之学自身还不曾整理出个头绪系统来,如何可作初学人的入手工夫?十几年的经验使我不能不承认音韵训诂之学只可以作"学者"的工具,而不是"初学"的门径。老实说来,国学在今日还没有门径可说;那些国学有成绩的人大都是下死工夫笨干出来的。死工夫固是重要,但究竟不是初学的门径。对初学人说法,须先引起他的真兴趣,他然后肯下死工夫。在这个没有门径的时候,我曾想出一个下手方法来:就是用历史的线索做我们的天然系统,用这个天然继续演进的顺序做我们治国学的历程。这个书目便是依着这个观念做的。这个书目的顺序便是下手的法门。这是我要声明的第二点。

这个书目不单是为私人用的,还可以供一切中小学校图书馆及地方公共图书馆之用。所以每部书之下,如有最易得的版本,皆为注出。

（一）工具之部

《书目举要》（周贞亮，李之鼎）　南城宜秋馆本。这是书目的书目。

《书目答问》（张之洞）刻本甚多，近上海朝记书庄有石印"增辑本"最易得。

《四库全书总目提要》，附存目录，广东图书馆刻本，又点石斋石印本最方便。

《汇刻书目》（顾修）　顾氏原本已不适用，当用朱氏增订本，或上海、北京书店翻印本，北京有益堂翻本最廉。

《续汇刻书目》（罗振玉）　双鱼堂刻本。

《史姓韵编》（汪辉祖）　刻本稍贵，石印本有两种。此为《廿四史》的人名索引，最不可少。

《中国人名大辞典》（商务印书馆）

《历代名人年谱》（吴荣光）　北京晋华书局新印本。

《世界大事年表》（傅运森）　商务印书馆。

《历代地理韵编》，《清代舆地韵编》（李兆洛）　广东图书馆本，又坊刻《李氏五种》本。

《历代纪元编》（六承如）《李氏五种》本。

《经籍籑诂》（阮元等）　点石斋石印本可用。读古书者，于寻常字典外，应备此书。

《经传释词》（王引之）　通行本。

《佛学大辞典》（丁福保等译编）　上海医学书局。

(二)思想史之部

《中国哲学史大纲》上卷(胡适)　商务印书馆。

二十二子：

　　《老子》　　　《庄子》　　　《管子》　　　《列子》
　　《墨子》　　　《荀子》　　　《尸子》　　　《孙子》
　　《孔子集语》　《晏子春秋》　《吕氏春秋》　《贾谊新书》
　　《春秋繁露》　《扬子法言》　《文子缵义》　《黄帝内经》
　　《竹书纪年》　《商君书》　　《韩非子》　　《淮南子》
　　《文中子》　　《山海经》

浙江公立图书馆(即浙江书局)刻本。上海有铅印本亦尚可用。汇刻子书,以此部为最佳。

《四书》(《论语》,《大学》,《中庸》,《孟子》)　最好先看白文,或用朱熹集注本。

《墨子间诂》(孙诒让)　原刻本,商务印书馆影印本。

《庄子集释》(郭庆藩)　原刻本,石印本。

《荀子集注》(王先谦)　原刻本,石印本。

《淮南鸿烈集解》(刘文典)　商务印书馆出版。

《春秋繁露义证》(苏舆)　原刻本。

《周礼》　通行本。

《论衡》(王充)　通津草堂本(商务印书馆影印);湖北崇文书局本。

《抱朴子》(葛洪)　平津馆丛书本最佳,亦有单行的;湖北崇文书局本。

《四十二章经》　金陵刻经处本。以下略举佛教书。

《佛遗教经》　同上。

《异部宗轮论述记》(窥基)　江西刻经处本。

《大方广佛华严经》(东晋译本)　金陵刻经处。

《妙法莲华经》(鸠摩罗什译)　同上。

《般若纲要》(葛䚕)　《大般若经》太繁,看此书很够了。扬州藏经院本。

《般若波罗密多心经》(玄奘译)

《金刚般若波罗密经》(鸠摩罗什译,菩提流支译,真谛译) 以上两书,流通本最多。

《阿弥陀经》(鸠摩罗什译) 此书译本与版本皆极多,金陵刻经处有《阿弥陀经要解》(智旭)最便。

《大方广圆觉了义经》(即《圆觉经》)(佛陀多罗译) 金陵刻经处白文本最好。

《十二门论》(鸠摩罗什译) 金陵刻经处本。

《中论》(同上) 扬州藏经院本。

以上两种,为三论宗《三论》之二。

《三论玄义》(隋吉藏撰) 金陵刻经处本。

《大乘起信论》(伪书) 此虽是伪书,然影响甚大。版本甚多,金陵刻经处有沙门真界纂注本颇便用。

《大乘起信论考证》(梁启超) 此书绍介日本学者考订佛书真伪的方法,甚有益。商务印书馆将出版。

《小止观》(一名《童蒙止观》,智𫖮撰) 天台宗之书不易读,此书最便初学。金陵刻经处本。

《相宗八要直解》(智旭直解) 金陵刻经处本。

《因明入正理论疏》(窥基疏) 金陵刻经处本。

《大慈恩寺三藏法师传》(慧立撰) 玄奘为中国佛教史上第一伟大人物,此传为中国传记文学之大名著。常州天宁寺本。

《华严原人论》(宗密撰) 有正书局有合解本,价最廉。

《坛经》(法海录) 流通本甚多。

《古尊宿语录》 此为禅宗极重要之书,坊间现尚无单行刻本。《大藏经》缩刷本腾字四至六。

《宏明集》(梁僧祐集) 此书可考见佛教在晋、宋、齐、梁士大夫间的情形。金陵刻经处本。

《韩昌黎集》(韩愈) 坊间流通本甚多。

《李文公集》(李翱) 《三唐人集》本。

《柳河东集》(柳宗元) 通行本。

《宋元学案》（黄宗羲，全祖望等） 冯云濠刻本，何绍基刻本，光绪五年长沙重刊本。坊间石印本不佳。

《明儒学案》（黄宗羲） 莫晋刻本最佳。坊间通行有江西本，不佳。

以上两书，保存原料不少，为宋、明哲学最重要又最方便之书。此下所列，乃是补充这两书之缺陷，或是提出几部不可不备的专家集子。

《直讲李先生集》（李觏） 商务印书馆印本。

《王临川集》（王安石） 通行本。商务印书馆影印本。

《二程全书》（程颢，程颐） 六安涂氏刻本。

《朱子全书》（朱熹） 六安涂氏刻本；商务印书馆影印本。

《朱子年谱》（王懋竑） 广东图书馆本，湖北局本。此书为研究朱子最不可少之书。

《陆象山全集》（陆九渊） 上海江左书林铅印本很可用。

《陈龙川全集》（陈亮） 通行本。

《叶水心全集》（叶适） 通行本。

《王文成公全书》（王守仁） 浙江图书馆本。

《困知记》（罗钦顺） 嘉庆四年翻明刻本。正谊堂本。

《王心斋先生全集》（王艮） 近年东台袁氏编订排印本最好，上海国学保存会寄售。

《罗文恭公全集》（罗洪先） 雍正间刻本，《四库全书》本与此本同。

《胡子衡齐》（胡直） 此书为明代哲学中一部最有条理又最有精采之书。《豫章丛书》本。

《高子遗书》（高攀龙） 无锡刻本。

《学蔀通辨》（陈建） 正谊堂本。

《正谊堂全书》（张伯行编） 这部丛书搜集程朱一系的书最多，欲研究"正统派"的哲学的，应备一部。全书六百七十余卷，价约三十元。初刻本已不可得，现行者为同治间补刻本。

《清代学术概论》（梁启超） 商务印书馆。

《日知录》(顾炎武)　用黄汝成《集释》本。通行本。

《明夷待访录》(黄宗羲)　单行本。扫叶山房《梨洲遗著汇刊》本。

《张子正蒙注》(王夫之)　《船山遗书》本。

《思问录内外篇》(王夫之)　同上。

《俟解》一卷,《噩梦》一卷(王夫之)　同上。

《颜李遗书》(颜元,李塨)《畿辅丛书》本可用。北京四存学会增补全书本。

《费氏遗书》(费密)　成都唐氏刻本。(北京大学出版部寄售)

《孟子字义疏证》(戴震)　《戴氏遗书》本。国学保存会有铅印本,但已卖缺了。

《章氏遗书》(章学诚)　浙江图书馆排印本,上海刘翰怡新刻全书本。

《章实斋年谱》(胡适)　商务印书馆出版。

《崔东壁遗书》(崔述)　道光四年陈履和刻本;《畿辅丛书》本只有《考信录》,亦可够用了。全书现由亚东图书馆重印,不久可出版。

《汉学商兑》(方东树)　此书无甚价值,但可考见当日汉宋学之争。单行本,朱氏《槐庐丛书》本。

《汉学师承记》(江藩)　通行本,附《宋学师承记》。

《新学伪经考》(康有为)　光绪辛卯初印本;新刻本只增一序。

《史记探源》(崔适)　初刻本;北京大学出版部排印本。

《章氏丛书》(章炳麟)　康宝忠等排印本;浙江图书馆刻本。

(三)文学史之部

《诗经集传》(朱熹)　通行本。

《诗经通论》(姚际恒)　闻商务印书馆将重印。

《诗本谊》(龚橙)　浙江图书馆《半广丛书》本。

《诗经原始》(方玉润)　闻商务印书馆不久将有重印本。

《诗毛氏传疏》(陈奂)　《清经解续编》卷七百七十八以下。

《檀弓》《礼记》 第二篇。

《春秋左氏传》 通行本。

《战国策》 商务印书馆有铅印补注本。

《楚辞集注》，附《辨证后语》（朱熹） 通行本；扫叶山房有石印本。

《全上古三代秦汉三国六朝文》（严可均编） 广雅局本。此书搜集最富，远胜于张溥的《汉魏六朝百三家集》。

《全汉三国晋南北朝诗》（丁福保编） 上海医学书局出版。

《古文苑》（章樵注） 江苏书局本。

《续古文苑》（孙星衍编） 江苏书局本。

《文选》（萧统编） 上海会文堂有石印胡刻李善注本最方便。

《文心雕龙》（刘勰） 原刻本；通行本。

《乐府诗集》（郭茂倩编） 湖北书局刻本。

《唐文粹》（姚铉编） 江苏书局本。

《唐文粹补遗》（郭麟编） 同上。

《全唐诗》（康熙朝编） 扬州原刻本，广州本，石印本，五代词亦在此中。

《宋文鉴》（吕祖谦编） 江苏书局本。

《南宋文范》（庄仲方编） 同上。

《南宋文录》（董兆熊编） 同上。

《宋诗抄》（吕留良、吴之振等编） 商务印书馆本。

《宋诗抄补》（管庭芬等编） 商务印书馆本。

《宋六十家词》（毛晋编） 汲古阁本，广州刊本，上海博古斋石印本。

《四印斋王氏所刻宋元人词》（王鹏运编刻） 原刻本，板存北京南阳山房。

《彊邨所刻词》（朱祖谋编刻） 原刻本。王、朱两位刻的词集都很精，这是近人对于文学史料上的大贡献。

《太平乐府》（杨朝英编） 《四部丛刊》本。

《阳春白雪》（杨朝英编） 南陵徐氏《随庵丛书》本。

以上两种为金元人曲子的选本。

《董解元弦索西厢》(董解元)　刘世珩、暖红室汇刻传奇本。

《元曲选一百种》(臧晋叔编)　商务印书馆有影印本。

《金文最》(张金吾编)　江苏书局本。

《元文类》(苏天爵编)　同上。

《宋元戏曲史》(王国维)　商务印书馆本。

《京本通俗小说》　这是七种南宋的话本小说,上海蝉隐庐《烟画东堂小品》本。

《宣和遗事》　《士礼居丛书》本;商务印书馆有排印本。

《五代史平话》残本　董康刻本。

《明文在》(薛熙编)　江苏书局本。

《列朝诗集》(钱谦益编)　国学保存会排印本。

《明诗综》(朱彝尊编)　原刻本。

《六十种曲》(毛晋编刻)　汲古阁本。此书善本已不易得。

《盛明杂剧》(沈泰编)　董康刻本。

《暖红室汇刻传奇》(刘世珩编刻)　原刻本。

《笠翁十二种曲》(李渔)　原刻巾箱本。

《九种曲》(蒋士铨)　原刻本。

《桃花扇》(孔尚任)　通行本。

《长生殿》(洪昇)　通行本。

清代戏曲多不胜举;故举李、蒋两集,孔、洪两种历史戏,作几个例而已。

《曲苑》　上海古书流通处(?)编印本。此书汇集关于戏曲的书十四种,中如焦循《剧说》,如梁辰鱼《江东白苎》,皆不易得。石印本价亦廉,故存之。

《缀白裘》　这是一部传奇选本,虽多是零篇,但明末清初的戏曲名著都有代表的部分存在此中。在戏曲总集中,这也是一部重要书了。通行本。

《曲录》(王国维)　《晨风阁丛书》本。

《湖海文传》(王昶编)　所选都[是]清朝极盛时代的文章,最可代表清朝"学者的文人"的文学。原刻本。

《湖海诗传》(王昶编)　原刻本。

《鲒埼亭集》(全祖望)　借树山房本。

《惜抱轩文集》(姚鼐)　通行本。

《大云山房文稿》(恽敬)　四川刻本,南昌刻本。

《文史通义》(章学诚)　贵阳刻本,浙江局本,铅印本。

《龚定盦全集》(龚自珍)　万本书堂刻本。国学扶轮社本。

《曾文正公文集》(曾国藩)　《曾文正全集》本。

清代古文专集,不易选择,我经过很久的考虑,选出全,姚,恽,章,龚,曾六家来作例。

《吴梅村诗》(吴伟业)《梅村家藏稿》　(董康刻本,商务印书馆影印本)本,无注;此外有靳荣藩《吴诗集览》本,有吴翌凤《梅村诗集笺注》本。

《瓯北诗钞》(赵翼)　《瓯北全集》本,单行本。

《两当轩诗钞》(黄景仁)　光绪二年重刻本。

《巢经巢诗钞》(郑珍)　贵州刻本;北京有翻刻本,颇有误字。

《秋蟪吟馆诗钞》(金和)　铅印全本;家刻本略有删减。

《人境庐诗钞》(黄遵宪)　日本铅印本。

清代诗也很难选择。我选梅村代表初期,瓯北与仲则代表乾隆一朝;郑子尹与金亚匏代表道、咸、同三朝;黄公度代表末年的过渡时期。

明、清两朝小说:

《水浒传》　亚东图书馆三版本。

《西游记》(吴承恩)　亚东图书馆再版本。

《三国志》亚东图书馆本。

《儒林外史》(吴敬梓)　亚东图书馆四版本。

《红楼梦》(曹霑)　亚东图书馆三版本。

《水浒后传》(陈忱,自署古宋遗民)　此书借宋徽、钦二帝事来写明末遗民的感慨,是一部极有意义的小说。亚东图书馆《水浒续集》本。

《镜花缘》(李汝珍)　此书虽有"掉书袋"的毛病,但全篇为女子争平等的待遇,确是一部很难得的书。亚东图书馆本。

以上各种,均有胡适的考证或序,搜集了文学史的材料不少。

《今古奇观》　通行本。可代表明代的短篇。

《三侠五义》　此书后经俞樾修改,改名《七侠五义》。此书可代表北方的义侠小说。旧刻本《七侠五义》流通本较多。亚东图书馆不久将有重印本。

《儿女英雄传》(文康)　蜚英馆石印本最佳;流通本甚多。

《九命奇冤》(吴沃尧)　广智书局铅印本。

《恨海》(吴沃尧)　通行本甚多。

《老残游记》(刘鹗)　商务印书馆铅印本。

以上略举十三种,代表四五百年的小说。

《五十年来的中国文学》（胡适）本书卷二。

（跋）文学史一部,注重总集:无总集的时代,或总集不能包括的文人,始举别集。因为文集太多,不易收买,尤不易遍览,故为初学人及小图书馆计,皆宜先从总集下手。

（原载 1923 年 2 月 25 日《东方杂志》第 20 卷第 4 号,
又载 1923 年 3 月 4 日《读书杂志》第 7 期）

附录一　《清华周刊》记者来书

适之先生:

在《努力周报》的增刊,《读书杂志》第七期上,我们看见先生为清华同学们拟的一个最低限度的国学书目。我们看完以后,心中便起了若干问题,现在愿说给先生听听,请先生赐教。

第一,我们以为先生这次所说的国学范围太窄了。先生在文中并未下国学的定义,但由先生所拟的书目推测起来,似乎只指中国思想史及文学史而言。思想史与文学史便是代表国学么？先生在《国学季刊》的发刊宣言里,拟了一个中国文化史的系统,其中包括（一）民族史,（二）语言文字史,（三）经济史,（四）政治史,（五）国际交通史,（六）思想学术史,（七）宗教史,（八）文艺史,（九）风俗史,（十）

制度史。中国文化史的研究，便是国学研究，这是先生在该宣言里指示我们的。既然如此，为什么先生不在国学书目文学史之部以后，加民族史之部，语言文学史之部，经济史之部……呢？

第二，我们一方面嫌先生所拟的书目范围不广；一方面又以为先生所谈的方面——思想史与文学史——谈得太深了，不合于"最低限度"四字。我们以为定清华学生的国学最低限度，应该顾到两种事实：第一是我们的时间，第二是我们的地位。我们清华学生，从中等科一年起，到大学一年止，求学的时间共八年。八年之内一个普通学生，于他必读的西文课程之外，如肯切实的去研究国学，可以达到一个什么程度，这是第一件应该考虑的。第二，清华学生都有留美的可能。教育家对于一般留学生，要求一个什么样的国学程度，这是第二件事应该考虑的。先生现在所拟的书目，我们是无论如何读不完的，因为书目太多，时间太少。而且做留学生的，如没有读过《大方广圆觉了义经》或《元曲选一百种》，当代的教育家，不见得会非难他们，以为未满足国学最低的限度。

因此，我们希望先生替我们另外拟一个书目，一个实在最低的国学书目。那个书目中的书，无论学机械工程的，学应用化学的，学哲学文学，学政治经济的，都应该念，都应该知道。我们希望读过那书目中所列的书籍以后，对于中国文化，能粗知大略。至于先生在《读书杂志》第七期所列的书目，似乎是为有志专攻哲学或文学的人作参考之用的，我们希望先生将来能继续发表民族史之部，制度史之部等的书目，让有志于该种学科的青年，有一个深造的途径。

敬祝先生康健。

《清华周刊》记者　十二年三月十一日

附录二　答书

记者先生：

关于第一点，我要说，我暂认思想与文学两部为国学最低限度；其余民族史经济史等等，此时更无从下手，连这样一个门径书目都无法可拟。

第二,关于程度方面和时间方面,我也曾想过,这个书目动机虽是为清华的同学,但我动手之后就不知不觉的放高了,放宽了。我的意思是要用这书目的人,从这书目里自己去选择;有力的,多买些;有时间的,多读些;否则先买二三十部力所能及的,也不妨;以后还可以自己随时添备。若我此时先定一个最狭义的最低限度,那就太没有伸缩的余地了。先生以为是吗?

先生说,"做留学生的,如没有读过《圆觉经》或《元曲选》,当代教育家不见得非难他们"。这一层,到有讨论的余地。正因为当代教育家不非难留学生的国学程度,所以留学生也太自菲薄,不肯多读点国学书,所以他们在国外既不能代表中国,回国后也没有多大影响。我们这个书目的意思,一部分也正是要一班留学生或候补留学生知道《元曲选》等是应该知道的书。

如果先生们执意要我再拟一个"实在的最低限度的书目",我只好在原书目加上一些圈;那些有圈的,真是不可少的了。此外还应加上一部《九种纪事本末》(铅印本)。

以下是加圈的书:

《书目答问》	《法华经》	《左传》
《中国人名大辞典》	《阿弥陀经》	《文选》
《九种纪事本末》	《坛经》	《乐府诗集》
《中国哲学史大纲》	《宋元学案》	《全唐诗》
《老子》	《明儒学案》	《宋诗钞》
《四书》	《王临川集》	《宋六十家词》
《墨子间诂》	《朱子年谱》	《元曲选一百种》
《荀子集注》	《王文成公全书》	《宋元戏曲史》
《韩非子》	《清代学术概论》	《缀白裘》
《淮南鸿烈集解》	《章实斋年谱》	《水浒传》
《周礼》	《崔东壁遗书》	《西游记》
《论衡》	《新学伪经考》	《儒林外史》
《佛遗教经》	《诗集传》	《红楼梦》

附录三 《国学入门书要目及其读法》
梁启超

两月前《清华周刊》记者以此题相属,蹉跎久未报命。顷独居翠微山中,行箧无一书,而记者督责甚急,乃竭三日之力,专凭忆想所及草斯篇。漏略自所不免,且容有并书名篇名亦忆错误者,他日当更补正也。

十二年四月二十六日　启超　碧摩岩揽翠山房

目次:

　　(甲)修养应用及思想史关系书类
　　(乙)政治史及其他文献学书类
　　(丙)韵文书类
　　(丁)小学书及文法书类
　　(戊)随意涉览书类
　　(附录一)最低限度之必读书目
　　(附录二)治国学杂话
　　(附录三)评胡适之《一个最低限度的国学书目》

(甲)修养应用及思想史关系书类

▲《论语》《孟子》

《论语》为二千年来国人思想之总源泉。《孟子》自宋以后势力亦与相垺。此二书可谓国人内的外的生活之支配者,故吾希望学者熟读成诵。即不能,亦须翻阅多次,务略举其辞,或摘记其身心践履之言以资修养。

《论语》、《孟子》之文,并不艰深,宜专读正文,有不解处方看注释。注释之书:朱熹《四书集注》为其生平极矜慎之作,可读。但其中有堕入宋儒理障处,宜分别观之。清儒注本:《论语》则有戴望《论语注》,《孟子》则有焦循《孟子正义》最善。戴氏服膺颜习斋之学,最重实践,所注似近孔门真际;其训诂亦多较朱注为优。其书简洁易读。焦氏服膺戴东原之学,其《孟子正义》在清儒诸经新疏中为最佳本。但文颇繁,宜备置案头,遇不解时或有所感时则取供参考。

戴震《孟子字义疏证》,乃戴氏一家哲学,并非专为注释《孟子》而作。但其书极精辟,学者终须一读。最好是于读《孟子》时并读之,既知戴学纲领,亦可以助读《孟子》之兴味。

焦循《论语通释》,乃摹仿《孟子字义疏证》而作,将全部《论语》拆散,标举重要诸义如言仁言忠恕……等列为若干目通观而总诠之,可称治《论语》之一良法,且可应用其法以治他书。

右(上)两书篇叶皆甚少,易读。

陈澧《东塾读书记》中读《孟子》之卷,取孟子学说分项爬梳,最为精切。其书不过二三十叶,(?)宜一读以观前辈治学方法,且于修养亦有益。

▲《易经》

此书为孔子以前之哲学书。孔子为之注解,虽奥衍难究,然总须一读。吾希望学者将《系辞传》、《文言传》熟读成诵;其《卦象传》六十四条,则用别纸抄出,随时省览。

后世说《易》者言人人殊。为修养有益起见,则程颐之《程氏易传》差可读。

说《易》最近真者,吾独推焦循。其所著《雕菰楼易学》三书(《易通释》、《易图略》、《易章句》),皆称精诣。学者如欲深通此经,可取读之。否则可以不必。

▲《礼记》

此书为战国及西汉之"儒家言"丛编,内中有极精纯者,亦有极破碎者。吾希望学者将《中庸》、《大学》、《礼运》、《乐记》四篇熟读成诵。《曲礼》、《王制》、《檀弓》、《礼器》、《学记》、《坊记》、《表记》、《缁衣》、《儒衣》、《大传》、《祭义》、《祭法》、《乡饮酒义》诸篇多浏览数次,且摘录其精要语。若欲看注解,可看《十三经注疏》内郑注孔疏。《孝经》之性质与《礼记》同,可当《礼记》之一篇读。

▲《老子》

道家最精要之书。希望学者将此区区五千言熟读成诵。注释书未有极当意者。专读白文自行寻索为妙。

▲《墨子》

孔墨在先秦时两圣并称,故此书非读不可。除《备城门》以下各篇外,余篇皆宜精读。注释书以孙诒让《墨子间诂》为最善,读《墨子》宜即读此本。《经上、下》、《经说上、下》四篇,有张惠言《墨子经说解》及梁启超《墨经》两书可参观,但皆有未精惬处。《小取篇》有胡适新诂可参观。梁启超《墨子学案》,属通释体裁,可参观助兴味;但其书为临时讲义,殊未精审。

▲《庄子》

"内篇"七篇及"杂篇"中之《天下》篇最当精读。注释有郭庆藩之《庄子集释》差可。

▲《荀子》

《解蔽》、《正名》、《天论》、《正论》、《性恶》、《礼论》、《乐论》诸篇最当精读。余亦须全部浏览。注释书王先谦《荀子注》甚善。

▲《尹文子》《慎子》《公孙龙子》

今存者皆非完书。但三子皆为先秦大哲,虽断简亦宜一读;篇帙甚少,不费力也。《公孙龙子》之真伪,尚有问题。三书皆无善注。《尹文子》、《慎子》易解。

▲《韩非子》

法家言之精华。须全部浏览。(其特别应精读之诸篇,因手边无原书,胪举恐遗漏,他日补列。)注释书王先慎《韩非子集释》差可。

▲《管子》

战国末年人所集著者,性质颇杂驳,然古代各家学说存其中者颇多,宜一浏览。注释书戴望《管子校正》甚好。

▲《吕氏春秋》

此为中国最古之类书。先秦学说存其中者颇多,宜浏览。

▲《淮南子》

此为秦、汉间道家言荟萃之书,宜稍精读。注释书闻有刘文典《淮南鸿烈集解》颇好。

▲《春秋繁露》

此为西汉儒家代表的著作。宜稍精读。注释书有苏舆《春秋繁露义证》颇好。康有为之《春秋董氏学》,为通释体裁,宜参看。
▲《盐铁论》
此书为汉代儒家法家对于政治问题对垒抗辩之书,宜浏览。
▲《论衡》
此书为汉代怀疑派哲学,宜浏览。
▲《抱朴子》
此书为晋以后道家言代表作品,宜浏览。
▲《列子》
晋人伪书,可作魏、晋间玄学书读。

右(上)所列为汉、晋以前思想界之重要著作。六朝、隋、唐间思想界著光采者为佛学,其书目当别述。以下举宋以后学术之代表书。但为一般学者节啬精力计,不愿多举也。
▲《近思录》　朱熹著,江永注。
读此书可见程、朱一派之理学其内容何如。
▲《朱子年谱》,附朱子《论学要语》　王懋竑著。
此书叙述朱学全面目,最精要有条理。
若欲研究程、朱学派,宜读《二程遗书》及《朱子语类》。非专门斯业者可置之。
南宋时与朱学对峙者尚有吕东莱之文献学一派,陈龙川、叶水心之功利主义一派,及陆象山之心学一派。欲知其详,宜读各人专集。若观大略,可求诸《宋元学案》中。
▲《传习录》　王守仁语,徐爱、钱德洪等记。
读此可知王学梗概。欲知其详,宜读《王文成公全书》。因阳明以知行合一为教,要合观学问事功,方能看出其全部人格。而其事功之经过,具见集中各文。故《阳明集》之重要,过于朱、陆诸集。
▲《明儒学案》　黄宗羲著。
▲《宋元学案》　黄宗羲初稿,全祖望、王梓材两次续成。
此二书为宋、元、明三朝理学之总记录,实创作的学术史。《明儒学案》中姚江、江右、王门、泰州、东林、蕺山诸案最精善。《宋元学案》中象山案最精善,横渠二程东莱龙川水心诸案亦好。晦翁案不

甚好。百源（邵雍）涑水（司马光）诸案失之太繁，反不见其真相。末附（王安石）《荆公新学略》最坏。因有门户之见，故为排斥。欲知荆公学术，宜看《王临川集》。

此二书卷帙虽繁，吾总望学者择要浏览，因其为六百年间学术之总汇，影响于近代甚深。且汇诸家为一编，读之不甚费力也。

清代学术史可惜尚无此等佳著。唐鉴之《国朝案小识》以清代最不振之程朱学派为立脚点，褊狭固陋，万不可读。江藩之《国朝汉学师承记》、《国朝宋学渊源记》，亦学案体裁，较好。但江氏学识亦凡庸，殊不能叙出各家独到之处。万不得已，姑以备参考而已。启超方有事于清儒学案，汗青尚无期也。

▲《日知录》《亭林文集》 顾炎武著。

顾亭林为清学开山第一人。其精力集注于《日知录》，宜一浏览。读文集中各信札，可见其立身治学大概。

▲《明夷待访录》 黄宗羲著。

黄梨洲为清初大师之一。其最大贡献在两学案。此小册可见其政治思想之大概。

▲《思问录》 王夫之著。

王船山为清初大师之一。非通观全书，不能见其神深博大。但卷帙太繁，非别为系统的整理，则学者不能读。聊举此书发凡，实不足以代表其学问之全部也。

▲《颜氏学记》 戴望编。

颜习斋为清初大师之一。戴氏所编学记，颇能传其真。徐世昌之《颜李学》，亦可供参考。但其所集习斋语要，恕谷（李塨）语要，将攻击宋儒语多不录，稍失其真。

顾、黄、王、颜四先生之学术，为学者所必须知，然其著述皆浩瀚或散殊，不易寻绎。启超行将为系统的整理记述以饷学者。

▲《东原集》 戴震著。

▲《雕菰楼集》 焦循著。

戴东原、焦理堂为清代经师中有精深之哲学思想者。读其集可知其学并知其治学方法。

启超所拟著之《清儒学案》、《东原理学》两案正在属稿中。
▲《文史通义》 章学诚著。
此书虽以文史标题,实多论学术流别,宜一读。胡适著《章实斋年谱》,可供参考。
▲《大同书》 康有为著。
南海先生独创之思想在此书。曾刊于《不忍杂志》中。
▲《国故论衡》 章炳麟著。
可见章太炎思想之一斑。其详当读《章氏遗[丛]书》。
▲《东西文化及其哲学》 梁漱溟著。
有偏宕处,亦有独到处。
▲《中国哲学史大纲》上卷 胡适著。
▲《先秦政治思想史》 梁启超著。
将读先秦经部子部书,宜先读此两书。可引起兴味,并启发自己之判断力。
▲《清代学术概论》 梁启超著。
欲略知清代学风,宜读此书。
(乙)政治史及其他文献学书类
▲《尚书》
内中惟二十八篇是真书,宜精读。但其文佶屈聱牙,不能成诵亦无妨。余篇属晋人伪撰,一浏览便足(真伪篇目,看启超所著《古书之真伪及其年代》,日内当出版)。此书非看注释不能解,注释书以孙星衍之《尚书今古文注疏》为最好。
▲《逸周书》
此书真伪参半。宜一浏览。注释书有朱右曾《逸周书集训校释》颇好。
▲《竹书纪年》
此书现通行者为元、明人伪撰。其古本,清儒辑出者数家。王国维所辑最善。
▲《国语》《春秋左氏传》
此两书或本为一书,由西汉人析出,(？)宜合读之。《左传》宜选

出若干篇熟读成诵,于学文甚有益。读《左传》宜参观顾栋高《春秋大事表》,可以得治学方法。

▲《战国策》

宜选出若干篇熟读。于学文有益。

▲《周礼》

此书西汉末晚出。何时代人所撰,尚难断定。惟书中制度,当有一部分为周代之旧;其余亦战国、秦汉间学者理想的产物。故总宜一读。注释书有孙诒让《周礼正义》最善。

▲《考信录》 崔述著。

此书考证三代史事实最谨严,宜一浏览,以为治古史之标准。

▲《资治通鉴》

此为编年政治史最有价值之作品。虽卷帙稍繁,总希望学者能全部精读一过。若苦干燥无味,不妨仿《春秋大事表》之例,自立若干门类。标治摘记,作将来著述资料(吾少时曾用此法,虽无成书,然增长兴味不少)。王船山《读通鉴论》,批评眼光,颇异俗流,读《通鉴》时取以并读,亦助兴之一法。

▲《续资治通鉴》 毕沅著。

此书价值远在司马光原著之下,自无待言;无视彼更优者,姑以备数耳。或不读《正续资治通鉴》,而读《九种纪事本末》亦可。要之非此则彼,必须有一书经目者。

▲《文献通考》《续文献通考》《皇朝文献通考》

三书卷帙浩繁。今为学者摘其要目:《田赋考》,《户口考》,《职役考》,《市籴考》,《征榷考》,《国用考》,《钱币考》,《兵考》,《刑考》,《经籍考》,《四裔考》,不必读。《王礼考》,《封建考》,《象纬考》,……绝对不必读。其余或读或不读随人(手边无原书,不能具记其目,有漏略当校补)。各人宜因其所嗜,择类读之。例如欲研究经济史财政史者,则读前七考。余仿此。马氏《文献通考》,本依仿杜氏《通典》而作,若尊创作,应举《通典》。今舍彼取此者,取其资料较丰富耳。吾辈读旧史,所贵者惟在原料,炉锤组织,当求之在我也。《两汉会要》、《唐会要》、《五代会要》,可与《通考》合读。

▲《通志·二十略》

郑渔仲学识史才,皆迈寻常。《通志》全书卷帙繁,不必读。《二十略》则其精神所聚,必须浏览。其中与通考门类同者或可省。最要者《氏族略》、《六书略》、《七音略》、《校雠略》等篇。

▲《二十四史》

通鉴通考,已浩无涯涘,更语及庞大之《二十四史》,学者几何不望而却走！然而《二十四史》终不可不读。其故有二:(一)现在既无满意之通史,不读《二十四史》,无以知先民活动之遗迹。(二)假令虽有佳的通史出现,然其书自有别裁,《二十四史》之原料,终不能全行收入。以故,《二十四史》终久仍为国民应读之书。

书既应读,而又浩繁难读,则如之何？吾今试为学者拟摘读之法数条。

一曰就书而摘。《史记》,《汉书》,《后汉书》,《三国志》:俗称"四史"。其书皆大史家一手著述,体例精严;且时代近古,向来学人诵习者众,在学界之势力与六经诸子埒。吾辈为常识计,非一读不可。吾希望学者将此《四史》之列传,全体浏览一过,仍摘出若干篇稍为熟诵以资学文之助。因《四史》中佳文最多也。(若欲吾举其目亦可,但手边无原书,当以异日。)《四史》之外,则《明史》共认为官修书中之最佳者,且时代最近,亦宜稍为详读。

二曰就事分类而摘读志。例如欲研究经济史财政史,则读《平准书》、《食货志》;欲研究音乐,则读《乐书》、《乐志》;欲研究兵制,则读《兵志》;欲研究学术史,则读《艺文志》、《经籍志》,附以《儒林传》;欲研究宗教史,则读《魏书·释老志》(可惜他史无之)。……每研究一门,则通各史此门之志而读之,且与《文献通考》之此门合读。当其读时,必往往发现许多资料散见于各传者,随即跟踪调查其传以读之。如此引申触类,渐渐便能成为经济史宗教史……等等之长编,将来荟萃而整理之,便成著述矣。

三曰就人分类而摘读传。读名人传记,最能激发人志气,且于应事接物之智慧增长不少,古人所以贵读史者以此。全史名传既不能遍读(且亦不必),则宜择伟大人物之传读之,每史亦不过二三十篇耳,此外又可就其所欲研究者而择读:如欲研究学术史,则读《儒林传》及其他学者之专传;欲研究文学史,则读《文苑传》及其他文学家之专传。……用此法读去,恐只患其少,不患其多矣。

又各史之《外国传》、《蛮夷传》、《土司传》等,包含种族史及社会学之原料最多,极有趣,吾深望学者一读之。

▲《廿二史札记》 赵翼著

学者读正史之前,吾劝其一浏览此书。记称"属辞比事春秋之教",此书深得"比事"之诀,每一个题目之下其资料皆从几十篇传中零零碎碎觅出,如采花成蜜,学者能用其法以读史,便可养成著述能力(内中校勘文字异同之部约占三分之一,不读亦可)。

▲《圣武记》 魏源著。

▲《国朝先正事略》 李元度著。

清朝一代史迹,至今尚无一完书可读,最为遗憾。姑举此二书充数。魏默深有良史之才,《圣武记》为《纪事本末》体裁,叙述绥服蒙古戡定金川抚循西藏……诸役,于一事之原因结果及其中间进行之次序,若指诸掌,实罕见之名著也。李次青之《先正事略》,道光以前人物略具,文亦有法度,宜一浏览,以知最近二三百年史迹大概。日本人稻叶君山所著《清朝全史》尚可读(有译本)。

▲《读史方舆纪要》 顾祖禹著。

此为最有组织的地理书。其特长在专论形势,以地域为经,以史迹为纬,读之不感干燥。此书卷帙虽多,专读其叙论(至各府止),亦不甚费力,且可引起地理学兴味。

▲《史通》 刘知几著。

此书论作史方法,颇多特识,宜浏览。章氏《文史通义》,性质略同,范围较广,已见前。

▲《中国历史研究法》 梁启超著。

读之可增史学兴味,且知治史方法。

(丙)韵文书类

▲《诗经》

希望学者能全部熟读成诵;即不尔,亦须一大部分能举其词。注释书,陈奂《诗毛氏传疏》最善。

▲《楚辞》

屈、宋作,宜熟读,能成诵最佳。其余可不读。注释书,朱熹《楚辞集注》较可。

▲《文选》

择读。

▲《乐府诗集》 郭茂倩编。

专读其中不知作者姓名之汉古辞,以见魏六朝乐府风格。其他不必读。

魏、晋、六朝人诗宜读以下各家:曹子建,阮嗣宗,陶渊明,谢康乐,鲍明远,谢玄晖。无单行集者,可用张溥《汉魏百三家集》本或王闿运《八代诗选》本。

▲《李太白集》

▲《杜工部集》

▲《王右丞集》

▲《孟襄阳集》

▲《韦苏州集》

▲《高常侍集》

▲《韩昌黎集》

▲《柳河东集》

▲《白香山集》

▲《李义山集》

▲《王临川集》(诗宜用李璧注本)

▲《苏东坡集》

▲《元遗山集》

▲《陆放翁集》

以上唐、宋人诗文集。

▲《唐百家诗选》 王安石选。

▲《宋诗钞》 吕留良钞。

以上唐、宋诗选本。

▲《清真词》 周美成。

▲《醉翁琴趣》 欧阳修。

▲《东坡乐府》 苏轼。

▲《屯田集》 柳永。

▲《淮海词》 秦观。

▲《樵歌》 朱敦儒。

▲《稼轩词》 辛弃疾。

▲《后村词》 刘克庄。

▲《白石道人歌曲》 姜夔。

▲《碧山词》 王沂孙。

▲《梦窗词》 吴文英。

以上宋人词集。

▲《西厢记》

▲《琵琶记》

▲《牡丹亭》

▲《桃花扇》

▲《长生殿》

以上元明清人曲本。

本门所列书,专资学者课余讽诵陶写情趣之用,既非为文学专家说法,尤非为治文学史者说法,故不曰文学类而曰韵文类。文学范围,最少应包含古文(骈散文)及小说。吾以为苟非欲作文学专家,则无专读小说之必要。至于古文,本不必别学。吾辈总须读周秦诸子《左传》、《国策》、《四史》、《通鉴》及其关于思想关于记载之著作,苟能多读,自能属文。何必格外标举一种名曰古文耶?故专以文鸣之文集不复录(其与学问有关系之文集散见各门)。《文选》及韩、柳、王集聊附见耳。学者如必欲就文求文,无已,则姚鼐之《古文辞类纂》,李兆洛之《骈体文钞》,曾国藩之《经史百家杂钞》可用也。

清人不以韵文见长,故除曲本数部外,其余诗词皆不复列举。无已,则于最初期与最末期各举诗词家一人,吴伟业之《梅村诗集》与黄遵宪之《人境庐诗集》,成德之《饮水词》与文焯之《樵风乐府》也。

（丁）小学书及文法书类

▲《说文解字注》 段玉裁著。

▲《说文通训定声》 朱骏声著。

▲《说文释例》 王筠著。

　　段著为《说文》正注。朱注明音与义之关系。王著为《说文》通释。读此三书,略可通《说文》矣。

▲《经传释词》 王引之著。

▲《古书疑义举例》 俞樾著。

▲《文通》 马建忠著。

　　读此三书,可知古人语法文法。

▲《经籍籑诂》 阮元编。

　　此书汇集各字之义训,宜置备检查。

　　文字音韵,为清儒最擅之学,佳书林立。此仅举入门最要之数种。若非有志研究斯学者,并此诸书不读亦无妨耳。

（戊）随意涉览书类

　　学问固贵专精,又须博涉以辅之。况学者读书尚少时,不甚自知其性所近者为何。随意涉猎,初时并无目的,不期而引起问题,发生趣味,从此向某方面深造研究,遂成绝业者,往往而有也。吾故杂举有用或有趣之各书,供学者自由翻阅之娱乐。读此者不必顺叶次,亦不必求终卷也（各书亦随忆想所及杂举,无复诠次）。

▲《四库全书总目提要》

　　清乾隆间四库馆,董其事者皆一时大学者,故所作提要,最称精审,读之可略见各书内容（中多偏至语,自亦不能免）。宜先读各部类之叙录,其各书条下则随意抽阅。有所谓存目者,其书被屏,不收入四库者也。内中颇有怪书,宜稍注意读之。

▲《世说新语》

　　将晋人谈玄语分类纂录,语多隽妙,课余暑暇之良伴侣。

▲《水经注》 郦道元撰,戴震校。

　　六朝人地理专书。但多描风景,记古迹,文辞华妙,学作小品文最适用。

▲《文心雕龙》 刘勰撰。

六朝人论文书。论多精到,文亦雅丽。

▲《大唐三藏慈恩法师传》 慧立撰。

此为玄奘法师详传。玄奘为第一位留学生,为大思想家,读之可以增长志气。

▲《徐霞客游记》

霞客晚明人,实一大探险家。其书极有趣。

▲《梦溪笔谈》 沈括。

宋人笔记中含有科学思想者。

▲《困学纪闻》 王应麟撰,阎若璩注。

宋人始为考证学者。顾亭林《日知录》颇仿其体。

▲《通艺录》 程瑶田撰。

清代考证家之博物书。

▲《癸巳类稿》 俞正燮撰。

多为经学以外之考证,如考棉花来历,考妇人缠足历史,辑李易安事迹等。又多新颖之论,如论妒非妇人恶德等。

▲《东塾读书记》 陈澧撰。

此书仅五册,十余年乃成。盖合数十条笔记之长编乃成一条笔记之定稿,用力最为精苦,读之可识搜集资料及驾驭资料之方法。书中论郑学,论朱学,论诸子,论三国诸卷最善。

▲《庸盦笔记》 薛福成。

多记清咸丰同治间掌故。

▲《张太岳集》 张居正。

江陵为明名相,其信札益人神智,文章亦美。

▲《王心斋先生全书》 王艮。

吾常名心斋为平民的理学家。其人有生气。

▲《朱舜水遗集》 朱之瑜。

舜水为日本文化之开辟人,唯一之国学输出者,读之可见其人格。

▲《李恕谷文集》 李塨

恕谷为习斋门下健将,其文劲达。
▲《鲒埼亭集》 全祖望。
集中记晚明掌故甚多。
▲《潜研堂集》 钱大昕。
竹汀为清儒中最博洽者,其对伦理问题,亦颇有新论。
▲《述学》 汪中。
容甫为治诸子学之先登者,其文格在汉晋间,极遒美。
▲《洪北江集》 洪亮吉。
北江之学长于地理,其小品骈体文描写景物,美不可言。
▲《定盦文集》 龚自珍。
吾少时心醉此集,今颇厌之。
▲《曾文正公全集》 曾国藩。
▲《胡文忠公集》 胡林翼。
右(上)二集信札最可读,读之见其治事条理及朋友风义。曾涤生文章尤美,集桐城派之大成。
▲《苕溪渔隐丛话》 胡仔。
诗话中资料颇丰富者。
▲《词苑丛谈》 徐釚。
唯一之词话,颇有趣。
▲《语石》 叶昌炽。
以科学方法治金石学,极有价值。
▲《书林清话》 叶德辉。
论刻书源流及藏书掌故,甚好。
▲《广艺舟双楫》 康有为。
论写字,极精博,文章极美。
▲《剧说》 焦循。
▲《宋元戏曲史》 王国维。
二书论戏剧,极好。

既谓之涉览,自然无书不可涉,无书不可览,本不能胪举书目,若举之非累数十纸不可。右(上)所列不伦不类之寥寥十余种,随杂忆所及当坐谭耳。若绳以义例,则笑绝冠缨矣。

附录一 最低限度之必读书目

右(上)所列五项,倘能依法读之,则国学根柢略立,可以为将来大成之基矣。惟青年学生校课既繁,所治专门别有在,恐仍不能人人按表而读。今再为拟一真正之最低限度如下:

《四书》《易经》《书经》《诗经》《礼记》《左传》《老子》《墨子》《庄子》《荀子》《韩非子》《战国策》《史记》《汉书》《后汉书》《三国志》《资治通鉴》(或《通鉴纪事本末》)《宋元明史纪事本末》《楚辞》《文选》《李太白集》《杜工部集》《韩昌黎集》《柳河东集》《白香山集》 其他词曲集随所好选读数种。

以上各书,无论学矿学工程学……皆须一读。若并此未读,真不能认为中国学人矣。

附录二 治国学杂话

学生做课外学问是最必要的,若只求讲堂上功课及格,便算完事,那么,你进学校,只是求文凭,并不是求学问。你的人格,先已不可问了。再者,此类人一定没有"自发"的能力,不特不能成为一个学者,亦断不能成为社会上治事领袖人才。课外学问,自然不专指读书:如试验,如观察自然界,……都是极好的。但读课外书,最少要算课外学问的主要部分。

一个人总要养成读书趣味。打算做专门学者,固然要如此。打算做事业家,也要如此,因为我们在工厂里在公司里在议院里在……里做完一天的工作出来之后,随时立刻可以得着愉快的伴侣,莫过于书籍,莫便于书籍。

但是将来这种愉快得着得不着,大概是在学校时代已经决定。因为必须养成读书习惯才能尝着读书趣味。人生一世的习惯,出了学校门限,已经铁铸成了。所以在学校中不读课外书以养成自己自动的读书习惯,这个人简直是自己剥夺自己终身的幸福。

读书自然不限于读中国书,但中国人对于中国书,最少也该和外国书作平等待遇,你这样待遇他,他给回你的愉快报酬,最少也和读外国书所得的有同等分量。

　　中国书没有整理过,十分难读,这是人人公认的。但会做学问的人,觉得趣味就在这一点。吃现成饭,是最没有意思的事,是最没有出息的人才喜欢的。一种问题,被别人做完了,四平八正的编成教科书样子给我读,读去自然是毫不费力。但从这不费力上头结果便令我的心思不细致不刻入。专门喜欢读这类书的人,久而久之,会把自己创作的才能汩没哩。在纽约、芝加哥笔直的马路崭新的洋房里舒舒服服混一世,这个人一定是过的毫无意味的平庸生活;若要过有意味的生活,须是哥仑布初到美洲时。

　　中国学问界,是千年未开的矿穴,矿苗异常丰富。但非我们亲自绞脑筋绞汗水,却开不出来。翻过来看,只要你绞一分脑筋一分汗水,当然还你一分成绩,所以有趣。

　　所谓中国学问界的矿苗,当然不专指书籍。自然界和社会实况,都是极重要的。但书籍为保存过去原料之一种宝库,且可以为现在实测各方面之引线。就这点看来,我们对于书籍之浩瀚,应该欢喜感谢他,不应该厌恶他。因为我们的事业比方要开工厂,原料的供给,自然是越丰富越好。

　　读中国书,自然像披沙拣金,沙多金少。但我们若把他作原料看待,有时寻常人认为极无用的书籍和语句,也许有大功用。须知工厂种类多着呢。一个厂里头还有许多副产物哩。何止金有用,沙也有用。

　　若问读书方法,我想向诸君上一个条陈:这方法是极陈旧极笨极麻烦的。然而实在是极必要的。什么方法呢？是抄录或笔记。我们读一部名著,看见他征引那么繁博,分析那么细密,动辄伸着舌头说道:这个人不知有多大记忆力,记得许多东西,这是他的特别天才,我们不能学步了。其实那里有这回事。好记性的人不见得便有智慧;有智慧的人比较的倒是记性不甚好。你所看见者是他发表出来的成果,不知他这成果原是从铢积寸累困知勉行得来。大抵凡一个大学者平日用功,总是有无数小册子或单纸片,读书看见一段资料觉其有用者,即刻抄下(短的抄全文,长的摘要记书名卷数叶数)。资料渐渐积得丰富,再用眼光来整理分析他,便成一篇名著。想看这种痕迹,读赵瓯北的《二十二史札记》,陈兰甫的《东塾读书记》,最容易看出来。

这种工作,笨是笨极了,苦是苦极了。但真正做学问的人,总离不了这条路。做动植物的人,懒得采集标本,说他会有新发明,天下怕没有这种便宜事。

发明的最初动机在注意。抄书便是促醒注意及继续保存注意的最好方法。当读一书时,忽然感觉这一段资料可注意,把他抄下,这件资料,自然有一微微的印象印入脑中,和滑眼看过不同。经过这一番后,过些时碰着第二个资料和这个有关系的,又把他抄下,那注意便加浓一度,经过几次之后,每翻一书,遇有这项资料,便活跳在纸上,不必劳神费力去找了。这是我多年经验得来的实况。诸君试拿一年工夫去试试,当知我不说谎。

先辈每教人不可轻言著述。因为未成熟的见解公布出来,会自误误人,这原是不错的。但青年学生"斐然有述作之誉",也是实际上鞭策学问的一种妙用。譬如同是读《文献通考》的《钱币考》,各史《食货志》中钱币项下各文,泛泛读去,没有什么所得。倘若你一面读一面便打主意做一篇中国货币沿革考,这篇考做的好不好另一问题,你所读的自然加几倍受用。譬如同读一部《荀子》,某甲泛泛读去,某乙一面读一面打主意做部荀子学案,读过之后,两个人的印象深浅,自然不同。所以我很奖励青年好著书的习惯。至于所著的书,拿不拿给人看,什么时候才认作成功,这还不是你的自由吗?

每日所读之书,最好分两类:一类是精读的,一类是涉览的。因为我们一面要养成读书心细的习惯,一面要养成读书眼快的习惯。心不细则毫无所得,等于白读;眼不快则时候不够用,不能博搜资料。诸经诸子《四史》、《通鉴》等书,宜入精读之部,每日指定某时刻读他,读时一字不放过,读完一部才读别部。想抄录的随读随抄。另外指出一时刻,随意涉览。觉得有趣,注意细看;觉得无趣,便翻次叶。

遇有想抄录的,也俟读完再抄,当时勿窒其机。

诸君勿因初读中国书勤劳大而结果少,便生退悔。因为我们读书,并不是想专向现时所读这一本书里头现钱现货的得多少报酬,最要紧的是涵养成好读书的习惯和磨炼出善读书的脑力。青年期所读各书,不外借来做达这两个目的的梯子。我所说的前提倘若不错,则读外国书和读中国书当然都各有益处。外国名著,组织得好,易引起趣味;他的研究方法,整整齐齐摆出来,可以做我们的模范;这是好处。我们滑眼读去,容易变成享现成福的少爷们,不知甘苦来历,这是坏处。中国书未经整理,一读便是一个闷头棍,每每打断趣味,这是坏处。逼着你披荆斩棘,寻路来走,或者走许多冤枉路(只要走路断无冤枉,走错了回头,便是绝好教训)。从甘苦阅历中磨炼出智慧,得苦尽甘来的趣味,那智慧和趣味却最真切,这是好处。

还有一件:我在前项书目表中,有好几处写"希望熟读成诵"字样。我想诸君或者以为甚难,也许反对说我顽旧。但我有我的意思,我并不是奖励人勉强记忆。我所希望熟读成诵的有两种类。一种类是最有价值的文学作品;一种类是有益身心的格言。好文学是涵养情趣的工具,做一个民族的分子,总须对于本民族的好文学十分领略。能熟读成诵,才在我们的"下意识"里头,得着根柢,不知不觉会"发酵"。有益身心的圣哲格言,一部分久已在我们全社会上形成共同意识。我既做这社会的分子,总要彻底了解他,才不至和共同意识生隔阂。一方面我们应事接物时候,常常仗他给我们的光明。要平日摩得熟,临时才用得着。我所以有些书希望熟读成诵者在此。但亦不过一种格外希望而已,并不谓非如此不可。

最后我还专向清华同学诸君说几句话:我希望诸君对于国学的修养比旁的学校学生格外加功。诸君受社会恩惠,是比别人独优的。诸君将来在全社会上一定占势力,是眼看得见的。诸君回国之后对于中国文化有无贡献,便是诸君功罪的标准。饶你学成一位天字第一号形神毕肖的美国学者,只怕于中国文化没有多少影响。若这样便有影响,我们把美国蓝眼睛的大博士抬一百几十位来便够了,又何必诸君呢。诸君须要牢牢记着:你不是美国学生,是中国留学生。如何才配叫做中国留学生,请你自己打主意罢。

附录三　评胡适之的《一个最低限度的国学书目》

胡君这书目,我是不赞成的,因为他文不对题。胡君说:"并不为国学有根柢的人设想,只为普通青年人想得一点系统的国学知识的人设想。"依我看,这个书目,为"国学已略有根柢而知识绝无系统"的人说法,或者还有一部分适用。我想:《清华周刊》诸君所想请教胡君的并不在此,乃是替那些"除却读商务印书馆教科书之外没有读过一部中国书"的青年们打算。若我所猜不错,那么,胡君答案,相隔太远了。

胡君致误之由:第一在不顾客观的事实,专凭自己主观为立脚点。胡君正在做中国哲学史中国文学史,这个书目正是表示他自己思想的路径和所凭借的资料(对不对又另是一问题,现在且不讨论)。殊不知一般青年,并不是人人都要做哲学史家文学史家。不是做哲学史家文学史家,这里头的书什有七八可以不读。真要做哲学史文学史家,这些书却又不够了。

胡君第二点误处,在把应读书和应备书混为一谈。结果不是个人读书最低限度,却是私人及公共机关小图书馆之最低限度(但也不对,只好说是哲学史文学史家私人小图书馆之最低限度)。殊不知青年学生(尤其清华)正苦于跑进图书馆里头不知读什么书才好,不知如何读法,你给他一张图书馆书目,有何用处。何况私人购书,谈何容易。这张书目,如何能人人购置。结果还不是一句话吗?

我最诧异的:胡君为什么把史部书一概屏绝!一张书目名字叫做"国学最低限度",里头有什么《三侠五义》、《九命奇冤》,却没有《史记》、《汉书》、《资治通鉴》,岂非笑话?若说《史》、《汉》、《通鉴》是要"为国学有根柢的人设想"才列举,恐无此理。若说不读《三侠五义》、《九命奇冤》便够不上国学最低限度,不瞒胡君说,区区小子便是没有读过这两部书的人。我虽自知学问浅陋,说我连国学最低限度都没有,我却不服。

平心而论,做文学史(尤其做白话文学史)的人,这些书自然该读。但胡君如何能因为自己爱做文学史便强一般青年跟着你走？譬如某人喜欢金石学，尽可将金石类书列出一张系统的研究书目；某人喜欢地理学，尽可以将地理类书列出一张系统的研究书目。虽然，只是为本行人说法，不能应用于一般。依我看，胡君所列各书，大半和《金石萃编》、《窓斋集古录》、《殷墟书契考释》（金石类书）《水道提纲》、《朔方备乘》、《元史译文证补》（地理类书）等等同一性质。虽不是不应读之书，却断不是人人必应读之书（胡君复《清华周刊》信说："我的意思是要一班留学生知道《元曲选》等是应该知道的书。"依着这句话，留学生最少也该知道《殷墟书契考释》、《朔方备乘》……是应该知道的书。那么，将一部《四库全书总目》搬字过纸更列举后出书千数百种便了，何必更开最低限度书目？须知"知道"是一件事，"必读"又别是一件事）。

我的主张，很是平淡无奇。我认定史部书为国学最主要部分。除先秦几部经书几部子书之外，最要紧的便是读正史《通鉴》、《宋元明纪事本末》和《九通》中之一部分，以及关系史学之笔记文集等，算是国学常识，凡属中国读书人都要读的。有了这种常识之人不自满足，想进一步做专门学者时，你若想做哲学史家，文学史家，你就请教胡君这张书目。你若想做别一项专门家，还有许多门我也可以勉强照胡君样子替你另开一张书目哩。

胡君对于自己所好的两门学问研究甚深，别择力甚锐，以为一般青年也该如此，不必再为别择，所以把许多书目胪列出来便了。试思一百多册的《正谊堂全书》千篇一律的"理气性命"，叫青年何从读起？何止正谊堂，即以浙刻《二十二子》论，告诉青年说这书该读，他又何从读起？至于其文学史之部所列《全上古三代秦汉三国六朝文》，《全汉三国晋南北朝诗》，《古文苑》，《续古文苑》，《唐文粹》，《全唐诗》，《宋文鉴》，《南宋文范》，《南宋文录》，《宋诗钞》，《宋六十家词》，《四印斋宋元词》，《彊邨所刻词》，《元曲选百种》，《金文最》，《元文类》，《明文在》，《列朝诗集》，《明诗综》，《六十种曲》等书，我大略估计，恐怕总数在一千册以上，叫人从何读起？青年学生，因为我们是"老马识途"，虚心请教，最少也应告诉他一个先后次序。

例如唐诗该先读某家后读某家,不能说你去读《全唐诗》便了。《宋词》该先读某家后读某家,不能说请你把王幼霞、朱古微所刻的都读。若说你全部读过后自会别择,诚然不错。只怕他索性不读便了。何况青年若有这许多精力日力来读胡君指定的一千多册文学书,何如用来读《二十四史》、《九通》呢?

还有一层:胡君忘却学生没有最普通的国学常识时,有许多书是不能读的。试问连《史记》没有读过的人,读崔适《史记探源》懂他说的什么?连《尚书》,《史记》,《礼记》,《国语》没有读过的人,读崔述《考信录》懂他说的什么?连《史记·儒林传》,《汉书·艺文志》没有读过的人,读康有为《新学伪经考》,懂他说的什么?这不过随手举几个例,其他可以类推。假如有一位学生(假定还是专门研究思想史的学生),敬谨遵依胡君之教,顺着他所开书目读去,他的书明明没有《尚书》、《史记》、《汉书》这几部书,你想这位学生,读到崔述、康有为、崔适的著述时,该怎么样狼狈呢?胡君之意,或者以这位学生早已读过《尚书》、《史记》、《汉书》为前提,以为这样普通书,你当然读过,何必我说。那么,《四书》更普通,何以又列入呢?总而言之,《尚书》、《史记》、《汉书》、《资治通鉴》为国学最低限度不必要之书,《正谊堂全书》……《缀白裘》……《儿女英雄传》……反是必要之书,真不能不算石破天惊的怪论!(思想史之部,连《易经》也没有。什么原故,我也要求胡君答复。)

总而言之,胡君这篇书目,从一方面看,嫌他挂漏太多;从别方面看,嫌他博而寡要,我认为是不合用的。

梁任公《墨经校释》序

梁任公先生近来把他十余年来读《墨子·经上、下》、《经说上、下》四篇随时做的签注,辑为一书,写成《墨经校释》四卷。他因为我也爱读这几篇书,故写信来,要我做一篇序。我曾发愿,要做一部《墨辩新诂》;不料六七年来,这书还没有写定。现在我见了梁先生这部《校释》,心里又惭愧,又欢喜。这篇序,我如何敢辞呢?

梁先生的校释,有许多地方与张惠言、孙诒让诸人的校释大不相同。我们看这部书,便知道梁先生在这四篇书上着实用过许多工夫。我们虽未必都能赞同他的见解,但这里面很有许多新颖的校改,很可供治墨学的人的参考。例如《经说下》第六七条,"或不非牛而非牛也,则或非牛或牛而牛也,可;"梁先生据明嘉靖癸丑本,于"则"字上校增"可"字。嘉靖本近始由上海涵芬楼列入《四部丛刊》印行,但从前校《墨子》的人都不曾见此本,故梁先生这一条乃是用嘉靖本校《墨子》的第一次。将来一定有人继起,把嘉靖本与他本的异同得失,一一校勘出来。

梁先生在差不多二十年前就提倡墨家的学说了。他在《新民丛报》里曾有许多关于墨学的文章,在当时曾引起了许多人对于墨学的新兴趣。我自己便是那许多人中的一个人。现在梁先生这部新书,一定可以引起更多更广的新兴趣,一定可以受更多读《墨子》的人的欢迎,是无可疑的。但梁先生还要我在这篇序里"是正其讹谬"。他这样的虚心与厚意,使我不敢做一篇仅仅应酬的序。我读了这部书,略有一点意见,贡献出来,请梁先生切实指教。

梁先生自己说他治这部书的方法中有一条重要的公例:"凡《经说》每条之首一字,必牒举所说《经》文此条之首一字以为标题。此字在《经》文中可以与下文连读成句；在《经说》中，决不许与下文连读成句。"梁先生用了这条公例，校改了许多旧注。他自己说："窃谓循此以读，可以无大过。"他所改的地方，如《经说下》第八条牒出"异"字，如《经说下》第四九条牒出"知"字，确然都可自立一说，可供治墨学的参考。但我觉得他把这条公例定的太狭窄了，应用时确有许多困难；若太拘泥了，一定要发生很可指摘的穿凿傅会。例如《经说下》第六条牒出"不"字，第七条又牒出"不"字，似乎太牵强了。牒出标题的办法，——假令真有此办法，——不过是要求标题的分清醒目，似乎不致牒出像"不"字那样最常用的字罢？依我个人的愚见，我们至多只可说，"《经说》每条的起首，往往标出《经》文本条中的一字或一字以上"。但(1)不限于《经说》每条的首一字，(2)不限于《经》文每条的首一字，(3)不必说"必"，(4)不可说"此字在《经说》中决不许与下文连读成句"。梁先生必欲加上这四种限制的条件，故《经说下》第五四条起首的"心中"，梁先生只肯留下"中"字；剩下的"心"字，他改为"必"字，再改为"平"字，然后倒移到二十三个字的前面去，作为第五四条《经说》的标题。这岂不是太牵强的校勘吗？又如《经说上》第三条"知材：知也者，所以知也。"梁先生也读"知材"两字为牒题，可见"首一字"的限制，无论是《经》或《经说》，都不可拘泥。第六条梁先生也牒"有间"两字，与此条相同。又如《经说上》第一，二，三，四，五，六，等条，标题的字都是独立的，不与下文连读成句。但此项限制并非普遍的。如第二一条"力，重之谓"；这一类的句子，我们就不能不把标题的字与下文连读成句了。

况且梁先生对于他提出的这条公例，也不能完全谨守。例如《经说下》近篇末之处有"诺超城员止也……"一大段，依梁先生牒题的公例，这一段应该是《经》文"诺不一利用……"的说了。但梁先生却把《经说》的"诺"字改为"言"字，移作"言，口之利也"的《说》的标题；并且把《经》文"诺不一"一段认为衍文，一齐删去了！

以上说的是梁先生治《墨经》的一条主要方法。此外梁先生还有一个意见，他说："今本之《经》及《经说》皆非尽原文，必有为后人附加者。"我是一个最爱疑古的人，但我对于《墨子》的《经上、下》、

《经说上、下》《大取》《小取》六篇,却不敢怀疑。这几篇书,因为难懂的缘故,研究的人很少;但因为研究这些书的人很少,故那些作伪书的人都不愿意在这几篇上玩把戏。因此,我们觉得这几篇书脱误虽然不少,却不像有后人附加的文句。《经上》篇末有"说"字,下注"音利"二字(孙诒让校改作"言利",又改作经文),此二字确是很像旧注。此外,我们就不容易寻出后人附加的痕迹了(梁先生说:"读此书旁行"五字是后人所加,此似不然。原书亦未尝不可有这五个字)。

梁先生这个意见,我觉得有点危险。因为他根据了这个意见,就把《经》与《经说》的原文删去了好几段,认为后人附加的案语。我且举《经》文的末数行(自"诺不一利用"以下),《经说》末数行(自"诺超城员止也"以下)作一个例:

(《经上》)	(《经说上》)
诺不一利用 服执说(音利)巧转则求其 故大益 法同则观其同 法异则观其宜 止因以别道 舌无非	诺超城(张惠言本作成。)员止也相从相去 先知是可五色长短前后轻重援执服难成言 务成之九则求执之法法取同观巧转法取此 择彼问故观宜以人之有黑者有不黑者也止 黑人与以有爱于人有不爱于人心爱人是执 宜心彼举然者以为此其然也则举不然者而 问之若圣人有非而不非 正五诺皆人于知有说过五诺若员无直无说 用五诺若自然矣

这些《经》与《经说》,依我的私见看来,并不很费解。《经》文并无误字,但因原书短简每行平均五六字,为上行所隔开,误分作六行,故不可读。今合为一条《经》,读如下:

诺不一,利用服。执说(旧注"音利",孙校改为"言利",是也。但孙说则无理。孙引《埤仓》云:"诂说,言不同也。"今检任大椿《小学钩沈》卷八据《集韵类篇》引《埤仓》,作"诂说,言不正"。又《康熙字典》引《埤仓》,亦作"不正"。孙书多误字,此其一也。"言利"犹言"利口",即"言不正"之意。言音形似而讹。）巧转，则求其故，大益。法同则观其同，法异则观其宜止，因以别道。正，无非。

如此，便不须解说了。《经说》一百三十五字，都是说这一条的，也不必分开。今校读如下：

> 诺，超城邑（原作员）止也。相从相去，无（原作先）知是可。五色，长短，前后，轻重，援执〔不〕服，难成言。务成之，执（原作九，乃执之坏字）则求执之法。法取同，观巧转；法取此择彼，问故观宜。以人之有黑者，有不黑者也，止黑人；与以有爱于人，有不爱于人，止（原作心，依张校改）爱〔于〕人：是孰宜止？（原作心，从张校）彼举然也，以为此其然也，则举不然者而问之。若舌（原作圣），人有非而不非。正，互诺（互旧讹作五。形似而讹。下同）。人皆于知有说（皆字旧在人字上。今改正。或当在知字下，则更顺了）。过互诺，若"员无直"，无说。用互诺，若自然矣。

如此校读，几乎不须改字，而意义似更明显。最重要的，乃是一个"止"字的意义。此乃《墨辩》里的一个重要术语，试看《经下》与《经说下》的第一条，便知此字的重要，又可参证此两大段。《墨辩》用"止"字之处甚多，但最重要的莫如上篇的末章与下篇的首章。梁先生都改为"正"，便不好讲了。

《墨子·尚同》各篇深怕"一人一义，十人十义"的危险，故主张"上同"之法，——上之所是，必皆是；所非，必皆非之，——很带有专制的采色。墨家后人渐打破这种专制的正义观，故《经上》有"君臣萌通约"之说，《经说上》释此条道："君，以若民者也。"梁先生校改"若"为"约"；但"若"字向来训"顺"，正不烦改字，而意义更明显。末章论"诺"，注重于思辨的方法，真是"别墨"的科学精神！这样折服人，自然使人心服，故能做到"互诺"的地位。"正"并不是"上同于天"，乃是"互诺"。"人于知皆有说"，但已经成为公认的真理，如几何学上的"员无直"，自然没有话说了。

梁先生校读此两大段极重要的《经》与《说》，共删去《经》文十六字，认为传写的人所妄加；又删去《经说》"以人之有黑者，有不黑者也"以下三十一字,以为读者所加案语;又把"若圣人有非而不非"八字搬在"正"字之下,"五诺"之上;又把"五诺皆人于知有说"以下二十四个一齐删去,以为是复写的衍文。梁先生说,"所以复写者,因旁行本下有空格,传者辄思补满之,乃将前条复写,而又讹衍百出。"这种大胆的删削与心理的揣测,依校勘学的方法看来,似乎有点牵强。校勘家第一须搜求善本,校勘同异。若无善本可以质证,而仍不能不校雠,我们固然有时也可依据普通心理的可能,定校勘的范围与规律,如"形似而误","涉上下文而衍",等等。但此项校勘的程度,至多不过是一种比较的"机数"(Probability)。故校勘家当向机数最大的方面做去。例如《韩非子》说的"举烛"一件故事,那种心理上的错误便不在校勘学的范围之内了;因为一个人写字时,他的心理上可能的变化,是无穷数的;他也许想到举烛,也许想到喝酒,也许想到洗脚……校勘家如何揣测得定呢?但这样一两个字的误衍,我们有时还勉强可以用"误衍"两字去办理。至于整几十个字的误衍,那种事实的机数,在心理学上看来,差不多近于零点,更不能列在校勘学的范围之内了,梁先生以为如何?

这几点都是关于梁先生著书方法的讨论。至于梁先生校释《墨辩》各条的是非得失,那就不是这篇短序里能讨论的了。此外,梁先生和我对于《墨辩》的时代和著者等等问题的见解不同,我也不愿在这里答辩。

我很感谢梁先生使我得先读这部书的稿本。梁先生这部书的出版,把我对于《墨辩》的兴趣又重新引起来了;倘我竟能因此把我的《墨辩新诂》的稿本整理出来,写定付印,我就更应该感谢梁先生了。

十,二,二六　胡适

(收入梁启超:《墨经校释》,1922 年商务印书馆出版)

附录一　梁任公先生来书

适之我兄:

奉函及所赐《墨经校释序》,欢喜无量。此种序文,表示极肫笃的学者态度,于学风大有所裨,岂惟私人纫感而已。嗣复奉读大著

《墨辩新诂》稿本；掸绎终篇，益感共学之乐。除随手签注若干条外，对于尊序所讨论者，更愿简单有所商榷：

公对于吾所提出之牒经标题公例，谓定得太狭窄，此论吾亦表相对的敬佩。吾之公例所下字，诚不免过于严格。但我终信此公例确为"引说就经"之一良标准。在全书中既有什之八以上不烦校改而得此例正确妥帖之适用。其余一二，亦引申触类而可通，何为而不用之？故谓时有例外焉则可，谓此例不足信凭，则不可也。其所以牒经文首字者，正如宋本书之夹缝，每恒牒书名之首一字，初不问其字之为通为僻能独立不能独立。如《经说下》第七条第七五条所牒之"不"字，第四三条所牒之"所"字，第三三条第四五条第五〇条第七四条所牒之"无"字，若非适用此例，则其字皆成赘疣。公谓"不应牒出最常用之字"，似非然也。

《经上》、《经说上》之末数条，吾亦未敢深自信，且自觉有不安处。然于公之所释，抑又不能无疑。第一：依尊说将原文六条合为一条，共为三十六字。《墨经》文极简，《经上》尤甚。其长至十一字者仅两条，余皆十字以内；其文体纯似几何书之界说。如公所说，则此处忽为说明的文体，与全书似不相应。第二：公所以将此六条合为一条，其理由，谓因"原书短简每行平均五六字，为上行所隔开，误分作六行，故不可读"。《墨子》每简若干字，今无可考。然《汉书·艺文志》称《尚书》脱简或二十五字或二十二字；《聘礼疏》引郑注云："《尚书》三十字一简；"今本《礼记》、《玉藻》错简数处，或三十五字，或三十一字，或二十九字，或二十六字；《汲冢穆传》则简四十字；可见古籍盖以每简三十字内外为中数。则此三十三字，断无分为六行之必要。即合以上排之"化征易也"至"动或从也"十九字，至多亦两简已足，何至分为六简。《经下》之"物之所以然与所以知之与所以使人知之不必同说在病"一条，亦已二十三字，然不闻分为两行或三行，致为下排所间断（此条在《经》中为最长，假定上下排必同简，则此简合下排之"无不必待有说在所谓"，共三十二字）。此外《经下》之上下两排合二十余字成行者甚多。即《经上》之"穷或有前不容尺也循所闻而得其意心之察也"一行，亦已共十九字。彼皆不闻以简短间断,则公所谓因每行平均五六字以致间隔者,恐不合事理。鄙意以为今直行本上下排相间,应认为《经》文每条界线之唯一标准。其今本文相连属者如《经上》之"知闻说亲名实合为"八字,应为一《经》,或为两《经》,尚可以成问题;如《经下》之"物尽同名"至"说在因"三十一字应为一《经》,或为两《经》、三《经》,尚可以成问题。其余两排相间者,则条与句之断连,不应更生问题。今于原文之"诺不一利用损偏去也服执说",将"损偏去也"四字抽出,而以"诺不一利用服"为句;于原文之"法异则观其宜动或从也止因以别道",将"动或从也"四字抽出,而以"法异则观其宜止"为句。则《经上》发端,何不可以"故所得而后成也体"为条为句;《经下》发端,何不可以"止类以行人说在同异"为条为句?则《经》之系统且紊矣。故公所持"六条合一"之说,吾始终不敢赞成。此亦治《墨经》方法之一种讨论,愿公更有以教之。

至公之《诂》此条,诚别有妙谛。但"六条合一"之说若不成立,则谛虽妙恐未必原书之意矣。若吾于"正五诺"以下三十五字疑为复衍,细思亦觉其武断。此盖"正无非"《经》文之《说》,但未敢强解耳。

复次:吾谓此书有后人附加,公之所难,于吾原意似有未莹。公谓:"……因为研究这些书的人很少,故那些作伪书的人都不愿意在这几篇上玩把戏"。吾之《读墨经余记》固明云:"但附加者仍必出先秦人之手,且为忠于墨学者之所为;非刘歆王肃辈有意窜改古籍。"质言之:则吾所疑附加之人非他,乃公孙龙、桓团之流也。别人诚觉此书难解,研究者少,龙、团之徒固不尔。其诵习之而有所案识增益,实意中事;此非可以与作伪者同科也。《论语·季氏》篇末"邦君之妻……亦曰君夫人"共四十三字,与书文义毫无关系,其必为后人附加无疑;然其动机却非在作伪。古书如此类者不少(《礼记·王制》、《玉藻》诸篇皆有之)。吾所谓《经说》有附加者,乃研究之结果,而为有意义的附加,固不容援此为例;但以证明附加与作伪不同,不能以无作伪之故便断为无附加耳。要之吾观察此书,与我公立脚点有根本不同之处。公夺此书于墨翟之手以予公孙龙、桓团,谓此四篇与

《大取》、《小取》，皆战国末年同时全部产出。其不认此后更有人附加宜也。吾则谓不惟六篇非同出一时同出一人，即此四篇亦非同出一时同出一人。虽非同出一时同出一人，然却是同出一派。百余年间，时有增饰。故其思想虽同一系统，而微有演变。即文体亦然。《经说下》与《经说上》文体繁简不同，至易见；可以推定下篇较为晚出。其上篇文体有类似下篇者，则吾疑为晚出所附加，其非原本也（如"欲靡其指"一条，文体确与全篇不类）。故吾对于《经说上》疑为附加者数处，对于《经说下》则甚少也。此问题与"大乘是否佛说"之争颇相类：公夺此《经》以与公孙龙、桓团，是犹谓大乘经典皆马鸣、龙树辈创造，则无附加非附加之可言。我则谓大乘经典实出释尊，而数百年间，递有增益也。吾所谓附加者。其界说如是，愿更察之。

大著《新诂》已精读一过。虽意见不能尽同，然独到处殊多可佩。其有不敢苟同者，辄签注若干条，附缴。拙稿复勘，所欲改者又已不少；牵于他业，辄复置之；即以呈公之原稿付印。学问之道，愈研究则愈自感其不足；必欲为踌躇满志之著作乃以问世，必终其身不能成一书而已。有所见辄贡诸社会，自能引起讨论；不问所见当否，而于世于己皆有益。故吾亦盼公之《新诂》，作速写定；不必以名山之业太自矜慎，致同好者觖望也。

十年四月三日　启超敬复

（收入梁启超：《墨经校释》，1922年商务印书馆出版）

附录二　答书

任公先生：

上星期五收到先生的信和还我的《墨辩新诂》稿本。先生答我的书，也读过了。先生劝我早日整理出版，这话极是。我常说，我们著书作事，但求"空前"，不妄想"绝后"。但近年颇中清代学者的毒，每得一题，不敢轻易下笔。将来当力改之，要以不十分对不住读者的期望为标准。

先生对于我那篇匆促做成的序文，竟肯加以辩正，并蒙采纳一部分的意见，这是先生很诚恳的学者态度，敬佩敬佩。我对于每条帖题的办法，序中似亦申明，认为可用，但不可太拘泥。我在序中提出四条修正的条件，只是要使先生这条方法的应用更为灵动。我将来校改《新诂》时，当参用此法，以副先生的期望。

先生说，"其所以牒经文首字者，正如宋本书之夹缝，每恒牒书名之首一字，初不问其字之为通为僻，能独立不能独立。"此喻实不甚切。宋本书夹缝中亦不"恒"牒书名之首一字。西文古本书每页之末行之下方往往复写下页之首一字，以示衔接，例如：

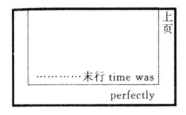 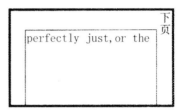

此系 1808 年版的 Rurke 全集

此例似较切，先生以为如何？

先生论《经上》、《经说上》末数条，于我说的"《墨经》短简每行平均五六字"之说，有所指正。此处先生的误解，实由于我措辞不完密。《墨辩》当初必系上下双行的，——此殆无可疑，——我说的"每行"乃是单指上行或下行，故下文说"为上行所隔开"。以此计之，每一全行大概足容十一二字。先生所说的"每简三十字内外"与我所说"每行"若干字并无冲突，因为每简必不止一行，古书所谓"错简"乃是全简，如今之倒叶，并非简中一行有错也。

至于此诸条我所以敢合为一条，实因《经说上》末段确是一片连贯的文字，故敢合经文为一条。每行五六字之说乃是解释经文所以分开之故。试看"读此书旁行"五字之在"舌无非"之上，可知原书末数排的排列，似与行款有关。

先生举出"化征易也"至"动或徙也"十九字，说"至多亦两简已足，何至分为六简"？这又是先生认"简"为"行"的错误了。

先生的根本主张，说"今直行本上下排相间，应认为《经》文每条界线之唯一标准"。此即向来沿用的方法,我也曾如此试过,但终不满意。后来细读《经说上》的末段,乃断为一条,回看《经文》,亦成一片,然后疑写经者习于全篇"每行成一条"的通例,严守此例,遂将此一条长的《经文》照例写成六截。此乃很自然的机械作用的一种,正不须强为解说。先生以为如何?至于先生举的《经下》诸条的例,似不可与《经上》末条相提并论。《经下》每条以"说在"为例,不易误分,故虽长至二十余字,亦不至被截作几段。《经上》则不然,全篇体例甚杂,自篇首至"为,穷知而悬于欲也",约七十五条,又是一种体例;"闻,耳之聪也"数句又是一种体例;"诺不一"以下又是一种体例。这是很容易看出的。因为体例不同,故写者容易以拘于成例而致误,故我们也应该分别研究,不可用一个通则来包括这种种不同的体例。此一层最重要,深望先生注意。

至于先生论《墨辩》究竟为何人所作一段,非一短扎所能讨论。况先生认"大乘经典实出释尊",则我与先生的"立脚点"诚有根本不之同处,虽辩至万言,亦终无合同之日,似不如各存一说以供读者之自择。先生以为何如?

承先生为我的《新诂》校笺若干条,已一一读过,深谢先生的盛意。中有几条,我在《哲学史》里已自己改了,但未加入稿本。如"化,征易也"一条,我在《哲学史》(页二五六)里亦主张不改字,但杨氏谓"验其变易"之说似亦不可从,故我训"征"为表面上的征验。

收到来信之次晨,即赴天津演说,故不及作答。今日匆匆作答,亦不及抄正,乞恕之。

胡适敬上 十,五,三

论墨学

（一）章行严先生的《墨学谈》

迩来诵《墨经》者日多，谈士每好引经中一二事以相高。梁任公、胡适之尤有此癖。愚亦不免。任公著《墨经校释》，自许甚厚。适之著《墨经新诂》未成，仅以其所诂《小取》一篇，及杂论经文者布于世，而自许尤至。东南大学教授张子高，注《经》数十条，独辟蹊径，适之与愚俱见其稿本而叹服焉，惜未刊出。别有汉阳张仲如著《墨子间诂笺》，论域及于全墨，盖不拘拘于墨辩者，难与并论。而吾兄太炎言墨独先，所论虽不多，精审莫或过之，盖自张皋文以迄适之，言墨学者，终推吾兄祭酒，非敢阿也。

独怪任公称吾兄之书"深造盖迈先辈"，而于其书则读之未审。《经》曰："以言为尽悖悖，说在其言。"吾兄讲之曰："谓言皆妄，诘之曰，是言妄不，则解矣。"此义既树，来者焉能更下他语？而任公曰："经文之意，谓以某人之言为尽悖者，悖也，亦视其所言何如耳。"如作高头讲章然，不得谓非吾兄原名一篇曾未寓目也。

惟任公有时阙疑，不似适之武断。《经》以无间无厚诂次，乃释动之精义。任公曰："次何以必须无间无厚，未得其解。"实则望文生义，解并不难。盖两点相接曰次。必无间而后真相接，必无厚而后不交加。一防接之不及，一防接之太过，意甚显明，任公犹慎于下笔如此。而《经》曰："辩争彼也"。争彼一义，墨学之骨干，而亦吾名学全部之骨干也。愚曾在《东方杂志》作《名学他辩》一首言之：他者彼也。他辩出公孙龙子，与西方逻辑之言媒词者相类，不解此义，名学殆不能讲。适之独谓彼为误字，以《广韵》引《论语》子西彼哉为例，彼误作彼，而彼与驳通，争彼犹言争驳。试思《墨经》一义何等矜贵，以此种语赘归之,岂非陷全经于无意义? 然适之不之顾也。

凡前所谈,以见墨学虽一时贵盛,时流探索,不遗余力,而新剖不多,义蕴之资以宣泄者,无甚可纪。甚矣绝学之未易治,而先民之沾溉后人为至远也!

尤可慨者,名墨流别如何,至今无能言之。任公、适之均见及《墨经》与惠施、公孙龙一派之学说"关系最当明辩",惜乎辩而未明,缴绕益甚。其最大误处,在认施龙辈为别墨。别墨之名,出于《天下》篇。适之谓墨者以之自号,示别于教宗之墨家,不知鲁胜序《墨辩注》,有"以正别名显于世"一语。别者别墨,而正者正墨。既有正墨之称,别墨乃以蔽罪他家无疑。任公不认适之别墨即新墨学说,所见已进一步。惟施、龙之学"确从《墨经》衍出",两人所见又同。其故则"《列子·仲尼》篇所称公孙龙之说七事,《庄子·天下篇》所称二十一事,及今所传《公孙龙子》书中《坚白》、《通变》、《名实》诸篇,无一不尝见于《墨经》"(适之说)。夫施龙祖述墨学,其说创自鲁胜,以前未尝有闻。《汉书·艺文志》载九流所出,名墨并称,施龙之名,隶名而不隶墨,吾兄亦言"惠施、公孙龙名家之杰,务在求胜"(《原名》篇)。荀子《解蔽》篇云:"墨子蔽于用而不知文,惠子蔽于辞而不知实。"两家相君以"求胜",名迹俱大。所蔽之性,恰又得反。谓为师承所在,讵非谰言? 诸家徒震于两子说事之同,所含义理,复格于问学,未暇深考,遂不期而雷同鲁说。遇有一事互见,则坐指为辞旨相叶,比附未遑。如惠子言"一尺之棰,日取其半,万世而不竭";墨子言"非半勿斲,则不动,说在端";凡注墨者,率谓此即惠义,而不悟两义相对,一立一破,绝未可同年而语也。且以辞序征之,似惠为立而墨为破(《墨经》非墨子手著之书)。何以言之? 惠子之意,重在取而不在所取,以谓无论何物,苟取量仅止于半,则虽尺棰已耳,可以日日取之,历万世而不竭也。墨家非之,谓所取之物,诚不必竭,而取必竭。一尺之棰,决无万世取半之理;盖今日吾取其半,明日吾取其半之半,又明日吾于半之半中取其一半,可以计日而穷于取,奚言万世;何也? 尺者端之积也,端乃无序而不可分(义出《墨经》);于尺取半,半又取半,必有一日,全棰所余,两端而已;取其一而遗其余,余端凝然"不动",不能薪,即不能取也:故曰,非半勿薪,则"不动",说在端。此其所言果一义乎?抑二义乎?略加疏解,是非炳然可知。而从来治墨学者,未或道及;即明锐慎密如孙诒让,曾谓"据庄子所言,则似战国时墨家别传之学,不尽《墨子》之本指"者,于此且一致为鲁胜之说所欺,无怪夫墨学之不能大昌明也!

愚方为《东方杂志》二十年纪念号草《名墨訾应考》,著如上例者若干条,以证名、墨两家"倍谲不同",决非相为"祖述"。愚说如其有当,将为墨学起一翻案,后为斯学,取径宜不同前。愚喜其为攻墨之一新趋,因别举概要,列于兹篇,用质当世闻家,并候吾兄教。

(二)章太炎先生给行严先生的第一书

行严吾弟鉴:

览《新闻报》,见弟有《墨学谈》一篇,乃知近亦从事此学。所论无间无厚一义,最为精审。非半勿薪一条,与惠氏言取舍不同,义亦未经人道。端为无序而不可分,此盖如近人所谓原子分子,佛家所谓极微。以数理析之,未有不可分者,故惠有万世不竭之义。以物质验之,实有不可分者,故墨有不动之旨。此乃墨氏实验之学有胜于惠,因得如此说尔。名家大体,儒、墨皆有之,墨之经,荀之正名,是也。儒、墨皆自有宗旨,其立论自有所为,而非泛以辩论求胜;若名家则徒求胜而已。此其根本不同之处。弟能将此发挥光大,则九流分科之指自见矣。吾于墨书略有解诂,而不敢多道者,盖以辞旨渊奥,非一人所能尽解;若必取难解者而强解之,纵人或信我,而自心转不自信也。至适之以争彼为争佊,徒成辞费,此未知诸子之法与说经有异(《说文》诐字本训辩论。假令以训诂说经,则云辩争诐也,自可成义。然《墨经》非《尔雅》之流专明训诂者比。以此为说,乃成骏语尔),盖所失非独武断而已。

暇时或来一谈,更尉。此问起居康胜。

兄炳麟白　十一月六日

(三) 我给行严先生的第一书

行严先生:

这几天在《新闻报》上看见先生的《墨学谈》和《章氏墨学一斑》,颇牵及我从前关于《墨辩》的一点意见。病中久不读古书,行箧中又没有这一类的书,我本想暂时不加入讨论;但先生论《墨辩》"辩争彼也"一条,谓我武断,而令兄太炎先生则谓我"所失非独武断而已",鄙说之是否武断,我不愿置辩,我觉得太炎先生信中有一句话,却使我不能不辩。

太炎先生说我"未知说诸子之法与说经有异",我是浅学的人,实在不知说诸子之法与说经有何异点。我只晓得经与子同为古书,治之之法只有一途,即是用校勘学与训诂学的方法,以求本子的订正与古义的考定,此意在高邮、王氏父子及俞曲园、孙仲容诸老辈的书中,都很明白。试问《读书杂志》与《经义述闻》,《群经平议》与《诸子平议》,在治学方法上,有什么不同?

先生倘看见太炎先生,千万代为一问:究竟说诸子之法,与说经有什么不同? 这一点是治学方法上的根本问题,故不敢轻易放过。尊文所论诸事,较之此点,都成琐屑细节了。客中不暇一一讨论,乞恕之。

胡适敬上　十一月十三夜

(四) 太炎先生的第二书

行严吾弟足下:

前因论《墨辩》事,言治经与治诸子不同法,昨弟出示适之来书,谓校勘训诂,为说经说诸子通则,并举王、俞两先生为例。按校勘训诂,以治经治诸子,特最初门径然也。经多陈事实;诸子多明义理(此就大略言之,经中《周易》亦明义理,诸子中管、荀亦陈事实,然诸子专言事实,不及义理者绝少)。治此二部书者,自校勘训诂而后,即不得不各有所主。此其术有不得同者。故贾马不能理诸子,而郭象、张湛不能治经。若王、俞两先生,则暂为初步而已耳。

经多陈事实,其文时有重赘;传记申经,则其类尤众,说者亦就为重赘可也。诸子多明义理,有时下义简贵,或不可增损一字;而《墨辩》尤精审,则不得更有重赘之语。假令毛郑说经云,"辩,争彼也",则可;墨家为辩云,"辩,争彼也",则不可。今本文实未重赘,而解者乃改为重赘之语,安乎不安乎?

更申论之:假令去其重赘,但云"辩,争也",此文亦只可见于经训,而不容见于《墨辩》。所以者何?以《墨辩》下义,多为界说,而未有为直训者也。训诂之术,略有三途:一曰直训,二曰语根,三曰界说。如《说文》云,"元,始也",此直训也,与翻译殆无异。又云,"天,颠也",此语根也,明天之得语由颠而来(凡《说文》用声训者,率多此类)。又云,"吏,治人者也",此界说也,于吏字之义,外延内容,期于无增减而后已。

《说文》本字书,故训诂具此三者。其在传笺者,则多用直训,或用界说,而用语根者鲜矣(如仁者,人也;义者,宜也;斋之为言齐也;祭者,察也:古传记亦或以此说经,其后渐少);其在墨辩者,则专用界说,而直训与语根,皆所不用。

今且以几何原本例之,此亦用界说者也。点线面体,必明其量,而不可径以直训施之。假如云,"线,索也","面,幂也",于经说亦非不可,于几何原本,可乎不可乎?以是为例,虽举一"争"字以说"辩"义,在墨辩犹且不可,而况"争彼"之重赘者欤?

诸子诚不尽如墨辩,然大抵明义理者为多。诸以同义之字为直训者,在吾之为诸子音义则可,谓诸子自有其文则不可。

前书剖析未莹,故今复申明如此,请以质之适之。凡为学者,期于惬心贵当,吾实有不能已于言者,而非求胜于适之也。

兄炳麟白　十一月十五日

(五) 我的第二书

行严先生:

那天晚上,得闻先生和太炎先生的言论,十分快慰。次日又得读太炎先生给先生的信。信中所说,虽已于那天晚上讨论过了,但为

《新闻报》的读者计,想把那晚对太炎先生说的话写出来,请先生代为发表,并请两先生指教。

太炎先生论治经与治子之别,谓经多陈事实,而诸子多明义理,这不是绝对的区别。太炎先生自注中亦已明之。其实经中明义理者,何止《周易》一部?而诸子所明义理,亦何一非史家所谓事实?盖某一学派持何种义理,此正是一种极重要的事实。

至于治古书之法,无论治经治子,要皆当以校勘训诂之法为初步。校勘已审,然后本子可读;本子可读,然后训诂可明;训诂明,然后义理可定。但做校勘训诂的工夫,而不求义理学说之贯通,此太炎先生所以讥王、俞诸先生"暂为初步而已"。然义理不根据于校勘训诂,亦正宋、明治经之儒所以见讥于清代经师。两者之失正同。而严格言之,则欲求训诂之惬意,必先有一点义理上的了解,否则一字或训数义,将何所择耶?(例如《小取篇》"也者,同也","也者,异也",二语,诸家皆不知也者之也当读他。王闿运虽校为他,而亦不能言其理也。)故凡"暂为初步而已"者,其人必皆略具第二步的程度,然后可为初步而有成。今之谈墨学者,大抵皆菲薄初步而不为。以是言之,王俞诸先生之暂为初步,其谨慎真不可及了!

我本不愿回到《墨辩》"辩争彼也"一条,但太炎先生既两次说我解释此条不当,谓为骈语,谓为重赘,我不得不申辩几句。

《经上》原文为三条:

  佊,不可两不可
  辩,争彼也。
  辩胜,当也。

《经说上》云:

  彼,凡牛枢非牛,两也,非以非也。辩,或谓之牛,或谓之非牛,是争彼也。是不俱当。不俱当,必或不当。不当,若犬。

佊字吴抄本作彼,而彼字或作佊。我校佊字彼字均为佊字之讹,理由有三:(一)佊字篆文𢓸,最近佊字,而与从彳之彼字不相似。(二)佊字之讹为彼,此因抄胥不识佊字,改为彼字,有《论语》彼哉彼哉一条可为例证。(三)佊字之义,《墨经》训为"不可两不可",此为名学上之矛盾律,《经说》所谓"不俱当必或不当",释此义明白无疑。此种专门术语,决无沿用彼字一类那样极普通的代名词之理。而诐字有论辩之义,佊诐同声相通叚,(佊字《埤苍》训邪,是与诐颇通用)。故定为佊字。

知佊字在《墨辩》为专门术语,然后知以争佊训辩,不为语赘,不为直训。

太炎先生说:"今本文实未重赘,而解者乃改为重赘之语,安乎不安乎?"我于"争佊"之训,也不禁有此感想。

先生之误解,殆起于《哲学史大纲》:页二百之以驳训佊。此因当日著书,过求浅显,反致误会。然注中亦引不可两不可之训。在精治名学如先生及太炎先生者,当能承认佊字之术语的涵义,不应以为赘语也。匆匆奉白,顺便告行。

胡适敬上

《淮南鸿烈集解》序

整理国故,约有三途:一曰索引式之整理,一曰总帐式之整理,一曰专史式之整理。典籍浩繁,钩稽匪易,虽有博闻强记之士,记忆之力终有所穷。索引之法,以一定之顺序,部勒紊乱之资料;或依韵目,或依字画,其为事近于机械,而其为用可补上智才士之所难能。是故有《史姓韵编》之作,而中下之材智能用《廿四史》矣;有《经籍纂诂》之作,而初学之士能检古训诂矣。此索引式之整理也。

总帐式者,向来集注集传集说之类,似之。同一书也,有古文今文之争,有汉、宋之异,有毛、郑之别,有郑、王之分。历时既久,异说滋多。墨守门户之见者,囿于一先生之言,不惜繁其文,枝其辞以求胜;而时过境迁,向日斤斤之争,要不过供后人片段之撷取而已。上下二千年,颠倒数万卷,辨各家之同异得失,去其糟粕,拾其精华,于以结前哲千载之讼争,而省后人无穷之智力;若商家之终岁结帐然,综观往岁之盈折,正所以为来日之经营导其先路也。

专史云者,积累既多,系统既明,乃有人焉,各就性之所近而力之所能勉者,择文化史之一部分,或以类别,或以时分,著为专史。专史者,通史之支流而实为通史之渊源也。二千年来,此业尚无作者;郑樵有志于通史,而专史不足供其采择;黄宗羲、全祖望等有志于专史,而所成就皆甚微细。此则前修之所未逮,而有待于后来者矣。

吾友刘叔雅教授新著《淮南鸿烈集解》,乃吾所谓总帐式之国故整理也。淮南王书,折衷周秦诸子,"弃其畛挈,斟其淑静,非循一迹之路,守一隅之指",其自身亦可谓结古代思想之总帐者也。其书作于汉代,时尚修辞;今观许慎高诱之注,知当汉世已有注释之必要。历年久远,文义变迁,传写讹夺,此书遂更难读。中世儒者排斥异己,忽略百家，坐令此绝代奇书，沉埋不显。迄乎近世，经师旁求故训，博览者始稍稍整治秦、汉诸子；而淮南王书，治之者尤众。其用力最勤而成功较大者，莫如高邮王氏父子，德清俞氏间有创获，已多臆说矣；王绍兰、孙诒让颇精审，然所校皆不多。此外，如庄逵吉，洪颐煊，陶方琦诸人，亦皆瑕瑜互见。计二百年来，补苴校注之功，已令此书稍稍可读矣。然诸家所记，多散见杂记中，学者罕得遍读；其有单行之本，亦皆仅举断句，不载全文，殊不便于初学。以故，今日坊间所行，犹是百五十年前之庄逵吉本，而王、俞诸君勤苦所得，乃不得供多数学人之享用；然则叔雅《集解》之作，岂非今日治国学者之先务哉？

叔雅治此书，最精严有法，吾知之稍审，请略言之。唐宋类书征引淮南王书最多，而尚来校注诸家搜集多未备；陶方琦用力最勤矣，而遗漏尚多。叔雅初从事此书，遍取《书钞》，《治要》，《御览》及《文选》诸书，凡引及《淮南》原文或许、高旧注者，一字一句，皆采辑无遗。辑成之后，则熟读之，皆使成诵；然后取原书，一一注其所自出；然后比较其文字之同异；其无异文者，则舍之；其文异者，或订其得失，或存而不论；其可推知为许慎注者，则明言之；其疑不能明者，亦存之以俟考。计《御览》一书，已逾千条，《文选注》中，亦五六百条。其功力之坚苦如此，宜其成就独多也。

方叔雅辑书时，苟有引及，皆为辑出，不以其为前人所已及而遗之。及其为《集解》，则凡其所自得有与前人合者，皆归功于前人；其有足为诸家佐证，或匡纠其过误者，则先举诸家而以己所得新佐证附焉。至其所自立说，则仅列其证据充足，无可复疑者。往往有新义，卒以佐证不备而终弃之；友朋或争之，叔雅终不愿也。如《诠言训》"此四者，耳目鼻口不知所取去。心为之制，各得其所。"俞樾据上文"目好色，耳好声，口好味"，因谓"鼻"字为衍文；然《文子·符言》篇上文言"目好色，耳好声，鼻好香，口好味"，而下文亦有"鼻"字。叔雅稿本中论此一条云：

> 此疑上文"口好味"上脱"鼻好香"三字。《文子·符言》篇及此处耳目口鼻并举，皆其证也。俞氏不据《文子》以证上文之脱失，反以"鼻"字为后人据《文子》增入，谬矣。惟余亦未在他

处寻得更的确之证据,故未敢驳之耳。
此可见叔雅之矜慎。叔雅于前人之说,乐为之助证,而不欲轻斥其失,多此类也。然亦有前人谬误显然,而叔雅宁自匿其创见而为之隐者,如《本经训》"元元至砀而运照",俞樾校云:

> 樾谨按:高注曰,"元,天也;元,气也"。分两字为两义,殊不可通。疑正文及注均误。正文本曰"元光至砀而运照"。注文本曰,"元,天也;光,气也"。《俶真》篇曰,"弊其元光,而求知之于耳目"。此元光二字见于本书者。高彼注曰,"元光,内明也。一曰,元,天也"。然则此曰"元天也"正与彼注同。疑彼亦有"光气也"三字,而今脱之也。(《诸子平议》三十,页八)

叔雅稿本中论此条云:

> 宋明本皆作"玄元至砀而运照"。庄本避清圣祖讳,改玄为元耳。俞氏未见古本,但凭庄本立说,可笑也。"玄,天也",本是古训。《原道》、《览冥》、《说山》诸篇,高注皆曰,"玄,天也。"《释名》,"天谓之玄"。桓谭《新论》(《后汉书·张衡传》注引),"玄者,天也"。

此条今亦未收入《集解》,岂以宋明藏本在今日得之甚易,以之责备前人,为乘其不备耶?此则忠厚太过,非吾人所望于学者求诚之意者矣。

然即今印本《集解》论之,叔雅所自得,已卓然可观。如《俶真训》云:

> 百围之木,斩而为牺尊,镂之以剞劂,杂之以青黄;华藻镈鲜,龙蛇虎豹,曲成文章。然其断在沟中,壹比牺尊,沟中之断,则丑美有间矣。然而失木性,钧也。

向来校者,仅及名物训诂,未有校其文义之难通者。叔雅校云:

> "然其断在沟中"句疑有脱误。《庄子·天地》篇作"其断在沟中",亦非。惟《御览》七百六十一引《庄子》作"其一断在沟中"不误。今本"一"字误置"比"字上,传写又改为"壹",义遂不可通矣。(卷二,页十一)

此据《御览》以校《庄子》,乃以之校《淮南》,甚精也。又如《坠形训》云:

> 无角者膏而无前;有角者指而无后。

高注云：

> 膏，豕也，熊猿之属。无前，肥从前起也。指，牛羊之属。无后，肥从后起也。

庄逵吉校云：

> 指应作脂，见《周礼》注，所谓"戴角者脂，无角者膏"是也。又王肃《家语》注引本书，正作脂。

庄校已甚精审，然"无前"、"无后"之说终不易解。叔雅校云：

> 庄校是也。《御览》八百六十四，脂膏条下，八百九十九，牛条下引，指并作脂，是其确证。又无前无后，义不可通。"无"疑当作"兑"，始讹为"无"，传写又为"無"耳。《御览》八百九十九引，正作兑前兑后，又引注云："豕马之属前小，牛羊后小"，是其证矣。前小即兑前，后小即兑后也。（卷四，页九。兑即今锐字）

此条精确无伦，真所谓后来居上者矣。

类书之不可尽恃，近人盖尝言之。叔雅校此书，其采类书，断制有法。若上文所引《御览》八百九十九，引原文而并及久佚之古注，其可依据，自不待言。其他一文再见或三见而先后互异者，或各书同引一文而彼此互异者，或仅一见而与今本微异者，其为差异，虽甚微细，亦必并存之，以供后人之考校。其用意甚厚，而其间亦实有可供义解之助者。如《说林训》云：

> 以兔之走，使犬如马，则逮日归风。及其为马，则又不能走矣。

孙诒让校此句，谓"归当为遗，声之误也"；其为臆说，无可讳言。叔雅引《御览》九百九引，作：

> 以兔之走，使大如马，则逐日追风。及其为马，则不走矣。

此不必纠正孙说，而使人知此句之所以可疑，不在"归"字之为"遗"为"追"，而在"犬"字之应否作"大"。盖校书之要，首在古本之多；本子多则暗示易，而向之不为人所留意者，今皆受挦榨而出矣。上文之"兑"，此文之"大"，皆其例也。

叔雅此书，读者自能辨其用力之久而勤与其方法之严而慎。然有一事，犹有遗憾，则钱绎之《方言笺疏》未被采及，是也。淮南王书虽重修饰，然其中实多秦汉方言，可供考古者之采访。如开卷第一叶"甚淖而滒"，高注曰，"滒，亦淖也。夫馈粥多沉者谓滒。滒读歌讴之歌。"庄逵吉引《说文》"滒，多汁也"以证之，是也。今徽州方言谓多汁为"淖"，粥多沉则谓之"淖粥"；欲更状之，则曰"淖滒滒"，滒今读如呵。又如《主术训》云"聋者可使唯筋，而不可使有闻也"。王绍兰与孙诒让皆引《考工记·弓人》"筋欲敝之敝"句郑司农注"嚼之当熟"。孙又引贾疏"筋之椎打嚼啮，欲得劳敝"，谓"嚼筋"为汉时常语，即谓椎打之，使柔熟，以缠弓弩也（本书卷九，页十二）。今徽州绩溪人詈人多言而无识，曰"嚼弓筋"，亦曰"瞎嚼弓筋"。凡此之类，皆可今古互证。钱绎所辑，虽未及于今日之方言，然其引此书中语，与方言故训并列，往往多所发明，似亦未可废也。质之叔雅，以为如何？

中华民国十二年三月六日　胡适

（收入刘文典著：《淮南鸿烈集解》，1931年商务印书馆初版）

胡适文存二集　卷二

《科学与人生观》序

亚东图书馆主人汪孟邹先生近来把散见国内各种杂志上的讨论科学与人生观的文章搜集印行,总名为《科学与人生观》。我从烟霞洞回到上海时,这部书已印了一大半了。孟邹要我做一篇序。我觉得,在这回空前的思想界大笔战的战场上,我要算一个逃兵了。我在本年三四月间,因为病体未复原,曾想把《努力周报》停刊;当时丁在君先生极不赞成停刊之议,他自己做了几篇长文,使我好往南方休息一会。我看了他的《玄学与科学》,心里很高兴,曾对他说,假使《努力》以后向这个新方向去谋发展,——假使我们以后为科学作战,——《努力》便有了新生命,我们也有了新兴趣,我从南方回来,一定也要加入战斗的。然而我来南方以后,一病就费去了六个多月的时间,在病中我只做了一篇很不庄重的《孙行者与张君劢》,此外竟不曾加入一拳一脚,岂不成了一个逃兵了?我如何敢以逃兵的资格来议论战场上各位武士的成绩呢?

但我下山以后,得遍读这次论战的各方面的文章,究竟忍不住心痒手痒,究竟不能不说几句话。一来呢,因为论战的材料太多,看这部大书的人不免有"目迷五色"的感觉,多作一篇综合的序论也许可以帮助读者对于论点的了解。二来呢,有几个重要的争点,或者不曾充分发挥,或者被埋没在这二十五万字的大海里,不容易引起读者的注意,似乎都有特别点出的需要。因此,我就大胆地作这篇序了。

1 这三十年来,有一个名词在国内几乎做到了无上尊严的地位;无论懂与不懂的人,无论守旧和维新的人,都不敢公然对他表示轻视或戏侮的态度。那个名词就是"科学"。这样几乎全国一致的崇信,究竟有无价值,那是另一问题。我们至少可以说,自从中国讲变法维新以来,没有一个自命为新人物的人敢公然毁谤"科学"的,直到民国八、九年间梁任公先生发表他的《欧游心影录》,科学方才在中国文字里正式受了"破产"的宣告。梁先生说:

> ……要而言之,近代人因科学发达,生出工业革命,外部生活变迁急剧,内部生活随而动摇,这是很容易看得出的。……依着科学家的新心理学,所谓人类心灵这件东西,就不过物质运动现象之一种。……这些唯物派的哲学家,托庇科学宇下建立一种纯物质的纯机械的人生观。把一切内部生活外部生活都归到物质运动的"必然法则"之下。……不惟如此,他们把心理和精神看成一物,根据实验心理学,硬说人类精神也不过一种物质,一样受"必然法则"所支配。于是人类的自由意志不得不否认了。意志既不能自由,还有什么善恶的责任?……现今思想界最大的危机就在这一点。宗教和旧哲学既已被科学打得个旗靡辙乱,这位"科学先生"便自当仁不让起来,要凭他的试验发明个宇宙新大原理。却是那大原理且不消说,敢是各科的小原理也是日新月异,今日认为真理,明日已成谬见。新权威到底树立不来,旧权威却是不可恢复了。所以全社会人心,都陷入怀疑沉闷畏惧之中,好像失了罗针的海船遇着风雾,不知前途怎生是好。既然如此,所以那些什么乐利主义强权主义越发得势。死后既没有天堂,只好尽这几十年尽情地快活。善恶既没有责任,何妨尽我的手段来充满我个人欲望。然而享用的物质增加速率,总不能和欲望的升腾同一比例,而且没有法子令他均衡。怎么好呢?只有凭自己的力量自由竞争起来,质而言之,就是弱肉强食。近年来什么军阀,什么财阀,都是从这条路产生出来。这回大战争,便是一个报应。……总之,在这种人生观底下,那么千千万万人前脚接后脚的来这世界走一躺住几十年,干什么呢?独一无二的目的就是抢面包吃。不然就是怕那宇宙间物质运动的大轮子缺了发动力,特自来供给他燃料。果真这样,人生还有一毫意味,人类还有一毫价值吗?无奈当科学全盛时代,那主要

的思潮,却是偏在这方面,当时讴歌科学万能的人,满望着科学成功,黄金世界便指日出现。如今功总算成了,一百年物质的进步,比从前三千年所得还加几倍。我们人类不惟没有得着幸福,倒反带来许多灾难。好像沙漠中失路的旅人,远远望见个大黑影,拼命往前赶,以为可以靠他向导,那知赶上几程,影子却不见了,因此无限凄惶失望。影子是谁,就是这位"科学先生"。欧洲人做了一场科学万能的大梦,到如今却叫起科学破产来。(《梁任公近著》第一辑上卷,页一九——二三)

梁先生在这段文章里很动情感地指出科学家的人生观的流毒:他很明显地控告那"纯物质的纯机械的人生观"把欧洲全社会"都陷入怀疑沉闷畏惧之中",养成"弱肉强食"的现状,——"这回大战争,便是一个报应"。他很明白地控告这种科学家的人生观造成"抢面包吃"的社会,使人生没有一毫意味,使人类没有一毫价值,没有给人类带来幸福,"倒反带来许多灾难",叫人类"无限凄惶失望"。梁先生要说的是欧洲"科学破产"的喊声,而他举出的却是科学家的人生观的罪状;梁先生撷拾了一些玄学家诬蔑科学人生观的话头,却便加上了"科学破产"的恶名。

梁先生后来在这一段之后,加上两行自注道:

> 读者切勿误会,因此菲薄科学,我绝不承认科学破产,不过也不承认科学万能罢了。

然而谣言这件东西,就同野火一样,是易放而难收的。自从《欧游心影录》发表之后,科学在中国的尊严就远不如前了。一般不曾出国门的老先生很高兴地喊着,"欧洲科学破产了!梁任公这样说的"。我们不能说梁先生的话和近年同善社、悟善社的风行有什么直接的关系;但我们不能不说梁先生的话在国内确曾替反科学的势力助长不少的威风。梁先生的声望,梁先生那枝"笔锋常带情感"的健笔,都能使他的读者容易感受他的言论的影响。何况国中还有张君劢先生一流人,打着柏格森、倭铿、欧立克……的旗号,继续起来替梁先生推波助澜呢?

我们要知道,欧洲的科学已到了根深蒂固的地位,不怕玄学鬼来攻击了。几个反动的哲学家,平素饱餍了科学的滋味,偶尔对科学发几句牢骚话,就像富贵人家吃厌了鱼肉,常想尝尝咸菜豆腐的风味:这种反动并没有什么大危险。那光焰万丈的科学,决不是这几个玄学鬼摇撼得动的。一到中国,便不同了。中国此时还不曾享着科学的赐福,更谈不到科学带来的"灾难"。我们试睁开眼看看:这遍地的乩坛道院,这遍地的仙方鬼照相,这样不发达的交通,这样不发达的实业,——我们那里配排斥科学?至于"人生观",我们只有做官发财的人生观,只有靠天吃饭的人生观,只有求神问卜的人生观,只有《安士全书》的人生观,只有《太上感应篇》的人生观,——中国人的人生观还不曾和科学行见面礼呢!我们当这个时候,正苦科学的提倡不够,正苦科学的教育不发达,正苦科学的势力还不能扫除那迷漫全国的乌烟瘴气,——不料还有名流学者出来高唱"欧洲科学破产"的喊声,出来把欧洲文化破产的罪名归到科学身上,出来菲薄科学,历数科学家的人生观的罪状,不要科学在人生观上发生影响!信仰科学的人看了这种现状,能不发愁吗?能不大声疾呼出来替科学辩护吗?

这便是这一次"科学与人生观"的大论战所以发生的动机。明白了这个动机,我们方才可以明白这次大论战在中国思想史上占的地位。

2 张君劢的《人生观》原文的大旨是:

> 人生观之特点所在,曰主观的,曰直觉的,曰综合的,曰自由意志的,曰单一性的。惟其有此五点,故科学无论如何发达,而人生观问题之解决,决非科学所能为力,惟赖诸人类之自身而已。

君劢叙述那五个特点时,处处排斥科学,处处用一种不可捉摸的语言——"是非各执,绝不能施以一种试验","无所谓定义,无所谓方法,皆其身良心之所命起而主张之","若强为分析,则必失其真义","皆出于良心之自动,而决非有使之然者"。这样一个大论战,却用一篇处处不可捉摸的论文作起点,这是一件大不幸的事。因为原文处处不可捉摸,故驳论与反驳都容易跳出本题。战线延长之后,战争的本意反不很明白了(我常想,假如当日我们用了梁任公先生的"科学万能之梦"一篇作讨论的基础,我们定可以使这次论争的旗帜格外鲜明,——至少可以免去许多无谓的纷争)。我们为读者计,不能不把这回论战的主要问题重说一遍。

君劢的要点是"人生观问题之解决,决非科学所能为力"。我们要答覆他,似乎应该先说明科学应用到人生观问题上去,曾产生什么样子的人生观;这就是说,我们应该先叙述"科学的人生观"是什么,然后讨论这种人生观是否可以成立,是否可以解决人生观的问题,是否像梁先生说的那样贻祸欧洲,流毒人类。我总观这二十五万字的讨论,终觉得这一次为科学作战的人——除了吴稚晖先生——都有一个共同的错误,就是不曾具体地说明科学的人生观是什么,却去抽象地力争科学可以解决人生观的问题。这个共同错误的原因,约有两种:第一,张君劢的导火线的文章内并不曾像梁任公那样明白指斥科学家的人生观,只是拢统地说科学对于人生观问题不能为力。因此,驳论与反驳论的文章也都走上那"可能与不可能"的拢统讨论上去了。例如丁在君的《玄学与科学》的主要部分只是要证明

> 凡是心理的内容,真的概念推论,无一不是科学的材料。

然而他却始终没有说出什么是"科学的人生观"。从此以后,许多参战的学者都错在这一点上。如张君劢《再论人生观与科学》只主张

> "人生观超于科学以上","科学决不能支配人生"。

如梁任公的《人生观与科学》只说

> 人生关涉理智方面的事项,绝对要用科学方法来解决;关于情感方面的事项,绝对的超科学。

如林宰平的《读丁在君先生的〈玄学与科学〉》只是一面承认"科学的方法有益于人生观",一面又反对科学包办或管理"这个最古怪的东西"——人类。如丁在君《答张君劢》也只是说明

> 这种(科学)方法,无论用在知识界的那一部分,都有相当的成绩,所以我们对于知识的信用,比对于没有方法的情感要好;凡有情感的冲动都要想用知识来指导他,使他发展的程度提

高,发展的方向得当。

如唐擘黄《心理现象与因果律》只证明

> 一切心理现象都是有因的。

他的《一个痴人的说梦》只证明

> 关于情感的事项,要就我们的知识所及,尽量用科学方法来解决的。

王抚五的《科学与人生观》也只是说:

> 科学是凭借"因果"和"齐一"两个原理而构造起来的;人生问题无论为生命之观念,或生活之态度,都不能逃出这两个原理的金刚圈,所以科学可以解决人生问题。

直到最后范寿康的《评所谓科学与玄学之争》,也只是说:

> 伦理规范——人生观——一部分是先天的,一部分是后天的。先天的形式是由主观的直觉而得,决不是科学所能干涉。后天的内容应由科学的方法探讨而定,决不是主观所应妄定。

综观以上各位的讨论,人人都在那里拢统地讨论科学能不能解决人生问题或人生观问题。几乎没有一个人明白指出,假使我们把科学适用到人生观上去,应该产生什么样子的人生观。然而这个共同的错误大都是因为君劢的原文不曾明白攻击科学家的人生观,却只悬空武断科学决不能解决人生观问题。殊不知,我们若不先明白科学应用到人生观上去时发生的结果,我们如何能悬空评判科学能不能解决人生观呢?

这个共同的错误——大家规避"科学的人生观是什么"的问题——怕还有第二个原因,就是一班拥护科学的人虽然抽象地承认科学可以解决人生问题,却终不愿公然承认那具体的"纯物质,纯机械的人生观"为科学的人生观。我说他们"不愿",并不是说他们怯懦不敢,只是说他们对于那科学家的人生观还不能像吴稚晖先生那样明显坚决的信仰,所以还不能公然出来主张。这一点确是这一次大论争的一个绝大的弱点。若没有吴老先生把他的"漆黑一团"的宇宙观和"人欲横流"的人生观提出来做个押阵大将,这一场大战争真成了一场混战,只闹得个一哄散场!

关于这一点,陈独秀先生的序里也有一段话,对于作战的先锋大将丁在君先生表示不满意。独秀说:

> 他(丁先生)自号存疑的唯心论,这是沿袭赫胥黎、斯宾塞诸人的谬误;你既承认宇宙间有不可知的部分而存疑,科学家站开,且让玄学家来解疑。此所以张君劢说,"既已存疑,则研究形而上界之玄学,不应有丑诋之词"。其实我们对于未发见的物质固然可以存疑,而对于超物质而独立存在并且可以支配物质的什么心(心即是物之一种表现),什么神灵与上帝,我们已无疑可存了。说我们武断也好,说我们专制也好,若无证据给我们看,我们断然不能抛弃我们的信仰。

关于存疑主义的积极的精神,在君自己也曾有明白的声明(《答张君劢》,页二一——二三)。"拿证据来!"一句话确然是有积极精神的。但赫胥黎等在当用这种武器时,究竟还只是消极的防御居多。在十九世纪的英国,在那宗教的权威不曾打破的时代,明明是无神论者也不得不挂一个"存疑"的招牌。但在今日的中国,在宗教信仰向来比较自由的中国,我们如果深信现有的科学证据只能叫我们否认上帝的存在和灵魂的不灭,那么,我们正不妨老实自居为"无神论者"。这样的自称并不算是武断;因为我们的信仰是根据于证据的:等到有神论的证据充足时,我们再改信有神论,也还不迟。我们在这个时候,既不能相信那没有充分证据的有神论,心灵不灭论,天人感应论,……又不肯积极地主张那自然主义的宇宙观,唯物的人生观,……怪不得独秀要说"科学家站开!且让玄学家来解疑"了。吴稚晖先生便不然。他老先生宁可冒"玄学鬼"的恶名,偏要冲到那"不可知的区域"里去打一阵,他希望"那不可知区域里的假设,责成玄学鬼也带着论理色采去假设着"(《宇宙观及人生观》,页九)。这个态度是对的。我们信仰科学的人,正不妨做一番大规模的假设。只要我们的假设处处建筑在已知的事实之上,只要我们认我们的建筑不过是一种最满意的假设,可以跟着新证据修正的,——我们带着这种科学的态度,不妨冲进那不可知的区域里,正如姜子牙展开了杏黄旗,也不妨冲进十绝阵里去试试。

3

　　我在上文说的,并不是有意挑剔这一次论战场上的各位武士。

　　我的意思只是要说,这一篇论战的文章只做了一个"破题",还不曾做到"起讲"。至于"余兴"与"尾声",更谈不到了。破题的工夫,自然是很重要的。丁在君先生的发难,唐擘黄先生等的响应,六个月的时间,二十五万字的煌煌大文,大吹大擂地把这个大问题捧了出来,叫乌烟瘴气的中国知道这个大问题的重要,——这件功劳真不在小处!

　　可是现在真有做"起讲"的必要了。吴稚晖先生的"一个新信仰的宇宙观及人生观"已给我们做下一个好榜样。在这篇《科学与人生观》的"起讲"里,我们应该积极地提出什么叫做"科学的人生观",应该提出我们所谓"科学的人生观",好教将来的讨论有个具体的争点。否则你单说科学能解决人生观,他单说不能,势必至于吴稚晖先生说的"张丁之战,便延长了一百年,也不会得到究竟"。因为若不先有一种具体的科学人生观作讨论的底子,今日泛泛地承认科学有解决人生观的可能,是没用的。等到那"科学的人生观"的具体内容拿出来时,战线上的组合也许要起一个大大的变化。我的朋友朱经农先生是信仰科学"前程不可限量"的,然而他定不能承认无神论是科学的人生观。我的朋友林宰平先生是反对科学包办人生观的,然而我想他一定可以很明白地否认上帝的存在。到了那个具体讨论的时期,我们才可以说是真正开战。那时的反对,才是真反对。那时的赞成,才是真赞成。那时的胜利,才是真胜利。

　　我还要再进一步说:拥护科学的先生们,你们虽要想规避那"科学的人生观是什么"的讨论,你们终于免不了的。因为他们早已正式对科学的人生观宣战了。梁任公先生的"科学万能之梦",早已明白攻击那"纯物质的,纯机械的人生观"了。他早已把欧洲大战祸的责任加到那"科学家的新心理学"上去了。张君劢先生在《再论人生观与科学》里,也很笼统地攻击"机械主义"了。他早已说"关于人生之解释与内心之修养,当然以唯心派之言为长"了。科学家究竟何去何从？这时候正是科学家表明态度的时候了。

因此，我们十分诚恳地对吴稚晖先生表示敬意，因为他老先生在这个时候很大胆地把他信仰的宇宙观和人生观提出来，很老实地宣布他的"漆黑一团"的宇宙观和"人欲横流"的人生观。他在那篇大文章里，很明白地宣言

> 那种骇得煞人的显赫的名词，上帝呀，神呀，还是取销了好。（页十二）

很明白地

> 开除了上帝的名额，放逐了精神元素的灵魂。（页二九）

很大胆地宣言：

> 我以为动植物且本无感觉，皆止有其质力交推，有其辐射反应，如是而已。譬之于人，其质构而为如是之神经系，即其力生如是之反应。所谓情感，思想，意志等等，就种种反应而强为之名，美其名曰心理，神其事曰灵魂，质直言之曰感觉，其实统不过质力之相应。（页二二——二三）

他在《人生观》里，很"恭敬地又好像滑稽地"说：

> 人便是外面止剩两只脚，却得到了两只手，内面有三斤二两脑髓，五千零四十八根脑筋，比较占有多额神经系质的动物。（页三九）

> 生者，演之谓也，如是云尔。（页四十）

> 所谓人生，便是用手用脑的一种动物，轮到"宇宙大剧场"的第亿垓八京六兆五万七千幕，正在那里出台演唱。（页四七）

他老先生五年的思想和讨论的结果，给我们这样一个"新信仰的宇宙观及人生观"。他老先生很谦逊地避去"科学的"的尊号，只叫他做"柴积上，日黄中的老头儿"的新信仰。他这个新信仰正是张君劢先生所谓"机械主义"，正是梁任公先生所谓"纯物质的纯机械的人生观"。他一笔勾销了上帝，抹煞了灵魂，戳穿了"人为万物之灵"的玄秘。这才是真正的挑战。我们要看那些信仰上帝的人们出来替上帝向吴老先生作战。我们要看那些信仰灵魂的人们出来替灵魂向吴老先生作战。我们要看那些信仰人生的神秘的人们出来向这"两手

动物演戏"的人生观作战。我们要看那些认爱情为玄秘的人们出来向这"全是生理作用,并无丝毫微妙"的爱情观作战。这样的讨论,才是切题的,具体的讨论。这才是真正开火。这样战争的结果,不是科学能不能解决人生的问题了,乃是上帝的有无,鬼神的有无,灵魂的有无,……等等人生切要问题的解答。

只有这种具体的人生切要问题的讨论才可以发生我们所希望的效果,——才可以促进思想上的刷新。

反对科学的先生们!你们以后的作战,请向吴稚晖的"新信仰的宇宙观及人生观"作战。

拥护科学的先生们!你们以后的作战,请先研究吴稚晖的"新信仰的宇宙观及人生观":完全赞成他的,请准备替他辩护,像赫胥黎替达尔文辩护一样;不能完全赞成他的,请提出修正案,像后来的生物学者修正达尔文主义一样。

从此以后,科学与人生观的战线上的押阵老将吴老先生要倒转来做先锋了!

4 说到这里,我可以回到张、丁之战的第一个"回合"了。张君劢说:

> 天下古今之最不统一者,莫若人生观。(《人生观》页一)

丁在君说:

> 人生观现在没有统一是一件事,永久不能统一又是一件事,除非你能提出事实理由来证明他是永远不能统一的,我们总有求他统一的义务。(《玄学与科学》页三)
>
> 玄学家先存了一个成见,说科学方法不适用于人生观;世界上的玄学家一天没有死完,自然一天人生观不能统一。(页四)

"统一"一个字,后来很引起一些人的抗议。例如林宰平先生就控告丁在君,说他"要把科学来统一一切",说他"想用科学的武器来包办宇宙"。这种控诉,未免过于张大其词了。在君用的"统一"一个字,不过是沿用君劢文章里的话;他们两位的意思大概都不过是大同小异的一致,罢了。依我个人想起来,人类的人生观总应该有一个最低限度的一致的可能。唐擘黄先生说的最好：

> 人生观不过是一个人对于世界万物同人类的态度，这种态度是随着一个人的神经构造，经验，知识等而变的。神经构造等就是人生观之因。我举一二例来看。
>
> 无因论者以为叔本华（Schopenhauer）哈德门（Hartmann）的人生观是直觉的，其实他们自己并不承认这事。他们都说根据经验阅历而来的。叔本华是引许多经验作证的，哈德门还要说他的哲学是从归纳法得来的。
>
> 人生观是因知识而变的。例如，柯白尼太阳居中说，同后来的达尔文的人猿同祖说发明以后，世界人类的人生观起绝大变动；这是无可疑的历史事实。若人生观是直觉的，无因的，何以随自然界的知识而变更呢？

我们因为深信人生观是因知识经验而变换的，所以深信宣传与教育的效果可以使人类的人生观得着一个最低限度的一致。

最重要的问题是：拿什么东西来做人生观的"最低限度的一致"呢？

我的答案是：拿今日科学家平心静气地，破除成见地，公同承认的"科学的人生观"来做人类人生观的最低限度的一致。

宗教的功效已曾使有神论和灵魂不灭论统一欧洲（其实何止欧洲？）的人生观至千余年之久。假使我们信仰的"科学的人生观"将来靠教育与宣传的功效，也能有"有神论"和"灵魂不灭论"在中世欧洲那样的风行，那样的普遍，那也可算是我所谓"大同小异的一致"了。

我们若要希望人类的人生观逐渐做到大同小异的一致，我们应该准备替这个新人生观作长期的奋斗。我们所谓"奋斗"，并不是像林宰平先生形容的"摩哈默得式"的武力统一；只是用光明磊落的态度，诚恳的言论，宣传我们的"新信仰"，继续不断的宣传，要使今日少数人的信仰逐渐变成将来大多数人的信仰。我们也可以说这是"作战"，因为新信仰总免不了和旧信仰冲突的事；但我们总希望作战的人都能尊重对方的人格，都能承认那些和我们信仰不同的人不一定都是笨人与坏人,都能在作战之中保持一种"容忍"(Toleration)的态度;我们总希望那些反对我们的新信仰的人,也能用"容忍"的态度来对我们,用研究的态度来考察我们的信仰。我们要认清:我们的真正敌人不是对方;我们的真正敌人是"成见",是"不思想"。我们向旧思想和旧信仰作战,其实只是很诚恳地请求旧思想和旧信仰势力之下的朋友们起来向"成见"和"不思想"作战。凡是肯用思想来考察他的成见的人,都是我们的同盟!

5 总而言之,我们以后的作战计划是宣传我们的新信仰,是宣传我们信仰的新人生观(我所谓"人生观",依唐擘黄先生的界说,包括吴稚晖先生所谓"宇宙观")。这个新人生观的大旨,吴稚晖先生已宣布过了。我们总括他的大意,加上一点扩充和补充,在这里再提出这个新人生观的轮廓:

(1)根据于天文学和物理学的知识,叫人知道空间的无穷之大。

(2)根据于地质学及古生物学的知识,叫人知道时间的无穷之长。

(3)根据于一切科学,叫人知道宇宙及其中万物的运行变迁皆是自然的,——自己如此的,——正用不着什么超自然的主宰或造物者。

(4)根据于生物的科学的知识,叫人知道生物界的生存竞争的浪费与惨酷,——因此,叫人更可以明白那"有好生之德"的主宰的假设是不能成立的。

(5)根据于生物学,生理学,心理学的知识,叫人知道人不过是动物的一种,他和别种动物只有程度的差异,并无种类的区别。

(6)根据于生物的科学及人类学,人种学,社会学的知识,叫人知道生物及人类社会演进的历史和演进的原因。

(7)根据于生物的及心理的科学,叫人知道一切心理的现象都是有因的。

(8)根据于生物学及社会学的知识,叫人知道道德礼教是变迁的,而变迁的原因都是可以用科学方法寻求出来的。

（9）根据于新的物理化学的知识，叫人知道物质不是死的，是活的；不是静的，是动的。

（10）根据于生物学及社会学的知识，叫人知道个人——"小我"——是要死灭的，而人类——"大我"——是不死的，不朽的；叫人知道"为全种万世而生活"就是宗教，就是最高的宗教；而那些替个人谋死后的"天堂""净土"的宗教，乃是自私自利的宗教。

这种新人生观是建筑在二三百年的科学常识之上的一个大假设，我们也许可以给他加上"科学的人生观"的尊号。但为避免无谓的争论起见，我主张叫他做"自然主义的人生观"。

在那个自然主义的宇宙里，在那无穷之大的空间里，在那无穷之长的时间里，这个平均高五尺六寸，上寿不过百年的两手动物——人——真是一个貌乎其小的微生物了。在那个自然主义的宇宙里，天行是有常度的，物变是有自然法则的，因果的大法支配着他——人——的一切生活，生存竞争的惨剧鞭策着他的一切行为，——这个两手动物的自由真是很有限的了。然而那个自然主义的宇宙里的这个眇小的两手动物却也有他的相当的地位和相当的价值。他用的两手和一个大脑，居然能做出许多器具，想出许多方法，造成一点文化。他不但驯伏了许多禽兽，他还能考究宇宙间的自然法则，利用这些法则来驾驭天行，到现在他居然能叫电气给他赶车，以太给他送信了。他的智慧的长进就是他的能力的增加；然而智慧的长进却又使他的胸襟扩大，想像力提高。他也曾拜物拜畜生，也曾怕神怕鬼，但他现在渐渐脱离了这种种幼稚的时期，他现在渐渐明白：空间之大只增加他对于宇宙的美感；时间之长只使他格外明了祖宗创业之艰难；天行之有常只增加他制裁自然界的能力。甚至于因果律的笼罩一切，也并不见得束缚他的自由，因为因果律的作用一方面使他可以由因求果，由果推因，解释过去，预测未来；一方面又使他可以运用他的智慧，创造新因以求新果。甚至于生存竞争的观念也并不见得就使他成为一个冷酷无情的畜生，也许还可以格外增加他对于同类的同情心，格外使他深信互助的重要，格外使他注重人为的努力以减免天然竞争的惨酷与浪费。——总而言之，这个自然主义的人生观里，未尝没有美,未尝没有诗意,未尝没有道德的责任,未尝没有充分运用"创造的智慧"的机会。

我这样粗枝大叶的叙述,定然不能使信仰的读者满意,或使不信仰的读者心服。这个新人生观的满意的叙述与发挥,那正是这本书和这篇序所期望能引起的。

十二,十一,廿九　在上海

附录一　陈独秀先生序

　　亚东图书馆汇印讨论科学与人生观的文章,命我作序,我方在病中而且多事,却很欢喜的做这篇序。第一,因为文化落后的中国,到现在才讨论这个问题(文化落后的俄国前此关于这问题也有过剧烈的讨论,现在他们的社会科学进了步,稍懂得一点社会科学门径的人,都不会有这种无常识的讨论了,和我们中国的知识阶级现在也不至于讨论什么天圆地方天动地静电线是不是蜘蛛精这等问题一样),而却已开始讨论这个问题,进步虽说太缓,总算是有了进步;只可惜一班攻击张君劢、梁启超的人们,表面上好像是得了胜利,其实并未攻破敌人的大本营,不过打散了几个支队,有的还是表面上在那里开战,暗中却已投降了(如范寿康先天的形式说,及任叔永人生观的科学是不可能说)。就是主将丁文江大攻击张君劢唯心的见解,其实他自己也是以五十步笑百步,这是因为有一种可以攻破敌人大本营的武器,他们素来不相信,因此不肯用。"科学何以不能支配人生观",敌人方面却举出一些似是而非的证据出来;"科学何以能支配人生观",这方面却一个证据也没举出来,我以为不但不曾得着胜利,而且几乎是卸甲丢盔的大败战,大家的文章写得虽多,大半是"下笔千言离题万里",令人看了好像是"科学概论讲义",不容易看出他们和张君劢的争点究竟是什么,张君劢那边离开争点之枝叶更加倍之多,这乃一场辩论的最大遗憾! 第二,因为适之最近对我说,"唯物史观至多只能解释大部分的问题",经过这回辩论之后,适之必能百尺竿头更进一步! 因为这两个缘故,我很欢喜的做这篇序。

数学物理学化学等科学，和人生观有什么关系，这问题本不用着讨论。可是后来科学的观察分类说明等方法应用到活动的生物，更应用到最活动的人类社会，于是便有人把科学略分为自然科学与社会科学二类。社会科学中最主要的是经济学，社会学，历史学，心理学，哲学（这里所指是实验主义的及唯物史观的人生哲学，不是指本体论宇宙论的玄学，即所谓形而上的哲学）。这些社会科学，不用说和那些自然科学都还在幼稚时代，然即是幼稚，已经有许多不可否认的成绩，若因为还幼稚便不要他，我们不必这样蠢。自然科学已经说明了自然界许多现象，这是我们不能否认的；社会科学已经说明了人类社会许多现象，这也是我们不能否认的。自然界及社会都有他的实际现象：科学家说明得对，他原来是那样；科学家说明得不对，他仍旧是那样；玄学家无论如何胡想乱说，他仍旧是那样；他的实际现象是死板板的，不是随着你们唯物论唯心论改变的；哥白尼以前，地球原来在那里绕日而行，孟轲以后，渐渐变成了无君的世界；科学的说明能和这死板板的实际一一符合，才是最后的成功；我们所以相信科学（无论自然科学或社会科学）也就是因为"科学家之最大目的，曰摈除人意之作用，而一切现象化之为客观的，因而可以推算，可以穷其因果之相生"，（张君劢说）必如此而后可以根据实际寻求实际，而后可以说明自然界及人类社会死板板的实际，和玄学家的胡想乱说不同。

人生观和（社会）科学的关系是很显明的，为什么大家还要讨论？哈哈！就是讨论这个问题之本身，也可以证明人生观和科学的关系之深了。孔德分人类社会为三时代，我们还在宗教迷信时代；你看全国最大多数的人，还是迷信巫鬼符咒算命卜卦等超物质以上的神秘；次多数像张君劢这样相信玄学的人，旧的士的阶级全体，新的士的阶级一大部分皆是；像丁在君这样相信科学的人，其数目几乎不能列入统计。现在由迷信时代进步到科学时代，自然要经过玄学先生的狂吠；这种社会的实际现象，想无人能够否认。倘不能否认，便不能不承认孔德三时代说是社会科学上一种定律。这个定律便可以说明许多时代许多社会许多个人的人生观之所以不同。譬如张君劢是个饱学秀才,他一日病了,他的未尝学问的家族要去求符咒仙方,张君劢立意要延医诊脉服药;他的朋友丁在君から外国留学回来,说汉医靠不住,坚劝他去请西医,张君劢不但不相信,并说出许多西医不及汉医的证据;两人争持正烈的时候,张君劢的家族说,西医汉医都靠不住,还是符咒仙方好:他们如此不同的见解,也便是他们如此不同的人生观,他们如此不同的人生观,都是他们所遭客观的环境造成的,决不是天外飞来主观的意志造成的,这本是社会科学可以说明的,决不是形而上的玄学可以说明的。

张君劢举出九项人生观,说都是主观的,起于直觉的,综合的,自由意志的,起于人格之单一性的,而不为客观的,论理的,分析的,因果律的科学所支配。今就其九项人生观看起来:第一,大家族主义和小家族主义,纯粹是由农业经济宗法社会进化到工业经济军国社会之自然的现象。第二,男女尊卑及婚姻制度,也是由于农业宗法社会亲与夫都把子女及妻当作生产工具,当作一种财产,到了工业社会,家庭手工已不适用,有了雇工制度,也用不着拿家族当生产工具,于是女权运动自然会兴旺起来。第三,财产公有私有制度,在原始共产社会,人弱于兽,势必结群合作,原无财产私有之必要与可能(假定有人格之单一性的张先生,生在那个社会,他的主观,他的直觉,他的自由意志,忽然要把财产私有起来,怎奈他所得的果物兽肉无地存储,并没有防腐的方法,又不能变卖金钱存在银行,结果恐怕只有放弃他私有财产的人生观)。到了农业社会,有了一定的住所,有了仓库,谷物又比较的易于保存,独立生产的小农,只有土地占有的必要,没有通力合作的必要,私有财产观念,是如此发生的;到了工业社会,家庭的手工的独立生产制已不能存立,成千成万的人组织在一个通力合作的机关之内,大家无工做便无饭吃,无工具便不能做工,大家都没有生产工具,生产工具已为少数资本家私有了,非将生产工具收归公有,大家只好卖力给资本家,公有财产观念,是如此发生的。第四,守旧维新之争持,乃因为现社会有了经济的变化,而与此变化不适应的前社会之制度仍旧存在,束缚着这变化的发展,于是在经济上利害不同的阶级,自然会随着变化之激徐,或激或徐的冲突起来。第五,物质精神之异见,少数人因为有他的特殊环境,一般论起来,慢说工厂里体力工人了,就是商务印书馆月薪二三十元的编辑先生,日愁衣食不济,那有如许闲情像张君劢、梁启超高谈什么精神文明东方文化。第六,社会主义之发生,和公有财产制是一事。第七,人性中本有为我利他两种本能,个人本能发挥的机会,乃由于所遭环境及所受历史的社会的暗示之不同而异。第八,悲观乐观见解之不同,亦由于个人所遭环境及所受历史的社会的暗示而异,试观各国自杀的统计,不但自杀的原因都是环境使然,而且和年龄性别职业节季等都有关系。第九,宗教思想之变迁,更是要受时代及社会势力支配的:各民族原始的宗教,依据所传神话,大都是崇拜太阳,火,高山,巨石,毒蛇,猛兽等的自然教;后来到了农业经济宗法社会,族神祖先农神等多神教遂至流行;后来商业发达,随着国家的统一运动,一神教遂至得势;后来工业发达,科学勃兴,无神非宗教之说随之而起;即在同一时代,各民族各社会产业进化之迟速不同,宗教思想亦随之而异,非洲、美洲、南洋蛮族,仍在自然宗教时代,中国、印度,乃信多神,商工业发达之欧、美,多奉基督;使中国圣人之徒生于伦敦,他也要奉洋教,歌颂耶和华;使基督信徒生在中国穷乡僻壤,他也要崇拜祖宗与狐狸。以上九项种种不同的人生观,都为种种不同客观的因果所支配,而社会科学可一一加以分析的论理的说明,找不出那一种是没有客观的原因,而由于个人主观的直觉的自由意志凭空发生的。

梁启超究竟比张君劢高明些,他说:"君劢列举'我对非我'之九项,他以为不能用科学方法解答者,依我看来什有八九倒是要用科学方法解答。"梁启超取了骑墙态度,一面不赞成张君劢,一面也不赞成丁在君,他自己的意见是:

> 人生问题,有大部分是可以——而且必要用科学方法来解决的。却有一小部分——或者还是最重要的部分是超科学的。

他所谓大部分是指人生关涉理智方面的事项,他所谓一小部分是指关于情感方面的事项。他说:"既涉到物界,自然为环境上——时间空间——种种法则所支配。"理智方面事项,固然不离物界,难道情感方面事项不涉到物界吗?感官如何受刺激,如何反应,情感如何而起,这都是极普通的心理学。关于情感超科学这种怪论,唐钺已经驳得很明白。但是唐钺驳梁启超说:"我们论事实的时候,不能羼入价值问题。"而他自己论到田横事件,解释过于浅薄,并且说出"没有多大价值"的话,如此何能使梁启超心服!其实孝子割股疗亲,程婴、杵臼代人而死,田横、乃木自杀等主动,在社会科学家看起来,无所谓优不优,无所谓合理不合理,无所谓有价值无价值,无所谓不可解,无所谓神秘,不过是农业的宗法社会封建时代所应有之人生观。这种人生观乃是农业的宗法社会封建时代之道德传说及一切社会的暗示所铸而成,试问在工业的资本主义社会,有没有这样举动,有没有这样情感,有没有这样的自由意志?

范寿康也是一个骑墙论者,他主张科学是指广义的科学,他主张科学决不能解决人生问题的全部。他说:"人生观一部分是先天的,一部分是后天的。先天的形式是由主观的直觉而得,决不是科学所能干涉。后天的内容应由科学的方法探讨而定,决不是主观所应妄定。"他所谓先天的形式,即指良心命令人类做各人所自认为善的行为。

什么先天的形式,什么良心,什么直觉,什么自由意志,一概都是生活状况不同的各时代各民族之社会的暗示所铸而成:一个人生在印度婆罗门家,自然不愿意杀人,他若生在非洲酋长家,自然以多杀为无上荣誉;一个女子生在中国阀阅之家,自然以贞节为他的义务,他若生在意大利,会以多获面首夸示其群;西洋人见中国人赤膊对女子则骇然,中国人见西洋人用字纸揩粪则惊讶;匈奴可汗父死遂妻其母,满族初入中国不知汉人礼俗,皇太后再嫁其夫弟而不以为耻;中国人以厚葬其亲为孝,而蛮族有委亲尸于山野以被鸟兽所噬为荣幸者;欧美妇女每当稠人广众吻其所亲,而以为人妾为奇耻大辱;中国妇人每以得为贵人之妾为荣幸,而当众接吻虽娼妓亦羞为之:由此看来,世界上那里真有什么良心,什么直觉,什么自由意志!

丁在君不但未曾说明"科学何以能支配人生观",并且他的思想之根底,仍和张君劢走的是一条道路。我现在举出两个证据:

第一,他自号存疑的唯心论,这是沿袭了赫胥黎、斯宾塞诸人的谬误;你既承认宇宙间有不可知的部分而存疑,科学家站开,且让玄学家来解疑。此所以张君劢说:"既已存疑,则研究形而上界之玄学,不应有丑诋之词。"其实我们对于未发现的物质固然可以存疑,而对于超物质而独立存在并且可以支配物质的什么心(心即是物之一种表现),什么神灵与上帝,我们已无疑可存了。说我们武断也好,说我们专制也好,若无证据给我们看,我们断然不能抛弃我们的信仰。

第二,把欧洲文化破产的责任归到科学与物质文明,固然是十分糊涂,但丁在君把这个责任归到玄学家教育家政治家身上,却也离开事实太远了。欧洲大战分明是英德两大工业资本发展到不得不互争世界商场之战争,但看他们战争结果所定的和约便知道,如此大的变动,那里是玄学家教育家政治家能够制造得来的。如果离了物质的即经济的原因,排科学的玄学家教育家政治家能够造成这样空前的大战争;那末,我们不得不承认张君劢所谓自由意志的人生观真有力量了。

我们相信只有客观的物质原因可以变动社会,可以解释历史,可以支配人生观,这便是"唯物的历史观"。我们现在要请问丁在君先生和胡适之先生:相信"唯物的历史观"为完全真理呢,还是相信唯物以外像张君劢等类人所主张的唯心观也能够超科学而存在?

十二,十一,十三

附录二 答陈独秀先生
适

陈独秀先生在他的序文的结论里说:

> 我们相信只有客观的物质原因可以变动社会,可以解释历史,可以支配人生观,这便是"唯物的历史观"。我们现在要请问丁在君先生和胡适之先生:相信"唯物的历史观"为完全真理呢?还是相信唯物以外像张君劢等类人所主张的唯心观也能够超科学而存在?

我不知道丁先生要如何回答他；但我个人的意见先要说明：（1）独秀说的是一种"历史观"，而我们讨论的是"人生观"。人生观是一个人对于宇宙万物和人类的见解；历史观是"解释历史"的一种见解，是一个人对于历史的见解。历史观只是人生观的一部分。（2）唯物的人生观是用物质的观念来解释宇宙万物及心理现象。唯物的历史观是用"客观的物质原因"来说明历史（狭义的唯物史观则用经济的原因来说明历史）。

说明了以上两层，然后我可以回答独秀了。我们信不信唯物史观，全靠"客观的物质原因"一个名词怎样解说。关于这一点，我觉得独秀自己也不曾说的十分明白。独秀在这篇序里曾说，"心即是物之一种表现"（序页十）。那么，"客观的物质原因"似乎应该包括一切"心的"原因了，——即是智识，思想，言论，教育等事。这样解释起来，独秀的历史观就成了"只有客观的原因（包括经济组织，知识，思想等等）可以变动社会，可以解释历史，可以支配人生观。"这就是秃头的历史观，用不着戴什么有色采的帽子了。这种历史观，我和丁在君都可以赞成的。

然而独秀终是一个不彻底的唯物论者。他一面说"心即是物之一种表现"，一面又把"物质的"一个字解成"经济的"。因此，他责备在君不应该把欧战的责任归到那班非科学的政治家与教育家的身上。他说：

> 欧洲大战分明是英德两大工业资本制度发展到不得不互争世界商场之战争，但看他们战争结果所定的和约便知道，如此大的变动，那里是玄学家教育家政治家能够制造出来的？

欧洲大战之有经济的原因，那是稍有世界知识的人都承认的。在君在他的两篇长文里那样恭维安基尔的《大幻想》（《玄学与科学》页二六，《答张君劢》页一六。）他岂不承认欧战与经济的关系？不过我们治史学的人，知道历史事实的原因往往是多方面的，所以我们虽然极欢迎"经济史观"来做一种重要的史学工具，同时我们也不能不承认思想知识等事也都是"客观的原因"，也可以"变动社会，解释历史，支配人生观"。所以我个人至今还只能说，"唯物（经济）史观至多只能解释大部分的问题"。独秀希望我"百尺竿头更进一步",可惜我不能进这一步了。

其实独秀也只承认"经济史观至多只能解释大部分的问题"。他若不相信思想知识言论教育也可以"变动社会,解释历史,支配人生观",那么,他尽可以袖着手坐待经济组织的变更就完了,又何必辛辛苦苦地努力做宣传的事业,谋思想的革新呢?如果独秀真信仰他们的宣传事业可以打倒军阀,可以造成平民革命,可以打破国际资本主义,那么,他究竟还是丁在君和胡适之的同志,——他究竟还信仰思想知识言论教育等事也可以变动社会,也可以解释历史,也可以支配人生观!

十二,十一,廿九

附录三 答适之
陈独秀

我对于适之先生这篇序,固然赞美其能成立一家言,但有不能同意之二点:

(一)这回的争论当然有两个问题,一个是"科学的人生观是否错误?"一个是"科学能否支配一切人生观?"后者的讨论多于前者,适之说是共同的错误,其实是适之个人的错误。何以呢?梁启超、张君劢这班人,当初也未必不曾经过极肤浅的唯物即科学的人生观,只因他们未曾敲过社会科学的门,阅世又稍稍久远,接触了许多稀奇古怪的人生观,都和科学的原理原则相隔太远,于是他们的第一观念便是"人生观超于科学以上","科学决不能支配人生"。他们对科学的信仰如此破坏了,第二观念方思维到科学的人生观本身之错误与否。并且梁启超更聪明一点,他骂得科学简直是罪孽深重不自陨灭祸延人类,而同时却又说:"我绝不承认科学破产,不过也不承认科学万能罢了。"所以我们现在所争的,正是科学是否万能问题,此问题解决了,科学已否破产便不成问题了。照适之的意见,只须努力具体的说明科学的人生观,不必去力争科学可否解决人生观的问题,像这样缩短战线,只立而不破的辩论法,不是纵敌,便是收兵。无论你科学的人生观有如何具体的说明,张君劢、梁启超可以回答你:适之先生!我们佩服你科学的人生观也很高明,我们本来不曾承认科学破产;但是人类社会除了你这样高明的人生观以外,另外还有许多人生观,如先生所说的做官发财的人生观,靠天吃饭的人生观,求神问卜的人生观,《安士全书》的人生观,《太上感应篇》的人生观,其余三天三夜也说不尽的人生观,却都是超科学的,却都是科学所不能支配的,他们的世界大得很哩,科学的万能在那里?适之只重在我们自己主观的说明,而疏忽了社会一般客观的说明,只说明了科学的人生观自身之美满,未说明科学对于一切人生观之威权,不能证明科学万能,使玄学游魂尚有四出的余地;我则以为,固然在主观上须建设科学的人生观之信仰,而更须在客观上对于一切超科学的人生观加以科学的解释,毕竟证明科学之威权是万能的,方能使玄学鬼无路可走,无缝可钻。

(二)社会是人组织的,历史是社会现象之记录,"唯物的历史观"是我们的根本思想,名为历史观,其实不限于历史,并应用于人生观及社会观。适之说:"独秀说的是一种历史观,(我明明说'只有客观的物质原因可以变动社会,可以解释历史,可以支配人生观',何尝专指历史?)而我们讨论的是人生观。"我依据唯物史观的理论来讨论人生观,适之便欲强为分别;倘适之依据实验主义的理论来讨论人生观,别人若说:"我们讨论的是人生观,适之说的是一种实验主义的哲学",适之服是不服?或者适之还不承认唯物史观也是一种哲学,想适之不至如此。适之好像于唯物史观的理论还不大清楚,因此发生了许多误会,兹不得不略加说明。第一,唯物史观所谓客观的物质原因,在人类社会,自然以经济(即生产方法)为骨干。第二,唯物史观所谓客观的物质原因,是指物质的本因而言,由物而发生之心的现象,当然不包括在内。世界上无论如何彻底的唯物论者,断不能不承认有心的现象即精神现象这种事实(我不知适之所想像之彻底的唯物论是怎样?);唯物史观的哲学者也并不是不重视思想文化宗教道德教育等心的现象之存在,惟只承认他们都是经济的基础上面之建筑物,而非基础之本身;这是因为唯物史观的哲学者,是主张

如左(下)表

经济 { 制度 / 宗教 / 思想 / 政治 / 道德 / 文化 / 教育 }

之一元论,而非如左(下)表

经济
宗教
思想
政治
道德
文化
教育

之多元论。这本是适之和我们争论之焦点。我们何以不承认多元？别的且不说,单就适之先生所举的思想及教育来讨论。中国古代大思想家莫如孔、老,他们思想的来因,老是小农社会的产物,孔是宗法封建的结晶,他们的思想即他们社会经济制度的映相,和希腊亚里斯多德拥护农奴制一样,并无多少自由创造。他们思想的效果,中国周末农业品手工业品之交易渐渐发达起来(观《史记货殖传》所述及汉朝种种抑制商人的法令可知),当时的社会已远离了部落生活,已不是单纯的农业经济,已开始需要一个统一的国家,所以当时挂的是道家儒家招牌,卖的是法家药料,并且自秦始皇一直到宣统,都是申、韩世界。思想的价值如此。再说教育,我们有何方法在封建社会的经济组织之下,使资本社会的教育制度实现？我们又有何方法在资本社会制度之下,使人人都有受教育的机会？漫说资本社会制度之下了,就是趋向社会主义的俄罗斯,非不极力推重教育,列宁屡次很沉痛的说:"在教育不普及的国家中建设共产社会是不可能的事。""要使教育极不普及的俄罗斯很快的变成一个人民极开通的国家,是一件不可能的事。"但以物质的条件之限制,无论列宁如何热诚,所谓教育普及,眼前还只是一句空话。欧美资本社会教育进步,完全是工业发达的结果,工业家不但需学术精巧的技师,并且需手艺熟练的工人,资本阶级为发财计不得不发达教育,家庭农业家庭手工业社会自不需此,所以有些中国人一面绝不注意工业,一面却盲目的提倡教育,真是痴人说梦。教育本身的地位如此。适之说:"如果独秀真信仰他们的宣传事业可以打倒军阀,云云"我老实告诉适之,如果我们妄想我们的宣传他本身的力量可以打倒军阀,可以造成平民革命,可以打破国际资本主义,我们还配谈什么唯物史观!常有人说:白话文的局面是胡适之、陈独秀一班人闹出来的。其实这是我们的不虞之誉。中国近来产业发达人口集中,白话文完全是应这个需要而发生而存在的。适之等若在三十年前提倡白话文,只需章行严一篇文章便驳得烟消灰灭,此时章行严的崇论宏议有谁肯听?适之又说:"他(指独秀)若不相信思想知识言论教育,也可以变动社会,解释历史,支配人生观,那么,他尽可以袖着手坐待经济组织的变更就完了,又何必辛辛苦苦地努力做宣传的事业,谋思想的革新呢?"我的解答是:在社会的物质条件可能范围内,唯物史观论者本不否认人的努力及天才之活动。我们不妄想造一条铁路通月宫,但我们却不妨妄想造一条铁路到新疆;我们不妄想学秦皇、汉武长生不老,但我们却不妨极力卫生以延长相当的寿命与健康的身体。人的努力及天才之活动,本为社会进步所必需,然其效力只在社会的物质条件可能以内。思想知识言论教育,自然都是社会进步的重要工具,然不能说他们可以变动社会解释历史支配人生观和经济立在同等地位。我们并不抹杀知识思想言论教育,但我们只把他当做经济的儿子,不像适之把他当做经济的弟兄。我们并不否认心的现象,但我们只承认他是物之一种表现,不承认这表现复与物有同样的作用。适之赞成所谓秃头的历史观,除经济组织外,"似乎应该包括一切'心的'原因——即是知识,思想,言论,教育等事"。"心的"原因,这句话如何在适之口中说出来!离开了物质一元论,科学便濒于破产,适之颇尊崇科学,如何对心与物平等看待!!适之果坚持物的原因外,尚有心的原因,——即知识,思想,言论,教育,也可以变动社会,也可以解释历史,也可以支配人生观,——像这样明白主张心物二元论,张君劢必然大摇大摆的来向适之拱手道谢!!!

十二,十二,九

(收入《科学与人生观》,1923年12月亚东图书馆初版)

孙行者与张君劢

孙行者站在灵霄殿外,耀武扬威的不服气。如来伸出一只手掌道:"你有多大本领?能不能跳出我的手心?"孙行者大笑道:"我的师父曾传授给我七十二般变化,还教我筋斗云,一个筋斗就是十万八千里。你有多大的手心!"他缩小了身躯跳上了如来的手掌,喊一声"老孙去也!"一个筋斗翻出南天门去了。以后的一段,我不用细说了。孙行者自以为走的很远了,不知道他总不曾跳出如来的手掌。

我的朋友张君劢近来对于科学家的跋扈,很有点生气。他一只手捻着他稀疏的胡子,一只手向桌上一拍,说道:"赛先生,你有多大的手心!你敢用罗辑先生来网罗'我'吗?老张去也"!说着,他一个筋斗,就翻出松坡图书馆的大门外去了。

他这一个筋斗,虽没有十万八千里,却也够长了!我在几千里外等候他,等了二七一十四天,好容易望着彩云朵朵,瑞气千条,冉冉而来,——却原来还只是他的小半截身子!其余的部分,还没有翻过来呢!

然而我揪住了这翻过来的一截,仔细一看,原来他仍旧不曾跳出赛先生和罗辑先生的手心里!这话怎讲?且听我道来。

张君劢说:

> 人生者,变也,活动也,自由也,创造也。……试问论理学上之三大公例(曰同一,曰矛盾,曰排中)何者能证其合不合乎?论理学上之两大方法(曰内纳,曰外绎)何者能推定其前后之相生乎?

这是柏格森的高徒的得意腔调。他还引了许多师叔师伯的话来助他张目。

然而他所指出的罗辑先生的五样法宝,我们只消祭起一样来,已够打出他的原形来了。我们祭起的法宝,是论理学上的矛盾律。

【矛一】张君劢说:

> 精神科学中有何种公例,可以推算未来之变化,如天文学之于天象,力学之于物体者乎?吾敢断言曰,必无而已。

【盾一】张君劢又说:

> 人类目的,屡变不已;虽变也,不趋于恶而必趋于善。

前面一个"必"字的矛,后面一个"必"字的盾,遥遥相对,好看煞人!

否认人生观有公例的张君劢,忽然寻出这一条"不趋于恶而必趋于善"的大公例来,岂非玄之又玄的奇事!他自己不能不下一个解释,于是他又陷入第二层矛盾。

【矛二】张君劢说:

> 精神科学之公例,惟限于已过之事,而于未来之事,则不能推算。

> 精神科学……决不能以已成之例,推算未来也。

【盾二】张君劢说:

> 人类目的,屡变不已;虽变也,不趋于恶而必趋于善。其所以然之故,至为玄妙,不可测度。然据既往以测将来,其有持改革之说者,大抵图所以益世而非所以害世。此可以深信而不疑者也。

请问"据既往以测将来"是不是"以已成之例推算未来?"

然而张君劢又说:

【矛三】人生观不为论理方法与因果律所支配。

【盾三】(大前提)"夫事之可以预测者,必为因果律所支配者也。"(小前提)"人类目的,屡变不已;然据既往以测将来,……可以深信而不疑。"(结论)故张君劢深信而不疑"人类目的"(人生观)必为因果律所支配者也!

张君劢翻了二七一十四天的筋斗,原来始终不曾脱离罗辑先生的一件小小法宝——矛盾律——的笼罩之下！哈！哈！

十二，五，十一上海

（原载 1923 年 5 月 12 日《努力周报》第 53 期。又载 1923 年 5 月 22 日《晨报副镌》。收入 1923 年 12 月亚东图书馆编辑出版的《科学与人生观》）

读梁漱冥先生的《东西文化及其哲学》

> 我是先自己有一套思想,再来看孔家诸经的:看了孔经,先有自己意见,再来视宋、明人书的;始终拿自己思想作主。(本书页二七九)

我们读梁漱冥先生的这部书,自始至终,都该牢牢记得这几句话。并且应该认得梁先生是怎样的一个人:他自己说:

> 我这个人本来很笨,很呆,对于事情总爱靠实,总好认真。……我自从会用心思的年龄起,就爱寻求一条准道理,最怕听"无可无不可"的话,所以对于事事都自己有一点主见,而自己的生活行事都牢牢的把定着一条线去走。(本书自叙)

我们要认清梁先生是一个爱寻求一条"准道理"的人,是一个"始终拿自己思想作主"的人。懂得这两层,然后可以放胆读他这部书,然后可以希望领会他这书里那"真知灼见"的部分,和那蔽于主观成见或武断太过的部分。

1

梁先生第一章绪论里,提出三个意思。第一,他说此时东方化与西方化已到了根本上的接触,形势很逼迫了,有人还说这问题不很迫切,那是全然不对的(页四至十一)。第二,那些人随便主张东西文化的调和融通,那种"糊涂,疲缓,不真切的态度,全然不对。"(页十二至十八)第三,大家怕这个问题无法研究,也是不对的。"如果对于此问题觉得是迫切,当真要求解决,自然自己会要寻出一条路来。"(页十八至二十)

这三层意思是梁先生著书的动机,所以我们应该先看看这三层的论点如何。

梁先生是"始终拿自己思想作主",故我们先讨论那关于他自己思想的第三点。他说,"我的生活与思想见解是成一整个的。思想见解到那里,就做到那里。"又说,"旁人对于这个问题自己没有主见,并不要紧,而我对于此问题,假使没有解决,我就不晓得我作何种生活才好!"(页十九)这种知行合一的精神,自然是我们应该敬仰佩服的。然而也正因为梁先生自己感觉这个问题如此迫切,所以他才有第一层意思,认定这个问题在中国今日果然是十分迫切的了。他觉得现在东方化受西方化逼迫得紧的形势之下,应付的方法不外三条路:

(一)倘然东方化与西方化果真不并立而又无可通,到今日要绝其根株,那么,我们须要自觉的如何彻底的改革,赶快应付上去,不要与东方化同归于尽。

(二)倘然东方化受西方化的压迫不足虑,东方化确要翻身的,那么,与今日之局面如何求其通,亦须有真实的解决,积极的做去,不要作梦发呆,卒致倾覆。

(三)倘然东方化与西方化果有调和融通之道,那也一定不是现在这种"参用西法"可以算数的,须要赶快有个清楚明白的解决,好打开一条活路,决不能存疲缓的态度。(页十)

梁先生虽指出这三条路,然而他自己只认前两条路;他很严厉的骂那些主张调和融通的人,说"不知其何所见而云然!"所以我们此时且不谈那第三条路。

对于那前两条路,梁先生自己另有一种很奇异的见解。他把东西文化的问题写成下列的方式:

东方化还是要连根的拔去,还是可以翻身呢?

接着就是他自己的奇异解释:

此处所谓"翻身",不仅说中国人仍旧使用东方化而已;大约假使东方化可以翻身,亦是同西方化一样,成一种世界的文化——现在西方化所谓科学和德谟克拉西的色彩,是无论世界上那一地方人皆不能自外的。

所以此刻问题，直截了当的，就是

> 东方化可否翻身成为一种世界文化？
> 如果不能成为世界文化，则根本不能存在。若仍可以存在，当然不能仅只使用于中国，而须成为世界文化。（页十二）

这是梁先生的书里的最主要问题，读者自然应该先把这问题想一想，方才可以读下去。

我们觉得梁先生这一段话似乎不免犯了拢统的毛病。第一，东西文化的问题是一个很复杂的问题，决不是"连根拔去"和"翻身变成世界文化"两条路所能完全包括。至于"此刻"的问题，更只有研究双方文化的具体特点的问题，和用历史的精神与方法寻求双方文化接触的时代如何选择去取的问题，而不是东方化能否翻身为世界文化的问题。避去了具体的选择去取，而讨论那将来的翻身不翻身，便是拢统。第二，梁先生的翻身论是根据在一个很拢统的大前提之上的。他的大前提是：

> 凡一种文化，若不能成为世界文化，则根本不能存在；若仍可存在，当然不能限于一国，而须成为世界文化。

这种逻辑是很可惊异的。世界是一个很大的东西，文化是一种很复杂的东西。依梁先生自己的分析（页十三），一种文化不过是一个民族生活的种种方面。他总括为三方面：精神生活，社会生活，物质生活。这样多方面的文化，在这个大而复杂的世界上，不能没有时间上和空间上的个性的区别。在一个国里，尚且有南北之分，古今之异，何况偌大的世界？若否认了这种种时间和空间的区别，那么，我们也可以说无论何种劣下的文化都可成为世界文化。我们也许可以劝全世界人都点"极黑暗的油灯"，都用"很笨拙的骡车"，都奉喇嘛教，都行君主独裁政治；甚至于鸦片，细腰，穿鼻，缠足，如果走运行时，何尝都没有世界化的资格呢？故就一种生活或制度的抽象的可能性上看来，几乎没有一件不能成为世界化的。再从反面去看，若明白了民族生活的时间和空间的区别，那么，一种文化不必须成为世界文化，而自有他存在的余地。米饭不必成为世界化，而我们正不妨吃米饭；筷子不必成为世界化，而我们正不妨用筷子；中国话不必成为世界语，而我们正不妨说中国话。

所以我们在这里要指出梁先生的出发点就犯了笼统的毛病,笼统的断定一种文化若不能成为世界文化,便根本不配存在;笼统的断定一种文化若能存在,必须翻身成为世界文化。他自己承认是"牢牢的把定一条线去走"的人,他就不知不觉的推想世界文化也是"把定一条线去走"的了。从那个笼统的出发点,自然生出一种很笼统的"文化哲学"。他自己推算这个世界走的"一条线"上,现在是西洋化的时代,下去便是中国化复兴成为世界文化的时代,再下去便是印度化复兴成为世界文化的时代(页二五九以下)。这样"整齐好玩"的一条线,有什么根据呢?原来完全用不着根据,只须梁先生自己的思想,就够了。梁先生说:

> 我并非有意把他们弄得这般整齐好玩,无奈人类生活中的问题实有这么三层次,其文化的路径就有这么三转折,而古人又恰好把这三路都已分别走过,所以事实上没法要他不重走一遭。吾自有见而为此说,今人或未必见谅,然吾亦岂求谅于今人者?(页二六一——二)

是的。这三条路,古人曾分别走过;现在世界要走上一条线了,既不能分别并存,只好轮班挨次重现一次了。这种全凭主观的文化轮回说,是无法驳难的,因为梁先生说"吾自有见而为此说。吾亦岂求谅于今人者!"

凡过信主观的见解的,大概没有不武断的。他既自有见而为此说,又自己声明不求谅于今人,我们还有什么话可说呢?他这种勇于自信而倾于武断的态度,在书中屡次出现。最明显的是在他引我论淑世主义的话之后,他说:

> 这条路(淑世主义)也就快完了。……在未来世界,完全是乐天派的天下,淑世主义过去不提。这情势具在。你已不必辩,辩也无益。(页二五二)

我也明知"辩也无益",所以我沉默了两年,至今日开口,也不想为无益之辩论,只希望能指出梁先生的文化哲学是根据于一个很笼统的出发点的,而这种笼统的论调只是梁先生的"牢牢的把定一条线去走"。"爱寻求一条准道理"的人格的表现,用一条线的眼光来看世界文化,故世界文化也只走一条线了。自己寻得的道理,便认为"准道理",故说"吾自有见而为此说","你不必辩,辩也无益"。

不明白这一层道理的,不配读梁先生的书。

2 上文只取了梁先生的绪论和结论的一部分来说明这种主观化的文化哲学。现在我们要研究他的东西文化观的本身了。

梁先生先批评金子马治,北聆吉论东西文化的话,次引陈独秀拥护德谟克拉西和赛恩斯两位先生的话,认为很对很好。梁先生虽然承认"西方文化即赛恩斯和德谟克拉西两精神的文化",但梁先生自己是走"一条线"的人,总觉得"我们说话时候非双举两种不可,很像没考究到家的样子"。所以他还要做一番搭题的工夫,要把德赛两先生并到一条线上去,才算"考究到家"了。这两位先生若从历史上研究起来,本来是一条路上的人。然而梁先生并不讲历史,他仍用他自己的思想作主,先断定"文化"只是一个民族的生活样子,而"生活"就是"意欲";他有了这两个绝大的断定,于是得着西方文化的答案:

> 如何是西方化? 西方化是以意欲向前要求为其根本精神的。(页三一)

我们在这里,且先把他对于中国、印度的文化的答案,也抄下来,好作比较:

> 中国文化是以意欲自为调和持中为其根本精神的。(页七一)

> 印度文化是以意欲反身向后要求为其根本精神的。(页七二)

梁先生自己说他观察文化的方法道:

> 我这个人未尝学问,种种都是妄谈,都不免"强不知以为知",心里所有只是一点佛家的意思,我只是本着一点佛家的意思裁量一切,这观察文化的方法也别无所本,完全是出于佛家思想。(页六一——二)

我们总括他的说法,淘汰了佛书的术语,大旨如下:

> 所谓生活,就是现在的我(即是现在的意欲)对于前此的我(即是那殆成定局的宇宙)之奋斗,……前此的我为我当前的"碍"。……当前为碍的东西是我的一个难题;所谓奋斗,就是应付困难,解决问题。(页六四——五)

这点总纲,似乎很平易,然而从这里发出三个生活的样法:

> (一)向前面要求,就是奋斗的态度,这是生活本来的路向。
> (二)对于自己的意思变换,调和,持中;回想的随遇而安。
> (三)转身向后去要求,想根本取消当前的问题或要求。(页六九——七〇)

依梁先生的观察,这三条路代表三大系的文化:

> (一)西方文化走的是第一条路,
> (二)中国文化走的是第二条路,
> (三)印度文化走的是第三条路。(页七二)

以上所引,都是本书第二第三两章中的。但梁先生在第四章比较东西哲学的结果,又得一个关于三系文化的奇妙结论。他说:(页二〇六)

> (一)西洋生活是直觉运用理智的。
> (二)中国生活是理智运用直觉的。
> (三)印度生活是理智运用现量的。

"现量"就是感觉(Sensation),理智就是"比量",而直觉乃是比量与现量之间的一种"非量",就是"附于感觉——心王——之受,想,二心所"。(页九三)

以上我们略述梁先生的文化观察。我们在这里要指出梁先生的文化观察也犯了拢统的大病。我们也知道有些读者一定要代梁先生抱不平,说:"梁先生分析的那样仔细,辨别的那样精微,而你们还要说他拢统,岂非大冤枉吗?"是的,我们正因为他用那种仔细的分析和精微的辨别,所以说他"拢统"。文化的分子繁多,文化的原因也极复杂,而梁先生要想把每一大系的文化各包括在一个简单的公式里,这便是拢统之至。公式越整齐,越简单,他的拢统性也越大。

我们试先看梁先生的第一串三个公式:
(一)西方化的根本精神是意欲向前要求。
(二)中国化的根本精神是意欲自为调和持中。
(三)印度化的根本精神是意欲反身向后要求。

这岂不简单?岂不整齐?然而事实上全不是那么一回事。西方化与印度化,表面上诚然很像一个向前要求,一个向后要求;然而我们平心观察印度的宗教,何尝不是极端的向前要求?梁先生曾提及印度人的"自饿不食,投入寒渊,赴火炙灼,赤身裸露,学着牛狗,龁草吃粪,在道上等车来轧死,上山去找老虎。"我们试想这种人为的是什么?是向后吗?还是极端的奔赴向前,寻求那最高的满足?我们试举一个例:

> 释宝崖于益州城西路首,以布裹左右五指,烧之。……并烧二手。于是积柴于楼上,作干麻小室,以油润之。自以臂挟炬。麻燥油浓,赫然火合。于炽盛之中礼拜。比第二拜,身面焦坏,重复一拜,身踣炭上。(胡寅《崇正辨》二,二三)

试想这种人,在火焰之中礼拜,在身面焦坏之时还要礼拜,这种人是不是意欲极端的向前要求?梁先生自己有时也如此说:

> 大家都以为印度人没法生活才来出世,像詹姆士所说,印度人胆小不敢奋斗以求生活,实在闭眼瞎说!印度人实在是极有勇气的,他们那样坚苦不挠,何尝不是奋斗?(页一四八)

是的!印度人也是奋斗,然而"奋斗"(向前要求)的态度,却是第一条路(页六九)。所以梁先生断定印度化是向后要求的第三条路,也许他自己有时要说是"实在闭眼瞎说"呢!

以上所说,并非为无益之辩,只是要指出,梁先生的简单公式是经不起他自己的反省的。印度化与西洋化,表面上可算两极端了,然而梁先生说他俩都是奋斗,即都是向前要求。

至于那"调和持中"、"随遇而安"的态度,更不能说那一国文化的特性。这种境界乃是世界各种民族的常识里的一种理想境界,绝不限于一民族或一国。见于哲学书的,中国儒家有《中庸》,希腊有亚里士多德的《伦理学》,而希伯来和印度两民族的宗教书里也多这种理想。见于民族思想里的,希腊古代即以"有节"为四大德之一,而欧洲各国都有这一类的民谣。至于诗人文学里,"知足"、"安命"、"乐天"等等更是世界文学里极常见的话,何尝是陶潜、白居易独占的美德?然而这种美德始终只是世界民族常识里的一种理想境界,无论在那一国,能实行的始终只有少数人。梁先生以为:

> 中国人的思想是安分知足,寡欲摄生,而绝没有提倡要求物质享乐的;却亦没有印度的禁欲思想。不论境遇如何,他都可以满足安受,并不定要求改造一个局面。(页八四)

梁先生难道不睁眼看看古往今来的多妻制度,娼妓制度,整千整万的提倡醉酒的诗,整千整万恭维婊子的诗,《金瓶梅》与《品花宝鉴》,壮阳酒与春宫秘戏图?这种东西是不是代表一个知足安分寡欲摄生的民族的文化?只看见了陶潜、白居易,而不看见无数的西门庆与奚十一;只看见了陶潜、白居易诗里的乐天安命,而不看见他们诗里提倡酒为圣物而醉为乐境,——正是一种"要求物质享乐"的表示:这是我们不能不责备梁先生的。

以上所说,并不是有意吹毛求疵,只是要指出梁先生发明的文化公式,只是闭眼的拢统话,全无"真知灼见"。他的根本缺陷只是有意要寻一个简单公式,而不知简单公式决不能笼罩一大系的文化,结果只有分析辨别的形式,而实在都是一堆拢统话。

我们再看他那第二串的三个公式:

(一)西洋生活是直觉运用理智。

(二)中国生活是理智运用直觉。

(三)印度生活是理智运用现量。

这更是荒谬不通了。梁先生自己说:

> 现量,理智,直觉,是构成知识的三种工具。一切知识都是由这三种作用构成。虽然各种知识所含的三种作用有成分轻重的不同,但是非要具备这三种作用不可,缺少一种就不能成功的。(页六九)

单用这一段话,已可以根本推翻梁先生自己的三个公式了。既然说,知识非具备这三种作用不可,那么,也只是因为"各种知识"的性质不同,而成分有轻重的不同;何至于成为三种民族生活的特异公式呢?例如诗人赏花玩月,商人持筹握算,罪人鞭背打屁股,这三种经验因为性质不同,而有成分的轻重,前者偏于直觉,次者偏于理智,后者偏于现量,那是可能的。但人脑的构造,无论在东在西,决不能因不同种而有这样的大差异。我们可以说甲种民族在某个时代的知识方法比乙种民族在某个时代的知识方法精密的多;正如我们说近二百年来的西洋民族的科学方法大进步了。这不过好像我们说汉儒迂腐,宋儒稍能疑古,而清儒治学方法最精。这都不过是时间上,空间上的一种程度的差异。梁先生太热心寻求简单公式了,所以把这种历史上程度的差异,认作民族生活根本不同方向的特征,这已是大错了。他还更进一步,凭空想出某民族生活是某种作用运用某种作用,这真是"玄之又玄"了。

试问直觉如何运用理智?理智又如何运用直觉?理智又如何运用现量?

这三个问题,只有第一问梁先生答的稍为明白一点。他说:

> 一切西洋文化悉由念念认我向前要求而成。这"我"之认识,感觉所不能为,理智所不能为,盖全出于直觉所得。故此直觉实居主要地位;由其念强,才奔着去求,而理智则其求时所用之工具。所以我们说西洋生活是以直觉运用理智的。读者幸善会其意而无以词害意。(二〇七)

梁先生也知道我们不能懂这种玄妙的话,故劝我们"善会其意而无以词害意"。但我们实在无法善会其意!第一,我们不能承认"我"之认识全出于直觉所得。哲学家也许有发这种妙论的;但我们知道西洋近世史上所谓"我"的发现,乃是一件极平常的事件,正如昆曲《思凡》里的小尼姑的春情发动,不愿受那尼庵的非人生活了,自然逃下山去。梁先生若细读这一出"我"的发现的妙文,或英国诗人白朗吟(Browning)的 Fra Lippo Lippi 便可以知道这里面也有情感,也带理智,而现量(感觉)实居主要。第二,即使我们闭眼承认"我"之认识由于直觉,然而"我"并不即等于直觉;正如哥仑布发现美洲,而美洲并不等于哥仑布。故"我之认识由于直觉"一句话,即使不是瞎说,也决不能引出"直觉运用理智"的结论。

此外,梁先生解释"理智运用直觉"一段,我老实承认全不懂得他说的是什么。幸而梁先生自己承认这一段话是"很拙笨不通"(二〇九),否则我们只好怪自己拙笨不通了。

最后,梁先生说"理智运用现量"一层,我们更无从索解。佛教的宗教部分,固然是情感居多,然而佛家的哲学部分却明明是世界上一种最精深的理智把戏。梁先生自己也曾说:

> 在印度,那因明学唯识学秉一种严刻的理智态度,走科学的路。(页八六)

何以此刻(页二〇九)只说印度生活是"理智运用现量"呢?梁先生的公式热,使他到处寻求那简单的概括公式,往往不幸使他陷入矛盾而不自觉。如上文梁先生既认印度化为奋斗,而仍说他是向后要求;如这里梁先生既认印度的因明唯识为走科学的路,而仍硬派他入第三个公式。"整齐好玩"则有余了,只可恨那繁复多方的文化是不肯服服帖帖叫人装进整齐好玩的公式里去的。

3 我们现在要对梁先生提出一点根本的忠告,就是要说明文化何以不能装入简单整齐的公式里去。梁先生自己也曾说过生活就是现在的我对宇宙的奋斗,"我们的生活无时不用力,即是无时不奋斗。当前为碍的东西是我的一个难题;所谓奋斗就是应付困难,解决问题"。(页六四)当梁先生说这话时,他并不曾限制他的适用的区域。他说:

> 差不多一切有情——生物——的生活,都是如此,并不单是人类为然。(页六五)

我们很可以用这一点做出发点:生活即是应付困难,解决问题。而梁先生又说:

> 文化并非别的,乃是人类生活的样法。(页六八)

这一句话,我们也可以承认(梁先生在这里又把文化和文明分作两事,但那个区别是不能自圆其说的,况且和梁先生自己在页十三上说的话互相矛盾,故我们可以不采他这个一时高兴的辨析)。梁先生

又说:
> 奋斗的态度,遇到问题都是对于前面去下手,……改造局面,使其可以满足我们的要求:这是生活本来的路向。(页六九)

这也是我们可以承认的。但我们和梁先生携手同行到这里,就不能不分手了。梁先生走到这里,忽然根本否认他一向承认的"一切有情"都不能违背的"生活本来的路向"!他忽然说中国人和印度人的生活是不走这"生活本来的方向"的!他忽然很大度的把那条一切有情都是如此的生活本路让与西洋人去独霸!梁先生的根本错误就在此一点。

我们的出发点只是:文化是民族生活的样法,而民族生活的样法是根本大同小异的。为什么呢?因为生活只是生物对环境的适应,而人类的生理的构造根本上大致相同,故在大同小异的问题之下,解决的方法,也不出那大同小异的几种。这个道理叫做"有限的可能说"(The principle of limited possibilities)。例如饥饿的问题,只有"吃"的解决。而吃的东西或是饭,或是面包,或是棒子面,……而总不出植物与动物两种,决不会吃石头。御寒的问题,自裸体以至穿重裘,也不出那有限的可能。居住的问题,自穴居以至广厦层楼,根本上也只有几种可能。物质生活如此,社会生活也是如此。家庭的组织,也只有几种可能:杂交,一夫多妻,一妻多夫,一夫一妻,大家族或小家庭,宗子独承产业或诸子均分遗产。政治的组织也只有几种可能:独裁政治,寡头政治,平民政治。个人对社会的关系也有限的:个人主义与社会主义;自由与权威。精神生活也是如此的。言语的组织,总不出几种基本配合;神道的崇拜,也不出几种有限的可能。宇宙的解释,本体问题,知识的问题,古今中外,可曾跳出一元,二元,多元;唯心,唯物;先天,后天,等等几条有限的可能?人生行为的问题,古今中外,也不曾跳出几条有限的路子之外。至于文学与美术的可能方式,也不能不受限制:有韵与无韵,表现与象征,人声与乐器,色彩是有限的,乐音是有限的。这叫做有限的可能。

凡是有久长历史的民族,在那久长的历史上,往往因时代的变迁,环境的不同,而采用不同的解决样式。往往有一种民族一一试过种种可能的变法的。政治史上,欧洲自希腊以至今日,印度自吠陀时代以至今日,中国自上古以至今日,都曾试过种种政治制度:所不同者,只是某种制度(例如多头政治)在甲民族的采用在古代,而在乙民族则上古与近代都曾采用;或某种制度(例如封建制度)在甲国早就消灭了,而在乙国则至最近世还不曾划除。又如思想史上,这三大系的民族都曾有他们的光明时代与黑暗时代。思想是生活的一种重要工具,这里面自然包含直觉,感觉,与理智三种分子,三者缺一不可。但思想的方法不是一朝一夕可以完备的。往往积了千万年的经验,到了一个成人时期,又被外来的阻力摧折毁坏了,重复陷入幼稚的时期。印度自吠陀时代以至玄奘西游之时,几千年继续磨练的结果,遂使印度学术界有近于科学的因明论理与唯识心理。这个时代,梁先生也承认是"严刻的理智态度,走科学的路"。但回教不久征服印度了,佛教不久就绝迹于印度,而这条"科学的路"遂已开而复塞了。中国方面,也是如此。自上古以至东周,铢积寸累的结果,使战国时代呈现一个灿烂的哲学科学的时期。这个时代的学派之中,如墨家的成绩,梁先生也不能不认为"西洋适例"(页一七四)。然而久长的战祸,第一个统一帝国的摧残,第二个统一帝国的兵祸与专制,遂又使[这]个成熟的时期的思想方法逐渐退化,陷入谶纬符命的黑暗时代。东汉以后,王充以至王弼,多少才士的反抗,终久抵不住外族的大乱与佛教(迷信的佛教,这时候还没有因明唯识呢)的混入中国! 一千年的黑暗时代逐渐过去之后,方才有两宋的中兴。宋学是从中古宗教里滚出来的,程颐、朱熹一派认定格物致知的基本方法。大胆的疑古,小心的考证,十分明显的表示一种"严刻的理智态度,走科学的路"。这个风气一开,中间虽有陆、王的反科学的有力运动,终不能阻止这个科学的路重现而大盛于最近的三百年。这三百年的学术,自顾炎武、阎若璩以至戴震、崔述、王念孙、王引之,以至孙诒让、章炳麟,我们决不能不说是"严刻的理智态度,走科学的路"。

然而梁先生何以闭眼不见呢? 只因为他的成见太深,凡不合于他的成见的,他都视为"化外"。故孔、墨先后并起,而梁先生忍心害理的说"孔子代表中国,而墨子则西洋适例!"(页一七四)故近世八百年的学术史上,他只认"晚明泰州王氏父子心斋先生东崖先生为最合我意",而那影响近代思想最大最深的朱熹竟一字不提!他对于朱学与清朝考据学,完全闭眼不见,所以他能说:

> 科学方法在中国简直没有。(页八六)

究竟是真没有呢?还是被梁先生驱为"化外"了呢?

我们承认那"有限的可能说",所以对于各民族的文化不敢下拢统的公式。我们承认各民族在某一个时代的文化所表现的特征,不过是环境与时间的关系,所以我们不敢拿"理智"、"直觉"等等简单的抽象名词来概括某种文化,我们拿历史眼光去观察文化,只看见各种民族都在那"生活本来的路"上走,不过因环境有难易,问题有缓急,所以走的路有迟速的不同,到的时候有先后的不同。历史是一面照妖镜,可以看出各种文化的原形;历史又是一座摩镜台,可以照出各种文化的过去种种经过。在历史上,我们看出那现在科学化(实在还是很浅薄的科学化)的欧洲民族也曾经过一千年的黑暗时代,也曾十分迷信宗教,也曾有过寺院制度,也曾做过种种苦修的生活,也曾极力压抑科学,也曾有过严厉的清净教风,也曾为卫道的热心烧死多少独立思想的人。究竟民族的根本区分在什么地方?至于欧洲文化今日的特色,科学与德谟克拉西,事事都可用历史的事实来说明:我们只可以说欧洲民族在这三百年中,受了环境的逼迫,赶上了几步,在征服环境的方面的成绩比较其余各民族确是大的多多。这也不是奇事:本来赛跑最怕赶上;赶上一步之后,先到的局面已成。但赛跑争先,虽然只有一个人得第一,落后的人,虽不能抢第一,而慢慢走去终也有到目的地的时候。现在全世界大通了,当初鞭策欧洲人的环境和问题现在又来鞭策我们了。将来中国和印度的科学化与民治化,是无可疑的。他们的落后,也不过是因为缺乏那些逼迫和鞭策的环境与问题,并不是因为他们的生活方式上有什么持中和向后的根本毛病,也并不是因为他们的生活上有直觉和现量的根本区别。民族的生活没有不用智慧的。但在和缓的境地之下,智慧稍模糊一点,还不会出大岔子;久而久之,便养成疏懒的智慧习惯了。直到环境逼人而来,懒不下去了,方才感发兴起,磨练智慧,以免淘汰。幼稚的民族,根行浅薄,往往当不起环境的逼迫,往往成为环境的牺牲。至于向来有伟大历史的民族,只要有急起直追的决心,终还有生存自立的机会。自然虽然残酷,但他还有最慈爱的一点:就是后天的变态大部分不致遗传下去。一千年的缠足,一旦放了,仍然可以恢复天足!这是使我们对于前途最可乐观的。

梁先生和我们大不相同的地方,只是我们认各种民族都向"生活本来的路"走,而梁先生却认中国、印度另走两条路。梁先生说:

> 中国人不是同西方人走一条路线,因为走的慢,比人家慢了几十里路。若是同一路线而少走些路,那么,慢慢的走,终究有一天赶的上。若是各自走到别的路线上去,别一方向上去,那么,无论走好久,也不会走到那西方人所达到的地点上去的!

(页八四)

若照这样说法,我们只好绝望了。然而梁先生却又相信中国人同西洋人接触之后,也可以科学化,也可以民治化。他并且预言全世界西方化之后,还可以中国化,还可以印度化。如此说来,文化的变化岂不还是环境的关系吗?又何尝有什么"抽象的样法"的根本不同呢?他既不能不拿环境的变迁来说明将来的文化,他何不老实用同样的原因来说明现在的文化的偶然不同呢?

这篇文章,为篇幅所限,只能指出原书的缺陷,而不及指出他的许多好处(如他说中国人现在应该"排斥印度的态度,丝毫不能容留"一节),实在是我们很抱歉的。

十二,三,二十八

(原载1923年4月1日《读书杂志》第8期)

附录一　梁漱溟先生第一次来书

顷奉手示,并《读书杂志》见教一文,敬诵悉。往者此书出版曾奉一册请正,未见诲答。兹承批评,敢不拜嘉?独惜限于篇幅,指示犹嫌疏略,于漱冥论文化转变处,未能剀切相诲;倘更辱评论其致误

之由，而曲喻其所未达，则蒙益者，宁独一漱冥乎？至尊文间或语近刻薄，颇失雅度；原无嫌怨，曷为如此？愿覆省之。……匆复

适之先生

漱冥手复　四月一日

附录二　答书

漱冥先生：

顷奉手书，有云，"尊文间或语近刻薄，颇失雅度；原无嫌怨，曷为如此？"

"嫌怨"一语，未免言重，使人当不起。至于刻薄之教，则深中适作文之病。然亦非有意为刻薄也。适每谓吾国散文中最缺乏诙谐风味，而最多板板面孔说规矩话。因此，适作文往往喜欢在极庄重的题目上说一两句滑稽话，有时不觉流为轻薄，有时流为刻薄。在辩论之文中，虽有时亦因此而增加效力，然亦往往因此挑起反感。如此文自信对于先生毫无恶意，而笔锋所至，竟蹈刻薄之习，至惹起先生"嫌怨"之疑，敢不自省乎？

得来示后，又覆检此文，疑先生所谓刻薄，大概是指"一条线""闭眼"等等字样。此等处皆撮拾大著中语，随手用来为反驳之具，诚近于刻薄。然此等处实亦关于吾二人性情上之不同。适颇近于玩世，而先生则屡自言凡事"认真"。以凡事"认真"之人，读玩世滑稽之言，宜其扞格不入者多矣。如此文中，"宋学是从中古宗教里滚出来的"一个"滚"字，在我则为行文时之偶然玩意不恭，而在先生，必视为轻薄矣。又如文中两次用"化外"，此在我不过是随手拈来的一个Pun，未尝不可涉笔成趣，而在"认真"如先生者，或竟以为有意刻薄矣。轻薄与刻薄固非雅度，然凡事太认真亦非汪汪雅度也。如那年第三院之送别会，在将散会之际，先生忽发"东方文化是什么"之问，此一例也。后来先生竟把孟和先生一时戏言笔之于书，以为此足证大家喜欢说虚伪的话。此又一例也。玩世的态度固可以流入刻薄；而认真太过，武断太过，亦往往可以流入刻薄。先生"东西文化"书中，此种因自信太过，或武断太过，而不觉流为刻薄的论调，亦复不

少。页一六,页一六四即是我个人身受的两个例。此非反唇相稽也。承先生不弃,恳切相规,故敢以此为报,亦他山之错,朋友之谊应尔耳。先生想不以为罪乎?

　　…………

适敬上　十二,四,二

附录三　第二次来书

适之先生:

　　承教甚愧!早在涵容,犹未自知也。冥迩来服膺阳明,往时态度,深悔之矣。复谢。顺候

起居

漱冥顿首　四月四日

(附注)

　　文中引用原书页数是指梁先生初次自印本,与现行商务本页数稍有不同。

五十年来中国之文学

1 这五十年在中国文学史上可以算是一个很重要的时期。综括起来,这五十年的重要有几点:

(1) 五十年前,《申报》出世的一年(1872),便是曾国藩死的一年,曾国藩是桐城派古文的中兴第一大将。但是他的中兴事业,虽然是很光荣灿烂的,可惜都没有稳固的基础,故都不能有长久的寿命。清朝的命运到了太平天国之乱,一切病状一切弱点都现出来了,曾国藩一班人居然能打平太平天国,平定各处匪乱,做到他们的中兴事业。但曾左的中兴事业,虽然延长了五六十年的满清国运,究竟救不了满清帝国的腐败,究竟救不了满清帝室的灭亡。他的文学上的中兴事业,也是如此。古文到了道光、咸丰的时代,空疏的方、姚派,怪僻的龚自珍派,都出来了,曾国藩一班人居然能使桐城派的古文忽然得一支生力军,忽然做到中兴的地位。但"桐城=湘乡派"的中兴,也是暂时的,也不能持久的。曾国藩的魄力与经验确然可算是桐城派古文的中兴大将。但曾国藩一死之后,古文的运命又渐渐衰微下去了。曾派的文人,郭嵩焘,薛福成,黎庶昌,俞樾,吴汝纶……都不能继续这个中兴事业。再下一代,更成了"强弩之末"了。这一度的古文中兴,只可算是痨病将死的人的"回光返照",仍旧救不了古文的衰亡。这一段古文末运史,是这五十年的一个很明显的趋势。

(2) 古文学的末期,受了时势的逼迫,也不能不翻个新花样了。这五十年的下半便是古文学逐渐变化的历史。这段古文学的变化史又可分作几个小段落:

(一) 严复、林纾的翻译的文章。

(二) 谭嗣同、梁启超一派的议论的文章。

（三）章炳麟的述学的文章。

（四）章士钊一派的政论的文章。

这四个运动，在这二十多年的文学史上，都该占一个重要的地位。他们的渊源和主张虽然很多不相同的地方，但我们从历史上看起来，这四派都是应用的古文。当这个危急的过渡时期，种种的需要使语言文字不能不朝着"应用"的方向变去。故这四派都可以叫做"古文范围以内的革新运动"。但他们都不肯从根本上做一番改革的工夫，都不知道古文只配做一种奢侈品，只配做一种装饰品，却不配做应用的工具。故章炳麟的古文，在四派之中自然是最古雅的了，只落得个及身而绝，没有传人。严复、林纾的翻译文章，在当日虽然勉强供应了一时的要求，究竟不能支持下去。周作人兄弟的《域外小说集》便是这一派的最高作品，但在适用一方面他们都大失败了。失败之后，他们便成了白话文学运动的健将。谭嗣同、梁启超一派的文章，应用的程度要算很高了，在社会上的影响也要算很大了，但这一派的末流，不免有浮浅的铺张，无谓的堆砌，往往惹人生厌。章士钊一派是从严复、章炳麟两派变化出来的，他们注重论理，注重文法，既能谨严，又颇能委婉，颇可以补救梁派的缺点。《甲寅》派的政论文在民国初年几乎成一个重要文派。但这一派的文字，既不容易做，又不能通俗，在实用的方面，仍旧不能不归于失败。因此，这一派的健将，如高一涵、李大钊、李剑农等，后来也都成了白话散文的作者。

这一段古文学勉强求应用的历史，乃是新旧文学过渡时代不能免的一个阶级。古文学幸亏有这一个时期，勉强支持了二三十年的运命。

（3）在这五十年之中，势力最大，流行最广的文学，——说也奇怪，——并不是梁启超的文章，也不是林纾的小说，乃是许多白话的小说。《七侠五义》、《儿女英雄传》都是这个时代的作品。《七侠五义》之后，有《小五义》等等续编，都是三十多年来的作品。这一类的小说很可代表北方的平民文学。到了前清晚年，南方的文人也做了许多小说。刘鹗的《老残游记》，李伯元的《官场现形记》，《文明小史》，吴沃尧的《二十年目睹之怪现状》，《恨海》，《九命奇冤》，……

等等，都是有意的作品，意境与见解都和北方那些纯粹供人娱乐的民间作品大不相同。这些南北的白话小说，乃是这五十年中国文学的最高作品，最有文学价值的作品。这一段小说发达史，乃是中国"活文学"的一个自然趋势；他的重要远在前面两段古文史之上。

（4）这五十年的白话小说史仍旧与一千年来的白话文学有同样的一个大缺点：白话的采用，仍旧是无意的，随便的，并不是有意的。民国六年以来的"文学革命"便是一种有意的主张。无意的演进，是很慢，是不经济的。譬如乾隆以来的各处匪乱，多少总带着一点"排满"的意味，但多是无意识的冲动，不能叫做有主张的革命，故容易失败了。太平天国的革命，排满的色彩稍明显一点，但终究算不得是有意识有计画的排满运动，故不能得中上阶级的同情，终归于失败。近二十年来的革命运动，因为是有意识的主张，有计画的革命，故能于短时期之中，收最后的胜利。文字上的改革，也是如此。一千年来，白话的文学，一线相传，始终没有断绝。但无论是唐诗，是宋词，是元曲，是明清的小说，总不曾有一种有意的鼓吹，不曾明明白白的攻击古文学，不曾明明白白的主张白话的文学。

近五年的文学革命，便不同了。他们老老实实的宣告古文学是已死的文学，他们老老实实的宣言"死文字"不能产生"活文学"，他们老老实实的主张现在和将来的文学都非白话不可。这个有意的主张，便是文学革命的特点，便是五年来这个运动所以能成功的最大原因。

以上四项，便是这五十年中国文学的变迁大势。以下的几章便是详细说明这几个趋势。

2 曾国藩死后的"桐城＝湘乡派"，实在没有什么精采动人的文章。王先谦辑的《续古文辞类纂》（光绪八年，1882，编成的）选有龙启瑞，鲁一同，吴敏树等人的文章，可以勉强代表这一派的老辈了。王先谦自序说，

> 惜抱（姚鼐）振兴绝学，海内靡然从风。其后诸子各诩师承，不无谬附。……梅氏（梅曾亮，1855死）浸淫于古，所造独为

深远。……

曾文正公(国藩)以雄直之气,宏通之识,发为文章,冠绝今古。……学者将欲杜歧趋,遵正轨,姚氏而外,取法梅曾,足矣。

"姚氏而外,取法梅曾,足矣",这是曾国藩死后的古文家的传法捷径。我们不能多引他们的文章来占篇幅,现在引曾国藩的《欧阳生文集序》,因为这篇序写桐城文派的渊源传播,颇有文学史料的价值:

乾隆之末,桐城姚姬传先生(鼐)善为古文辞,慕效其乡先辈方望溪侍郎之所为,而受法于刘君大櫆,及其世父编修君范。三子既通儒硕望,姚先生治其术益精。历城周永年书昌为之语曰,"天下之文章其在桐城乎?"由是学者多归向桐城,号桐城派,犹前世所称江西诗派者也。

姚先生晚而主钟山书院讲席。门下著籍者,上元有管同异之,梅曾亮伯言,桐城有方东树植之,姚莹石甫。四人者称为高第弟子,各以所得传授徒友,往往不绝。在桐城者有戴钧衡存庄,事植之久,尤精力过绝人,自以为守其邑先正之法,禩之后进,义无所让也。

其不列弟子籍,同时服膺,有新城鲁仕骥絜非,宜兴吴德旋仲伦。絜非之甥为陈用光硕士,硕士既师其舅,又亲受业姚先生之门,乡人化之,多好文章。硕士之群从有陈学受蓺叔,陈溥广敷;而南丰又有吴嘉宾子序,皆承絜非之风,私淑于姚先生。由是江西建昌有桐城之学。仲伦与永福吕璜月沧交友,月沧之乡人有临桂朱琦伯韩,龙启瑞翰臣,马平王拯定甫,皆步趋吴氏、吕氏,而益求广其术于梅伯言。由是桐城宗派流衍于广西矣。

昔者国藩尝怪姚先生典试湖南,而吾乡出其门者未闻相从以学文为事。既而得巴陵吴敏树南屏称述其术,笃好而不厌。而武陵杨彝珍性农,善化孙鼎臣芝房,湘阴郭嵩焘伯琛,溆浦舒焘伯鲁,亦以姚氏文家正轨,违此则又何求?最后得湘潭欧阳生(勋)……受法于巴陵吴君,湘阴郭君,亦师事新城二陈。其渐染者多,其志趣嗜好,举天下之美,无以易乎桐城姚氏者也!

……自洪杨倡乱,东南荼毒;钟山石城,昔时姚先生撰杖都讲之所，今为犬羊窟宅，深固而不可拔。桐城沦为异域，既克而复失。戴钧衡全家殉难，身亦呕血死矣。

余来建昌，问新城南丰兵燹之余，百家荡尽，田荒不治，蓬蒿没人；一二文士转徙无所。而广西用兵九载，群盗犹汹汹，骤不可爬梳；龙君翰臣又物故。独吾乡少安，二三君子尚得优游文学，曲折以求合桐城之辙。而舒焘前卒，欧阳生亦以瘵死。老者牵于人事，或遭乱不得竟其学；少者或中道夭殂；四方多故，求如姚先生之聪明早达，太平寿考，从容以跻于古之作者，卒不可得。

这一篇不但写桐城派的传播，又可以使我们知道这一派的最高目的是"曲折以求合桐城之辙"。"举天下之美，无以易乎桐城姚氏者也！"

曾国藩在当日隐隐的自命为桐城派的中兴功臣，人家也如此推崇他。（王先谦自序可参看。）他作《圣哲画像记》，共选圣哲三十二人，而姚鼐为三十二人之一，这可以想见他的心理了。他的幕府里收罗了无数人才；我们读薛福成的《叙曾文正公幕府宾僚》（《庸庵文编》四）一篇，可以知道当日的学者如钱泰吉，刘毓崧，刘寿曾，李善兰（算学家），华蘅芳（算学家），孙衣言，俞樾，莫友芝，戴望，成蓉镜，李元度；文人如吴敏树，张裕钊，陈学受，方宗诚，吴汝纶，黎庶昌，汪士铎，王闿运，——都在他的幕府之内。怪不得曾派的势力要影响中国几十年了。但这一班人在文学史上都没有什么重要的贡献。年寿最高，名誉最长久的，莫如俞樾，王闿运，吴汝纶三人。俞樾的诗与文都没有大价值。王闿运号称一代大师，但他的古文还比不上薛福成（诗另论）。吴汝纶思想稍新，他的影响也稍大，但他的贡献不在于他自己的文章，乃在他所造成的后进人才。严复、林纾都出于他的门下，他们的影响比他更大了。

平心而论，古文学之中，自然要算"古文"（自韩愈至曾国藩以下的古文）是最正当最有用的文体。骈文的弊病不消说了。那些瞧不起唐、宋八家以下的古文的人，妄想回到周、秦、汉、魏，越做越不通，越古越没有用，只替文学界添了一些似通非通的假古董。唐、宋八家的古文和桐城派的古文的长处只是他们甘心做通顺清淡的文章，不妄想做假古董。学桐城古文的人，大多数还可以做到一个"通"字；

再进一步的,还可以做到应用的文字。故桐城派的中兴,虽然没有什么大贡献,却也没有什么大害处。他们有时自命为"卫道"的圣贤,如方东树的攻击汉学,如林纾的攻击新思潮,那就是中了"文以载道"的话的毒,未免不知分量。但桐城派的影响,使古文做通顺了,为后来二三十年勉强应用的预备,这一点功劳是不可埋没的。

3　太平天国之乱是明末流寇之乱以后的一个最惨的大劫,应该产生一点悲哀的或慷慨的好文学。当时贵州有一个大诗人郑珍(子尹,遵义人,生 1806,死 1864)在贵州受了局部的影响(咸丰四年,贵州的乱),已替他晚年的诗(《巢经巢诗抄》后集)增加无数悲哀的诗料。但郑珍死在五十八年前,已不在我这一篇小史的范围之内了。说也奇怪,东南各省受害最深,竟不曾有伟大深厚的文学产生出来。王闿运为一代诗人,生当这个时代,他的《湘绮楼诗集》卷一至卷六正当太平天国大乱的时代(1849—1864);我们从头读到尾,只看见无数《拟鲍明远》,《拟傅玄麻》,《拟王元长》,《拟曹子建》……一类的假古董;偶然发现一两首"岁月犹多难,干戈罢远游"一类不痛不痒的诗;但竟寻不出一些真正可以纪念这个惨痛时代的诗。这是什么缘故呢? 我想这都是因为这些诗人大都是只会做模仿诗的,他们住的世界还是鲍明远、曹子建的世界,并不是洪秀全、杨秀清的世界;况且鲍明远、曹子建的诗体,若不经一番大解放,决不能用来描写洪秀全、杨秀清时代的惨劫。王闿运集中有 1872 年作的《独行谣》三十章(卷九),追写二十年的时事,内中颇有大胆的讥评,但文章多不通,叙述多不明白,只可算是三十篇笨拙的时事歌括,不能算作诗! 我不得已,勉强选了他的《铜官行·寄章寿麟·题感旧图》一篇代表这一位大名鼎鼎的诗人:

　　　　铜官行·寄章寿麟·题感旧图
　　(适按:此诗无注,多不可通。章字价人。曾氏靖港之败,赖章救他出来。后来曾氏成功受封,章独不得报酬,人多为他抱不平。章晚年作《感旧图》。并作记,记此事。参看郑孝胥《海藏楼》诗卷三,页三)
　　　桂平盗起东南卷,唯有长沙能累卵。三年坐井仰恃天,城堞微风动矛纛。凶徒无赖往复来,潘、张迁去骆受灾;闭门待死谥忠节,未死从容居宪台。曾家岭枷偏在颈,三家村儒怒生瘿。劝捐截饷百计生,欲倚江吴效驰骋。庐黄军败如覆铛,盗舟一夜满洞庭。抚标大将缒楼走,徐公绕室趾不停。省兵无人无守御,却付曾家一瓦注。空船坐守木关防,直置当锋寻死处。军谋兵机不暇讲,盗屯湘潭下靖港;两头张手探釜鱼,十日淘河得枯蚌。刘、郭苍黄各顾家,左生狂笑骂猪耶。彭、陈、李生岂愿死?四围密密张罗罝。此时鲔箭求上计,陈谋李断相符契;彭公建策攻下游,捣坚禽王在肯綮。弱冠齐年我与君,君如李广欲无言。日中定计夜中变,我归君去难相闻。平明丁叟躏门入,报败方知一军泣。督师只拟从湘累,主簿匆匆救杜袭。十营并发事全虚,从此舍舟山上居。七门昼闭春欲尽,独教陈、李删遗疏。版桥漂破帅旗折,铜官渚畔燹明灭。岂料湘潭大捷来,千里盗屯汤沃雪!一胜申威百胜从,塔、罗如虎彭、杨龙。时人攀附三十载,争道当年赞画功!骆相成名徐、陶死,曾弟重歌脊令起。惟余湘岸柳千条,犹恨当时呜咽水。信陵客散十年多(适按此诗作于曾国藩死后约十年),旧逻频迎节镇过;时平始觉军功贱,官冗间从资格磨。凭君莫话艰难事,侥得侥失皆天意。渔浦萧萧废垒秋,游人且觅从事记。

这种诗还不能完全当得一个"通"字,但在《湘绮楼集》里那许多假古董之中,这种诗自然不能不算是上品了。

但是这个时代有一个诗人,确可以算是代表时代的诗人。这个诗人就是上元的金和,字亚匏,生于1818,死于1885,著有《秋蟪吟馆诗抄》七卷。当1853年南京城破时,金和被陷在城中,与长发军中人往来,渐渐的结合了许多人,要想作官兵的内应。那时向荣的大本营即在城外,金和偷出城来,把内应的计画告知官兵;向荣初不信,他就自请把身体押在大营,作为保证。城内的同党与官兵约定期日攻城,到期官兵不到;再约,官兵又不到。城内的同党被杀的很多。金和亲自经过围城中的生活,又痛恨当日官军的腐败无能,故他的纪事诗不但很感动人,还有历史的价值。他的《痛定》篇(卷二,页十二——二十)用日记体作诗,写破城及城中事,我们举他一首作例:

> 二月二十三，传闻大兵至，贼魁似皇皇，终日警三四。南民私相庆，始有再生意。桓桓向将军，仰若天神贵。一闻贼吹角，即候将军骑，香欲将军迎，酒欲将军馈。食念将军食，睡说将军睡。……七岁儿何知，门外偶嬉戏，公然对路人，说出将军字。阿姊面死灰，挞之大怒詈。从此望将军，十日九憔悴。更有健者徒，夜半誓忠义，愿遥应将军，画策万全利。分隶贼麾下，使贼不猜忌。寻常行坐处，短刃缚在臂。但期兵入城，各各猝举燧。得见将军面，命即将军赐。谁料将军忙，未及理此事？

他的《六月初二日纪事一百韵》，前面写向荣刻日出兵，写先期大飨士卒，将军行酒誓师，写明日之晨准备出战，共九十几句，到篇末只说：

> ……一时惊喜遍旄倪，譬积阴雨看红霓，……夜不敢寐朝阳跻，……日中才听怒马嘶，但见泛泛如凫鹥，兵不血刃身不泥，全军而退归来兮！

这已是骂的很刻毒了。但下面的一首《初五日纪事》更妙，我们可以把他全抄在这里：

> 前日之战未见贼，将军欲赦赦不得。或语将军难尽诛，姑使再战当何如？昨日黄昏忽传令，谓"不汝诛贷汝命。今夜攻下东北城，城不可下无从生。"三军拜谢呼刀去，又到前回酣睡处。空中乌乌狂风来，沉沉云阴轰轰雷。将谓士曰雨且至，士谓将曰此可避。回鞭十里夜复晴，急见将军天未明。将军已知夜色晦，"此非汝罪汝其退。"我闻在楚因天寒，龟手而战难乎难。近来烈日恶作夏，故兵之出必以夜。此后又非进兵时，月明如昼贼易知。乃于片刻星云变，可以一战亦不战。吁嗟乎，将军作计必万全，非不灭贼皆由天。安得青天不寒亦不暑，日月不出不风雨！

这种嘲讽的诙谐，乃是金和的特别长处。他是全椒吴家的外孙，与《儒林外史》的著者和《儒林外史》的几个重要人物都有点关系，他是表章《儒林外史》的一个人，故他的诗也很像是得力于《儒林外史》的嘲讽的本领。有心人的嘲讽，不是笑骂，乃是痛哭；不是轻薄，乃是恨极无可如何，不得已而为之。他的《十六日至秣陵关遇赴东坝兵有感》一篇云：

> 初七日未午，我发钟山下。蜀兵千余人，向北驰怒马。传闻东坝急，兵力守恐寡。来乞将军援，故以一队假。我遂从此辞，仆仆走四野。三宿湖熟桥，两宿龙溪社，四宿方山来，尘汗搔满把。僧舍偶乘凉，有声叱震瓦。微睋似相识，长身面甚赭。稍前劝勿瞋，幸不老拳惹。婉词问何之，乃赴东坝者。九日行至此，将五十里也！

这种技术确能于杜甫、白居易的"问题诗"之外，别开一个生面。他有《军前新乐府》四篇，我们选他的第四篇，篇名《半边眉》：

> 半边眉，汝何来？太守门下请钱回。太守门，何处所？钟山之旁近大府。大府初闻难民苦，公家遍括闲田租，旁郡金檄上户输。一心要贷难民命，聘贤太守专其政。太守计曰"费恐滥，百二十钱一人赡。"太守计曰"难民多，一人数请当奈何？我闻古有察眉律。"呼仆持刀对人立，一刀留下半边眉，再来除是眉长时。——防蠹术果奇，作蠹术斯巧。岂但无眉人不来，有眉人亦来都少。惟有一二市井奸，赂太守仆二十钱，奏刀不猛眉犹全，半边眉可三刀焉。否则病夫真饿杀，痴心尚恋一朝活，拌与半边眉尽割。吁嗟乎，……太守何不计之毒？千钱刦人耳与目，万钱截人手与足，终古无人请钱至，太守，岂非大快事？

此外尚有许多可选的诗，我们不能多举例了。金和的诗很带有革新的精神，他自己题他的《椒雨集》云：

> 是卷半同日记，不足言诗。如以诗论之，则军中诸作，语宗痛快，已失古人敦厚之风，尤非近贤排调之旨。其在今日诸公有是韬钤，斯吾辈有此翰墨，尘秽略相等，殆亦气数使然耶？

他又有诗（卷七，页八）云：

> 所作虽不纯乎纯，要之语语皆天真。时人不能为，乃谓非古人。

这虽是吊朋友的诗，也很可代表他自己的主张。他在别处又说（卷一，页三）：

> 尽数写六书，只此数万字。中所不熟习，十复间三四。循环堆垛之，文章毕能事。苟可联贯者，古人肯唾弃，而以遗后人，使

得逞妍秘？操觚及今日,谈亦何容易？乃有真壮夫,于此独攘臂；万卷读破后,一一勘同异；更从古人前,混沌辟新意；甘使心血枯,百战不退避。一家言既成,试质琅嬛地,必有天上语,古人所未至。……彼抱窃疾者,出声令人睡。何不指六经,而曰公家器！

正因为他深恨那些"抱窃疾者",正因为他要"更从古人前,混沌辟新意"。故他能在这五十年的诗界里占一个很高的地位。

这五十年的词,都中了梦窗(吴文英)派的毒,很少有价值的。故我们不讨论了。

4 自从1840年鸦片之战以来,中间经过1860年英法联军破天津入北京火烧圆明园的战事,中兴的战争又很得了西洋人的帮助,中国明白事理的人渐渐承认西洋各国的重要。1861年,清廷设总理各国事务衙门；1867年,设同文馆。后来又有派学生留学外国的政策。当时的顽固社会还极力反对这种政策,故同文馆收不到好学生,派出洋的更不得人。但十九世纪的末年,翻译的事业渐渐发达。传教士之中,如李提摩太等,得着中国文士的帮助,译了不少的书。太平天国的文人王韬,在这种事业上,要算一个重要的先锋了。

但当时的译书事业的范围并不甚广。第一类是宗教的书,最重要的是《新旧约全书》的各种译本。第二类为科学和应用科学的书,当时称为"格致"的书。第三类为历史政治法制的书,如《泰西新史揽要》,《万国公法》等书。这是很自然的。宗教书是传教士自动的事业。格致书是当日认为枪炮兵船的基础的。历史法制的书是要使中国人士了解西洋国情的。此外的书籍,如文学的书,如哲学的书,在当时还没有人注意。这也是很自然的。当日的中国学者总想西洋的枪炮固然利害,但文艺哲理自然远不如我们这五千年的文明古国了。

严复与林纾的大功劳在于补救这两个大缺陷。严复是介绍西洋近世思想的第一人,林纾是介绍西洋近世文学的第一人。

严复译赫胥黎的《天演论》在光绪丙申1896,在中、日战争之后,戊戌变法之前。他自序说：

> ……风气渐通，士知弇陋为耻；西学之事，问涂日多。然亦有一二巨子訑然谓彼之所精不外象数形下之末，彼之所务不越功利之间；逞臆为谈，不咨其实。讨论国闻，审敌自镜之道，又断断乎不如是也。……

这是他的卓识。自从《天演论》出版（1898）以后，中国学者方才渐渐知道西洋除了枪炮兵船之外，还有精到的哲学思想可以供我们的采用。但这是思想史上的事，我们可以不谈。

我们在这里应该讨论的是严复译书的文体。《天演论》有《例言》几条，中有云：

> 译事三难：信，达，雅。求其信已大难矣。顾信矣，不达，虽译犹不译也。则达尚焉。……今是书所言本五十年西人新得之学，又为作者晚出之书，译文取明深义，故词句之间时有所颠倒附益，不斤斤于字比句次，而意义则不倍本文。题曰达旨，不云笔译；取便发挥，实非正法。……凡此经营，皆以为达；为达即所以为信也。……信达而外，求其尔雅。此不仅期以行远已耳，实则精理微言，用汉以前字法句法则为达易，用近世利俗文字则求达难，往往抑义就词，毫厘千里。审择于斯二者之间，夫固有所不得已也。……

这些话都是当日的实情。当时自然不便用白话；若用白话，便没有人读了。八股式的文章更不适用。所以严复译书的文体，是当日不得已的办法。我们看吴汝纶的《〈天演论〉序》，更可以明白这种情形：

> ……今西书虽多新学，顾吾之士以其时文公牍说部之词译而传之，有识者方鄙夷而不知顾，民智之瀹何由？此无他，文不足焉故也。文如几道，可与言译书矣。……今赫胥黎之道，……严子一文之，而其书乃骎骎与晚周诸子相上下。然则文顾不重耶？……

严复用古文译书，正如前清官僚戴着红顶子演说，很能抬高译书的身价，故能使当日的古文大家认为"骎骎与晚周诸子相上下"。

严复自己说他的译书方法道："什法师有云，'学我者病'。来者方多,幸勿以是书为口实也。"(《天演论·例言》)这话也不错。严复的英文与古中文的程度都很高,他又很用心,不肯苟且,故虽用一种死文字,还能勉强做到一个"达"字。他对于译书的用心与郑重,真可佩服,真可做我们的模范。他曾举"导言"一个名词作例,他先译"卮言",夏曾佑改为"悬谈",吴汝纶又不赞成;最后他自己又改为"导言"。他说,"一名之立,旬月踟蹰;我罪我知,是存明哲"。严译的书,所以能成功,大部分是靠着这"一名之立,旬月踟蹰"的精神。有了这种精神,无论用古文白话,都可以成功。后人既无他的工力,又无他的精神;用半通不通的古文,译他一知半解的西书,自然要失败了。

严复译的书,有几种——《天演论》,《群己权界论》,《群学肄言》——在原文本有文学的价值,他的译本在古文学史也应该占一个很高的地位。我们且引一节做例:

> 望舒东睇,一碧无烟。独立湖塘,延赏水月;见自彼月之下,至于目前,一道光芒,滉漾闪烁。谛而察之,皆细浪沦漪,受月光映发而为此也。徘徊数武,是光景者乃若随人。颇有明理士夫,谓此光景为实有物,故能相随,且亦有时以此自诩;不悟是光景者从人而有;使无见者,则亦无光,更无光景与人相逐。盖全湖水面受月映发,一切平等;特人目与水对待不同,明暗遂别,——不得以所未见,遂指为无——是故虽所见者为一道光芒,他所不尔,又人目易位,前之暗者,乃今更明,然此种种,无非妄见。以言其实,则由人目与月作二线入水,成角等者,皆当见光;其不等者,则全成暗(成角等与不等,稍有可议,原文亦不如此说)。惟人之察群事也,亦然:往往以见所及者为有,以所不及者为无。执见否以定有无,则其思之所不赅者众矣。(《群学肄言》三版页七二——三。原书页八三)

这种文字,以文章论,自然是古文的好作品;以内容论,又远胜那无数"言之无物"的古文:怪不得严译的书风行二十年了。

林纾译小仲马的《茶花女》,用古文叙事写情,也可以算是一种尝试。自有古文以来，从不曾有这样长篇的叙事写情的文章。《茶花女》的成绩，遂替古文开辟一个新殖民地。林纾早年译的小说，如《茶花女》，《黑奴吁天录》，《滑铁卢及利俾瑟战血余腥记》，……恰不在手头，不能引来作例。我且随便引几个例。《拊掌录》（页一九以下）写村中先生有一个学唱歌的女学生，名凯脱里纳，为村中大户之孤生女，

> 其肥如竹鸡，双颊之红鲜如其父囿中之桃实，貌既丰腴，产尤饶沃。……先生每对女郎辄心醉，今见绝色丽姝，安能不加颠倒？且经行其家，目其巨产矣。女郎之父曰包而忒司，……屋居黑遑河次，依山傍树而构，青绿照眼。屋顶出大树，荫满其堂室，阳光所不能烁，树根有山泉潏然仰出，尽日弗穷。老农引水赴沟渠中，渠广而柳树四合，竟似伏流，汨汨出树而逝。去室咫尺，即其仓庾，粮积拥肿，几欲溃窗而出。老农所积如是，而打稻之声尚不断于耳。屋檐群燕飞鸣；尚有白鸽无数，——有侧目视空者，亦有纳首于翼，企单足而立者，或上下其颈呼雌者，——咸仰阳集于屋顶。而肥腯之猪，伸足笠中，作喘声，似自鸣其足食；而笠中忽逐队出小豨，仰鼻于天，承取空气。池中白鹅，横亘如水师大队之战舰排檣而进，而群鸭游弋，则猎舰也。火鸡亦作联队，杂他鸡鸣于稻畦中，如饶舌之村妪长日詈人者。仓庾之前，数雄鸡高冠长纬，鼓翼而前，颈羽皆竖，以斗其侣；有时以爪爬沙得小虫，则抗声引其所据有之母鸡啄食，己则侧目旁视；他雄稍前，则立拒之。先生触目见其丰饶，涎出诸吻。见猪奔窜，则先生目中已现一炙髀；闻稻香，则心中亦畜一布丁；见鸽子，则思切而苞为蒸饼之馅；见乳鸭与鹅游流水中，先生馋吻则思荡之以沸油。又观田中大小二麦及珍珠米，园中已熟之果，红实垂垂，尤极动人。先生观状，益延盼于女郎，以为得女郎者，则万物俱在中有矣。

《滑稽外史》第四十一章写尼古拉司在白老地家中和白老地夫妇畅谈时，司圭尔先生和他的女儿番尼，儿子瓦克福，忽然闯进来。白老地的妻子与番尼口角不休，

方二女争时,小瓦克福见案上陈食物无数,馋不可忍,徐徐近案前,引指染盘上腥腻,入指口中,力吮之;更折面包之角,窃蘸牛油嚼之;复取小方糖纳之囊中,则引首仰屋,如有所思,而手已就糖盂累累取可数方矣。及见无人顾视,则胆力立壮,引刀切肉食之。

　　此状司圭尔先生均历历见之,然见他人无觉,则亦伪为未见,窃以其子能自图食,亦复佳事。此时番尼语止,司圭尔知其子所为将为人见,则伪为大怒状,力抵其颊,曰,"汝乃甘食仇人之食!彼将投毒鸩尔矣。尔私产之儿,何无耻耶!"约翰(白老地)曰,"无伤,恣彼食之。但愿先生高徒能合众食我之食令饱,我即罄囊,亦非所惜"。(页百十一)

能读原书的自然总觉得这种译法不很满意。但平心而论,林译的小说往往有他自己的风味;他对于原书的诙谐风趣,往往有一种深刻的领会,故他对于这种地方,往往更用气力,更见精采。他的大缺陷在于不能读原文;但他究竟是一个有点文学天才的人,故他若有了好助手,他了解原书的文学趣味往往比现在许多粗能读原文的人高的多。现在有许多人对于原书,既不能完全了解;他们运用白话的能力又远不如林纾运用古文的能力,他们也要批评林译的书,那就未免太冤枉他了。

　　平心而论,林纾用古文做翻译小说的试验,总算是很有成绩的了。古文不曾做过长篇的小说,林纾居然用古文译了一百多种长篇小说,还使许多学他的人也用古文译了许多长篇小说,古文里很少滑稽的风味,林纾居然用古文译了欧文与迭更司的作品。古文不长于写情,林纾居然用古文译了《茶花女》与《迦茵小传》等书。古文的应用,自司马迁以来,从没有这种大的成绩。

　　但这种成绩终归于失败!这实在不是林纾一般人的错处,乃是古文本身的毛病。古文是可以译小说的,我是用古文译过小说的人,故敢说这话。但古文究竟是已死的文字,无论你怎样做得好,究竟只够供少数人的赏玩,不能行远,不能普及。我且举一个最明显的例。十几年前,周作人同他的哥哥也曾用古文来译小说。他们的古文工

夫既是很高的,又都能直接了解西文,故他们译的《域外小说集》比林译的小说确是高的多。我且引《安乐王子》的一部分作例:

　　一夜,有小燕翻飞入城。四十日前,其伴已往埃及,彼爱一苇,独留不去。一日春时,方逐黄色巨蠹,飞经水次,与苇邂逅,爱其纤腰,止与问讯,便曰,"吾爱君可乎?"苇无语,惟一折腰。燕随绕苇而飞,以翼击水,涟起作银色,以相温存,尽此长夏。

　　他燕啁哳相语曰,"是良可笑。女绝无赀,且亲属众也"。燕言殊当,川中固皆苇也。

　　未几秋至,众各飞去。燕失伴,渐觉孤寂,且倦于爱,曰,"女不能言,且吾惧彼佻巧,恒与风酬对也"。是诚然,每当风起,苇辄宛转顶礼。燕又曰,"女或宜家,第吾喜行旅,则吾妻亦必喜此,乃可耳"。遂问之曰,"若能偕吾行乎?"苇摇首,殊爱其故园也。燕曰,"若负我矣。今吾行趣埃及古塔,别矣!"遂飞而去。

这种文字,以译书论,以文章论,都可算是好作品。但周氏兄弟辛辛苦苦译的这部书,十年之中,只销了二十一册!这一件故事应该使我们觉悟了。用古文译小说,固然也可以做到"信,达,雅"三个字,——如周氏兄弟的小说,——但所得终不偿所失,究竟免不了最后的失败。

5 中日之战以后,明白时势的人都知道中国有改革的必要。这种觉悟产生了一种文学,可叫做"时务的文章"。那时代先后出的几种"危言",——如邵作舟的,如汤寿潜的,——文章与内容都很可以代表这个时代的趋势。到1897年,德国强占了胶州,人心更激昂了;那时清光绪帝也被时局感动了,于是有"戊戌变法"(1898)的运动。这个变法运动在当日的势力颇大,中央政府和各省都有赞助的人。但顽固的反动力终久战胜了,于是有戊戌的"政变"。变法党的领袖是康有为,谭嗣同,梁启超等。谭嗣同与同志五人死于政变,但他的著述,在他死后仍旧发生不少的影响。康有为是"今文家"的一个重要代表,他的《新学伪经考》与《孔子改制考》等书,在这五十年的思想史上，自有他们的相当位置。他的文章虽不如他的诗，但当他'公车上书'以至他亡命海外的时代，他的文章也颇有一点势力，不过他的势力远不如梁启超的势力的远大了。梁启超当他办《时务报》的时代已是一个很有力的政论家；后来他办《新民丛报》，影响更大。二十年来的读书人差不多没有不受他的文章的影响的。

严复、林纾是桐城的嫡派，谭嗣同、康有为、梁启超都是桐城的变种。谭嗣同的《三十自纪》(《文集》中)说：

> 嗣同少颇为桐城所震，刻意规之数年，久自以为似矣；出示人，亦以为似。诵书偶多，广识当世淹通婞壹之士，稍稍自惭，即又无以自达。或授以魏、晋间文，乃大喜，时时籀绎，益笃嗜之。由是上溯秦、汉，下循六朝，始悟心好沈博绝丽之文，子云所以独辽辽焉。旧所为，遗弃殆尽。……昔侯方域少喜骈文，壮而悔之，以名其堂。嗣同亦既壮，所悔乃在此不在彼。……所谓骈文，非四六排偶之谓，体例气息之谓也，则存乎深观者。

梁启超自述也说：

> 启超夙不喜桐城派古文；幼年为文，学晚汉、魏、晋，颇尚矜炼。至是(指办《新民丛报》时)自解放，务为平易畅达，时杂以俚语，韵语，及外国语法；纵笔所至不检束。学者竞效之，号新文体。老辈则痛恨，诋为野狐。然其文条理明晰，笔锋常带情感，对于读者，别有一种魔力焉。(《清代学术概论》，页一四二)

这是梁氏四十八岁的自述，没有他三十自述说的详细：

> 八岁学为文，九岁能缀千言。十二岁应试学院，补博士弟子员。日治帖括，虽心不慊之，然不知天地间于帖括外更有所谓学也，辄埋头研钻。顾颇喜词章，王父父母时授以唐人诗，嗜之过于八股。家贫无书可读，惟有《史记》一，《纲鉴易知录》一，王父父日以课之；故至今《史记》之文能成诵者八九。父执有爱其慧者，赠以《汉书》一，姚氏《古文辞类纂》一，则大喜，读之卒业焉。……十三岁始知有段王训诂之学，大好之，渐有弃帖括之志。十五岁，……肄业于学海堂，……乃决舍帖括以从事于训诂词章。

此一段可补前一段"夙不喜桐城派古文"的话。谭嗣同与梁启超都经过一个桐城时代,但他们后来都不满意于桐城的古文。他们又都曾经过一个复古的时代,都曾回到秦汉、六朝;但他们从秦汉、六朝得来的,虽不是四六排偶的形式,却是骈文的"体例气息"。所谓体例,即是谭嗣同说的"沈博绝丽之文";所谓气息,即是梁启超说的"笔锋常带情感"。

谭嗣同的《仁学》,在思想方面固然可算是一种大胆的作品,在文学方面也有代表时代的价值。我们引一节作例:

> 不生不灭有征乎?曰,弥望皆是也。如向所言化学诸理,穷其学之所至,不过析数原质而使之分,与并数原质而使之合;用其已然而固然者,时其好恶,剂其盈虚,而以号曰某物某物,如是而已。岂能竟消磨一原质与别创造一原质哉?……本为不生不灭,乌从生之灭之?譬如水加热则渐涸,非水灭也,化为轻气养气也。使收其轻气养气,重与原水等。且热去而仍化为水,无少减也。譬如烛久爇则尽跋,非烛灭也,化为气质流质定质也。使收其所合之炭气,所然之蜡泪,所余之蜡煤,重与原烛等。且诸质散而滋育他物,无少弃也。譬如陶埴,失手而碎之;其为器也毁矣。然陶埴,土所为也。方其为陶埴也,在陶埴曰成,在土则毁;及其碎也,还归乎土,在陶埴曰毁,在土又以成。但有回环,都无成毁。譬如饼饵,入胃而化之,其为食也亡矣。然饼饵,谷所为也。方其为饼饵也,在饼饵曰存,在谷曰亡;及其化也,遗粪乎谷,在饼饵曰亡,在谷又以存。但有变易,复何存亡?……(删去一排两个譬喻)……譬于陵谷沧桑之变易:地球之生不知经几千万变矣;洲渚之壅淤,知崖岸之将有倾颓;草木金石之质日出于地,知空穴之将就沦陷;赤道以旋速而隆起,即南北极之所翕歙也;火期之炎,冰期之冱,即一气之舒卷也。故地球体积之重率必无轩轾于昔时;有之,则畸重而去日远,畸轻而去日近,其轨道且岁不同矣。譬如流星陨石之变:恒星有古无而今有,有古有而今无;彗孛有循椭圆线而往可复返,有循抛物线而一往不返。往返者,远近也,非生灭也;有无者,聚散也,非生灭也。木星本统四月,近忽多一月,知近度之所吸取。火、木之间,依比例当更有一星,今惟小行星武女等

> 百余,知女星之所剖裂,即此。地球亦终有陨散之时,然地球之所陨散,他星又将用其质点以成新星矣。王船山之说《易》,谓一卦有十二爻,半隐半见;故大易不言有无,隐见而已。孔子之论礼,谓殷因于夏;周因于殷;故礼有不得,与民变革损益而已。凡此诸体,虽一一佛有阿僧祇身,一一身有阿僧祇口,说亦不能尽。(《仁学上》,页十三)

这一节不但材料可以代表当时的科学知识,他的体例也可以代表当时与二十年来的"新文体"。谭嗣同自己说的骈文的体例与气息,在这里也可以看得出来。但我们拿文学史的眼光来观察,不能不承认这种文体虽说是得力于骈文,其实也得力于八股文。古代的骈文没有这样奔放的体例,只有八股文里的好"长比"有这种气息(上例中,水与烛一比及陶埴与饼饵一比,最可玩味)。故严格说来,这一种文体很可以说是八股文经过一种大解放,变化出来的。

说这种文体是受了八股文的影响的,这句话也许有人不愿意听。其实这句话不全是贬辞。清代的大文家章学诚作古文往往不避骈偶的长排;他曾说:

> 嗟夫,知文亦岂易易?通人如段若膺,见余《通义》有精深者,亦与叹绝;而文句有长排作比偶者,则曰"惜杂时文句调"!夫文求其是耳,岂有古与时哉?即曰时文体多排比,排比又岂作时文者所创为哉?使彼得见韩非《储说》,淮南《说山》《说林》,傅毅《连珠》诸篇,则又当为秦、汉人惜有时文之句调矣。论文岂可如是?此由彼心目中有一执而不化之古文,怪人不似之耳。(《与史余村简》)

此说最有理。文中杂用骈偶的句子,未必即是毛病。当日人人做八股,受了一种影响,也是很自然的事。其实这一派的长处就在他们能够打破那"执而不化"的狭义古文观,就在他们能够运用古文时文儒书佛书的句调来做文章。这个趋势,到了梁启超,更完备了。

梁启超最能运用各种字句语调来做应用的文章。他不避排偶,不避长比,不避佛书的名词,不避诗词的典故,不避日本输入的新名词。因此,他的文章最不合"古文义法",但他的应用的魔力也最大。

梁启超的文章很多,举例也很难。我且举他的《新民说》第十一篇《论进步》的一节:

> 然则救危亡求进步之道将奈何?曰,必取数千年横暴混浊之政体,破碎而斋粉之,使数千万如虎如狼如蝗如蝻如蛾如蛆之官吏失其社鼠城狐之凭藉,然后能涤肠荡胃以上于进步之途也!必取数千年腐败柔媚之学说,廓清而辞辟之,使数百万如蠹鱼如鹦鹉如水母如畜犬之学子毋得弄舌摇笔舞文嚼字为民贼之后援,然后能一新耳目以行进步之实也!而其所以达此目的之方法有二:一曰无血之破坏,二曰有血之破坏。无血之破坏者,如日本之类是也。有血之破坏者,如法国之类是也。中国如能为无血之破坏乎?吾馨香而祝之!中国如不得不为有血之破坏乎?吾衰绖而哀之!虽然,哀则哀矣,然欲使吾于此二者之外,而别求一可以救国之途,吾苦无以对也。呜呼,吾中国而果能行第一义也,则今日其行之矣。而竟不能!则吾所谓第二义者,遂终不可免。呜呼,吾又安忍言哉?呜呼,吾又安忍[不]言哉?

我再举一个例:

> 罗兰夫人何人也?彼生于自由,死于自由。罗兰夫人何人也?自由由彼而生,彼由自由而死。罗兰夫人何人也?彼拿破仑之母也,彼梅特涅之母也,彼玛志尼、噶苏士、俾士麦、加富尔之母也。质而言之,则十九世纪欧洲大陆一切之人物,不可不母罗兰夫人;十九世纪欧洲大陆一切之文明,不可不母罗兰夫人。何以故?法国大革命为欧洲十九世纪之母故。罗兰夫人为法国大革命之母故。

这两个例很可以表示梁启超自己说的"笔锋常带情感"的文体。前一例可以表示这种文字的好的方面;后一例可以表示这种文字的坏的方面。更恶劣的如:

> 虽然,天不许罗兰夫人享家庭之幸福以终天年也!法兰西历史世界历史必要求罗兰夫人之名以增其光焰也!于是风渐起,云渐乱,电渐进,水渐涌,禧禧出出,法国革命!嗟嗟咄咄,法国遂不免于大革命!

但这种文字在当日确有很大的魔力。这种魔力的原因约有几种：(1)文体的解放，打破一切"义法"、"家法"，打破一切"古文"、"时文"、"散文"、"骈文"的界限；(2)条理的分明，梁启超的长篇文章都长于条理，最容易看下去；(3)辞句的浅显，既容易懂得，又容易模仿；(4)富于刺激性，"笔锋常带情感"。

梁启超中年的文章，《国风报》《庸言报》时代的文章，把早年文章的毛病渐渐的减少了；渐渐的回到清淡明显的文章。但学他的文章的人，往往学了他的堆砌，他的排比。在记叙的文章内，这种恶劣之处更容易呈显出来。前七八年流行一时的《玉梨魂》一类的小说，便是这种文体用来叙事的结果了。

6 康、梁的一班朋友之中，也很有许多人抱着改革文学的志愿。他们在散文方面的成绩只是把古文变浅近了，把应用的范围也更推广了。在韵文的方面，他们也曾有"诗界革命"的志愿。梁启超《饮冰室诗话》说：

> 当时所谓"新诗"者，颇喜挦扯新名词以自表异。丙申丁酉间(1896—1897)吾党数子皆好作此体。提倡之者为夏穗卿(曾佑)。而复生(谭嗣同)亦篡嗜之。……其《金陵听说法》云，"纲伦惨以喀私德(Caste)，法会盛于巴力门(Parliament)"。……穗卿赠余诗云，"帝杀黑龙才士隐，书飞赤鸟太平迟"。又云，"有人雄起琉璃海，兽魄蛙魂龙所徒"。……当时吾辈方沉醉于宗教，……故《新约》字面络绎笔端焉。

这种革命的失败，自不消说。但当时他们的朋友之中确有几个人在诗界上放一点新光彩。黄遵宪与康有为两个人的成绩最大。但这两人之中，黄遵宪是一个有意作新诗的，故我们单举他来代表这一个时期。

黄遵宪字公度，嘉应州人，生于1848，死于1905，著有《人境庐诗草》十一卷。他做过三十年的外交官，到过日本，英国，美国，南洋等处。他曾著《日本国志》，《日本杂事诗》。当戊戌的变法，他也是这运动中的一个人物。他对于诗界革命的动机，似乎起的很早。他二

十多岁时作的诗之中,有《杂感》五篇,其二云:

> 大块凿混沌,浑浑旋大圜。隶首不能算,知有几万年?羲、轩造书契,今始岁五千。以我视后人,若居三代先。俗儒好尊古,日日故纸研;六经字所无,不敢入诗篇。古人弃糟粕,见之口流涎,沿习甘剽盗,妄造丛罪愆。黄土同抟人,今古何愚贤?即今忽已古,断自何代前?明窗敞流离,高炉爇香烟;左陈端溪砚,右列薛涛笺;我手写我口,古岂能拘牵?即今流俗语,我若登简编,五千年后人,惊为古斓斑。

这种话很可以算是诗界革命的一种宣言。末六句竟是主张用俗话作诗了。他那个时代作的诗,还有《山歌》九首,全是白话的。内中如

> 买梨莫买蜂咬梨,心中有病没人知。因为分梨更亲切,谁知亲切转伤离?

> 催人出门鸡乱啼,送人离别水东西。挽水西流想无法,从今不养五更鸡。

> 一家女儿做新娘,十家女儿看镜光。街头铜鼓声声打,打着中心只说"郎"。

都是民歌的上品。他自序云:

> 土俗好为歌,男女赠答,颇有《子夜读曲》遗意。采其能笔于书者,得数首。

我常想黄遵宪当那么早的时代何以能有那种大胆的"我手写我口"的主张?我读了他的《山歌》的自序,又读了他五十岁时的《己亥杂诗》中叙述嘉应州民族生俗的诗和诗注,我便推想他少年时代必定受了他本乡的平民文学的影响。《己亥杂诗》中有一首云:

> 一声声道妹相思,夜月哀猿和竹枝。欢是团圆悲是别,总应肠断妃呼豨。

他自注云:

> 土人旧有山歌,多男女相思之辞,当系獠蛋遗俗。今松口松源各乡尚相沿不改。每一辞毕,辄间以无辞之声,正如妃呼豨,甚哀厉而长。

他对于这种民间文学的兴趣,可以使我们推想他受他们的影响定必

不少。故他在日本时,看见西京民间风俗"七月十五夜至晦日,每夜亘索街上,悬灯数百,儿女艳妆靓服为队,舞蹈达旦,名曰都踊,所唱皆男女猥亵之词,有歌以为之节者,谓之音头",他就能赏识这种平民文学,说"其风俗犹之唐人《合生歌》,其音节则汉之《董逃行》也。"他因此作成一篇《都踊歌》:

  长袖飘飘兮,髻峨峨,荷荷;
  裙紧束兮,带斜拖,荷荷;
  分行逐队兮,舞傞傞,荷荷;
  往复还分,如掷梭,荷荷;
  回黄转绿兮,挼莎,荷荷。
  中有人兮,通微波,荷荷,
  贻我钗鸾兮,馈我翠螺,荷荷;
  呼我娃娃兮,我哥哥,荷荷。
  柳梢月兮,镜新磨,荷荷,
  鸡眠猫睡兮,犬不呵,荷荷,
  来不来兮,欢奈何,荷荷?
  一绳隔兮,阻银河,荷荷,
  双灯照兮,晕红涡,荷荷。
  千人万人兮,妾心无他,荷荷;
  君不知兮,弃则那,荷荷!
  今日夫妇兮,他日公婆,荷荷。
  百千万亿化身菩萨兮,受此花,荷荷!
  三千三百三十二座大神兮,听我歌,荷荷!
  天长地久兮,无差讹,荷荷!(原刻此诗不分行。分行更好。)

这固是为西京的风俗作的,但他对于这种民间白话文学的赏识力,大概还是他本乡的山歌的影响。《都踊歌》每一句的尾声"荷荷",正和嘉应州山歌"每一辞毕,辄间以无辞之声,甚哀厉而长",是相像的。我们可以说,他早年受了本乡山歌的感化力,故能赏识民间白话文学的好处;因为他能赏识民间的白话文学,故他能说"即今流俗语,我若登简编,五千年后人,惊为古斓斑!"

他自己曾说(此据他的兄弟遵楷跋中引语):

> 各人有面目,正不必与古人相同。吾欲以古文家抑扬变化之法作古诗,取《骚》、《选》乐府歌行之神理入近体诗。其取材以群经三史诸子百家及许郑诸注为词赋家不常用者;其述事以官书会典方言俗谚及古人未有之物未辟之境,举吾耳目所亲历者,皆笔而书之。要不失为以我之手写我之口。

这几句话说他的诗,都很确当。但他在"以古文家抑扬变化之法作古诗"的方面,成绩最大。我们且举《赤穗四十七义士歌》(有长序,当参读)的末节:

> ……臣等事毕无所求,愿从先君地下游。……明年赐剑如杜邮,四十七士性命同日休。一时惊叹争歌讴。观者,拜者,吊者,贺者,万花绕冢,每日香烟浮!一裙,一屐,一甲,一胄,一刀,一矛,一杖,一笠,一歌,一画,手泽珍宝如天球!自从天孙开国首重天琼铧,和魂一传千千秋。况复五百年来武门尚武国多贲儁!到今赤穗义士某某某某四十七人一一名字留!内足光辉大八州,外亦声明五大洲。

此外如他的《降将军歌》,《度辽将军歌》,《聂将军歌》,《逐客篇》,《番客篇》,……都是用做文章的法子来做的。这种诗的长处在于条理清楚,叙述分明。做诗与做文都应该从这一点下手:先做到一个"通"字,然后可希望做到一个"好"字。古来的大家,没有一个不是这样的;古来决没有一首不通的好诗,也没有一首看不懂的好诗。金和与黄遵宪的诗的好处就在他们都是先求"通",先求达意,先求懂得。

黄遵宪颇想用新思想和新材料——所谓"古人未有之物,未辟之境"——来做当日所谓新诗。他的《今别离》四篇,便是这一类。我且引他的《以莲菊桃杂供一瓶作歌》的末段来作例:

> ……即今种花术益工,移枝接叶争天功。安知莲不变桃桃不变为菊?回黄转绿谁能穷?化工造物先造质,控搏众质亦多术,安知夺胎换骨无金丹,不使此莲此菊此桃万亿化身合为

一？……六十四质亦么麽,我身离合无不可。质有时坏神永存,
安知我不变花花不变为我？千秋万岁魂有知,此花此我相追随！
待到汝花将我供瓶时,还愿对花一读今我诗！

这种"新诗",用旧风格写极浅近的新意思,可以代表当日的一个趋向;但平心说这种诗并不算得好诗。《今别离》在当时受大家的恭维;现在看来,实在平常的很,浅薄的很。

《人境庐诗抄》中最好的诗,自然还要算《拜曾祖母李太夫人墓》一篇。此诗能实行他的"我手写我口,古岂能拘牵"的主张。内中一段云：

……春秋多佳日,亲戚尽团聚。双手擎掌珠,百口百称誉。"我家七十人,诸子爱渠祖,诸妇爱渠娘,诸孙爱诸父。因裙便惜带,将缫难比素。老人性偏爱,不顾人笑侮。"邻里向我笑；"老人爱不差。果然好相貌,艳艳如莲花。诸母背我骂,健犊行破车,上树不停脚,偷芋信手爬；昨日探鹊巢,一跌败两牙,噢血喷满壁,盘礴画龙蛇。兄妹昵我言,向婆乞金钱,直倾紫荷囊,滚地金铃圆。爷娘附我耳,劝婆要加餐；金盘脍鲤鱼,果为儿下咽。伯叔牵我手,心知不相干,故故摩儿顶,要图老人欢。

儿年九岁时,阿爷报登科。见儿大父旁,一语三摩挲："此儿生属猴,聪明较猴多。雏鸡比老鸡,异时知如何？我病又老耄,情知不坚牢。风吹儿不长,那见儿扶摇？待儿胜冠时,看儿能夺标；他年上我墓,相携着宫袍。前行张罗伞,后行鸣鼓箫；猪鸡与花果,一一分肩挑；爆竹响墓背,墓前纸钱飘。手捧紫泥封,云是夫人诰；子孙共罗拜,焚香向神告：'儿今幸胜贵,颇如母所料。'世言鬼无知,我定开口笑。"

这个时代之中,我只举了金和、黄遵宪两个诗人,因为这两个人都有点特别的个性,故与那一班模仿的诗人,雕琢的诗人,大不相同。这个时代之中,大多数的诗人都属于"宋诗运动"。宋诗的特别性质,不在用典,不在做拗句,乃在做诗如说话。北宋的大诗人还不能

完全脱离杨亿一派的恶习气;黄庭坚一派虽然也有好诗,但他们喜欢掉书袋,往往有极恶劣的古典诗。(如云"司马寒如灰,礼乐卯金刀。")南宋的大家——杨、陆、范,——方才完全脱离这种恶习气,方才贯彻这个"做诗如说话"的趋势。但后来所谓"江西诗派",不肯承接这个正当的趋势(范、陆、杨、尤都从江西诗派的曾几出来),却去模仿那变化未完成的黄庭坚,所以走错了路,跑不出来了。近代学宋诗的人,也都犯这个毛病。陈三立是近代宋诗的代表作者,但他的《散原精舍诗》里实在很少可以独立的诗。近代的作家之中,郑孝胥虽然也不脱模仿性,但他的魄力大些,故还不全是模仿。他曾有诗赠陈三立,中有"安能抹青红,搔头而弄姿?"之句。其实他自己有时还近这种境界,陈三立却做不到这个地步。郑孝胥作陈三立的诗集的序,曾说:

> 往有巨公与余谈诗,务以清切为主。于当世诗流,每有张茂先我所不解之喻。其说甚正。然余窃疑诗之为道,殆有未能以清切限之者。世事万变,纷扰于外;心绪百态,腾沸于内;官商不调而不能已于声,吐属不巧而不能已于辞;若是者,吾固知其有乖于清也。思之来也无端,则断如复断,乱如复乱,恶能使之尽合?兴之发也匪定,则倏忽无见,惝怳无闻者,恶能责以有说?若是者,吾固知其不期于切也。

他这篇序虽然表面上是替江西诗派辩护,其实是指出江西诗派的短处。他自己的诗并不实行这个"不清不切"的主张,故还可以读。他后来有答樊增祥的诗,自己取消这种议论:

> 尝序伯严(陈三立)诗,持论辟清切。自嫌误后生,流浪或失实。君诗妙易解,经史气四溢。诗中见其人,风趣乃隽绝。浅语莫非深,天壤在毫末。何须填难字,苦作酸生活?会心可意言,即此意已达。

樊增祥的诗,比较的最聪明,最清切,可惜没有内容,也算不得大家。此外还有许多人,努力模仿古人,努力作诗匠。但他们志在"作古",我们也不敢把他们委屈在这五十年之内了。

7

这五十年是中国古文学的结束时期。做这个大结束的人物，很不容易得。恰好有一个章炳麟，真可算是古文学很光荣的结局了。

章炳麟是清代学术史的押阵大将，但他又是一个文学家。他的《国故论衡》，《检论》，都是古文学的上等作品。这五十年中著书的人没有一个像他那样精心结构的；不但这五十年，其实我们可以说这两千年中只有七八部精心结构，可以称做"著作"的书，——如《文心雕龙》，《史通》，《文史通义》等，——其余的只是结集，只是语录，只是稿本，但不是著作。章炳麟的《国故论衡》要算是这七八部之中的一部了。他的古文学工夫很深，他又是很富于思想与组织力的，故他的著作在内容与形式两方面都能"成一家言"。

章氏论文，很多精到的话。他的《文学总略》(《国故论衡》中)推翻古来一切狭陋的"文"论，说"文者，包络一切著于竹帛者而为言"。他承认文是起于应用的，是一种代言的工具；一切无句读的表谱簿录，和一切有句读的文辞，并无根本的区别。至于"有韵为文，无韵为笔"，和"学说以启人思，文辞以增人感"的区别，更不能成立了。这种见解，初看去似不重要，其实很有关系。有许多人只为打不破这种种因袭的区别，故有"应用文"与"美文"的分别；有些人竟说"美文"可以不注重内容；有的人竟说"美文"自成一种高尚不可捉摸，不必求人解的东西，不受常识与论理的裁制！章炳麟说：

> 文字本以代言，其用则有独至。凡无句读文，皆文字所专属者也，以是为主，故论文学者不得以兴会神旨为上。……知文辞始于表谱簿录，则修辞立诚，其首也。

又说：

> 不得以感人者为文辞，不感者为学说。……学说者，非一往不可感人。凡感于文言者，在其得我心。是故饮食移味，居处缊愉者，闻劳人之歌，心犹怕然。大愚不灵，无所愤悱者，睹妙论则以为恒言也。身有疾痛，闻幼眇之音，则感概随之矣。心有疑滞，睹辨析之论，则悦怿随之矣。

他是能实行不分文辞与学说的人，故他讲学说理的文章都很有

文学的价值。他并不反对桐城派的古文,他的《菿汉微言》有一段说:

> 问桐城义法何其隘邪?答曰,此在今日,亦为有用。何者?明末猥杂佻侻之文雾塞一世,方氏起而廓清之。自是以后,异喙已息,可以不言流派矣。乃至今日而明末之风复作,报章小说,人奉为宗。幸其流派未亡,相存纲纪,学者守此,不至堕入下流,故可取也。若谛言之,文足达意,远于鄙倍,可也。有物有则,雅驯近古,是亦足矣。派别安足论?(页六八)

但他自己论文,却主张回到魏、晋。他说:

> 魏、晋之文,大体皆卑于汉,独持论仿佛晚周。气体虽异,要其守己有度,伐人有序,和理在中,孚尹旁达,可以为百世师矣。(《国故论衡》中,《论式》,页九四)

为什么呢?因为

> 老庄形名之学,逮魏复作,故其言不牵章句;单篇持论,亦优汉世。(页九二)

故他以为

> 持诵《文选》,不如取《三国志》,《晋书》,《宋书》,《弘明集》,《通典》,观之。纵不能上窥九流,犹胜于滑泽者。(页九三)

他又说:

> 夫雅而不核,近于诵数,汉人之短也。廉而不节,近于强钳;肆而不制,近于流荡;清而不根,近于草野;唐、宋之过也。有其利而无其病者,莫若魏、晋。(页九五)

又说:

> 效唐、宋之持论者,利其齿牙。效汉之持论者,多其记诵。斯已给矣。
>
> 效魏、晋之持论者,上不徒守文,下不可御人以口,必先豫之以学。(同页)

"必先豫之以学"六个字,谈何容易?章炳麟的文章,所以能自成一家,也并非因为他模仿魏、晋,只是因为他有学问做底子,有论理做骨格。《国故论衡》里文章,如《原儒》,《原名》,《明见》,《原道》,《明解故上》,《语言缘起》说,……皆有文学的意味,是古文学里上品的文章。《检论》里也有许多好文章;如《清儒》篇,真是近代难得的文章。

但他究竟是一个复古的文家。他的复古主义虽能"言之成理",究竟是一种反背时势的运动。他论文辞,知道文辞始于表谱簿录,是应用的;但他的文章应用的成绩比较最少。他对于同时的文人都有点薄鄙的意思(看《文录》二,《与邓实书》及《与人论文书》)。他自命"将取千年朽蠹之余,反之正则"。他于近代文人中,只承认"王闿运能尽雅"。有人问他如何能做到古雅的文章,他曾把王闿运做文章的法子来教人。什么法子呢?原来是先把意思写成平常的文章,然后把虚字尽量删去,自然古雅了!他又喜欢用古字来代替通行的字;他自己说,

<blockquote>
六书本义,废置已凤;经籍仍用,通借为多。舍借用真,兹为复始。(《检论》五,《正名杂义》,页二八)
</blockquote>

他不知道荀卿"约定俗成谓之宜"的话乃是正名的要旨,故他这种"复始"的工夫虽然增加了古气古色,同时便减少了应用的程度。他自己著书,本来有句读,还可以帮助一般读者的了解。后来他的门人校刻他的全书,以为圈读不古,删去句读,就更难读了。他知道文辞以"存质"为本,他曾说:"文益离质则表象益多,而病亦益笃";他痛恨那班

<blockquote>
庸妄宾僚,谬施涂墍,案一事也,不云"纤悉毕呈",而云"水落石出";排一难也,不云"祸胎可绝",而云"釜底抽薪"。表象既多,鄙倍斯甚!(《正名杂义》页一四)
</blockquote>

但他那篇《订文》(《正名杂义》乃《订文》的附录)中有句云:"后之林烝,知孟晋者,必修述文字",用"孟晋"代求进步,还说得过去;"林烝"二字,比他举出的"水落石出""釜底抽薪",更不通了。

总而言之,章炳麟的古文学是五十年来的第一作家,这是无可疑的。但他的成绩只够替古文学做一个很光荣的下场,仍旧不能救古文学的必死之症,仍旧不能做到那"取千年朽蠹之余,反之正则"的

盛业。他的弟子也不少,但他的文章却没有传人。有一个黄侃学得他的一点形式,但没有他那"先豫之以学"的内容,故终究只成了一种假古董。章炳麟的文学,我们不能不说他及身而绝了。

章炳麟论韵文,也是一个极端的复古派。他说古今韵文的变迁,颇有历史的眼光。他说:

> 吟咏情性,古今所同,而声律调度异焉。魏文侯听今乐则不知倦,古乐则卧。故知数极而迁,虽才士弗能以为美。(《国故论衡》中,《辨诗》,页九九)

这是很不错的历史见解。根据于这个"数极而迁"的观念,他指出《三百篇》为四言诗的极盛时期;到了汉以下,"四言之势尽矣",故束皙等的四言诗都做不好,到了唐朝,"五言之势又尽,杜甫以下辟旋以入七言";到了"宋世,诗势已尽,故其吟咏情性,多在燕乐(词)"。他论近代的诗,也很不错:

> 今词又失其声律,而诗尨奇愈甚。考征之士,睹一器,说一事,则纪之五言,陈数首尾,比于马医歌括。及曾国藩自以为功,诵法江西诸家,矜其奇诡。天下骛逐,古诗多诘屈不可诵,近体乃与杯珓谶辞相等。江湖之士艳而称之,以为至美。盖自《商颂》以来,歌诗失纪,未有如今日者也。

这种议论的自然结果应该是一种很激烈的文学革命了。谁知他下文一转便道:

> 物极则变,今宜取近体一切断之(自注:唐以后诗但以参考史事,存之可也。其语则不足诵),古诗断自简文以上,唐有陈(子昂)、张(九龄)、李(白)、杜(甫)之徒,稍稍删取其要,足以继风雅,尽正变矣。

这种极端的复古论,和他的文学史观,实在是互相矛盾的。如果四言诗之势已尽于汉末而五言诗之势已尽于唐初,如果诗之势已尽于宋世,那就如他自己说的"虽才士弗能以为美"了,难道他们还能复兴于今日吗?那"数极而迁"的文学,难道还可以恢复吗?

但他不顾这个矛盾,还想恢复那"数极而迁,虽才士弗能以为美"的诗体。他的韵文(《文录》二,页八六以下)全是复古的文学。内中也有几首可读的,如《东夷诗》的第三四首:

> 客从海西来,上堂结罗袜,长跪箸席上,对语忘时日。仰见玉衡移,握手言离别。下堂寻革鞮,革鞮忽已失。回头问主人,主人甫惊绝。乞君一两靴,便向笼间掇。笼间何所有? 四顾吐长舌。

> 甲第夫如何? 绳蔑相钩带,虎落穿方空,空小门不大。按项出门去,恣情逐岩濑。三步复五步,京市亦迢遰。时复得町畦,云中闻犬吠。策杖寻其声,耆献方高会。"陛下千万岁! 世世从台隶!"

这种诗的剪裁力确是比黄遵宪的《番客篇》等诗高的多,又加上一种刻画的嘲讽意味,故创造的部分还可以勉强抵销那模仿的部分。此外如《艾如张》,如《董逃歌》,若没有那篇长序,便真是"与杯珓谶辞相等"了。最恶劣的假古董莫如他的《丹橘》与《上留田》诸篇。《丹橘》凡"七章,二章章四句,五章章八句",我猜想了五年,近来方才敢猜这诗大概是为刘师培作的。我引第五六章作例:

> 天道无远,谗夫既丧。何以漱浣? 其瘐其壮。越畹望之,度畦乡之。不见广陵,蓬莱障之。

> 檴之糜矣,不宿乾鹊。民之罩矣,如狙如獲。知我之好,匪伊朝夕。尔虽我刬,我心则怪。

这种诗使我们联想到《易林》,《易林》是汉朝的一种"杯珓谶辞"。其实一千几百年前的"杯珓谶辞"未必就远胜一千几百年后的"杯珓谶辞"。

章炳麟在文学上的成绩与失败,都给我们一个教训。他的成绩使我们知道古文学须有学问与论理做底子,他的失败使我们知道中国文学的改革须向前进,不可回头去;他的失败使我们知道文学"数极而迁,虽才士弗能以为美"。使我们知道那"取千年朽蠹之余,反之正则"的盛业是永永不可能的了!

8 当日俄战争（1904—1905）以后，中国革命的运动一天一天的增加势力。同时的君主立宪运动也渐渐的成为一种正式的运动。这两党的主张时常发生冲突。《新民丛报》那时已变成君主立宪的机关了，故时时同革命的《民报》做很激烈的笔战。这种笔战在中国的政论文学史上很有一点良好的影响，因为从此以后，梁启超早年提倡出来的那种"情感"的文章，永永不适用了。帖括式的条理不能不让位给法律家的论理了。笔锋的情感不能不让位给纸背的学理了。梁启超自己的文章也不能不变了；《国风》与《庸言》里的梁启超已不是《新民丛报》第一二年的梁启超了。自1905年到1915年（民国四年），这十年是政论文章的发达时期。这一个时代的代表作家是章士钊。章士钊曾著有一部中国文法书，又曾研究论理学；他的文章的长处在于文法谨严，论理完足。他从桐城派出来，又受了严复的影响不少；他又很崇拜他家太炎，大概也逃不了他的影响。他的文章有章炳麟的谨严与修饰，而没有他的古僻；条理可比梁启超，而没有他的堆砌。他的文章与严复最接近；但他自己能译西洋政论家法理学家的书，故不须模仿严复。严复还是用古文译书，章士钊就有点倾向"欧化"的古文了；但他的欧化，只在把古文变精密了；变繁复了；使古文能勉强直接译西洋书而不消用原意来重做古文；使古文能曲折达繁复的思想而不必用生吞活剥的外国文法。

章士钊的文章，散见各报；但他办《甲寅》时（1914—1915）的文章，更有精采了，故我们只引这个时代的文章来做例。他先著《学理上之联邦论》，中有云：

> 理有物理，有政理。物理者，绝对者也。而政理只为相对。物理者，通之古今而不惑，放之四海而皆准者也。政理则因时因地容有变迁。二者为境迥殊，不易并论。例如十乌于此，吾见九乌皆黑；余一乌也，而亦黑之，谓非黑则于物理有违，可也。若十国于此，吾见九国立君；余一国也，而亦君之，谓非立君则于政理有违，未可也。何也？立君之制，纵宜于九国，而未必即宜于此一国也。或曰，"自培根以来，学者无不采经验论"。此其所指似在物理，而持以侵入政理之域，愚殊未敢苟同。……科学之

验,在夫发见真理之通象;政学之验,在夫改良政制之进程;故前者可以定当然于已然之中,后者甚且排已然而别创当然之例。不然,当十五六世纪时,君主专制之威披靡一世,政例所存,罔不然焉;苟如论者所言,是十七世纪后之立宪政治不当萌芽矣。有是理乎?(《甲寅》,一,五)

他的意思要说"联邦之理,果其充满,初不恃例以为护符"。后来有人驳他,说他的方法是极端的演绎法。章士钊作论答他(《联邦论·答潘君力山》),中有一段云:

> 物理之称为绝对,究其极而言之,非能真绝对也。何也?无论何物,人盖不能举其全体现在方来之量之数,一一试验以尽,始定其理之无讹也。必待如是,不特其本身归纳之业直无时而可成,而外籀演绎之事,亦终古无从说起。……是故范为定理,不得不有赖于"希卜梯西"(Hypothesis)焉。希卜梯西者,犹言假定也。凡物之已经试验,历人既多,为时亦久,而可信其理为如是如是者,皆得设为假定。用此假定之理以为演绎,历人既多,为时亦久,而无例焉与之相反,则可谥以绝对之称矣。故"绝对"云者,亦假定之未破者而已,非有他也。(《甲寅》,一,七)

第二次答复(《甲寅》一,一九)又说:

> 若曰,"吾国无联邦之事例,联邦之法理即为无根",则吾所应谈之法理,而无其事例者,到处皆是矣;若一切不谈,政治又以何道运行耶?况事例吾国无之,而他国固有。以他国所有者,推知吾国之亦可行,此科学之所以重比较,而法律亦莫逃其例者也。安得以本国之有无自限耶?大凡事例之成,苟其当焉,其法理必已前立;特其法理或位乎逻辑之境而人不即觉,事后始为之说明耳。今吾饱观政例,熟察利害,他人事后始有机会立为法理者,而吾得于事前穷其逻辑之境,尽量出之,恣吾览睹,方自幸之不暇,而又何疑焉?

罗家伦在他的《近代中国文学思想之变迁》一篇(《新潮》二,五)里,曾说章士钊的文章"可谓集'逻辑文学'的大成了"。他又说,"政论的文章,到那个时候,趋于最完备的境界。即以文体而论,则其论调既无'华夷文学'的自大心,又无'策士文学'的浮泛气;而且文字的组织上又无形中受了西洋文法的影响,所以格外觉得精密。"(页八七三)这个论断是很不错的。我上文引的几段,很可以说明这种"逻辑文学"的性质。

章士钊同时的政论家——黄远庸,张东荪,李大钊,李剑农,高一涵等,——都朝着这个趋向做去,大家不知不觉的造成一种修饰的,谨严的,逻辑的,有时不免掉书袋的政论文学。但是这种文章,在当日实在没有多大的效果。做的人非常卖气力;读的人也须十分用气力,方才读得懂。因此,这种文章的读者仍旧只限于极少数的人。当他们引戴雪,引白芝浩,引哈蒲浩,引蒲徕士,来讨论中国的政治法律的问题的时候,梁士诒、杨度、孙毓筠们早已把宪法踏在脚底下,把人民玩在手心里,把中华民国的国体完全变换过了!洪宪的帝制虽不长久,洪宪的余毒至今还在,而当日的许多政论机关都烟销云散了。民国五年(1916)以后,国中几乎没有一个政论机关,也没有一个政论家;连那些日报上的时评也都退到纸角上去了,或者竟完全取消了。这种政论文学的忽然消灭,我至今还说不出一个所以然来。但《甲寅》最后一期里有黄远庸写给章士钊的两封信,至少可以代表一个政论大家的最后忏悔。他说:

> 远本无术学,滥厕士流,虽自问生平并无表见,然即其奔随士夫之后,雷同而附和,所作种种政谈,今无一不为忏悔之材料。盖由见事未明,修省未到,轻谈大事,自命不凡;亡国罪人,亦不能不自居一分也。此后第努力求学,专求自立为人之道,如足下所谓存其在我者,即得为末等人,亦胜于今之一等脚色矣。
>
> 愚见以为居今论政,实不知从何处说起。《洪范》九畴亦只能明夷待访。……至根本救济,远意当从提倡新文学入手,综之,当使吾辈思潮如何能与现代思潮相接触,而促其猛省。而其要义须与一般之人,生出交涉。法须以浅近文艺普遍四周。史家以文艺复兴为中世改革之根本,足下当能语其消息盈虚之理也。(《甲寅》一,十)

这封信，前半为忏悔，后半为觉悟。当日的政论家苦心苦口，确有很可佩服的地方。但他们的大缺点只在不能"与一般之人生出交涉"。这一句话不但可以批评他们的"白芝浩——戴雪——哈蒲浩——蒲徕士"的内容，也可以批评他们的精心结构的政论古文。黄远庸的聪明先已见到这一点了，所以他悬想将来的根本救济当从提倡新文学下手，要用浅近文艺普遍四周，要与一般的人生出交涉来。章士钊答书还不赞成这种话，他说"必其国政治差良，其度不在水平线下，而后有社会之事可言，文艺其一端也。"黄远庸那年到了美国，不幸被人暗杀了，他的志愿毫无成就；但他这封信究竟可算是中国文学革命的预言。他若在时，他一定是新文学运动的一个同志，正如他同时的许多政论家之中的几个已做新文学运动的同志了。

9 以上七节说的是这五十年的中国古文学。古文学的公同缺点就是不能与一般的人生出交涉。大凡文学有两个主要分子：一是"要有我"，二是"要有人"。有我就是要表现著作人的性情见解，有人就是要与一般的人发生交涉。那无数的模仿派的古文学，既没有我，又没有人，故不值得提起。我们在这七节里提起的一些古文学代表，虽没有人，却还有点我，故还能在文学史上占一个地位。但他们究竟因为不能与一般的人生出交涉来，故仍旧是少数人的贵族文学，仍旧免不了"死文学"或"半死文学"的评判。

现在我们要谈这五十年的"活文学"了。活文学自然要在白话作品里去找。这五十年的白话作品，差不多全是小说。直到近五年内，方才有他类的白话作品出现。我们先说五十年内白话小说，然后讨论近年的新文学。

这五十年内的白话小说出的真不在少数！为讨论的便利起见，我们可以把他们分作南北两组：北方的评话小说，南方的讽刺小说。北方的评评小说可以算是民间的文学，他的性质偏向为人的方面，能使无数平民听了不肯放下，看了不肯放下；但著书的人多半没有什么深刻的见解，也没有什么浓挚的经验。他们有口才，有技术，但没有学问。他们的小说，确能与一般的人生出交涉了，可惜没有我，所以只能成一种平民的消闲文学。《儿女英雄传》,《七侠五义》,《小五义》,《续小五义》……等书,属于这一类。南方的讽刺小说便不同了。他们的著者都是文人,往往是有思想有经验的文人。他们的小说,在语言的方面,往往不如北方小说那样漂亮活动;这大概是因为南方人学用北部语言做书的困难。但思想见解的方面,南方的几部重要小说都含有讽刺的作用,都可以算是"社会问题的小说"。他们既能为人,又能有我。《官场现形记》,《老残游记》,《二十年目睹之怪现状》,《恨海》,《广陵潮》,……都属于这一类。(南方也有消闲的小说,如《九尾龟》等。)

我们先说北方的评话小说。评话小说自宋以来,七八百年,没有断绝。有时民间的一种评话遇着了一个文学大家,加上了剪裁修饰,便一跳升做第一流的小说了(如《水浒传》)。但大多数的评话——如《杨家将》,《薛家将》之类,——始终不曾脱离很幼稚的时代。明、清两朝是小说最发达的时期,内中确有好几部第一流的文学。有了这些好小说做教师,做模范本,所以民间的评话也渐渐的成个样子了,渐渐的可读了。因此,这五十年的评话小说,可以代表评话小说进步最高的时期。当同治末年光绪初年之间,出了一部《儿女英雄传评话》。此书前有雍正十二年和乾隆五十九年的序,都是假托的。雍正年的序内提起《红楼梦》,不知《红楼梦》乃是乾隆中年的作品!故我们据光绪戊寅(1878)马从善的序,定为清宰相勒保之孙文康(字铁仙)做的。文康晚年穷困无聊,作此书消遣。序中说"昨来都门,知先生已归道山",可知文康死于同治光绪之际,故我们定此书为近五十年前的作品。《七侠五义》初名《三侠五义》,又名《忠烈侠义传》,今本有俞樾的序,说曾听见潘祖荫称赞此书,"虽近时新出而颇可观"。俞序作于光绪十五年(1889),故定为五十年中的作品。此书原著者为石玉昆,但今本已是俞樾改动的本子,原本已不可见了。石玉昆的事迹不可考,大概是当日的一个评话大家。又有《小五义》一部,刻于光绪十六年(1890);《续小五义》一部,刻于同年的冬间。此二书据说也都是石玉昆的原稿,从他的门徒处得来的。《续小五义》初刻本,尚有潘祖荫的小序,说他捐俸余三十金帮助刻板。这也可见当日的一种风气了。《续小五义》之后,近年来又出了无数的续集,此外还有许多"公案"派的评话,但价值更低,我们不谈了。

《儿女英雄传》的著者虽是一个八旗世家,做过道台,放过驻藏大臣,但他究竟是一个迂陋的学究,没有见解,没有学问。这部书可以代表那"儒教化了的"八旗世家的心理。儒家的礼教本是古代贵族的礼教,不配给平民试行的。满洲人入关以后,处处模仿中国文化,故宗室八旗的贵族居然承受了许多繁缛的礼节。我们读《红楼梦》,便可以看见贾府虽是淫乱腐败,但表面上的家庭礼仪却是非常严厉。一个贾政便是儒教的绝好产儿。《儿女英雄传》更迂腐了。书里的安氏父子,何玉凤,张金凤,都是迂气的结晶。何玉凤在能仁寺杀人救人的时节,忽然想起"男女授受不亲"的圣训来了!安老爷在家中捉到强盗的时候,忽然想起"伤人乎?不问马"的圣训来了!至于书中最得意的部分——安老爷劝何玉凤嫁人一段——更是迂不可当的纲常大义。我们可以说,《儿女英雄传》的思想见解是没有价值的。他的价值全在语言的漂亮俏皮,诙谐有味。旗人最会说话;前有《红楼梦》,后有此书,都是绝好的记录。《儿女英雄传》有意模仿评话的口气,插入许多"说书人打岔"的话,有时颇讨厌,但有时很多诙谐的意味。例如能仁寺的凶僧举刀要杀安公子时,忽然一个弹子飞来,他把身一蹲。

谁想他的身子蹲得快,那白光来得更快,噗的一声,一个铁弹子正着在左眼上。那东西进了眼睛,敢是不住要站,一直的奔了后脑杓子的脑瓜骨,咯噔的一声,这才站住了……肉人的眼珠子上要着上这等一件东西,大概比揉进一个沙子去利害。只疼得他哎哟一声,往后便倒。哐啷,手里的刀子也扔了。

那时三儿在旁边,正呆的望着公子的胸脯子,要看这回刀尖出彩;只听咕咚一声,他师傅跌倒了。吓了一跳,说,"你老人家怎么了?这准是使猛了劲,岔了气了;等我腾出手来扶起你老人家来哝?"才一转身,毛着腰,要把那铜镟子放在地下,好去搀他师傅,这个当儿,又是照前噗的一声,一个弹子从他左耳朵眼

> 儿里打进去,打了个过膛儿,从右耳朵眼儿里钻出来,一直打到东边那个厅柱上,吧挞的一声,打了一寸来深,进去嵌在木头里边。那三儿只叫得一声"我的妈呀!"——镗——把个铜镟子扔了,——咕咭——也窝在那里了。那铜镟子里的水泼了一台阶子。那镟子唏啷花啷一阵乱响,便滚下台阶去了。(第六回)

这种描写法,虽然不合事实,却很有诙谐趣味;这种诙谐趣味乃是北方评话小说的一种特别风味。

《七侠五义》也没有什么思想见地。他是学《水浒》的;但《水浒》对于强盗,对于官吏,都有一种大胆的见解;《七侠五义》也恨贪官,也恨强盗,——这是北方中国人的自然感想,——但只希望有清官出来用"御铡三刀"和"杏花雨"的苛刑来除掉那些赃官污吏;只希望有侠义的英雄出来,个个投在清官门下做四品护卫或五品护卫,帮着国家除暴安良。这是这些侠义小说和公案小说的公同见解。但《七侠五义》描写人物的技术却是不坏;虽比不上《水浒传》,却也很有点个性的描写。他写白玉堂的气小,蒋平的聪明,欧阳春的镇静,智化的精细,艾虎的活泼,都很有个性的区别。第三十二回至第三十四回写白玉堂结交颜眘敏一节,又痛快,又滑稽,是书中很精采的文字。书中有时也有很感慨的话,如第八十回写智化假装逃荒的,混入皇城作工的第一天,

> 按名点进,到了御河,大家按挡儿做活。智爷拿了一把铁锹撮的比人多,掷的比人远,而且又快。傍边做活的道,"王第二的,你这活计不是这么做"。智爷道,"怎么?"傍边人道,"俗语说的,'皇上家的工,慢慢儿的蹭。'你要这么做,还能吃的长吗?"智爷道"做的慢了,他们给饭吃吗?"傍边人道,"都是一样慢了,他能不给谁吃呢?"智爷道,"既是这样,俺就慢慢的"。

这种好文章,可惜不多见;不然,《七侠五义》真成了第一流的小说了。

《小五义》与《续小五义》有许多不通的回目,中间又有许多不通的诗,大不如《七侠五义》。究竟这种幼稚的本子是石玉昆的原本呢?或者,那干净的《七侠五义》大体代表石玉昆的原本而《小五义》

以下是假托的呢？那就不容易决定了。《小五义》以下精采甚少，只有一个徐良，写的还有趣。我们不举例了。

南方的讽刺小说都是学《儒林外史》的。《儒林外史》初刻于乾隆时，后来虽有翻刻本，但太平天国乱后，这部书的传本渐渐少了。乱平以后，苏州有活字本；《申报》的初年有铅字排本，附有金和的跋语，及天目山樵评语。自此以后，《儒林外史》的通行遂多了。但这部书是一种讽刺小说，颇带一点写实主义的技术，既没有神怪的话，又很少英雄儿女的话；况且书里的人物又都是"儒林"中人，谈什么"举业""选政"，都不是普通一般人能了解的，因此，第一流小说之中，《儒林外史》的流行最不广，但这部书在文人社会里的魔力可真不少！一来呢，这是一种创体，可以作批评社会的一种绝好工具。二来呢，《儒林外史》用的语言是长江流域的官话，最普通，最适用。三来呢，《儒林外史》没有布局，全是一段一段的短篇小品连缀起来的；拆开来，每段自成一篇；斗拢来，可长至无穷。这个体裁最容易学，又最方便。因此，这种一段一段没有总结构的小说体就成了近代讽刺小说的普通法式。

我们先说李伯元（常州人，事迹未详）的《官场现形记》。这部书先后共出了六十卷，全是无数不连贯的短篇纪事连缀起来的。全书的体例与方法，最近《儒林外史》。《儒林外史》骂的是儒生，《官场现形记》骂的是官场；《儒林外史》里还有几个好人，《官场现形记》里简直没有一个好官。著者自己说，他那部书是一部做官教科书，

> 前半部是专门指摘他们做官的坏处，好叫他们读了知过必改。后半部方是教导他们做官的法子。如今把这后半部烧了，只剩得前半部；光有这前半部，不像本教科书，倒像部《封神榜》、《西游记》，妖魔鬼怪一齐都有。（第六十卷）

其实当时官场的腐败已到了极点，这种材料遍地皆是，不过等到李伯元方才有这一部穷形尽相的"大清官国活动写真"出现，替中国制度史留下无数绝好的材料。这部书的初集有光绪癸卯年（1903）茂苑、惜秋生的序，痛论官的制度：

>　　……选举之法兴则登进之途杂,士废其读,农废其耕,工废其技,商废其业,皆注意于官之一字。盖官者有士农工商之利而无士农工商之劳者也。天下爱之至深者,谋之必善;慕之至切者,求之必工。于是乎有脂韦滑稽者,有夤缘奔竞者,而官之流品已极紊乱。
>
>　　限资之例,始于汉代。……开捐纳之先路,导输助之滥觞。所谓衣食足而知荣辱者,直是欺人之谈!……乃至行博弈之道,掷为孤注,操贩鬻之行,居为奇货。其情可想,其理可推矣。沿至于今,变本加厉;凶年饥馑,旱干水溢,皆得援救助之例,邀奖励之恩。而所谓官者乃日出而未有穷,不至充塞宇宙不止!
>
>　　官者,辅天子则不足,压百姓则有余。……有语其后者,刑罚出之;有诮其旁者,拘系随之。……于是官之气愈张,官之焰愈烈。羊狠狼贪之技,他人所不忍出者,而官出之;蝇营狗苟之行,他人所不屑为者,而官为之。……国衰而官强,国贫而官富;孝弟忠信之旧,败于官之身;礼义廉耻之遗,坏于官之手。而官之所以为人诟病,为人轻亵者,盖非一朝一夕之故,其所由来者渐矣!

《官场现形记》的主意只是要人人感觉官是世间最可恶又最下贱的东西。如卷四写黄道台的门房戴升鼻子里哼的冷笑一声,说:

>　　等着罢,我是早把铺盖卷好等着的了。想想做官的人也真是作孽。你瞧他升了官,一个样子;今儿参掉官,又是一个样子。不比我们当家人的,辞了东家,还有西家,一样吃他妈的饭。做官的可只有一个皇帝,逃不到那里去的!

又如卷八陶子尧对着堂子里的娘姨说他的官运,他说:

>　　我们做官的人,说不定今天在这里,明天就在那里,自己是不能作主的。

新嫂嫂说:

>　　难末大人做官格身体,搭子"讨人身体"差勿多哉……堂子里格小姐……卖拨勒人家,或者是押帐,有仔管头,自家做勿动主,才叫做"讨人身体"格。耐笃做官人,自家做勿动主,阿是一

样格？

陶子尧道：

> 你这人真是瞎来来！我们的官是拿银子捐来的，又不是卖身，同你们堂子里一个买进一个卖出，真正天悬地隔。

不过这个区别实在很微细。卷十四写江山船上的一个妓女龙珠对周老爷说：

> 我十五岁上跟着我娘到过上海一荡，人家都叫我清倌人，我肚里好笑。我想我们的清倌人也同你们老爷们一样。……
>
> 去年八月里江山县钱太老爷在江头雇了我们的船，同了太太去上任。听说这钱太老爷在杭州等缺，等了二十几年，穷的了不得，连什么都当了。好容易才熬到去上任。他一共一个太太，两个少爷，九个小姐。大少爷已经三十多岁，还没有娶媳妇。从杭州动身的时候，一家门的行李不上五担，箱子都很轻的。到了今年八月里，预先写信叫我们的船上来接他回杭州。等到上船那一天，红皮衣箱一多就多了五十几只，别的还不算。上任的时候，太太戴的是镀金的簪子；等到走，连那小少爷的奶妈，一个个都是金耳坠子了！钱太老爷走的那一天，还有人送了他好几把万民伞。大家一齐说老爷是清官，不要钱，所以人家才肯送他这些东西。我肚皮里好笑，老爷不要钱，这些箱子是那里来的呢？……瞒得过我吗？做官的人，得了钱，自己还要说是清官，同我们吃了这碗饭一定要说是清倌人，岂不是一样的吗？

周老爷听了他的话，气的一句话也说不出，倒反朝着他笑；歇了半天，才说得一句"你比方的不错"。

李伯元除了《官场现形记》之外，还有一部《文明小史》，也是"《儒林外史》式"的讽刺小说。

吴沃尧，字趼人，是广东南海的佛山人，故自称"我佛山人"。当梁启超在日本创办《新小说》时，吴沃尧的《二十年目睹之怪现状》（以下省称《怪现状》）的第一部分就在《新小说》上发表。那个时候，——光绪癸卯甲辰（1903—1904）——大家已渐渐的承认小说的重要，故梁启超办了《新小说》杂志，商务印书馆也办了一个《绣像小说》杂志,不久又有《小说林》出现。文人创作小说也渐渐的多了。《怪现状》,《文明小史》,《老残游记》,《孽海花》……都是这个时代出来的。《怪现状》也是一部讽刺小说,内容也是批评家庭社会的黑幕。但吴沃尧曾经受过西洋小说的影响,故不甘心做那没有结构的杂凑小说。他的小说都有点布局,都有点组织。这是他胜过同时一班作家之处。《怪现状》的体例还是散漫的,还含有无数短篇故事;但全书有个"我"做主人,用这个"我"的事迹做布局纲领,一切短篇故事都变成了"我"二十年中看见或听见的怪现状。即此一端,便与《官场现形记》、《文明小史》不同了。

但《怪现状》还是《儒林外史》的产儿;有许多故事还是勉强穿插进去的。后来吴沃尧做小说的技术进步了,他的《恨海》与《九命奇冤》便都成了有结构有布局的新体小说。《恨海》写的是婚姻问题。一个广东的京官陈戟临有两个儿子:大的伯和,聘定同居张家的女儿棣华;小的仲蔼,聘定同居王家的女儿娟娟。后来拳匪之乱陈戟临一家被杀;伯和因护送张氏母女出京,中途冲散;仲蔼逃难出京。伯和在路上发了一笔横财,就狂嫖阔赌,吃上了鸦片烟,后来沦落做了叫化子。张家把他访着,领回家养活;伯和不肯戒烟,负气出门,仍病死在一个小烟馆里。棣华为他守了多少年,落得这个下场;伯和死后,棣华就出家做尼姑去了。仲蔼到南方,访寻王家,竟不知下落;他立志不娶,等候娟娟;后来在席上遇见娟娟,原来他已做了妓女了。这两层悲剧的下场,在中国小说里颇不易得。但此书叙事颇简单,描写也不很用气力,也不能算是全德的小说。

《九命奇冤》可算是中国近代的一部全德的小说。他用百余年前广东一件大命案做布局,始终写此一案,很有精采。书中也写迷信,也写官吏贪污,也写人情险诈;但这些东西都成了全书的有机部分,全不是勉强拉进来借题骂人的。讽刺小说的短处在于太露,太浅薄;专采骂人材料,不加组织,使人看多了觉得可厌。《九命奇冤》便完全脱去了恶套;他把讽刺的动机压下去,做了附属的材料;然而那些附属的讽刺的材料在那个大情节之中,能使看的人觉得格外真实,格外动人。例如《官场现形记》卷四卷五写藩台的兄弟三荷包代哥哥卖缺，写的何尝不好？但是看书的人看过了只像看了报纸的一段新闻一样，觉得好笑，并不觉得动人。《九命奇冤》第二十回写黄知县的太太和舅老爷收梁家的贿赂一节，一样是滑稽的写法，但在那八条人命的大案里，这种得贿买放的事便觉得格外动人，格外可恶。

　　《九命奇冤》受了西洋小说的影响，这是无可疑的。开卷第一回便写凌家强盗攻打梁家，放火杀人。这一段事本应该在第十六回里，著者却从第十六回直提到第一回去，使我们先看了这件烧杀八命的大案，然后从头叙述案子的前因后果。这种倒装的叙述，一定是西洋小说的影响。但这还是小节；最大的影响是在布局的谨严与统一。中国的小说是从"演义"出来的。演义往往用史事做间架，这一朝代的事"演"完了，他的平话也收场了。《三国》、《东周》一类的书是最严格的演义。后来作法进步了，不肯受史事的严格限制，故有杜撰的演义出现。《水浒》便是一例。但这一类的小说，也还是没有布局的；可以插入一段打大名府，也可以插入一段打青州；可以添一段破界牌关，也可以添一段破诛仙阵；可以添一段捉花蝴蝶，也可以再添一段捉白菊花，……割去了，仍可成书；拉长了，可至无穷。这是演义体的结构上的缺乏。《儒林外史》虽开一种新体，但仍是没有结构的；从山东汶上县说到南京，从夏总甲说到丁言志；说到杜慎卿，已忘了娄公子；说到凤四老爹，已忘了张铁臂了。后来这一派的小说，也没有一部有结构布置的。所以这一千年的小说里，差不多都是没有布局的。内中比较出色的，如《金瓶梅》，如《红楼梦》，虽然拿一家的历史做布局，不致十分散漫，但结构仍旧是很松的；今年偷一个潘五儿，明年偷一个王六儿；这里开一个菊花诗社，那里开一个秋海棠诗社；今回老太太做生日，下回薛姑娘做生日，……翻来覆去，实在有点讨厌。《怪现状》想用《红楼梦》的间架来支配《官场现形记》的材料，故那个主人"我"跑来跑去，到南京就见着听着南京的许多故事，到上海便见着听着上海的许多故事，到广东便见着听着广东的许多故事。其实这都是很松的组织，很勉强的支配，很不自然的布局。《九命奇冤》便不同了。他用中国讽刺小说的技术来写家庭与官场，用中国北方强盗小说的技术来写强盗与强盗的军师，但他又用西洋侦探小说的布局来做一个总结构。繁文一概削尽,枝叶一齐扫光,只剩这一个大命案的起落因果做一个中心题目。有了这个统一的结构,又没有勉强的穿插,故看的人的兴趣自然能自始至终不致厌倦。故《九命奇冤》在技术一方面要算最完备的一部小说了。

和吴沃尧、李伯元同时的,还有一个刘鹗,字铁云,丹徒人,也是一个小说好手。刘鹗精通算学,研究治河的方法,曾任光绪戊子(1888)郑州的河工,又曾在山东巡抚张曜的幕府里,作了治河七策。后来山东巡抚福润保荐他"奇才",以知府用。他住北京两年,上书请筑津镇铁路,不成;又为山西巡抚与英国人订约开采山西的矿。当时人都叫他做"汉奸",因为他同外国人往来,能得他们的信用。后来拳匪之乱(1900)联军占据北京,京城居民缺乏粮食,很多饿死的;他就带了钱进京,想设法赈济;那俄国兵占住太仓,太仓多米而欧洲人不吃米;他同俄国人商量,用贱价把太仓的米都粜出来,用贱价粜给北京的居民,救了无数的人。后数年,有大臣参他"私售仓粟",把他充军到新疆,后来他就死在新疆。二十多年前,河南彰德府附近发现了许多有古文字的龟甲兽骨,刘鹗是研究这种文字最早的一个人,曾印有《铁云藏龟》一书。(以上记刘鹗的事迹,全根据罗振玉的《五十日梦痕录》。我因为外间知道他的人很不多,故摘抄大概于此。)

刘鹗著的《老残游记》,与李伯元的《文明小史》同时在《绣像小说》上发表。这部书的主人老残,姓铁,名英,是他自己的托名。书中写的风景经历,也都带着自传的性质。书中的庄抚台即是张曜,玉贤即是毓贤;论治河的一段也与罗振玉作的传相符。书中写申子平在山中遇着黄龙子玙姑一段,荒诞可笑,钱玄同说他是"老新党头脑不甚清晰的见解"真是不错。书末把贾家冤死的十三人都从棺材里救活回来,也是无谓之至。但除了这两点之外,这部书确是一部很好的小说。他写玉贤的虐政,写刚弼的刚愎自用,都是很深刻的;大概他的官场经验深,故与李伯元、吴沃尧等全是靠传闻的,自然大不相同了。他写娼妓的问题,能指出这是一个生计的问题,不是一个道德的问题,这种眼光也就很可佩服了。他写史观察(上海施善昌)治河的结果,用极具体的写法,使人知道误信古书的大害(第十三回至十四回)。这是他生平一件最关心的事,故他写的这样真切。

但《老残游记》的最大长处在于描写的技术。第二回写白妞说大鼓书的一大段,读的人大概没有不爱的。我们引一小段作例:

> 王小玉……唱了几句书儿,声音初不甚响;……唱了十数句之后,渐渐的越唱越高;忽然拔了一个尖儿,像一线钢丝抛入天际,听的人不禁暗暗叫绝。那知他于那极高的地方,尚能回环转折;几啭之后,又高一层;接连有三四叠,节节高起。恍如由傲来峰西面攀登泰山的景象;初看傲来峰削壁千仞,以为上与天齐;及至翻到傲来峰,才见扇子崖更在傲来峰上;及至翻到扇子崖,又见南天门更在扇子崖上。愈翻愈险,愈险愈奇。那王小玉唱到极高的三四叠后,陡然一落,又极力骋其千回百折的精神,如一条飞蛇在黄山三十六峰半中腰里盘旋穿插,顷刻之间,周匝数遍。……

这一段虽是很好,但还用了许多譬喻,算不得最高的描写工夫。第十二回写老残在齐河县看黄河里打冰一大段,写的更为出色。最好的是看打冰那天的晚上,老残到堤上闲步,

> 抬起头来,看那南面山上一条白光,映着月色,分外好看。一层一层的山岭,却分辨不清;又有几片白云在那里面,所以分不出是云是山。及至定睛看去,方才看出那是云那是山来。虽然云是白的,山也是白的,云有亮光,山也有亮光;只为月在云上,云在月下,所以云的亮光从背后透过来;那山却不然,山的亮光由月光照到山上,被那山上的雪反射过来,所以光是两样了。然只稍近的地方如此。那山望东去,越望越远,天也是白的,山也是白的,云也是白的,就分辨不出来了。

只有白话的文学里能产生这种绝妙的"白描"美文来。

以上略述这五十年的白话小说。民国成立时,南方的几位小说家都已死了,小说界忽然又寂寞起来。这时代的小说只有李涵秋的《广陵潮》还可读;但他的体裁仍旧是那没有结构的《儒林外史》式。至于民国五年出的"黑幕"小说,乃是这一类没有结构的讽刺小说的

最下作品，更不值得讨论了。北京平话小说近年来也没有好作品比得《儿女英雄传》或《七侠五义》的。

10 现在我们要说这五六年的文学革命运动了。

中国的古文在二千年前已经成了一种死文字。所以汉武帝时丞相公孙弘奏称"诏书律令下者，……文章尔雅，训辞深厚，恩施甚美；小吏浅闻，不能究宣，无以明布谕下"。那时代的小吏已不能了解那文章尔雅的诏书律令了。但因为政治上的需要，政府不能不提倡这种已死的古文；所以他们想出一个法子来鼓励民间研究古文：凡能"通一艺以上"的，都有官做，"先用诵多者"。这个法子起于汉朝，后来逐渐修改，变成"科举"的制度。这个科举的制度延长了那已死的古文足足二千年的寿命。

但民间的白话文学是压不住的。这二千年之中，贵族的文学尽管得势，平民的文学也在那里不声不响的继续发展。汉魏六朝的"乐府"代表第一时期的白话文学。乐府的真美是遮不住的，所以唐代的诗也很多白话的，大概是受了乐府的影响。中唐的元稹、白居易更是白话诗人了。晚唐的诗人差不多全是白话或近于白话的了。中唐、晚唐的禅宗大师用白话讲学说法，白话散文因此成立。唐代的白话诗和禅宗的白话散文代表第二时期的白话文学。但诗句的长短有定，那一律五字或一律七字的句子究竟不适宜于白话；所以诗一变而为词。词句长短不齐，更近说话的自然了。五代的白话词，北宋柳永、欧阳修、黄庭坚的白话词，南宋辛弃疾一派的白话词，代表第三时期的白话文学。诗到唐末，有李商隐一派的妖孽诗出现，北宋杨亿等接着，造为"西昆体"。北宋的大诗人极力倾向解放的方面，但终不能完全脱离这种恶影响。所以江西诗派，一方面有很近白话的诗，一方面又有很坏的古典诗。直到南宋杨万里、陆游、范成大三家出来，白话诗方才又兴盛起来。这些白话诗人也属于这第三时期的白话文学。南宋晚年，诗有严羽的复古派，词有吴文英的古典派，都是背时的反动。然而北方受了契丹、女真、蒙古三大征服的影响，古文学的权威减少了，民间的文学渐渐起来。金、元时代的白话小曲——如

《阳春白雪》和《太平乐府》两集选载的——和白话杂剧,代表这第四时期的白话文学。明朝的文学又是复古派战胜了;八股之外,诗词的散文都带着复古的色彩,戏剧也变成又长又酸的传奇了。但是白话小说可进步了。白话小说起于宋代,传至元代,还不曾脱离幼稚的时期。到了明朝,小说方才到了成人时期;《水浒传》、《金瓶梅》、《西游记》都出在这个时代。明末的金人瑞竟公然宣言"天下之文章无出《水浒传》右者",清初的《水浒后传》,乾隆一代的《儒林外史》与《红楼梦》,都是很好的作品。直到这五十年中,小说的发展始终没有间断。明、清五百多年的白话小说,代表第五时期的白话文学。

这五个时期的白话文学之中,最重要的是这五百年中的白话小说。这五百年之中,流行最广,势力最大,影响最深的书,并不是《四书五经》,也不是性理的语录,乃是那几部"言之无文行之最远"的《水浒》、《三国》、《西游》、《红楼》。这些小说的流行便是白话的传播;多卖得一部小说,便添得一个白话教员。所以这几百年来,白话的知识与技术都传播的很远,超出平常所谓"官话疆域"之外。试看清朝末年南方作白话小说的人,如李伯元是常州人,吴沃尧是广东人,便可以想见白话传播之远了。但丁(Dante)鲍高嘉(Boccacio)的文学,规定了意大利的国语;嘉叟(Chaucer)卫克烈夫(Wycliff)的文学,规定了英吉利的国语;十四五世纪的法兰西文学,规定了法兰西的国语。中国国语的写定与传播两方面的大功臣,我们不能不公推这几部伟大的白话小说了。

中国的国语早已写定了,又早已传播的很远了,又早已产生了许多第一流的活文学了,——然而国语还不曾得全国的公认,国语的文学也还不曾得大家的公认:这是因为什么缘故呢?这里面有两个大原因:一是科举没有废止,一是没有一种有意的国语主张。

科举一日不废,古文的尊严一日不倒。在科举制度之下,居然能有那无数的白话作品出现,功名富贵的引诱居然买不动施耐庵、曹雪芹、吴敬梓,政府的权威居然压不住《水浒》、《西游》、《红楼》的产生与流传:这已经是中国文学史上最徼幸又最光荣的事了。但科举的制度究竟能使一般文人钻在那墨卷古文堆里过日子,永远不知道时文古文之外还有什么活的文学。倘使科举制度至今还存在,白话文学的运动决不会有这样容易的胜利。

1904年以后,科举废止了。但是还没有人出来明明白白的主张白话文学。二十多年以来,有提倡白话报的,有提倡白话书的,有提倡官话字母的,有提倡简字字母的:这些人难道不能称为"有意的主张"吗? 这些人可以说是"有意的主张白话",但不可以说是"有意的主张白话文学"。他们的最大缺点是把社会分作两部分:一边是"他们",一边是"我们"。一边是应该用白话的"他们",一边是应该做古文古诗的"我们"。我们不妨仍旧吃肉,但他们下等社会不配吃肉,只好抛块骨头给他们吃去罢。这种态度是不行的。

1916年以来的文学革命运动,方才是有意的主张白话文学。这个运动有两个要点与那些白话报或字母的运动绝不相同。第一,这个运动没有"他们"、"我们"的区别。白话并不单是"开通民智"的工具,白话乃是创造中国文学的唯一工具。白话不是只配抛给狗吃的一块骨头,乃是我们全国人都该赏识的一件好宝贝。第二,这个运动老老实实的攻击古文的权威,认他做"死文学"。从前那些白话报的运动和字母的运动,虽然承认古文难懂,但他们总觉得"我们上等社会的人是不怕难的:吃得苦中苦,方为人上人"。这些"人上人"大发慈悲心,哀念小百姓无知无识,故降格做点通俗文章给他们看。但这些"人上人"自己仍旧应该努力模仿汉、魏、唐、宋的文章。这个文学革命便不同了;他们说,古文死了二千年了,他的不孝子孙瞒住大家,不肯替他发丧举哀;现在我们来替他正式发讣文,报告天下"古文死了! 死了两千年了! 你们爱举哀的,请举哀罢! 爱庆祝的,也请庆祝罢!"

这个"古文死了两千年"的讣文出去之后,起初大家还不相信;不久,就有人纷纷议论了;不久,就有人号啕痛哭了。那号啕痛哭的人,有些哭过一两场,也就止哀了;有些一头哭,一头痛骂那些发讣文的人,怪他们不应该做这种"大伤孝子之心"的恶事;有些从外国奔丧回来,虽然素同死者没有多大交情,但他们听见哭声,也忍不住跟着哭一场,听见骂声,也忍不住跟着骂一场。所以这种哭声骂声至今还不曾完全停止。但是这个死信是不能再瞒的了，倒不如爽爽快快说穿了，叫大家痛痛快快哭几天，不久他们就会"节哀尽礼"的；即使有几个"终身孺慕"的孝子，那究竟是极少数人，也顾不得了。

文学革命的主张，起初只是几个私人的讨论，到民国六年（1917）一月方才正式在杂志上发表。第一篇胡适的《文学改良刍议》还是很和平的讨论。胡适对于文学的态度，始终只是一个历史进化的态度。故他这一篇的要点是：

> 文学者，随时代而变迁者也。一时代有一时代之文学，……因时进化，不能自止。唐人不当作商周之诗，宋人不当作相如子云之赋，——即令作之，亦必不工。逆天背时，违进化之迹，故不能工也。……
>
> 以今世历史进化的眼光观之，则白话文学之为中国文学之正宗，又为将来文学必用之利器，可断言也。

后来他的《历史的文学观念论》说的更详细：

> 居今日而言文学改良，当注重"历史的文学观念"。一言以蔽之曰：一时代有一时代之文学。此时代与彼时代之间，虽皆有承前启后之关系，而决不容完全抄袭；其完全抄袭者，决不成为真文学。愚惟深信此理，故以为古人已造古人之文学，今人当造今人之文学。……纵观古今文学变迁之趋势，……白话之文学，自宋以来，虽见屏于古文家，而终一线相承，至今不绝。……岂不以此为吾国文学趋势自然如此，故不可禁遏而日以昌大耶？……吾辈之攻古文家，正以其不明文学之趋势，而强欲作一千年二千年以上之文。此说不破，则白话之文学无有列为文学正宗之一日，而世之文人将犹鄙薄之，以为小道邪径而不肯以全力经营造作之。……夫不以全副精神造文学而望文学之发生，此犹不耕而求获，不食而求饱也，亦终不可得矣。施耐庵、曹雪芹诸人所以能有成者，正赖其有特别毅力，能以全力为之耳。

胡适自己常说他的历史癖太深，故不配作革命的事业。文学革命的进行，最重要的急先锋是他的朋友陈独秀。陈独秀接着《文学改良刍议》之后，发表了一篇《文学革命论》（六年二月），正式举起"文学革命"的旗子。他说：
> 余甘冒全国学究之敌,高张"文学革命军"大旗,以为吾友之声援。

旗上大书吾革命军三大主义：
> 曰推倒雕琢的,阿谀的贵族文学；建设平易的,抒情的国民文学。
>
> 曰推倒陈腐的,铺张的古典文学；建设新鲜的,立诚的写实文学。
>
> 曰推倒迂晦的,艰涩的山林文学；建设明了的,通俗的社会文学。

陈独秀的特别性质是他的一往直前的定力。那时胡适还在美洲,曾有信给独秀说：
> 此事之是非,非一朝一夕所能定,亦非一二人所能定。甚愿国中人士能平心静气与吾辈同力研究此问题。讨论既熟,是非自明。吾辈已张革命之旗,虽不容退缩,然亦不敢以吾辈所主张为必是而不容他人之匡正也。(六年四月九日)

可见胡适当时承认文学革命还在讨论的时期。他那时正在用白话作诗词,想用实地试验来证明白话可以作韵文的利器,故自取集名为《尝试集》。他这种态度太和平了。若照他这个态度做去,文学革命至少还须经过十年的讨论与尝试。但陈独秀的勇气恰好补救这个太持重的缺点。独秀答书说：
> 鄙意容纳异议,自由讨论,固为学术发达之原则；独至改良中国文学当以白话为文学正宗之说,其是非甚明,必不容反对者有讨论之余地；必以吾辈所主张者为绝对之是而不容他人之匡正也。

这种态度,在当日颇引起一般人的反对。但当日若没有陈独秀"必不容反对者有讨论之余地"的精神,文学革命的运动决不能引起那样大的注意。反对即是注意的表示。

民国六年的《新青年》里有许多讨论文学的通信,内中钱玄同的讨论很多可以补正胡适的主张。民国七年一月,《新青年》重新出版，归北京大学教授陈独秀、钱玄同、沈尹默、李大钊、刘复、胡适六人轮流编辑。这一年的《新青年》（四卷五卷）完全用白话做文章。七年四月有胡适的《建设的文学革命论》，大旨说：

> 我的"建设新文学论"的唯一宗旨只有十个大字："国语的文学，文学的国语"。我们所提倡的文学革命只是要替中国创造一种国语的文学。有了国语的文学，方才可以有文学的国语。有了文学的国语，我们的国语才算得真正国语。

这篇文章名为"建设的"，其实还是破坏的方面最有力。他说：

> 这二千年的文人所做的文学，都是死的，都是用已经死了的语言文字做的，死文字决不能产出活文学。……简单说来，自从《三百篇》到于今，中国的文学凡是有一些儿价值有一些儿生命的，都是白话的，或是近于白话的。……中国若想有活文学，必须用白话，必须用国语，必须做国语的文学。

这就是上文说的替古文发丧举哀了。在"建设的"方面，这篇文章也有一点贡献。他说：

> 若要造国语，先须造国语的文学，有了国语的文学，自然有国语。……真正有功效有势力的国语教科书便是国语的文学，便是国语的小说诗文戏本。国语的小说诗文戏本通行之日，便是中国国语成立之时。……中国将来的新文学用的白话，就是将来中国的标准国语。造将来白话文学的人，就是制定标准国语文学的人。

这篇文章把从前胡适、陈独秀的种种主张都归纳到十个字，其实又只有"国语的文学"五个字。旗帜更明白了，进行也就更顺利了。

这一年的文学革命，在建设的方面，有两件事可记，第一，是白话诗的试验。胡适在美洲做的白话诗还不过是刷洗过的文言诗；这是因为他还不能抛弃那五言七言的格式，故不能尽量表现白话的长处。钱玄同指出这种缺点来，胡适方才放手去做那长短无定的白话诗。同时沈尹默、周作人、刘复等也加入白话诗的试验。这一年的作品虽不很好，但技术上的训练是很重要的。第二，是欧洲新文学的提倡。北欧的 Ibsen, Strindberg, Anderson；东欧的 Dostojevski, Kuprin, Tolstoi；新希腊的 Ephtaliotis；波兰的 Seinkiewicz；这一年之中，介绍了这些人的文学进来。在这一方面，周作人的成绩最好。他用的是直译的方法，严格的尽量保全原文的文法与口气。这种译法，近年来很有人仿效，是国语的欧化的一个起点。

民国七年冬天，陈独秀等又办了一个《每周评论》，也是白话的。同时北京大学的学生傅斯年、罗家伦、汪敬熙等出了一个白话的月刊，叫做《新潮》，英文名字叫做 The Renaissance，本义即是欧洲史上的"文艺复兴时代"。这时候，文学革命的运动已经鼓动了一部分少年人的想像力，故大学学生有这样的响应。《新潮》初出时，精采充足，确是一支有力的生力军。民国八年开幕时，除了《新青年》、《新潮》、《每周评论》之外，北京的《国民公报》也有好几篇响应的白话文章。从此以后，响应的渐渐的更多了。

但响应的多了，反对的也更猛烈了。大学内部的反对分子也出了一个《国故》，一个《国民》，都是拥护古文学的。校外的反对党竟想利用安福部的武人政客来压制这种新运动。八年二三月间，外间谣言四起，有的说教育部出来干涉了，有的说陈、胡、钱等已被驱逐出京了。这种谣言虽大半不确，但很可以代表反对党心理上的愿望。当时古文家林纾在《新申报》上做了好几篇小说痛骂北京大学的人。内中有一篇《妖梦》，用元绪影北大校长蔡元培，陈恒影陈独秀，胡亥影胡适；那篇小说太龌龊了，我们不愿意引他。还有一篇《荆生》，写田必美（陈）、金心异（钱）、狄莫（胡）三人聚谈于陶然亭，田生大骂孔子，狄生主张白话；忽然隔壁一个"伟丈夫"

> 莸足超过破壁，指三人曰，"汝适何言？……尔乃敢以禽兽之言，乱吾清听！"田生尚欲抗辩，伟丈夫骈二指按其首，脑痛如被锥刺；更以足践狄莫，狄腰痛欲断。金生短视，丈夫取其眼镜掷之，则怕死如蝐，泥首不已。丈夫笑曰，"尔之发狂似李贽，直人间之怪物。今日吾当以香水沐吾手足，不应触尔背天反常禽兽之躯干。尔可鼠窜下山，勿污吾简。……留尔以俟鬼诛。"

这种话很可以把当时的卫道先生们的心理和盘托出。这篇小说的末尾有林纾的附论，说：

如此混浊世界,亦但有田生、狄生足以自豪耳!安有荆生?这话说的很可怜。当日古文家很盼望有人出来作荆生,但荆生究竟不可多得。他们又想运动安福部的国会出来弹劾教育总长和北京大学校长,后来也失败了。

八年三月间,林纾作书给蔡元培,攻击新文学的运动;蔡元培也作长书答他。这两书很可以代表当日"新旧之争"的两方面,故我们摘抄几节。林书说:

……大学为全国师表,五常之所系属。近者谣诼纷集,我公必有所闻。……弟年垂七十;富贵功名,前三十年视若死灰;今笃老,尚抱守残缺,至死不易其操。前年梁任公倡马、班革命之说,弟闻之失笑。任公非劣,何为作此媚世之言?马、班之书,读者几人?将不革而自革,何劳任公费此神力?

若云死文字有碍生学术,则科学不用古文,古文亦无碍科学。英之迭更累斥希腊、拉丁、罗马之文为死物,而至今仍存者,迭更虽躬负盛名,固不能用私心以蔑古。矧吾国人尚有何人如迭更者耶?……

且天下惟有真学术,真道德,始足独树一帜,使人景从。若尽废古书,行用土语为文字,则都下引车卖浆之徒所操之语,按之皆有文法,……则凡京津之稗贩皆可用为教授矣。若《水浒》、《红楼》皆白话之圣,并足为教科之书,不知《水浒》中辞吻多采岳珂之《金陀萃编》,《红楼》亦不止为一人手笔,作者均博极群书之人。总之,非读破万卷,不能为古文,亦并不能为白话。若化古子之言为白话演说,亦未尝不是。按《说文》"演,长流也",亦有延之广之之义,法当以短演长,不能以古子之长演为白话之短。……(以下论"新道德"一节,从略。)

今全国父老以子弟托公,愿公留意,以守常为是。……此书上后,可不必示覆;唯静盼好音,为国民端其趋向。……林纾顿首。

蔡元培答书对于"尽废古书,行用土语为文字"一点,提出三个答案。但蔡书的最重要之点并不在驳论,——因为原书本不值得一驳,——

乃在末段的宣言。他说：

> 至于弟在大学，则有两种主张：
>
> （一）对于学说，仿世界各大学通例，循思想自由原则，取兼容并包主义。……无论有何种学派，苟其言之成理，持之有故，尚不达自然淘汰之运命者，虽彼此相反，悉听其自由发展。
>
> （二）对于教员，以学诣为主；……其在校外之言动，悉听自由，本校从不过问，亦不能代负责任。……

蔡元培自己也主张白话，他曾说：

> 我们中国文言同拉丁文一样，所以我们不能不改用白话。……虽现在白话的组织不完全，可是我们决不可错了这个趋势。（在北京高等师范国文部演说）

他又说：

> 我敢断定白话派一定占优胜。……将来应用文一定全用白话；但美术文或者有一部分仍用文言。（在北京女子高等师范演说）

林、蔡的辩论是八年三月中间的事。过了一个多月，巴黎和会的消息传来，中国的外交完全失败了。于是有"五四"的学生运动，有"六三"的事件，全国的大响应居然逼迫政府罢免了曹汝霖、陆宗舆、章宗祥三人。这时代，各地的学生团体里忽然发生了无数小报纸，形式略仿《每周评论》，内容全用白话。此外又出了许多白话的新杂志。有人估计，这一年（1919）之中，至少出了四百种白话报。内中如上海的《星期评论》，如《建设》，如《解放与改造》（现名"改造"），如《少年中国》，都有很好的贡献。一年以后，日报也渐渐的改了样子了。从前日报的附张往往记载戏子妓女的新闻，现在多改登白话的论文译著小说新诗了。北京的《晨报》副刊，上海《民国日报》的《觉悟》，《时事新报》的《学灯》，在这三年之中，可算是三个最重要的白话文的机关。时势所趋，就使那些政客军人办的报也不能不寻几个学生来包办一个白话的附张了。民国九年以后，国内几个持重的大杂志，如《东方杂志》，《小说月报》，……也都渐渐的白话化了。

民国八年的学生运动与新文学运动虽是两件事，但学生运动的影响能使白话的传播遍于全国,这是一大关系;况且"五四"运动以后,国内明白的人渐渐觉悟"思想革新"的重要,所以他们对于新潮流,或采取欢迎的态度,或采取研究的态度,或采取容忍的态度,渐渐的把从前那种仇视的态度减少了,文学革命的运动因此得自由发展,这也是一大关系。因此,民国八年以后,白话文的传播真有"一日千里"之势。白话诗的作者也渐渐的多起来了。民国九年,教育部颁布了一个部令,要国民学校一二年的国文,从九年秋季起,一律改用国语。又令:

> 凡照旧制编辑之国民学校国文教科书,其供第一第二两学年用者,一律作废;第三学年用书,准用至民国十年为止;第四学年用书,准用至民国十一年为止。

依这个次序,须到今年(1922),方才把国民学校的国文完全改成国语。但教育制度是上下连接的;牵动一发,便可摇动全身。第一二年改了国语,初级师范就不能不改了,高等小学也多跟着改了。初级师范改了,高等师范也就不能不改动了。中学校也有许多自愿采用国语文的。教育部这一次的举动虽是根据于民国八年全国教育会的决议,但内中很靠着国语研究会会员的力量。国语研究会是民国五年成立的,内中出力的会员多半是和教育部有关系的。国语文学的运动成熟以后,国语教科书的主张也没有多大阻力了,故国语研究会能于傅岳芬做教育次长代理部务的时代,使教育部做到这样重要的改革。

还有一件事,虽然与文学革命的运动没有多大的关系,却也是应该提及的。民国元年,教育部召集了一个读音统一会,讨论读音统一的问题。读音统一会议定了三十九个"注音字母"。这一副字母,本来不过用来注音,"以代反切之用"的。当初的宗旨,全在统一汉文的读音,并不曾想到白话上去,也不曾有多大的奢望。七年十一月,教育部把这副字母正式颁布了。八年四月,教育部重新颁布注音字母的新次序(吴敬恒定的)。八年九月,《国音字典》出版。这个时候,国语的运动已快成熟了,国语教育的需要已是公认的了;所以当日"代反切之用"的注音字母,到这时候就不知不觉的变成国语运动的一部分了，就变成中华民国的国语字母了。

民国九年十年（1920—1921），白话公然叫做国语了。反对的声浪虽然不曾完全消灭，但始终没有一种"持之有故，言之成理"的反对论。今年（1922）南京出了一种《学衡》杂志，登出几个留学生的反对论，也只能谩骂一场，说不出什么理由来。如梅光迪说的：

> 彼等非思想家，乃诡辩家也。……夫古文与八股何涉？而必并为一谈。吾国文学，汉魏六朝则骈体盛行，至唐宋则古文大昌，宋、元以来又有白话体之小说戏曲。彼等乃谓文学随时代而变迁，以为今人当兴文学革命，废文言而用白话。夫革命者，以新代旧，以此易彼之谓。若古文之递兴，乃文学体裁之增加，实非完全变迁，尤非革命也。诚如彼等所云，则古文之后，当无骈体；白话之后，当无古文。而何以唐、宋以来文学正宗与专门名家皆为作古文或骈体之人？此吾国文学史上事实，岂可否认以圆其私说者乎？……

这种议论真是无的放矢。正为古文之后还有那背时的骈文，白话已兴之后还有那背时的骈文古文，所以有革命的必要。若"古文之后无骈体，白话之后无古文"，那就用不着谁来提倡有意的革命了。又如胡先骕说的：

> 胡君（胡适）……以过去之文字为死文字，现在白话中所用之字为活文字；……而以希腊、拉丁文以比中国古文，以英、德、法文以比中国白话。（比字上两个以字，皆依原文）……以不相类之事，相提并论，以图眩世欺人而自圆其说，予诚无法以谅胡君之过矣。希腊、拉丁文之于英、德、法，外国文也。苟非国家完全为人所克服，人民完全与他人所同化，（与字所字皆依原文）自无不用本国文字以作文学之理。至意大利之用塔斯干方言为（原作之）国语之故，亦由于罗马分崩已久，政治中心已有转移，而塔斯干方言已占重要之位置，而有立为国语之必要也。希腊、拉丁文之于英、德、法，恰如汉文与日本文之关系。今日人提倡以日本文作文学，其谁能指其非？胡君可谓废弃古文而用白话文，等于日人之废弃汉文而用日本文乎？吾知其不然

也。……

其实胡适的答案应该是"正是如此"。中国人用古文作文学，与四百年前欧洲人用拉丁文著书作文，与日本人做汉文，同是一样的错误，同是活人用死文字作文学。至于外国文与非外国文之说，并不成问题。瑞士人，比利时人，美国人，都可以说是用外国文字作本国的文学；但他们用的是活文字，故与用拉丁文不同，与日本人用汉文也不同。

《学衡》的议论，大概是反对文学革命的尾声了。我可以大胆说，文学革命已过了议论的时期，反对党已破产了。从此以后，完全是新文学的创造时期。

至于这五年以来白话文学的成绩，因为时间过近，我们还不便一一的下评判。但是我们从大势上看来，也可以指出几个要点：第一，白话诗可以算是上了成功的路了。诗体初解放时，工具还不伏手，技术还不精熟，故还免不了过渡时代的缺点。但最近两年的新诗，无论是有韵诗，是无韵诗，或是新兴的"短诗"，都很有许多成熟的作品。我可以预料十年之内的中国诗界定有大放光明的一个时期。第二，短篇小说也渐渐的成立了。这一年多（1921以后）的《小说月报》已成了一个提倡"创作"的小说的重要机关，内中也曾有几篇很好的创作。但成绩最大的却是一位托名"鲁迅"的。他的短篇小说，从四年前的《狂人日记》到最近的《阿Q正传》，虽然不多，差不多没有不好的。第三，白话散文很进步了。长篇议论文的进步，那是显而易见的，可以不论。这几年来，散文方面最可注意的发展乃是周作人等提倡的"小品散文"。这一类的小品，用平淡的谈话，包藏着深刻的意味；有时很像笨拙，其实却是滑稽。这一类的作品的成功，就可彻底打破那"美文不能用白话"的迷信了。第四，戏剧与长篇小说的成绩最坏。戏剧还有人试做；长篇小说不但没有人做，几乎连译本都没有了！这也是很自然的现象。现在试作新文学的人，或是等着稿费买米下锅，或是天天和粉笔黑板做朋友；他们的时间只够做几件零碎的小作品，如诗，如短篇小说。他们的时间不许他们做长篇的创作。这是一个原因。况且我们近来觉悟从前那种没有结构没有组织的小说体——或是《儒林外史》式，或是《水浒》式，——已不能使人满意了，所以不知不觉的格外慎重起来。这个慎重的现象，是暂时的，也许是很好的。平心而论，与其多出几集无穷无尽的《官场现形记》一类的小说，倒不如现在这样完全缺货的好了。

以上略述文学革命的历史和新文学的大概。至于详细的举例和详细的评判，我们只好等到申报六十周年纪念时再补罢。

十一，三，三

（收入1923年2月《申报》五十周年纪念刊《最近之五十年》，1924年3月《申报》出版此文之单行本）

附录　日本译《中国五十年来之文学》序

这部书是为上海《申报》五十周年纪念册作的。我的目的只是要记载这五十年新旧文学过渡时期的短历史，以备一个时代的掌故，算不得什么著作。桥川先生竟把他译成日本文了，实在使我很惭愧。我只好借这个机会，指出一两处应补充之点。

第一，这五十年的词，虽然没有很高明的作品，然而王鹏运（临桂人）、朱祖谋（湖州人）一班人提倡词学，翻刻宋、元词集，却是很有功的。王氏的《四印斋所刻词》，朱氏的《彊邨所刻词》，吴氏的《双照楼词》，都是极可宝贵的材料。从前清初词人所渴想而不易得见的词集，现在都成了通行本了。

第二，近人对于元人的曲子和戏曲，明清人的杂剧传奇，也都有相当的赏鉴与提倡。最大的成绩自然是王国维的《宋元戏曲史》和《曲录》等书。此外，如商务印书馆影印的《元曲选》，如日本京都大学文科印行的元椠杂剧三十种，如刘世珩的《暖红室汇刻传奇》，如董康刻的《盛明杂剧》，都可算是这几十年中的重要供献。

第三，小说向来受文士的蔑视，但这几十年中也渐渐得着了相当的承认。古小说的发现，尤为这个时期的特色。《宣和遗事》的翻印，《五代史平话》残本的刻行，《唐三藏取经诗话》的来自日本，南宋《京本通俗小说》的印行，都可给文学史家许多材料。近年我们提倡用新式标点符号翻印古小说，如《水浒传》，《红楼梦》之类,加上历史的考证,文学的批评,这也可算是这个时期一种小贡献。

　　以上不过是补充原本的遗漏,略表我对于译者的谢意和对于读者的歉意。

　　　　　　　　　　中华民国十二年三月七日　胡适序于北京

五十年来之世界哲学

（一）引论

现在倒数上去五十年，正是 1872 年。我们且看那时候的哲学界是个什么样子。

（1）欧洲大陆上，浪漫主义的哲学（The Philosophy of Romanticism）已到了衰败分崩的时期了。海格尔（Hegel,1770—1831）已死了四十一年了。叔本华（Schopenhauer,1788—1860）已死了十二年了。组织伟大的哲学系统的狂热——倍根说的"蜘蛛式"的哲学系统，因为他们都是从哲学家的脑子里抽想出来的伟大系统，——忽然冷落了。最有势力的海格尔学派早已分裂了："右"派的早已变成卫道忠君的守旧党了；"左"派的，在宗教的方面，有佛尔巴赫（Feuerbach,1804—1866）与斯道拉斯（Strauss）的大胆的批评；在社会和政治方面，有马克思（Marx,1818—1883）与拉萨尔（Lassalle,1825—1864）的社会主义。

（2）实证主义（Positivism）的盛时也过去了。孔德（Comte 1798—1857）已死了十五年了。英国方面的弥儿（穆勒，John Stuart Mill, 1806—1873），再隔一年（1873）也死了。英国还有一个斯宾塞（Herbert Spencer,1820—1903）此时还正当盛时，但他久已完全成为一个演化论的哲学家，久已不是十九世纪上半的实证主义者了。

（3）大陆上浪漫主义的余波此时变成了一种新的意象主义，又叫做"物观的意象主义"（Objective Idealism）。这一派的远祖是康德（Kant,1724—1804），但开宗的大师是洛茨（Lotze,1817—1881）。当 1872 年，他的重要著作已出了不少。1874，他的 Logik 出版；1879，他的 Metaphysik 出版；1884，这两部书都译成英文了。在英国方面，德国系的哲学向来没有势力；但到了这个时候,新意象主义也渐渐的有代表起来了。格林(T. H. Green, 1836—1882)的名作,(Introduction to Hume,)是 1875 年出来的。开耳得(Caird)的 philosophy of Kant 是 1877 年出来的。这一派的英国大师勃勒得来(F. H. Bradley, 1846—)的两部不可解的名著,(Principles of Logic 与 Appearance and Reality)这时候都还不曾出来。但这个时代的英国哲学界,——至少可以说,英国的大学教授所代表的哲学界,染上的德国色彩,已是很浓了。

(4) 大陆上的思想界里,这一年(1872)忽然出了一个怪杰,叫做尼采(Nietzsche, 1844—1900)。他的少年作品,《悲剧的产生》(Die Geburt der Tragödie)就出在这一年。这部书提出一种新的人生观。他用希腊的酒神刁匿修司(Dionysius)代表他的理想的人生观；他说刁匿修司胜于阿婆罗(Apollo,希腊的乐神),而阿婆罗远胜于梭格拉底(Socrates),——这就是说,生命重于美术,而美术重于智识。这就是尼采"重新估定一切价值"的第一步。

(5) 1872 年 1 月 10 日,达尔文校完了他的《物类由来》第六版的稿子。这部思想大革命的杰作,已出版了十三年了。他的《人类由来》(The Descent of Man)也出版了一年了。《物类由来》出版以后,欧、美的学术界都受了一个大震动。十二年的激烈争论,渐渐的把上帝创造的物种由来论打倒了,故赫胥黎(Huxley, 1825—1895)在 1871 年曾说,"在十二年中,《物类由来》在生物学上做到了一种完全的革命,就同牛敦的 Principia 在天文学上做到的革命一样"。但当时的生物学者及一般学者虽然承认了物种的演化,还有许多人不肯承认人类也是由别的物类演化出来的。《人类由来》的主旨只是老实指出人类也是从猴类演化出来的。这部书居然销售很广,而且很快：第一年就销了二千五百部。这时候,德国的赫克尔(Haeckel)也在他的 Naturliche Schopfungs Geschite 里极力主张同样的学说。当日关于这个问题——物类的演化——的争论,乃是学术史上第一场大战争。十年之后(1882),达尔文死时,英国人把他葬在卫司敏德大寺里,与牛敦并列,这可见演化论当日的胜利了。达尔文同时的斯宾塞,承认演化论最早(在《物类由来》出版之先);他把进化的观念应用到社会科学和心理学上去。他的重要的著作早已出了好几种,这时候(1872)他正在完结他的《心理学》;他的《群学肄言》(The Study of Sociology)也是这一年出版的。

(6) 1872年九月里,达尔文的家里来了一个美国客人,叫做莱特(Chauncy Wright, 1830—1875)。莱特在美国曾替达尔文的学说做过很有力的辩护(《达尔文传》第二册,页三二三以下)。他自己说,"我的目的是要把你(达尔文)的学说和一般的哲学研究,连贯起来"。这个莱特那时在美国康桥(Cambridge)同几个朋友组织了一个"玄学会"。会员之中,有皮耳士(C. S. Peirce, 1839—1914)和詹姆士(William James, 1842—1916)。这两个人便是实验主义(Pragmatism)的开山大师。1873年,皮耳士动手做了一篇文章,这篇文章后来(1877)略有修改,在《科学通俗月刊》上发表。这篇的总题是《科学逻辑的举例》(Illustrations of the Logic of Science),是实验主义的第一次发表。但是那时候大家还不注意这种学说,直到二十年后,詹姆士方才重新把这种学说传扬出去。

(7) 1872是普法战争结局后的第二年。前一年,法兰西帝国改成了第三共和国,普鲁士王变成了新德意志帝国的皇帝;法国同普鲁士议和,割了两州的地;巴黎的市民暴动,组织"公立政府"(The Commune);公立政府的结局,——暴乱与惨酷,——使法国的社会主义运动受了十年的挫折。但德国胜利之后,德国的社会主义却添了许多和平发展的机会。这时候(1872),拉萨尔(Lassalle)已死了八年了,马克思成了社会党的大宗师。马克思的《资本论》(Das Kapital)的第一册(1867)已出版了五年了。社会民主党已成了一种政治势力了(1873年,社会民主党得票4374380)。马克思在前八年(1864)组织了一个国际劳动者协会(International Working Men's Association)。但巴枯宁(Bakunin)的无政府主义的鼓吹,普法战争的影响,巴黎公立政府的失败,——这些事件使这"第一国际"四分五裂。这一年(1872)国际劳动者协会的总机关遂从伦敦移到纽约;不上五年,遂解散了。第一国际解散之后,马克思仍旧继续做他的《资本论》。

以上是这半世纪开幕时的哲学界的大势。我们对于第一项的旧浪漫主义,和第二项的旧实证主义,都可以不谈了。我们在这一篇里,只叙述

(1) 新意象主义,
(2) 尼采的哲学,
(3) 演化论的哲学,
(4) 实验主义,
(5) 晚近的两个支流,
(6) 社会政治学说。

(二) 新的意象主义

洛茨(Lotze)精通医学与生理学,他受了科学的影响,却不满意于机械论的人生观。他总想调和科学的机械论与浪漫派的意象论(Idealism 或译为观念论,今译为意象论)。他从机械论入手,指出近世科学承认一切现象由于元子的交互作用。这些元子只是无数"力的中心"。但是究竟物的本体是物质的呢?还是精神的呢?洛茨要我们用"类推"法(比例)来解决这个问题。物的本体若是完全独立的,就不可知了。我们只能由已知"推知"未知。我们所以能直接了解我们自己的精神的现象,全靠心灵的综合力。宇宙的实际,也须译成精神的现象,方才可知。洛茨以为元子也是有生命的,并不是死的(这里面很有来本尼兹〔Leibnitz〕的影响)。实际(Reality)有种种的等级;人的心灵代表最高的一级,其余的以次递降下去,就是最低等的物质也有心灵的生活。

洛茨以后,德国有哈德门(Hartmann, 1842—1906),费希纳(Fechner,1801—1871),心理学家温德(Wundt),都属于这一派。现存的老将倭铿(Eucken),反对理智主义与自然主义,鼓吹精神的生活,颇能替近代的宗教运动添一个理论的基础。

在英国方面,格林(Green)的《休谟哲学绪论》(Introduction to Hume)和他的《人生哲学导言》(Prolegomena to Ethics)是这一派开山的著作。格林是一个热心改良社会的人,做了许多社会服务的事

业。当达尔文的进化论引起许多激烈讨论的时候,格林正当壮年。(1860年,6月30日牛津大学辩论进化论的大会,——生物学史上最有名的一场舌战,——格林也在座,他那时还是大学学生。)他对于这种自然主义的人生观,总觉得不能满意。人不单是物质的,他是精神的;他有自觉力。人是那普遍的心灵的一个影子。他有欲望与情感,但人的欲望与禽兽的冲动不同:人能把他的冲动化成他自己的,变成自觉的,使欲望变成意志。人的特点就在他能想像一个胜于现在的境界,并且努力求达到那个境界。

格林不幸早死了。英国后起的新意象论派的哲学家,要算勃勒得来(Bradley)最重要了。他的哲学最不好懂,有人叫他做"近世哲学的柔诺(Zeno)"。他的名著叫做《现象与本体》(Appearance and Reality)。本体是绝对的(Absolute)。人类平常的经验知识,都只是片面的,不完全的知识。那绝对的本体是贯通的,谐和的,无所不包的。我们的经验知识,只是那大本体的一个具体而微的部分;虽不完全,却非虚幻,也可以算是一个小本体。我们单靠思想知识,是不能知道那绝对的本体的。只有直觉,只有直截的感觉,可以使我们领略本体的大意。

自从勃勒得来以来,这一派又叫做"绝对的意象论"(Absolute Idealism)。何以又叫做"物观的意象论"(Objective Idealism)呢?因为他们一方面承受休谟与康德的经验主义与意象主义,一方面又想拿海格尔的历史哲学来代替那新兴的进化论。绝对的本体是可知的,却又是不完全可知的。人心的作用,能把散漫的感觉与经验,组织一个宇宙;这个宇宙虽是不完全,却不是纯粹主观的,因为人人都有一个大同小异的宇宙;既然人人都有,互相印证,故可说是物观的。这个宇宙,这个宇宙观,是进化的。靠着知识科学的进步,由孩童的宇宙进到大人的宇宙,由常人的宇宙进到科学家哲学家的宇宙,由不完全的宇宙进到比较上略完全的宇宙,这就是进化。

这个学派,在五十年中,可算是大陆上"正宗"哲学的传人。他的势力在英国美国都很大。英国的大师是鲍生葵(Bosanquet),美国的大师是罗以斯(Royce,1855—1916)。狄雷教授(Thilly)在他的

《哲学史》(页五六二)里略举美国哲学家属于这一派的,竟有二十人之多。但马文教授(W. T. Marvin)在他的《欧洲哲学史》里说(页三五五):

> 在这里,哲学史家不得不指出,科学同这一派寂寞的,书生的学说,又宣告离婚了。也许将来科学还可以回来和他同居;但在今日,这一个运动虽然是大而重要,却只可算是欧洲哲学思潮的一个回波,不能算是正流了。

(三) 尼采

尼采也是浪漫主义的产儿。他接受了叔本华的意志论,而抛弃了他的悲观主义。叔本华说的意志,是求生的意志;尼采说的意志,是求权力的意志。生命乃是一出争权力的大戏;在这戏里,意志唱的是正角,知识等等都是配角。真理所以有用,只是因为他能帮助生命,提高生命的权力。生命的大法是:各争权力,优胜劣败。生命的最高目的是造成一种更高等的人,造成"超人"。战争是自然的,是不可免的;和平是无生气的表示。为求超人社会的实现,我们应该打破一切慈悲爱人的教训。叔本华最推崇慈悲,尼采说慈悲可以容纵弱者而压抑强者,是社会进步的最大仇敌。

尼采反对当时最时髦的一切民治主义的学说。生命是竞争的,竞争的结果自然是强者的胜利。强者贤者的统治是自然的;一切平民政治的主张:民权,社会主义,共产主义,无政府主义,都是反自然的。不平等是大法,争平等是时人妄想。

尼采大声疾呼的反对古代遗传下来的道德与宗教。传统的道德是奴隶的道德,基督教是奴隶的宗教。传统的道德要人爱人,保障弱者劣者,束缚强者优者,岂不是奴隶的道德吗? 基督教及一切宗教也是如此。基督教提倡谦卑,提倡无抵抗,提倡悲观的人生观,更是尼采所痛恨的。

尼采本是一个古学家,他在巴司尔(Basle)大学做古言语学的教授。他一身多病,他也是"弱者"之一! 他的超人哲学虽然带着一点"过屠门而大嚼"的酸味,但他对于传统的道德宗教,下了很无忌惮的批评,"重新估定一切价值",确有很大的破坏功劳。

(四) 演化论的哲学

1872年的六版的《物类由来》,乃是最后修正本。达尔文在这一版的页四二四里,加了几句话:

> 前面的几段,以及别处,有几句话,隐隐的说自然学者相信物类是分别创造的。很有人说我这几句话不该说。但我不曾删去他们,因为他们的保存可以纪载一个过去时代的事实。当此书初版时,普通的信仰确是如此的。现在情形变了,差不多个个自然学者承认演化的大原则了。(《达尔文传》二,三三二)

当1859年《物种由来》初出时,赫胥黎在《太晤士报》上作了一篇有力的书评,最末的一节说:

> 达尔文先生最忌空想,就同自然最怕虚空一样("自然最怕虚空"Nature abhors a vacuum,乃是谚语)。他搜求事例的殷勤,就同一个宪法学者搜求例案一样。他提出的原则,都可以用观察与实验来证明。他要我们跟着走的路,不是一条用理想的蜘蛛网丝织成的云路,乃是一条用事实砌成的大桥。那么,这条桥可以使我渡过许多知识界的陷坑;可以引我们到一个所在,那个所在没有那些虽妖艳动人而不生育的魔女——叫做最后之因的——设下的陷人坑。古代寓言里说一个老人最后吩咐他的儿子的话是:"我的儿子,你们在这葡萄园里掘罢。"他们依着老人的话,把园子都掘遍了;他们虽不曾寻着窖藏的金,却把园地锄遍了,所以那年的葡萄大熟,他们也发财了。(《赫胥黎论文》,二,页一一〇)

这一段话最会形容达尔文的真精神。他在思想史的最大贡献就是一种新的实证主义的精神。他打破了那求"最后之因"的方法,使我们从实证的方面去解决生物界的根本问题。

达尔文在科学方面的贡献,他的学说在这五十年中的逐渐证实与修正,——这都是五十年的科学史上的材料,我不必在这里详说了。我现在单说他在哲学思想上的影响。

达尔文的主要观念是："物类起于自然的选择,起于生存竞争里最适宜的种族的保存。"他的几部书都只是用无数的证据与事例来证明这一个大原则。在哲学史上,这个观念是一个革命的观念;单只那书名——《物类由来》——把"类"和"由来"连在一块,便是革命的表示。因为自古代以来,哲学家总以为"类"是不变的,一成不变就没有"由来"了。例如一粒橡子,渐渐生芽发根,不久满一尺了,不久成小橡树了,不久成大橡树了。这虽是很大的变化,但变来变去还只是一株橡树。橡子不会变成鸭脚树,也不会变成枇杷树。千年前如此,千年后也还如此。这个变而不变之中,好像有一条规定的路线,好像有一个前定的范围,好像有一个固定的法式。这个法式的范围,亚里士多德叫他做"哀多斯"(Eidos),平常译作"法"。中古的经院学者译作"斯比西斯"(Species),正译为"类"(关于"法"与"类"的关系,读者可参看胡适《中国哲学史大纲》上卷,页二〇六)。这个变而不变的"类"的观念,成为欧洲思想史的唯一基本观念。学者不去研究变的现象,却去寻现象背后的那个不变的性。那变的,特殊的,个体的,都受人的轻视;哲学家很骄傲的说："那不过是经验,算不得知识。"真知识须求那不变的法,求那统举的类,求那最后的因(亚里士多得的"法"即是最后之因)。

十六七世纪以来,物理的科学进步了,欧洲学术界渐渐的知道注重个体的事实与变迁的现象。三百年的科学进步,居然给我们一个动的变的宇宙观了。但关于生物,心理,政治的方面,仍旧是"类不变"的观念独占优胜。偶然有一两个特别见识的人,如拉马克(Lamarck)之流,又都不能彻底。达尔文同时的地质学者,动物学者,植物学者,都不曾打破"类不变"的观念。最大的地质学家如来尔(Lyell),达尔文的至好朋友,——何尝不知道大地的历史上一个时代有一个时代的生物?但他们总以为每一个地质的时代的末期必有一个大毁坏,把一切生物都扫去;到第二个时代里,另有许多新物类创造出来。他们始终打不破那传统的观念。

达尔文不但证明"类"是变的,而且指出"类"所以变的道理。这个思想上的大革命在哲学上有几种重要的影响。最明显的是打破了有意志的天帝观念。如果一切生物全靠着时时变异和淘汰不适于生存竞争的变异,方才能适应环境,那就用不着一个有意志的主宰来计划规定了。况且生存的竞争是很惨酷的;若有一个有意志的主宰,何以生物界还有这种惨剧呢?当日植物学大家葛雷(Asa Gray)始终坚执主宰的观念。达尔文曾答他道:

> 我看见了一只鸟,心想吃他,就开枪把他打杀了:这是我有意做的事。一个无罪的人站在树下,触电而死,难道你相信那是上帝有意杀了他吗?有许多人竟能相信;我不能信,故不信。如果你相信这个,我再问你:当一只燕子吞了一个小虫,难道那也是上帝命定那只燕子应该在那时候吞下那个小虫吗?我相信那触电的人和那被吞的小虫是同类的案子。如果那人和那虫的死不是有意注定的,为什么我们偏要相信他们的"类"的初生是有意的呢?(《达尔文传》第一册,页二八四)

我们读惯了老子"天地不仁"的话,《列子》鱼鸟之喻,王充的自然论,——两千年来,把这种议论只当耳边风,故不觉得达尔文的议论的重要。但在那两千年的基督教威权底下,这种议论确是革命的议论;何况他还指出无数科学的事实做证据呢?

但是达尔文与赫胥黎在哲学方法上最重要的贡献,在于他们的"存疑主义"(Agnosticism)。存疑主义这个名词,是赫胥黎造出来的,直译为"不知主义"。孔丘说,"知之为知之,不知为不知,是知也。"这话确是"存疑主义"的一个好解说。但近代的科学家还要进一步,他们要问,"怎样的知,才可以算是无疑的知?"赫胥黎说,只有那证据充分的知识,方才可以信仰,凡没有充分证据的,只可存疑,不当信仰。这是存疑主义的主脑。1860年9月,赫胥黎最钟爱的儿子死了,他的朋友金司莱(Charles Kinsley)写信来安慰他,信上提到人生的归宿与灵魂的不朽两个大问题。金司莱是英国文学家,很注意社会的改良,他的人格是极可敬的,所以赫胥黎也很诚恳的答了他一封几千字的信(《赫胥黎传》,一,页二三三——二三九)。这信是存疑主义的正式宣言,我们摘译几段如下:

> ……灵魂不朽之说,我并不否认,也不承认。我拿不出什么

理由来信仰他,但是我也没有法子可以否证他。……我相信别的东西时,总要有证据;你若能给我同等的证据,我也可以相信灵魂不朽的话了。我又何必不相信呢?比起物理学上"质力不灭"的原则来,灵魂的不灭也算不得什么希奇的事。我们既知道一块石头的落地含有多少奇妙的道理,决不会因为一个学说有点奇异就不相信他。但是我年纪越大,越分明认得人生最神圣的举动是口里说出和心里觉得"我相信某事某物是真的"。人生最大的报酬和最重的惩罚都是跟着这一桩举动走的。这个宇宙,是到处一样的;如果我遇着解剖学上或生理学上的一个小小困难,必须要严格的不信任一切没有充分证据的东西,方才可望有成绩;那么,我对于人生的奇秘的解决,难道就可以不用这样严格的条件吗?用比喻或猜想来同我谈,是没有用的,我若说,"我相信某条数学原理",我自己知道我说的是什么:够不上这样信仰的,不配做我的生命和希望的根据。……

科学好像教训我"坐在事实面前像个小孩子一样;要愿意抛弃一切先入的成见;谦卑的跟着'自然'走,无论他带你往什么危险地方去:若不如此,你决不会学到什么。"自从我决心冒险实行他的教训以来,我方才觉得心里知足与安静了。……我很知道,一百人之中就有九十九人要叫我做"无神主义者"(Atheist),或他种不好听的名字。照现在的法律,如果一个最下等的毛贼偷了我的衣服,我在法庭上宣誓起诉是无效的(1869以前,无神主义者的宣誓是无法律上的效用的)。但是我不得不如此。人家可以叫我种种名字,但总不能叫我做"说谎的人"。

这种科学的精神,——严格的不信任一切没有充分证据的东西——就是赫胥黎叫做"存疑主义"的。对于宗教上的种种问题持这种态度的,就叫做"存疑论者"(Agnostic)。达尔文晚年也自称为"存疑论者"。他说:

科学与基督无关,不过科学研究的习惯使人对于承认证据一层格外慎重罢了。我自己是不信有什么"默示"(Revelation)的。至于死后灵魂是否存在,只好各人自己从那些矛盾而且空

泛的种种猜想里去下一个判断了。(《达尔文传》,一,页二七七)

他又说：

> 我不能在这些深奥的问题上面贡献一点光明。万物缘起的奇秘是我们不能解决的。我个人只好自居于存疑论者了。(同书,一,页二八二)

这种存疑的态度,五十年来,影响于无数的人。当我们这五十年开幕时,"存疑主义"还是一个新名词;到了1888年至1889年,还有许多卫道的宗教家作论攻击这种破坏宗教的邪说,所以赫胥黎不能不正式答辨他们。他那年作了四篇关于存疑主义的大文章：

(1) 论存疑主义,

(2) 再论存疑主义,

(3) 存疑主义与基督教,

(4) 关于灵异事迹的证据的价值。

此外,他还有许多批评基督教的文字,后来编成两厚册,一册名为"科学与希伯来传说",一册名为"科学与基督教传说"(《赫胥黎论文》,卷四,卷五)。这些文章在当日思想界很有廓清摧陷的大功劳。基督教当十六七世纪时,势焰还大,故能用威力压迫当日的科学家。葛里赖(Galileo)受了刑罚之后,笛卡儿(Descartes)就赶紧把他自己的"天论"毁了。从此以后,科学家往往避开宗教,不敢同他直接冲突。他们说,科学的对象是物质,宗教的对象是精神,这两个世界是不相侵犯的。三百年的科学家忍气吞声的"敬宗教而远之",所以宗教也不十分侵犯科学的发展。但是到了达尔文出来,演进的宇宙观首先和上帝创造的宇宙观起了一个大冲突,于是三百年来不相侵犯的两国就不能不宣战了。达尔文的武器只是他三十年中搜集来的证据。三十年搜集的科学证据,打倒了二千年尊崇的宗教传说！这一场大战的结果,——证据战胜了传说,——遂使科学方法的精神大白于世界。赫胥黎是达尔文的作战先锋(因为达尔文身体多病,不喜欢纷争),从战场上的经验里认清了科学的唯一武器是证据,所以大声疾呼的把这个无敌的武器提出来,叫人们认为思想解放和思想革命的唯一工具。自从这个"拿证据来"的喊声传出以后,世界的哲学思想就不能不起一个根本的革命,——哲学方法上的大革命。于是十九世纪前半的哲学的实证主义(Positivism)就一变而为十九世纪末年的实验主义(Pragmatism)了。(看下章)

斯宾塞也是提倡演化论的人,达尔文称他做前辈。然而他对于演化论的本身,不曾有多大的贡献;他的大功劳在于把进化的原则应用到心理学,社会学,人生哲学上去。

他在1860年出版了他的《原理论》(First Principles),书的前面附有一篇广告,说他要陆续发表一部《哲学全书》,全书的顺序如下:

(1)《原理论》
  部甲,不可知的。
  部乙,可知的原理。(如"力的永存"、"进化的大法"等等)
(2)《生物学原理》:分二册,六部。(目从略)
(3)《心理学原理》:分二册,八部。
(4)《社会学原理》:分三册,十一部。
(5)《道德学原理》:分二册,六部。

最初买预约券的人名也附在后面,中有弥儿(穆勒),达尔文,赫胥黎的名字。他这部大书出了三十六年(1860—1896)方才出完;中间经过许多经济上的困难,幸而他的年寿高,居然能完了他这个宏愿。他的哲学是我们不能在这篇短文里讨论的。我们现在只能指出他的进化论(Evolution 一个字,我向来译为"进化",近来我想改为"演化"。本篇多用"演化",但遇可以通用时,亦偶用"进化"。)应用时的几个特别贡献。

斯宾塞说万物的演化,分三个时期。第一个时期是积聚,例如太阳系宇宙最初的星气,又如地球初期在星气内成的球形,又如生物初期的营养。第二个时期是画分,——所谓由"由浑而画"——例如由星气分为各天体,又如每一天体分为各部分,又如生物分为各种构造与官能。这个画分的时期呈现一个分离的趋势,如果有一方面太偏重了,必致陷入瓦解的危险。所以须有第三个时期的安定,安定就是调和分与合之间,保存一种和均。但这种和均的安定是不能永久的,将来仍旧要重新经过这三时期的演进。

我们先看他在生物学上的应用。他说,生命是内部(生理的)关系和外面关系的适应。一个生物不但承受外来的感觉,并且因此发生一种变化,使他将来对于外境的适应更胜于未变化之前。种类上,生理上的变异是外来势力的影响,那种适宜的变异就得自然的选择,就生存了。达尔文说这是"自然的选择",斯宾塞说,不如叫他做"最适者的生存";因为种种生理上的变化,虽是环境的影响,却也是生物对付环境的"作用"(Function)的积渐结果。

这个观念,应用到心理学上去,就把心的现象也看作"适应"的作用。他说,心理的生活和生理的生活有同样的性质,两种生活都是要使内部关系和外部关系互相适应。从前的人把"意识"(Consciousness)说的太微妙了,其实意识也是一种适应的作用。人受的印象太多了,不能不把他们排列成一种次序;凡是神经的作用,排成顺序,以便适应外面的境地的,便是意识。斯宾塞把意识看做一种适应,这个观念后来颇影响了现代的新派心理学。

在人心行为的方面,斯宾塞也很有重大的贡献。他用适应和不适应来说明行为的善恶。刀子割得快,是"好"刀子;手枪发的远,放的准,是"好"手枪;房子给我们适当的蔽护和安逸,是"好"房子。雨伞不能遮雨,是"坏"雨伞;皮靴透进水来,是"坏"皮靴。人的行为的好坏,也是如此的。有些行为是没有目的的,没有目的便没有好坏可说,便不发生道德问题。凡有目的的行为,都是要适应那个目的的。"我们分别行为的好坏,总是看他能否适应他的目的。"斯宾塞又拿这个观念来说行为的进化;他说,幼稚的行为是适应不完全的行为;行为越进化,目的与动作的互相适应越完密。他这种行为论,在最近三十年的道德观念和教育学说上都有不小的影响。

(五) 实验主义

我们在第一章里说美国人莱特(Wright)要想把达尔文的学说和一般的哲学研究,连贯起来。这个莱特在美国康桥办了一个"玄学会",这个会便是实验主义的发源之地。会员皮耳士(Peirce)在1873

年做了一篇《科学逻辑的举例》,这篇文章共分六章,第二章是论《如何能使我们的意思明白》。这两个标题都是很可以注意的,因为我们在这里可以看出实验主义最初的宗旨是要用科学方法来把我们所有的意思的意义弄的明白。皮耳士是一个大科学家,所以他的方法只是一个"科学试验室的态度"("The laboratory attitude")。他说,"你对一个科学实验家无论讲什么,他总以为你的意思是说某种实验法若实行时定有某种效果。若不如此,你说的话他就不懂得了"。他平生只遵守着这个态度,所以说,"一个观念的意义完全在那观念在人生行为上所发生的效果。凡试验不出什么效果来的东西,必定不能影响人生行为。所以我们如果能完全求出承认某种观念时有那么些效果,不承认他时又有那么些效果,如此我们就是这个观念的完全意义了。除掉这些效果之外,更无别种意义。这就是我所主张的实验主义"。(Journal of Philos., Psy., and Sc. Meth. XIII. No. 26, P. 710. 引)

他这一段话的意思是说,一切有意义的思想都会发生实际上的效果。这种效果便是那思想的意义。若问那思想有无意义或有什么意义,只消求出那思想能发生何种实际的效果;只消问若承认他时有什么效果,若不承认他时又有什么效果。若不论认他或不认他,都不发生什么影响,都没有实际上的分别,那就可说这个思想全无意义,不过胡说的废话。

皮耳士又说,"凡一个命辞的意义在于将来。(命辞或称命题 Proposition。)何以故呢? 因为一个命辞的意义还只是一个命辞,还只是把原有的命辞翻译成一种法式使他可以在人生行为上应用"。他又说,"一个命辞的意义即是那命辞所指出一切实验的现象的通则"(同上书 P. 711 引)。这话怎样讲呢? 我且举两条例。譬如说"砒霜是有毒的"。这个命辞的意义还只是一个命辞。例如"砒霜是吃不得的",或是"吃了砒霜是要死的",或是"你千万不要吃砒霜"。这三个命辞都只是"砒霜有毒"一个命辞所涵的实验的现象。后三个命辞即是前一个命辞翻译出来的应用公式,即是这个命辞的真正意义。又如说,"闷空气是害卫生的",和"这屋里都是闷空气"。这两个命辞的意义就是叫你"赶快打开窗子换换新鲜空气"!

皮耳士的学说不但是说一切观念的意义在于那观念所能发生的效果;他还要进一步说,一切观念的意义,即是那观念所指示我们应该养成的习惯。"闷空气有害卫生"一个观念的意义在于他能使我们养成常常开窗换新鲜空气的习惯。"运动有益身体"一个观念的意义在于他能使我们养成时常作健身运动的习惯。科学的目的只是要给我们许多有道理的行为方法,使我们从信仰这种方法生出有道理的习惯。这是科学家的知行合一说。这是皮耳士的实验主义。(参看 Journal of Philos. ,Psy. , and Sc. Meth. XIII 21 ,P. 709—720)

皮耳士的实验主义只是一种方法论。我们在上章曾指出赫胥黎的存疑主义是一种思想方法,他的要点在于注重证据。对于一切迷信,一切传说,他只有一个作战的武器,是"拿出证据来"。这个态度,虽然确是科学的态度,但只是科学方法的一方面,只是消极的破坏的方面。赫胥黎还不曾明白科学方法在思想上的完全涵义。何以见得呢? 赫胥黎的《论文》的第一卷,大多是论科学成绩的文章,他自己还题一个总目,叫做"方法与结果"。他还做一篇小序,说本卷第四篇说的是笛卡儿指出的科学判断必不可少的条件;其余八篇说的都是笛卡儿的方法应用到各方面将来的结果。但笛卡儿的方法只是一个"疑"字;赫胥黎明明指出笛卡儿的方法只是不肯信仰一切不清楚分明的命辞,只是把一个"疑"字从罪过的地位升作一种责任了。赫胥黎认清了这个"疑"字是科学精神的中心,他们当时又正在四面受敌不能不作战的地位,所以他的方法只是消极的部分居多,还不能算是科学方法的完全自觉。皮耳士的实验主义,方才把科学方法的积极消极两方面的含义发挥出来,成为一种哲学方法论。在积极的方面,皮耳士指出"试验"作标准:"一个观念的意义完全在于那观念在人生行为上发生的效果。承认他时,有什么效果? 不承认他时,有什么效果? 如此,我们就有这个观念的完全意义。"在消极的方面,他指出凡试验不出什么效果的都没有意义。这个标准,比笛卡儿的"明白""清楚"两个标准更厉害了。

皮耳士的文章是1877年出版的；当时的人都不很注意他。直到二十年后，詹姆士用他的文学的天才把这个主义渐渐的传播出来，那时候机会也比较成熟了，所以这个主义不久便风行一世了。

但詹姆士是富于宗教心的人。他虽是实验主义的宣传者，他的性情根本上和实验主义有点合不拢来。他在1896年发表一篇《信仰的心愿》（The Will to Believe），反对赫胥黎一班人的存疑主义。赫胥黎最重证据，和他同时的有一位少年科学家克里福（W. K. Clifford, 1845—1879）也极力拥护科学的怀疑态度来攻击宗教。克利福虽然死的很早，（死时只有三十多岁）但他的《论文与讲演集》（Lectures and Essays）却至今还有人爱读，他有一段话说：

> 如果一个人为了自己的安慰和愉快，就信仰一些不曾证实不曾疑问的命题，那就是侮辱信仰了。……没有充分证据的信仰，即使他能发生愉快，那种愉快是偷来的。……我们对于人类的责任是要防御这样的信仰，就同防御瘟疫一样，不要使自己染了瘟疫还传染全城的人。……无论何时，无论何地，无论何人，凡没有充分证据的信仰，总是错的。

这种宣言，詹姆士大不满意；他就引来做他的《信仰的心愿》的出发点。他很诙谐的指出这班人说的事事求"物观的证据"（Objective evidence）是不可能的。他说：

> 物观的证据，物观的确实，确是很好的理想。但是在这个月光照着，梦幻常来寻着的星球上，那里去寻他们呢？……互相矛盾的意见曾经自夸有了物观的证据的，也不知有过多少种了！"有一个上帝"——"上帝是没有的"；"心外的物界是可以直接知得的"——"心只能知他自己的意象"；"有一种无条件的道德命令"——"道德成为义务是欲望的结果"；"人人有一个长在的心灵"——"只有起灭无常的心境"；"因果是无穷的"——"有一个最后之因"；"一切都是不得已（Necessity）"——"自由"；……我们回想古来适用这个物观证据的主义到人生上去的，最惊人的莫如当日教会的异端审问局（The Holy Office of Inquisition）。我们想到这一层，就不十分高兴去恭听那物观证据的话

了。……

　　我是不能依克里福的话的。我们须记得,我们对于真理与谬误的责任心其实都是我们的情感生活的表现。……那说"宁可永没有信仰,不可信仰诳话"的人,不过表示他太怕上当罢了。也许他能防制他的许多欲望和畏惧;但这个怕上当的畏惧,他却奴隶也似的服从他。至于我呢,我也怕上当;但我相信人在这个世界比上当更坏的事多着呢!所以克里福的教训在我耳朵里很有一种风狂的声音,很像一个大将训令他的兵士们"宁可完全不打仗,不可冒受微伤的危险"。战胜敌人与战胜天然,都不是这样得来的。我们的错误断乎不是那样十分了不得的大事。在这个世界里,无论怎样小心,错误总是不能免的,倒不如把心放宽点,胆放大点罢。

他的主张是:

　　有时候,有些信仰的去取是不能全靠智识方面来决断的;当这样时候,我们情感方面的天性不但正可以,并且正必须出来决断。因为,当这样时候,若说"不要决断,还是存疑罢",那还是一种情感上的决断,结果也许有同样的危险,——放过真理。

他拿宗教的问题做例:

　　存疑的态度仍旧免不了这个难关;因为那样做去,若宗教是假的,你固可以免得上当;若宗教竟是真的,你岂不吃亏了么?存疑的危险,岂不同信仰一样吗?(信仰时,若宗教是真的,固占便宜;若是假的,便上当了。)譬如你爱上了一个女子,但不能断定现在的安琪儿将来不会变作母夜叉,你难道因此就永远迟疑不敢向他求婚了吗?

詹姆士明明白白的宣言:

　　假如宗教是真的,只是证据还不充分,我不愿意把你的冷水浇在我的热天性上,因而抛弃我一生可以赌赢的唯一机会,——这个机会只靠我愿意冒险做去,只当我情感上对世界的宗教态度毕竟会不错的。

这就是"信仰的愿心"。这个态度是一种赌博的态度:宗教若是假的,信仰的上当,存疑的可以幸免;但宗教若是真的,信仰的便占便宜,存疑的便吃亏了。信仰与存疑,两边都要冒点险。但是人类的意志(Will)大都偏向占便宜的方面,就同赌博的人明知可输可赢,然而他总想赢不想输。赫胥黎一派的科学说,"输赢没有把握,还是不赌为妙"。詹姆士笑他们胆小,他说"不赌那会赢?我愿意赌,我就赌,我就大胆的赌去,只当我不会输的!"

他这种态度,也有他的独到的精神。他说:

假如那造化的上帝对你说:

我要造一个世界,保不定可以救援的。这个世界要做到完全无缺的地位,须靠各个分子各尽他的能力。我给你一个机会,请你加入这个世界。你知道我不担保这世界平安无事的。这个世界是一种真正冒险事业,危险很多,但是也许有最后的胜利。这是真正的社会互助的工作。你愿意跟来吗?你对你自己,和那些旁的工人,有那么多的信心来冒这个险吗?

假如上帝这样问你,这样邀请你,你当真怕这个世界不安稳竟不敢去吗?你当真宁愿躲在睡梦里不肯出头吗?

这是詹姆士的"淑世主义"(Meliorism)的挑战书。詹姆士自己是要我们大着胆子接受这个哀的米敦书的。他很嘲笑那些退缩的懦夫,那些静坐派的懦夫。他说,"我晓得有些人有不愿去的。他们觉得那个世界里须要用奋斗去换平安,这是很没有道理的事。……他们不敢相信机会。他们想寻一个世界,要可以歇肩,可以抱住爹爹的头颈,就此被吹到那无穷无极的生命里面,好像一滴水滴在大海里。这种平安清福,不过只是免去了人世经验的种种烦恼。佛家的涅槃,其实只不过免去了尘世的无穷冒险。那些印度人,那些佛教徒,其实只是一班懦夫。他们怕经验,怕生活。……他们听见了多元的淑世主义,牙齿都打战了,胸口的心也骇得冰冷了"。詹姆士自己说,"我吗?我愿意承认这个世界是真正危险的,是须要冒险的;我决不退缩,我决不说'我不干了!'"

詹姆士的哲学确有他的精采之处,但终不免太偏向意志的方面,带的意志主义(Voluntarism)的色彩太浓重了,不免容易被一般宗教家利用去做宗教的辩护。实验主义本来是一种方法,一种评判观念与信仰的方法;到了詹姆士手里,方法变松了,有时不免成了一种辩护信仰的方法了。即如他说,

> 依实验主义的道理看来,如果"上帝"那个假设有满意的功用,——此所谓满意,乃广义的,——那假设便是真的。

皮耳士的方法,这样活用了,就很有危险了。所以皮耳士很不以为然,觉得 Pragmatism 这个名字被詹姆士用糟了,他想把那个名词完全让给詹姆士一派带有意志主义色彩的"实际主义",而他自己另造一个字 Pragmaticism 来表明他的"实验态度"。杜威也不赞成詹姆士的意志主义,所以他不用 Pragmatism 的名称,自称为"工具主义"(Instrumentalism),又称为"试验主义"(Experimentalism)。只有英国的失勒(F. C. S. Schiller)一派的"人本主义"(Humanism),名称上虽有不同,精神上却和詹姆士最接近。

现在单说杜威的工具主义。杜威始终只认实验主义是一种方法论,故他最初只专力发挥实验主义的逻辑一方面,这种逻辑他叫做"工具的逻辑",后来也叫做"试验的逻辑"。1907年,詹姆士出了一部书,叫做《实验主义》,他想把皮耳士,杜威,失勒,以及欧洲学者倭斯袜(Ostwald),马赫(Mach)的学说都贯串在一块,看作一个哲学大运动。这书也谈玄学,也谈知识论,也谈常识,也论真理,也论宇宙,也论宗教。杜威觉得他这种大规模的综合是有危险的,所以他做了一篇最恳切的批评,叫做"实验主义所谓'实际的'是什么",后来成为他的《试验的逻辑杂论》(Essays in Experimental Logic)的一篇。杜威把詹姆士论实验主义的话,总括起来,作为实验主义的三个意义:第一,实验主义是一种方法;第二,是一种真理论;第三,是一种实在论。杜威引詹姆士的话来说明这三项如下:

(1) 方法论 詹姆士总论实验主义的方法是"要把注意之点从最先的物事移到最后的物事;从通则移到事实,从范畴移到效果。"(看《胡适文存》卷二,页九五)

(2) 真理论 "凡真理都是我们能消化受用的;能考验的,能用旁证证明的,能稽核查实的。凡假的都是不能如此的"。

"如果一个观念能把我们一部分的经验引渡到别一部分的经验,连贯的满意,办理的妥贴,把复杂的变简单了,把烦难的变容易了。——如果这个观念能做到这步田地,他便'真'到这步田地,便含有那么多的真理。"(看《胡适文存》卷二,页九八——一〇二)

（3）实在论　"理性主义以为实在(Reality)是现成的,永远完全的;实验主义以为实在还在制造之中,将来造到什么样子便是什么样子。""实在好比一块大理石到了我们手里,由我们雕成什么像。"(看同书卷二,页一〇五——七)

但杜威指出实验主义虽有这三种意义,其实还只是一种方法论。他把方法论再分析出来,指出他的三种应用。（甲）用来规定事物(Objects)的意义,（乙）用来规定观念(Ideas)的意义,（丙）用来规定一切信仰的意义。

（甲）事物的意义。詹姆士引德国化学大家倭斯袜(Ostwald)的话,"一切实物能影响人生行为;那种影响便是那些事物的意义。"他自己也说,"若要使我们心中所起事物的感想明白清楚,只须问这个物事能生何种实际的影响,——只须问他发生什么感觉,我们对于他起何种反动"。譬如说"闷空气",他的意义在于他对于呼吸的关系和我们开窗换空气的反动。

（乙）观念的意义。我们如要规定一个观念的意义,只须使这观念在我们经验以内发生作用。把这个观念当作一种工具用,看他在自然界能发生什么变化,什么影响。一个观念(意思)就像一张支票,上面写明可支若干效果;如果这个自然银行见了这张支票即刻如数现兑,那支票便是真的,——那观念便是真的。

（丙）信仰的意义。信仰包括事物与观念两种,不过信仰所包事物观念的意义是平常公认为已确定了的。若要决定这种观念或学说的意义,只须问,"如果这种学说是真的,那种学说是假的,于人生实际上可有什么分别吗? 如果无论那一种是真是假都没有实验上的区别,那就可证明这种表面不同的学说其实是一样的,一切争执都是废话"。

以上是杜威就詹姆士书里搜括出来的方法论。杜威自己著的书,如《我们如何思想》,如《试验的逻辑杂论》,都特别注重思想的工具的作用。怎样是"工具的作用"呢?杜威说:

> 我们人,手里的大问题是:怎样对付外面的变迁才可以使这些变迁朝着那于我们将来的活动有益的方向走。……生活的进行全在能管理环境。生活的活动必须把周围的变迁——变换过;必须使有害的势力变成无害的势力;必须使无害的势力变成帮助我们的势力。

这种生活就是经验。经验全是一种"应付的行为";思想知识就是应付未来的重要工具。向来的哲学家不明白经验的真性质,所以有些人特别注重感觉,只认那细碎散漫的感觉为经验的要义;有些人特别注重理性,以为细碎的感觉之上还应该有一个综合组织的理性。前者属于经验主义,后者属于理性主义。近代生物学和心理学发达的结果,使我们明白这种纷争是不必有的。杜威指出感觉和推理都是经验(生活)的一部分。平常的习惯式的动作,例如散步,读小说,睡觉,本没有什么段落可分;假如散步到一个三叉路口,不知道那一条是归路,那就不能不用思想了;又如读书读到一处忽然上下不相接了,读不下去了,那就又不能不用思考的工夫了。这种疑难的境地便是思想的境地,困难的感觉便是思想的动机,"便是思想的挑战书"。感觉了困难之后,我们便去搜求解决困难之法,这便是思想。思想是解决困难的工具。当搜求解决的方法之时,我们的经验知识便都成了供给资料的库藏。从这库藏里涌出来了几个暗示的主意,我们一一选择过,斥退那些不适用的,单留下那最适用的一个主意。这个主意在此时还只是一种假设的解决法;必须他确能解决那当前的困难,必须实验过,方才成为证实的解决。解决之后,动作继续进行;散步的继续散步,读书的继续读书,又回到顺适的境地了。

我们可以把思想的层次画一个略图:

仔细分析起来,凡是有条理的思想,大概都可以分作五步:(1)感觉困难;(2)寻出疑难所在;(3)暗示的涌现;(4)评判各种暗示的解决,假定一个最适用的解决;(5)证实(就是困难的解决)。——在这五步里,究竟何尝单是细碎的感觉? 又何尝有什么超于经验的理性? 从第一步感觉困难起,到最后一步解决困难止,步步都是一段经验的一个小部分,都是一个"适应作用"的一个小段落。

杜威在他的新著《哲学的改造》(1920)里说:

……我们现在且看从古代生活到近代生活,"经验"本身遭遇的变化。在柏拉图眼里,经验只是服从过去,服从习惯。经验差不多等于习俗,——不是理性造的,也不是用心造成的,只是从很无意识的惯例相习成风的。所以在柏拉图眼里,只有"理性"可以解放我们,使我们不做盲从习俗的奴隶。

到了倍根和他那一派的哲学家,我们就可以看出一个奇怪的翻案。理性和他手下的许多抽象观念倒变成守旧拘迂的分子了。经验却变成解放的动力了。在倍根一派的眼里,经验指那新的分子,使我们不要拘守旧习惯,替我们发见新的事实与真理。对于经验的信仰,并不产生顽固,却产生了谋进步的努力。

这个古今的不同,正因为大家都不知不觉的承认了,所以是格外可注意的。这一定是因为人生实在的经验上起了一种具体的重大的变化了。因为人们对于"经验"的见解究竟是跟着实际经验来的,而且是仿照那实际的经验的。

当希腊的数学和其他理性的科学(Rational Science)发达的时候,科学的学理不曾影响到平常的经验。科学只是孤立的,离开人事的,从外面加入的。医术总算是含有最多量的实证知识了,但医术还只是一种技术,不曾成为科学。况且当日各种实用的技术里也没有有意的发明与有目的的改良。匠人只知道摹仿遗传下来的模型;不依老样式做去,往往退步了。技术的进步,或者是慢慢的无意的逐渐衍变出来的,或者是一时兴到,偶然创出的一种新式。既然没有自觉的方法,只好归功于神助了。在社会政术的方面,像柏拉图那样的彻底改革家,只觉现有的弊病都是因为缺乏可以仿效的型范。匠人制器,尚有型范可以依据,而社会国家里反没有这种型范。哲学家应该供给这种法象;法象成立之后,应该得宗教的尊崇,艺术的装点,教育的灌输,行政官的执行,总要使他们一成不变。

试验的科学的发达,使人们能制裁他们的环境;这本是不用再详说的了。但这种制裁是和那旧日的经验观不相容的,然而人们常常忽略了这一层,所以我们不能不指出:经验从"经验的"(Empirical)变为"试验的"(Experimental)的时候,有一件根本重要的事就发生了。从前人们用过去经验的结果,只不过造成一些习惯,供后人来盲目的服从或盲目的废弃。现在人们从旧经验里寻出目的和方法来发展那新而且更好的经验。所以经验竟积极的自己制裁自己了。诗人沙士比亚曾说"没有法子可以改善'自然',但'自然'自己供给那种法子"。我们也可拿他说"自然"的话来说经验。我们不用专抄老文章,也不须坐待事变来逼迫我们变化。我们用过去经验来创造新而更好的将来经验。经验的本身就含有他用来改善自己的手续了。

所以智识——所谓"理性"——并不是外加在经验上的东西。他固是经验所暗示的,固须靠经验来证实的;但他又可以从种种发明里用来扩充经验,使经验格外丰富。……康德哲学里的"理性",是用来介绍普遍性与秩序条理到经验里去的:那种"理性",在我们现在看起来,很可以用不着了;那不过是一班中了古代形式主义和烦琐术语的毒的人捏造出来的。我们只要那过去经验里出来的一些具体的意思,——依据现在的需要,渐渐发展成熟;用来做具体改造的目的与方法;并且用适应的事业的成败来试验过,——就尽够了。这些从经验出来,积极的用在新的目的上的种种意思,我们就叫做"智慧"(Intelligence)。(页九二——九六)

杜威在这几段里指出古今人对于"经验"的态度所以不同,正因为古今人实际的经验确已大不相同了。古人的经验是被动的,守旧的,盲目的,所以古哲学崇拜理性而轻视经验。今人的经验,因为受了试验科学的影响,是主动的支配自然,是进取的求革新,是有意识的计划与试验,所以倍根以来有许多哲学家推崇经验而攻击理性和他的附属物。但人们究竟不肯轻易打碎他们磕头膜拜过的偶像,所以总想保存一个超于经验之上而主持经验的"理性"。这是两千年欧洲哲学史的一个总纲领。杜威指出,我们正用不着康德们捏造出来的那个理性。经验的活用,就是理性,就是智慧,此外更没有什么别的理性。人遇困难时,他自然要寻求应付的方法;当此时候,他的过去的经验知识里,应需要的征召,涌出一些暗示的意思来。经验好像一个检察官,用当前的需要做标准,一项一项的把这些暗示都审查过,把那些不相干的都发放回去,单留下一个最中用的;再用当前的需要做试金石,叫那个留下的假设去实地试验,用试验的成败定他的价值。这一长串连贯的作用,——从感觉困难到解决困难,——都只是经验的活用。若说"既有作用,必还有一个作用者",于是去建立一个主持经验的理性;那就是为宇宙建立一个主宰宇宙的上帝的故智了!

杜威的这一个中心观念,把哲学史上种种麻烦的问题,——经验与理性,感觉与理智,个体与名相,事与理,——都解决了。他在《创造的智慧》(Creative Intelligence)里,曾说:

> 智识上的进步有两条道路。有时候,旧观念不必十分改变,更不必完全抛弃,只须扩大范围,精密研究,知识也就因此增加了。有时候,知识的增加只要性质的变换,不要数量的增加。人心觉得有些老问题实在不值得讨论了;从前火热的意思,现在退凉了;从前很迫切的兴趣,现在冷淡了。人们的道路改了一个方向了;从前的困难,现在都不成问题了,从前不注意的问题,现在倒变大了。那些老问题未必就解决了,但他们用不着解决了。
>
> (页三)

杜威觉得哲学史上有许多问题都是哲学家作茧自缚的问题,本来就不成

问题,现在更用不着解决了。我们只好"以不了了之"。他说:

> 如果哲学不弄那些"哲学家的问题"了,如果哲学变成解决"人的问题"的哲学方法了,那时候便是哲学光复的日子到了。(同书,页六五)

(六) 晚近的两个支流

这一章名为"晚近的两个支流"。我也知道"支流"两个字一定要引起许多人的不平。但我个人观察十九世纪中叶以来的世界思潮,自不能不认达尔文、赫胥黎一派的思想为哲学界的一个新纪元。自从他们提出他们的新实证主义来,第一个时期是破坏的,打倒宗教的威权,解放人类的思想。所以我们把赫胥黎的存疑主义特别提出来,代表这第一时期的思想革命。(许多哲学史家都不提起赫胥黎,这是大错的。他们只认得那些奥妙的"哲学家的问题",不认得那惊天动地的"人的问题"!如果他们稍有一点历史眼光,他们应该知道二千五百年的思想史上,没有一次的思想革命比 1860 到 1890 年的思想革命更激烈的。一部哲学史里,康德占四十页。而达尔文只有一个名字,而赫胥黎连名字都没有,那是决不能使我心服的。)第二个时期是新实证主义的建设时期:演化论的思想侵入了哲学的全部,实证的精神变成了自觉的思想方法,于是有实验主义的哲学。这两个时期是这五六十年哲学思潮的两个大浪。但在这汹涌的新潮流之中,我们还可以看出一些回波,一些支派,内中那旧浪漫主义的回波,我们已说过了(第二章)。现在单叙最近三十年中的两个支流,一个是法国柏格森的新浪漫主义,一个是英美两国的新唯实主义。

(A) 柏格森(Henri Bergson, 1859—)

实证主义——无论旧的新的——都是信仰科学的。科学家的基本信条是承认人的智慧的能力。科学家的流弊往往在于信仰理智太过了,容易偏向极端的理智主义(Intellectualism),而忽略那同样重要的意志和情感的部分。所以在思想史上,往往理智的颂赞正在高唱的时候,便有反理智主义的(Ant-intellectualistic)喊声起来了。在旧实证主义的老本营里，我们早就看见孔德的哲学终局成了孔德的宗教。在新实证主义的大本营里，那实验主义的大师詹姆士也早已提出意志的尊严来向赫胥黎们抗议了（见上章）。同时法国的哲学家柏格森也提出一种很高的反理智主义的抗议。

柏格森不承认科学与论理可以使我们知道"实在"的真相。科学的对象只是那些僵死的糟粕，只是那静止的，不变的，可以推测预料的。在那静止的世界里，既没有个性，又没有生活，科学与论理是很有用的。但是一到了那动的世界里，事事物物都是变化的，生长的，活的，——那古板的科学与论理就不中用了。然而人的理智（Intellect）偏不安本分，偏要用死的法子去看那活的实在；于是他硬把那活的实在看作死的世界；硬说那静的是本体，而动的是幻象；静止是真的，而变动是假的。科学家的理想的宇宙是一个静止的宇宙。科学的方法是把那流动不息的时间都翻译成空间的关系，都化成数量的和机械的关系。这样的方法是不能了解"实在"的真相的。

柏格森说，只有"直觉"（Intuition）可以真正了解"实在"。直觉就是生活的自觉。这个宇宙本来是活的，他有一种创造向前的力，——柏格森叫他做"生活的冲动"（Elan Vital）——不断的生活，不息的创造。这种不息的生活向前，这种不断的变迁，不能用空间的关系来记载分析，只是一种"真时间"（Duree）。这种真时间，这种"实在"，是理智不能了解的。只有那不可言说的直觉可以知道这真实在。

柏格森也有一种进化论，叫做"创造的进化"（Creative Evolution）。这种学说假定一个二元的起原：一方面是那死的，被动的物质；一方面是那"生活的冲动"。生命只是这个原始冲动在物质上起作用的趋势。这个原始冲动是生物演化的总原因。他在种子里，一代传给一代，积下过去的经验，不断的向前创造，就同滚雪球一样，每一滚就加上了一些新的部分。这个冲动的趋势，是多方面的，是无定的，是不可捉摸的。他的多方面的冲动，时时发生构造上，形体上的变异；变异到了很显著时，就成了新的种类了。他造成的结果，虽是很歧异的，虽是五花十色的，其实只是一个很简单的唯一趋势，——

就是那生活的冲动。

我们拿动物的眼睛做个例。从一只苍蝇的眼，到人的眼，眼的构造确有繁简的不同；但每一种动物的眼各有他的统一的组织；他的部分虽然极繁复，而各有一个单一的"看"的作用。机械论的生物学者只能用外境的影响来解释这一副灵妙繁复的机器的逐渐造成，但他们总不能说明何以各微细部分的统属呼应。至于目的论者用一个造物主的意志来解释，更不能满意了。柏格森用那原始的生活冲动来解释；因为有那"看"的冲动，那看的冲动在物质上自然起一个单一的作用，那单一的作用自然发生一个统一的互应的构造。那冲动越向前，那构造也越加精密。但每一个构造——自极幼稚的到极高等的，——各自成为一个统一完备的组织。

柏格森又用一个很浅近的比喻。假如我们伸一只手进到一桶铁屑里去，伸到一个地位，挤紧了，不能再进去了：那时候，铁屑自然挤成一种有定的形式，——就是那伸进去的手和手腕的形式。假如那手是我们看不见的，那么，我们一定要想出种种话头来解释那铁屑的组织了：有些人说，每一粒铁屑的位置只是四周的铁屑的动作的结果，那就是机械论了；有些人说，这里面定有一个目的的计划，那又是目的论了。但是那真正的说明只是一桩不可分析的动作，——那手伸进铁屑的动作。这个动作到的所在，物质上起了一种消极的阻力，就成了那样的集合了(《创造的进化》，页八七——九七)。眼睛的演化也是如此。

柏格森批评那机械式的演化论，很有精到的地步。但是他自己的积极的贡献，却还是一种盲目的冲动。五十年来，生物学对于哲学的贡献，只是那适应环境的观念。这个观念在哲学界的最大作用，并不在那机械论的方面，乃在指出那积极的，创造的适应，认为人类努力的方面。所谓创造的适应，也并不全靠狭义的理智作用，更不全靠那法式的数学方法。近代科学思想早已承认"直觉"在思考上的重要位置了。大之，科学上的大发明，小之，日用的推理，都不是法式的论理或机械的分析能单独办到的。根据于经验的暗示，从活经验里涌出来的直觉，是创造的智慧的主要成分。我们试读近代科学家像法国班嘉赉的《科学与假设》(Poincare, Science and Hypothesis),和近代哲学家像杜威们的《创造的智慧》,就可以明白柏格森的反理智主义近于"无的放矢"了。

(B) 新唯实主义(New Realism)

近年的一个最后的学派是新唯实主义。"唯实主义"(Realism)的历史长的很哩。当中古时代,哲学家争论"名相"(Universals)的实性,就发生了三种答案:

(1) 名相的实在,是在物之先的:未有物时,先已有名象了。这一派名为柏拉图派唯实论。

(2) 名相不能超于物先;名相即在物之中。这一派名为亚里士多德派唯实论。

(3) 名相不过是物的名称;不能在物之先,也不在物之中,乃是有物之后方才起的。这一派名为唯名论(Nominalism)。

中古以后,哲学史上的纷争总脱不了这三大系的趋势。唯名论又名"假名论",因为他不认名相的实在,只认为人造的称谓(《杨朱篇》,"名无实,实无名。名者,伪而已矣")。所以唯实论其实是承认名相的真实,而唯名论其实乃是"无名论"。大抵英国一系的经验哲学是假名论的代表;而大陆上的理性哲学是唯实论的代表。所以极端的唯心论(意象论)乃出在英国的经验学派里,而大陆上理性派的大师笛卡儿乃成一个唯物论者!这件怪异的事实,我们若不明白中古以来唯实唯名的背景,是不容易懂得的。

最近实验主义的态度虽然早已脱离主观唯心论(Subjective idealism)的范围了,但他认经验为适应,认真理为假设,认知识为工具,认证实为真理的唯一标准,都带有很浓厚的唯名论的色彩。在英国的一派实验主义——失勒的人本主义,——染的意象论的色彩更多。在这个时候,英国、美国的新唯实主义的兴起,自然是很可以注意的现象。英国方面,有罗素(Bertrand Russell)等;美国方面,有何尔特(E. B. Holt),马文(W. T. Marvin)等。何尔特和马文等六位教授在1910年出了一个联名的宣言,名为"六个唯实论者的第一次宣言";1912年又出了一部合作的书,名为"新唯实主义"。

我们先引他们的《第一次宣言》来说明新唯实论的意义。他们说:

> 唯实论主张:物的有无与认识无关;被知识与否,被经验与否,被感觉与否,都与物的存否无关;物的有无,并不依靠这种事实。

六个唯实论者之中,马文教授于1917年出了一部《欧洲哲学史》,那书的末篇[第]七章是专论新唯实主义的。我们略采他的话来说明这一派在历史上的地位。马文说:关于"知识的直接对象是心的(Mental)呢,还是非心的呢"一个问题,共有四种答案:

(1)笛卡儿以来的二元论者说科学能推知一个物的(非心的)世界。

(2)存疑派的现象论者(Agnostic phenomenalists)说科学只能知道那五官所接触的境界,此外便不能知道了。

(3)意象论者(Idealists),包括那主观的唯心论者和那物观的意象论者,根本推翻二元论,竟不认有什么超于经验的物界。

(4)新唯实论者说我们须跳过笛卡儿,跳过希腊哲学,重新研究什么是"心的",重新研究知识与对象的关系。

新唯实论者批评前三派,共有两大理由。第一,笛卡儿的二元论和他引起的主观主义,有了三百年历史的试验,结果只是种种不能成立的理论,仍旧不能解决笛卡儿当日提出"心物关系"的老问题。这一层,我们不细述了。(可看马文原书,页四一一——四一三。)第二,这种二元论和他对于"心的"的见解,都从希腊思想里出来的。希腊思想假定两个重要观念:一个是"本体"(Substance)的观念,一个是"因果"的观念。这两个观念,在近代科学里都不能存在了,所以我们现在应该用现代科学作根据,重新研究什么是"心的"。这第二层,确是很重要的,故我们引马文的话来说明:

> 自从葛理赖以来,科学渐渐脱离"因"的观念,渐渐用数学上的"函数"(Function)的观念来代他。……例如圆周之长,就是半径的函数,因为圆半径加减时,圆周同时有相当的加减。又

如杠杆上应加的压力,就是杠杆的定点的函数。……函数只是数学上用来表示相当互变的两个级系之间的一种关系。……科学进步以来,所谓"因"的,都化成了这种函数的关系:我们研究天然事物越精,这些函数的关系越明显,那野蛮幼稚的思想里的"因"和"力"越容易不见了。"自然"成了一个无穷复杂的蛛网,他的蛛丝就是数学上所谓"函数"。

"心与物怎样交相作用呢"?关于这个问题,我们不会把他们看作相为因果的两种本体了,我们只须去寻出两个级系之间的函数的关系。这些关系都可以用试验研究去寻出来,都不是供悬想的理论去辩驳的东西。这些关系都是可以观察的,并不关什么不可知的本体。这样一来,那心物关系的老问题就全没有了。……

对于"本体"(Substance)的观念,也可用同样的驳难。普通的思想总以为世间有许多原质,如木石金水等等;物体就是这些原质组成的。不但如此,普通人还以为一物的原质可以说明那物的行为或"性质"。因为这是钢,所以是坚硬的;因为他是木,所以可烧;……但是在严格的科学思想里,这些观念和仙鬼魔术同属于幼稚时代的悬想。依科学看来,物所以成物,所以有他的特别作用,所以有他的特性,全因为他的构造(Structure)。假若我们还要问什么是构造,科学说,构造就是组织,就是各部分间的关系。这个太阳系的宇宙所以如此运行,所以有他的特性,全是因为他的组织。吹烟成圈,吹笛成音,……都只指出物的本性不过是他的构造的假面。近代科学渐渐的抛弃"本体"的观念和搜求本体的志愿了。(化学家也渐渐知道,他的所谓"元子"并不是向来所谓原质,只是组织不同的物质。)

近世思想上的这两个变迁,就是新唯实论的基础:新唯实论解决心和知识的问题的方法,只是要人抛弃那古代思想传下来的"因"与"本体"的老观念,而用近代科学里"构造"与"函数"两个观念来用到心的生活的事实上去。

马文又说新唯实主义论"心"的主张是:

人心并不是一个最后不可分析的东西,也决不是一个本体。心有一个构造,现在渐渐研究出来了。心有各部分,因为疾病可以损害一些部分,而不能损害另一些部分;教育可以改变一些部分,而不能改变另一些部分。……至少有一部分已经有了说明了。这种说明大要都是生物学的说明。我们的肢体是配着我们的环境的,我们的心也是如此。我们的肢体是遗传的,心的特性也是遗传的。我们的筋力配做种种相当的筋力伸缩,我们也有冲动,愉快,欲望等等来引起相当的筋力伸缩。心的某种特性多用了,那种特性就会格外发展;不用他,他就萎弱了。……总而言之,神经系统的生理学渐渐的使我们明白心的作用,心的发展,心的训练。科学研究心越进步了,心和物的关系越见得密切了,那向来的心物二元论也就越见得没有道理了。

关于"知识"的作用,新唯实论者也认为一种"关系"。他们也受了生物学的影响,所以把这种关系看作"生物的一种反应"。马文说:

> 知识这件事(Knowing)并不是什么不可思议的作用,他不过是这个世界里的一件平常事实,正和风吹石落一样;他也很容易研究,正和天然界里的一切复杂事实一样。……知识不过是一种复杂的行为,复杂的反应。……我们的神经系统是不适宜于应付那全个的世界的,我们所有的那些生成的或学来的反应,自然是很不完全的。错误就是这种不完全的反应。(页四一三——四二)

以上述新唯实论者的基本主张。他们对于历史上因袭下来的"哲学家的问题"虽不像实验主义者"以不了了之"的爽快,但他们的解决法确也有很精到的地方。但我们看新唯实论者的著作,总不免有一种失望的感想:他们究竟跳不出那些"哲学家的问题"的圈子。他们自命深得科学的方法,他们自以为他们的哲学是建筑在科学方法之上的;然而他们所谓"哲学里的科学方法"究竟是什么?关于这个问题,英国的唯实论者罗素说的最多,我们请他来答覆,罗素在他的"哲学里的科学方法"(《神秘主义与逻辑》页九七——一二四)

里,曾说:

> 第一,一个哲学的命辞必须是普通的。他必不可特别论到地球上的事物,也不可论到这太阳系的宇宙,也不可论到空间和时间的任何部分。……我主张的是:有一些普通的命辞可以适用到一切个体事物,例如论理学上的命辞。……我要提倡的哲学可以叫做"逻辑的元子论",或叫做"绝对的多元论",因为他一方面承认多物的存在,一方面又否认这许多物组成的全体。……
>
> 第二,哲学的命辞必须是先天的(Apriori)。一个哲学命辞必须是不能用经验上的证据来证实的,也不能用经验上的证据来否证的。……无论这个实在世界是怎样组成的,哲学说的话始终是真的。(页一一〇———一一一)

假如我们用这两个标准来评哲学,我们可以说几千年来还不曾有哲学。况且他们的"科学方法",也实在是奇怪的很!罗素说哲学同"逻辑"无别,而逻辑只管两部分的事:

> 第一,逻辑只管一些普通的原理,这些原理可以施于事事物物,而不须举出某一物,某种表词,或某种关系。例如:"假如X是A类的一员,而凡A类的各员都是B类的一员,则X是B类的一员,无论XAB是什么。"
>
> 第二,他只管"逻辑的法式"(Logical forms)的分析与列举。这种法式就是那些可能的命辞的种类,事实的各种,事实的组合,分子的分类。这样做去,逻辑供给我们一本清单,列举着种种"可能"(Possibilities),列举着种种抽象的可能的假设。(页一一二)

现在姑且不说这样缩小哲学范围的是否正当。我们要问,如果科学不问"经验的证据",他们更从何处得来那些"普通的原理"?他们说,须用分析。然而分析是很高等的一个知识程度,是经验知识已进步很高的时代的一种产物,并不是先天的。人类从无量数的"经验的证据"里得来今日的分析本事,得来今日的许多"逻辑的法式",现在我们反过脸来说"哲学的命辞须是不能用经验上的证据来证实或否证的",这似乎有点说不过去罢?

我们观察我们这个时代的要求,不能不承认人类今日的最大责任与最需要是把科学方法应用到人生问题上去。然而罗素的《哲学里的科学方法》却说哲学命辞"必不可论到地球上的事物,也不可论到空间或时间的任何部分"。依这个教训,那么,哲学只许有一些空廓的法式,"可以适用到一切个体事物"。假如人生社会的问题果然能有数学问题那样简单画一,假如几个普遍适用的法式——例如"X = A, A = B,∴ X = B"——真能解决人生的问题,那么,我们也可以跟着罗素走。但这种纯粹"法式的哲学方法",斯平挪莎(Spinoza)在他的"笛卡儿哲学"和"人生哲学"里早已用过而失败了。罗素是现代提倡这种"科学方法的哲学"的人,然而他近几年来谈到社会问题,谈到政治问题,也就不能单靠那"不论到地球上的事物而可以适用到一切个体事物"的先天原则了。

罗素在牛津大学演讲《哲学里的科学方法》时,正是1914年;那年欧战就开始了,罗素的社会政治哲学也就开始了。我们读了罗素的政论,读了他反对国家主义与共产主义的议论,处处可以看出罗素哲学方法的背影。那个背影是什么呢? 就是他的个人主义的天性。他反对强权,反对国家干涉个人的自由,反对婚姻的制度,反对共产主义,反对国家社会主义,处处都只是他这种个人主义的天性的表现。他的哲学,——"逻辑的元子论"或"绝对的多元论"——"一方面承认多物的存在,一方面又否认这许多物组成的全体",其实只是他的个人主义的哲学方式。我们与其说罗素的哲学方法产生了他的个人主义的政治哲学,不如说他的个人主义的天性影响了他的哲学方法。同一个数学方法,那一位哲学家只看见数学上"只认全称而不问个体"的方面,康德是也;这一位哲学家虽然也看见了数学上"只认法式而不问内容"的方面,却始终只认个体而不认个体组成的全体,罗素是也。这种表面上的矛盾,其实骨子里还只是个人天性的区别。

我们对于新唯实主义,可以总结起来说:他们想用近代科学的结果来帮助解决哲学史上相传下来的哲学问题,那是很可以佩服的野心;但他们的极端,重分析而轻综合,重"哲学家的问题"而轻"人的问题",甚至于像罗素的说法,不许哲学论到地球上的事物,不许经验的证据来证实或否证哲学的命辞,——那就是个人资性的偏向,不能认为代表时代的哲学了。

(七) 五十年的政治哲学的趋势

这五十年中的政治哲学很有几个重大的变迁:(一) 从放任主义变到干涉主义,(二) 从个人的国家观变到联群的国家观,(三) 从一元的主权论变到多元的主权论。(以下是高一涵先生代作的)

照白尔克(E. Barker)说:自1848年到1880年是放任主义盛行的时代。放任主义有两层意思:对内,把政府活动的范围缩到最小的限度;对外,实行自由贸易的政策。这时斯宾塞(Herbert Spencer)有两部代表个人主义的最重的著作出现:一是《社会的静止观》(Social Statics)(1850年出版的),一是《个人与国家》(The Man Versus The State)(1885年出版的)。但是放任主义的命运似乎已经走到末路来了。一方面又有文学家如加莱尔(Carlyle)、罗斯金(Ruskin)等,都想把社会的生活放在伟人的引导和军政的组织之下,这种理想便是放任主义的对头。自1870年福斯特(Forster)已经制成国家干涉教育的条例;1880年格林(Green)在牛津(Oxford)讲演《政治义务的原理》(The Principle of Political Obligation),主张国家得排除侵犯个人自由的障碍。自1880年以后,社会主义已经盛行。激烈的社会主义如马克思(Karl Marx)一派,极力的主张阶级战争;稳健的社会主义如英国Fabians,又极力的主张改革。这两派的主张虽然不同,但是有一个共同之点:就是都想把经济生活完全放在国家或社会的支配之下。白尔克说得好,他说:

> 当1864年,凡不信任国家的都是正统派,凡是信任政府干涉的都是异端;到1914年(因为他的《政治思想小史》是在这一年中做的),凡信任国家的都是正统派,凡是趋向无政府主义的都是异端。(见《政治思想小史》第一章绪论)

这是从放任主义变到干涉主义的明证。

个人主义大概都以为国家只是孤立的个人的总集体，在个人之外再不能不注重群的结合。边沁（Bentham）一派虽然赞成职工组合（Trade Union），但是他们只承认职工组合是达到个人自由竞争的一种方法。近五十年来，学者对于群的观念很和从前不同。近来的学者如白尔克柯尔（G. D. H. Cole）、福莱（M. P. Follett）等都认定国家的基础不是建筑在孤立的个人之上，只建筑在群的上边。这些群，正如丝丝相接的网子一样，这条线连到那条线，没有一条线不与别条线发生关系。福莱在他的《新国家》（The New State）中说：十九世纪的法理学（如个人权利，个人契约，个人自由之类）都是建筑在孤立的个人一个旧观念上。他的著作，就想打破这种个人观念的谬论，极力说明群的意志和群的感情。他的平民政治就是在互相关系的个人的基础上建设起来的。白尔克也是抱这种见解，且看他说：

> 如果我们要是现在的个人主义者，我们便是联群的个人主义者。我们的个人正在结合成群。我们不要再做《个人与国家》的书，只做《群与国》（The Group Versus the State）的书。现在联合主义（Federalism）盛行，普通人都以为单一国享有唯一的主权，是一种错误的见解，同生活的实际不相符。我们以为每个国家多少总是联合的社会，包括许多不同的人群，不同的教会，不同的经济组织在内，每个团体都可以行使对于团员的支配权。联合主义的感情异常的普及。新社会主义已经丢开独受中央支配的集产主义的方法，在行会（Guild）名义之下造群。他承认国家为生产的工具的主人，要求把这种工具的动用权付托于各种同业行会管理之下；想教国家来鼓奖文化，要求由行会管理经济的生活。（见《政治思想小史》第六章）

柯尔也是这样主张。他想打破以个人为单位的代表制，甲以职业团体为单位的代表制（见《社会学理》Social Theory 第六章）；想打破集产于国家的学说，代以集产于行会的学说（见《工业自治》）。所以现在的国家是联群而成的国家，现在的文明是群产生的文明；从前个人主义家心目中赤条条的个人，早已不在现在政治哲学家的心目之中了（以上是高一涵先生作的，以下是张慰慈先生作的）。

现今政治哲学方面最重要的争点就是主权论。主权论的学说共有两种：一元说的和多元说的主权论。一元说的主权论就是普通一般政治学者所早已承认的学说，是把主权看做国家至尊无上的统治权。照这一元说的学说，国家是社会中的政治组织，有强制执行其意志的权力。那强制执行的权力就叫做主权，就是政治组织的根本基础。这一种政治组织的特质有四种：

（一）有一定的土地，在那范围之内，国家对于各种人民或人群均有绝对的权力。

（二）统一——在一国之内，只有一个主权。

（三）主权是绝对的，无限制的，不可让弃的，不能分的。

（四）个人自由是发源于国家，由国家保障的。

主张一元说的学者，总是极力注重国家对于人民或人群那一种直接的和绝对的权力。他们说：

> 无论在什么地方，一元总是发现于多元之先的。所有的多元是发生于一元，是归纳于一元的。所以要有秩序必须把那多元抑制在一元之下。如非一元有管理多元之权，引导多元达到其目的，多元的公共事业万不能做起来。统一是万物之基础，所以也是各种社会生存之基础。

这一元说的主权论倡始于布丹。欧洲当封建时代之末期，时局非常扰乱，贵族与贵族争，贵族与国王争，国王又与教皇争，社会上纷乱的现象达到极点，人民的生命财产毫无保障，国家是差不多陷于无政府的危境。所以非有一个强有力的君主出来，不能救人民于水火，拯社会于沉溺。国王权力的扩张，实在是当时社会上的需要。专制君主政体最先实现于法国，所以说明这新制度所根据的新学说也发现于法国。

民治主义发展以后，人民对于主权的态度，虽经一次的改变，但是那一元说主权论的根本观念仍旧继续存在。十八世纪以后的主权论只不过把"人民"这名词来代替"君主"这名词罢了。不过那时所谓"人民"也决不能包括全体的人民，只不过是中等社会以上的人民罢了；所谓民权民意也只不过是中等社会人的权利意志罢了。中等社会人因工业革命而得到财产，又因财产所有权而得到政权。他们有了金钱，无论什么事都容易做得到。在各国政府里边，这一阶级的人占了极优胜的地位，所以他们的目的只要维持社会秩序，保持他们自己的地位。他们的方法就是把国家抬高起来，把法律看做人民公共的意志，把主权当作国家的政治基础。但是近年来，社会上的情形又不同了，劳工阶级无产阶级均要求社会给他们一种公平待遇；但是国家法律，差不多全是为中级社会而设的法律，政府机关也在中级社会人民手中，劳工阶级和无产阶级实在不能靠社会上固有的学说，固有的制度，来达到他们所要求的"公平"，所以那一元说的主权论就受了一部分人民的攻击。

主张多元说的主权论的健将要推法国的狄格（Duguit）和英国拉斯基（Laski）两个人。他们绝对不承认国家为社会中至尊无上的组织，高出于其余的各种组织之上。他们说：

> 人民在社会之中，组织各种各样的团体，有宗教的团体，有文化的团体，有社交的团体，有经济的团体。他们有教会，有银行清算联合会，有医学会，有工业联合会，凡人民间有利害关系发生之处，他们总是群聚起来，组织一个团体。

人民对于这种种团体，也和他们对于国家同样的尽心尽力，同样的服从。照拉斯基说，这多元的社会观

> 否认那一元的社会，一元的国家。……凡与人民相接触的无数团体均能影响于人民的举动，不过我们万不能说人民的本身就因之而被那种团体并吞了。社会的作用只有一种，不过那一种作用可以用种种方法解说，并可用种种方法达到其目的。这样分析起来，国有只不过是人类社会中的一种团体。国家的目的不必一定就和社会的目的相适合；犹如教会的，或工团联合的目的，不一定就是社会的目的。那种团体自然有种种关系，由国家管理的，不过那种团体并不因之而就在国家权力之下。国家权力的至尊无上完全是一种错误的想像。……在道德的作用方面，教会是不在国家之下的。在法律的作用方面，国家的尊高是……误认"国家就是社会"的结果。我们如果注重于国家的

内容一方面,那一元说的错误就显而易见了。国家既是治者和被治者所组织的社会,国家的尊高当然有种种的限制:(一)国家只能在其职权的范围以内,不受外界的限制;(二)只有在那种未经人民抗议的职权范围以内,国家才有最高的执行权力。

除出那种学理方面的攻击之外,还有许多运动从事实方面攻击那种根据于一元说学理所发生的政治制度。这种种运动的目的,或者是极力提倡社会中各种团体的权利,使之不受国家的侵犯;或者是想把那政治管理权分配于各种职业,使各种职业在一定的范围以内,有自治权力;或者再用别种方法,设立一种分权的政治制度。在英国,在法国,现今有种种势力极大的运动,其作用均想从根本上改造现今的政治制度;改造的方法或从组织方面入手,使国内各种职业,各种利益均有派出政治代表的权,分掌政治方面的权力,或从职权方面入手,把国家权力范围以内,分出一部分职权,由各地方机关执行。至于那种种运动的性质不是在这一篇文章的范围以内,故不叙述。我们单把这些运动的名称列举于下:

(一)职业代表制度
(二)行政方面的分权
(三)地方分权的趋势(Regionaeism and Distributivism)
(四)基尔特社会主义(Guild Socialism)
(五)工团主义(Syndicalism)

这都是从一元的主权论到多元的主权论的明证。(以上是张慰慈先生作的。)

统观这几十年的政治思想的变迁,有几点不可不加说明。第一,从放任主义到干涉主义,自然是从不信任国家到信任国家了;然而近年的趋势,要求国家把政治管理权分给地方,分给各种职业,根本上却不是和"信任国家"的趋势相反的。十八世纪和十九世纪前半的放任主义,只是智识阶级对于当时政府不满意的表示。政府不配干涉,偏爱干涉,所以弄得稀糟,引起人民"别干涉我们罢!"的呼声。十九世纪中叶以后,欧洲政治稍稍革新,人民干政的范围大扩张,大陆上国家社会主义的干涉政策的成效也大显了,故人民对于国家的信任也渐渐增加起来。但十九世纪的政治究竟还只是中等阶级的政治。到了近年,小资产阶级与无产阶级渐渐起来,团体也坚固了,势力也成形了。他们不能信任那建立于资产阶级之上的集中政府,而要求一个分权于地方和分权于职业的政府。他们的运动,并不是根本上不信任国家,只是要求一个更可以代表人民意志和利益的国家;并不是无政府的运动,只是一种改善政府组织的运动。

第二,多元主义的政治学说,并不是个人主义的复活,乃是个人主义的修正。凡是个人主义者,无论古今中外,都有一个共同的特点:他们一方面只认个人,一方面却也认那空荡荡的"大我"、"人类";他们只否认那介于"人类"与"我"之间的种种关系,如家庭,国家之类。他们因为不愿意受那些关系的束缚,所以想像出种种"天然的权利"(旧译"天赋人权")来做反抗的武器。一元主义的政治学说早已指出他们的谬误了。一元主义说,"权利"(right)是法律的产儿;没有社会的承认和法律的保障,那有权利可说?一元主义的话虽然也有理,但总不能使个人主义者心服。多元主义的政治哲学虽然不否认个人,但也不认个人是孤立的;多元主义不但不否认家庭国家的真实,并且指出个人与人类之间还有无数"重皮叠板"的关系。你在家是一个儿子;在宗教方面是一个浸礼会会员;在职业方面是印刷工人会的会员,又是上海工人联合会的会员;在政治方面是国民党的党员,是妇女参政运动会的会计,又是一个中华民国的国民。你在每一个团体里,有权利,也有义务;受影响,也影响别人;受管理,也管理别人。国家不过是这种种人类社会的一种;公民的权利义务不过是种种人类关系的一种。所以白尔克说:

> 如果我们要是现在的个人主义者,我们便是联群的个人主义者。

所以现在的政治问题不是斯宾塞说的"个人对国家"的问题,乃是白尔克们说的"群对国家"的问题了。

第三,现在的政治思想何以不反抗"干涉主义"呢?十八世纪的几块大招牌——"自由"、"平等"——到了十九世纪的下半,反变成资产阶级的挡箭牌了。工人要求政府干涉资本家,要求取缔工厂和改善劳工待遇的立法，资本家便说这是剥夺他们营业的"自由"；便说这种劳动立法是特殊阶级的立法（Class Legislation），是违背"平等"的原则的。放任主义的政治的结果早已成了有力阶级压制无力阶级的政治！所以赫胥黎批评斯宾塞的放任主义，叫他做"行政的虚无主义"。现代的思想所以不反抗干涉主义，正因为大家渐渐明白了政治的机关是为人民谋福利的一种重要工具。这个工具用的得当时，可以保障社会的弱者，可以限制社会的强暴，可以维持多数人民的自由，可以维持社会的比较的平等。所以现代的政府强迫儿童入学而父母不反抗，强制执行八时工作而工厂主人不敢反抗，禁止儿童作工而不为剥夺作工的自由，抽富人所得税至百之五十以上而不为不平等。所以现代的政治问题不是如何限制政府的权限的问题，乃是如何运用这个重要工具来谋最大多数的福利的问题了。所以我们与其沿用那容易惹起误会的"干涉主义"，不如叫他做"政治的工具主义"罢。

十一，九，五

（文中《存疑主义》一节刊 1922 年 10 月 8 日《努力周报》第 23 期，《新唯实主义述略》一节刊 1922 年 11 月 16 日《努力周报》第 30 期。全文收入 1923 年 2 月《申报》五十周年纪念刊《最近之五十年》，1924 年 3 月《申报》馆出版单行本，1924 年 4 月上海世界书局再版）

胡适文存二集　卷三

十七年的回顾

我于前清光绪三十年的二月间从徽州到上海求那当时所谓"新学"。我进梅溪学堂后不到两个月,《时报》便出版了。那时正当日俄战争初起的时候,全国的人心大震动。但是当时的几家老报纸仍旧做那长篇的古文论说,仍旧保守那遗传下来的老格式与老办法,故不能供给当时的需要。就是那比较稍新的《中外日报》也不能满足许多人的期望。《时报》应此时势而产生。他的内容与办法也确然能够打破上海报界的许多老习惯,能够开辟许多新法门,能够引起许多新兴趣。因此《时报》出世之后不久就成了中国智识阶级的一个宠儿。几年之后《时报》与学校几乎成了不可分离的伴侣了。

我那年只有十四岁,求知的欲望正盛,又颇有一点文学的兴趣,因此我当时对于《时报》的感情比对于别报都更好些。我在上海住了六年,几乎没有一天不看《时报》的。我记得有一次《时报》征求报上登的一部小说的全份,似乎是《火里罪人》,我也是送去应征的许多人中的一个。我当时把《时报》上的许多小说诗话笔记长篇的专著都剪下来分粘成小册子,若有一天的报遗失了,我心里便不快乐,总想设法把他补起来。

我现在回想当时我们那些少年人何以这样爱恋《时报》呢?我想有两个大原因:第一,《时报》的短评在当日是一种创体,做的人也聚精会神的大胆说话,故能引起许多人的注意,故能在读者脑筋里发生有力的影响。我记得《时报》产生的第一年里有几件大案子:一件是周生有案,一件是大闹会审公堂案。《时报》对于这几件事都有很明决的主张,每日不但有"冷"的短评,有时还有几个人的签名短评,同时登出。这种短评在现在已成了日报的常套了,在当时却是一种文体的革新。用简短的词句,用冷隽明利的口吻,几乎逐句分段,使读者一目了然,不消费工夫去点句分段,不消费工夫去寻思考索。当日看报人的程度还在幼稚时代,这种明快冷刻的短评正合当时的需要。我还记得当周生有案快结束的时候,我受了《时报》短评的影响,痛恨上海道袁树勋的丧失国权,曾和两个同学写了一封长信去痛骂他。这也可见《时报》当日对于一般少年人的影响之大。这确是《时报》的一大贡献。我们试看这种短评,在这十七年来,逐渐变成了中国报界的公用文体,这就可见他们的用处与他们的魔力了。

第二,《时报》在当日确能引起一般少年人的文学兴趣。中国报纸登载小说大概最早的要算徐家汇的《汇报》。那时我还没有出世呢。但《汇报》登的小说一大部分后来汇刻为《兰苕馆外史》,都是《聊斋》式的怪异小说,没有什么影响。戊戌以后,杂志里时时有译著的小说出现。专提倡小说的杂志也有了几种,例如《新小说》及《绣像小说》(商务)。日报之中只有《繁华报》(一种"花报"),逐日登载李伯元的小说。那些"大报"好像还不屑做这种事业(这一点我不敢断定,我那时年纪太小了。看的报又不多,不知《时报》以前的"大报"有没有登小说的)。那时的几个大报大概都是很干燥枯寂的,他们至多不过能做一两篇合于古文义法的长篇论说罢了。《时报》出世以后每日登载"冷"或"笑"译著的小说,有时每日有两种冷血先生的白话小说,在当时译界中确要算很好的译笔。他有时自己也做一两篇短篇小说,如福尔摩斯来华侦探案等,也是中国人做新体短篇小说最早的一段历史。《时报》登的许多小说之中,《双泪碑》最风行。但依我看来,还应该推那些白话译本为最好。这些译本如《销金窟》之类,用很畅达的文笔,作很自由的翻译,在当时最为适用。倘《几道山恩仇记》(Count of monte cristo)全书都能像《销金窟》(此乃《恩仇记》的一部分)这样的译出,这部名著在中国一定也会成了一部"家喻户晓"的小说了。《时报》当日还有《平等阁诗话》一栏,对于现代诗人的介绍,选择很精。诗话虽不如小说之风行,也很能引起许多人的文学兴趣。我关于现代中国诗的知识差不多都是先从这部诗话里引起的。

我们可以说《时报》的第二个大贡献是为中国日报界开辟一种带文学兴趣的"附张"。自从《时报》出世以来,这种文学附张的需要也渐渐的成为日报界公认的了。

这两件都是比较最大的贡献。此外如专电及要闻,分别轻重,参用大小字,如专电的加多等等,在当日都是日报界的革新事业,在今日也都成为习惯,不觉得新鲜了。我们若回头去研究这许多习惯的由来,自不能不承认《时报》在中国日报史上的大功劳。简单说来,《时报》的贡献是在十七年前发起了几件重要的新改革。这几件新改革因为适合时代的需要,故后来的报纸也不能不尽量采用,就渐渐的变成中国日报不可少的制度了。

我是同《时报》做了六年好朋友的人,庚戌去国以后,虽然不能有从前的亲密,但也时常相见;现在看见《时报》长大成了一个十七岁的少年,我自然很欢喜。我回想我从前十四岁到十九岁的六年之中——一个人最重要最容易感化的时期——受了《时报》的许多好影响,故很高兴的把我少年时对于《时报》的关系写出来,指出他对于当时读者和对于中国报界的贡献,作为《时报》的一段小史,并且表示我感谢他祝贺他的微意。

但是我们当此庆贺的纪念,与其追念过去的成功,远不如悬想将来的进步。过去的成绩只应该鼓励现在的人努力造一个更大更好的将来,这是"时"字的教训。倘若过去的光荣只使后来的人增加自满的心,不再求进步,那就像一个辛苦积钱的人成了家私之后天天捧着元宝玩弄,岂不成了一个守钱虏了吗?

我们都知道时代是常常变迁的,往往前一时代的需要,到了后一时代便不适用了。《时报》当日应时势的需要,为日报界开了许多法门,但当日所谓"新"的,现在已成旧习惯了,当日所谓"时"的,现在早已过时了。《时报》在当日是报界的先锋,但十七年来旧报都改新了,新报也出了不少了,当日的先锋在今日竟同着大队按步徐行了。大队今日之赶上先锋,自然未必不是先锋的功劳,但做先锋的人还应该努力向前争这个"先锋"的位置。我今年在上海时曾和《时报》的一位先生谈话,他说:"日报不当做先锋,因为日报是要给大多数人看的。"这位先生也是当日做先锋的人，这句话未免使我大失望。我以为日报因为是给大多数人看的，故最应该做先锋，故最适宜于做先锋。何以最适宜呢？因为日报能普及许多人，又可用"旦旦而伐之"的死工夫，故日报的势力最难抵抗，最易发生效果。何以最应该呢？因为日报既是这样有力的一种社会工具，若不肯做先锋，若自甘随着大队同行，岂不是放弃了一种大责任？岂不是错过了一个好机会？岂不是孤负了一种大委托吗？

即如《时报》早年的历史，便是一个明显的例。《时报》在当日为什么不跟着大家做长篇的古文论说呢？为什么要改作短评呢？为什么要加添文学的附录呢？《时报》倡出这种种制度之后，十几年之中，全国的日报都跟着变了，全国的看报人也不知不觉的变了。那几十万的读者，十几年来，从没有一个人出来反对某报某报体例的变更的。这就可见那大多数看报的人虽然不免有点天然的惰性，究竟抵不住"旦旦而伐之"的提倡力。假使《申报》今天忽然大变政策，大谈社会主义，难道那看《申报》的人明天就会不看《申报》了吗？又假使《新闻报》明天忽然大变政策，一律改用白话，难道那看《新闻报》的人后天就会不看《新闻报》了吗？我可以说："决不会的"。看报人的守旧性乃是主笔先生的疑心暗鬼。主笔先生自己丧失了"先锋"的锐气，故觉得社会上多数人都不愿他努力向前。譬如戴绿眼镜的人看着一切东西都变绿了，如果他要知道荷花是红的，金子是黄的，他须得把这副绿眼镜除下来试试看。今天是《时报》新屋落成的纪念，也是他除旧布新的一个转机，我这个同《时报》一块长大的小时朋友，对他的祝词，只是："《时报》是做个先锋的，是一个立过大功的先锋，我希望他不必抛弃了先锋的地位，我希望他发愤向前努力替社会开先路，正如他在十七年前替中国报界开了许多先路！"

十，十，三　北京

（原载1921年10月10日《时报》）

祝《白话晚报》

我的几位同事们，创办了这个《白话晚报》，要我说几句话。我且说我对于这个报的希望罢。

我希望这个报要做到两个地步：

第一，要值得一驳。第二，要禁得起一驳。

怎么叫做"要值得一驳"呢？北京的报纸实在太多了；一个城里有七八十种日报，谁也看不了。有好几种报，谁也不要看。这个时候，何苦又去添出一种报呢？我以为此时在北京，别无办新报的理由，只有一个理由，就是要出一个有主张的报。说一句话，做一篇文章，办一个报，至少总要有点主张，至少总要值得人家一驳。若是添出一个不痛不痒，没有主张的报，给人家随手丢在纸篓里去，或是拿去抹桌子，包豆腐干，那种报便不值得一驳了。

怎么说"要禁得起一驳"呢？单有主张，倒也不难。我可以主张张弧做总理，他可以主张讨伐西南，你可以主张卖国。但没有理由的主张，不能"持之有故，言之成理"的主张，或是不敢公开讨论的主张，都禁不起人家的一驳。这个时代的报纸，不但应该有主张，还应该有学理与见解做主张的根据。根据正确的观察，参用相当的学理，加上公开的态度，发为公开的主张，那才是"禁得起一驳"的主张了。

我的几位同事办的这个报，一定可以做到这两个地步的。也许他们还嫌我太不长进，希望太小哩。

十一，三，七

（原载《白话晚报》，此报暂未见，刊登具体日期不详）

黄梨洲论学生运动

去年在《晨报》的"五四纪念号"里,我曾说过:

> 在变态的社会国家里面,政府太卑劣腐败了,国民又没有正式的纠正机关(如代表民意的国会之类),那时候,干预政治的运动一定是从青年的学生界发生的。

我们这样承认学生干政的运动为"变态的社会里不得已的事",当时已有许多人看了摇头,说我们做大学教授的人不应该这样鼓励学生的运动。

但是二百六十年前,有一位中国大学者,他不但认学生干预政治是变态的社会里不得已的事,他竟老实说这种举动是"三代遗风"!

这位学者就是明末清初的黄梨洲先生。他的《明夷待访录》中《学校篇》说:

> 学校所以养士也。然古之圣王其意不仅此也,必使治天下之具皆出于学校。……天子之所是未必是,天子之所非未必非,天子亦遂不敢自为非是,而公其是非于学校。是故养士为学校之一事,而学校不仅为养士而设也。

这就是说,学校不仅是为造毕业生而设的,理想的学校应该是一个造成天下公是公非的所在。黄梨洲的理想国家里没有国会一类的制度,但他要使学校执行国会的职务。所以他说:

> 东汉太学三万人,危言深论,不隐豪强,公卿避其贬议。宋诸生伏阙捶鼓,请起李纲。三代遗风,惟此犹为相近。使当日之在朝廷者,以其所非是为非是,将见盗贼奸邪慑心于正气霜雪之下,君安而国可保也。乃论者目之为衰世之事。不知其所以亡者,收捕党人,编管陈欧,正坐破坏学校所致,而反咎学校之人乎?

可见他不但不认这种学生干政的事为"衰世之事",他简直说"三代遗风,惟此犹为相近"!

他又说:

> 太学祭酒(即今之国立大学校长)推择当世大儒,其重与宰相等。……每朔日,天子临幸太学,宰相六卿谏议皆从之。祭酒南面讲学,天子亦就弟子之列。政有缺失,祭酒直言无讳。

这是黄梨洲理想中的国立大学。他真是一个乌托邦的理想家!他如何能料到他著书之后二百五十八年的某月朔日,"宰相六卿"都"巡狩"于天津去打一万元一底的麻雀牌呢!

黄梨洲不但希望国立大学要干预政治,他还希望一切学校都要做成纠弹政治的机关。国立的学校要行使国会的职权,郡县立的学校要执行郡县议会的职权。他说:

> 郡县朔望大会一邑之缙绅士子。学官讲学。郡县官就弟子列,北面再拜。师弟子各以疑义相质难。其以簿书期会不至者,罚之。郡县官政事缺失,小则纠绳,大则鸣鼓号于众。

这不是行使郡县议会的职权吗?

黄梨洲极力反对官府任命校长教员的制度,他主张校长教员都由公议推举。他又主张学生应该有权驱逐一切卑污腐败的校长与教员。他说:

> 郡县学官毋得出自选除。郡县公议,请名儒主之。
>
> 其人稍有干于清议,则诸生得共起而易之,曰,是不可以为吾师也!

以上略述黄梨洲关于学生运动的意见。我并不想借黄梨洲来替现在的学生吐气。我的意思只是因为黄梨洲少年时自己也曾做过一番轰轰烈烈的学生运动,他著书的时候已是近六十岁的人了,他不但不忏悔他少年时代的学生运动,他反正正经经的说这种活动是"三代遗风",是保国的上策,是谋政治清明的唯一方法!这样一个人的这番议论,在我们今日这样的时代,难道没有供我们纪念的价值吗?

十,五,二

(原载 1921 年 5 月 4 日《晨报》"五四纪念号")

《政治概论》序

我的朋友张慰慈博士做的这部《政治概论》，虽是预定作高级中学教科书用的，其实是一般国民应该阅读的一部政治常识教科书。慰慈着手编这部书时，便认定"常识"一个标准，所以他这书里处处注重政治生活的训练和政治制度的意义。他的选择去取，都是很有分寸的：取的是必需的政治概念和制度历史；有许多今日方在试验时期中的新奇学说，往往不能不割爱。例如慰慈在美国时曾专治美国最新起的城市制度，后来即用作他的博士论文的题目。然而他在这部书里，几乎一字不提及他研究最深的这种制度。这一点就可以见他的慎重的态度了。

慰慈这部书的好处，读者自能认识。他的态度的平允，他的历史的叙述法，他的文章的平易恳切，都不消一一指出。我承他的好意，得先读此书原稿的全部；我对于此书的全体，都表示满意的赞同。内中只有一点，是我和他不能完全一致的。这一点在政治学上却也是很重要的一个问题，在今日的中国更有讨论的必要，所以我把这一点提出来作一种补充的讨论。

我要提出的就是"民治的政治制度有没有制造良好公民的效力？"慰慈在本书第七章里说：

> 有人说，好人民须由民治或共和政体中造就出来的。人民只有在民治制度之下才能得到政治上的训练，才能变成好公民。反转来说，人民如果没有执行政治的权利，永不能得到那种相当的政治训练，永没有做好公民的机会。
>
> 这样一种观念，在理论上也许是很对的，但在事实上却是没有根据的。民治或共和制度决没有单独制造良好公民的能力，

就是在那几个人民自治权力最大的国家中,政治上的弊病也不能完全免去,执政者方面也不免时有舞弊的事实,也不免时有压制被治者的行动。

我们也承认,良好的制度不能单独制造好公民;我们也承认,民治制度最发达的国家中,政治的弊端也不能完全免去。但慰慈这段话并不曾答复他前面引的那种主张。向来就是最迷信制度的人,也不至于希望单靠制度就可把政治弊病完全免去。在我个人看来,这个问题还应该分做两步讨论:第一,制度的改良是否可以革除政治上的许多弊病?第二,民治的制度是否有训练良好公民的效力?

第一,历史上的无数事实使我们不能不承认制度的改良为政治革新的重要步骤。我们不能使人人向善,但制度的改善却能使人不敢轻易作恶(中国古代法家的基本主张在此)。选举票的改革,从公开的变为秘密的,从记名变为无记名,便可以除去许多关于选举的罪恶。今日中国的选举坏到极处了;将来我们若想改良选政,一定还得从制度上去寻下手的方法。我且举一个具体的例。美国关于选举的防弊法令中,有一条规定各候选人于选举完毕之后,须正式报告本届选举所收到之选举费及其用途。这一条法令,粗看去很像没有什么用处,因为我们总以为各候选人可以捏造报告,以多报少。然而我在1912年却亲自看见纽约的省长塞尔曹(Sulzer)因为漏报了一笔选举费,被人弹劾,竟至去位受刑罚。固然"徒法不能以自行",然而好的,完密的法制实在是好人澄清恶政治的重要武器。固然奸人弄法,也可以在法律的范围之内运用玄虚;然而好制度加上好人的监督与执行,终久可以使奸人无所施其技俩。例如今日之复选制度使少数奸人得以初选当选人的名义,公然做选举的买卖。倘使复选制改为直接选举,这种买卖就不容易做了。又如今日选举之大弊在于选民册之伪造与虚报。若想革除此弊,当追求选民册所以不能不虚报的病根。现今议员名额的支配,不依县分,不依府分,各选举区彼此互相牵掣,互相鼓励为奸诈。例如我们徽州六县,若绩溪县知事按照本县选民实数报告上去,而其余五县均报虚数,那么,绩溪一县就永远不会有省议员了!故选民册的防弊,应当先从议员名额上改革起:使省议员依县区支配,国会议员依道区或旧府区支配。如此,则守法的区域不至为舞弊的区域所牵掣,而澄清选举的运动可用守法的区域作标准了。选举的改革固然仍须要有守法的公民作继续不断的监督,然而没有这种制度上的改革,就要监督也无从监督起,因为一县选民册的信实,如何敌得住同区各县的浮报呢?

第二,从民治国家的经验上看来,我们不能不承认民治的制度是训练良好公民的重要工具。民治制度的推行,曾经过两条路子:一条是一个民族自己逐渐演进,如英国之例;一条是采用别国已成之制,如近代许多新起的民治国家。无论在那一条路上,都曾有过很腐败的时代;英国在 1832 和 1867 两次选举大改革以前,也曾演出很不像样的政治罪恶。民治制度的最先进的国家也不是生来就有良好公民的;英国今日的民治也是制度慢慢地训练出来的。至于那些采用现成民治制度的国家,他们若等到"人民程度够得上"的时候方才采用民治制度,那么,他们就永永没有民治的希望了。民治制度所以有被他国采用的可能,全靠制度有教育的功用。其实这个道理很不希奇。惯用菜油灯盏的中国人,居然会用电灯了;向来不会组织大规模的商业的中国人,居然会组织大银行和大公司了。政治的生活虽然没有电灯电话那样简单,其实也只是有组织的生活的一种。这种组织的生活是学得会的。可是讲到了"学"字,就得有"学"的机会。讲教育的人都知道最好的教育是实地的学习。民治的制度是一种最普遍的教育制度,因为他是全国一致的,是有公民资格的人都可参加的。要使这个大学校办的有效,只有一个条件:就是要上课,就是不准学生逃学。我们往往说,中华民国十二年的经验究竟有了什么成绩可说?这话错了。这个中华民国政治大学虽挂了十二年的招牌,但上课的日子很少,逃学的学生太多。上课的日子少,故谈不到成绩;逃学的学生多,故还算不得正式开学。信心太薄弱的人们呵,你们且等这个学校正式开学上课之后再来批评成绩,还不迟罢。

西洋各国采用民治制度,也有失败的,也有成功的。失败的大原因不是由于上课太少,就是由于逃学太多。凡经过长期民治制度的训练的国家,公民的知识和道德总比别国要高的多。我在 1912 和

1916 两年,曾去参观美国的选举。我到了投票场,讨得了选举票的"样张",见了上面的许多姓名和种种党徽,我几乎看不懂了。我拿了样票去问在场的选民,请他们教我。我故意拣了几个不像上等人的选民,——嘴里嚼淡巴菰的,或说话还带外国腔调的,——不料他们竟都能很详细地给我解释。那些嚼淡巴菰带外国腔的美国选民,他们何尝读过什么《政治学概论》或什么《公民须知》?他们只不过生在共和制度之下,长在民主的空气里,受了制度的训练,自然得着许多民治国家的公民应有的知识,比我们在大学里读纸上的政治学的人还高明的多!

有人说,"那不过是公民知识的长进,与公民的道德无关;也许那些有公民知识的人未必都是良好的公民罢?"我的答案是:公民知识是公民道德的要素;公民知识的普及是公民德道养成的重要条件。公民的知识不充分,所以容易受少数舞法奸人的愚弄。且不要说什么了解国民天职的好听话头。单说大家都明白了政治制度的作用,都"戳穿了西洋镜",都晓得利在何处弊在何处了,那时候,作弊自然不容易了,监督的方法自然更完密了。防弊之法加密,作弊之机会减少:公民道德的进步其实不过如此。什么"人心丕变","民德归厚",都不过是门面话。要想公民道德的进步,要造成良好的公民,只有两条路:第一要给他一个实习做公民的机会,就是实行民治的制度;第二要减少他为恶的机会,使他不敢轻易犯法。

以上所说,不过是我读慰慈这部书时的一点感想。慰慈何尝见不及此?只是他偶然偏重他所谓"公意"的方面,故未免小看了制度的教育作用。我的提议也许可以有一点补充的用处罢?

十二,十一,十七
(收入张慰慈著:《政治概论》,1924 年
2 月商务印书馆初版)

《天乎帝乎》序

近二十年来，中国人士，对安南亡国的惨痛，似乎很冷淡了。有时候，少数文人也用"安南朝鲜"等字样来警戒国人，但他们说的话大都是笼统的，模糊影响的，没有证据的，所以不能使人深信而感动。现在我们得读潘是汉先生《天乎帝乎》一文，审查他列举的历史上和法律上的确证，使我们不能不深感亡国的惨祸竟有如此之烈，使我们不能不向安南的志士们抱无限的同情。法兰西民族素以"自由，平等，人类胞与"三大纲自豪，然而他们对安南人的手段真可算是人类史上的一大耻辱。我们从前读古书上说秦始皇的虐政，有什么"偶语诗书者弃市"的话，总有点不相信，不料我们倒在十九世纪二十世纪法兰西民族定的安南刑律第六十七条"二人以上商议其行为谓之阴谋"一句里寻着了这句古话的注脚了。我们很郑重的介绍潘先生的血泪文给全世界爱人道的读者。

中华民国十二年一月八日

（收入潘是汉著：《天乎帝乎》，1923年出版①）

---

① 编者注：《胡适的日记》1923年9月16日有"越南志士潘是汉先生赠送《天乎帝乎》二十册"一语，可见此书已出版，出版单位不详。

我们的政治主张

我们为供给大家一个讨论的底子起见,先提出我们对于中国政治的主张,要求大家的批评、讨论,或赞助。

(一)政治改革的目标　我们以为现在不谈政治则已,若谈政治,应该有一个切实的,明了的,人人都能了解的目标。我们以为国内的优秀分子,无论他们理想中的政治组织是什么,(全民政治主义也罢,基尔特社会主义也罢,无政府主义也罢)现在都应该平心降格的公认"好政府"一个目标,作为现在改革中国政治的最低限度的要求。我们应该同心协力的拿这共同目标来向国中的恶势力作战。

(二)"好政府"的至少涵义　我们所谓"好政府",在消极的方面是要有正当的机关可以监督防止一切营私舞弊的不法官吏。在积极的方面是两点:

(1)充分运用政治的机关为社会全体谋充分的福利。

(2)充分容纳个人的自由,爱护个性的发展。

(三)政治改革的三个基本原则　我们对于今后政治的改革,有三个基本的要求:

第一,我们要求一个"宪政的政府",因为这是使政治上轨道的第一步。

第二,我们要求一个"公开的政府",包括财政的公开与公开考试式的用人等等,因为我们深信"公开"(Publicity)是打破一切黑幕的唯一武器。

第三,我们要求一种"有计画的政治",因为我们深信中国的大病在于无计画的飘泊,因为我们深信计画是效率的源头,因为我们深信一个平庸的计画胜于无计画的瞎摸索。

（四）政治改革的唯一下手工夫　我们深信中国所以败坏到这步田地，虽然有种种原因，但"好人自命清高"确是一个重要的原因。"好人笼着手，恶人背着走。"因此，我们深信，今日政治改革的第一步在于好人须要有奋斗的精神。凡是社会上的优秀分子，应该为自卫计，为社会国家计，出来和恶势力奋斗。我们应该回想，民国初元的新气象岂不是因为国中优秀分子加入政治运动的效果吗？当时的旧官僚很多跑到青岛、天津、上海去拿出钱来做生意，不想出来做官了。听说那时的曹汝霖，每天在家关起门来研究宪法！后来好人渐渐的厌倦政治了，跑的跑了，退隐的退隐了；于是曹汝霖丢下他的宪法书本，开门出来了；于是青岛、天津、上海的旧官僚也就一个一个的跑回来做参政咨议总长次长了。民国五六年以来，好人袖手看着中国分裂，看着讨伐西南，看着安福部的成立与猖獗，看着蒙古的失掉，看着山东的卖掉，看着军阀的横行，看着国家破产丢脸到这步田地！——够了！罪魁祸首的好人现在可以起来了！做好人是不够的，须要做奋斗的好人；消极的舆论是不够的，须要有决战的舆论。这是政治改革的第一步下手工夫。

（五）我们对于现在的政治问题的意见　我们既已表示我们的几项普通的主张了，现在我们提出我们的具体主张，供大家的讨论。

第一，我们深信南北问题若不解决，一切裁兵，国会，宪法，财政等等问题，都无从下手。但我们不承认南北的统一是可以用武力做到的。我们主张，由南北两方早日开始正式议和。一切暗地的勾结，都不是我们国民应该承认的。我们要求一种公开的，可以代表民意的南北和会。暗中的勾结与排挤是可耻的，对于同胞讲和并不是可耻的。

第二，我们深信南北没有不可和解的问题。但像前三年的分赃和会是我们不能承认的。我们应该预备一种决战的舆论做这个和会的监督。我们对于议和的条件，也有几个要求：

（1）南北协商召集民国六年解散的国会，因为这是解决国会问题的最简易的方法。

（2）和会应责成国会克期完成宪法。

（3）和会应协商一个裁兵的办法，议定后双方限期实行。

（4）和会一切会议都应该公开。

第三，我们对于裁兵问题，提出下列的主张：

（1）规定分期裁去的兵队，克期实行。

（2）裁废虚额，缺额不准补。

（3）绝对的不准招募新兵。

（4）筹划裁撤之兵的安置办法。

第四，我们主张裁兵之外，还应该有一个"裁官"的办法。我们深信现在官吏实在太多了，国民担负不起。我们主张：

（1）严定中央与各省的官制，严定各机关的员数。如中央各部，大部若干人（如交通部），中部若干人（如农商部），小部若干人（如教育部）。

（2）废止一切咨议顾问等等"干薪"的官吏。各机关各省的外国顾问，除极少数必需的专家之外，一律裁撤。

（3）参酌外国的"文官考试法"，规定"考试任官"与"非考试任官"的范围与升级办法。凡属于"考试任官"的，非经考试，不得委任。

第五，我们主张现在的选举制度有急行改良的必要。我们主张：

（1）废止现行的复选制，采用直接选举制。

（2）严定选举舞弊的法律，应参考西洋各国的选举舞弊法（Corrupt Practice Laws），详定细目，明定科罚，切实执行。

（3）大大的减少国会与省议会的议员额数。

第六，我们对于财政的问题，先提出两个简单的主张：

（1）彻底的会计公开。

（2）根据国家的收入，统筹国家的支出。

以上是我们对于中国政治的几个主张。我们很诚恳的提出，很诚恳的请求全国的人的考虑，批评，或赞助与宣传。

十一，五，十三

提议人　　职业

蔡元培　　国立北京大学校长

王宠惠　　国立北京大学教员

罗文干　国立北京大学教员

汤尔和　医学博士

陶知行　国立东南大学教育科主任

王伯秋　国立东南大学政法经济科主任

梁漱冥　国立北京大学教员

李大钊　国立北京大学图书馆主任

陶孟和　国立北京大学哲学系主任

朱经农　国立北京大学教授

张慰慈　国立北京大学教员

高一涵　国立北京大学教员

徐宝璜　国立北京大学教授

王　征　美国新银行团秘书

丁文江　前地质调查所所长

胡　适　国立北京大学教务长

（原载1922年4月25日《东方杂志》第19卷第8期，见"最录"栏，又载1922年5月14日《努力周报》第2期，又载1922年5月15日《晨报》，又载1922年5月18日上海《民国日报·觉悟》副刊）

附录　关于《我们的政治主张》的讨论

1　我们平常在言论上或实际上主张救中国的第一步在于政治改造；在此唱高调的智识阶级，麻木的一般社会里面，每每痛恨大家无真正觉悟。日前在《努力周报》看见《我们的政治主张》一文，想先生们多是教育界"清高事业"的人，从前或宣言"不作官"的，或信仰社会主义的，现在竟然"平心降格的公认'好政府'一个目标"，主张"为自卫计，为社会国家计，出来和恶势力奋斗"，和我们不约而同，这实在是思想界一大转机，使我们抱无限的希望。

有许多言论，对先生们的主张怀疑的，我们都认为理由不充分。有人说"要从社会改革入手，否则政治改革是基础不稳固的"，我们可以反转说，"要从政治改革入手，否则社会改革是事倍功半的"。原来好社会和好政治，互为因果，不能绝对划分。譬如鸡与鸡蛋一样,有鸡能生鸡蛋,有鸡蛋也能孵鸡。况且在中国现在特别情形之下,政治事业尤其是社会事业的工具。政治好,能够用政治的机械力,增进社会事业的效率;政治糟,什么都不好办,至少要减少几分可能性和速率。财政破产对于教育,内争政变对于民生的影响,就是眼前好例。最好双方分工并进,殊途同归。……

所以我们以为这些怀疑都不成问题。我们对于(一)政治改革的目标(二)好政府的至少涵义(三)政治改革的三个基本原则,非常佩服;且相信"今日政治改革的第一步在于好人有奋斗的精神"。但还有一个问题,你们没有明白告诉我们的,——还是取革命手段呢?还是取改良手段呢?还是先破坏后建设呢?还是在恶基础上面建筑"好政府"呢?

我们平素相信政治的彻底改造在平民革命。经十一年来的教训,大家都已觉得中国已到千疮百孔的病境,头痛医头脚痛医脚,不彻底的和平改良,如今已经山穷水尽。政府的改良政策是门面话;人民的改良要求是纸老虎!现在不好再请愿裁兵废督,希望国是会议,只有合全国的平民,下牺牲的决心,作最后的决斗。我们主张的革命,不是利用那位军阀拉拢那系政客的革命,是要全国平民自觉自决的革命;不是革那个人革那一系的革命,是要革不良制度革不良政治的革命;不是和恶势力调和苟求速成的革命,是要先全盘破坏后分工建设的革命。这是我们平日组织的信条,努力的目标。

再进一步,我们相信平民革命的奋兴剂,一面是"到民间去",一面是手枪炸弹。中国五千年的历史没有"国民运动"、"阶级斗争"一回事。到如今政治的本能,潜伏麻木不仁,非一面"到民间去",提高他们的智识,一面用手枪炸弹,刺戟他们的情感,单用那种极丑极臭滑头的投机的手段——新华门前的请愿,中央公园的开会,打通电发宣言,——出风头有余,奋兴人民不足。现在对于腐败政府,一时不能达到法国对付路易、英国对付查理的办法,也要采取俄国对付亚历山大、日本对付原敬的手段。无论成败,至少可以奋兴一般社会。这种手枪炸弹同"到民间去"的先锋队就是我们一班有完全人格,清楚头脑,牺牲胆量的青年。

我们也承认这种主张是很危险的,代价极大的。但想不出别的方法较安全较和平,而能够有同样的效果,可以认作救中国走得通的最后一条路。你们的主张大概倾向和平一方面的,不知道有没有一定走得通的把握和信心。倘使用最小的代价能够得最大的效果,谁不乐意?关于此点,你们如能给我满意的解释,我们当然极愿牺牲成见,服从你们的主张,并且劝导各地的同志转变努力的方向,对于你们的主张,或者有几分贡献。我们很热诚的等待你们的教训或在《周报》上进一步的宣言。

王振钧　郑振夏
殷　钺　许孝炎
李　俊　林之棠
董秋芳　陈　凯

（答）　对于你们提出的重要问题,"还是取革命手段呢?还是取改良手段呢?还是先破坏后建设呢?还是在恶基础上建筑好政府呢?"我们可以用你们自己的话来做答案:"最好双方分工并进,殊途同归。"可改良的,不妨先从改良下手,一点一滴的改良他。太坏了不能改良的,或是恶势力偏不容纳这种一点一滴的改良的,那就有取革命手段的必要了。本来破坏与建设都不是绝对的相反,他俩的关系也有点像你们说的鸡蛋与鸡的关系;有时破坏即是建设,有时建设即是破坏,有时破坏必须在先,有时破坏自然跟着建设而来,有时破坏与建设同时并进,等到鸡蛋壳破裂时,小鸡也已下地了。况且人各有偏长,而事业须合众力。烧房子有时要人做,收拾颓椽剩瓦也要人做,打图起屋也要人做。我曾说过:

　　君期我作玛志尼,我祝君为倭斯袜。
　　国事今成遍体疮,治头治脚俱所急。

我们对于国人的宣誓是:

　　各行其是,各司其事。

再者,我们很诚恳的替你们指出"到民间去"四个字现在又快变成一句好听的高调了。俄国"到民间去"的运动,乃是到民间去为平民尽力,并不是到民间去运动他们出来给我们摇旗呐喊。"到民间

去"乃是最和平的手段,不是革命的手段。　　　　　　（适）

2　本星期的《努力周报》上发表了一篇蔡孑民、王亮畴诸先生的《我们的政治主张》。蔡先生们开口第一句就说"我们为给大家一个讨论的底子……",所以他们以下所说的话都是言简而意赅;其中说得不周到的地方固然是很多,要在我们读者能够体贴言外之意罢了。以我看去,他们第四节（政治改革的唯一下手工夫）里所说的本来没有什么问题,但是这两日看到几篇批评的文章,大概都在这个地方起疑问,如《晨报》上止水君的《政治主张底根本疑问》和《益世报》上一篇未署名的社论。蔡先生们对这些疑问的答复究竟怎么样,我虽不得而知,但是依我自己的意思,这种疑问,可用下列几层逐项解答:

（一）一般民众与政治改革

怀疑《政治主张》的人大概都说太侧重于好人而忽略一般的民众。我想这个忽略恐怕是文字的,不是意思的;蔡先生们一定不会说好人可以不顾民众而去改革政治的。但是我主观的眼光以为这里边还有一个真理在内。政治改革是以民众为凭藉乃是当然的;好人想和恶势力奋斗是要唤起民众的觉悟,得民众的援助,也是当然的。可是民众到了什么程度才叫做觉悟,到什么时候才会援助,真是难说得很。在一个为恶势力所支配的社会中间,一般的民众都是天天过那"从手到口"的生活;他们的脑经是麻木的,痛苦之极以致失了痛苦的感觉。什么是恶势力,什么是他们痛苦的原因,他们自己都不知道的。你看那些关外健儿还替大帅打天下呢;穷乡僻土的老百姓还天天馨香祷祝希望出"真主"呢。好人们——有智识阶级中之良善分子——如要等他们的觉悟,等他们来援助,才敢下手去做,那真是"俟河之清人寿几何"! 老实说起来,一般民众是永远不会觉悟的,永远不敢和恶势力奋斗的,除非你好人们挺着胸子冲锋陷阵的打头去做,予他们以具体的刺激,破他们长久的魔梦。你看,假使没有学生的五四运动,一般的民众那里还晓得有卖国贼这回事呢？可见民众的觉悟是以好人的奋斗为前提;你们如果都叉起手来不敢动,单说我要等民众的觉悟,那末你就等一百年民众也不会觉悟的。这不是我看不起民众的话,乃是社会上实际的情形;也并不止中国国民是这样,世界上各国都是差不多。我们看看西洋史就可知道的,那一次的政治改革不是少数的智识阶级作先锋呢?所以我希望全国的好人们只管大胆的去做;只要你宗旨纯正,适合全国的需要,一般民众自然会跟着你走。你们切勿拿那迂远之谈先把自己的脚绊住,让恶势力逃走去了。你们须知道政治改革的担子是全个落在你们的肩上!

(二)怎样才配称好人?(此节删去,仅留定义。)

　　……凡私德纯洁的有智识者,能用牺牲的精神,作负责的行为,就是好人。

(三)好人怎样结合?

　　那末,好人怎样结合起来和恶势力奋斗呢?这问题我以为须分平时和过渡时两种讲法。平时好人在政治方面的结合即是"政党"。政党在民治国中自然会发生的,好人要参预政治,自然也离不了这种工具,但是政党须负有两个责任:(1)守法。政党的竞争无论如何激烈,总要在合法范围之内。中国政党所以被国民唾骂,就在于他们出乎法律轨道之外的举动。譬如民国六年的解散国会这件非法事体,的确也为某政党所主张。这实在是中国政党史上之污点;我希望以后的政党能够大大的涤刷从前的过失才是。(2)养成政治上的良习惯。国家内一部宪法本是死的东西,其运用时全靠良善习惯的辅助。一国政治习惯的良否,全视政党程度的高下以为断。我希望中国宪法完成之后,各政党都能互相了解的采择欧美先进国政治上的良好习惯,为后来政治家的模范;这是于国家前途有莫大之福利的。否则,大家都舞文弄法的捣鬼,造成许多恶例,贻害于后昆,那真是中国的大不幸了!所谓好人的结合更须于此处三致意焉。

　　现在我把话说得太远了,我们所急要知道的,是在这过渡时——即改革时——好人应该如何结合。我以为过渡时的结合和平时的结合有一根本不同之点,就是,平时的结合宜于"分",过渡时的结合宜于"合"。这话是怎么讲呢?平时,即国家政治已入轨道以后,一国内不妨有两个或两个以上相反对的政党,时常作对抗的运动以维持政治的均衡。在过渡时,却万万不可有这个现象。过渡时好人结合的目的是为打破恶势力,是为驱除国民的公敌,并不是想推行详细的政策。所以结合的目标越简单越好,切不可把枝节问题夹杂其中,以致互相纷争,反为恶势力所乘。结合的范围也是越普遍越好。凡从前历史上的关系,此时都应该暂时把他抛开,一同向公共目标上射击才是。等到改革的事业成功了,然后再依政策的不同而分离,这是可以的。此外还有尊重反对的意见,也是很重要。我看好人们往往因一时意见的不同,即互指为恶人,以致自相排斥,自相攻击。天下最可怜的事是好人自杀好人。作政治改革运动的好人们可不留意么!

我的意见已经说完了;归结起来,我以为现在中国的政治改革是完全要国中好人挑肩子。好人是以私德为基础,以牺牲负责为职志;在改革时是以普遍的大结合为手段。最后还有句附带的话,作改革运动的人切不可犹豫不决,书生气不可太重;看时机到了,就大胆的去做,万不可瞻前顾后。空论也是少发才对,要多留些工夫谈谈实事。

梅祖芬

3 (用著者最后修正稿)

……现在我们的国家,算是坏到极处了。说到彻底的责任,却是人民放弃的过错。在智识阶级的人民,过错更大。我看现在教育界的一般心理,都把教育当做机械的事业,对于政治上面,大有相戒不愿过问的趋势。有说政治污浊不屑过问的,有说教育事忙不暇过问的。这种说法,都很不对。因为社会里面的事业,没有不受政治支配的。说到政治彻底的功用,就在维持一般人民合理的生活。在教育界对于政治的责任,一面是要培养人才澄清政治,一面是要运用政治走入正轨,还要把最明快的眼光时时注射政治上面,运用政治的实力,改造社会的境遇。这个运用,并不限制定要投身政界。如有应该监督的地方,努力监督;应该指导的地方,努力指导。好比五四运动,不是很有成效么?你们都是教育界的人物,忽然发表几个政治的主张,算是智识阶级的人民自动的来负责任。有了这个消息,必定影响很大。希望你们拿出一副奋斗的精神,继续运动不断,把那些政治上面的妖魔鬼怪扫得干干净净。你们的好政府主义,就可实现出来。这话我且搁下,再把批评的意思,分做三项说说。

你们第一项的主张"要求一种公开的可以代表民意的南北和会"。究竟和会如何组织,你们没有说及。我看这个用意本是极好,但事实上面,很难成功。你们既说从前的分赃和会很不赞成,现在南北当局绝无一点进步,纵令再开和会,也是同从前一样。从前和会因为分赃不清,所以没有结果。现在不要分赃,更无办法。前年和会初开的时候,我就发表"南北问题意见书"两编,断定和会无效,并且预料种种分裂的情形。现在都已实现了。那时我的意思,并非反对分赃,确是料得和会里面简直没有分清赃物的好法。因为分赃的阶级层出不穷,反到惹起许多纠纷,很难应付,到把和会做了一个招摇的广告,没有丝毫的好处。你们主张和会不要分赃,我看和会里面除开分赃以外,没有他事。决不能够依照我们研究学术的情形,各人拿个真实的见解,平心静气的讨论。因为南北问题,本是分赃主义。现在我们既无神术感化他们,又无特别力量屈服他们,只好拿个分赃的手段做成统一的条件。如果能把几个最大的条件分途协商定了,就统一了。那些废督裁兵的种种问题,等到宪法成功,再行依法解决,尽可不必再开和会,惹起纷争。因为政治上面总要顾全事实,离题太远,无异高说学理,决不能够解决现时的政争。现在不谋统一则已,如果要谋统一,不得不把不能统一的症结仔细考虑。近日伍博士发表西南惟一的条件,只要承认孙大总统,其余的事情,好商量。依这样看来,西南分赃的盘子,算是已经开了。北方的情形,也就很易推测。你们主张丢掉分赃的办法,来说正义公道,理论上是很不错,但是完全落到高调,这个统一的事实,怎么能够做到呢?

你们第二项的主张,一在"要求和会协商召集六年解散的国会",一在"要求和会责成国会限期制宪"。恢复国会制宪,我到极端赞成。但是尊重法统,要恢复国会。既要恢复国会,就要恢复合法的政府。这在南北当局协商妥定,承认国会自由集会,自身地位就应同时取消。说到这个上面,如果不把分赃的盘子说得清楚,还是不能恢复。即令勉强恢复，议员资格问题争执不了，还是不能开会。总要各方面诚心统一，不再借题为难，才好办理。说到法律问题，应该严格的尊重关于法律范围的事情，必要国会自身解决，不容有他人说话的余地。六年政府解散国会以后，乱子闹到于今。大家认做违法的举动，才有恢复的主张。既是恢复，本有自由集会的权限。至于国会任期本有一定。他在任期以内，行使职权，自然也会制宪，决不能够再受他种"太上机关"法律的拘束。你们主张和会协商召集，并限期制宪，既不合法，事实上也难做到。依我的推测，国会问题，恢复很易，开会很难。你们仔细考虑一番，才晓得这个法律的纠纷，比较总统问题，更难解决。解决纠纷的要着，本在制宪一宗，其余的事情尽好容纳宪法里面解决。好比督军一职，如果宪法里面没有督军，督军自然废了。宪法里面要自治，自治事项，自然行了。依这样看来，我们和平统一的运动，只有制宪的一条大路。如果国会能够开会，制成宪法，这就很好。万一国会不能开会，就要想个救济的方法。我看恢复国会本是统一条件之一。开会的时期，到要声明限制。最好适用国会开会的法定时期，以四个月为满限，按照宣布集会之日起算。这种期限的性质，绝不大侵及法律范围，比较你们主张的国会限期制宪有区别。并且一面敦促法律问题早日解决，一面免得制宪延期。若是过期开会不成，应该另行组织机关限期制宪。总要宪法早日制成，就可根据宪法，组织统一政府。什么纠纷都解决了！你们第三项到第六项的主张，都是宪法里面包含的事实，最好拿定有系统的合理的主张，具体开列条件，供给制宪机关的采纳。好比第三项裁兵问题，如果宪法里面军制定好，那些多余的军队，自然裁了。第四项官制问题，主张裁减冗员，废止咨议顾问等等，这是预算里面的事情，只要预算确定，那些空人自然裁了。第五项选举问题，内有一个主张"大大的减少国会与省议会的议员额数"，这是议会制度里面的一个问题，应该先把议会制度的主张确定，才好说到额数上面。第六项财政问题，我到很想讨论，但是你们的两个主张，无乃大简，不好怎么说法。

综合以上四项问题，大体却很不错。但是内容不甚完备。此外还有许多的重要部分，你们都没有说及，反到挂一漏万。总而言之，现在国内的政治要从根本着想。依我的意见,定要运用国民共同的心理,对于各方面实力的重心,还是要把分赃的手段,交换一个良好的宪法。……

罗正纬

（答） 罗君的批评的第一项说,"和会里面除开分赃以外,没有他事"。我们所以主张一个"公开的"和会,也正是为防止分赃。究竟大前年上海和会的分赃,是谁的罪过？我们说,是国民的罪过。国民容许他们躲在德国总会里,关起门来分赃,那么,他们不分赃,更待何时？如果我们老百姓们起来想想,究竟南北何以不能统一,究竟他们争的是什么鬼问题,究竟我们老百姓对于这些问题愿意怎样解决,——如果我们起来用决战的舆论来监督他们,如果我们不准他们鬼鬼祟祟的分赃,如果我们用手枪、炸弹、罢工、罢市的方法来对付他们,他们敢说"不要分赃更无办法"吗？

对于他的第二项,我们赞成他的"以四个月为满限"的办法,也赞成他的"过期开会不成,应该另行组织机关,限期制宪"的办法。其余他说的"合法不合法"的问题,我们请他参看《努力周报》第三期里张慰慈君的《制宪问题》。

对于他的第三项,我们觉得罗君对于宪法的效能,未免太迷信了。他在前条说,"如果宪法里没有督军,督军自然废了。"在此条里他又说,"如果宪法里面军制定好,那些多余的军队自然裁了。……只要预算确定,那些空人（冗员）自然裁了。"我们不信这种"自然主义",所以希望大家仔细讨论,提出具体的主张,用奋斗的精神去督促这些主张的实现。

（适）

4 对政治的主张,我顶表同意的,就是从南北议和下手。正和同志谈及此,兄书恰到。现在许多人讲恢复旧国会,要是南方不同意,也是白讲,况且一定恢复不成。选举法实有修改的必要。现在中国并不是没有优秀分子为全国所仰望能解决国家大问题的,但是照现在选举法,吾敢断言这种人决不会当选。只是你们所讲几种方法,"大大的减少名额",吾绝对赞成。其余两条,是否即可以达到使优秀分子当选的目的？还不敢说。但是吾并没有反对这主张,不过觉得还不够就是了。什么样才够？此刻也说不出。

黄炎培

5 《我们的政治主张》有些意见,我很同意；有些我不赞成。比如南北和会一层,就是叠床架屋,尽可不必。因为我们现在只希望恢复旧国会。假如果能办到此层,就算回复法统,别的就不必再生枝节了。我现在很忙,等我下次再写信和你讨论。

（秋）

（答）"秋"君这一段,与上面黄君来信的第一段可以互看。我们认和会应该在国会召集之先,也是因为南北不议和,旧国会的召集恐怕还只是一部分的国会,将来两个"半身不遂"的国会还是要争的。这是第一层困难须解决的。况且我们不赞成"武力统一"之说,不愿意江西再演出去年的两湖的战祸。若要免去战祸的延长,我们认和会为最正当的办法。这是第二层困难须解决的。

从前南方单独召集国会,已失败了。现在北方单独召集国会,能保不失败吗？

我们要一个统一的国会,我们又不赞成"武力统一",也不赞成一方面先行召集,然后用多数来压迫非常国会的少数。因此,我们主张和会为第一步,召集国会为第二步。

（适）

6 …………

我读这篇文章的快感,不但因为含有"切中时病","对症下药"的原素,尤因为他有切切实实的具体主张,什么召集旧国会呀,开代表民意的南北和会呀,"好政府"的最少的涵义呀……都是平易显明实有完全办到的可能。我是绝对赞成的,而且愿为极力的宣传。

不过我对于"可以代表国民的南北和会"的议和代表的人选问题,有一点意见。就是这个和会代表由两方的政府派出来,能否保定他们不取"分赃"的方式?能否保定他们真为代表民意?能否保定他们不蹈前次的覆辙?倘使这几个问题的答案不幸而肯定的,那么事实上果然是多此一举,或反因此而闹出什么乱子来,也是说不定的。这不是我们白白地牺牲了尽力鼓吹的一番苦心么?据我的私见,以为我们国民将来对于这个南北和会,当立在超越的地位,换句话,就是我们当拿出主人的态度去监督或调解这两个失欢的仆人。开会的时候,我们国民应该推出在国内办有教育上或实业上特殊的成绩而为国民所信仰的优秀分子,列席主听,他们两方所提出的条件,完全须从"有益国民"、"不图私利"八个字上立脚。谁能顾念或服从国民的意志者,即认其为有议和的诚意。……据我个人的思量,这层能够办到,其余问题,都能迎刃而解了。但我是没有学问的人,本不配来插嘴,但据诸先生所说的:"很诚恳的请求全国的人的考虑,批评或赞助与宣传"的话,就以全国的人的一个的资格来说几句不配考虑不配批评或不配赞助与宣传的话。

董秋芳

7　恶政治的压迫,逐渐加增,于是平日不大谈政治的蔡元培诸君亦"平心降格"的,提出《我们的政治主张》来,发表在《努力周报》上,要求大家赞助。据我见着的,已经有止水君的《政治主张底根本疑问》(5月16日《晨报》)。我以为这个问题,是中国人都应该平心讨论,别管取何种态度,要达到一个大家相同的希望,便是:

　　只要承认现行政治方式先须把现在的恶政治换成个比较的良政治。

蔡君等主张,是不论抱持何种主义,现在只好先求一个"好政府"。止水君的疑问,是不反对这种主张,但要问个"好政府是从那里来"。由是可见"好政府"的目标是相同的。

至于蔡君等的具体主张,自第一至第六,大体上是多数人公认的,暂且不必深究。只要先求得一个好政府,这几件事,便十九都可办到。于是便不能不先表同情于止水君,问

　　好政府是从那里来?

但是止水君认为不从民众下手，以外便都是绝对不可能的事，"万万不可而且万万不能"，"缘木求鱼"。此间颇有讨论的余地。

"好政府从好民众来"，这种理论，是谁亦不能否认的。果能如止水君所说，一国中都是"有自觉心与活动力"，"有气有力有出息"的民众，自然不会有不好的政府。但是此间我亦发生了疑问的疑问，请问

这有自觉心种种的民众又从那里来？

于是不约而同的，都看到还须从所谓"优秀分子"所谓"好人"上着想。第一步下手工夫，便是大家起来"和恶势力奋斗"。这种说法，亦是谁亦不能否认的。不过一方面急于求个好政府，一方面要始终向群众上寻根本。但是理论如此，必如何教他能够成为事实。在当下的中国政治方式里比较着可能性较大，我极盼大家都像蔡君等姑且放低一步，平心降格的，来把这件事做成功。今天我的意见便从此处加入。

我的主张，向来是不专唱一字调的。所以对于蔡君等此次提议，先有一大部分表同情。中间稍有考虑，便见着止水君的疑问，亦有一大部分先得我心。今且把大家相同的要点列出，作为确定的目标和应取的手段：

"好政府"、"优秀分子"、"好人"大家起来向恶势力作战。

可见好政府的目标相同，不论采取何种方法，而所谓优秀分子好人者，必须起来奋斗亦相同。那末便可再进一步，讨论这好政府到底如何成立，一般优秀分子好人如何会起来奋斗。……好政府如何建设。救急的方法，自然是优秀分子好人大家出来努力。……只要少数大资望大名声的好人肯出来奋斗，那次一等的许多好人，一定会都振作起精神来；而且便是稍微可好可不好的人，只要有好人领袖起来，一定亦会变好。这段说法，必有人笑我不成话，然而事实是千确万确，不会错的。……既是优秀好人，没有个不愿意替国家社会努力的；不是不能和不敢，是从前舆论不给他帮忙。大家不是要造成"决战的舆论"吗？请先造成这"不肯为国家社会努力便不是好人"的舆论。先向少数的优秀好人着想，比向一般群众着想容易的多。有了

强健的舆论立在他背后,好人是没有不肯努力的。要紧的是怎个奋斗法。

假定现在的政府,公认为恶势力的政府,好人起来,要和他决战,当然他不肯老老实实的便自认失败。上至最高权的政府,下至一个站岗的警察,凡是负政治上责任的,都应当教他同时改善。——不必一定都取而代之,我们的目标只要个比较的"好",——然而他不肯改善,或是不能改善时,对待的方法,只有两种,一"请愿",二"革命"。

革命不论成功和失败,内中总含有多量的危险性,——革命造革命,——但有一线他种可走的路,不愿用这种最后手段。请愿亦不止上书上条陈,凡避去革命手段,以求改善政治,都可说是请愿。固然能如止水君所说,一国中有了均齐的民众,这两种方法都可不用。今天既用历史式的顺序来讨论政治问题,——由优秀好人组织好政府,——惟有用革命的精神,参加到请愿方法里。先打定一个"能够改善一部分是一部分"的决心,用渐进方法,以达最后目的。——一切革命都是请愿不遂激成的,亦不能第一步便从革命起手。——这种方法,比较着还是多数的优秀好人所优为的,而且可能性较多。比方对于一种政治,今天求他参加一部分我们的意见,明天再参加一部分;今天请他改善一件事业,明天再请他改善一件;只要参加一点,照办一件,继续不懈至于完全改善,这种办法,可得以下的实验:

只要好人肯大家努力,努一分力准见一分的效点。

我想一定有人批评我这主张太没出息。我以为大家不谈中国现在的政治则已,不希望中国的好人出来则已,要是还想望好,只有这种办法,或者还可以把大家的主张实现到真正人民切身苦痛的政治上。若是一下子把这样的中国,想从理论的谈判,以为可以实现,那就还须等到二百年后再讲。不如从可能上大家下手作改善一点是一点,虽然效验很慢,然而总比任凭那恶势力依旧胡闹强得多。退一步说,能够先得个蔡君等所说的那民国元年的"新气象",亦比连新气象没有还好。今且假设一个比方:

比方财政,大家都说潘复、张弧等等是恶势力,要和他决战,可是你有什么法子战胜他？若说暂时莫要管他，等着我们有了"有自觉心有活动力"的民众，自然他站不住，恐怕到那时间，已经把中国给他弄完了。不如大家想法子，一齐努力，先换个比张弧等好一点的，虽然离我们的目标尚远，然而总可说是有益无损。

若就我一个人的意见，我总觉着这样的中国，大家作了这些年的孽，便应该受这样的罪。以后先求个别再作孽，或者可以少受罪。不论你有高过太行的理想，一下子想完全变好，大概是不容易的事。只要先实实在在的，用真诚的力量，一步一步的大家向好处走。所以我看蔡君等的降格，还降的不客气。我比蔡君等更降一格，但还赶紧先达到以下的目的：

便是不能得"好政府"，亦要先得个"不为恶"的政府。

人便不肯自己奋斗，亦要别说别人奋斗不好。

所以我的主张是

不要《红鸾禧》的嫁妆那样好，就只要得到一点点真东西。

十一，五，十八　韩补青

8 我对于先生等新发表的政治主张，极端赞同。但是我以为应当再进一步，组织团体，为大规模之宣传及运动，务期将来以民众之势力作实现这些主张的后盾。关于进行的办法，我以为可即由先生等发起组织一个"国民政治改良促成会"，联络同志，先在北京成立，然后再向津、沪、汉等大都市地方猛力宣传，并且多多联络工人商人，大家出而主张。将来最后手段，即罢市罢税，亦无妨也。

何恩枢

9 读5月15日的《晨报》转录《努力周刊》这篇文章，我心里非常感动，一方面因为中国的政治已是糟到不堪的地步，好人不但是笼着手，而且是闭着口。当这个时候，忽然发现这样一篇堂堂皇皇的政论，末后署名的又都是南北两京负有时望的学者；这无异于黑暗之下，忽见一线曙光，怎令人不起愉快之感！

但是在又一方面，我还觉得他们并未有彻底的办法，他们既看出"好人自命清高确是一个重要的原因"，既而又说"因此，我们深信，今日政治改革的第一步在于好人须要有奋斗的精神"。前一段亦曾说"我们应该同心协力的拿这共同目标(好政府)向国中的恶势力作战。"但全篇终没有说出怎样奋斗怎样作战的一个方法。读至末了一句，只说"……我们……很诚恳的请求全国的人的考虑，批评，或赞助与宣传"。这可见得他们发表这篇《政治主张》只求得人们的同意和教人们知道这些主张，并未曾明白指示好人怎样的联合起来与恶势力作战。这是一大缺点。

我想这篇主张，除"南北协商召集民国六年解散的国会"一条以外(此层因不关要旨，姑不具论)，其余均是人民大多数的心理。所以目前最紧急的问题，乃在于如何而后"我们的政治主张"才可以实现。若仅凭宣传，则五年，十年，甚至二十年以后仍然无济于事，这可断言。如裁兵问题可以说是宣传已久，举国之人几皆明其意义，然何以至于今日还未能成为事实？他们必答"我们深信南北问题若不解决，一切裁兵……等等问题都无从下手"。这是一个很有理由的答案。一般人在南北问题未解决以前便希望吴佩孚实行裁兵，原是做梦，然亦可见在此时期以前，虽竭力宣传，亦必无甚效果。但是我并非说宣传的方法毫无效果不应采用，宣传有时可以唤醒民气，且亦是群众运动中之一不可缺少的要素。不过仅凭宣传，终觉是学者的态度而不彻底。所以我于因得曙光非常高兴的时候，急忙写出数语，用以盼望《努力》诸先生再进而教我们怎样的同心协力，怎样的奋斗，及怎样的与国中的恶势力作战。

现在我且将我做这篇文章的主旨略说一句。我希望《努力》诸先生不仅仅努力于宣传，而抱绝对牺牲的精神，从事于政治运动。质言之，即诸君既有一个共同目标，——好政府——何妨就由诸君发起组织一个"好政府党"？若是徒有议论，没有具体的组织，则我恐怕这些主张只是空谈，未必能有实现的一日！质之诸君以为何如？

程振基　十一，五，十五灯下

（答）以上两篇，何君劝我们组织一个会，程君劝我们组织一个好政府党。这个问题，我们现在还不能有简单的主张。前面梅祖芬君的来稿，对于这个好人结合的问题，也有很好的观察。他以为平时的政党不妨分，而过渡时的政党应该合。这个意思是很对的。欧美各国的政党，当欧洲大战时，都能牺牲党见，同心向国家的公敌作战。我们党的这十年的民国史上，政党的狭窄态度，彼此不容忍对方的主张，专闹意见，确是大乱的一个大原因。我个人以为现在只希望大家能持一点历史的眼光，认明从前许多争执的无谓，用忏悔的态度，大家一齐朝着"好政府"的一个平凡的目标上做去。此时的最大需要在于宣传这个平凡的公共目标，叫大家认清我们的公敌是恶势力的恶政府，我们的责任是向这恶政府作战。这就是我们的大党了。至于国会恢复之后，向来的政党政治自然回来，我们在此时和最近的将来，都应该处于中间人，公正人，评判员，监督者的地位。至于将来政治上轨道之后，具体主张上的不同或者使我们不能不造政党，那可是另一问题了。这是我个人此时的意见，不及征求各位提议人的主张，也许他们未必都赞同此意。

（适）

10 5月15日《晨报》上登了蔡孑民先生等所提议的一篇《我们的政治主张》，我拜读一下，是很表同情；但是提议人已允许别人来讨论这个问题，现在就将他们所主张的具体办法中第四项的"裁官"一项，我把我的意见，来分项讨论一回。

第一　裁员

甲　积极的

他们主张"严定中央与各省的官制，严定各机关的员数，如中央各部，大部若干人（如交通部），中部若干人（如农商部），小部若干人（如教育部）"。但我主张：

（一）中央与各省的官制，除与裁官办法有抵触的，应该修正外，一律仍旧。因为官制所定的，多半是机关底组织和权限，修改与否，乃是政治和法律问题，与裁官丝毫没有相关。即使官制中也有官名和缺额的规定,但是为实现机关行动起见,这种缺额,也是机关应有的;况且现在的"官满为患",其病根都不在于实缺,而在浮额和兼差;裁官底目的,也不在于废官,而在于罢闲官。所以我主张现有各机关官制,可以不必变更。所谓与裁官办法有抵触的是什么? 就是:

(a)凡官制中已明定实缺而没有限定人数的(如院秘书厅的主事),应一律额定。

(b)凡官制中已有"因事务之必要得酌用办事员"一条(如国务院所辖各局官制等),都应该酌加修正,明定员额,以扫除"得用无限办事员"的流弊。

(c)京内外各机关,凡没有官制或已有官制而没有明定员缺的,除机关本身应该裁撤不计外,都应该分别补订,以示一律。

(二)大部中部小部的区别,可不必管他;因为现在各机关官制关于人数一项,已经无形中有这种等差,我们维持他的官制,就可明认他的区别。以下就是明证:

(a)大部(如交通部)佥事四〇　主事一一〇

(b)中部(如农商部)佥事三二　主事五〇　(十年初官制)

(c)小部(如教育部)佥事二四　主事四二

(三)各机关官员额数,以其官制所定的及考试分发的为限;惟遇必要时,得酌添办事员,但仍不得超过其官制上实缺之半。官制既明定员缺,那官员自应以此为限。惟事务殷繁的和实缺稀少的机关,有时恐怕办事上还不行,所以再加上实缺半数的办事员,去调和他的缓急,而别方面因有这个限制,又有节经费,杜钻营,私人不易引用,舞弊无从通同种种的利益。

乙　消极的

他们主张"废除一切顾问咨议等等干薪官吏,各机关各省的外国顾问,除极少数必需的专家外,一律裁撤"。我以为还没有彻底,最好是,京内外各机关永远废止:

(一)顾问,咨议,差遣等。(名誉职则可)

(二)调查员。因为各机关所设的调查员,都是拿干薪的,并为报销调查费作弊的发源地,无论那里,应该一律裁撤,万一有实际的必要时,正可派员兼充。

(三)超过官制缺额半数以上的办事员,不论他名称是参事上秘书上佥事上主事上行走任事或办事等等。

(四)除少数专家以外的外国顾问。

第二　裁机关

(一)京内外没有官制的各种机关,除少数必要的许他补订官制外,一律裁撤。裁官原是重要,而裁撤饭桶机关,比裁官尤为彻底。大凡有事可做的机关,无论京内各省,目下无不订有官制,我们既承认他的官制,自可不必再于更张。至没有官制的,多半是因特种情形而设立,他自身已表示一种暂时的态度,如果"留而不裁",不但与上述维持有官制机关的主张相反,并且与裁官的根本也大大矛盾。我举一个题:就是月支六七万,用人几百名,全年只出二期印刷物的饭桶调查局,应否听他改订官制,还是怎么样呢?

(二)一个机关内,不准于官制中法定组织的司厅处科以外,另设常置的什么会,处,——讨论会,研究会,调查处,筹备处,清理处,等等,——另派人员,另支薪水夫马[马夫]或津贴等。即使有必要的,也应预先陈明高级机关,不另派人,不另支薪。万一有与别的机关合组的必要时,也须另定限制。

第三　裁官后的整顿吏治方法

(一)由国务院财政部审计院铨叙局总检察厅合组"任用委员会",职掌各机关官吏的任用,并执行裁员事宜。凡各机关的大小官吏,都应该将他的名册薪水和像片,送交该会审核备案。并将该会所有官吏姓氏依笔画编成底册,分送财政部审计院,来做发款和审查的根据。

(二)各机关官吏,除与其职务有连带关系且得特许外,一律不准兼差。——特任官须由大总统明令特许,简任荐任官须由任用委员会特许,委任以下须由各该长官特许,但仍须报告委员会。

近年兼差之盛,为从来所没有的。这种多挂名多画到不办事的冗官,于国家大有害处,所以非禁止不可。惟国家政务,虽已有各种机关分担处理,而应共通互助的地方,还是很多,我们不能因噎废食;

所以再定一种限制方法，免得兼差的人再来射影，而行政联络自亦不至被累了。

（三）实行几小时办公制，来表明他是一个"公务的劳动"。

（四）实行任用公开，所有任用人员，无论大小，都应刊登印铸局的职员录。

（五）财政部须根据任用委员会所核准的，来发薪水，审计院也用这个来审查。

（六）修改现行行政官官俸法，凡京内外各机关官俸，都应该增加原数半数以上至一倍。官俸法是民国元年订定的，和现在社会经济一比较，便知道是不对了。况且各机关从裁官以后，日常事务，即使没有时间制来制限，也不能过闲；天天辛勤的为国家做事，而国家对于他的生活，反不顾到，也是不行的。痛快说起来，我们要打破中国式官，——侵公款，饱私囊，不在薪水，——尤非从"裁员加薪"、"杜绝中饱"来做起不可。这种制度，究竟好不好，可行不可行，我们不要讲英美德法……什么政治法律，抬起头看看洋大人办的盐务稽核所，海关，邮局的办法，就可以知道了。

（七）各机关实行财政公开。

（八）严定惩戒法，保障法，升迁法，抚恤法等。

（九）他们主张"参酌外国文官考试法，规定考试任官与非考试任官的范围与升级办法。凡属于考试官的，非经考试，不得委任"。近来政治腐败，原因虽有许多，而官吏资格，太不讲究，实是一个大原因。因为什么人都可做官，所以做大官的阔人，便可把他的心腹爪牙全数引入，来帮他做祸国殃民的行为。至于他援引读过《百家姓》的亲戚故旧，或招呼他的马弁奴仆和姨太太的知己，来吃干薪挂点勋章，还算没有什么。我敢老实说，现在的官，内中还不知"你的官是什么东西"的人，不知有多少，这是中华民国最痛心的一件事！他们主张的，原是很对。但我希望考试的，除了注重专门科学外，还要注重普通学识，和世界的大势，别注重已死的中文。非考试的，应格外注意他的出身和年龄，并须拘束他的"保荐升迁"。我并不是故意和现在的混官为难，其实要造成官是中国的官，为人民的仆，不再叫他做私人的官——某党某派的官,——来做处理政务的官,不要做戕贼国民的官,那就非此不可了!

(十)订定官吏犯罪诉讼法。——采用英国的 Penal Action 诉式。——凡官吏侵蚀国帑,经告发人告发后成立犯罪时,为私诉目的几分之几的金额,归告发人领受。至于被控的案与国家金钱没有关系的,当然可用别的法律来做手续法。

M,T,W

(答) 我们对于 MTW 君的这篇详细痛快的文章,十分佩服,句句赞成。我们并希望他把真姓名告诉我们。

(适)

11 我们中国自革命告成以来,除民国初元时稍稍现出那"昙花一现"的新气象外,及后政治上的情形总是"江河日下";到了现在,腐败更盛,简直难以用言语形容出来了。时间已经过了十一载了,南北尚呈对峙之形;建设不下万端,根本尚未有成文之法。推厥原由,可以一言以蔽之曰"政府不好"。但我们试究其不好的原因又安在呢?不消说恐怕是这种"单一国"(Unitary state)的制度不配为适应中国环境的一种工具了。因为这种单一国的政府组织是单一性的,不是重叠性或联邦性的,像中国这样大的地方,各地风俗不同,利害各异,实行这种制度,一定是要迟滞的和隔阂的,就是有一个好中央政府也是鞭长不及的。所以要想有一个"好政府",那是非打破现在中国这种单一性国制不可,就是重新建设一种复合国——联省自治——来做达该"好政府"这个目标的惟一途径。

若是实行联省自治,那种种具体问题如统一呀,裁兵呀,都是不难解决的。何以故呢?让我略略说明如下:

第一南北统一问题。现在的南征北伐,名义上总是说求中国统一,殊不知这种武力的统一,事实上决定是不行的,因为两方的兵力相垺,打一个八年十年,胜负始终不能分,结果不过是把元气斫丧,同归于尽罢了。若是实行联省自治,各省暂守门罗主义,迅速把省宪制成,那北伐也不能伐,南征也不能征,岂不是这个"南北统一"问题,不费一兵,不劳一矢,无形的解决了吗?

第二裁兵问题。据最近军事调查,南北合计兵额总有一百三十余万,所需的费用不下二万万。我们试问问,为什么这般军阀——大的小的——要练这样多的兵呢?无疑的一定是那些已经据有地盘者为保守其地盘而设,未据有地盘者为将来求得地盘而设。这种情形好像是群雄割据的时代一样。这种豢养多兵的目的就是侵占地盘,惟联省自治可以打破他。因为联省自治是本省人治本省人,各省无彼此干涉的可能,这样一来,那班军阀豢养多兵的目的已不存在,自然用不着豢养多兵来自找麻烦了,这就是不裁自裁的方法。所以实行联省自治,裁兵问题也解决了。

把上面这两个最重大的最难的而且阻碍力最大的问题一经解决了,办理其他一切事务才不至掣肘。夫然后自命清高的好人大可以抖刷精神,社会上的优秀分子也可以大告奋勇,同心戮力谋社会的安宁和个人的幸福;否则他们虽具有改造的意志,而无发展的余地,那也是徒然。"好政府"仍自为"好政府"而不能实现。由此看来,要想产出一个"好政府"就在统一裁兵,而统一裁兵最好的方法又在联省自治。故我以为联省自治是目下中国建设"好政府"的途径。

1922,5,16　马昌民

12　……我的意思,以为我们中国的政治改革问题,不是统一问题,裁兵问题,和吏治问题,乃是政治组织的问题。什么统一裁兵和吏治诸问题,不过是其附带条件罢了。政体改革了,这些附带问题即随之而解决。

然则,这一种政治是什么?我一言以蔽之,即是组织"联省政府"。我深信"联省政府"成立,可以使南北立即统一,即刻就可以能自动的裁兵,使军阀不致再有出现。至于"联省政府"内部怎样组织,那是另一个问题。我所以要极端赞成"联省政府"之成立,因为深信现在之南北分立数次和议无结果的原因,并不是仅仅是南北政府之冲突,乃是南北人民思想冲突之故。并且我深信"联省政府"成立,一切冲突,立可以消灭。我学识浅陋,本够不上谈论这个问题,惟因先生们都是抱着集思广益的主张,并怀着研究的精神,所以我敢冒昧陈言,祈先生等和阅者诸君随时指教指教。

1922,5,18　胡光炜

13

阅报载先生等政见,窃以为开国十年以来有系统而适切于国情之政论,未有如先生此次提议之实获我心也。

裁兵废督之说,四年以前舆论倡之,然而政府变本加厉,督军不足,且进而有巡阅经略筹边等使之设。民国四五年,全国仅五十余师,今日百五十师左右矣。国之哲士清流,去军人愈远,而军制愈坏。至官多议员多之说,年来罕有道破者。中央官署往往以十人之事而滥至数十人,或数百员,或逾千员者。国会事百余人可治,多至七八百人。省会事三四十人可治,多至百余人。故民国元二年之官及政费数倍于晚清,民国十年十一年又数倍于元二。世界兵多官多之国殆未有甚于中国也。芳以为必好人为将帅,而后兵可裁;好人为长官,而后官可裁。所谓政府者,不过文武官吏之积合体耳。今国人视军阀官僚为万恶,智识阶级避之惟恐或浼,此政府所以日坏也。

芳为第一届国会议员,异日恢复之后,则必首提普选案。然欲求通过,非同志三四百人不可,此难得之数也。裁兵案裁官案则又非仅仅通过国会,须视政府文武官实力奉行之如何。国之平民不能以群众作将帅作官作议员,只有监督之一法。监督之实,不外奖勉与掊击二途。然报纸则多束于机械,而少公言,或言之寡效。老百姓以未受教育,乏政治常识,而无能为,且莫敢言。此外则学者少数,又力分而不集。于是坏者愈无所忌,好者亦灰心而不前。前年府院一致主张裁员减政,明令煌煌,结果适得其反。减裁者不能得赏,而舆论又无以慰勉之,于是黠者相率而非笑之矣。即此一事,其间裁者增者,政府国民有一字之褒,或一字之贬耶?故芳以为贯彻先生等之主张,有数策:

第一,凡智识阶级一致从事于裁兵裁官裁议员之运动。

第二,凡能裁者,国人确实表示同情;对于增者,则一致攻击。

第三,国会议员之言论,国民随时予以严正之褒贬。

第四，宪法中于军制官制，有明确之限制。

芳曾为国民代表，此后愿以裁兵裁官裁议员及普选等事为自效于国民之的，即不为议员，亦愿以此数事作先生等之后盾也。尤有进者，一国政治，必群众之威权可以左右国会，而国会又能举监督政府之实，始克有济。先生以为然否？

李庆芳

14　《努力周报》登载的一篇《我们的政治主张》，已经惹起了社会上的反响，——如像《晨报》和《益世报》的批评——他们的意思，大概是说"贤人政治"和"好政府"都是不中用的，还是趋重在社会改革。但是我以为：我们现知道这坏政治是我们切肤之痛，并且是一切祸乱的种子，我们就不应当放松他；又知道政治是支配和管理其他一切社会组织的工具，我们就不应当蔑视他。所以中国现在的政治虽糟糕，但是我们不要忘了政治本身的大好能力，应当借政治能力，作改造社会的利器。因为有好政治，才有好社会。换言之，改革政治即是改革社会的动机，即是改革社会的前一半工夫，——好社会里固可以产出好政治，而好政治又可以整理社会——所以现在众人所争执的，不是那一种应不应该，适不适时，不过是次序先后的问题。可是我相信不先从政治这一部分着手，是很难的。……所以先生们主张改革政治，我极端赞同；不过我还要向先生说几句直率的话，望先生原谅。

我以为凡是一种主张，必定要包含两部分的意义：(一) 悬出明了切实的目标，(二) 指出达到目的具体方法。先生们悬的目标是"好政府"，随后又说"宪政政府"，"有计画的政治"，"公开的政府"，"监督防止一切营私舞弊的不法官吏"，"为社会全体谋充分的幸福"，"充分容纳个人自由"和"爱护个人的发展"这些话，总算是给"好政府"一个最明晰圆满的解释。末尾所举的几个主张，南北和议，裁兵，裁官，……固是很具体的，但是也只是主张里的一部分，——目标——并不是实现好政府的方法手段。我想一个好主张，不单是目标好，并且要方法好。换句话说，一种主张，不单是一个具体的目标。因为不难于择目标,难于有可能的具体方法。先生们虽有明了切实的目标,但是没有指示出改革的道路来,即是没有告诉别人怎么去进行,别人也就无从赞助和宣传了。所以我要问问:

先生们为实现好政府,主张裁兵,……用什么方法?怎样去进行?是用和平的改良方法?还是用激烈的革命手段?再进一步说,假如先生们主张"改良",又怎么去改良呢?假如主张革命,又怎么去进行呢?

但是我观察先生们的意思,大概是主张和平的改革,很不愿意有流血的大牺牲;不过我以为:就"经济"说,革命固不如"改良";就"彻底"说,"改良"又不如"革命"。就我们过去的历史考察,中国的和平方法,已经用的不少了。以政府方面言,如北南和议,内阁改组,减政裁员,巨头会议;以人民方面言,如自治运动,裁兵运动,废督运动,最终的效果是什么?成绩在那里?从此就知道:中国这半生半死的政府,不能自行改革,无权力的平民,用柔和的手段也只能向政府作无效力的要挟和请求。我既得了这些教训,就觉得和平的改良方法,是不适用于现代的中国,算是这种手段,在中国已经失败了。所以我现在总不能忘情于"一粒炸弹胜过万张传单"这句格言。

殷钺

(答) 请殷君参看第一篇讨论及答语。

(适)

15 我们要研究旧国会制宪,或另组织别种机关制宪,首先应研究的,就是在三种国会中宜召集那种。依张慰慈君发表的政治意见看来,是主张召集旧国会的,一般人也多主张召集旧国会,因旧会是合法的机关,自然召集旧会,方是合法的。我们既认定这举动是合法的,那末,张君主张的制宪问题,就有研究的价值了。

(一)张君误认现在的中国尚没有法律可依据,所以他说:

……召集民国六年解散的国会,及责成国会克期完成宪法,是恢复宪法轨道的一种办法,并不是唯一的合法的办法。……法国宪法不是依据法律制定的,美国的宪法也不是依据法律制定的。

此种说法，不免有点错误。因法国从拿破仑第三降普后，法国已成了无政府的状态，自然没有法律可依据以制宪。美国在联邦宪法未制定以前，只有联盟约章，此约章算不得是一种宪法，所以美国当时是一种联合国。若欲进一步来组成联邦，其宪法制定，当然没有法律可依据，与法国正同。中国现在就不然。中国的临时约法固然是由革命而成，其制定是无法律的依据，恰与法、美二国相同。但此后既有约法可据，且旧国会又是依约法召集的，不能说没有法律可依据，主张旧国会制宪，不是唯一的合法的办法。

（二）张君既不主张召集旧国会来制宪是唯一的合法的办法，所以他又说：

> 如法果协商不妥，那末，由省议会举出代表，或由别种法定机关举出代表，组织制宪会议，也未始没有商榷的余地。

我们要知吴佩孚所主张的国是会和国民大会来解决时局，南政府未与以赞同，实因有法定的机关在，不赞成又在法外另组织机关所致。况中国数年的战争，皆借口在旧国会身上，另设别的机关，一定没有商榷的余地，我敢断言。否则如国是会或国民大会等，南政府纵不赞成，必另有他种机关的主张来要求北政府承认，既没有这样的主张，是注重旧国会身上无疑。今主张别的机关来制宪，是不成的。况且张君的政治意见中已主张召集旧国会，现又在制宪问题中另主张组织别种机关来制宪也可，则召集旧国会来做什么？原来约法载有国会制定宪法，这样主张，不免稍违约法。且张君最简易的制宪方法，也不免难于贯彻的地方。

（三）感情用事是不出真理的，如张君说：

> 只要能够达到制定宪法的目的，什么样的方法多[都]可以用。如果不注重目的一方面，专去讨论方法，那末，你有你的方法，我有我的方法，总不能讨论出什么结果来。我们还希望一般政客们，不要你争你的旧国会，他争他的新国会，或新新国会，赶快的破除党见，牺牲一些个人的私利，想法从最近的路程同大家赶快到宪法的轨道上去。

上说的话,纯系感情用事,不以法律为标准。试问中国国会有三,以何种国会为宜?假如每人都以感情用事,牺牲了自己的意见,就会不知道那种国会可以制宪,那末,只有听他们三种国会自决雌雄来定谁制宪法。若果如此,中国岂不仍还大乱呢?我们须知道个人的主张不可轻于牺牲,愈主张得烈,真理乃出。虽一时陷于纠纷的状态,但不久真理终必获最后的胜利。如若不然,真理终不能实现。如以新旧国会而论,旧会比新会为优,是多数人所公认的。假如我们不极力主张旧会制宪,一旦新会得势,岂不是我们牺牲了我们的意见的过呢?

依我看来,旧国会制宪是唯一的合法的办法,并且利益有三:

(1)旧国会横遭解散,在外奔走数年,备尝艰苦,将其经验用以制宪,可望得良好的宪法,如再用孔教定为国教载在宪法的主张,必绝少其人。

(2)旧国会是合法的机关,若由此机关制宪,免再生歧异的主张。

(3)宪法草案是旧会起的草,对于各条已有研究,较由他种机关制宪,可以省时间和劳力。

虽说是旧国会在近年来的行动多有不满人意的地方,但是事实问题,非法律问题。究竟旧国会之为旧国会,仍是合法的机关。

我的意见如此,张君以为如何?

文学成

(原载 1922 年 5 月 28 日《努力周报》第 4 期)

我的歧路

（一）《学衡》杂志社梅光迪君来信

适之吾兄足下：

　　《努力周报》所刊政治主张及其他言论，多合弟意。兄谈政治，不趋极端，不涉妄想，大可有功社会，较之谈白话文与实验主义胜万万矣。久不通讯，故特致数语，以见"老梅"宽大公允，毫无成见，毫无偏私也。耑此，即颂撰安。

弟光迪启　五月三十一

（二）《晨报副刊》孙伏庐君来信

适之先生：

　　……我总有一种偏见，以为文化比政治尤其重要；从大多数没有智识的人，决不能产生什么好政治。从前许多抛了文化专谈政治的人现在都碰了头回过来了，为什么先生一定也要去走一走这条不经济的路子？大多数人所以敬仰先生，换言之，"胡适之"三个字之所以可贵，全在先生的革新方法能在思想方面下手，与从前许多革新家不同；换言之，全在先生能做他人所不能做的中国哲学史，能做他人所不能做的国语文学史，能考证他人所不能考证的《红楼梦》，能提倡他人所不能提倡的白话文。现在先生抛弃（或者不完全抛弃，亦必抛弃一部分）这些可宝贵的事业，却来做《政论家与政党》一类文章，我知稍有识者必知其不值。我们要看《政论家与政党》，什么地方不可以去找？我实在为先生的光阴，先生的精神，先生的前途可惜。……先生呵，我是痴想竭我棉薄，将已被政治史夺了去的先生，替文化史争回来，不知能邀先生的垂顾吗？

6月8日　伏庐敬上

（三）常乃悳君来信

适之先生：

读第四期《努力周报》中伯秋、傅斯稜两先生对于你们的周报的批评我也具有同感，先生的答词我却不敢同意。《〈红楼梦〉考证》、《基督教在欧洲历史上的位置》一类的东西，实在在这里没有登出的必要，勉强凑进去反令阅者失望。不是说这种东西没价值，只是不应该在这种性质的出版物内出现罢了。先生的答词似乎对于此点稍有含混。要知凡鼓吹一件事情不能不把全副精神集中到一点才能引起人的注意。思想文艺不是不要紧，但是你们不妨另外办一种什么东西来另外鼓吹，犯不着和政治问题搅在一处。我们现在所要求的不是包罗万象的作品，只是要一个又直捷又爽快刀刀见血的东西；否则先生们的文章那一种出版物上不可登，又何必特地摇旗击鼓来办这个东西呢？伯秋先生劝你把这半年功夫全用在政治上，我很赞成。我揣想你们的周刊所以不能期期都有精神者——第三期即很好——大约因没有稿子的缘故。这事你不妨独力担任起来。说一句过火的话，即使此外一篇文章也没有，你一个人打起精神来包办一下也不是什么难事。何况如高一涵、张慰慈诸先生也都是对政治有兴味的人呢？至于思想文艺等事，先生们这几年提倡的效果也可见了，难道还期望他尚能再有进步吗？总之，我认为民国六年的时代从政治鼓吹到思想文艺是很正当的，现在却又应当转过来从思想文艺鼓吹到政治才行。先生若能迎着这个趋势首先领着大家往前走，——已往的趋势是上山的，从工艺到法政，从法政到思想文艺；现在到了山顶以后便应当往下走了。我们现在只能走这政治的一步，过了这一步再走到工艺的一步，只有科学工艺是康庄大道，但你非过了这政治的一关不成。——则《努力周报》的功劳必不在《新青年》之下。至于别人的造谣攻击倒算不了什么一回事。

常乃悳上言　6月2日

（四）我的自述

以上三篇通信，梅先生是向来不赞成我谈思想文学的，现在却极赞成我谈政治;孙先生是向来最赞成我谈思想文学的,现在很恳挚的怪我不该谈政治;常先生又不同了,他并非不赞成我谈思想文学,他只希望我此时把全副精神用在政治上。——这真是我的歧路了!

我在这三岔路口,也曾迟回了三年;我现在忍着心肠来谈政治,一只脚已踏上东街,一只脚还踏在西街,我的头还是回望着那原来的老路上!伏庐的怪我走错了路,我也可以承认;燕生怪我精神不贯注,也是真的。我要我的朋友们知道我所以"变节"与"变节而又迟回"的原故,我不能不写一段自述的文章。

我是一个注意政治的人。当我在大学时,政治经济的工课占了我三分之一的时间。当 1912 至 1916 年,我一面为中国的民主辩护,一面注意世界的政治。我那时是世界学生会的会员,国际政策会的会员,联校非兵会的干事。1915 年,我为了讨论中日交涉的问题,几乎成为众矢之的。1916 年,我的国际非攻论文曾得最高奖金。但我那时已在中国哲学史的研究上寻着我的终身事业了,同时又被一班讨论文学问题的好朋友逼上文学革命的道路了。从此以后,哲学史成了我的职业,文学做了我的娱乐。

1917 年 7 月我回国时,船到横滨,便听见张勋复辟的消息;到了上海,看了出版界的孤陋,教育界的沉寂,我方才知道张勋的复辟乃是极自然的现象,我方才打定二十年不谈政治的决心,要想在思想文艺上替中国政治建筑一个革新的基础。我这四年多以来,写了八九十万字的文章,内中只有一篇曾琦《国体与青年》的短序是谈政治的,其余的文字都是关于思想与文艺的。

1918 年 12 月,我的朋友陈独秀、李守常等发起《每周评论》。那是一个谈政治的报,但我在《每周评论》做的文字总不过是小说文艺一类,不曾谈过政治。直到 1919 年 6 月中,独秀被捕,我接办《每周评论》,方才有不能不谈政治的感觉。那时正当安福部极盛的时代,上海的分赃和会还不曾散伙。然而国内的"新"分子闭口不谈具体的政治问题,却高谈什么无政府主义与马克思主义。我看不过了,忍不住了,——因为我是一个实验主义的信徒,——于是发愤要想谈政治。我在《每周评论》第三十一号里提出我的政论的导言,叫做"多

研究些问题,少谈些主义!"(《文存》卷二,页一四七以下)。我那时说:

> 我们不去研究人力车夫的生计,却去高谈社会主义;……不去研究安福部如何解散,不去研究南北问题如何解决,却去高谈无政府主义:我们还要得意扬扬的夸口道:"我们所谈的是根本解决"。老实说罢,这是自欺欺人的梦话,这是中国思想界破产的铁证,这是中国社会改良的死刑宣告!……
>
> 高谈主义,不研究问题的人,只是畏难求易,只是懒!

但我的政论的"导言"虽然出来了,我始终没有做到"本文"的机会!我的导言引起了无数的抗议:北方的社会主义者驳我,南方的无政府主义者痛骂我。我第三次替这篇导言辩护的文章刚排上版,《每周评论》就被封禁了;我的政论文章也就流产了。

《每周评论》是1919年8月30日被封的。这两年零八个月之中,忙与病使我不能分出工夫来做舆论的事业。我心里也觉得我的哲学文学事业格外重要,实在舍不得丢了我的旧恋来巴结我的新欢。况且几年不谈政治的人,实在不容易提起一股高兴来作政论的文章,心里总想国内有人起来干这种事业,何必要我来加一忙呢?

然而我等候了两年零八个月,中国的舆论界仍然使我大失望。一班"新"分子天天高谈基尔特社会主义与马克思社会主义,高谈"阶级战争"与"赢余价值";内政腐败到了极处,他们好像都不曾看见,他们索性把"社论"、"时评"都取消了,拿那马克思——克洛泡特金——爱罗先珂的附张来做挡箭牌,掩眼法!外交的失败,他们确然也还谈谈,因为骂日本是不犯禁的;然而华盛顿会议中,英、美调停,由中、日两国代表开议,国内的报纸就加上一个"直接交涉"的名目。直接交涉是他们反对过的,现在这个莫名其妙的东西又叫做"直接交涉"了,所以他们不能不极力反对。然而他们争的是什么呢?怎样才可以达到目的呢?是不是要日本无条件的屈伏呢?外交问题是不是可以不交涉而解决呢?这些问题就很少人过问了。

我等候了两年零八个月,实在忍不住了。我现在出来谈政治,虽是国内的腐败政治激出来的,其实大部分是这几年的"高谈主义而不研究问题"的"新舆论界"把我激出来的。我现在的谈政治，只是实行我那"多研究问题，少谈主义"的主张。我自信这是和我的思想一致的。梅迪生说我谈政治"较之谈白话文与实验主义胜万万矣"，他可错了；我谈政治只是实行我的实验主义，正如我谈白话文也只是实行我的实验主义。

实验主义自然也是一种主义，但实验主义只是一个方法，只是一个研究问题的方法。他的方法是：细心搜求事实，大胆提出假设，再细心求实证。一切主义，一切学理，都只是参考的材料，暗示的材料，待证的假设，绝不是天经地义的信条。实验主义注重在具体的事实与问题，故不承认根本的解决。他只承认那一点一滴做到的进步，——步步有智慧的指导，步步有自动的实验，——才是真进化。

我这几年的言论文字，只是这一种实验主义的态度在各方面的应用。我的唯一目的是要提倡一种新的思想方法，要提倡一种注重事实，服从证验的思想方法。古文学的推翻，白话文学的提倡，哲学史的研究，《水浒》、《红楼梦》的考证，一个"了"字或"们"字的历史，都只是这一个目的。我现在谈政治，也希望在政论界提倡这一种"注重事实，尊崇证验"的方法。

我的朋友们，我不曾"变节"；我的态度是如故的，只是我的材料与实例变了。

孙伏庐说他想把那被政治史夺去的我，替文化史夺回来。我很感谢他的厚意。但我要加一句：没有不在政治史上发生影响的文化；如果把政治划出文化之外，那就又成了躲懒的，出世的，非人生的文化了。

至于我精神不能贯注在政治上的原因，也是很容易明白的。哲学是我的职业，文学是我的娱乐，政治只是我的一种忍不住的新努力。我家中政治的书比其余的书，只成一与五千的比例；我七天之中，至多只能费一天在《努力周报》上；我做一段二百字的短评，远不如做一万字《李觏学说》的便利愉快。我只希望提倡这一点"多研究问题，少谈主义"的政论态度，我最希望国内爱谈政治又能谈政治的学者来霸占这个《周报》。以后我七天之中，分出一天来替他们编辑整理，其余六天仍旧去研究我的哲学与文学,那就是我的幸福了。

我很承认常燕生的责备,但我不能承认他责备的理由。他说:
> 至于思想文艺等事,先生们这几年提倡的效果也可见了,难道还期望他尚能再有进步吗?

他下文又说"现在到了山顶以后,便应当往下走了。"这些话我不大懂得。燕生决不会承认现在的思想文艺已到了山顶,不能"再有进步"了。我对于现今的思想文艺,是很不满意的。孔丘、朱熹的奴隶减少了,却添上了一班马克思、克洛泡特金的奴隶;陈腐的古典主义打倒了,却换上了种种浅薄的新典主义。我们"提倡有心,创造无力"的罪名是不能避免的。这也是我在这歧路上迟回瞻顾的一个原因了。

十一,六,十六
(原载 1922 年 6 月 18 日《努力周报》第 7 期)

附录一　王伯秋先生来信

雄鸡一声天下白,提倡改造政治的《努力》已出版了。但是我对于这个周刊的内容和方针,稍为有些意见,写在下面,供诸位的参考。

(一)态度公正,不偏于一党一派。所有民国十一年以来各党各派的意见,有可以采用的处所,我们不妨加意的提倡;有不可以采用的处所,我们就应该猛烈的反对。

(二)提纲挈领,大处落墨。就目前而论,如恢复六年的旧国会,和南北统一,是最要紧的事。近的将来如裁兵,废督,制宪,改正选举法,清理财政诸大端,都应该分别研究,发表我们的主张,使大众知道现在中国的问题究竟在什么地方,应该如何去解决他。近几年来全国的人都不注意政治,智识阶级的人并且以不谈政治为高尚。所以大家糊糊涂涂在民主共和的招牌底下混了十一年,究竟不知道中国累年来的纷乱为的是怎么一回事。

(三)一方面鼓吹政治的理论(或创作,或翻译),一方面提出实行的方法。如《时事新报》记者所说的"起码的政治主张",就讥我们没有办法,只有题目。我们就应该特别的注意这一点。

（四）提倡政治教育。我国人的政治思想非常薄弱，政治知识又非常缺乏。我们就应该多发表些热烈的文章，刺激他们；多搜集些政治的材料，供给他们；把《努力周刊》的一部分当作普及"政治教育"的一个机关。

（五）材料要丰富。本刊每周只有一次，每次只有一张，应该满纸都载的是政治议论，学说，办法，和各种有益的事实（如此次所载的南北军队的调查表很好）。使大家都知道《努力》是一团无党的清白分子所结合的一个提倡改造政治的言论机关。如你的《〈红楼梦〉考证》与"新文学"等等的主张，且不要在这一个报上发表，免得别人误会说我们没有充分的政治知识和材料，特地拿些旁的东西来敷衍篇幅的。旁人的闲话虽然可以不听，但是我们这报的主旨与体裁也应该专向一方面去用力。我劝适之这半年功夫暂且专心致志放在改造政治的上面，拿出你的提倡白话文的热心来提倡良政治：读书读政治，演说演政治，做事做政治（不是做官，是做政治运动）。我想大家合起心来向这一条路上去，或者可以收着很大的效果。

以上所说的话，随笔写来，拉杂无次，请你不以辞害意。

伯秋

附录二　傅斯稜先生来信

我读罢你们的《努力周报》，于你们的政治主张，可说是完全表示同意，赞成；不过于其他部分尚有些不满意处。

《努力报》之不能满人意处者，老实话同胡先生说了罢，就是——

（1）无充分的精力　你们本来说是政治坏到极处了，赶快的"努力"去整理罢！这是何样勇敢精神，才有这"努力"的前进。但仔细去看这《努力报》上的精力，又大大的和你们的"努力"主张相反了，因为政治既败坏到难堪，我们深感于这政治败坏的痛苦而希望有"好政府"的组织，所以你们才有《努力报》的刊行，去鼓吹那"好政府"的目的。那么于七日始出一次的小报纸，就应该把这一周间所感受政治不良的痛苦，该兴该废一些道理发表出来不可，这是对于去"努力"应当具的精神,也就是拿来代替那些新闻纸上应有的材料,也就算是新闻界的大改革。谁知你们的《努力报》不务于此,说得非常的好听,于实行上未免言过其实了。请胡先生看,除去那篇《中国北方军队的概略》很有价值,像那天农和陈衡哲的两篇文字,东西虽然不坏,但……《努力报》既是向前去鼓吹我们的"好政府"主义,就该抱着这个主张向前干去,那里更有闲心去管他什么耶稣教的位置如何,什么美国的新闻纸如何,拿有用的精力干些不相干的新闻学与宗教史,更加上胡先生答蔡子民先生的《跋〈红楼梦〉考证》,以那无用的文艺竟充满了第四版,真可惜了这第四版的地位。因为这个报不是寻常的新闻纸可比,所以不能在这正努力去向好政府路上走,而又来卖些杂货,总要叫他有系统才好! 故说你们的报"无充分的精力",希望胡先生在第三号上大大的改良为是!

(2) 偏重于空泛的学理　学理能说也是从经验中来的,但总脱不掉"空泛"两个字。因为无论我国及欧美何种学说,不能因有所凭依任何主义就算是好的,盖无论何种学理都是死药方子,医不了活泼泼的现政治的病,须要靠着现政治的实际找出他那些毛病出来,然后方可以去"努力"治他的病。如只要学理去"努力"干去,不但无济于事,学理只管去说学理,而政治糟糕仍然是糟糕,岂不把你们的精神,信用,都要损失了吗? 如此那又何苦来呢! 此我尤希望胡先生留意。

附录三　答伯秋与傅斯稜两先生

两位先生的忠告,我们都很感谢。但他们两位有一条相同的责备,使我们不能不有一度的声明。他们两位都盼望我们专力谈政治而不愿我们谈文学或新文学。他们都怪我的《跋〈红楼梦〉考证》,这话我不愿驳回。但伯秋先生竟不要我发表关于"新文学"等等的主张,傅先生竟说我们不应该管"什么耶稣教的地位如何,什么美国的新闻纸如何"。这种主张,我们便不能心服了。

我们这个报并不是"专"谈政治的。政治不过是我们努力的一个方向。我们的希望是:讨论活的问题,提倡活的思想,介绍活的文学。基督教的问题近来在国中颇引起一番热闹的注意,岂不值得讨论？至于美国新闻纸的经过，这也是我们做舆论事业的人应该借鉴的。我们应该知道：政治不单是官吏与法制，也不单是裁兵与理财。我们这几年所以不谈政治，和许多不谈政治的人略有不同：我们当日不谈政治，正是要想从思想文艺的方面替中国政治建筑一个非政治的基础。现在我们虽然因时势的需要，不能不谈政治问题，但我们本来的主张是仍旧不当抛弃的，我们仍旧要兼顾到思想与文艺的方面的。

我们至今还认定思想文艺的重要。现在国中最大的病根，并不是军阀与恶官僚，乃是懒惰的心理，浅薄的思想，靠天吃饭的迷信，隔岸观火的态度。这些东西是我们的真仇敌！他们是政治的祖宗父母。我们现在因为他们的小孙子——恶政治——太坏了，忍不住先打击他。但我们决不可忘记这二千年思想文艺造成的恶果。

打倒今日之恶政治，固然要大家努力；然而打倒恶政治的祖宗父母——二千年思想文艺里的"群鬼"更要大家努力！

十一，五，二七　适[①]

（原载 1922 年 5 月 28 日《努力周报》第 4 号）

[①] 编者注：《努力周报》第 4 期后登有一则启事："除了以上的讨论之外，我们还收到许多文章，但因为他们多是赞成的意思，很少讨论，我们为节省篇幅起见，只好暂时不发表了。"

联省自治与军阀割据
答陈独秀

我们的朋友陈独秀是反对联省自治的。他的《对于现在中国政治问题的我见》一篇的末三段就是讨论这个问题的。他很武断的责备那主张联省自治的人"未曾研究中国政治纠纷的根源在那里"。他自己断定中国政治纠纷的根源在于"封建式的大小军阀各霸一方,把持兵权财权政权,法律舆论都归无效,实业教育一概停顿"。我们要很诚恳的替他指出:他所举的只是纠纷的现状,并不是纠纷的根源;只是乱,并不是乱源。试问,大小军阀各霸一方,又是从那里来的? 独秀说是"帝制遗下来的"。这又是"米是米瓮里生的"的故事了! 我们如果进一步研究帝制运动的时代,就可以明白帝制的运动确可代表一种"强求统一"的迷梦。这个迷梦的来源长的很呢! 自从秦始皇以来,二千多年的历史确然呈现一种"合久必分,分久必合"的大势。这二千年历史的教训是:中国太大了,不适于单一制的政治组织。所以中央的统治力一衰,全国立刻"分"了;直到大家打的筋疲力尽,都厌乱了,然后又"合"起来。明朝用极端的专制,只落得十七世纪的大乱,连一个"分"字都够不上,只是"瓦解"了。清朝承大乱之后,恩威并用,也只能支持到一百五十年;乾隆末年,匪乱已四起了;鸦片之战以后,中央的纸老虎已戳穿了,故有十九世纪中叶的大乱。洪秀全的徒党在十八个月之内,自广西直打到南京;全国也几乎"瓦解"了。后来平乱的人,不是中央的军队,都是起于保卫乡党的新军。我们看湘军的组织和长江水师的历史,可以想见当日的统一,实由于各省的自卫(长江水师与湘军的饷费,皆不出于中央)。二十年的大乱之后,中国仍归于统一,然而皇室与中央政府统治力的薄弱,早已完全暴露了。六十年来,中央的权限一天天的缩小,地方的自觉一天天的增加;到了辛亥革命军起,"省的独立"遂成一件历史的事实。当袁世凯的时代,这个现状的意义已有人看出了,所以有民国二、三、四年间的"联邦论"。"联邦论"已起,而袁世凯还想做他的统一的迷梦。第一步是"袁家将"的分布各省;然而军阀分封之后,仍旧不能减除各省独立的趋势。袁氏误解病源,以为皇帝的名号可以维系那崩散的局面,故第二步才是帝制的运动。故从历史上看来,军阀的封建与帝制的运动都是武力统一的迷梦的结果。为强求统一而封建军阀,然而封建军阀却使各省格外分裂,遂成了独秀说的政治纠纷的现状。

我们不愿意用一两个简单的公式来解释那复杂的政治问题。但我们从历史的事实上看起来,不能不说:"用集权形式的政治组织,勉强施行于这最不适于集权政治的中国",是中国今日军阀割据的一个大原因。我们还可以进一步说:根据于省自治的联邦制,是今日打倒军阀的一个重要武器。

我们且看看历史上的事实,独秀说:

　　此时全国兵马财政大权都操在各省督军总司令手里,连国有的铁路盐税他们都要瓜分了。若再要扩大地方权,不知还要扩大到什么地步?

我们要知道,各省督军总司令的权大,是一件事;地方的权大,另是一件事。在今日的制度之下,只是督军权大,而地方权极小(这一点大家不可不特别注意)。就拿财政权来说罢:民国五年政府划分中央与地方的财政权,把许多向来归地方的收支,都划归中央管理,即如安徽一省十年度的"国家收支",如下列表:

国家岁入经常门:
一,租税　　5 064 200 元
二,杂收入　175 880 元
　合计　　　5 240 080 元
国家岁入临时门:
　合计　　　129 198 元
国家岁入总数　5 369 278 元
国家岁出经常门:

一,外交部管　9 840 元
二,内务部管　1 471 414 元
三,财政部管　62 159 元
四,司法部管　560 808 元
五,农商部管　58 304 元
六,教育部管　35 000 元
七,陆军部管　3 800 305 元
　合计　　　6 557 190 元

国家岁出临时门:
各部合计　　　375 880 元
国家岁出总计　6 933 070 元

我们要知道,这五百多万的收入,七百万的支出,都是"国家的收支",都是省议会无权过问的。所谓"地方的收支",只限于本省的内务,财政,教育,实业四项,那是省议会可以过问的。自从民国五年以来,各省都是如此(参看《银行月刊》第二卷第八号,刘大钧《中央与各省之财政》)。因为地方的财政范围缩小,因为省议会无权过问那绝大的"国家收支",而中央又无力实行管理,所以各省的财政大权都操在督军与总司令之手。兵马权的历史,更不用说了。所以我们说:今日只是督军权大,而地方权小;若因为督军权大而就说地方权大,那就是倒果为因的谬论了。

我们要知道,督军总司令的权力所以扩大到那么地步,正是因为他们现在处的地位,上不着天,下不着地;中央有"权"可管他们,而无"力"管他们;地方有潜势力可管他们,而无"权"管他们。试问我们今日要想裁制军阀的权力,还是希望那有权无力的中央呢?还是希望那有力无权的地方呢?我们的答案是:

　　增加地方的实权;使地方能充分发展他的潜势力,来和军阀作战,来推翻军阀。这是省自治的意义,这是联邦运动的作用。

地方有了权,就可以裁制军阀吗?可以的。我们试看江苏近几个月的公债案,那便是一证。因为中央把地方的大部分财政权都收去了,故"地方收支"项下列有"公债"一门。公债既属地方,地方便有权过问了。今年江苏要发行四百万公债,加上"江苏国库分金库"的字样,想只要财政部的批准,不经省议会的通过。但地方的反对究竟起来了。韩国钧只得召集本省的绅士,开一个财政会议,改四百万为七百万,总想躲过省议会的一关。但地方的反对还是不息的。他们反对的最大理由是:

> 募集公债,非行政机关所得单独行动者也。国家募集公债,须经国会之议决;省政府募集公债,须经省议会之议决。法律昭然,宁堪弁髦?

我们可以预料江苏这七百万的公债是发不成的。我们再看曹锟、曹锐威权之下的直隶省议会;他们别的成绩虽不足道,但这几年中省议会始终不肯通过一个公债案。我们于此可见地方权力的范围之内,军阀的权威也不能不受限制。在今日地方权力薄弱之时,这种裁制是不能完全有效的(如奉天、广东之借外债)。但将来地方的权限加多,中央的掣肘全去,地方变成了可决否决的最后一关,那时候的军阀就不能再有现在的容易日子了,那时候,全省的视线都注在省议会,本省的人才也会回到省议会去努力,省议会就成了军阀与人民决斗的战场。军阀也许用金钱与武力来作最后的奋斗,——如山东的现状,——但这种奋斗的结果,一定是军阀失败的。

总括起来,我们的意见是:

(1)中国不适宜于单一的国家组织;军阀的割据是武力统一的迷梦的恶果。

(2)今日只是督军总司令的权大,而地方的权极小。这两件事决不可混作一件事。

(3)军阀的权限所以大到这个地步,是因为地方没有权,又因为中央虽有权而无力裁制军阀。

(4)今日决不能希望中央来裁制军阀;裁制军阀与倒军阀的一个重要武器在于增加地方权限,在于根据于省自治的联邦制。

至于独秀说的"联邦制若建设在人民经济状况不同及语言宗教不同的理由上面,到也无可非难,奈中国的状况决不是这样"。——我对于这种论调,真不懂得了。独秀在前面明明指出中国的经济状况,从家庭农业,到近代资本主义式的工商业,有三种悬绝的状况。至于语言宗教的不同也有许多不可掩的事实(语言更明显)。何以他又说中国的状况"决不是"这样呢?况且稍研究联邦国家的人,也应该知道联邦制并不必建筑在经济状况及语言宗教不同的理由上面。美国不是一个例吗?独秀又说:

> 他们的联省论,完全建设在武人割据的欲望上面,决不是建设在人民实际生活的需要上面……不过联省自治其名,联督割据其实,不啻明目张胆提倡武人割据,替武人割据的现状加上一层宪法保障。

这也是不研究历史事实的笼统话。我们且不论辛亥以前提倡的"新湖南"、"新广东"、"新江苏"、"新浙江";我们且不谈民国三四年的联邦论;即论最近三年来的联省自治运动,那一省不是先由反对军阀反对驻防的人提倡的?联省自治的声浪传播远了,事实上已不容易压制了,"联省自治"四个字已成为可以号召的旗帜了,于是军阀也不能不注意他了。军阀之中,对于这个运动,有两种态度。一派是投降在这个旗帜之下,想借他的招牌来苟延残喘的。湖南的赵,浙江的卢,便是这一派的代表。孤立的卢永祥甚至于不惜冒籍浙江,这是谁投降谁的表示?一派是还想做"武力统一"的迷梦的;他们的地盘大都根据在驻防异省的制度之上,联省自治便是他们的致命之伤;他们既不能学卢永祥的冒籍,自然不能不出来反对联省自治了。我们试看湖南争省长的一幕戏,便可以了解直系武人反对联省自治的心理了。明明是武人军阀最忌的一个武器,偏有人说他是"完全建设在武人割据的欲望上面",岂非大错!

我们可以大胆说:

> 打倒军阀割据的第一步是建设在省自治上面的联邦的统一国家。

> 凡反抗这个旗帜的,没有不失败的。

十一,九,八

(原载 1922 年 9 月 10 日《努力周报》第 19 期)

附录　对于现在中国政治问题的我见
陈独秀

　　人类社会因治生方法不断的进步,他们经济的及政治的组织遂随之不断的进步;在这不断的进步之过程中,保守者与改革者亦即压迫者与被压迫者两方面,自然免不了不断的争斗;每个争斗的结果,后者恒战胜前者,人类社会是依这样方式进步的。照前人依据历史的事实指示我们的:人类社会不断的进步即不断的争斗中,依治生方法之大变更扩大了他们的生活意识,他们利害相冲突的分子,遂自然形成两次最大的阶级争斗,第一次是资产阶级对于封建之争斗,第二次是无产阶级对于资产阶级之争斗。所以人类每一个重要的政治争斗,都有阶级争斗的意义含在里面。

　　今日,不但无产阶级对于资产阶级之争斗方在猛烈的进行中,即资产阶级对于封建之争斗,虽在最进步的国家若德意志若法兰西也还未曾完全终了。在产业幼稚的东方,除游牧的民族不计外,即稍进步的民族,资产阶级及无产阶级的形式及意识虽然都正在开始发展,而团结力都十分幼稚,因此国家统治权仍旧完全掌握在封建阶级之手。最进步的日本,也不过是一个半封建式半资产阶级式的国家。已战胜封建的欧美资产阶级,采用帝国主义,利用产业不发达的亚洲、非洲诸国做他们的殖民地或商场,并且公然的或阴谋的运用他们政治及经济势力,钳制殖民地及商场之资产阶级及无产阶级都没有自由发展的机会,这是非、亚两洲被压迫的民族之普遍的痛苦。

　　在这种世界政治的经济的状况之下的中国,他也是被压迫的民族之一,他的政治及经济是自然要受环境支配的。

　　中国经济的状况,可分为下列三种:(一)是内地乡村的家庭农业,(二)是各城市的手工工业,(三)是沿江沿海近代资本主义式的工商业:因为受了列强在中国所行帝国主义的侵略,及本国军阀的扰乱,农民被物价腾贵驱迫到都市去找工作,手工工业渐为外国机器制造品所毁灭,新兴的工商业没有保护关税及运输便利,也不能够发展起来和外资竞争。

中国政治的状况，也可分为下列三种：（一）是国际帝国主义的压迫，东交民巷公使团简直是中国太上政府，中央政府之大部分财政权不操诸财政总长之手而操诸客卿总税务司之手，领事裁判权及驻屯军横行于首都及各大通商口岸，外币流通于全国，海关邮政及大部分铁路管理权操诸外人之手，这些政治状况都是半殖民地的状况，不能算是独立的国家；（二）是国内军阀的扰乱，帝制倒了，帝制遗下来的军阀却未曾倒，大小军阀把持中央及地方之政权财权，使全国中法律无效，舆论无效，财政紊乱而国家濒于破产，又以军阀互斗之故，战祸遍于全国，金融恐慌，运输停止，工商业莫由发展；（三）是政党之萎弱，幼稚的中国无产阶级，眼前还没有代表他的政党出现，代表资产阶级的政党也很萎弱，这就是中国的资产阶级还没有强壮的表征，孤军奋斗的国民党，虽然有民主革命的历史，但党员太少，还没有支配全国政治来代替军阀的力量；至其余的党派，都不过凑合数百个或数十个利害相同的官僚议员，依附军阀来谋一官半职，我们不敢妄说他们是有主义有政策的政党。

以上所列中国经济的及政治的现状，凡是诚实不肯自欺欺人的人，都应该承认实是如此。

这样的经济及政治状况，遂使中国的阶级争斗不得不分为两段路程：第一段是大的和小的资产阶级对于封建军阀之民主主义的争斗，第二段是新起的无产阶级对于资产阶级之社会主义的争斗。因为中国劳苦群众的潜势力，虽然是无限的伟大，但是他们阶级的形式及意识方在萌芽时代，所以他们所表现的，只是组织工会和罢工运动，可以说纯粹为他们自己阶级的政治争斗时期还未成熟。资产阶级的政治争斗，已经由辛亥革命运动爱国运动及护法运动表示他们的意志了。所以第一段争斗，是中国人对于现在的政治问题上至急切要的工作，一切劳苦群众也都应该加入；因为这第一段民主主义的争斗，乃是对内完全倾覆封建军阀得着和平与自由，对外促成中国真正的独立；这种和平自由与独立，不但能给中国资产阶级以充分发展的机会，而且在产业不发达的国家，也只有这种和平自由与独立，是解放无产阶级使他们由幼稚而到强壮的唯一道路。

因此,在中国政治的经济的现状之下,这第一段民主主义的争斗,应该以左[下]列诸项原则为最重要的标的:

(一)倾覆军阀及卖国党,尤其首先要惩创勾结卖国党或希图割据的军阀,以实现国内和平与本部统一。

(二)废止协定关税制,取消列强在华各种治外特权,清偿铁路借款收回管理权,反抗国际帝国主义的一切侵略,使中国成为真正独立的国家。

(三)保障人民集会结社言论出版之绝对的自由权,废止治安警察条例及压迫罢工的刑律。

(四)定保护农民工人的各种法律。

用如何方法达到上列各项标的,乃是一个重要的问题。真的民主政治的标的,固然不是在维持现状之下;利用敌人势力鼠窃狗偷可以达到,也不是小势的革命派可以做成的。因为一切国家都必然建设在权力之上:封建的国家建设在军阀权力之上,民主的国家建设在人民权力之上,半封建半民主的国家建设在军阀和人民两种权力之上,殖民地的国家建设在母国权力之上。无权力则无国家无政治之可言,只有力乃能代替力。这种自然法则之支配,又是我们所不能避免的。所以我们应该明白,若是人民的权力不能代替军阀的权力,军阀政治是不会倒的,民主政治是不会成功的。人民的权力,必须集合在各种人民的组织里才可以表现出来。直接具体表现到政治上的只是政党。政治的隆污是人民休戚之最大关键,政党是人民干涉政治之最大工具,所以主张人民不干涉政治是发昏,主张干涉政治而不主张组织政党,更是发昏之发昏。要实现政党政治来代替武人政治,亦即是以人民权力来代替军阀权力,非有党员居全国人口百分一之强大的民主党二个以上不可。因为有这么多的党员,才可以支配中央及地方的行政,才可以支配全国各级议会的选举,才可以实施刷新政治的各项政策,才可以制裁武人,才可实现政党政治来代替武人政治。这件事若办不到,政党政治是不会成功的,民主主义是不会实现的,军阀政治是不会倒的。

军阀政治不倒,他们各霸一方把持财政,法律无效,舆论无效,战乱蔓延;工商凋敝,教育废弛等现状,是要继续下去的。此等现状继续下去,国际帝国主义的侵略是要日甚一日的,是要由现在半殖民地状况更变到完全殖民地状况的。

我们知道民主主义的争斗仅是第一段争斗,不是人类最后的争斗;我们更知道资产阶级的民主主义之下的政党政治是必然包涵许多腐败与罪恶的;但是我们要知道在人类阶级争斗亦即社会进步的过程上看起来,在中国政治的及经济的现状上看起来,我们势不得不希望代替更腐败更罪恶的军阀政治之民主的政党政治能够成功。

现在有一派人主张联省自治为解决时局的办法,这种主张是未曾研究中国政治纠纷的根源在那里。中国政治纠纷之根源,是因为封建式的大小军阀各霸一方,把持兵权财权政权,法律舆论都归无效,实业教育一概停顿,并不是因为中央权大地方权小的问题。此时全国兵马财政大权都操在各省督军总司令手里,连国有的铁路盐税他们都要瓜分了。若再要扩大地方权,不知还要扩大到什么地步?说到地方自治自然是民主政治的原则,我们本不反对,但是要晓得地方自治是重在城镇乡的自治,地方自治团体扩大到中国各省这样大的范围,已经不是简单的地方自治问题,乃是采用联邦制,属于国家组织问题。

联邦制若建设在人民经济状况不同及语言宗教不同的理由上面,到也无可非难,奈中国的状况决不是这样。他们的联省论,完全建设在武人割据的欲望上面,决不是建设在人民实际生活的需要上面。所以他们这种主张,在人民政治能力的事实上,无人敢说这样大的自治权马上就能够归到人民手里,不过联省自治其名,联督割据其实,不啻明目张胆提倡武人割据,替武人割据的现状加上一层宪法保障。武人割据是中国唯一的乱源。建设在武人割据的欲望上面之联省论,与其说是解决时局,不如说是增长乱源。增长乱源的政治主张,我希望爱国君子要慎重一点。

所以我主张解决现在的中国政治问题,只有集中全国民主主义分子组织强大的政党,对内倾覆封建的军阀,建设民主政治的全国统一政府,对外反抗国际帝国主义,使中国成为真正的独立国家,这才是目前扶危定乱的唯一方法。

(原载1922年8月10日《东方杂志》第19卷第15期)

国际的中国

中国共产党近来发出一个宣言,大意是说他们现在愿意和资产阶级的民主主义革命运动联合起来,做一个"民主主义的联合战线",这件事不可不算是一件可喜的事。但他们的宣言里有许多很幼稚的,很奇怪的议论。我们引一段做例:

> 最近的奉、直战争,在吴佩孚方面,英、美帝国主义者站在他的后面……在张作霖方面,自然是日本帝国主义者为其后盾。……吴佩孚战胜以后,北京政府渐渐落在亲美派的官僚手里,这是美国实现对华政策一个绝好的机会。但是美国并不愿意吴佩孚——是一个较进步的军阀——制造一个统一的政府,因为吴佩孚所主张废督裁兵如果现实的统一,是与中国资产阶级以极大的利益而易于发展,与外国资本帝国主义的侵略进行是极不利的。美国帝国主义者便转头过来,与日本强颜携手,企图共同利用张作霖、曹锟和其他顽固的军阀官僚(安福系、交通系等),以免日、美互相掣肘,而造成一个可以共同利用的中国傀儡政府。(页九至十)

这种观察很像乡下人谈海外奇闻,几乎全无事实上的根据。当奉、直战争时,天津有一家英国报纸,曾表示偏袒吴佩孚的论调。当时我们知道北京英国使馆曾派人去劝他,说这是中国的内争,英国的报纸应该持中立的态度,不应该偏袒一方。至于事实上的援助,更是没有的。如果英国人真肯援助吴佩孚,京奉铁路上的运输决没有那样便利的。至于说美国不愿意吴佩孚的废督裁兵计画的实现,那更是说梦话了。吴佩孚至今并不曾表示他想实行废督裁兵,可是中国政府自从周自齐内阁以来所有一点裁兵废督的计画,差不多大部分都是美国学者做的！至于说美国现在转过头来与日本携手，企图共同利用曹锟、张作霖和安福系、交通系等，这更是笑话了。现在中国想利用"曹锟、张作霖、安福、交通"这个奇怪大联合的，恐怕确有人在！但我们稍知道美国的历史和国情的，可以断定美国决不会有这种奇怪的政策。

我们并不想替外国的"资本帝国主义者"作辩护，不过我们实在看不过这种瞎说的国际形势论。我们要知道：外国投资者的希望中国和平与统一，实在不下于中国人民的希望和平与统一。自从辛亥革命以来，世界列强对中国的态度已有一种很明显的变迁了。民国初年，外人"捧"袁世凯的故事，我们应该总还记得。外人所以捧袁，大部分是资本主义者希望和平与治安的表示。我们可以说他短见，但不能说这全是出于恶意。这六七年以来，欧洲的国家已到了很窘迫的境地，他们自己已不能料理自己，在远东更没有侵略的余力了。远东的国际局面自然只是英、美、日三国的问题。欧战期中，英、美两国都不能顾及远东，所以让日本在远东自由扩张他的势力。但是日本的政策挑起了中国民族的自觉和反感，故这六七年之中，日本在中国的地位并不曾远胜欧战以前，而中国民族的自觉心反因此更发达成形了，中国资产阶级经营的工商业也在这个时期之中渐渐的造成一个可以自己立脚的地位了。巴黎和约是美国的大失败，中国的权利也被断送掉了；然而巴黎的失败竟连累了一个空前大政客——威尔逊——跟着一倒不复振，而美国的政局遂生一大变化。美国共和党向来是资产阶级的政党，他的帝国主义的色彩比民主党浓厚的多。他们是有外交政策的，——不比民主党只有理想，——所以他们恢复政权以后，就召集那裁减军备的国际会议。这个会议确不是为替中国伸冤而召集的，然而中国的国民外交和美国的舆论竟能使华盛顿会议变成一个援助中国解决一部分中、日问题的机会。会议的结果虽未必能完全满足我们的希望，但我们稍知当时情形的人，都该承认当日热心援助中国代表团的许多学者，舆论家，并不是替"资本帝国主义者"做走狗的。就以资产阶级而论，新银行团的组成，无论如何无力，确已有了消极的阻止某一国单独借款给中国政府的大效果。

中国共产党尽管说新银行团是一个"四国吸血同盟",然而我们试回想民国七八年的日本独借的惊人大款,再看看新银行团成立以后这几年的消极的效果,就可以明白美国资产阶级对中国的未必全怀恶意了,我们更想想这几年国内的资产阶级,为了贪图高利债的利益,拚命的借债给中国政府,不但苟延了恶政府的命运,并且破坏了全国的金融,使中国金融界呈现今日的危机,我们平心而论,不愿意使中国和平统一的人,究竟是那三年不借一文给中国政府的新银行团呢?还是那北京政府的无数高利债主呢?

况且投资者的心理,大多数是希望投资所在之国享有安宁与统一的。欧战以前,美国铁路的股票大多数在英国资本家的手里。这种投资,双方面全受利益;英国也不用顾虑投资的危险,美国也决不愁英国"资本帝国主义"的侵略。这样的国际投资是不会发生国际问题的,因为这种投资就和国内的投资一样。国际投资所以发生问题,正因为投资所在之国不和平,无治安,不能保障投资者的利益与安全。故近人说,墨西哥,中国,波斯,近东诸国,可叫做"外交上的孤注,国际上的乱源"。优势的投资国家要想这些弱国与乱国有和平与治安,只有两条路子:一是征服统治他们,一是让本国人民早日做到和平与统一的国家。十年以前,列强对中国自然是想走第一条路的,所以有势力范围的划分,瓜分地图的拟议。但日俄战争以后,因日本的胜利而远东局面一变;辛亥革命以后,因民族的自觉而远东局面再变;欧战期内,因日本的独霸而远东局面几乎大变;欧战结局以后,又因中国民族的自觉而远东局面又经一次大变。老实说,现在中国已没有很大的国际侵略的危险了。巴黎的一闹,华盛顿的再闹,无论怎样无结果,已够使全世界的人知道中国是一个自觉的国家了。稍明白事理的政治家,大概都晓得那第一条路——征服统治中国——是做不到的了。现在无论是那一国,——日本,美国,或英国,——都不能不让中国人民来解决本国的政治问题,来建设本国的统一国家,近来因为有几笔外债到期,中国政府不能付款,所以我们偶然听见什么"共同管理"的论调。但这种论调其实同近日中国银行家要求安格联在十一年八厘公债票上签字,是同样的心理,我们只得由他们唱去，事实上我们自己若能整顿国事，理出一个头绪来，造出一个新国家来，把这一点比较很轻微的国债（比英国每人担负少一百倍，比法国少二百倍）担负下来，这种论调也就都没有了。

所以我们现在尽可以不必去做那怕国际侵略的噩梦。最要紧的是同心协力的把自己的国家弄上政治的轨道上去。国家的政治上了轨道，工商业可以自由发展了，投资者的正当利益有了保障了，国家的投资便不发生问题了，资本帝国主义者也就不能不在轨道上进行了。

我们的朋友陈独秀先生们在上海出版的《向导周报》，标出两个大目标：一是民主主义的革命，一是反抗国际帝国主义的侵略。对于第一项，我们自然是赞成的。对于第二项，我们觉得这也应该包括在第一项之内。因为我们觉得民主主义的革命成功之后，政治上了轨道，国际帝国主义的侵略已有一大部分可以自然解除了。他们指出国际帝国主义的各种压迫是：

（1）北京东交民巷公使团简直是中国之太上政府；

（2）中央政府之大部分财政权不操诸财政总长之手而操诸客卿总税务司之手；

（3）领事裁判权及驻屯军横行于首都及各大通商口岸；

（4）外币流通于全国；

（5）海关权及大部分铁路管理权都操诸外人之手；

（6）银行团及各种企业家一齐勾串国内的卖国党，尽量吸收中国的经济生命，如铁路矿山和最廉价的工业原料等；

（7）利用欺骗中国人的协定关税制度，钳制中国的制造业不能与廉价的外货竞争，使外国独占中国市场，使中国手工业日渐毁灭，使中国永为消费国家，使他们的企业尽量吸收中国的现金和原料。

这七项都是和国内政治问题有密切关系的。政治纷乱的时候，全国陷入无政府的时候，或者政权在武人奸人的手里的时候，人民只觉得租界与东交民巷是福地，外币是金不换的货币，总税务司是神人，海关邮政权在外人手里是中国的幸事！至于关税制度，国内无数的商人小百姓困压在那万恶的厘金制度之下，眼看一只江西瓷碗运到北京时成本不能不十倍二十倍于远从欧洲、日本来的瓷碗；他们埋怨的对象自然不是什么国际帝国主义而是那些卡员扦子手了。所以我们很恳挚的奉劝我们的朋友们努力向民主主义的一个简单目标上做去,不必在这个时候牵涉到什么国际帝国主义的问题。政治的改造是抵抗帝国侵略主义的先决问题。

十一,十,一

（原载 1922 年 10 月 1 日《努力周报》第 22 期）

一个平庸的提议
解决目前时局的计画

（一）政治的

大家都说，目前第一件要事是财政。其实那是错的。政治不能解决，财政决不能解决：你要办新税，各省不睬你；你要大借款，大家要反对；你要节省政费，裁了一千个冗员，还禁不起山海关附近的一炮！所以我主张先从政治方面下手。我的计画是：

（1）由北京政府速即召集一个各省会议。

（甲）名称。　如政府不爱"联省会议"之名，尽可叫他做"全国会议"，或"统一会议"。

（乙）组织。　每省派会员四人（省议会举一人，省教育会与省商会各举一人，省政府派一人）。中央政府派三人。国会举三人。主席得由政府任命（以免纷争）。

（丙）地点。　我主张在北京：因为北京虽在北京政府势力之下，然而比上海确实自由多了，文明多了。

（丁）权限。　这个会议得讨论并议决关于下列各项问题：（a）裁兵与军队的安插。（b）财政。（c）国宪制定后统一事宜。（d）省自治的进行计画。（e）交通事业的发展计画。

这五项问题，设有一项和国会的权限冲突的，国会不应该吃醋，政府也不应该因怕国会吃醋而不敢举行。况且此次政府召集的财政会议，岂不也是一种各省会议吗？既可以召集财政会议，何以不可以召集各省会议？况且我可以断定那单讨论财政的会议是无效的。

（2）由北京政府公开的调解奉直的私斗，消除那逼人而来的大战祸。

（对于这一件事，全国赞成弭兵的人也应该加入。）

我这个提议，初看了似乎未免带孩子气，但是我这话是板起面孔来说的正经话。本年四五月间的奉、直战争固然是胜败太不彻底；但我们试问，奉、直若再开战，就能打出一个彻底的结果了吗？况且人民有什么罪过，必须忍受这一回一回的战祸吗？即使一时打不起来，而两方拼命的预备作战，搜括一切款项，作为军费，那么浩大的军费也是人民不能长久负担的。况且前次直、奉战争所以结束的快，大都是因为张作霖大举入关，故一败涂地；现在奉军若取守势，战祸便不知何日终了。假使战事延长至两三个月，——这是很稳健的计算——北中国的什么事业（教育，矿业，工商等）都不能不根本毁坏了。所以我们无论怎样推想，都回到一个同样的结论：直、奉的私斗决不可不消除。

如果王宠惠们只愿做大官，只愿做一个"无抵抗力的内阁"（这是前日某报的妙语），那也罢了。如果他们还想做个像样子的政治家，他们应该用公开的条件来调解消除奉、直的私斗。我主张的条件是：

（甲）双方减缩军备，克期同时裁兵。

（乙）东三省取消独立，交还盐税及车辆。直系各省也不得提取铁路收入。

（丙）任曹、张、吴三人为北方裁兵专使。

（丁）北方各省实行废督，废巡阅使。

（戊）其他事项，由上述之各省会议解决之。

我也知道这件事决不是王宠惠们干得了的。但是我们既谈大政方针，就不能不列这一条了。我很希望国民注意此事，养成舆论，作一个实际上弭兵的大运动！就是王宠惠们干不了，这件事总得有人干的。

（二）财政的

财政的计划，说的最详细的是《努力》第八第九两期 RT 的《中国财政的出路》。他说财政的"根本整顿方法"分两项：

第一，划分中央财政和地方财政的界限。

第二，力行裁兵减政。

第一条是要靠国宪和各省会议的。此时空谈"划分财政",是没有用的。纸上的划分是早已有过的了。故单有国宪的规定,还是不够的;各省会议的一关是逃不过的。第二条的裁兵一项也必须等各省会议和奉直和议两事举行之后,方才可有把握。此时中央能行的只有减政一项。六七月间的减政计划,近来似乎又渐渐停顿了。大概欠薪太多是不能减政一个大原因。然而欠薪不能还而冗员又不能减,天天债台高上去,也终不成事体。如有相当时机,应该把陆军,海军,参谋三部并作一部,设一个总长,两个次长,名为"军事部"。国宪制定之后,教育权既归地方,教育部也可废去,改为内务部的一司。此类的例甚多,一时不必细举了。

RT 君说的"目前过渡方法"也有两项:

第一,规定中央军政费之最大限度为每月五百五十万元。

第二,整理各项长短期内外债及垫款(包括欠薪),总数约四万万元。

他指出交通收入,盐余一部分,崇文门税,山西解款,四项每月不过三百万元。所以他主张等到适当的时期,举行大借款四万万元,以三万万四千万抵债,以三千万为一年军政费的补助,其余即作为裁兵基金。利息为六厘,担保为海关增率税。

他这两个过渡方法,其实只是大借款一个法子。前天报上登出芮恩施在顾维钧茶会席上发表的财政演说,似乎可以表示政府确也有大借款的希望。但芮恩施的一篇浅薄的演说是没有用处的。外款非不可借,但现在政治未统一之前,大借款是决不能成立的。即使如芮氏说的,外国资本家肯借款,中国的国民未必肯承认这笔借款。借款给军阀政客去分赃,是决通不过的。

所以我主张现在救急的财政办法是:

(1)从速解决政治的纠纷。先从上文说的两事下手,——召集各省会议,消除直、奉的战祸。

总计中央名义上的收入,应有

田赋　　　　八千余万元

厘金及杂捐　　四千余万元

关余	一千万元(依十一年度预测)
盐税	八千万元
杂税	五百万元
烟酒税	四千万元
印花税	六百万元
矿税	八十万元
中央机关收入	一百万元
官产收入	一千万元

总计约二万[万]九千万元。

假如各省都像山西那样忠顺(山西省每年解中央二百余万元),中央的财政问题早已解决大半了。现在中央的势力不能放一个湖北省长或山东省长,还有人希望用财政会议来解决财政问题,岂不是做梦吗?即如盐税一项,别说那四川的一千万元,东三省近在咫尺,现在也扣留盐税了。这岂是一个财政会议就能解决的吗?所以我主张第一步是政治纠纷的解决。

(2)为目前计,宜从速宣布财政的收支实况,约如下列各项:

(甲)收入尚有几项?

关余,盐余,省解款,崇文关税,中央机关收入:交通,农商,司法等。

(乙)负债实数:

(a)欠饷详数。(b)临时军费。(c)每月必需军饷总数。(d)每月必需行政费(包括教育)。(e)各机关欠薪实数(包括国会)。(f)京师军警费。(g)京师军警积欠。(h)内外债到期应付利息。(i)内外债到期应付本。

(丙)现在每月支出实数。

(a)究竟各军发饷若干?(b)各机关发薪详报。(c)各种内外债基金已拨付若干?(d)其他实支。

(丁)收支比较,总亏若干?

这种公布是不可少的。政府现在想用一纸"依法惩办"的命令来禁止索薪的举动,那是自欺欺人的政策。即使你能禁索薪团的包围,你还不能禁各机关的罢工,更不能禁军队的闹饷。只有开诚布公的把财政的状况宣布出来,大家也许还可原谅政府一点。

况且政府为什么总不肯公布财政的实况呢?岂不是因为军费太多,怕人不平吗?其实当此变态的时代,军费之多自是大家意中之事,又何必瞒人呢?况且政府越秘密,大家越猜疑,越不能心平,所以倒不如一切公开的好。

况且国民若不知道财政的实况,政府虽有救济的计画,也不能得大家的赞助。假如政府此时下令回到民国元年各机关人员一律支薪六十元的办法,大家能不要求先查账吗?假如政府此时大借外债,大家能不要求先报告用途吗?所以我们可以说:没有公布,什么财政计画都行不去。

(3)公布财政实况之后,应通盘筹算,做一个目前救急的小计划。这个计画应分两个部分:

(甲)分还积欠。发给债券,按月摊还。

(乙)均平现状。无论交通财政,应与其他机关一律均平待遇。或发半薪,或竟回复元年每人六十元的办法。

这个计画应包括维持北京地方治安的方法。北京举行地方税,专供地方之用,是应该办的。况且北京警察制度较完备,征收新税也不致有什么大困难。(北京中小学的经费也须由中央筹给,而北京市民不负一文钱的学校税,岂非怪事?)

(4)大借款如不可免,此时也只宜做计画,研究用途的分配,条件的磋商,而不能骤然实行,这时候若贸然做大借款,决没有不失败的!

以上计政治方面二条,财政方面四条,是我试做的对于目前时局的计画。此外尚有蒙古问题与承认俄国的问题,铁路问题与新银行团的问题,因不愿占《努力》太多的篇幅,此时只好不谈了。最后我要重引《努力》的话作结论:

一个平庸的计画,胜于没计画!

十一,九,十二

(原载1922年9月17日《努力周报》第20期)

一年半的回顾

《努力》第一期出版的时候(5月7日),正当奉、直战争的时期。付印的时候,我们还以为那一次的战争至少有一两个月之久,所以我们请宗淹先生担任军事的调查和战事的纪叙。不料《努力》第一期出版时,奉军大败的消息已证实了,战事的结束似乎不远了。当日北方的政局骤然呈一大变态。横行关内的奉军,正在纷纷退出关去;安福的国会早已消沉了;安福的总统也快要倒了;新新国会似乎没有召集的希望了。

那时在北方的优秀分子都希望政治有比较清明的机会,《我们的政治主张》也就于5月14日发表出来。在那篇宣言里,我们提出"好政府"三个字作为"现在政治改革的最低限度的要求"。我们并且加上三条子目:

(1)宪政的政府,(2)公开的政府,(3)有计划的政治。

我们主张,政治的清明全靠好人出来奋斗。以上是我们的原则。关于当日眼前的政治问题,我们也有六项提议:

(1)南北早日正式开和平会议。

(2)用"恢复六年解散的国会"等项为议和的条件。

(3)裁兵。

(4)裁官。实行"考试任官"的制度。

(5)改良选举制度。

(6)公开的,有计划的财政。

我们不赞成立刻恢复民二国会,只赞成用此事为解决南北纠纷的一个条件。我们注意在一个公开的南北和会,或各省会议。但当时北方的胜利者吴佩孚,挟战胜的余威,号召北方,拥戴黎元洪为总统,立即召集民二国会。那时我们认定这两件事是大错的,故于6月18日提出两项补救的办法：

（1）希望黎元洪的政府自居于"事实上的临时政府",他的任务是用公开的态度,和平的手段,做到南北的统一。

（2）希望那自行召集的旧国会也自居于"临时的国会"。

但这种提议,在当时简直是与虎谋皮。黎元洪的贪恋权势后来毕竟或[成]为和平统一的大障碍;而国会的横行竟酿成今日龌龊无耻的政局。

去年五六两个月真是政局的一大关键。吴佩孚召集旧国会,本是想取消南方"护法"的旗帜。5月里孙文发表宣言,对北方将领要求裁军队为工兵;他的态度已很明显,很有和平解决的表示了。不幸6月中广州发生孙、陈之争,陈炯明推翻了孙文的势力,孙氏仓皇出走。这件事在当日确然是孙、陈两人主张不同性情不同久不相能的结果:当日大家的评论虽不一致,然而在当时就是最恨陈炯明的人也不信陈氏的行为是服从北方的指使。但事后看来,当日孙、陈的决裂确是一大不幸的事。一来因为孙文失去势力,更引起北方武人的武力统一的野心。二来因为孙、陈两人决裂后,陈氏怕孙派的报复,竟公然与直系军人联络。三来因为孙氏要报仇,竟至糜烂了广东,至于今日。

从此以后,吴佩孚一意布置武力统一的实行。当时也有人设法运动各方面开一个和平会议。但舆论的鼓吹,政客的奔走,终打不破吴佩孚的迷梦和黎元洪的热中。假使当日黎元洪与王宠惠能有政治的眼光,极力主张召集一个各省会议,至少也许可以避免一部分的糜烂,至少也许可以解决一部分的困难。但庸碌的黎元洪和糊涂的王宠惠都不肯反抗洛阳的意旨;闹到后来,王内阁终于被迫而去,而吴佩孚失势之后,黎元洪也终于被迫而去。当日一个可以和平解决的机会也就一去不复返了！

我们当日对于北方政府,确曾抱一点希望。一来呢,当日的阁员之中,有一部分颇负时望,虽是虚声,但虚声究竟还胜于恶名。二来呢,当日的阁员,多数都是不要钱的好人。三来呢,当时董康、高恩洪、罗文干的裁官政策,颇能实行,在北京的政治史上总算开一点新气象。

我们因此曾给王宠惠内阁出了一些主意。在《努力》二十期上,我用 WGT 的假名,发表了一个《解决目前时局的计划》,内容是:

（1）速即召集一个各省会议。

（2）由北京政府公开的调解奉直的私斗,消除北方的战祸。

我们观察直系军人武力政策的结果,知道当日财政无办法,教育无办法,都由于他们亟亟备战,把钱花在军事的设备和捣乱南方两项上去了。所以我们说:

> 政治不解决,财政决不能解决。……裁了一千个冗员,还禁不起山海关附近的一炮!

这种话头在当日完全不发生效力,于是我们只好继续向国民宣传。我们在《努力》第二十八期上,曾说:

> 我们不信政治上有什么包医百病的良药。但我们深信现在这种坐而待毙的怪现状是不行的;支支节节的敷衍是不行的;狭义的大复仇主义是不行的;偷偷摸摸的接洽,鬼鬼祟祟的买卖,是不行的。我在这个沉闷可怜的空气里,回头看看我们老百姓受的痛苦,看看无数同胞忍泪吞声的受痛苦,我们不能不问问自己:"究竟有什么救急的法子没有？究竟有什么可以一试的法子没有？"我们的答案是:从速召集一个各省会议。

但这时候,天津派的无耻政客早已暗地进行作"先倒阁,次驱黎拥曹"的大运动了(边守靖、吴景濂的政治阴谋起于黎元洪入京之先,《努力》第六号曾揭载他们阴谋的电报)。11 月 19 晨,罗文干因奥款展期合同事被捕,不久王内阁也就倒了。罗案的结果,罗文干无罪;然而从那回以后,北京的政局遂成了吴景濂一班人横行无忌的世界。加之李根源、彭允彝等上台之后,私人走狗充塞了各机关,冗员增加了几十倍,去年夏间的政界一线光明——裁官的实行——从此也绝望了。

十二年一月十七日,国立北京大学校长蔡元培,"痛心于政治清明之无望,不忍为同流合污之苟安",借罗案提出抗议,愤然去职。

那时正是国会议员在光园拜寿,红罗厂卖身的时候,蔡元培那种高洁的抗议,不但不发生什么效果,反教一班猪仔议员老羞成怒,把张绍曾的内阁一榜全赐及第了!

我们在那个时候,也就起了一种觉悟。我们那时曾说:

> 在这个猪仔世界里,民众固不用谈起,组织也不可靠,还应该先提倡蔡先生这种抗议的精神,提倡"不降志,不辱身"的精神,提倡那为要做人而有所不为的牺牲精神。先要人不肯做猪仔,然后可以打破这个猪仔的政治!(《努力》四十期)

换句话说,我们还应该向国民思想上多做一番工夫,然后可以谈政治的改革。

那时候北方武人的武力政策也使我们感觉政治改革的一时无望。吴佩孚的一派虽然退出了内阁,但他的武力政策仍旧不断地进行。陆荣廷派的回广西,杨森的回攻四川,孙传芳的援闽,广东孙、陈战争的延长,无一处不是武力统一的迷梦的实行,我们在《努力》四十四期上曾说:

> 以这班已失人心的人,当此无从收拾的时局,而他们全无觉悟,仍旧实行他们倒行逆施的武力主义,——他们的失败是可断言的,并且不足惜的。只可惜人民的糜烂,反动政治的延长,从此更不知何日才得终了呵。

这十个月的政治,完全是"反动的政治"。我们在 3 月 25 日曾说:

> 今日支配国事的人,——酒狂之上将,财迷之候补总统,酒色狂之国会议长,——那一个不是"非从其所欲而充分为之不止"的神经病人!怪不得我们说的话"完全不是那么一回事"了!

这是我们对于我们自己的政论生活的解嘲。

从此以后,《努力》的同人渐渐地朝着一个新的方向去努力。那个新的方向便是思想的革新。自从四十八期(4 月 15 日)丁文江先生发表《玄学与科学》的文章以后,不但《努力》走上了一个新方向,国内的思想界也就从沉闷里振作起精神来,大家加入这个"科学与人生"的讨论。这一场大战的战线的延长,参战武士人数之多,战争的旷日持久,可算是中国和西方文化接触以后三十年中的第一场大战。现在这场思想战争的破坏事业似乎已稍稍过去了。观战最高兴的老将吴稚晖先生已在别处开始做建设事业了。我们对于这一次挑战引起的响应,不禁发生无限的乐观。近来有一位爱《努力》的朋友邵力子先生在《觉悟》(十二,十,十二)上发表一封《致胡适之先生的信》,说自从我称病搁笔以后,《努力》便没有精采了。他说:

先生试想,照这样支撑下去,不太觉无聊吗?

邵力子先生太恭维我个人了。其实我们的《努力》里最有价值的文章恐怕不是我们的政论而是我们批评梁漱溟、张君劢一班先生的文章和《读书杂志》里讨论古史的文章。而这些文章的登载几乎全在我"称病搁笔"之后!如果《新青年》能靠文学革命运动而不朽;那么,《努力》将来在中国的思想史上占的地位应该靠这两组关于思想革命的文章,而不靠那些政治批评,——这是我敢深信的。

今日反动的政治已到了登峰造极的地位。拜金的国会议员已把曹锟捧进新华门了。反直系的活动此时还没有推翻直系的实力。西南各省内乱多不易收拾,自顾还不暇。奉、浙两处也不能轻易发动。抵抗的实力既如此薄弱,而反直系内部组合的分子又多有一二年前全国痛恨的罪人,我们即使善忘,也终不能一心一意的赞助今日所谓"反直系"的人物。我们向来鼓吹的各省会议,近来虽然得着一支意外的生力军——何东君的活动,——然而曹锟贿选成功之后,这个和平会议的梦想也更少实现的希望了。

我们谈政治的人,到此地步,真可谓止了壁了。我们在这个时候,决意把《努力》暂时停刊。但我们并不悲观。我在《努力》第五十三期上曾说:

我们深信,有意识的努力是决不会白白地费掉的!

我们现在仍旧如此设想。虽然将来的新《努力》已决定多做思想文学上的事业,但我们深信"没有不在政治史上发生影响的文化"(《努力》第七期),我们的新《努力》和这一年半的《努力》在精神上是继续连贯的,只是材料和方法稍有不同罢了。

我借这个机会再致谢《努力》的许多帮忙的朋友。最可痛的是我们的好朋友,《努力》的经理,章洛声先生不幸于今年夏间在家病死了。章洛声对于《努力》的牺牲和贡献,比我们一班做文字的人都更多更大。他的病死也可算是这个周报此时停办的一个重要原因。

十二,十,十五　在上海沧洲旅馆

(原载1923年10月21日《努力周报》第75期)

与一涵等四位的信

一涵、慰慈、孟和、性仁四位同鉴：

《努力》事承你们努力维持，至于今日，使我得安心在山中养病，我真不知道怎样感谢你们才好！

我在烟霞洞住了三个多月，虽然很安逸，很快乐，但我真住的不耐烦了。并不是地方不好，实在是心里不安。一来因为我在大学的工课无人担任；二来因为《努力》久累朋友；三来因为离家日久。所以我决计"下山"来了。（"下山"二字是浙江教育厅长张宗祥用的《思凡》典故！）

4日下山，5夜到上海，一觉醒来曹锟已当选作总统了。上海一班朋友，都不愿意我此时回来，大家谈论的结果，都劝我暂不回京。医生也不赞成我此时出来工作。因为我现在肛门还有一处痔溜每月要发二三次，每正坐二时以上，背脊便酸痛。

因此，我于7日晚上请叔永夫妇，经农，振飞们来商议一次。结果是：(1)《努力》暂时停办，将来改组为半月刊，或月刊，专从文艺思想方面着力，但亦不放弃政治。俟改组就绪，再行出版。出版当在我恢复健康之时；此时仍继续《读书杂志》。(2)我此时暂不回京授课，俟一年假满之时再说。以上二事皆以我病体未复元为主要理由。

停办之事，原非我的本意。但此时谈政治已到"向壁"的地步。若攻击人，则至多不过于全国恶骂之中，加上一骂，有何趣味？若撇开人而谈问题和主张，——如全国会议，息兵，宪法之类，——则势必引起外人的误解，而为盗贼上条陈也不是我们爱干的事！

展转寻思，只有暂时停办而另谋换一方向僇力的办法。

二十五年来，只有三个杂志可代表三个时代，可以说是创造了三个新时代。一是《时务报》,一是《新民丛报》,一是《新青年》。而《民报》与《甲寅》还算不上。

《新青年》的使命在于文学革命与思想革命。这个使命不幸中断了,直到今日。倘使《新青年》继续至今,六年不断的作文学思想革命的事业,影响定然不小了。

我想,我们今后的事业,在于扩充《努力》使他直接《新青年》三年前未竟的使命,再下二十年不绝的努力,在思想文艺上给中国政治建筑一个可靠的基础。

在这个大事业里,《努力》的一班老朋友自然都要加入;我们还应当邀请那些年老而精神不老的前辈,如蔡子民先生,吴稚晖先生,一齐加入。此外,少年的同志,凡愿意朝这个方向努力的,我们都应该尽量欢迎他们加入。

9月23日,自云栖回到烟霞洞,看见山前的梅树都憔悴不堪了,曾有一诗如下:

  树叶都带着秋容了,
  但大多数都还在秋风里撑持着。
  只有山前路上的许多梅树,
  却早已憔悴的很难看了。
  我们不敢笑他们早凋;
  让他们早早休息好了,
  明年仍赶在百花之先开放罢!

让我这首小诗预祝我们的新《努力》的生命罢!

  谢谢你们维持《努力》的热诚和辛苦。

适上 十二,十,九

(原载1923年10月21日《努力周报》第75期)

这一周
十一年六月至十二年四月

1 我们是不承认政治上有什么根本解决的。世界上两个大革命,一个法国革命,一个俄国革命,表面上可算是根本解决了,然而骨子里总逃不了那枝枝节节的具体问题;虽然快意一时,震动百世,而法国与俄国终不能不应付那一点一滴的问题。我们因为不信根本改造的话,只信那一点一滴的改造,所以我们不谈主义,只谈问题;不存大希望,也不致于大失望。我们观察今日的时代,恶因种的如此之多,好人如此之少,教育如此之糟,决没有使人可以充分满意的大改革。我们应该把平常对政治的大奢望暂时收起,只存一个"得尺进尺,得寸进寸"的希望,然后可以冷静地估量那现实的政治上的变迁。

2 徐世昌走了,黎元洪来了。我们不爱谈什么法统,也并不存什么"喁喁望治"的心思。我们对于这个新政府,只有下列的最低限度的要求:

(1) 我们希望这个政府自认为一个"事实上(De facto)的临时政府";他的最大任务是用公开的态度,和平的手段,做到南北的统一。

(2) 我们对于这次在北京自行集会的旧国会,只希望他自居于临时的国会;缺额不得递补,不得取消在广州的议员的名额,免得增加统一的障碍。

总之,南北不统一,什么事都不能办;军事不能终了,兵也不能裁,财政也不能整理,教育休想发达,实业也休想安宁。南北不统一,政治决不能上轨道。

3

前日卢永祥有一个通电,衔称"暂行大总统职权黎钧鉴",内说:

> 法律地位既属悬案,即令先行就职,仍是事实上之总统,而非法律上之总统。

卢永祥的反覆,是我们都不能恭维的,但这个意思出于实力派之口,是很可注意的。以我们的推想,将来必不止浙江一省借这个"事实上之总统"为下场之计。也许西南各省将来也会承认黎元洪为事实上的总统,而北京政府为事实上的临时政府。我们希望黎元洪不要忘记他的蒸电内"暂行大总统职权"的话,我们希望他的政府老老实实的自认为事实上的临时政府,即以事实上的临时政府的名义与南方协议统一的事。

4

本周在京的旧国会议员二百三人开谈话会,议决两条:
(1)定8月1日为继续开常会之日期。
(2)届期如不足两院人数,即依法递补。

递补是我们所反对的。本京《益世报》于17日著社论也反对递补,他的立论大旨是:

> 吾人固尝以恢复旧国会为足以就统一问题演进一步,故认为解决时局中之一种方法,……然南方以递补方法,凑足开会人数,北方亦以递补方法,凑足开会人数,则时局不从国会解决。旧会不过一个,今求恢复而旧会乃补足两个。……姑不论北伐之事如何,而北洋之军队一日不能长驱入广,非常国会亦一日不能不继续开会。……吾人将见纠纷之道与解决之期乃愈趋而愈远也。

我们觉得这话很有理。我们承认国会议员谈话会的议决案不能发生效力;我们希望他们为免除统一的障碍起见,不得递补缺额;如8月1日不足开会人数,不妨延长下去,等到非常国会的旧议员北来时方才开正式常会。在那个时期以前,只可有谈话会,或至多也开一个非常国会,或临时国会,而不得称正式常会。

5 我们说,若不从统一南北下手,什么问题都不能解决。就拿财政来说罢。以我们所知,现在中央的财政简直是绝无办法。大家眼巴巴地射着盐余,但盐余平均每月不过三百多万,而手续完备的支配已超过每月四百万了! 请看下表:

"一四"国库券基金　　七十万元。

内国公债基金　　　　百二十万元。

"九六"公债基金　　　百五十万元。

造币厂借款基金　　　七万元。

审计院经费　　　　　四万元。

海军经费　　　　　　五十万元。

以上手续完备的支配,共四百零一万元。此外还有手续不曾完备的,如

近畿军警费　　　　　百万元。

定期兑换券基金　　　二十三万元。

盐余项下的支配,以上共五百二十四万元,已超过盐余的实数一百多万乃至近二百万了。现在我们替政府设想,实在想不出理财妙法来。此次财政部向各省坐提应解中央之款,我们也可以预料他的失败。总之,国家不曾统一,军队不曾裁减,中央与地方财政未划分之先,中央财政的路子是断绝的了。现在只有停拨各项基金,东挪西补的自杀政策。但这种自杀政策的结果必致财政格外紊乱,信用格外丧失;定期兑换券尽管发行,尽管充塞市面,但前数年中交京钞跌价的现状必将复现于北京,而中央的政府必终不免于破产。

6 黎元洪的鱼电,滔滔三千多字,说的只是两三句话,并且连这两三句话都说不清楚,竟闹出笑话来,几乎下不得台。这件小故事应该使黎元洪得一个教训。饶汉祥一派的滥调文章可以少做做了! 有话何不老实说? 何必绕大湾子? 何必做滥调文章? 何必糟蹋许多电报生与读者? 饶汉祥可以歇歇了!

7　我们以为这一个月的政治之中，比较的最可满意的是各部裁官的实行。裁官向来也有办过的，孙洪伊的裁官政策便是一例。但向来的裁官是没有标准的，又没有统一的计画的。没有标准，故随便裁的也可以随便添加。没有统一计画，故裁了东边，添了西边。这一次的裁官，起先似乎也是无标准无计画的，后来财政部裁官始用"官制"与"考试分发"两个标准。徐世昌临走之前的许多命令之中有一条说裁官的办法，共有五个要点：

（1）以官制为标准。
（2）考试分发人员不受裁撤。
（3）以后各官署长官不得任意调用添派人员。
（4）骈枝机关，斟酌裁撤。
（5）兼职人员一律不得兼支薪津。

这是从局部的裁官，变为统一的裁官计画了。这个计画虽然不能充分满意（参看《努力周报》第四期第十篇 M. T. W. 的裁官意见），但我们可以先承认这个最低限度的计画；对于新来的政府，我们应该督促他实行。

8　董康的财政计画，青松已经在《努力周报》第五期里评论过了。他开的五味药方，现在只有"财政人员宜严加淘汰"一条总算做到了一部分。中交两行的合并听说是办不到的了。其余的三条，只有第一条"清理财政"现在正在筹画之中。董氏的条陈里明说"应请简派熟悉财政大员，会同审计院长，特设财政清理处"。然而已派定的大员却是傅增湘。傅增湘是熟悉宋、元版本的，然而我们决不能恭维他"熟悉财政"。这一着已错了。现在财政清理处的组织法尚未造出，人员也未派定，我们很希望董康不要再错了。他的原条陈说财政清理处的职务是：

　　自元年以来，收支款目及库券公债票等，分别澈查；一面画清界限，将所有债务，重加整理；岁出岁入，另立新帐，勿令纠纷。冀以正本清源，惩前毖后，为财政公开之基础。

这里面有两重职务：一是清理已往积弊，一是整理今后财政。这个担子很大,应该有专门人才去办理。青松主张"应该有商会教育会银行公会以及国会的代表参与的"。我以为最重要的是这个财政清理处应该以财政专门人才为主体,但有权可以向各部署调取案卷,质问事实。此项专门人才,不当限于部署中有职人员,不妨向其他学术团体或商业机关借用人才。如果将来的财政清理处仍由一班官吏或外行好好先生去办,我们可以断定他必无成绩的。

政治与计画

9 我们在《我们的政治主张》里曾要求一种"有计画的政治",我们说:

> 我们深信中国的大病在于无计画的飘泊,我们深信计画是效率的源头,我们深信一个平庸的计画胜于无计画的瞎摸索。

计画是预先认定一个目的,推想出如何可以做到那目的的历程,然后把那推想出的历程定为进行的步骤。譬如下棋,须能预先算到几着以后;譬如造屋,须先打图样,次计算材料工程,然后动工。这是人人知道的。然而到了干那关系最重大的一件事,——政治——大家便多不明白计画的重要:这岂不是墨子说的"明小物而不明大物"吗?

当熊希龄的内阁发表他们的"大政方针"的时候,国中很有许多人嫌他空谈太多,文字又太繁,所以当时很少人注意这种"大政方针"。然而这八九年来,就是那样的一个"空谈太多"的计画,也不可得了。这八九年的政治,竟全是飘泊的政治,没有计画,混到那里是那里。财政坏了,就随他坏下去,直坏到今天这个样子。兵多了,将骄了,也就随他们闹下去,直糟到这步田地。南北分裂了,也就由他们分裂下去,越分越远,直分到这个时候。陆放翁有诗道:

> 一年复一年,一日复一日,
> 譬如东周亡,岂复需大疾?

中国所以闹到这步田地,何尝有什么大病?只是这样"一年复一年,一日复一日"飘泊到现在这个不可收拾的情形!

计画的功效,全在分期克日,步骤分明;只要继续做下去,一点一滴的积起来,总有成效可观。我们试举一个例。自从欧战以来,全国的铁路工程都停顿了。假使当年交通部有个计画,规定京汉,京奉,津浦三条铁路每年添筑支路五十里。这是轻而易举的事,然而十年之内便可添造一千五百里的铁路了。再看京绥一条路,只因为这条路有个小计画,每年发行六百万的公债,所以这几年之内能延长那么多长的路线。京绥的六百万公债每年只有一小部分卖到市面上,大部分的债券不等到市上早已被内部的人买去了。假如国有的各铁路都有这样的一个小计画,十年之中可以添多少铁路?

现在有许多人爱批评阎锡山,但是阎锡山确有不可及的地方。他治山西,是有计画的。例如他决心要办普及的义务教育,先做一个分年期的计画。四年的师范不够养成教员,他就设速成的国民师范;这还不够用,他就设更速成的传习所。他依着这个计画做去,克期进行,现在居然做到了义务教育!江苏、浙江还办不到的事,阎锡山在那贫陋的山西居然先做到了!人称山西为模范省,又称阎锡山为模范督军。山西的政治教育不够做模范的,确然不少。但山西这一点"有计画的政治"的精神,确是可以做全国的模范的。我们看山西的成绩,就可以明白我们说的"计画是效率的源头,一个平庸的计画远胜于无计画的飘泊"。

中国吃飘泊的苦,尽够了!我们对于无论谁来组织的政府,第一个要求就是"有计画"!国家是一件重器,政治是一件绝大的事;没有计画是不行的,没有计画的人是不配干政治的!我们很盼望黎元洪、颜惠庆、吴佩孚、董康、高恩洪一班人此时暂且把索薪发饷酬勋等事交给几个附属官僚去应付,他们应该郑重的想想国家的大问题,做出一个通盘筹算的计画来,然后依着预定的计画,分期做去。日暮途远,暗中摸索是不中用的!你们不要糟踏时机,时机是不等候你们的!

例如裁兵,决不是一两个滥调电报就能了事的,也不是钦派一个裁兵委员会就能了事的。我们希望这个政府做出一个具体的,分期的计画;先发表出来,征求国民的意见,修正之后,然后决定;决定之后,克期实行。

又如教育,假如政府不要教育就罢;如要教育,那是非有一个计画不可的。现在的情形,竟是政府完全不管教育;起初还管筹经费,到现在竟连经费都无人管了。现在国立各校的经费已欠了四个月了,到暑假完时,还有三个月。七个月的经费就是一百十几万;加上北京中小学的经费,就更多了。现在若再没有一个通盘筹算的计画,就是要做到这几年来一日挨一日的光景,也都不可能了。

又如统一,也不是打几个电报给孙文、伍廷芳就够了的,也应该早日做一个计画,至少应该注重下列各点:

(1)南方政府的问题:是不是应该承认他为事实上的一个临时南政府?

(2)和会问题:和会是无论如何不能免的。叫他做"统一会议"也好,"南北和会"也好,"联省会议"也好。如何组织?如何产生?有何权限?这都是不能不早日计画的。

(3)统一的条件:统一的条件的中心必是承认联邦式的统一国家,这是无可疑的。但联邦式的国家全不是现在这种军阀割据式的国家。怎样才能使这种军阀割据式的国家变成一个真正统一的联邦国家呢?省与中央,制度上应该怎样划分呢?现在事实上应该怎样收束呢?军队怎样处置呢?财政怎样统一呢?这都是不能不筹画的。至于非常国会递补的议员的安置法,非常国会通过与取消的法令的去留等等,虽是较小的问题,但也是应该计画到的。

总之,我们已到了日暮途远的地步,只有克期计功的法子还可以勉强使我们赶上几步;若再糊糊涂涂的妄想"挨"过日子,妄想暗中摸索着一条幸运的路子,那就是"瞎猫等着死老鼠"的无意识的行为。那种政府,我们不要!

十一年六月十二至十八日

10 本周最大的政治变化是广东的革命与浙江的独立。孙文与陈炯明的冲突是一种主张上的冲突。陈氏主张广东自治,造成一个模范的新广东;孙氏主张用广东作根据,做到统一的中华民国。这两个主张都是可以成立的。但孙氏使他的主张,迷了他的眼光,不惜倒行逆施以求达他的目的,于是有八年联安福部的政策,于是有十一年联张作霖的政策。远处失了全国的人心,近处失了广东的人心,孙氏还要依靠海军,用炮击广州城的话来威吓广州的人民,遂不能免这一次的失败。孙氏曾著书提倡"行之非艰,知之维艰"的学说,我们当时曾赞成他的"知之则必能行之,知之则更易行之"的话(《每周评论》三十一号)。现在看来,孙氏的失败还在这一个"知"字上。一方面是他不能使多数人了解他的主张,一方面是他自己不幸采用了一种短见的速成手段。但我们平心而论,孙氏的失败不应该使我们埋没他的成功。蔡元培等前次劝孙氏下野的通电,虽然颇受了一部分人的批评,但蔡氏电文里赞美孙氏的话,确能写出孙氏的成功。蔡电说:

> 公等坚持不渝,以种种手段求达护法目的。……固以为苟能达此目的,无论何种手段,不妨一试。且正维公等用此种种手段,使全国同胞永永有一正式民意机关之印象,故至今日而克有实行恢复之机会。公等护法之功,永久不朽。……

这些话并非溢美之词。当日陆荣廷、岑春煊等取下护法的招牌,分赃而散之后,若没有孙、陈的继起,恐怕第三次财神国会早已实现,军阀势力更要横行,政治的转机还不知远在何时呢?

11 卢永祥在浙江自行废督的消息传来之后,大家以为"卢永祥倒了"。但是照现在看来,卢氏竟是宣告独立了。20 日,他就"浙江军务善后督办"之职,同日发出两道电文。第一电报告独立的原委,中有云:

> 伏维辞名而居实,既非拙性所屑为;全私而误公,亦岂袍与之夙志?善后限于军务,则权限固已分明;军务专注善后,则收束乃其主旨。

中国人真会做文章!清初有名的"杀吾君者吾仇也,杀吾仇者吾君也",如何比得上这种"颠之倒之,倒之颠之"的滥调文章! 所以旅居上海的浙江人也只能打出一个"反对不得,赞成不能"的电报,说:

> 卢督删电废督,保留师长,又将博得军务善后督办。废督其名,不废其实。吾侪小民,不知用意,反对不得,赞成不能。

但卢永祥的第二"号"电,因为不是用滥调骈文做的,却是很明白的。

此电宣布《善后纲要》七条,第一条是:

> 自废督之日起,浙江省境内不受任何方面非法侵犯,以防督军制之恢复,并变相督军制之发生。

然而浙江人的脑筋与人格确然受了卢永祥的非法侵犯了,浙江人难道也还是用"反对不能,赞成不得"八个字轻轻放过了吗?

12 此次裁官的结果,财政部裁了三千人,交通部裁了一千多人;最近内务部要裁的人,听说也有五百多人;加上国务院总统府的裁员,总数已在六千人左右了。我们希望其余各部都能实行裁员,并希望他们实行废止兼差的弊政。我们更希望,将来能于裁员之外,实行合并无用的或骈枝的部署。如陆军部与参谋部与海军部,这几年来,真可谓三个无用的废物了。我们主张将来可将此三部并作一个军事部,设一个总长,两个次长,一个次长管海军的事,一个次长管参谋部的事,尽可以够用了。

13 此次高恩洪在交通部的整顿,我们认为大致是合宜的。高氏做的最痛快的两件事,一件是23日废止各铁路货捐,一件是取消各报馆的津贴。报馆的津贴是十年来中国舆论界的一个大污点,他的害处比那摧残言论自由的法令还要大无数倍。摧残自由的法令至多不过是把舆论当作仇敌看待,而津贴与收买竟是把报馆当作娼妓猪狗了!北京一处的报馆和通信社的津贴,竟至有十二万五千元之多。这真是骇人听闻的事!至于各铁路货捐的非法与病商害民,都是大家所公认的。当此财政奇绌的时代,高氏竟能提议废止这一笔很可观的入款,我们不能不说他是有毅力的了。

6月19至25日

14 伍廷芳(1842—1922)死了。他的死耗传出之后,无论南方北方,无论孙派陈派,都对他表示一致的敬意与哀悼。我们对他的为人,也表示相当的敬意。至于他的盖棺定论,我们想用"福人"两个字包括他的一生。他的福分真不浅!他在海外做外交官时,全靠他的古怪行为与古怪议论，压倒了西洋人的气焰，引起了他们的好奇心，居然能使一个弱国的代表受许多外人的敬重。他的见解是很浅薄的，他对于东西文化的见解尤其是很浅薄的，然而西洋人被他那"老气横秋"的大模样震服了，竟有人尊他为中国式的学者的代表人物！这种福泽已很难得了。他在外交界占的地位，使他在国内政治上的事业也格外顺溜。但是顺溜还是极平凡的福分，伍廷芳的大福分都在他的不顺溜的时期。第一是民国六年伍氏任国务总理时始终拒绝那解散国会的命令的副署。拒绝解散令的副署，确可以表示伍氏的人格。黎元洪与伍廷芳同时都有这样表示人格的机会，黎氏辜负了那个机会，遂让伍氏独享盛名了。黎氏虽然现在做了总统，我们终不能不说他福薄。第二是伍氏的死期恰当孙文失败的时候。他对孙氏的始终帮助，也是他的人格的表示。伍氏的年辈和名望都可以使西南政府增加重量。伍氏恰当这个时候死去，不但他自己始终不变节的人格，格外从失败里照耀出来；并且使人对他晚年扶助的那个虽失败而究竟不失为正义的旗帜，格外发生一种同情的敬意。

6月26至7月2日

15

7月1日，黎元洪有一道命令，说：

> 地方自治，原为立宪国家根本要图。……现在国会业已定期开议，将来制定宪法，所有中央与各省权限，必定审中外之情形，救偏畸之弊害。一俟宪典告成，政府定能遵守，切实施行，俾得至中至当之归，允符相维相系之义。国家统一前途，实嘉赖之。

这道命令自然是应付那"联省自治"的要求的。政府有意要避免"联省自治"的名目，故只说"地方自治"。这个理由，也不难猜测。"地方自治"是对"中央集权"而言，究竟还含有一个"中央政府"的观念。"联省自治"是以各自治区域为单位的，不必一定承认一个中央政府；况且近年的"联省自治"的运动——或喊声——确是反对中央政府的一种表示。怪不得北京政府此时有意避免这个名目了。这道命令总算是正式承认各省分治的必要，承认中央与各省的权限应当划分,并且怪可怜的宣言"一俟宪典告成,政府定能遵守,切实施行"。这种吝啬的承认,虽然还未必能满南方各省的意,然而平心而论,这道命令确然远胜那今天放一个省长,明天放一个省长的糊涂命令了。我们希望北京政府此时少放几个省长;我们希望他更少放几个应该受拒绝的教育厅长。

16 我前年(民国八年)12月底到山东。那时山东的气象非常之好。省议会新通过一个议案,增加了二十多万的教育经费,设立了几十名的东西洋留学男女学生官费名额。那时候最可注意的一件事,就是省议会中的新分子(以王朝俊为领袖)用很高明的政治手段,揭发督军张树元吞蚀军费的实情,居然把张树元赶走。我到山东的第三天,张树元就跑了。省议会赶跑一个督军,乃是十年来绝无而仅有的事;况且当日山东省议员用的方法,使的手段,都使我非常赞叹。当日我曾有"山西不如山东"的评论。我和山东分别了两年半,今回重来,气象大变了!教育经费不但不曾加添,连旧定的额数还领不到。去年山东省议会的选举大竞卖,确是山东历史上一段大羞耻:覆选票有涨至一千多元一票的,省议员有花至三万元始能当选的!现在省议员中共分五派:(1)天坛派,以谢鸿焘为首领;(2)同仁派,以杜尚为首领:以上两派都是"官府派";(3)诚社,以张介礼为首领;(4)民治俱乐部,即王朝俊一派;(5)正谊俱乐部,以王贡忱为首领:以上三派为"地方派"。地方派的三支,近来稍能结合,号称"三角同盟",以与官府派对抗。官府派人数稍少,遂用种种手段抵制地方派,使省议会不能选出议长。省议会改选至今已十个月,还不曾选出议长。这种情形,比起我第一次到山东时,真有不堪回首之感!但我细看山东的情形,还不至十分绝望。地方派的结合,确是一件可以乐观的事。我们很希望山东的"好人",大家出来,援助地方派的议员;第一步打倒军阀与军阀的走狗,第二步监督地方派,使他们不至流为腐败与黑暗。

17 近日我们收到一本小册子，题为"中国共产党对于时局的主张"。这本册子虽是匿名的，但他们的十一条原则，确有转载的价值。那些原则如下：

（一）改正协定关税制，取消列强在华各种治外特权，清偿铁路借款，完全收回管理权。

（二）肃清军阀，没收军阀官僚的财产，将他们的田地分给贫苦的农民。

（三）采用无限制的普通选举制。

（四）保障人民结社集会言论出版自由权，废止治安警察条例及压迫罢工的刑律。

（五）定保护童工女工的法律及一般工厂卫生工人保险法。

（六）定限制租课率的法律。

（七）实行强迫义务教育。

（八）废止厘金及其他额外的征税。

（九）改良司法制度，废止死刑，实行废止肉刑。

（十）征收累进率的所得税。

（十一）承认妇女在法律上与男子有同等的权利。

他们在那个宣言里，对于我们的政治主张，颇表示不满意。他们说我们的主张是"妥协的和平主义，小资产阶级的和平主义"，又说是"姑息的妥协伪和平论"。我们竟不知道我们现在居然成了有产阶级与无产阶级之间的一种第 X 阶级，叫做什么小资产阶级！但这是小节，我们表过不题。我们只要指出这十一条并无和我们的政治主张绝对不相容的地方。他们和我们的区别只在步骤先后的问题：我们重在"现在"的最低限度的要求，故事事只从"现在第一步"着手。即如我们的第五条主张"废止复选，采用直接选举"，而他们主张"无限制的普通选举"。我们自然也会谈无限制的普通选举，不过我们斟酌现在的情形，不能不把这个主张留作第二步。我们对于这种宣言者的唯一答案是："我们并不非薄你们的理想的主张，你们也不必非薄我们的最低限度的主张。如果我们的最低限度做不到时，你们的理想主张也决不能实现"。

7月3日至9日

18 8月1日就要到了。国会里的法定人数是大概可以凑足的了。我们现在对北京的政府提出一个十分郑重十分恳切的忠告:

总统的任期问题要发生了。

副总统的问题也要发生了。

甚至于合法与不合法的问题也要发生了。

要免去这些困难的问题,只有北京政府自认为临时政府一个法子。

黎元洪就职的通电本说是"暂行大总统职权"。现在北京政府不可忘了这句宣言,他们应该正式自认为一个"暂行政府职权"的临时政府;他们的任务是支持这个过渡的时局;他们的任期是到正式政府成立时静候接收。

这个办法,有三大好处:(1)总统的任期可以不生问题了:也不必算那九十二天或一年零四个月的"舞文"的账了,老老实实的做到正式政府产出时为止。(2)副总统也不成问题了:此时无论举谁做副总统,都免不了纷争;既认为临时政府,自无选举副总统的必要了。(3)还有一层最紧要的,就是可以消除东南与西南各省的反对:现在中国的大危机就是一部分的实力派太乐观了,以为统一克期可待,不肯细心研究独立各省的心理;而独立各省也不能谅解北方的乐观心理,以为这是自骄自大的表示;因此,统一的阻力一时正不容易消除。现在北京政府若能宣言自居于临时政府的地位,至少可以消除大部分的猜忌与反对。

我们希望黎元洪、颜惠庆的政府的政治良心能使他们了解这个忠告。

19 六年解散的国会,不久又要开会了。我们对于国会议员,已有了一番很恳切的忠告(见《努力》第九期第三版)。现在我们

对国会再提出一个最简单的建议,请求他们的审度与容纳:

> 国会这一次的集会,应当用全副精力贯注在制宪一件事。他的唯一任务是从制定宪法上产出正式的政府。

> 要谋节省时间与避免纠纷,这一次国会应该减少行政上的干涉,至最低限度。

> 最重要的是国会应该承认现在黎元洪、颜惠庆的政府为事实上的临时政府,任期至宪法制成正式政府成立时为止。

这样的做去,可以使国会议员专心制定宪法,可以不做通过内阁的买卖,可以不做副总统的买卖,可以早日促成统一的中国。我们希望国会议员的政治良心能使他们赞成这个主意。

7 月 10 至 16 日

20

我们的朋友李剑农在《努力》第十一、十二期发表了一篇《民国统一问题》,对于这篇文章第一段的大意(第十一期)"欲废督必先裁兵;欲裁兵必先统一;欲统一必先确定联邦制",我们是赞成的。第二段(第十二期)的大意说,"这种联省宪法的草案,须先由联省会议议定,提交国会,依合法的形式通过";"由各省选出相当的代表,赶紧开联省会议,把联省宪法的大纲议定,交国会通过"。我们对于这一段意思,不能完全赞同。第一,在法理上这个各省代表组织的联省会议,远不如国会有正式制宪的权限。我们赞成有一个各省全权代表的会议来解决这几年发生的许多事实上的问题,但不赞成他们来做制宪的事业。第二,即使我们让一步,撇开法理的问题,——正如剑农说的"一个国家,当开国之初,关于法理上的解释,总有些不圆满",——我们也还不能忽略事实上的障碍。照现在的情形看来,这个制定联邦宪法草案的会议,至多只能得南方几省的赞同;而国会制宪却是没有一省敢明白反对的:我们为什么要撇开这个很少反对的国会制宪,而另外去寻一个起草的联省会议呢?况且这种联省会议的代表,无论如何产生,在现在的形势之下,总难免各省武人的操纵。剑农怕国会议员"禀承北洋正统的思想去制宪",难道他不怕联省会议的代表禀承"割据诸侯"的意旨去起草吗?据我们看来,北洋正统的思想,只稍有南派的议员多数出席,再加上舆论的监督，便可以打破了。倒还是那督军代表的联省会议，很容易陷入"一人一义，十人十义"的状况，不容易对付。况且现在各省的治安情形，很不一致，南北都有内乱很激烈的省分，也都有兵匪遍地的省分。剑农所主张的联省制宪会议，在一年半年之内，恐怕不容易产生，所以我们主张直捷了当的责成国会从速制定省自治的制度，划分中央与地方的权限，作为各省后来制定省宪的概括标准。如果国会放弃他的责任，不能于短时期内制定宪法，那时我们再采取别种革命的举动，也不为迟。

21 近来最可以注意的是旧道德的死尸的复活。旧道德不适宜于新环境，自然是意料之中的事。但是有时候旧道德偏要在新环境里弄他的旧威风，很像一个红顶花翎黄马褂的官儿，忽然在北京饭店的屋顶花园里呼么喝六，岂不是过渡时代的一个怪现象吗？就拿"丁忧"的事做个例罢。两千年来做官的人死了父母，便不能不开缺奔丧。只有极少数的大胆的奸雄，如明朝的张居正，不愿意这样做；然而他们也不能不假借"夺情"的名目；到了后来，还不能免后世腐儒的批评。然而做商人的却不因为死了父母就三年不做生意，做蒙馆教师的也不因为死了父母就三年不教书：可见职业主义所到的地方，封建时代的贵族的旧道德，久已站不住了。近来的官场对于父母的丧，也只有请假治丧，而不必开缺终制。然而旧道德的鬼，却也时时出现，即如此次齐燮元的父亲的死，居然有一班很开通的人打电报请他开缺守制，并且打电报要求北京政府准他开缺守制。我们并不反对齐燮元开缺，也不反对江苏人要赶走他，但我们反对江苏人抬出旧道德的死尸来做废督的武器。这是一个例。我们再举一个例。陈炯明一派这一次推翻孙文在广东的势力，这本是一种革命；然而有许多孙派的人，极力攻击陈炯明，说他"悖主"说他"叛逆"，说他"犯上"。我们试问，在一个共和的国家里，什么叫做悖主？什么叫做犯上？至于叛逆，究竟怎样的行为是革命？怎样的行为是叛逆？蔡锷推倒袁世凯，是不是叛逆？吴佩孚推倒段祺瑞，是不是叛逆？吴佩孚赶走徐世昌，是不是叛逆？若依孙派的人的伦理见解，不但陈炯明不应该推翻孙文，吴佩孚也不应该推翻段祺瑞与徐世昌了；不但如此，依同样的论理，陈炯明该永远做孙文的忠臣，吴佩孚也应该永远做曹锟的忠臣了。我们并不是替陈炯明辩护；陈派的军人这一次赶走孙文的行为，也许有可以攻击的地方；但我们反对那些人抬出"悖主"、"犯上"、"叛逆"等等旧道德的死尸来做攻击陈炯明的武器。

（附跋）这一条的后半最受南方许多朋友的攻击；但我现在也不删他，只愿读者了解这一条的主题是"旧道德的死尸的复活"，而不是替什么人辩护。

适　十三，四，十五

22 这一周中国的大事，并不是董康的被打，也不是内阁的总辞职，也不是四川的大战，乃是十七日北京地质调查所的博物馆与图书馆的开幕。中国学科学的人，只有地质学者在中国的科学史上可算得已经有了有价值的贡献。自从地质调查所成立以来，丁文江、翁文灏和其他的几位地质学者，用科学的精神，作互助的研究，经过种种的困难，始终不间断，所以能有现在的成绩。他们的成绩共有三个方面：第一是全国地质的调查。这是一件很大的事业，一时不容易成功。他们现在已经测量的，只有直隶、山东、山西、河南、江苏几省。第二是供给矿产的知识。在这一方面，他们的成绩最大，我们看中国矿业家这几年捐给地质调查所博物图书馆的钱的数目，就可以知道中国矿业所受的利益了。第三是科学的研究。地质调查所里的地质学者，近年很出了些有价值的科学著作。本国学者除丁文江、翁文灏、章鸿钊各位之外，还有外国学者葛拉普（Grabau）安特森（Andersson）在所里做专门研究。我们现在虽不能说这一班中国地质学者在世界的地质研究上有什么创作的贡献，我们至少可以说，他们整理中国的地质学知识，已经能使"中国地质学"成一门科学：单这一点，已经很可以使中国学别种科学的人十分惭愧了。——这一次开幕的博物馆里有三千二百五十种矿物标本，图书馆里有八千八百多种地质学书报，在数量的方面，已很可观了。最可注意的是博物馆里的科学的排列法。中国人自办的博物馆最缺乏的是没有科学的排列法,此次山东省花了五千元办的山东历史博物馆,只可算是一个破烂的古董"堆",远不如琉璃厂的一个大古董摊!三殿里的古物陈列所,也只可算得一个乱七八糟的古董摊,全无科学的价值。读者如要知道什么叫作科学排列的博物馆,不可不去参观丰盛胡同的地质调查所。

7月17至23日

23 我们回想到民国元年至五年的无数"中华民国宪法草案",就预料今年旧国会开会的前后总应该有许多国宪草案出现。不料到今天我们只看见八团体国是会议的一个国宪草案(见《努力周报》第十三期附张),此外竟不曾有同样的尝试。这不完全是因为国内的宪法学者的制宪热心都冷下去了。我们猜想起来,这个现象有两种原因:第一,旧国会的复活是两个月前忽然出现的事;时间太短,一班宪法学者还来不及把高阁上灰堆里的宪法书取下来呢。第二,五年六年的天坛宪法,除了"地方制度"一章之外,都已通过了二读会了。有许多人的心里以为那通过了二读会的部分是不能更动了的,——至多只可有文字上的修正,——所以他们只注意在那付审议的"地方制度"一章。这是大家不肯热心去拟宪法草案的最大原因。

但是我们现在要问:究竟这一次国会制宪,能不能推翻或修改天坛宪法中已通过二读会的条文呢?那主张不更动二读通过的条文的,大意是希望宪法早早产生,故不愿意推翻那已通过的条文;因为如果今回否认前回二读会的效力,如果今回制宪又要从头逐条讨论起,那就要旷废许多时日了。况且,这些人又觉得,当年与现在最重要的争点都在省制一章,现在这一章既然可以根本修改,又何必争那些比较不很重要又没有什么大毛病的其余条文呢?这是主张不更动二读条文的理由。我们仔细想来,也有一个主张。我们主张:

(1)为促成宪法计,凡上回通过二读会的条文,如无十分不适用之处,概不再更动。

(2)但也不必严格的尊重二读会的效力;凡已通过二读会

而现在认为不能不修正的,不妨提出修正,或根本推翻。我们的理由有两层。第一,二读会通过后不能修改的话,并无明文的规定。二年九月公布的议院法第二十七条只说,"关于法律财政及重大议案,非经三读会,不得议决"。议院法中并不曾规定凡通过二读会的议案不得更动。第二,况且民国六年到现在已隔五年多了,时势的需要变了,国民的思想也变了;当日斤斤争执的(如孔教问题),现在已不成问题了;当日双方辩论最烈的(如集权与分权问题),现在已成了一方面的优胜了;当日不成问题的(如劳动组合问题),现在已成为问题了:因此,我们今日决不能严格尊重五年前的二读会的议案,——即使议院法有这种制限,我们还应该先修正议院法;何况本来没有明文的规定呢?

我们觉得,八团体国是会议的国宪草案虽然显出匆忙草成的痕迹,却有许多很有价值的主张,有许多地方远胜于天坛宪法。第一,是联省政府与各省的权限的划分。这个草案对于联省政府与各省的权限,都采取"列举"主义:联省政府的权限列举了二十七项,各省的权限列举了十三项(第二章)。财政方面,联省政府的收入也都列举出来(第八章,七四条)。第六十七条说,"凡关于联省行政,联省政府得自设机关执行之。其不自设机关者,由联省政府委托各省代执行之"。这个草案中划分的权限是否都合宜?联省政府的权限与各省的权限是否都应该列举?不曾列举的事权应该由什么机关规定分派?这些问题我们且不讨论。单论这种下手方法,确已远胜于那天坛宪法的地方制草案了。第二,国民的生计方面的立法,这草案的第十章(第百零一条至百零七条)专论国民生计,大旨有五个要点:(1)原则上承认"全国之生计组织,应本于公道之原则,使各人得维持相当之生存"。(2)规定劳动应有法律的保护。(3)承认劳动结社的自由。(4)得税财产,以供公用。(5)私人营业,国家认为"适于公有,并公有后可以增进公共利益者",得收为国有,省有,或地方公有。这几点都是很平允的主张,我们很希望将来这些意思都能成为宪法的一部分。

此外,这个国宪草案还有几点特别的地方。(1)他规定"现役军人,非解除兵柄三年后者,不得当选为大总统"。(2)他大胆的主张"暂以参议院行使立法权","俟户口册编成,国民之财产及识字资格得有详细报告,再行规定众议院之组织法及选举法"。(3)他又大胆的主张议员的撤回:"原选机关对于所选参议院议员,认为不合时,得以原选举者过半数之同意,撤回之。"(4)他反对现行的总统选举法,主张用参议院为初选机关;而用各省省议会议员,和各省教育会商会农会工会合选与省议会相等的人数,为覆选选举会,于初选当选的六人之中,选出一人为大总统。以上这几项都是很有研究讨论的价值的,故我们替他指出来。——这个国宪草案有一部分是沿袭天坛宪法,有时也不免把天坛宪法有毛病的地方沿袭下来。例如第六十五条全是沿用天坛宪法的第九十二条。这一条天坛草案原稿是:

> 国会议定之法律案,大总统如否认时,得于公布期内声明理由,请求国会覆议。如两院各有列席议员三分之二以上仍执前议时,应即公布之。

后来二读会修正末句为"如两院仍执前议时,应即公布之"。这就是否认大总统有"否决权"(Veto),似乎不如原草案的妥当。现在国是会议的草案也不主张覆议的同意票数应该多于原议的票数,似乎与二读会修正案有同样的错误。

现在8月1日国会的开会似乎还不能足法定人数;即使能开常会,也决不能在短时期内开宪法会议。但是国宪是我们都应该注意的事;我们应该早日研究这个问题,或拟草案,或谈法理,作为将来制宪的预备。因此,我们因上海这个草案的触动,也就高谈起宪法来了。

24 新任教育次长汤尔和前天在阁议席上因争教育经费没有结果,遂决然辞职。他真做了一个"五日次长"。有些人怪他未免太性急了。但我们觉得汤氏的行为是不错的。他为了一个主张而来,为了主张的失败而去:这是很正当行为。我们对他表示同情的敬意。

7月24至30日

25 　这一周最可喜的消息是国会开会后有多数议员提议"暂缓行使其他职权",先行制宪。这样的议案有两个:一个提议"在宪法会议法定人数未足以前,先开宪法审议会,将六年二读会未决各条,先行审议决定,以为报告大会之准备"。一个提议"两院先行制定宪法;在宪法未制定以前,暂缓行使其他职权。"这两个议案有一个共同的理由。前一案说:

　　　盖政治良否,其职责不在一方;而宪法不成,则国会独任其咎。

后一案说:

　　　民国成立十一年无宪法。前此责任,或可诿为外力干涉。……此次开会,若不专力制宪,或因政争阻碍制宪进行,则国会咎无旁贷。

这种宣言,可算得是一部分议员的觉悟。我们盼望他们坚持到底,并且祝他们胜利。

　但是,据北京《星报》(7月31)的报告,尚有一部分的议员主张先解决现政府的地位,解决现总统是否合法,若合法,他的任期应如何计算;若不合法,国会是否承认现政府为临时政府而另举大总统。这种传说,如果是确的,可见国会里现在有两个大派:一是制宪派,一是完全职权派。这种主张上的区分,虽然远胜过闹意气的党争,但我们总希望这班国会议员不要作茧自缚:这种纠纷的问题真是同乱丝一样,越理越乱,只有"以不了了之"的一个法子。如果他们这时候还不觉悟,还想做买卖,还想趁火打劫,——他们错过这机会还不足恤,我们国民是永不会饶恕他们的。

26 　上海传来法统维持会的宣言颇使我们失望。他们明明说着:

　　　国会者,四万万人之所有,非数百议员之所有;中华民国者,四万万人之国家,非数百议员之国家。法统之存亡,国会之真伪,其为利害祸福,惟我全体人民实身受之。

他们既承认全国人民为最后的审判机关,就应该知道全国大多数人民所最关切的并不是什么法统的存亡,乃是国家的安全和人民的幸福。如果议员先生们肯发大慈悲,不谈什么法统与名器,早早的赐我们一个宪法,我们可以断定大多数的人民决不会起来"严拒非义,誓与奋斗"。我们可以斗胆的摹仿法统维持会宣言的口气,说:

> 法统者,百十个议员之招牌也,而非四万万人之问题也。

法统二字,本不成意义,与旧史学的正统,理学道学的道统,同一无意识。上海的议员先生们如果心里看得起"全体人民的利害祸福",就应该根据于"《约法》制宪法之大权隶属于第一届正式之国会"的原则,惠然肯来制宪。如果他们还怕"认矫法为合法,使金壬长窃政权",他们尽可以对北京的议员明定北来的条件,照广州的前例,承认一个或两个临时政府,暂时维持秩序,至宪法成立时为止。那么,宪法早成一日。"金壬窃政权"的期间就缩短一天。不然,他们逗留上海,借一个假招牌来阻碍宪法的成立,他们的罪名也就难逃了。(八,三,天津)

27 黎元洪派到上海去的代表黎澍近有电给北京政府,请早日开一个各省代表会议,解决事实问题。他的电文说的很透彻:

> ……是法律一层,已属不成问题。所余者,事实耳。西南六省,独立者有年,称政府者有年,一旦欲归于妥协,当必有途径以由之。政府不避艰辛,以诚意相召。……诚意从何而表示,必有方法以征之。导其途径,绎其方法,除公开会议外,实无良策。舍此而图,鲜克成功。譬如阋墙兄弟,久已参商,骤欲合居共爨,亦必杯酒联欢,殷勤款接,始得言归于好。公开会议即此意也。

这话确是今日政府应该采纳的良言。政治上的交涉,是要"交涉"的,不是一方面的。有时候须要摩罕麦德去朝山,有时候须要山去朝摩罕麦德。北方政府这两个月来,始终不肯召集各省代表的公开会议,我们真想不出什么道理来。难道是"夜郎自大",不肯损失"中央政府"的体面吗?若说是既有国会,不应再有各省会议,怕国会要吃醋,那么,国会从宪法上解决中央与各省的关系,各省会议解决这几年来的事实问题,两边各不相妨,有什么醋可吃呢?我们希望黎元洪注意黎澍电文中的结语:

> 机会之来,须臾即逝。与其为各个之疏通,纷呶易启,何若作简单之谈判,意见悉泯!

我们自从五月十四日以来所以力主早开南北和会,也是这个道理。(八,三,天津)

7月31至8月6日

吴佩孚与联省自治

28　吴佩孚的东电,期望国会议员做中国的"哈米顿,佛兰克林",并且给这班哈米顿、佛兰克林上了三个条陈。第一条说"职权固期能完全行使,然殚力宜以制宪为准"。第三条主张"强迫教育,保护劳动"。这两条都可以得一般人的同情。但是那占全文大半篇幅的第二条就很有讨论的余地了。这一条讨论分权与集权的得失,主张"须以单一之形式,贯彻分权之精神"。他对于"联省自治"的话,仍是反对的;他虽不明指联省自治,但电文中说的"不惜分崩割裂以立法,……以列强环视之国家供冥想之试验",明明是指联省自治的主张。吴氏的军事天才,是很可佩服的;但他的政治主张,我们可不能不认为幼稚。"联省自治"这个名词虽然不免有语病,但他的内容实在不过是一种联邦或联省的国家;无论联邦与联省,并不妨害国家的统一。约法或宪法上尽可以仍旧说"中华民国永远为统一民主国",因为统一民主国尽可以包含联邦式的统一民主国。假使我们能做到像美国那样的联邦式的统一,难道我们还不能满足吗?然而吴氏却要抬出"破坏国家,违背约法"的大罪名来责备人,我们真不懂了。我们平心而论,"联省式的统一国家",是现在唯一的统一;只有这种统一是可能的;吴氏说的"集权于国,分权于民"的统一,只是纸上的名词,事实上是没有那么回事的。

试问怎样才叫做"集权于国,分权于民"?依吴氏的具体办法,省长必由中央任命,难道就可算是"集权于国"了吗?那么,又怎样"分权于民"呢?吴氏一面说"宜民自治","分权于民",一面又怕"省长而入选,非军阀则贾诳;县长而入选,非乡愿则地痞"。他又说,"政治甫入轨范之日,民选之利尚在无何有之乡,而其为害已不可胜纪"。如此看来,"分权于民"四个字也只好留在无何有之乡了!

我们要明白承认:民治主义是一种信仰。信仰的是什么呢?第一,信仰国民至多可以受欺于一时,而不能受欺于永久。第二,信仰制度法律的改密可以范围人心,而人心受了法制的训练,更可以维持法治。第三,民治的本身就是一种公民教育。给他一票,他今天也许拿去做买卖,但将来总有不肯卖票的一日;但是你若不给他一票,他现在虽没有卖票的机会,将来也没有不卖票的本事了。

若因为"组织未备,锻练未成",就不敢实行民治,那就等于因为怕小孩子跌倒就不叫他学走了。学走是免跌的唯一法子,民治是"锻练"民治的唯一法子!若依吴佩孚的兢兢怀疑,那么,我们也可以说:"组织未备,锻练未成,究其终极,总统而入选,非军阀即奸雄;议员而入选,非政棍即财主!"我们何不也改总统为世袭皇帝,改议员为任命的呢?

我们要劝告吴氏:现在的争点并不是那纸上的"集权于国,分权于民",乃是"那几部分的权限应该归中央,那几部分的权限应该归各省"。当年的费府会议,哈米顿和佛兰克林们做的事业,也只不过解决了这一个问题。现在吴氏既然期望国会议员做中国的哈米顿和佛兰克林,正应该期望他们早早解决这个问题,明定中央与各省的权限,使将来的中央政府确为各省公认为不可少的总机关,使将来的各省确为一个统一国家的自治省分而不致侵犯中央的权限,不致居服从中央之名而实行割据的分裂!

至于省长的问题,宪法里尽可不必规定。将来"省之官制"是应该由各省自定的。如果某一省情愿请中央任命省长,那也是可以的。但是吴佩孚驳民选省长的理由,是绝对不能成立的。

29 黎元洪忽然向国会"补完民国六年七月正式辞职手续"!这种古今中外都不曾有过的妙计,不知是那一位神机军师想出来的。然而这确是一条妙计。假如国会准他辞职,那就是国会承认了他的法律上的位置了。假如国会不准他辞职,他更是合法的总统了。假如国会不受理,把原文退回,那又是国会自身不肯解决这个问

题,他仍旧可做他的总统了。政府算定国会此时不能受理这事,故同时又通电全国,明明说着:

> 维持约法,践履誓言,不得不补行辞职。……第时局阽危,南北尚未统一,本大总统膺国民付托之重,在职一日,即当尽一日之责。未经国会解决之前,决不稍图推卸,贻误国事。

现在国会果然把咨文退回去了,黎元洪自然"决不稍图推却"了。这岂不是一条妙计吗?——然而过去的事实还是事实,过去的岁月还是岁月,决不是一纸公文就能弥补了的。其实黎元洪若能老老实实的认清自己的职务是在非常时代被拥戴出来维持现状的一个临时总统,这一层还可以得国人的谅解,还可以得历史上的谅解。他又何必多此一举呢?

30 现在事实上是王宠惠出来组织内阁了。当颜惠庆组阁的时代,我们最不满意的是,颜惠庆在外国多年,总算是负点虚名的人了,然而他的内阁毫无政策,毫无计画。无主张的上台,无主张的下台,是政治家可耻的行为!现在王氏又上台了。王氏是《我们的政治主张》的一个签名者;那篇政治主张提出三个基本的要求:(1)要求一个宪政的政府,(2)要求一个公开的政府,(3)要求一个有计画的政府。我们现在对他先提出第三个要求,我们希望他先定一个大政方针,然后上台;我们希望他抱一个计画而来,为这个计画的失败而去。无计画的上台,无计画的下台,是我们决不希望于王氏的!

8月7至13日

31 本报这一期(《努力》第十六期)登出"涤襟"的一篇《述孙、陈之争》的长文。"涤襟"是没有党派成见的人,此次自广州避乱来上海,做了这篇文章,说明孙、陈分家的历史。他自己也有时加上一点评判。我们觉得他的态度很平允,所以在这一期里把他全行登出,供讨论粤事的人的参考。至于我们对于孙、陈之争,因为不容易得确实消息,所以不曾发表什么偏袒的意见;然而第十二期上攻击

"旧道德的死尸"的一段短评,已惹起了《民国日报》一个月的攻击了。我们研究他们的驳论,参考"涤襟"的文章,觉得我们的主张所以招怨的原故全在我们不曾完了了解孙派用秘密结社来办政党的历史。同盟会是一种秘密结社,国民党是一种公开的政党,中华革命党和新国民党都是政党而带着秘密结社的办法的。在一个公开的政党里,党员为政见上的结合,合则留,不合则散,本是常事;在变态的社会里,政治不曾上轨道,政见上的冲突也许酿成武装的革命,这也是意中的事。但此次孙、陈的冲突却不如此简单。孙文鉴于国民党的失败,仍旧想恢复秘密结社的法子来组政党。因为陈炯明是新国民党的党员,不曾脱党,而攻击党魁,故用秘密结社的道德标准看起来,陈炯明自然是叛党的罪人了。陈氏至今不敢发一个负责任的宣言,大概也是为了这个原故。我们旁观的人只看见一个实力派与一个实力派决裂了,故认作一种革命的行动,而在孙氏一派人的眼里,只见得一个宣过誓的党员攻击他应该服从的党魁,故抬出"叛逆"、"叛弑"等等旧名词来打他。这是我们现在的观察。但我们再进一步,提出一个疑问:秘密结社的仪式究竟是否适宜于大规模的政党?秘密社用来维系党员的法子在现代的社会里是否可以持久?这一个"制度"的问题似乎也有讨论的价值罢。

8月14至20日

怎么可以推翻二读会的宪法案?

32 在本报第十三期里,我们曾主张(1)为促成宪法计,凡已通过二读会的条文,如无十分不适用之处,概不再更动;(2)但也不必严格的尊重二读会的效力;凡已通过二读会而现在认为不能不修正的,不妨提出修正,或根本推翻。当时我们曾指出二年九月公布的《议院法》里并不曾规定二读会通过的条文不许修改。但那是我们的疏忽。《议院法》虽无这项规定,但《众议院规则》第七十九条说:

> 第三读会,除文字外,不得为修正之动议。但发现议案中有互相抵触或与现行法律抵触者,不在此限。

又《宪法会议规则》第十六条说：

> 第三读会，除修正文字外，应将全案议决之。

这样看来，二读会的规定，果然可以阻碍宪法草案的通盘修正了。甚至于连那二读会通过的"地方制度"四字的标题也不能改为"省制"。

但是国会议员中也有很多人觉得二读会通过的宪法案确有不能满人意的地方，可是他们只想出两条可走的路：

（1）凡二读案里没有的，不妨补加进去，如劳工保护法等。

（2）且将这个宪法补绽完后，从速通过公布。等到新国会成立时，再依法组织宪法会议，痛快的修改他。

但是第二个办法太笨重了；宪法公布之后固可以修正，但也不应该改的太轻易了。第一个办法——补绽——也是很困难的；不得更动原物，而又要补绽，那是很难下手的。

本期登出卫挺生君讨论这个问题的一篇文章。他提出完成宪法手续的两个办法：

第一，现在把二读会通过的原案提出请求"复议"。

第二，或将二读会通过的原案，不加修正，交付三读会否决其全体，然后重行起草，用原案作为底稿。

这两个办法，都是很有理而且很可实行的手续。那第二种办法，由三读会否决二读会的全案，虽是很重大的手续，却是很容易明白的；《宪法会议规则》第十六条即可引为根据，不用我们再加说明了。只有那"复议"（Reconsider）的办法，《议院法》，《众议院规则》及《宪法会议规则》都没有规定。但这确是欧美议会的一条通则。孙文的《会议通则》第十章，专论"表决之复议"，即是此法。卫君已引了一些国外专家学者的话，我们为帮他解释起见，不妨再引孙君的书——此书为汉文中最完备的会议规则——如下：

> 第七十七节："复议之动议，即推反表决而复行开议也。其作用则所以救正草率之表决，及不当之行为也"。

> 第七十八节："此动议若得胜，则其效力有打消表决而使议案复回于未表决前之状况，以得从事于种种之讨论，然后再行表决也"。

第八十节:"复议动议,只有得胜方面之人乃可提出。……倘表决果有不当,则失败方面之人自不难托得胜方面之人提出复议也"。

第八十六节:"复议之动议,始自美国,其用处乃以应非常之事;如他法之能力已穷而仍不能达目的者,然后始用之,方可谓为适当"。

我们觉得这个办法最为妥善,我们希望舆论界鼓吹这个主张,并希望国会议员考虑采纳卫君的建议。

8 月 21 至 27 日

33

现在的北京政府,真成了无政府的局面了。国务总理病在医院,财政总长躲在天津,交通总长逃而复返,至今请假,教育部完全无人负责,国立八校校长已四次辞职了,京师的四个司法机关也因欠薪五个月而罢工了。报纸上只看见一批一批的将军与勋位的发表,只看见甲内阁乙内阁的揣测,只看见大孙小孙来不来的猜谜。然而东三省扣留车辆,已近一千辆了;张作霖已通告北戴河的外人一律退出了;直、奉的战争似乎又不可免了。再向南望去:河南的匪乱,湖北的政争,江西的糜烂,四川的战事,广西的糜烂,广东的纷扰,都是不容易收束的绝大难题,——然而当局的人,仍旧只顾争他们的意气,只顾建立他们的势力,只顾骂来骂去,只顾应付与敷衍。总而言之,今日中国已无政府!漂泊的政府,算不得政府!挨延度日的政府,算不得政府!

然而今日大权在握的人,还在那里做他们的迷梦!一方面想拉孙文来倒黎元洪,一方面又想联张作霖来抵制吴佩孚。这种钩心斗角的计策,我们可以断定他们必定失败的。孙文在他的本省不能和他同党同事的陈炯明相安,如何能在北方的"三大"、"四大"之下做小媳妇?至于张作霖,即使他能出关拥护黎元洪,即使他能大得胜利,至多也不过能逼迫吴佩孚早日与南方联合,成一个南北分裂的局面。中国的纠纷仍旧是解不开的。

孙文最近的态度,据东方通信社的消息,是很明显的。他承认北方武人和他接近,但他自己并无北上的意思,也不曾派遣代表。他又说,他对于北方武人,只认政见上的共同,不问是谁,只须确有诚意,都可联络共事。至于他的政见,我们从他的言论里可以抽出的是:(1)护法的旗子可以卷起来了;(2)国会须是八年的国会;(3)反对"联省自治"的主张;(4)收军权于中央,发展县自治,以打破分省割据之局。第一项自然没有问题;第二项大概也可以没有大问题。第三第四是和吴佩孚很接近的主张了。我们赞成收军权于中央,也赞成县自治的发展,但我们总不懂孙、吴二氏怎样能抹杀"省"的一级。我们至今不解国中研究政治事实的人何以能希望不先解决"省"的问题而能收军权于国,何以能希望不先许省自治而能使县自治!试问国宪制定颁布之后,各省就能拱手把兵权奉给中央了吗?那些已行自治的各省,如湖南,如广东,就可以自行取消他们的自治制度了吗?那些正在经营自治的各省,如云南,如四川,就可以立时放弃自治了吗?假如不能,中央是否还要实行"武力统一"的政策?假如实行"武力统一",国民能容许吗?"孙、吴"的兵法能自信得最后的胜利吗?

我们对于孙、吴二氏的忠告是:

只有"省自治"可以作收回各省军权的代价。

只有"省自治"可以执行"分权于民"和"发展县自治"的政策。

只有"联邦式的统一"可以打破现在的割据局面。

只有公开的各省代表会议可以解决现今的时局。

只有公开的会议可以代替那终久必失败的武力统一。

我们因为孙、吴二氏都还是为主义而不为私利私图的人,所以对他们发这个诚恳的忠告。

对于孙氏,我们还有一个忠告:他对于陈炯明的复仇念头,未免太小器了。孙氏是爱国爱广东的人,不应该为了旧怨而再图广东的糜烂。此次广州之变,曲直不全归于一方,而是非应俟之公论。此后孙氏只应该以在野的地位督促广东的善后,监督陈炯明的设施,许他整顿广东,以为自赎的条件,那才是大政治家的行为。若悻悻怒骂,不惜牺牲一省的人民以图报复,那就不是我们期望于他的了。

8月28至9月3日

34 直系军人发出许多通电来反对"联省会议"。吴佩孚说:

> 立法之权,属诸国会。各方如有所见,不妨向国会陈议,用备研究。岂可另寻途径,僭越职权?

孙传芳说:

> 一俟宪法告成,则主权所着,何者应畀与中央,何者应畀与地方,必然迎刃而解,又何必再开联省会议?

是呵!说的有理呵!然而七日政府却又下命令召集一个财政会议了。财政会议的发起人自己说:

> 目前应召集各省财政人员来京筹商办法,将各省税款,何者应归地方,何者应解中央,划清权限,内外相维。

假如有人引孙传芳的话来驳张英华,可不是针锋相对吗?可怜的人,知二五而不知一十!

十一年九月三至十日

35 我们从前对于王宠惠的内阁,曾有一个要求:要求他们不要没有计画的上台,没有计画的下台。现在"王代阁"已总辞职了。没有计画的上台和没有计画的下台,都实现了。"代阁"时代的困难,我们也知道:同床异梦的阁员,索薪的包围,名义上——"代阁"——的不分明:这都是实在情形。但现在正式的"王内阁"似乎又要出现了:阁员的色彩虽然不能做到"清一色",渐渐趋向"凑一色"了;"依法惩办"的命令似乎可以减少索薪团的包围了。这个时候出来组阁的人,总应该有个计画了。我们对于这个第二次的王内阁,仍旧是一个忠告:没有计画而来,没有计画而去,是可耻的事。

36 王宠惠虽不曾宣布什么政策,然而北方的军人已替他发表一个大政策了。直系的军人反对唐绍仪内阁的许多通电,大意都是说,唐绍仪是主张联省自治的,所以不配组阁;最配组阁的只有王宠惠。那样看来,北方军人早已公认"反对联省自治"为王宠惠的一种大政方针了。我们盼望王氏对于这一点有一种明白的表示。

37 我们请读者注意本期登出的一篇对于目前时局的计划。他提出关于政治的两条办法,关于财政的四条,我们大致都赞成。我们觉得他这个计画里最大胆的是主张由政府公开的调解直奉的私斗,消除那逼人的战祸。我们承认这个意见很有供大家注意的价值。我们眼睁睁地看着两大系的军阀天天练兵筹饷,准备作战,像两个不共戴天的敌国一样,然而政府毫不敢过问,总想等到一系打败了再来下令捉死老鼠!不但政府如此,国民也不敢过问,也想等到一系打倒之后再来说漂亮话,嘴里心里安慰着自己道:"让军阀自家打自家,倒了一个少一个"!这是我们的大羞耻!我们盼望国中舆论注意这个逼人的问题:奉、直的问题不解决,我们别想谈财政,也别想谈外蒙古,也别想谈教育,更别想谈裁兵和统一。

38 教育部召集的学制会议,日内就要开会了,我们对于这个会议,有两个希望。第一,我们希望到会的教育专家不要太注重学制的改革。学制从硬性的变成有弹性的,固是一大解放。但教育的精神究竟在内容而不在学制的系统。这一次学制会议,依我们悬猜起来,至多不过能做到正式承认或修正后承认去年全国教育会联合会的新学制原案。至于那更重要的"新学制课程",决不是六七天的大会能议决的。我们希望学制会议能组织一个长期的新学制课程草案委员会,委托他们从容研究这个问题。第二,我们对于新学制的中学部分,认为最重要的部分。我们希望学制会议对于这一部分中的高级中学要特别慎重。现在办不好四年中学的人,也决办不好六年的中学。我们主张,现在只可指定少数已有成绩的中学,准他们办高级中学。高级中学须有特别预算,须规定教员的资格。除了几个教育发达的省分之外,每省此时只可有一个高级中学。以后不妨分期逐渐增加,但此时不可不抱定"宁阙毋滥"的宗旨。这是我们对于学制会议的希望。

9月11至17日

39 我们对于王内阁,曾提出一个解决目前时局的计画。现在我们对于这一次出来任教育总长的汤尔和,也提出一个小小的要求。本年八月国语统一筹备会第四次年会曾有一个议案,原文是:"请教育部把一切公文改成国语,并且加上标点符号,给全国做个榜样"。这个议案,我们希望汤氏早日批准实行。标点符号案是教育部颁布的,小学改用国语案也是教育部颁布的。教育部既然正式提倡标点符号,既然正式提倡国语,岂可至今还不肯用国语和标点来做公文吗?况且公文法令的第一要件是要明白无疑。凡是可以使公文格外明白无疑的,都应该采用。所以向来诏令告示口供往往用白话体,并且用句读。这并非创例,不过是推广向来的一个老法子,使他更精密,更普遍罢了。还有一层,中国的公文里,保存着无数古代阶级政治的遗形物,最不合今日民主共和国的精神。若一律改用白话,不但虚伪的文句可以扫空,阶级观念的根株也就可以一齐掘倒了。所以我们主张中华民国的法律公文应该一律改用白话,一律分段,一律加上新式标点符号;教育部既然正式提倡国语与标点符号,这个改革应该从教育部做起。我们盼望汤尔和这一次出来就职,至少可以做到这一件需要的改革。

40 近来中国新闻界捏造新闻的手段,似乎更巧妙了!前不多时,我们在北京《中华新报》上首先读到汉阳兵工厂被工人炸毁大部分,损失六百余万元的重大消息;然当日并无他报记载此事,我们还不敢深信;过了两天,北京各报差不多全有此事了。"三人成市虎",这事竟很像真的了。然而此事竟是假的。最近的新闻制造家似乎也知道单制造"风闻"的新闻是不足以取信于社会的了,于是他们改换方法,竟来制造"文件"!前两周,各报上登出曹锟、吴佩孚给孙文的第二电,说"先生反对联省自治,锟等极表同情。……"这一电,当时我们都信以为真,现在洛阳方面却正式否认此电了。前日(22日)《黄报》登出王宠惠给陈炯明的一个长电报,说什么"非统一不足以裁兵,非裁兵不足以理财,非理财不足以救亡……"后来我们面问王氏,始知这个电报全是捏造的。研究历史的人,往往轻视无证据的记载,但他们对"文件的证据"(Documentary evidence),却终不敢随便忽略。现在中国的新闻制造厂竟老实制造"文件的证据";这个风气一开,报纸的信用全失,今日不能取信于读者,将来也全无历史参考的价值了!

9月18至24日

41 我们在第十二期里曾提出一个假定的目前计画,内分政治和财政两分部。政治项下只有两条:一是由中央从速召集各省会议,一是由中央提出公开的条件,消除奉、直的私斗。关于第二条,我们在前周的短评里已指出他的重要了。最近听说孙文的代表张继到京后也说孙氏主张奉、直私斗应该调解,又听说黎元洪也有这种主张,这都是很好的消息。但我们要补充一句。我们说的"消除奉、直战祸",并不是姑息的调和;我们要求奉、直双方裁减军备,双方克期裁兵,双方实行取消"联督割据":这才是真正的消弭北方战祸。但这是一种"与虎谋皮"的事,非有全国舆论协力作先声,协力作后盾,这事是不容易收效的。我们很盼望全国的舆论界少费精神去替王宠惠们制造俏皮的绰号,——什么"学究内阁"、"反串内阁"——而回转头来,向这个逼人的问题上作点有力的鼓吹!

同时我们还要盼望全国的舆论界一致督促中央早日召集一个各省会议。当直、奉战争还不曾完全终了时,我们在五月十四日的报上便提议一个公开的南北和会,由和会议决召集旧国会,作为统一的一个条件。当时这个提议若实行了,现在国会里决没有什么"民八"、"民六"的纷争,也不致到今日还是这样四分五裂的中国了!但当日战胜的实力派自作聪明,以为"法统重光"之后,什么问题都没有了;于是他们反对和会,反对各省会议,迫不及待的就把黎元洪拥出来了,就把国会恢复了;既不问事实上统一的阻碍,又不顾南方的心理,又不顾国会内部的法律问题与感情问题;所以国会虽然开会了,黎元洪虽然做了总统了,然而国家分裂如故,统一还是遥遥无期的,国会里唱过几次的武戏还是小之又小的恶果呢! 当时 以为统一的障碍是孙文,孙文倒了,统一还是不能实现。当时又以为国会的障碍是广

东的非常国会,现在非常国会没有了,然而国会还不能太平无事的进行。我们再三考虑现在的政治情形,只有下面的简单结论:

(1)武力统一是绝对不可能的,做这种迷梦的是中国的公贼!

(2)宪法是将来的政治工具,此时决不能单靠宪法来统一的。

(3)大革命——民主主义的大革命——是一时不会实现的;希望用大革命来统一,也是画饼不能充饥。

(4)私人的接洽,代表的往来,信使的疏通,都是不负责任的,都是鬼鬼祟祟的行为。道理上这种办法是不正当的,事实上这种办法是很困难的。分赃可用此法,卖国可用此法,谋统一不可用此法。

(5)在今日的唯一正当而且便利的方法是从速召集一个各省会议,聚各省的全权代表于一堂,大家把袖子里把戏都摊出来,公开的讨论究竟我们为什么不能统一,公开的议决一个实现统一的办法。

我们盼望全国国民仔细考虑这几条简单的结论,我们更盼全国的舆论家评判这几条结论。

42

近日有好几家报上登出了一家通信社传出的一段新闻,说:

回忆两阅月以前,蔡元培、王宠惠、罗文干、汤尔和……等十六人发表一篇皇皇大文,题为《我们的政治主张》。……现在十六位中,已有三位为当局台上人物,而彼等政治主张并不见其实行。……二十号《努力周报》已有极严重之表示,当局者颇难措置,于是好事者特于22日下午,在铁狮子胡同顾宅邀集十六位学者开一茶话会,冀藉交换政治主张。孰知某君仍坚持二十号《努力周报》上所载两种要求,向王博士追索组阁的计画,及大政方针甚力,博士无以应,但说过节。某君继进以严重的忠告。博士不堪,互相驳诘,至面红耳赤,彼此不欢,经主人出而排解,始罢。

这一段新闻有许多很不确实的地方。第一,22日的茶会上在座的人只有五位是当日发表《政治主张》的人。第二,这一次茶会的目的本是要讨论目前政治的计画的,并不是什么"好事者"邀集来调解某方面的责难的。第三,当日的讨论确是很老实的,很恳挚的;但并没有"面红耳赤,彼此不欢"的事。第四,当日讨论三小时的结果是,王内阁不是没有计画的;不过在这个索薪索饷的节关之前,一切计画都是空话,所以他们不愿意在这个时候发表什么计画。——我们对于"王内阁有计画"的消息,自然是欢迎的。我们且让一步,耐心等候王内阁顺顺溜溜的过了中秋节之后,把他们的大政方针宣布出来。我们盼望他们不要再使国民失望了!

9月25至10月1日

43 北京大学这一次因收讲义费的事,有少数学生演出暴乱的行为,竟致校长以下皆辞职。这件事,在局外人看起来,很像是意外的风潮;在我们看起来,这确是意中之事。"五四"、"六三"以后,北京大学"好事"的意兴早已衰歇了。一般学生仍回到那"挨毕业"的平庸生活;优良的学生寻着了知识上的新趣味,都向读书译书上去,也很少与闻外事的了。因此,北大的学生团体竟陷入了绝无组织的状态,三年组不成一个学生会!这几年教职员屡次因经费问题,或罢课,或辞职;学生竟完全处于无主张的地位:懒学生落得不上课,不考;好学生也只顾自己可以读书自修,不问学校闹到什么田地。学校纪律废弛,而学生又无自治的组织,一旦有小变故,自然要闹到"好人笼着手,坏人背着走"的危险境地。目前的风潮,也许可以即日结束;但几十个暴乱分子即可以败坏二千六百人的团体名誉,即可以使全校陷于无政府的状态,这是何等的危机?我们希望北大的教职员学生们对于这一次的风潮,能了解其中所涵的教训,能利用这个教训来做点"亡羊补牢"的工夫。不然,这一次风潮过去之后,后患正长呢!

古人说,"暴得大名,不祥。"这话是有道理的。名誉是社会上期望的表示。但是社会往往太慷慨了,往往期许过于实际。所以享大名的,无论是个人,是机关,都应该努力做到社会上对他的期望,方才可以久享这种大名。不然,这个名不副实的偶像,终有跌倒打碎之一日。北京大学以二十年"官僚养成所"的老资格,骤然在全国沉寂的空气里,表示出一种生气来,遂在一两年中博得"新文化中心"的大名！这是大不祥的事。这样的社会期望,就是兢兢业业的努力做去,也还不容易做到;何况北京大学这几年来,疲于索薪,疲于罢课,日日自己毁坏自己呢？我们在这三年中,没有一年不提出很恳切的警告。现在大觉悟的时期应该到了。几年的盛名毁在几十个学生手里,这并不足奇怪,也不足痛惜。实不副名,要名何用？我们希望北京大学的同人们能痛痛快快的忘记了这几年得来的虚名,彻底觉悟过来,努力向实质上做去,洗一洗这几年"名不副实"的大耻辱！

10 月 16 至 22 日

44 上回北京政府禀承军阀的意旨,派李厚基为讨逆总司令;现在又禀承军阀的意旨,把冯玉祥调回北京,派张福来做变相的河南督军。这两件事可算是王宠惠内阁的两大耻辱。援闽的政策的荒谬,我们在上一周已说过了。冯玉祥在河南,时间虽然不长,却已很有点成绩。他的短处在于那种狭义的"爹爹政策",想在短时期中改变人民的道德习惯。他的长处在于能用人;他对于财政厅长薛氏,教育厅长凌氏,都能给他们全权办事,不去牵掣他们。财政方面的成效是已可以看出的了;教育方面的设施,此时还不能说到成效上去;但有了一千多万元的赵家遗产作基金,加上专家的筹画,若继续下去,总可以有很好的成效的。冯玉祥还有一种长处。别人练兵,不肯派出去打匪,他们保护兵士就同旧式家庭保护小姐一样,惟恐他们出去遇着危险！所以河南屯了那么多的大将精兵,而土匪的势焰竟和大将精兵之多成正比例。冯玉祥练的兵是肯出去打匪的,他主张,只有好兵可以出去打匪,拿不好的兵出去打匪是给土匪送军火去。然而这种政策是吴佩孚不能赞成的。他整理财政,而不能多供直系的军饷;他抄没了赵家的财产,而不肯叫胡景翼、张福来、靳云鹗们拿出去均分;他练了好兵,不留以有待,而开出去剿匪:这都是冯玉祥的大罪状了。

总之,冯玉祥不能做萧耀南,不肯把河南变成吴佩孚的外府;而吴佩孚不能让一个不能指挥如意,并且声望日高的冯玉祥驻在河南:这是冯玉祥被调出河南的原因。

然而北京政府竟很恭顺的服从了。10月27日，黎元洪有沁电给河南教育会等各团体，说"冯督在豫，吏畏民怀；中央倚畀方殷，讵有他调之事？谣言望勿轻信。"然而10月31日冯玉祥他调的命令竟正式下来了。黎元洪自然可以向"责任内阁"身上推脱干系；王宠惠的内阁又向谁推脱干系呢？

　　王内阁过了中秋节之后，若有政策，还有继续存在的理由；若没有政策，早就该走了。没有政策而不走，是为"恋栈"。李厚基讨逆的命令，给他们一个走的机会；然而他们不走。冯玉祥他调的命令又给他们一个走的机会；然而他们还不走！当走而不走，是谓自毁！是谓自杀！

45

　　10月中，我因教育会联合会事到山东，每天看七八种报纸，觉得山东人对于王正廷已渐渐的由监督的态度变到仇视的态度上去了。近两周内北京的山东同乡和山东地方团体都有了很激烈的反对王正廷的表示。有好几次要求政府"克期罢斥，另简贤明"的。

　　我们当这个时期，不能不对山东人士贡献一次的忠告：山东人监督王正廷，是应该的；山东人在这个时候仇视王正廷，是应该慎重考虑的。到了这个时候，鲁案善后督办公署已渐渐的成了一个很专门的技术机关了。接收之期已近；即使山东人此时能把王正廷攻倒，试问赶走王正廷之后的第二步又应该是什么？山东人士的心目中究竟主张什么人来做这件事？潘复、靳云鹏固不能满山东人的意，颜惠庆、温世珍难道就能满山东人的意了吗？

　　我们以为，山东人对于这件很重要而且很带专门技术性质的事，应该仔细考虑。这件事应该分两大段研究。第一段是接收以前的交涉，第二段是接收以后的善后。关于第一段，国人（不但山东人）有什么不满意的地方，应该公开的质问，公开的监督，公开的力争：就是中、日委员会已通过了的，也还有国务会议的一关可以挽回。山东人宣言的原则是："华盛顿会议席上已丧失了权利的，我们不希望王正廷争回；华盛顿条约里不曾丧失的，我们希望他不再丧失"。这话固然很有理；但"交涉"是一种交易，逃不了讨价还钱的手续。我们应该研究逐次交涉的问题,分别讨论;不应该笼统日本人不漫天讨价,也不能希望中国委员方面绝对不还钱。

至于第二段——接收以后——的善后事宜,应该另作一件事看待。山东人现在最怕的是王正廷利用他办接收的机会,替他自己养成势力,预备将来做青岛大王。王正廷对于这一点,应该有一种明白的宣言,表明他自己的态度。国人(不但山东人)对于青岛市的组织,也应该作细心的研究。究竟青岛是不是应该有一个中央委任的督办?督办是不是应该完全不受山东省政府和省议会的监督?青岛市和山东省究竟应该有什么关系?这种问题是应该研究的。至于人的问题,我们认为还是第二步。组织完备了,监督制裁的机关有了人,人的问题就容易解决了。

我们希望山东人士对于这件重大而带专门性质的事件,不要全凭意气,不要全利用群众心理,应该先把一切步骤想像出来。打倒一个人是容易的事,为事择相当的人就不容易了。攻击一项交涉也是容易的事;根据事理,做更妥当的计画,就不容易了。如果他们没有底下的计画和步骤,只从人的问题上作消极的攻击,那就不能不使人疑心到"地方主义"上去了。

10月30至11月5日

46

11月12日的《时事新报》上有"新猛"先生的一篇《胡适之与王正廷》,批评本报二十七期的社论。他的结论是:

> 谚有之,"未吃得羊肉,反惹一身膻气"。王正廷是什么一种人,胡君还要和他说话,恐怕人家未必因此而相信王正廷,却更因此而怀疑胡适之了。

"新猛"先生自己说是"很爱惜"我的,所以我要对他下一种忠告:我若因为怕人怀疑而不敢说话,那就不成胡适之了。我在山东当面对山东的朋友说的话,在北京当面对山东代表说的话,和我在《努力周报》第二十七期上说的话是一样的。前天晚上,我还接到山东教育界一位领袖的来信,他说:

> ……湘溪回省,谈到接着先生原信,已和先生见面。王正廷

> 问题,山东人的态度不甚对,诚有如先生所言。现时亦无好法子转变一般人的心理。

现时所以没有好法子转变一般人的心理,正因为当时利用群众心理的人能发而不能收,正因为舆论界的人都怕人怀疑,都要避免"为王正廷辩护"的嫌疑。我是不怕人怀疑的。只可惜我们说话太晚了,已"无好法子转变一般人的心理"了!

"新猛"先生在那篇文里还提出一个政论的标准。他说:

> 大凡政论者所应取之态度,切不可带有替某人某派或某事辩护的意思,而只可用超然的目光去批评其是否曲直。

假如我说罗文干发表十一年公债的用途是不错的,那就是替罗文干辩护了吗?假如我说孙丹林发觉内务部员的弊窦是好的,那就是替洛阳派辩护了吗?我们读"新猛"先生这几句话,不能不疑心他所谓"超然的目光"只是一种阿世取容的时髦眼光。现在最时髦的是攻击人。凡是攻击,都是超然的。我们攻击人,从来没有受人"怀疑"过。我们偶然表示赞成某人,或替某人说一句公道的话,就要引起旁人的"怀疑"了。我们对于广东孙、陈之争,稍说了几句公道话,就被《民国日报》骂了几个月。我们对于董康、高恩洪,也曾说几句赞成的话,就引起了许多人的疑心,有一位先生因此就对人说《努力周报》是吴佩孚、高恩洪拿出钱来办的!现在我们对于山东人和王正廷的问题,又说了几句我们认为公平的话,就有人来说我们想"吃羊肉"了!我们因此得一个教训:

> 大凡政论者所应取之态度,只可骂人,切不可赞成人。被人骂的人,一定都是该骂的,政论者应该加力帮着骂他。切不可赞成某人,切不可赞成某派,切不可赞成某事;赞成就是"替某人某派或某事辩护"了,就不是"超然的目光"了。

我们因此,又得一条心理上的观察:

中国人不信天下有"无所为"的公道话。凡是替某人某派说公道话的,一定是得了某人某派好处的,或是想吃羊肉的。

老实说罢,这是小人的心理,这是可以亡国的心理!

11 月 13 至 19 日

47 十九晨,署财政总长罗文干因吴景濂、张伯烈的告发,被黎元洪下令逮捕。关于这一件事的各方面违法之点,高一涵君在今日本报(《努力》第三十期)另有专论;我们且谈谈我们对于这件事的感想。

法律是政治的根本,违法的恶例是开不得的。前十天左右,《日本告知报》(Japan Advertiser)的访员美国人侯基士对我谈起钟世铭被拘捕至今未得正式审判的机会;他说,这种例是开不得的,将来一定有效尤的。这一次谈话之后,不下三天,遂有罗文干被捕的事。吴佩孚有电来责黎元洪,说的话是不错的;可惜他自己忘了钟世铭的案子,所以黎元洪的回电(梗电)说:

>财部前次长钟世铭久被看管,迄未免职。警厅奉执事之命,犹且毅然行之!

我们并不说,因为吴佩孚违法黎元洪就也可以违法;我们只要说,违法的恶例是开不得的。今天政府不经法律手续就查抄曹汝霖、陆宗舆的财产,我们固然快意;但假如明天政府不经法律手续就查抄蔡元培、李煜瀛的家产,我们就不快意了。然而在逻辑上却实在是同样的例子。

近来交通部对招商局的事,也是一例。招商局的傅宗耀有没有犯罪,我们不知道。但是交通部如何能拿"勾通逃犯,鼓动工党"的名目来请总统用指令逮捕他?又如何能据了几个很像捏名的(看近日上海各报的封面广告)股东的控告请总统就免他的职?因为这件事,上海的商人很动了公愤,开会对待政府。政府中人既能滥用命令的裁判来毁他的敌人,怪不得吴景濂、黎元洪要用命令来拘捕阁员了。

总之,上自总统,下至极小的官吏,总觉得法律不方便,命令方便:国家又怎样能有法治,人权又怎样能有保障呢?(此条参用宗淹君的稿子)

48 王内阁里有三位阁员曾经签名于我们在五月中发表的"政治主张";因此,王内阁成立以来,很有些人爱拿那篇宣言里"好人政治"的话来挖苦他们。我们在那篇宣言里,本不曾下"好人"的定义。但我们理想中的"好人"，至少有两个方面：一是人格上的可靠，一是才具上可以有为。在普通人的心里，一个"好人"至少要有可靠的人格。现在罗案的发生，正是试验"好人政治"的最低条件的机会了。好人政治的涵义是：进可以有益于国，退可以无愧于人。我们对于王、罗诸君的政治上的才具，确是不很满意的。但我们至今还承认他们的人格上的清白可靠。我们希望这一案能有一个水落石出，叫大家知道"好人政治"的最低限度的成效是"人格上禁得起敌党的攻击"！

49 关于罗案的本题——奥国借款展期合同——内容稍近于专门，故讨论的人还不多。然而国会议员在几分钟内，居然议决把这个合同取消了。"取消"的意义，我们至今还不明白。22 日《京报》的《经济新刊》曾提出一个疑问：

> 否决展期新合同，必有两种意义为之解释。否决展期合同即为根本上不承认奥国借款，将奥国债票持票人之债权，由中国"一厢情愿"，自行取消，从此中国解除履行债务的义务。此一义也。
>
> 否决展期新合同即为承认旧合同为有效，还本付息，仍照旧合同履行；其过期之息则立时补付。此又一义也。

这个疑问，我们认为有弄明白的必要。但我们看国会议员前日提出请惩办王宠惠的质问书里说：

> 各国自与德奥宣战后，凡战前所订债务契约，经瓦赛会议议决，在联合国与德奥所负债务责任，应皆为战事赔偿之用。吾国亦为参战国之一，此种合同应在废除之列。

照这种论调，竟是根本上否认奥国借款了。又看近日报上登的自称某公民团体的上总统书，内称

> 我国积欠各国至期应付之外债，未付本息者甚多，尚不能以新约强我承诺。况此项债票，既无抵押之品，虽有意人出名交涉，亦无急迫偿还之必要。

这竟是以赖债自豪的心理了。怪不得 23 日《京报》的《经济新刊》的

记者要说:
> 既不能赖债,则不能不还债。不能任人之垄断还债,则不能不自动的整理诸内外债。今当财政共管高唱入云之时,值特别会议将次开会之日,列国莫不竞事稽查侦察我国财政现状,蹈隙抵瑕,以求一逞。而我国人犹懵焉无知,甚或以赖债为自得,以为人莫可如何,而指忧国者为卖国。是真所谓狂者以不狂为狂也,悲夫!

这种论调,我们认为很公平的。赖债决不是政策。这一次展期合同的手续上是否完备,虽可以讨论;但那种不负责任的赖债论,在这种国势之下是决不能成立的。

50 连日报上登出的"留学美国各大学学生"康洪章等四十余人的《制宪刍议》,我们看了,实在觉得大失望。原文分五段,(1)绪论,(2)单层统治权议,(3)国民自治议,(4)四权并立议,(5)生产工具国有议。他们在"绪论"里明说,"我们不要因袭的模仿的宪法,我们要创造的宪法"。然而他们的制宪论,却很富于"因袭的,模仿的"论调。例如末段论生产工具国有,他们说:

> 生产工具国有,与其说是师今,勿宁说是复古。……三代以上的井田制度,就是土地国有。……古谚说,"普天之下,莫非王土"。古代以王权代表国家,就是土地国有的不成文法呵。

我们何不再进一步,说"率土之滨,莫非王臣"就是古代人民国有的不成文法呵!这种诗云子曰的逻辑,在国中中小学生的口里,是可恕的;在一班大学院的留学生笔下,是不可恕的。

他们拿同样的逻辑来主张他们所谓"单层统治权"。他们在《制宪刍议》之外,还附有一张公启,说:

> 自联邦说兴,国内士大夫狃于现状,乃揭橥联省自治,欲易我二千年来沿习善制。

他们所谓"我二千年来沿习善制",就是那单层统治权。他们以为

> 中国自秦始皇兼并六国后,郡县制度确立,即属单层统治权。以至于今,就是临时约法,修订宪法,宪法草案等所载,也全

采单层统治权。

他们因此就下一个断案：

> 那末，依据历史，依据帝国政府的让与，依据中华民国成立临时约法的本意，我们的宪法，必采单层统治权，本不成问题。

其实这种历史的依据多的很呢！中国自秦始皇以后，皇帝专制的制度确立；那么，"依据历史"，依据"我二千年来沿习善制"，我们也应该采取专制帝制了。

最可怪的是他们把郡县代表统一，又把封建和联邦看作一样，所以他们说主张联邦制的人是"强效联邦，恢复封建时代的二重统治权"。他们难道真不知道这二千年来中国久已成了"天高皇帝远"的状况？他们难道真不知道这二千年来中国久已变成"统治权的重数愈多，统一的程度愈浅"的状况？那表面上的统一，所以能维持下去，全靠一种习惯的专制权威；一旦那专制权威一倒，纸老虎便戳穿了；虽有袁世凯的经营，只落得造成了无数割据式的藩镇。联邦论之起，只是一种承认事实上的危机而施救济的方法，并不是康君们说的"抵制"。11月11日《时事新报》社评栏评《制宪庸议》，也指出这一点的错误，说"现状是不集权又不联邦的一种畸形状态"。我们很盼望康君们注意这一点（参看本书本卷页一〇九《联省自治与军阀割据》一篇）。

11月20至26日

高凌霨证明贿买国会是实

51 1月16日，北京的中一通信社传出一段高凌霨的谈话：

（某问）外间谓此次阁下包办最高问题确否？（高答）最高问题现在时机未至，更无所谓包办。（某问）此次二百元之津贴，非由尊处经手乎？所谓包办即指此也。（高答）此事从前系由刘君与政团接洽，余事前一无所闻。迨本月五号以后，某军需官来京借住敝宅，所有各党名册，均送至红罗厂，致发生此种误会。至曹巡阅使此举，系仿从前送冰炭敬之意，不过联络感情，更无所谓津贴。（某问）外间传言阁下与张亚农之新民社独厚确否?(高答)余对各党向无歧视,亚农此次向余支款,余以不经手银钱谢绝,几为亚农所恼,何厚之有?

我们要请国民注意这段谈话中的几点:

(1)刘君,疑即刘梦庚,曾与各政团接洽二百元之津贴,是高凌霨认为事实的。

(2)某军需官来京发款,借住高凌霨宅,也是高凌霨认为事实的。

(3)国会"各党名册,均送至红罗厂",以便领此二百元之津贴,也是高凌霨承认的。

(4)此二百元之款,来自曹锟,"系仿从前送冰炭敬之意,不过联络感情",也是高凌霨承认的。

(5)张亚农,即国会众议院副议长张伯烈,确曾向高凌霨支款,也是高凌霨承认的。

根据这五点,我们可以说,高凌霨正式证明曹锟与其党羽行贿国会,又证明张伯烈向他们索贿。我们的结论是:

(1)高凌霨是贿买国会案的要证,不可放走。

(2)刘某与某军需官,也应查办。

(3)曹锟是高凌霨证明为行贿主犯,也应即行查办。

(4)张伯烈身为国会众议院副议长,经高凌霨证明有索贿嫌疑,也应即行查办。

我们希望国会中稍有一点人格的议员,用查办罗文干的精神,出来作彻底的查办。不然,国会的名誉信用真要扫地了。

蔡元培以辞职为抗议

52 国立北京大学校长蔡先生于17日下午向政府辞职,他的辞呈如下:

为呈请辞职事:窃元培承乏国立北京大学校长,虽职有专司,然国家大政所关,人格所在,亦不敢放弃国民天职,漠然坐视。数月以来,报章所纪,耳目所及,举凡政治界所有最卑污之罪恶,最无耻之行为,无不呈现于国中。国人十年以来最希望之

> 司法独立，乃行政中枢，竟以威权干涉而推翻之。最可异者，钧座尊重司法独立之明令朝下，而身为教育最高行政长官之彭允彝即于同日为干涉司法独立与蹂躏人权之提议，且已正式通过国务会议。似此行为，士林痛恨。佥谓彭允彝此次自告奋勇，侵越权限，无非为欲见好于一般政客，以为交换同意票之条件耳。元培目击时艰，痛心于政治清明之无望，不忍为同流合污之苟安，尤不忍于此种教育当局之下，支持教育残局，以招国人与天良之谴责，惟有奉身而退，以谢教育界及国人。谨此呈请辞职，迅予派员接替，立卸仔肩。此呈大总统。

他在各报上还有一个启事，说：

> 元培为保持人格起见，不能与主张干涉司法独立蹂躏人权之教育当局再生关系。业已呈请总统辞去国立北京大学校长之职，自本日起，不再到校办事。特此声明。

我们知道，有许多人见了这两个宣言，一定要发生一种疑问："彭允彝是个什么东西？蔡元培竟为了一个无耻政客而放弃他几年苦心经营的北京大学，岂不是大不值得吗"？

这种责备是不能免的。但我们知道蔡先生的为人，知道他这种正谊的决心不是今日才有的，几年前就有了。当民国八年三四月间，欧美留学生在清华园开了三天的大会。那时正当安福部横行无忌的时候，一班西洋留学生稍有天良的，都还想有所努力，所以大会中推举了几个人，组织一个"政治主张起草委员会"，拟了一个很详细的政纲，一条一条的报告出来，都通过了。最后有一位先生——似乎是张伯苓先生，——起来问道："假如政府不睬我们的主张，仍旧这样腐败下去，我们又怎么办呢？"那时大家面面相觑，都没有话了。蔡先生起来说："将来总有一日实在黑暗的太不像样了，一班稍有人心稍为自爱的人实在忍无可忍了，只好抛弃各人的官位差使，相率离开北京政府，北京政府也就要倒了。"这句话虽不是正式的议案，却可以表示蔡先生在安福时代的态度。后来过了一个多月，巴黎和会的恶消息传来，那班有官位差使的留学生们始终没有举动，——有几个大胆说话的，如华南圭等，都被安福部降调出去了，——然而少年的国内学生却大动了。于是有五四之举,有六三之祸,直到全国罢市,曹、陆、章免职,以后方才逐渐收束。

我追述这一段故事,只是要证明蔡先生久已有了"以去就为抗议"的决心。他这一次单借彭允彝的事为去职的口实,似乎还只是孔夫子"欲以微罪行"的传统观念;蔡先生虽不信孔教是宗教,但他受孔教的影响甚深,是不可讳的。但他的呈文也明明说出:

> 数月以来,报章所纪,耳目所及,举凡政治界所有最卑污之罪恶,最无耻之行为,无不呈现于国中。

他又说:

> 元培目击时艰,痛心于政治清明之无望,不忍为同流合污之苟安。

这是他愤然抗议的本意。我们赞成蔡先生此次的举动,也只是赞成这点大声主持正谊,"不忍为同流合污之苟安"的精神。

我这几天病中读了两部很激刺脑筋的书:一部是《学海类编》里的《东林始末》,一部是《艺海珠尘》里的《社事始末》。这两部书都可帮助我证明我的一个通则:"在变态的社会之中,没有可以代表民意的正式机关,那时代干预政治和主持正谊的责任必定落在智识阶级的肩膊上"。东汉末年的太学生,两宋的太学生,明末的东林和复社几社,都是如此的。中年的智识阶级不肯出头,所以少年的学生来替他们出头了;中年的智识阶级不敢开口,所以少年的学生来替他们开口了。现在大家往往责备各省的学生干涉政治,酿成学潮;殊不知少年学生所以干政,正因为中年的智识阶级缩头袖手不肯干政。故安徽学生赶走李兆珍,包围省议会,酿成姜、周流血之案,此正是安徽中年智识阶级的羞耻。故江苏学生包围省议会,赶跑议员,此正是江苏中年智识阶级的羞耻。故五四与六三之大牺牲,正是全国中年智识阶级的奇耻。北京的教育界,连年疲精力于经费问题;在多数国人的眼里,北京教育界久已和"金钱"、"饭碗"等字结了不解之缘了。在这个时候,教育界的老将蔡先生忽然提出这种正义的抗议;对于"政治界所有最卑污之罪恶,最无耻之行为",作悲愤的抗议。我们猜想,他的抗议不过是履行他四年前"稍有人心,稍为自爱的人到了忍无可忍之时,只好抛弃各人的官位差使,相率离开北京政府"的决心。我们可以断定,他决不愿青年学子因此废学辍业的。所以他毅然决然的一个人奉身而退,不愿意牵动学校,更不愿意牵动学生。但他这一次的抗议,确然可以促进全国国民的反省,确然可以电化我们久已麻木不仁的感觉力。明末倪元璐论东林之事,曾说:

> 天下之议论,宁涉假借,而必不可不归于名义。士人之行己,宁任矫激,而必不可不准诸廉隅。自以"假借"、"矫激"深谷前人,而彪虎之徒公然毁裂廉隅,背叛名教矣。连篇颂德,匝地生祠。夫颂德不已,必将劝进;生祠不已,必且嵩呼。而人犹宽之曰,"无可奈何"!嗟夫,充一无可奈何之心,又将何所不至哉?

眼前也许有讥蔡先生此举为"矫激"的。我们要套倪元璐的话替他答辩道:

> 士人之行己,宁任矫激,而必不可不准诸廉隅。今日廉隅毁裂已净尽,故有光园之拜寿,有红罗厂之卖身。拜寿不已,必至于劝进;卖身尚为之,何有于卖国。宜乎蔡先生之奉身而退,不忍为同流合污之苟安也。

十二年一月十五至二十一日

贿买国会的问题

53 本报第三十八期曾有《高凌霨证明贿买国会是实》一篇时评,指出五个要点:

(1)刘君,疑即刘梦庚,曾与各政团接洽二百元之津贴,是高凌霨认为事实的。

(2)某军需官来京发款,借住高凌霨宅,也是高凌霨认为事实的。

(3)国会"各党名册,均送至红罗厂",以便领此二百元之津贴,也是高凌霨承认的。

(4)此二百元之款,来自曹锟,"系仿从前送冰炭敬之意,不过联络感情",也是高凌霨承认的。

（5）张亚农,即国会众议院副议长张伯烈,确曾向高凌霨支款,也是高凌霨承认的。

1月22日以后,《北京晚报》,《京报》等报登出《高凌霨启事》的广告,说:

> 连日《京报》及《努力周刊》登载鄙人与某君谈话关于张亚农君支款一事,鄙人并无此谈话,张君亦未尝向鄙人支款。特此声明。

这个声明,我们认为不能满意。我们指出的有五个要点,而高凌霨只否认了张伯烈索贿的一点。其余四点,是不是已经无可抵赖了？况且除了我们引的一段谈话之外,还有国会议员黄攻素的质问书可以引证。黄君质问书中有一段说:

> 自本月起,每议员支车马费二百元,限制投票票价不出五千元。此种买卖,专由高五接洽。……以堂堂阁员,竟明目张胆为之作行贿经理人,成何政象？

这是很严厉的质问,然而这个无耻的国会竟不理会他！

国会不理这种重大的质问,难道国民也不过问这个非常重大的贿买国会的问题吗？

今日之事

54 今日之事,两言而决耳！

国会对教育界宣战；

也就是恶政府对清议宣战！

19日,学生三千人向众议院请愿,被军警殴打,受重伤者十余人,受微伤者三百余人。我们且不引学生方面的话,我们单引国会议员李素《致同人书》中的一段:

> 象坊桥畔,学生请愿,……约法对于请愿,无何等限制；议会对于请愿,有相当受理。……乃警士横加干涉,学子备受赶击；刀斫杠伤,如捕盗犯。……究竟所请者何事,所愿者何事,必有隐情,岂尽好事？众院抹倒一切,毫未考虑,神圣固不可侵犯,人

> 民岂尽可厚诬?

这是国会自身一分子说的公道话,已很够证明众议院门前的惨剧的真相了。

众议院悍然不顾清议,竟把内阁阁员完全通过了。我们当时还希望参议院能利用两院制给与上院慎重考虑的机会,至少能否决一个教育界公认为败类的彭允彝,也还可以替国会留一点点脸面。不料24日下午参议院投阁员同意票,竟又"一榜尽赐及第"了!报纸所指为行贿国会的经纪人高凌霨也通过了,教育界所指为毫无人格的彭允彝也通过了。落第的只有一个不肯请客,不肯行贿的施肇基。

这是国会明白和清议宣战的表示。然而还不止于此。今日的政局是国会和内阁和总统打成一家的政局:金钱与差使,酒食和"冰炭敬",竟把这十二年来分争的三方面黏成一片了。所以今日之事可以说是这个"三位一体"的恶政府对清议宣战的表示!

明朝末年,政府黑暗到了极处,日日与清议宣战。有一天,宰相王锡爵对顾宪成说:

> 近有怪事,知之乎?

顾宪成问是什么怪事,王锡爵说:

> 内阁所是,外论必以为非。内阁所非,外论必以为是。

顾宪成说:

> 外间亦有怪事。

王锡爵问是什么,顾宪成说:

> 外论所是,内阁必以为非。外论所非,内阁必以为是。

今日之事,也到了这步田地。清议所是,这个"三位一体"的政府必以为非。清议所非,这个"三位一体"的政府必以为是!

认清了这一点,然后可以决定我们对于政治的态度。

蔡元培的"不合作主义"

55 1月23日,蔡元培有一篇很明白痛切的宣言(见《努力》第三十九期附录)。北京《晨报》给他加上了一个很确当的标题,叫做《蔡元培之不合作主义》;并且加上了一条短评,说:

　　　　记者就此篇宣言观之，则蔡氏欲以不合作主义（Non-cooperation）打破今日之恶人政治，此与印度甘地（Gandi）抵抗英国政府之方法，完全相同。但未审蔡氏之主张，能如甘地风靡印度否耳。

《晨报》的见解，我们觉得很不错。蔡先生这一次的举动，确可以称为"不合作主义"，因为他很明白的指出，当局的坏人所以对付时局，全靠着一般胥吏式机械式的学者"助纣为虐"；正谊的主张者，若求有点效果，至少要有不再替政府帮忙的决心。这是很沉痛的控诉：控诉一切只认得"有奶便是娘"的学者，官吏，新闻家，指出他们"助纣为虐"的罪，"比当局的坏人还多一点儿"。

　　但是他究竟是一个"律己不苟而对人则绝对放任"的人；他不能像印度甘地那样的做积极的运动，他只能为自己向这个方向作准备。他现在不能再忍而走了，他只留下了一篇很沉痛的控诉文字，一方面控诉"不要人格，只要权利"的当局坏人，一方［面］控诉"有奶便是娘"的无数胥吏式机械式的学者。他已起诉了！他提出的证据是眼前的现状，他指定的法庭是我们各人的良心！

　　印度是个宗教的国家，甘地已成了一个爱国的教主，故甘地的不合作主义可以"风靡印度"。在这个混浊黑暗无耻的国家里，在这个怯懦不爱自由的民族里，蔡先生的不合作主义是不会成功的。况且印度人对英国的反抗，目标很简单，旗帜很鲜明，正如中国前年的抵制日货，容易使人了解，所以能有暂时风靡印度的功效。中国今日的问题，却是内政的问题，远不如外交问题那样简单了。我们认为公敌的人，却有人赶着叫干爹，叫老板。我们认为应该毁灭的制度，却是许多人的财源和饭碗。所以我们可以预料蔡先生的不合作主义是决不会风靡全国的。

　　然而正因为这个国家太混浊黑暗了，正因为这个民族太怯懦无耻不爱自由了，所以不可不有蔡先生这种正谊的呼声，时时起来，不断的起来，使我们反省，使我们"难为情"，使我们"不好过"。倘使这点"难为情"、"不好过"的感觉力都没有，那就真成了死证了。

1月22至28日

彭允彝代表什么？

56 上期我曾说："教育界攻击彭允彝,并不是攻击他本身,乃是攻击他所代表的东西。第一,他代表无耻。第二,他代表政府与国会要用维持一个无耻政客来整饬学风的荒谬态度。"(《努力》第三十九期)

1月29日,黎元洪果然下指令："令教育总长彭允彝:呈悉。整顿学风,不辞劳怨。国事阽危,正资倚赖。深望勉为其难,毋萌退志。此令。"

1月30日彭允彝果然到部了。

1月31日,彭允彝硬挽出我的一个朋友来对我说,他有不能走的苦衷,因为吴景濂一班人一定要他干下去,不许他走。

于是我在1月25日说的彭允彝的两层代表资格,都证实了。

蔡元培是消极吗？

57 蔡先生的宣言发表以来,竟在意外的方面得着不满意的批评！

独秀在《向导》第十七期里作文,说蔡先生"这种消极的,非民众的观念,是民族思想改造上根本的障碍"。他恐怕蔡先生的"消极的高尚洁己态度"或致引导群众离开奋斗的倾向,而走向退避的路上去,所以他竟要我们"如防御鼠疫霍乱一样,日夜防御蔡校长之消极的不合作主义侵入思想界"！

独秀又以为"蔡校长打倒恶浊政治的运动也只看见学者官吏而不看见民众",所以他又说这是"非民众的"。

独秀那篇文章里论"不合作主义"本身是消极的态度一层,已有渊泉在2月1日的《晨报》上答覆了。渊泉引印度甘地的不合作主义的八种涵义,来说明"他们所谓不字,是含有积极的进取的精神,决不止消极的否定的意味"。渊泉又指出"劳动阶级的罢工,也是一种不合作主义的表现"。这一层我们很以为然。

我以为我们对于蔡先生此次抗议的行为,应该分三方面观察:第一,须认明这是蔡先生个人的性情的表现;第二,然后批评这种态度错不错;第三,然后讨论他的宣言在中国社会上可发生的影响。

在他个人方面,我们平日知道他的,都该承认他确不是完全消极的人。他的行为,有时类似消极,然而总含有积极的意味。五六年前,他提倡进德会,会中有"三不主义"到"七不主义",这是很像消极的。然而他所以提倡这个会的本意却只是"有所不为而后可以有为"一句话。他的宣言里说,"退的举动,间接的还有积极的势力";又说,"若求有点效果,至少要有不再替政府帮忙的决心":这两句话都只是说,"有所不为,然后可以有为"。这是蔡先生平日一贯的精神。

其次,他这个态度究竟错不错呢?我们认为不错。"有所不为"一句话含有两层意义,两层都是积极的。第一,"有所不为"是尊重自己的人格。"不降志,不辱身",不肯把人格拖下罪恶里去。这种狂狷的精神是一切人格修养的基础。第二,"有所不为"是一种牺牲的精神,为要做人而钱有所不取,为要做人而官有所不做,为要做人而兽性的欲望有所不得不制裁,为要做人而饭碗有所不得不摔破:这都是一种牺牲的精神。蔡先生举的例是"若求有点效果,至少要有不再替政府帮忙的决心"。其实这个公式可以扩大成"若求有 X,至少要有牺牲 g 的决心"。这个 g,是无定的:也许是金钱,也许是饭碗,也许是生命!所以我们说蔡先生这个态度是不错的。

最后,我们可以讨论这种抗议在社会上产生的影响好不好。独秀怕他"为恶浊政治延长寿命",我们以为独秀未免太过虑了。蔡先生的抗议在积极方面能使一个病废的胡适出来努力,而在消极方面决不会使一个奋斗的陈独秀退向怯懦的路上去!我在上期曾说:

> 然而正因为这个国家太混浊黑暗了,正因为这个民族太怯懦无耻不爱自由了,所以不可不有蔡先生这种正谊的呼声,时时起来,不断的起来,使我们反省,使我们"难为情",使我们"不好过"。

这个意思,我始终认为不错。现在我们如果希望打倒恶浊的政治,组织固是要紧,民众固是要紧,然而蔡先生这种"有所不为"的正谊呼声更是要紧。为什么呢?我们不记得这二十年的政治运动史吗?当前清末年，政府用威权来杀戮志士，然而志士越杀越多，革命党越杀越多。自从袁世凯以来，政府专用金钱来收买政客，十年的工夫，遂使猪仔遍于国中，而"志士"一个名词竟久已不见经传了！新文化，学生运动，安那其，社会主义，共产主义，……无一不可作猪仔之敲门砖！今天谈安那其，明天不妨捧小政客；今天谈共产主义，明天又不妨作教育次长！大家生在这个猪仔世界之中，久而不闻猪臊气味，也就以为"猪仔"是人生本分，而卖身拜寿真不足为奇了！

在这个猪仔世界里，民众固不用谈起，组织也不可靠，还应该先提倡蔡先生这种抗议的精神，提倡"不降志，不辱身"的精神，提倡那为要做人而有所不为的牺牲精神。先要人不肯做猪仔，然后可以打破这个猪仔的政治！

1月29至2月4日

这个国会配制宪吗？

58 这个国会复活以来，所行所为，无日不自绝于国人，国人也早已厌恶痛恨他了。但国内有一班人，对于这个国会还存一点顾惜之意，他们的理由是希望国会早日把宪法制成。但我们到了现在，不能不正告他们：这个国会是决不配制定宪法的。我们且不说别的理由，单说三点：

第一，宪法是国家的根本大法，至少要能引起国人的信仰与崇敬。试问这一个光园拜寿，红罗厂领冰炭敬的无耻政客团体定出的宪法，能引起谁的信仰与崇敬？"不以人废言"乃是一句强人以所难的格言。这句格言，只可为极少数人说法，决不能望多数人奉行。用现在这班国会议员去制宪，检直是中华民国的奇耻大辱。宪法的尊严一定要断送在他们的手里！

第二，这个国会制出的宪法一定不能应付中国今日的需要，一定不能满足国人的希望。例如我们希望将来的新国会人数要大大的减少，要减去现数三分之二以上：这个希望可不是与虎谋皮吗？又如我们希望将来的新宪法要打破现制国会专卖总统选举的制度：这又不是与虎谋皮吗？又如我们希望将来的新宪法要规定一种制裁国会议员自身的方法：这又不是与虎谋皮吗？总之，我们对于将来宪法上救济政治罪恶的种种希望,没有一桩不是与虎谋皮。国会制宪,本可怀疑;这个国会,尤其不配制宪。

第三,自从上月宪法起草员提出"国权"和"地方制度"两章草案以后,国会不配制宪的证据更明显了。国会中人对于这个带联邦制性质的草案,早已纷纷表示反对了。反对的议员,大约不出两派。一派是禀承那些割据的军阀的意旨,要替军阀保持割据的局面;还有一派是代表垄断式的财阀说话,因为他们老板的营业跨有几省的地面,怕省权伸张以后,他们垄断的局面就没有现在这样容易了。上星期宪法会议里的捣乱,试问是不是这两派的议员闹出来的?将来这种丑戏还多着呢!我们从这一次的纷争上,更可以证明这个国会决不配制宪。

总之,宪法是根本法律;民治国家的法律决不是那班自己不守法律的无耻政客所能制定的。我们可以预言:吴景濂、张伯烈的国会即使定出一个宪法来,将来决不会有宪法的效能,将来不过添一张废纸!

2月5日至11日

上海罢市的取消

59 上海总商会,去年因为受了英国旅华商会的刺激,曾对于裁兵理财两个问题有一番书面的表示;并且当时传说,他们曾想于本年旧历正月十九日举行罢市,以为裁兵理财的示威运动。后来又有元宵节(3月2日)大罢市的传说。以近日的事实看来,这件事是无形取消的了。2月27日上海各报登有上海工会,中华工会总会等五个劳动团体的联合声明,说:

> 近日沪上各报喧传,有元宵总罢工之谣,……敝会绝对声明,毫无关系。

劳动团体尚如此说,那素来慎重的总商会,在何丰林的势力之下,更不消说了。果然上海3月1日电说:

> 商会联合会发表宣言,略谓日昨[昨日]之裁兵要求,系出于国民之公意。……此事将来必见事实。罢工罢市为最后之手

段,目下尚非其时。(2日《晨报》)

也许有些人对于上海罢工罢市之取消,觉得很失望的。但我们觉得这是意中之事,并不足使我们失望。正月十五或十九,罢一天市,那不过等于延长假期一天,并不是什么了不得的大事。所以元宵或十九大罢市的话,本身就有点滑稽了。况且罢工罢市是很笨重的消极武器,很难使用,更难持久。对于一个极简单的目标,如八年六月要求曹、陆、章的免职,那还可以一用。至于制度的改革,决不是一天乃至三五天的罢市罢工所能做到的。而商会联合会提出的三个目标——裁兵,制宪,理财——又都是制度的改革。我们早就不曾期望他们用一天的放假式的罢市来敷衍这几个制度上的大问题。即使罢市实现,也不过是一种示威的运动;以后如何能使这些目的一一做到,究竟还是要倚靠实际的组织和不断的运动的。

我们对于全国的商界,不希望他们用一两天的罢市来敷衍几个大问题,只希望他们早日觉悟政治不良是近年实业不振和商业衰败的大原因;早日觉悟内政不清明是商界实业界受种种外侮侵陵逼迫的原因。我们希望他们从书面的表示,进一步为实际的组织,再进一步为实力的政治活动。

司法独立之破坏

60 北京政府决心要倒行逆施的去办理罗文干的一案,竟于一个月之内把余棨昌实授了大理院院长,把高等检察厅厅长也换了人,现在竟把原来办理此案的地方检察厅厅长熊元襄也调部任用了。现在从地方检察厅直到大理院,很可以说是呵成一气了!我们只好拭目以待"瓮中捉鳖"的把戏的实现!

这种很明显的蹂躏司法的表示,竟不闻国中有什么抗议,也不闻司法界有什么抗议。这真是很奇怪的现象。

在这个沉寂的司法界里,只有东省特别法院李家鏊等痛驳司法部"佳"电的"真"电,可算是静夜的孤钟了。司法部原电痛斥李家鏊等对罗案的抗议,并且很严厉的威吓他们:"勿以法院之尊严,为他人之机械。如果执迷不悟,则法律具在,本总长虽深爱同人,亦不能

为之原也"。李家鳌等驳电有云:

> 罗案自始无告诉人,据本年1月14日《政府公报》所载不起诉处分书,及上年十一月大总统复吴巡阅使梗电,已足证明,自无庸目睹情形,方知底蕴。声请再议,仅限于告诉人,《刑诉条例》亦已明白规定,其无再议之余地,何待烦言。钧电谓此案再议,原有声请之人。究竟此种再议,从何而来,同人实所未解。前奉宥电,既谓依《刑诉条例》第二百五十五条,令行地检厅依法办理,自不得不谓之命令再议。以不得声请再议之案,而仍依再议程序,将已受不起诉处分之被告,重行羁押,尤不得不谓之蹂躏人权。

又说:

> 特区法院原为撤废领事裁判权而设,但亦须执法者均能守法,方足以杜外人之口实。今违法之举动,竟出首善之当局。使上行下效,相率而不守法,是为无法之国家。收回法权,宁不绝望。与其虚縻国帑,何若停办之为愈。

又说:

> 况宥电既有不吝教诲之语,足见钧座有虚怀下问之心,自同人竭诚相告,复反来电诘责,指为越轨,存心文过,实已流溢行间。

对程克们说这种道理,虽然无异于对牛弹琴,但这种切直的抗议在今日这种寒蝉式的司法界中确是很难得的了。

2月26至3月4日

张绍曾的内阁早就该走了

61 我们以为张绍曾的内阁是不会自动的去位的了。然而中国的政治界里,不可能的怪事往往会产生。张绍曾内阁竟通电总辞职了。

据北京报纸的传说,张内阁辞职的最近原因是保定、洛阳两方军阀强迫他们发表沈鸿英督粤,和孙传芳督闽的命令。连日报载洛阳专使李倬章和保定专使项致中在京坐催这两道命令的发表。张内阁既挂着"和平统一"的招牌,自不敢贸然发表这种"武力统一"的表示。争执的结果,张绍曾已允发表孙传芳督闽,后来终不敢发表,遂致全体辞职。

若这种消息是确实的,张内阁居然肯以去就和保、洛军阀为主张上的争执,总算有点政治手段的了。所以有些报纸竟因此很表示恭维之意,如辛博森们的《东方时报》中文栏竟说:

> 张内阁……此次对闽粤问题,能抱定和平宗旨,宁牺牲总揆高位,不为武人势力所屈服,尤为数年来历任总理中所不多觏。

(英文栏略同)

如果张内阁真能明白宣布武人压迫的状况,如果他们敢对于他们的太上政府明白宣战,那么,这种论调也许有人赞成。然而我们细读他们发出的辞职通电,翻来覆去,竟寻不出这种"不为武人势力所屈服"的精神。他们只说:

> 近日以来,粤中有僭名窃位之行,各方呈枕戈待旦之兆。和平立破,调剂无方。佳兵既与本志相违,坐视又惟滋乱是惧。

"僭名窃位"是明指广州;而"枕戈待旦"一句,也可指奉天,也可指四川,但决不能算是直指保定、洛阳近日的威迫。无论谁读这电文,只看见张内阁对孙文的抗议,而看不出一毫反抗曹、吴的决心!

然而张内阁的辞职,又似乎不容易挽回了。因为他们那个烂调骈文的通电里,只有"僭名窃位"一句是斩钉截铁,不会有别解的。而这一句所攻击的事实又是最不容易挽回的。如果张内阁希望用这一层为进退的条件,那就未免太笨了。他们该不至于这样笨拙罢。

所以我们可以猜想,张绍曾内阁这一次辞职是真想下台不干了。不干的原因,也有种种说法。《星报》说是:

> 实因内部意见不一,张敬舆无法制驭;于是欲以一走弥缝之。对于闽粤两令,亦并非绝对拒绝,乃已诺发表而复悔之,无法反汗[讦],而欲以总辞职先发制人。

《晨报》说是:

> 张自就职以来,虽据和平统一主义,而毫无根本计画,今日敷衍甲,明日敷衍乙,弄得左右为难,进退失据。则此时之辞职,

吾人固犹恨太晚也。

在我们看来,张绍曾的内阁早就应该走了。无论他们的和平统一主义有无根本计画,即使他们真有根本计画,这八九个人也不是能做到和平统一的人。全国唾骂一个无耻的彭允彝,而张内阁始终庇护他;司法界舆论界攻击一个程克,而张内阁始终拥护他。军阀滥杀工人甚至滥杀无辜的律师,而张内阁始终不说一句话。元宵节北京军警殴打市民提灯会,使多少年学生流血受伤,而张内阁不闻不问。这班人早已失国人的信用了。失了国人信用的人而妄想做统一的梦,岂非倒行而求进吗?

总之,张内阁对于一个无耻的彭允彝,尚不能去,而竟有人信他们这次的辞职是反抗保、洛军阀的表示!这种信仰心,是我们不敢领教的。

3月5日至11日

武力统一之梦

62 我们在上期本报里,曾指出张绍曾内阁辞职的通电,只明白表示了张内阁对孙文的抗议,而没有一毫反抗曹、吴的决心。

这一周里,这话竟完全证实了。从张绍曾内阁不敢反抗保、洛军阀的情形看来,我们更可以明白张内阁当日口头表示的"和平统一"的话早已无形取消,而今日北方军阀实已决心要做"武力统一"的迷梦了!

我们在去年夏间亲自听见一位代表军阀的阁员说,"只消两万兵直捣广州,什么事都没有了。"我们当时就说,"你们为什么不能先弄两万兵直捣奉天呢?"

现在的形势只有比去年更糟了。东三省的内政和军备,都已非去年战败之后的情形可比;财政一方面,尤非各省所能比。广东方面,无论北方军阀如何勾结沈鸿英,如何资送孙传芳,他们至多能扰乱广东,而决不能征服广东。四川方面也是如此:他们无论如何帮杨森、刘湘的忙,他们至多也只能扰乱四川,而决不能征服四川。至于中部各省,我们只看见齐燮元四面扩张地盘,努力为他自己制造势力;这个野心辣手的武人,岂肯久居曹、吴之下?

一年以来,直系军阀早已把一年前所得的一点相对的同情都渐渐失去了。本来直系之中也只有吴佩孚可以勉强支撑门面;去年就是国中最激烈的报纸,也还称他为"较为开明"的军人。但京汉铁路罢工事件,洛阳、保定、武昌三方军阀的倒行逆施,武力统一的阴谋的显露,征闽乱粤图川的计画的实行,国人对于吴佩孚早已非常失望了。对吴佩孚尚且如此,对曹锟一班人更不用说了。

以这班已失人心的人,当此无从收拾之时局,而他们还全无觉悟,仍旧实行他们倒行逆施的武力主义,——他们的失败是可断言的,并且不足惜。只可惜人民的糜烂,反动政治的延长,从此更不知何日才得终了呵。

3 月 12 至 18 日

解 嘲

63 从前王宠惠内阁下台之后,汤尔和君曾对我说:"我劝你不要谈政治了罢。从前我读了你们的时评,也未尝不觉得有点道理;及至我到了政府里面去看看,原来全不是那么一回事!你们说的话,几乎没有一句搔着痒处的。你们说的是一个世界,我们走的又另是一个世界。所以我劝你还是不谈政治了罢。"

这个忠告自然是很欢迎的。但我们却也有一种妄想:我们也明知那说的和行的是两个世界,但我们总想把这两个世界拉拢一点,事实逐渐和理论接近一点。这是舆论家的信仰,也可以说是舆论家的宗教。所以我们虽相信汤君的话有理,却还不能实行他的话。

但我们近来也常常忍不住嘲笑自己道:"原来全不是那么一回事!"

即如此次张绍曾内阁总辞职的事,我们虽然也认定他们的辞职决不是反抗保、洛军阀的表示,但想不出他们为什么要出此一举。他们的辞呈里明明拿着"僭名窃位"、"枕戈待旦"为理由,而这两桩又都不是一纸辞职通电就能销灭了的。所以我们曾猜想他们这一次辞职是真想下台不干了。

然而"原来全不是那么一回事"！他们又都干了,并且帖耳低头的把保、洛军阀所要求的十二道命令一齐发表了。

究竟是怎么一回事呢？

我想民党议员王恒似乎得着一个答案了。他在他的《致张绍曾书》里,曾说：

> 稔知足下(张绍曾)富有神经病。……害神经者,……其犯罪也,非从其所欲而充分为之不止。

其实何止张绍曾一人！今日支配国事的人,——酒狂之上将,财迷之候补总统,酒色狂之国会议长——那一个不是"非从其所欲而充分为之不止"的神经病人！怪不得我们说的话"完全不是那么一回事"了！

四川的省宪草案

64 RT君在《湖南的财政》一篇里,指出湖南省宪关于预算案一项,规定教育经费等项的百分比例,和事实相去太远,致使新政府成立后预算案竟提不出。他说的很痛快的:若依现状编预算,结果便是违宪;若依宪法的规定来编预算,结果便是不可能。(参看《努力》第四十五期登的原文)

我因此想到现在许多制宪的先生们,误认了"宪法为百年大计"的话,以为百年的大计尽可以不顾目前的事实。法律是应付事实的一些通则。法律若不顾事实,结果必至于提倡违法。使人认守法为不可能,岂不是等于提倡违法吗？

今天我们接到四川省宪起草委员会草成的《四川省宪法草案》,全文共一百五十九条,我们匆匆看过,不能详细讨论,但我们看这里面关于财政一项,虽然也有教育基金(第八十条),和重要实业的奖励补助(第八十六条)等等,但都不曾规定预算案里各项支出的百分比例。这一端确是胜于湖南省宪法的。

但四川的草案中也有许多太远于事实的。例如第四十条说：

省议会得以左[下]列方法解散之：

（一）由省议会以议员总额三分一以上之连署提议,三分二以上之出席，出席议员三分二以上之可决者。

（二）由全省公民二十分之一以上之连署提议，经全省公民总投票过半数可决者。

（三）省长以政务员全体之副署，或监政院之咨请，提出理由书，交全省公民总投票过半数可决者。

这三个法子其实等于说省议会是无法解散的。第一法，等于与虎谋皮，自然无效。第二法既要全省公民二十分之一以上的提议，又要全省公民总投票过半数的可决，是做不到的。全省公民二十分之一，是一个很大的数目；在最近的将来，在交通不便而疆域辽廓的四川，全省公民的总投票也不会有二十分之一的公民出来投票的。这种规定岂不是等于具文吗？第三个办法更没有道理了。四川省宪上规定省长是全省人民直接投票公选的。全省人民直接选出的省长，而必须得全省公民总投票的可决，然后可以解散省议会，这又何必呢？监政院也是各县县议会选举出来的五个监政员组成的。各县县议会举出之监政院之提议，又得全省公民直接选出的省长的同意，而仍必须经过公民总投票的可决，这又何必呢？况且解散议会本是行政部的一种最后自卫的方法，解散之后，如民意不服，仍可把原有的议会选出来。又何必于解散之先经过这种笨重的手续呢？

"人民总投票"在今日是一个很不容易施行的制度。数年前，湖南省宪的最初草案里屡用人民总投票的法子，已为学者所讥评。然而这个制度还时时出现于各种省宪草案里，这也是今日政论家不顾事实的一个证据了。

《四川省宪法草案》里的第十章《监政院》一项颇有点别致。第百二十三条说：

监政院置监政员五人，由各县县议会选举之。

第百二十八条说：

监政院之职权如左[下]：

（一）省议会有违法行为时，得咨请省长提出解散案，付全省公民总投票表决。

（二）省议员有应受惩戒行为，省议会不为提议时，得咨请省议会议决。

（三）官吏有违法行为时，得咨请省长查办。

（四）省长，政务员，省法院司，法官，审计员，依本法第三十四条之规定，应行弹劾，省议会不为提议时，得提出弹劾案，咨请省议会议决。

（五）议员官吏有犯罪行为，检察官不为起诉时，得咨请司法司，令行检察局，提起公诉。

（六）监察各项官吏之考试。

这大概从旧日的御史制度变出来的。现在的议员先生实在变成"三不管"了，这种弹劾机关是不可少的。只可惜这种机关竟定为"每五年改选一次"，未免太短了。我们以为全省的县议会选出来的五个"有学识风节"的监政员，应该有终身的任期，以不失职为消极的限度。不知四川的宪法起草员以为如何？

3月19至25日

外交与内政

65 果然一个不爱管政治的民族，一听得外交问题，也都感奋兴起了！3月25日上海的对日游行大会，参加者一百六十个团体，共五万余人，可算是空前的大举。26日，北京的方面，大雨淋漓之中，也有几千人的大游行；次日，平素最麻木的北京商界也居然有千人的游行集会！其余各地方也都有很严肃的表示。

我们对于这种热情的表示，不但不发生乐观，只能发生感喟。

外交的问题不是孤立的，是和内政有密切关系的。向来说，"弱国无外交"，其实是"内乱之国无外交"。四分五裂的中国，破产的财政，疯狂秽污的政治，九个月换五个外交总长的外交，秽德彰闻的国会，是不是可以号召全国一致的热心来作外交的后盾？

固然旅顺、大连是要争回的，固然1915年的条约是应该废止或根本修正的。但达到这个目的的方法不在乎一日半日何丰林一类保障之下的游行，不在乎无数滥调的"快邮代电"（我的朋友刘文典先生说，"快邮代电"正是中国人最下流的劣根性的铁证）。达到这个目的之法，只有一条，就是澄清内政！

内政不清明，国家不统一，上无可以号召全国人心的政府，下无一致爱护政府的国民，是外交失败的最大原因。中央无法可以对付割据东三省的张作霖，如何能对付那占据旅、大的日本？驻欧的各公使竟到了同盟罢工的境地，驻日本的公使当此时期至今还逗留不曾出国门。有人说过："后盾"固然重要，但"前矛"更其重要。即使我们假定今日果有对外的民气可作后盾，无奈这种不争气的政府决不配作我们的前矛呵！

我们老实承认，我们对于今日的外交问题，实在鼓不起热心来作激昂慷慨的鼓吹。我们只希望国人从这种失败的外交状况上格外感觉早早澄清内政的迫切！

告日本国民

66 我们对于国内的态度，具于上条。然而日本一部分国民的最近表示，也使我们不能不对他们提出一个忠告。

日本贵族院议员蜂须贺正韶侯爵等，及众议院议员冈崎邦辅等，共一百三十余人，发起对华国民同盟会，于3月22日开发起人总会，议决一种宣言和决议；并定于28日开大会。他们的决议如下：

> 日本国民对于大正四年之中日条约，今后无论中国出何种态度，亦断不容其废止。

这明是替日本政府答覆中国政府通牒的论调作后援了。他们的宣言颇长，大旨有两点：

> （一）已由独立国家间成立之条约，而于日后宣言无效，乃外交史上未曾见之特例。

> （二）中日条约乃曾溅帝国国民之血，防遏俄国之侵略，为中日共存筹画之结果，实我国策之础石也。

我们不用谈外交史的特例，也不用多谈两国近世史上的往事。我们只须指出三点：

（一）1915年的中日交涉，为日本外交史上一件最不幸的事件：所获得的权利，远不能抵偿日本的两桩绝大损失：(1)中国国民的排日运动,(2)世界列国对日本的怀疑,日本国际信用的低落。

（二）山东问题之解决,青岛之交还,庚子赔款退还之酝酿,这都是和解中、日两国国民间仇视的心理的具体有效的政策。但1915年的条约不根本修正,旅、大的问题不根本解决,则是眼中之钉尚在,中、日之亲善终于无期。

（三）此次中国之提议,正是给日本一个绝好的机会,使日本政府可以根本挽救大隈时代的外交大失策,使中、日国民间可以根本消除十余年的不幸的仇视。

日本的国民,不能了解这个时机的远大的意义,而仅仅为咬文嚼字之"无用之纷争",这是我们认为很不幸的。

法国人的耻辱

67 当上海市民举行五万人之对日大游行的那一日,法租界的巡捕房竟把中华民国全国学生总会的三益里总会所封闭了！全国各界联合会的会所也于同日被封闭了！各代表的行李都被限令搬出了！

法兰西民族在历史上是有争自由而战的荣誉的;三色的国旗,代表这个光荣的民族的三大主义:自由,平等,博爱。法国人在中国,向来也还有拥护中国爱自由者的表示,所以二十年来的中国政争,法租界向来是民党和其他爱自由者的退避之所。

但是近年来的法国民族早已不是那历史上光荣的 La belle France 了！莱因河畔的横行,我们也许原谅他们为迫于救亡不得已而出此。但上海的法国巡捕房近年的行为,实在有我们不能不认法兰西民族的奇耻大辱的。

《新青年》不被禁于北京,不被禁于广州,而两次被禁于上海法捕房！陈独秀在北京虽曾被捕,然北京军警拘捕独秀于亲见他布散传单之时,而后来安然出狱,不曾受半文之罚金。而陈独秀在法界两次被拘,罚金与讼费使他破产还不够。这种比较不够使我们反省吗？

中法实业银行复业案的种种黑幕还未终了,中法通惠工商学校的种种黑幕还未终了,而法捕房竟不许全国学生总会开会,终于把他们的总会所封闭了。

我们要正告法国人和一般热心提携中法文化事业的人:安南禁偶语的法令未除,而法国的市侩居然在中国替何丰林们作鹰犬了!十年的中法文化提携的呼号,远不如三益里的一张告示,两纸封条力量之大!

3月26至4月1日

（原载1922年6月18日至1923年4月1日《努力周报》第7期至第46期"这一周"时评栏）

胡适文存二集　卷四

吴敬梓年谱

我的朋友汪原放近来用我的嘉庆丙子本的《儒林外史》标点出来,作为《儒林外史》的第四版。这一番工夫,在时间上和金钱上,都是一大牺牲。他这一点牺牲的精神,竟使我不能不履行为吴敬梓作新传的旧约了。因此,我把这两年搜集的新材料整理出来,作成这一篇年谱。古来的中国小说大家,如《水浒传》、《金瓶梅》、《红楼梦》的作者,都不能有传记:这是中国文学史上一件最不幸的事。现在吴敬梓的文集居然被我找着,居然使我能给他做一篇一万七八千字的详传,我觉得这是我生平很高兴的一件事了。

(一) 家世

全椒吴氏,远祖以永乐时"从龙"的功劳,"赐千户之实封,邑六合而剖符。迨转弟而让袭,历数叶而迁居"(《文木山房集·移家赋》)。按先生自注,转弟是迁到全椒的始祖。他家起先业农,后来行医;《移家赋》说:

> 爰负耒而横经,治青囊而业医。……翻玉版之真切,研《金匮》之奥奇(参看《儒林外史》三十四回高老先生说,"他家祖上几十代行医,广积阴德")。

吴敬梓的高祖吴沛,沛父吴谦,谦父吴凤(陈廷敬《吴国对墓志》,见《耆献类征》卷百十五)。吴沛字海若,是一个廪生;陈廷敬说他"道德文学为东南学者宗师"。他的事迹见《全椒志》卷十,页四四。《移家赋》写他的高祖很详细;有云:

> 自束发而能文,及胜衣而稽古;绍绝学于关闽,问心源于邹鲁。……贫居有等身之书,干时无通名之谒。

吴沛著有《诗经心解》六卷，《西墅草堂集》十二卷(《志》，卷十五)。

吴沛生子五人，"四成进士，一为农，终布衣"。这五人的名字是：国鼎，国器，国缙，国对，国龙(次第见《吴国对墓志》)。

吴国鼎，字玉铉，崇祯癸未进士(《明进士题名录》注六合籍)，授中书舍人。有《蒇园集》及《诗经讲义》(《志》十，参《志》十五)。

吴国龙，字玉骊，也是崇祯癸未进士，授户部主事。清顺治时，他降了清朝；康熙初，授工科给事中，改授河南道监察御史，后来转到礼科掌印给事中。他虽是《贰臣传》中人物，但做谏官时颇有声名，有《吴给谏奏稿》八卷，《心远堂集》三十四卷(《志》十，页十六；参《志》十五)。

吴国缙，字玉林，顺治壬辰进士，改教职，做江宁府教授。《志》上称他"性开敏，于书无所不读"。有《诗韵正》五卷，《世书堂集》四十卷(《志》十，又十五)。

吴国器，字玉质，以布衣终老，道德甚高，王士禛有"用韦左司寄全椒道士韵，追赠国器，甚称美之"(《志》十一)。《移家赋》自注云，"布衣公无疾而终，人传仙去"。

这四人是吴敬梓的伯叔曾祖。他本身的曾祖吴国对，字玉随，号默岩，和国龙是双生的。国对排行第四，但他登第却在最后，直到顺治甲午中举人，戊戌中第一甲第三人(俗称探花)。《移家赋》说：

> 似子固兄弟四人，吾先人独伤晚遇。常发愤而揣摩，遂遵道而得路。三殿胪传，九重温语；宫烛宵分，花砖月午。张珊网于海隅，悬藻鉴于畿辅。诏分玉局之书，渴饮金茎之露。羡白首之词臣，久赤墀之记注。

海隅的珊网指他典试福建，畿辅的藻鉴指他提督顺天学政。末两联指他由编修做到侍读。赋中说他"发愤揣摩，遵道得路"，也是写实的。他是一个八股大家，方苞做《文木山房集序》，曾说：

> 全椒吴侍读公以顺治戊戌登一甲第三人进士及第，其所为制义，衣被海内；一时名公巨卿多出其门，李文贞公其一也。

但方苞又说他"诗古文辞与新城王阮亭先生齐名"，《全椒志》(十，页四五)也说他"才学优赡，工诗赋，善书；言论丰采为一时馆阁所推

重"(全椒新修的志,末尾附有他的序)。陈廷敬作他的《墓志》,说:

> 君于古文研论最深,而工于骚赋之作,故独喜多为诗;其愁忧欢愉离合讽谕警戒之旨,恒发之于诗,名曰《诗乘》。

他的遗集后来编为《赐书楼集》二十四卷(《全椒志》十五)。

据陈廷敬的《吴国对墓志》,国对生三子,长子名旦,次名勖,次名昇。吴旦即是吴敬梓的祖父,字卿云,增监生,考授州同知,是一个孝子,事迹见《全椒志·孝友传》。陈廷敬说:"旦贤而有文。"但他死的很早,故《移家赋》不提到他的历史。《全椒志·艺文志》说他有《月潭集》。

吴旦的亲弟吴勖也在《孝友传》,幼弟吴昇是一个举人。吴国龙的儿子吴晟,中康熙三十年榜眼,很有文名,著有《卓望山房集》及《玉堂应奉集》,曾充宋、金、元、明四朝诗选掌局官。他的哥哥吴晟也是康熙年间的进士,也有文学的名誉。

所以吴敬梓自己写他曾祖以后的家世道:

> 五十年中,家门鼎盛。陆氏则机云同居,苏家则轼辙并进。子弟则人有凤毛,门巷则家夸马粪。绿野堂开,青云路近。……卮茜有千亩之荣,木奴有千头之庆。……故物唯存于簪笏,旧业不系于貂珰。……图史与肘案相错,绮襦与轩冕俱忘。……鼎文有证谬之辨,金根无误改之伤。羡延陵之骛子,擅海内之文章。(《移家赋》)

这一段可以比较《儒林外史》第三十回郭铁笔说的"尊府是一门三鼎甲,四代六尚书"一大段。三鼎甲其实只有两个:一个榜眼,一个探花。杜少卿的曾祖,《外史》说是状元,其实是探花吴国对。国对有《赐书楼集》,《外史》第三十一回写杜少卿的家中,"左边一个楼,便是殿元公的赐书楼",可以互证。

吴敬梓的父亲生在这个环境里,看惯了富贵与文学,觉得不很可贵,所以他立志要做圣贤了。《移家赋》注里说他父亲曾做"赣榆教谕,捐赀破产兴学宫"。我们靠这一点线索,在《全椒志》卷十二,页二四上,寻出他名叫吴霖起(陈廷敬也说吴旦生一子,名霖起),是康熙丙寅(1686)的拔贡,做江苏、赣榆县的教谕。《志》里没有他的传,

但《移家赋》说他的生平很详细:

> 吾父于是仰而思,坐以待;网罗于千古,纵横于百代;为天下之楷模,识前贤之纪载。……讲学邹峄,策名帝都。摩石鼓之文,听圜桥之书。当捧檄之未决,念色养之堪娱。……方遂茅容之愿,遽下皋鱼之泣;肝干肺焦,形变骨立。……丧葬既毕,精业维勤;卷之万象,挥之八垠;守子云之玄,安黔娄之贫。观使才于履展,作表帅于人伦。……马帐溢执经之客,鹿车骈问字之人。

赣榆在江苏的东北海边,故赋中说:

> 暮年黉舍,远在海滨;时矩世范,律物正身。……鲑菜萧然,引觞徐酌;既横舍之既修,歌泮水而思乐。

末二句指他捐产修学宫的事。后文又有注云,

> 先君于壬寅年(1722)去官,次年辞世。

《儒林外史》里写杜少卿的父亲"中个进士,做一任太守"(第三十四回),又说他做"江西赣州府知府"(第三十一回)。赣州是暗射赣榆县;因为要说他做知府,所以不能不说中进士了。第三十一回杜慎卿说:

> 我那伯父是个清官,家里还是祖宗丢下的些田地。

第三十四回高老先生说:

> 到他父亲,还有本事中个进士,做一任太守,——已经是个呆子了:做官的时候,全不晓得敬重上司,只是一味希图着百姓说好;又逐日讲那些"敦孝弟,劝农桑"的呆话。这些话是教养题目文章里的词藻,他竟拿着当了真;惹的上司不喜欢,把个官弄掉了。

这一段说他父亲丢官的原因,可以补《志·传》的不完。

吴霖起死后,家业遂衰。《移家赋》接着说:

> 于是君子之泽,斩于五世。兄弟参商,宗族诟谇。假荫而带狐令,卖婚而缔鸡肆。……侯景以儿女作奴,王源之姻好唯利。贩鬻祖曾,窃赀皂隶。若敖之鬼馁而,广平之风衰矣!

总结上文,作为一表:

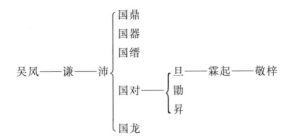

（二）年谱

吴敬梓，字敏轩，一字文木。他的事迹略见程晋芳做的传，和我前年做的小传。近年我买得了他的《文木山房集》四卷。这是意外的发现，不可不说是"吴迷"的报酬。因此，我用此书做底本。参考别的书，做成这篇年谱，略补我的前传缺漏的罪过。

康熙四十，辛巳（1701），先生生。

是时，顾炎武已死了二十年，黄宗羲已死了六年。

先生的朋友程廷祚（生1691）已生了十年。

康熙四一，壬午（1702），先生二岁。

是年万斯同死。

康熙四三，甲申（1704），先生四岁。

阎若璩死，颜元死，尤侗死。

康熙四四，乙酉（1705），先生五岁。

全祖望生。

康熙四八，己丑（1709），先生九岁。

朱彝尊死。

康熙五十，辛卯（1711），先生十一岁。

王士禛死。

康熙五二，癸巳（1713），先生十三岁。母死。

集中《赠僧宏明》诗，"昔余十三龄，丧母失所恃"。

康熙五三，甲午（1714），先生十四岁，随父到赣榆县教谕任所。

《赠僧宏明》诗,"十四从父宦,海上一千里"。

康熙五五,丙申(1716),先生十六岁。

毛奇龄死。袁枚生。

康熙五七,戊戌(1718),先生十八岁。

友人程晋芳生。同里亲友金兆燕(棕亭)生。

康熙五九,庚子(1720),先生二十岁。中秀才。

庚戌《除夕词》,"落魄诸生十二年"。

康熙六一,壬寅(1722),先生二十二岁。父去官。

《移家赋》注,"先君于壬寅年去官,次年辞世"。

雍正元年,癸卯(1723),先生二十三岁。父死。

是年戴震生。

雍正三,乙巳(1725),先生二十五岁。

蒋士铨生。

雍正八,庚戌(1730),先生三十岁。有《庚戌除夕客中》的《减字木兰花》词八首。

八首词里,颇多传记材料,今摘录一些:

第一首云:

今年除夕,风雪漫天人作客。三十年来,那得双眉时暂开?

第二首云:

昔年游冶,淮水、钟山朝复夜。金尽床头,壮士逢人面带羞。王家昙首,伎识歌声春载酒。白板桥西,赢得才名曲部知。

第三首云:

田庐尽卖,乡里传为子弟戒。年少何人,肥马轻裘笑我贫!

依这两首看来,吴敬梓的财产是他在秦淮河上嫖掉了的。《儒林外史》里的杜少卿,似乎还少写了这一方面。但第三十四回高老先生说他

混穿,混吃;和尚道士,工匠花子,都拉着相与;却不肯相与一个正经人。不到十年内,把六七万银子弄得精光。……学生在家里,往常教子侄们读书,就以他为戒。每人读书的桌子上写一纸条贴着,上面写道,"不可学天长杜仪"!

这就是"田庐尽卖,乡里传为子弟戒"一句的说明了!

第五首云:

哀哀我父,九载乘箕天上去(按先生之父死于癸卯,至庚戌只有八年,此云九年,是算到次年元旦)。弓冶箕裘,手捧遗经血泪流。劬劳慈母,野屋荒棺抛露久。未卜牛眠,何日泷冈共一阡?

据此,先生之母也死了几年了,到庚戌还不曾安葬。

第六首云:

闺中人逝,取冷中庭伤往事。买得厨娘,消尽衣边荀令香。愁来览镜,憔悴二毛生两鬓。欲觅良缘,谁唤江郎一觉眠?

据此,先生之妻也死了。此时只有一妾,尚未续娶。集中有《挽外舅叶草窗翁》诗云:

吴中有耆硕,转徙淮南地,自号草窗翁,所师儆贷季。爱女适狂生,时人叹高义。

是先生之妻姓叶,是一个儒医的女儿。

第八首云:

奴逃仆散,孤影尚存渴睡汉。明日明年,踪迹浮萍剧可怜。秦淮十里,欲买数椽常寄此。风雪喧阗,何日笙歌画舫开?

这一首前半说的是王胡子拐了银子逃走的影子;后半已有移家南京的意思了。末句还是做"歌笙画舫"的梦!

雍正九,辛亥(1731),先生三十一岁。

友人严长明生。

雍正十一,癸丑(1733),先生三十三岁。二月,移家至南京,寄居秦淮水亭。

有《买陂塘》二首,序云:"癸丑二月,自全椒移家,寄居秦淮水亭。诸君子高宴,各赋看新涨二阕见赠;余既依韵和之,复为诗余二阕,以志感焉。"第一首上半云:

少年时,青溪九曲,画船曾记游冶。绯绷维处闻箫管,多在柳堤月榭。朝复夜,费蜀锦吴绫,那惜缠头价!臣之壮也,似落魄相如,穷居仲蔚,寂寞守蓬舍。

第二首下半云:

人间世,只有繁华易委;关情固自难已。偶然买宅秦淮岸,殊觉胜于乡里。饥欲死;也不管干时似渐矛头米。身将隐矣;召阮籍、嵇康,披襟箕踞,把酒共沉醉。

先生又作《移家赋》:序五百七十二字,赋二千五百二十九字,可说是他文集中的第一巨作。序中有云:

晏婴爽垲,先君所置;烧杵掘金,任其易主。百里驾此艋艇,一日达于白下。……梓家本膏华,性耽挥霍。生值承平之世,本无播迁之忧。乃以郁伊既久,薪缊成疾。枭将东徙,浑未解于更鸣;乌巢南枝,将竟托于恋燠。……虽无扬意之荐达之天子,桓谭之赏传于后人,优哉游哉,聊以卒岁。……千户之侯,百工之技,天不予梓也,而独文梓焉。追为此赋,歌以永言。悲切怨愤,涕洟流沫。

全赋先叙吴氏远祖,次写他的高祖,次写曾祖弟兄,次写曾祖,次写曾祖以下五十年的家门盛况,次写他的父亲,次写父死后家门不振的状况(以上略引见前篇)。次写全椒乡土风俗的浇薄:

彼互郎与列肆,乃贩脂而削脯;既到处而辄留,能额瞬而目语。鱼盐漆丝,齿革毛羽;……滤沙构白,熬波出素;积雪中春,飞霜暑路。迁其地而仍良,皆杂处于吾土。山獠人面,穷奇锯牙;细旃广厦,锦帷香车。马首之金匼匝,腰间之玉辟邪。……昔之列戟鸣珂,加以紫标黄榜,莫不低其颜色,增以凄怆;口嗫嚅而不前,足盘辟而欲往。

《儒林外史》里的宋为富,万雪斋,方老六,彭老五,大概都在这一段里了。以下一长段,写他自己:

梓少有六甲之诵,长余四海之心。推鸡坊而为长,戏鹅栏而忿深。嗟早年之集蓼,托毁室于冤禽。淳于恭之自箠不见,陈太邱之家法难寻。熏炉茗碗,药白霜砧;竟希酒圣,聊托书淫;旬锻季炼,月弄风吟。谈谐不为塞默,交游不入佥壬。……有瑰意与琦行,无捷径以窘步;吾独好此姱修,乃众庶之不誉。……闭户而学书空,叩门而拙言辞。至于眷念乡人,与为游处,似以冰而致蝇,若以狸而致鼠。见几而作,逝将去汝!……既而名纸毛生,进退维谷。叹积案而成箱,亦连篇而累牍,虽浚发于巧心,终受嗽于拙目。鬼嗤谋利之刘龙,人笑苦吟之周朴。竟有造请而不报,或至对宾而杖仆。谁为倒屣之迎?空有溺庐之辱。……五世长者知饮食,三世长者知被服。彼钱癖与宝精,枉秤珠而量玉。遂所如而龃龉,困穷途而悉缩。

全椒人只晓得他是一个败子,不认得他是一个名士。故他最不满意于他的本乡人。《外史》中借五河县来痛骂他的本县(看第四十七回)。他所以要离开乡土,寄居南京,大半也是由于他厌恶全椒人的心理。

雍正十二,甲寅(1734),先生三十四岁。

有《除夕·乳燕飞》词:

令节穷愁里,念先人生儿不孝,他乡留滞。风雪打窗寒彻骨,冰结秦淮之水。自昨岁移居住此。三十诸生成底用?赚虚名,浪说攻经史!捧卮酒,泪痕渍。家声科第从来美。叹颠狂,齐竽难合,胡琴空碎。数亩田园生计好,又把膏腴轻弃。应愧煞谷贻孙子。倘博将来椎牛祭,总难酬罔极恩深矣,也略解,此时耻。

此词写他的忏悔,见解却不甚高明。

雍正十三,乙卯(1735),先生三十五岁。

是时政府诏令内外大臣荐举"博学鸿辞"的学者。

乾隆元年,丙辰(1736),先生三十六岁。

三月,安徽巡抚赵国麟考取先生,行文到全椒,取具结状,将正式荐举他入京应博学宏辞的考试。先生病了,不能上路,才作罢(《文集》唐时琳序。)先生从此不应乡举考试(程晋芳作的传)。

《儒林外史》写杜少卿装病辞荐辟(第三十三回),《全椒志》(十,页四七)也说他"乾隆间以博学鸿词征,辞不就"。程晋芳给他作传,说,

安徽巡抚赵公国麟闻其名,招之试,才之,以博学鸿词荐;竟不赴廷试,亦自此不应乡举。

这三种说法,都不很确实。我只采取唐时琳的序,因为他当时做江宁

教授,又是推荐吴敬梓的人,他说的话应该最可靠。况且唐序又说,

> 两月后,敏轩病愈,至余斋。……余察其容憔悴,非托为病辞者。……

况且先生自己有《丙辰除夕述怀》诗,也说,

> 相如封禅书,仲舒天人策。夫何采薪忧,遽为连茹厄!人生不得意,万事皆愍愍。有如在网罗,无由振羽翮。

可见他的病是真病,不是装病。当时他还很叹惜他因病不得被荐。事后追思,落得弄真成假,说,

> 我做秀才,有了这一场结局,将来乡试也不应,科岁也不考,逍遥自在,做些自己的事罢!(《外史》三十四回。)

我这样说法,并不是要降低吴敬梓的人格。做秀才希望被荐做博学鸿词,这也算不得什么卑鄙的事。现在《文木山房集》里,赋中有《正声感人赋》,题下注"抚院取博学鸿词试帖";又有《继明照四方赋》,下注"学院取博学鸿词试帖"。诗中有试帖诗三首,下分注"督院"、"抚院"、"学院"取博学鸿词试帖。可见吴先生自己并不讳饰他曾去应考省中博学鸿词的考试;又可见他确然觉得这是做秀才的一场很光荣的结局。至于程晋芳说赵国麟"以博学鸿词荐,竟不赴廷试",那是错的。赵国麟后来并不曾荐他。杭世骏的《词科掌录》记赵国麟保举的,只有《文木集》中(卷三,页三)说的江若度、梅淑伊、李岑森三人,而没有吴敬梓的名字。这是铁证。

是年词科被荐者,有先生的从兄吴檠(字青然,号岑华,有《咫闻斋诗钞》,《阳局词钞》,《清耳珠谈》等书;即《外史》中的杜慎卿)和友人程廷祚(绵庄,即《外史》中的庄征君),皆不第,程晋芳作程廷祚的《墓志铭》,说,

> 雍正十三年,举博学鸿词科。……乾隆元年至京师。有要人慕其名,欲招致门下,属密友达其意曰,"主我,翰林可得也"。先生正色拒之。卒不往,亦竟试不用,归江宁。(《勉行堂文集》卷六)

这一件事,可与《儒林外史》第三十五回大学士太保公一节参看。《文木集》有《减字木兰花》词一首,注云,

识舟亭阻风,喜遇朱乃吾,王道士昆霞。

词云:

卸帆窗下,一带江城浑似画。羽客凭阑,指点行舟杳霭间。故人白首,解赠青铜沽浊酒。话别匆匆,万里连樯返照红。

这就是《外史》第三十三回杜少卿在识舟亭遇来霞士和韦四太爷的一件故事。

乾隆二,丁巳(1737),先生三十七岁。

先生有关于词科的诗几篇。一篇《酬青然兄》,中有云:

兄昔膺荐牍,驱车赴长安,待诏三殿下,簪笔五云端。月领少府钱,朝赐大官餐。卿士交口言,"屈宋堪衔官"!如何不上第,蕉萃归江干?酌酒呼弟言,"却聘尔良难"!

这是杜少卿不满意于杜慎卿的口气了。

又有《贫女行》二首:

蓬鬓荆钗黯自羞,嘉时曾以礼相求。自缘薄命辞征币,那敢逢人怨蹇修?

阿姊居然贾佩兰!踏歌连臂曲初残。归来细说深官事,村女如何敢正看!

这似乎也是嘲玩杜慎卿的诗。

赵国麟原取四人,吴敬梓因病作罢,余三人入京应试。试毕,三人中之李岑淼病死在京。先生因作《伤李秀才》诗,大有"塞翁失马,安知非福"之意(诗不佳,不录)。那时词科落第的一些名士,纷纷回南,演出种种丑态;先生冷眼旁观,格外觉悟了。所以他又作《美女篇》:

夷光与修明,艳色天下殊。一朝入吴宫,权与人主俱。不妒比螽斯,妙选聘名姝。红楼富家女,芳年春华敷。头上何所有?木难间珊瑚。身上何所有?金缕绣罗襦。佩间何所有?环珥皆瑶瑜。足下何所有?龙编覆氍毹。歌舞君不顾,低头独长吁。遂疑入宫娭,毋乃此言诬?何若汉皋女,丽服佩两珠,独赠郑交甫,奇缘千载无?

丁巳以前,先生还有穷秀才气;丁巳以后,先生觉悟了,便是《儒林外史》的作者吴敬梓了。试看他宁可作自由解佩的汉皋神女,不愿作那红氍毹上的吴宫舞腰:这便是大觉悟的表示了。

是年纪昀生。

乾隆三,戊午(1738),先生三十八岁。

有《送别曹明湖》诗,可考定为是年作的。因此推知前后诸诗大概也是这时候作的。中有《病中忆儿烺》一首,前四句云:

> 自汝辞余去,身违心不违。有如别良友,独念少寒衣。

"有如别良友"五个字,没有人道过。

烺字荀叔,号杉亭,后来成为一个大算学家,《畴人传》四十二有他的传。他少年时就很聪明,《文木集》附有他的诗一卷,词一卷。诗中有三首是他十五岁时做的。怪不得《儒林外史》三十二回里娄太爷对杜少卿说,"你生的个小儿子,尤其不同"。他们家已贫了,故吴烺少年时即出门谋生活。《文木集》还有一首《除夕宁国旅店忆儿烺》诗,自注云:"儿年最幼,已自力于衣食。"

是年章学诚生,任大椿生。

乾隆四,己未(1739),先生三十九岁。

有《真州客舍诗》,中有云,"七年羁建业,两度客真州。细雨僧庐晚,寒花江岸秋。"

有《生日·内家娇》词云:

> 行年三十九,悬弧日酌酒泪同倾。叹故国几年,草荒先垅;寄居百里,烟暗台城。空消受征歌招画舫,赌酒醉旗亭。壮不如人,难求富贵。老之将至,羞梦公卿。行吟憔悴久,灵氛告,须历吉日将行。拟向洞庭北渚,湘、沅南征。见重华协帝,陈词敷衽;有娀佚女,弭节扬灵。恩不甚兮轻绝,休说功名!

这一首词在《词集》的最末。大概这一部《文木山房集》是编到这一年为止了。《文木山房集》前有黄河一篇序,中说:

> 余方谋付之剞劂,以垂不朽。而敏轩薄游真州,可村方先生爰为同调,遽损囊中金,先我成此盛举。

又方嶟序云:

> 敏轩今将薄游四方,余遂捐箧中金,梓其有韵之文。

这一年先生正在真州，此集当刻于此年，或下一年。集中无三十九岁以下的诗词，正是因此。

乾隆五，庚申（1740），先生四十岁。

是年赵翼生。

《全椒志》云：

> 江宁雨花台有先贤祠，祀吴泰伯以下五百余人（金和跋作二百三十人）。祠圮久，敬梓倡捐复其旧。赀罄，则鬻江北老屋成之。

此事不知在何年。以《志》有"年四十而产尽"一语，故附于此。

乾隆六，辛酉（1741），先生四十一岁。

是年惠士奇死。

是年吴檠中举人（《全椒志》十二）。杜慎卿果然"中了"！（参看《外史》三十一回杜慎卿对鲍廷玺说的话。）

先生始见程晋芳，时年二十四（程晋芳《严东有诗序》）。

程晋芳的族伯祖丽山与先生有姻连。先生在南京，常常绝粮；丽山时时周济他。程晋芳说：

> 方秋，霖潦三四日，族祖告诸子曰，"比日城中米奇贵，不知敏轩作何状。可持米三斗，钱二千，往视之"。至，则不食二日矣。然先生得钱，则饮酒歌呶，未尝为来日计（《文木先生传》）。

这位程丽山，他处无可考。《外史》第四十一回写庄濯江是杜少卿的表叔，也许就是此人。（庄濯江是庄征君之侄，必也是姓程的。我初疑是程晋芳；但程晋芳是先生时，还是二十四岁的少年，而庄濯江四十年前与杜少卿的父亲相聚，此时已是"清清疏疏，三绺白须"了。）

程晋芳又写先生的贫状如下：

> 〔先生〕移居江城东之大中桥，环堵萧然，拥故书数十册，日夕自娱。穷极则以书易米。或冬日苦寒，无酒食，邀同好汪京门、樊圣□辈五六人，乘月出城南门，绕城堞行数十里，歌吟啸呼，相与应和。逮明，入水西门，各大笑散去。夜夜如是，谓之"暖足"。（《文木先生传》）

汪京门不可考。樊圣□原缺一字，今考定为樊圣谟。按《江宁府志·文苑传》：

> 樊明征，字圣谟，一字轸亭，句容人。博学而精思。其于古人礼乐车服，皆考核而制其器。有受教者，举器以示之，不徒为空言也。著书四十余种，尤详金石之学。

这自然是《外史》里的迟衡山了。

乾隆七，壬戌（1742），先生四十二岁。

程晋芳说：

> 辛酉壬戌间，延〔先生〕至余家，与研诗赋，相赠答，惬意无间。而性不耐久客，不数月，别去。

程家是淮安盐商，袁枚作程晋芳的《墓志》说：

> 乾隆初，两淮殷富；程氏尤豪侈，多畜声色狗马。君独惜惜好儒，罄其赀购书五万卷，招致方闻缀学之士，与共讨论。海内之略识字，能握笔者，俱走下风，如龙鱼之趋大壑。……

先生到程家时，程家尚在这样兴盛的时代。

乾隆九，甲子（1744），先生四十四岁。

是年姚鼐生，钱坫生，汪中生。有人疑《外史》中的匡超人即是汪中，那是错的。

乾隆十，乙丑（1745），先生四十五岁。

是年吴檠中进士。

余萧客生，武亿生。

乾隆十一，丙寅（1746），先生四十六岁。

是年洪亮吉生。

乾隆十四，己巳（1749），先生四十九岁。

是年方苞死，黄景仁生。

程晋芳《春帆集》（起戊辰，尽庚午之二月，故系于此年）有《怀人诗》十八首，中有一首注"全椒吴敬梓，字敏轩"。诗云：

> 寒花无冶姿，贫士无欢颜。嗟嗟吴敏轩，短褐不得完。家世盛华缨，落魄中南迁。偶游淮海间，设帐依空园。飕飕窗纸响，槭槭庭树喧。山鬼忽调笑，野狐来说禅。心惊不得寐，归去澄江边（此指先生到程家住数月之事）。白门三日雨，灶冷囊无钱。

> 逝将乞食去,亦且赁舂焉。《外史》纪儒林,刻画何工妍!吾为斯人悲,竟以稗说传!

这一首诗极有用,因为我们因此可以知道当这个时候,——戊辰至庚午(1748—1750)——《儒林外史》已成书了,已有朋友知道了。《外史》刻本有"乾隆元年春二月闲斋老人"的一篇序。这个年月是不可靠的。先生于乾隆元年三月在安庆应考博学鸿词的省试,前一月似无作小说序之余暇。况且书中写杜少卿、庄绍光应试事,都是元年的事;决无元年二月已成书之理。况且那时的吴敬梓只有三十六岁,见解还不曾成熟,还不脱热心科名的念头,元年《除夕述怀》诗可以为证。那时的吴敬梓决做不出一部空前的《儒林外史》来!

我们看他对于科第功名的大觉悟,起于乾隆二年以后。(说见上文。)我们可以推测他这部《儒林外史》大概作于乾隆五年至十五年(1740—1750)之间;到程晋芳作《怀人诗》时,《外史》已成功了,——至少大部分已成功了。

吴敬梓是一个八股大家的曾孙,自己也在这里面用过一番工夫来,经过许多考试,一旦大觉悟之后,方才把八股社会的真相——丑态——穷形尽致的描写出来。他是八股国里的一个叛徒。程晋芳说他

> 生平见才士,汲引如不及。独嫉时文士如仇;其尤工者,则尤嫉之。

他为什么这样痛恨八股呢?我们在他的诗集里寻出一篇《哭舅氏》的诗,大概是乾隆五六年间做的;这诗大可以表出他那时候对于科举时文的态度:

> 河干屋三楹,丛桂影便娟,缘以荆棘篱,架以蒿床眠。南邻侈豪奢,张灯奏管弦。西邻精心计,秉烛算缗钱。吁嗟吾舅氏,垂老守残编。弱冠为诸生,六十犹屯邅。皎皎明月光,扬辉屋东偏。秋虫声转悲,秋藜烂欲然。主人既抱病,强坐芸窗前。其时遇宾兴,力疾上马鞯。夜沾荒店露,朝冲隔江烟。射策不见收,言归泣涕涟。严冬霜雪凝,偃卧小山巅。酌酒不解欢,饮药不获痊。百忧摧肺肝,抱恨归重泉。吾母多弟兄,惟舅友爱专。诸舅登仕籍,俱已谢尘缘。有司操尺度,所持何其坚!士人进身难,

底用事丹铅？贵为乡人畏，贱受乡人怜。寄言名利者，致身须壮年。

他这一位母舅简直是一位不得志的周进、范进。认得了这一位六十岁"抱恨归重泉"的老秀才，我们就可以明白吴敬梓发愤做《儒林外史》的心理了。

有人说，"清朝是古学昌明的时代，八股的势力并不很大，八股的毒焰并不曾阻碍经学史学与文学的发达。何以吴敬梓单描写那学者本来都瞧不起的八股秀才呢？那岂不是俗话说的打死老虎吗？"我起初也如此想，也觉得《儒林外史》的时代不像那康熙、乾隆的时代。但我现在明白了。看我这篇年谱的人，可以看出吴敬梓的时代恰当康熙大师死尽而乾、嘉大师未起的过渡时期。清朝第一个时期的大师，毛奇龄最后死。学问方面，顾炎武、黄宗羲、阎若璩、胡渭都死了。文学方面，尤侗、朱彝尊、王士禛也死了。当吴敬梓三十岁时，戴震只有八岁，袁枚只有十五岁，《四库全书》的发起人朱筠只有两岁，汪中、姚鼐都还不曾出世呢。

当这个青黄不接的时代，八股的气焰忽然又大盛起来了。我可以引章学诚的话来作证：

> 前明制义盛行，学问文章远不古若，此风气之衰也。国初崇尚实学，特举词科；史馆需人，待以不次；通儒硕彦，磊落相望，可谓一时盛矣。其后史事告成，馆阁无事，自雍正初年至乾隆十许年，学士又以四书文义相为矜尚。仆年十五六时（1752—1753，当吴敬梓将死的时候），犹闻老生宿儒自尊所业，至目通经服古谓之杂学，诗古文辞谓之杂作。士不工四书文，不得为通，——又成不可药之蛊矣！（《章氏遗书》卷四，《答沈枫墀论学书》）

（"四书文"即八股诗文。）

这正是吴敬梓做《儒林外史》的时代。懂得这一层，我们格外可以明白《儒林外史》的真正价值了。

乾隆十五，庚午（1750），先生五十岁。

金兆燕有《寄吴文木先生》诗：

> 文木先生何嵚崎！行年五十仍书痴。航头屋壁搜姚姒，酱

翁蒇叟访孔羲。昔岁鹤版下纶扉，严、徐车马纷猋驰。蒲轮觅径过蓬户，凿坯而遁人不知。有时倒著白接䍦，秦淮酒家杯独持。乡里小儿或见之，皆言狂疾不可治。晚年说诗更鲜匹，师伏、翼萧俱辟易。《小雅》之材七十四，《大雅》之材三十一。一言解颐妙义出，《凯风》为洗万古诬，《乔木》思举百神职。（先生注诗，力辟《凯风》原注"不能安室"之谬。《南有乔木》云，祀汉神也。）沟犹瞀儒删郑卫，何异索涂冥摘埴？昨闻天子坐明堂，欲紫衡霍巡南方，特重经术求贤良，伸让讲义夸两行。钦明八风舞回翔。负薪老子露印绶，妻孥竦息趋路旁。先生何为独深藏，企脚高卧向榻床？金陵美酒一千斛，邻邻素碗皴红玉。何时典我青绮裘，共君复醉钟山麓？申公、辕公老且秃，驱之不堪填砌谷。先生速起为我折五鹿。秋风多、江水波，寄君一曲之高歌。歌残星斗横秋河。屠贩唾手亦富贵，安能佐治无偏颇？先生抱经老岩阿，吁嗟如此苍生何！

诗中说先生"晚年说诗"一段，可与《儒林外史》第三十四回杜少卿论《诗经》一大段参看。《全椒志》卷十二说先生有《诗说》七卷。但现在不传了。我们现在只知道他的五条《诗说》：

（1）《汉广》（《南有乔木》）："为祀汉江神女之词。"（金和《〈儒林外史〉跋》）

（2）《凯风》："古人二十而嫁，养到第七个儿子，又长大了，那母亲也该有五十多岁了，那有想嫁之理？所谓'不安其室'者，不过因衣服饮食不称心，在家吵闹；七子所以自认不是。"（《外史》）

（3）《女曰鸡鸣》："这夫妇两个绝无一点心想到功名富贵上去；弹琴饮酒，知命乐天：这便是三代以上修身齐家之君子。"（《外史》）

（4）《溱洧》："也只是夫妇同游。"（《外史》）

（5）《爰采唐矣》："为戴妫答庄姜《燕燕于飞》而作。"（金和《跋》）

程晋芳说：

〔先生〕与余族绵庄（程廷祚）为至契。绵庄好治经,先生晚年亦好治经,曰,"此人生立命处也"。

程廷祚与吴敬梓都是乾嘉经学的先锋。

乾隆十六,辛未(1751),先生五十一岁。

是年乾隆帝南巡,先生之子吴烺迎銮,召试奏赋,赐举人,授内阁中书。烺习算学,师事刘湘溎。后来吴烺做到宁夏府同知,署过一回知府,因病告归。他著有《周髀算经图注》,乾隆戊子刊成,沈大成作序,序文引见《畴人传》。此外还有《勾股算法》,《五音反切图说》,《杉亭诗文集》,《词集》。我所见的《春华小草》一卷,《靓妆词钞》一卷,是他少年时代的诗词。

是年程廷祚六十一岁,被举"经明行修",入京,复报罢(程晋芳《绵庄先生墓志》)。是年严长明二十一岁。严是江宁人,少年有才名,先生很称许他(程晋芳《严东有诗序》)。严长明的诗集久不传,近年(1911)叶德辉刻出他的诗集十卷,其中《归求草堂诗集》六卷,是编年的。辛未年有《吴丈敏轩招集文木山房,分咏〈南史·隐逸传〉,得雷次宗、陶宏景,各赋一首》二篇,又有《过顾氏息庐,和敏轩丈韵》一篇。壬申年有《晤程二鱼门,有赠》一首,起句云,"昨年倾盖阜陵吴（自注,敏轩文）,道汝声名似'顾'、'厨'。"据此,先生识严长明,始于辛未。

乾隆十七,壬申(1752),先生五十二岁。

程晋芳到南京乡试,先生同严长明去访他。严爱程诗,为他作骈体序,千余言。程自叙,"风晨雨夕,余三人往来最密也"。（程《严东有诗序》）严赠程诗,有"意气直凌沧海日,须眉如对列仙图"之句;程有《寄怀严东有》诗,有"今年游江南,快意觏才子"之句。程晋芳《寄怀严东有》诗共三首,第二首专说吴敬梓：

> 敏轩生近世,而抱六代情:风雅慕建安,斋栗怀昭明。囊无一钱守,腹作干雷鸣。时时坐书巂,发咏惊鼯庚。阿郎虽得官,职此贫更增。近闻典衣尽,灶突无烟青。频蜡雨中屐,晨夕追良朋,孤桦驶烟水,杂花拗芬馨。惟君与独厚,过从欣频仍,酌酒破愁海,觅句镂寒冰。西窗应念我,余话秋灯青。（《勉行堂诗集》

五）

此诗可考见先生当时的生活情形。

程晋芳是年又有《闻滁州冯粹中没于京师,诗以哭之,并告诸友,谋归其丧》二诗。滁州冯粹中即是《儒林外史》中的处州马纯上。程诗每一首有云：

> 海上松期方本幻（原注,"冯曾遇假仙于浙水"）,冢中文字焰犹腾。

此可证《外史》第十五回马二先生遇洪憨仙的事。程诗第二首有"泾流渭水浊兼清"之语,又有"侠魄"之称,可以见冯粹中虽只是一个八股选家,确是浊中有清,确有一点侠气,可以使程晋芳、吴敬梓一班名士恭敬他。吴敬梓虽痛恨八股文家,但他对于马二先生,刻画尽管尽致,却始终是褒词多于贬词。这也可见冯粹中的人格,又可见吴敬梓的公允了（金兆燕《棕亭诗钞》卷七也有《哭冯粹中》一诗）。

乾隆十九,甲戌(1754),先生五十四岁。

是年先生在扬州,遇程晋芳。程家本很富,那几年盐务大亏耗,晋芳又不能治生产,家遂贫（参看袁枚作的《墓志》）。晋芳自叙此会,说：

> 岁甲戌,与余遇于扬州,知余益贫,执余手以泣,曰,"子亦到我地位！此境不易处也。奈何！"

> 余返淮,将解缆,先生登船言别,指新月谓余曰,"与子别,后会不可期；即景怅怅,欲构句相赠,而涩于思；当俟异日耳。"时十月七日也。又七日而先生殁矣。

据此,是先生死于十月十四日。但金兆燕是当日亲见先生死的人,他说是"孟冬晦前夕",是十月二十九日。我们似当信金说。

程晋芳记云：

> 先数日,哀囊中余钱,召友朋酣饮。醉,辄诵樊川"人生只合扬州死"之句,而竟如所言,异哉！先是,先生子烺已官内阁中书舍人；其同年王又曾、毂原适客扬,告转运使卢公,殓而归其殡于江宁。

王又曾《丁辛老屋集》卷十二(《〈儒林外史〉评》引)有《书吴敏轩先生〈文木山房诗集〉后》十绝句,序云:

> 慕文木名数年不得见。乾隆甲戌,始相见于扬州馆驿前舟中。其夕即无疾而终。

那时金兆燕在扬州,和先生往来最密,并且亲见先生临死的情形。他有《甲戌仲冬送吴文木先生旅榇于扬州城外登舟归金陵》长诗一篇,我们全抄于此:

> 寒霜栖城闉,白日照江湄。送君登孤舟,千载从此辞。布帆乘风张,一瞬惊骠驰。三号不可见,我行将安之?自我来芜城,旅舍恒苦饥。客中遇所亲,欢若龙躔跐。我居徐宁门,君邻后土祠,昕夕相过从,风雨无愆期。峨峨琼花台,郁郁冬青枝,与君攀寒条,泪下如连丝。愤来揎短袂,作达靡不为:金屋戏新妇(吴一山纳妾,招同饮),碧观寻髡缁(石庄上人寓碧天观,屡同访之);饱啖"肉笑靥",酣引"玉练槌";柜坊与茶阁,到处随狂嬉。薿薿贾人子,广厦拥厚赀,牢盆牟国利,质库朘民脂;高楼明月中,笙歌如沸糜。谁识王明歇,斋钟愧阇黎?嗟哉末俗颓,满眼魍魎魑。执手渺万里,对面森九嶷。丈夫抱经术,进退触藩羝。于世既不用,穷饿乃其宜。何堪伍群小,颠倒肆訾欺!先生豁达人,铺糟而啜醨。小事聊糊涂,大度乃滑稽。安所庸芥蒂,且可食蛤蜊。逝将买扁舟,卒岁归茅茨。梅花映南荣,曝背乐无涯。小子闻斯言,背面挥涕洟。未见理归装,已愁临路歧。谁知近死别,乃与悲生离。孟冬晦前夕,寒风入我帷。独客卧禅关,昏灯对牟尼。忽闻叩门声,奔驰且惊疑。中衢积寒冰,怒芒明参旗。踉跄至君前,瞪目无一词。左右为余言,顷刻事太奇:今晨饱朝餐,雄谈尽解颐;乘暮谒客归,呼尊醑一卮;薄醉遂高眠,自解衫与綦。安枕未终食,痰壅如流澌;圭匕不及投,撒手在片时。幼子哭床头,痛若遭鞭笞。作书与两兄,血泪纷淋漓。仲兄其速来,待汝视楩柟。伯兄闻赴奔,何日发京师?擗踊如坏墙,见者为酸嘶。燕也骨肉亲,能不摧肝脾!亿昔丸鬐年,残烛同裁诗。每言雏凤声,定不侪伏雌。岁月何飘忽,逝景不可追。踌蹰一无

成,干时钝如锤。负米无长策,高堂艰晨炊。四海诚茫茫,举足皆巇陵。奔走困饥寒,惭彼壹宿雏。羡君解弢衮,万事掷若遗。著书寿千秋,岂在骨与肌？江山孙伯符,风月郗僧施。生平爱秦淮,吟魂应恋兹。一笑看凌云,横江天四垂。

（三）后记

先生有子三人（金诗,又《程传》）,长即吴烺,余二子不可考。

先生所著的书,《全椒志》载有

《诗说》 七卷,

《文木山房诗文集》 十二卷,

《儒林外史》 五十卷。

金和跋《儒林外史》,说：

《诗说》七卷。诗文集及《诗说》俱未付梓（余家旧藏钞本,乱后遗失）。是书（《儒林外史》）为金棕亭先生官扬州府教授时梓行。自后刻本非一。先生著书皆奇数；是书本五十五卷。于琴棋书画四士既毕,即接《沁园春》一词。何时何人妄增《幽榜》一卷？……宜删之。

金和的话也有小错。(1)诗文集有两本：先生四十岁左右曾刻过一本,凡赋一卷,诗二卷,词一卷,共四卷；后附吴烺诗词各一卷。此本无先生四十岁以后的诗词。此外尚有一种全集,即《全椒志》所记之十二卷本。王又曾《书〈文木山房诗集〉后》十首之一云：

古风慷慨迈唐音,字字卢仝《月食》心。但诋父师专制举,此言便合铸黄金。

原注云：

"如何父师训,专储制举材！"诗中句也。

这两句极有关系的诗,我的一部《文木山房集》里竟没有。可见此本不曾收先生晚年的诗。(2)无论诗文集四卷或十二卷,这都是偶数,金和"先生著书皆奇数"的通则,已不能成立了。况且《儒林外史》原本止有五十卷,程晋芳和《全椒志》都是如此说的。同治年间的六十回本固是后人增加的；五十六回本的末一回,确如金和所说,是后人增加的；余下的五十五回之中，大概还有后人增加的五回。

金和说，《儒林外史》是金兆燕做扬州府教授时刻板印行的。金兆燕于乾隆三十三年做扬州府教授，直做到乾隆四十四年（1768—1779）。这部书当是这十年内刻的，是为初刻本。初刻本和原稿本有什么异同，初刻本是否五十回，这两个问题我们都不能解决了。现存的最古本是嘉庆丙子（1816）的五十六回本（就是汪原放君这一次标点的底本）。到了七十年后，光绪十四年（1888）的补本出现，方添了四回，叙沈琼枝的事，共六十回。

《诗说》七卷，大概先生死时尚无刻本，故王又曾诗有"《诗说》纷纷妙注笺，好凭枣木急流传"的话。不知后来有无刻本。

关于《儒林外史》的书，有下列的各种：

（1）《〈儒林外史〉评》二卷。此书是天目山樵的评语和当涂黄小田的评语合刻的；有光绪乙酉（1885）刻书者当涂黄安谨的序。

（2）《〈儒林外史〉评语》。南汇张文虎啸山著。未见。朱记荣《行素堂目睹书录》丙四十二载有此书。

本篇的参考书举要：

（1）吴敬梓，《文木山房集》四卷，附吴烺诗词各一卷。有上海唐时琳，会昌吴湘皋，上元程廷祚，仪征方嶟，江宁黄河，江都李本宣，山阴沈宗淳的七篇序。以方、黄二序考之，是书大概刻于乾隆五年左右。

（2）程晋芳，《勉行堂全集》，诗二十四卷，文六卷。嘉庆戊寅（1818）刻。

（3）严长明，《严东有诗集》十卷。宣统辛亥（1911）长沙叶德辉刻。

（4）金兆燕，《国子先生全集》，古文十卷，骈文八卷，诗抄十八卷，词抄七卷。道光丙申（1836）刻。

（5）《全椒县志》十六卷。民国九年排印。

此外如《疑年录》四种，《明清进士题名录》等，不备举了。

十一，十一，三

（原载 1922 年 12 月 3 日至 1923 年 5 月 13 日《努力周报》
第 31、33、34、38、39、45、47、52 期）

《西游记》考证

民国十年十二月中,我在百忙中做了一篇《〈西游记〉序》,当时搜集材料的时间甚少,故对于考证的方面很不能满足自己的期望。这一年之中,承许多朋友的帮助,添了一些材料;病中多闲暇,遂整理成一篇考证,先在《读书杂志》第六期上发表。当时又为篇幅所限,不能不删节去一部分。这回《西游记》再版付印,我又把前做的《〈西游记〉序》和《考证》合并起来,成为这一篇。

1 《西游记》不是元朝的长春真人邱处机作的。元太祖西征时,曾遣使召邱处机赴军中,处机应命前去,经过一万余里,走了四年,始到军前。当时有一个李志常记载邱处机西行的经历,做成《西游记》二卷。此书乃是一部地理学上的重要材料,并非小说。

小说《西游记》与邱处机《西游记》完全无关,但与唐沙门慧立做的《慈恩三藏法师传》(常州天宁寺有刻本)和玄奘自己著的《大唐西域记》(常州天宁寺有刻本)却有点小关系。玄奘是中国史上一个非常伟大的人物。他二十六岁立志往印度去求经,途中经过了无数困难,出游十七年(628—645),经历五十多国,带回佛教经典六百五十七部。归国之后,他着手翻译,于十九年中(645—663),译成重要经论七十三部,凡一千三百三十卷(参看《改造》四卷一号梁任公先生的《千五百年前之留学生》)。慧立为他做的传记,——大概是根据于玄奘自己的记载的——写玄奘的事迹最详细,为中国传记中第一部大书。传中记玄奘的家世和求经的动机如下:

玄奘,俗姓陈,缑氏人。兄弟四人,他第四。他的二哥先出家,教他诵习经业。他后来也得出家,与兄同居一寺。他游历各地,访求名师,讲论佛法,后入长安,住大觉寺。他"既遍谒众师,备餐其说;详考其义,各擅宗途;验之圣典,亦隐显有异,莫知适从;乃誓游西方,以问所惑;并取《十七地论》,以释众疑"。

这是玄奘求法的目的。他后来途中有谢高昌王的启,中有云:

……远人来译,音训不同;去圣时遥,义类乖舛;遂使双林一味之旨分成当现二常,他化不二之宗析为南北两道。纷纭争论,凡数百年。率土怀疑,莫有匠决。玄奘……负笈从师,年将二纪,……未尝不执卷踌躇,捧经侘傺;望给园而翘足,想鹫岭而载怀,愿一拜临,启伸宿惑;虽知寸管不可窥天,小蠡难为酌海,但不能弃此微诚,是以束装取路。

这个动机,不幸被做《西游记》的人完全埋没了。但传中说玄奘路上经过的种种艰难困苦,乃是《西游记》的种子。我们且引他初起程的一段:

于是结侣陈表,有诏不许。诸人咸退,唯法师不屈。既方事孤游,又承西路艰险,乃自试其心以人间众苦,种种调伏,堪任不退。然始入塔启请,申其意志,愿乞众圣冥加,使往还无梗。……遂即行矣,时年二十六也。……时国政尚新,疆场未远,禁约百姓不许出蕃。……不敢公出,乃昼伏夜行。……〔出〕玉门关,……孑然孤游沙漠矣。惟望骨聚马粪等,渐进,顷间忽见有军众数百队,满沙碛间,乍行乍息,皆裘毼驼马之像,及旌旗槊毡之形;易貌移质,倏忽千变;遥瞻极著,渐近而微。……见第一烽,恐候者见,乃隐伏沙沟,至夜方发。到烽西见水,下饮盥讫,欲取皮囊盛水,有一箭飒来,几中于膝;须臾,更一箭来。知为他见,乃大言曰,"我是僧从京师来,汝莫射我。"

第一烽与第四烽的守者待他还好,放他过去。下文云:

从此已去,即莫贺延碛,长八百余里,古曰沙河。上无飞鸟,下无走兽,复无水草。是时顾影唯一心但念观音菩萨及《般若心经》。初法师在蜀,见一病人,身疮臭秽,衣服破污,愍将向寺,施与饮食衣服之直。病者惭愧,乃授法师此经,因常诵习。至沙河间,逢诸恶鬼奇状异类绕人前后;虽念观音,不得全去;即诵此经,发声皆散;在危获济,实所凭焉。

下文又云:

行百余里,失道,觅野马泉,不得。下水欲饮(下字作"取下来"解),袋重,失手覆之。千里之资,一朝斯罄!……四顾茫然,人马俱绝。夜则妖魑举火,烂若繁星;昼则惊风拥沙,散如时雨。虽遇如是,心无所惧;但苦水尽,渴不能前。于是时,四夜五日,无一滴沾喉;口腹干燋,几将殒绝,不能复进,遂卧沙中。默念观音,虽困不舍,启菩萨曰,"玄奘此行,不求财利,无冀名誉,但为无上道心正法来耳。仰惟菩萨慈念群生,以救苦为务。此为苦矣,宁不知耶?"如是告时,心心无辍。至第五夜半,忽有凉风触身,冷快如沐寒水,遂得目明;马亦能起。体既稣息,得少睡眠,……惊寤进发,行可十里,马忽异路,制之不回。经数里,忽见青草数亩,下马恣食。去草十步,欲回转,又到一池,水甘澄镜彻。下而就饮,身命重全,人马俱得稣息。……此等危难,百千不能备叙。

这种记叙,既符合沙漠旅行的状况,又符合宗教经验的心理,真是极有价值的文字。

玄奘出流沙后,即到伊吾。高昌国王麴文泰闻知他来了,即遣使来迎接。玄奘到高昌后,国王款待极恭敬,坚留玄奘久住国中,受全国的供养,以终一身。玄奘坚不肯留,国王无法,只能用强力软禁住他;每日进食,国王亲自捧盘。

法师既被停留,违阻先念,遂誓不食,以感其心。于是端坐,水浆不涉于口,三日。至第四日,王觉法师气息渐惙,深生愧惧,乃稽首礼谢云,"任法师西行,乞垂早食。"法师恐其不实,要王指日为言。王曰,"若须尔者,请共对佛更结因缘。"遂共入道场礼佛,对母张太妃共法师约为兄弟,任师求法。……仍屈停一月,讲《仁王般若经》,中间为师营造行服。法师皆许,太妃甚欢,愿与师长为眷属,代代相度。于是方食。……讲讫,为法师度四沙弥,以充给侍;给法服三十具,以西土多寒,又造面衣手衣靴袜等各数事,黄金一百两,银钱三万,绫及绢等五百匹,充法师往还二十年所用之资。给马三十匹,手力二十五人,遣殿中侍御史欢信送至叶护可汗衙。又作二十四封书,通屈支等二十四国,每一封书附大绫一匹为信。又以绫绢五百匹,果味两车,献叶护可汗,并书称"法师者,是奴弟,欲求法于婆罗门国。愿可汗怜师如怜奴,仍请敕以西诸国给邬落马递送出境。"

从此以后,玄奘便是"阔留学"了。这一段事,记高昌王与玄奘结拜为兄弟,又为他通书于当时镇服西域的突厥叶护可汗,书中也称玄奘为弟。自高昌以西,玄奘以"高昌王弟"的资格旅行各国。这一点大可注意。《西游记》中的唐太宗与玄奘结拜为弟兄,故玄奘以"唐御弟"的资格西行,这一件事必是从高昌国这一段因缘脱胎出来的。

2 以上略述玄奘取经的故事的本身。这个故事是中国佛教史上一件极伟大的故事;所以这个故事的传播,和一切大故事的传播一样,渐渐的把详细节目都丢开了,都"神话化"过了。况且玄奘本是一个伟大的宗教家,他的游记里有许多事实,如沙漠幻景及鬼火之类,虽然都可有理性的解释,在他自己和别的信徒的眼里自然都是"灵异",都是"神迹"。后来佛教徒与民间随时逐渐加添一点枝叶,用奇异动人的神话来代换平常的事实,这个取经的大故事,不久就完全神话化了。

即如上文所引慧立的《慈恩三藏法师传》中一段说:

> 从此已去,即莫贺延碛,长八百余里,古曰沙河。上无飞鸟,下无走兽,复无水草。是时顾影唯一心但念观音菩萨及《般若心经》。初法师在蜀,见一病人,身疮臭秽,衣服破污,愍将向寺,施与饮食衣服之直。病者惭愧,乃授法师此经,因常诵习。至沙河间,逢诸恶鬼奇状异类绕人前后;虽念观音,不得全去;即诵此经,发声皆散;在危获济,实所凭焉。

这一段话还合于宗教心理的经验;然而宋朝初年(西历978)辑成的《太平广记》,引《独异志》及《唐新语》,已把这一段故事神话化过了。《太平广记》九十二说：

> 沙门玄奘，唐武德初（年代误）往西域取经，行至罽宾国，道险，〔多〕虎豹，不可过。奘不知为计，乃镮房门而坐。至夕开门，见一老僧，头面疮痍，身体脓血，床上独坐，莫知来由。奘乃礼拜勤求，僧口授《多心经》一卷，令奘诵之；遂得山川平易，道路开辟，虎豹藏形，魔鬼潜迹，遂至佛国，取经六百余部而归。其《多心经》，至今诵之。

我们比较这两种纪载，可见取经故事"神话化"之速。《太平广记》同卷又说：

> 初奘将往西域，于灵岩寺见有松一树。奘立于庭，以手摩其枝曰："吾西去求佛教，汝可西长。若吾归，即却东回，使吾弟子知之"。及去，其枝年年西指，约长数丈。一年，忽东回。门人弟子曰，"教主归矣"。及西迎之。奘果还。至今众谓此松为摩顶松。

这正是《西游记》里玄奘说的"但看那山门里松枝头向东，我即回来"（第十二回，又第一百回）的话的来源了。这也可证取经故事的神话化。

欧阳修《于役志》说：

> 景祐三年丙子七月，甲申，与君玉饮寿宁寺（扬州）。寺本徐知诰故第；李氏建国，以为孝先寺；太平兴国改今名。寺甚宏壮，画壁尤妙。问老僧，云，"周世宗入扬州时，以为行宫，尽圬漫之。惟经藏院画玄奘取经一壁独在，尤为绝笔。"叹息久之。

南唐建国离开玄奘死时不过二百多年，这个故事已成为画壁的材料了。我们虽不知此画的故事是不是神话化了的，但这种记载已可以证明那个故事的流传之远。

3

民国四年，罗振玉先生和王国维先生在日本三浦将军处借得一部《大唐三藏取经诗话》，影印行世。此书凡三卷，卷末有"中瓦子张家印"六个字。王先生考定中瓦子为宋临安府的街名，乃倡优剧场的所在（参看吴自牧《梦粱录》卷十九，又卷十五），因定为南宋"说话"的一种。书中共分十七章,每章自有题目,颇似后世小说的回目。书中有诗有话,故名"诗话"。今钞十七章的目录如下:

　　□□□□第一。(全阙)
　　行程遇猴行者处第二。
　　入大梵天王宫第三。
　　入香山寺第四。
　　过狮子林及树人国第五。
　　过长坑大蛇岭处第六。
　　入九龙池处第七。
　　"遇深沙神"第八。(题阙)
　　入鬼子母国处第九。
　　经过女人国处第十。
　　入王母池之处第十一。
　　入沉香国处第十二。
　　入波罗国处第十三。
　　入优钵罗国处第十四。
　　天竺国度海之处第十五。
　　转至香林寺受《心经》第十六。
　　到陕西王长者妻杀儿处第十七。

我们看这个目录,可以知道在南宋时,民间已有一种《唐三藏取经》的小说,完全是神话的,完全脱离玄奘取经的真故事了。这部书确是《西游记》的祖宗。内中有三点,尤可特别注意:

(1)猴行者的加入。
(2)深沙神为沙和尚的影子。
(3)途中的妖魔灾难。

先说猴行者。《取经诗话》中,猴行者已成了唯一的保驾弟子了。第二节说:

　　　僧行六人,当日起行。法师语曰:"今往西天,程途百万,各人谨慎。"……偶于一日午时,见一白衣秀才,从正东而来,便揖和尚:"万福,万福! 和尚今往何处? 莫不是再往西天取经否?"

法师合掌曰:"贫僧奉敕,为东土众生未有佛教,是取经也。"秀才曰"和尚生前两回去取经,中路遭难。此回若去,千死万死"。法师曰:"你如何得知?"秀才曰:"我不是别人。我是花果山,紫云洞,八万四千铜头铁额猕猴王。我今来助和尚取经。此去百万程途,经过三十六国,多有祸难之处。"法师应曰:"果得如此,三世有缘,东土众生获大利益。"当便改呼为"猴行者"。

此中可注意的是:(1)当时有玄奘"生前两回取经,中路遭难"的神话。(2)猴行者现白衣秀才相。(3)花果山是后来小说有的,紫云洞后来改为水帘洞了。(4)"八万四千铜头铁额猕猴王"一句,初读似不通,其实是很重要的;此句当解作"八万四千个猕猴之王"。(说详下章)

第三章说猴行者曾"九度见黄河清"。第十一章里,他自己说:

> 我八百岁时到此中(西王母池)偷桃吃了,至今二万七千岁不曾来也。

法师曰:

> 今日蟠桃结实,可偷三五个吃。

猴行者曰:

> 我因八百岁时偷吃十个,被王母捉下,左肋判八百,右肋判三千铁棒,配在花果山紫云洞。至今肋下尚痛,我今定是不敢偷吃也。

这一段自然是《西游记》里偷吃蟠桃的故事的来源,但又可见南宋"说话"的人把猴行者写的颇知畏惧,而唐僧却不大老实!

唐僧三次要行者偷桃,行者终不敢偷,然而蟠桃自己落下来了。

> 说由未了,擷下三颗蟠桃,入池中去。……师曰,"可去寻取来吃"。猴行者即将金镮杖向盘石上敲三下,乃见一个孩儿,面带青色,爪似鹰鹞,开口露牙,向池中出。行者问,"汝年几多?"孩曰,"三千岁"。行者曰,"我不用你"。又敲五下,见一孩儿,面如满月,身挂绣缨。行者曰,"汝年多少?"答曰,"五千岁"。行者曰,"不用你"。又敲数下,偶然一孩儿出来。问曰,"你年多少?"答曰,"七千岁"。行者放下金镮杖,叫取孩儿

入手中,问和尚,"你吃否?"和尚闻语心惊,便走。被行者手中旋数下,孩儿化成一枚乳枣,当时吞入口中。后归东土唐朝,遂吐出于西川,至今此地中生人参是也。

这时候,偷蟠桃和偷人参果还是一件事。后来《西游记》从此化出,分作两件故事。

上段所说"金镮杖",乃是第三章里大梵天王所赐。行者把唐僧带上大梵天王宫中赴斋,天王及五百罗汉请唐僧讲《法华经》,他"一气讲完,如瓶注水"。大梵天王因赐与猴行者"隐形帽一事,金镮锡杖一条,钵盂一只,三件齐全"。这三件法宝,也被《西游记》里分作几段了。(《诗话》称天王为北方毗沙门大梵天王。这是"托塔天王"的本名,梵文为 Vaiśravana,可证此书近古。)

《诗话》第八章,不幸缺了两页,但此章记玄奘遇深沙神的事,确是后来沙僧的根本。此章大意说玄奘前身两世取经,中途都被深沙神吃了。他对唐僧说:"项下是和尚两度被我吃你,袋得枯骨在此。"和尚说:"你最无知。此回若不改过,教你一门灭绝。"深沙合掌谢恩:"伏蒙慈照!"深沙当时哮吼,化了一道金桥;深沙神身长三丈,将两手托定,师行七人便从金桥上过,过了深沙。深沙诗曰:

> 一堕深沙五百春,浑家眷属受灾殃。金桥手托从师过,乞荐幽神化却身。

法师诗曰:

> 两度曾经汝吃来,更将枯骨问无才。而今赦法残生去,东土专心次第排。

猴行者诗曰:

> 谢汝回心意不偏,金桥银线步平安。回归东土修功德,荐拔深沙向佛前。

《西游记》第八回说沙和尚在流沙河做妖怪时,"向来有几次取经人来,都被我吃了。凡吃的人头,抛落流沙,竟沉水底。惟有九个取经人的骷髅,浮在水面,再不能沉。我以为异物,将索儿穿在一处,闲时拿来顽耍"。这正是从深沙神一段变出来的。第二十二回,木吒把沙和尚项下挂的骷髅，用索子结作九宫，化成法船，果然稳似轻舟，浪静风平，渡过流沙河。那也是从《诗话》里的金桥银线演化出来的。不过在南宋时，深沙的神还不曾变成三弟子之一。猪八戒此时连影子都没有呢。

次说《诗话》中叙玄奘路上经过许多灾难，虽没有"八十一难"之多，却是"八十一难"的缩影。第四章猴行者说：

> 我师莫讶西路寂寥；此中别是一天。前去路途尽是虎狼蛇兔之处。逢人不语，万种恓惶；此去人烟，都是邪法。

全书写这些灾难，写的实在幼稚，全没有文学的技术。如写蛇子国：

> 大蛇小蛇，交杂无数，攘乱纷纷。大蛇头高丈余，小蛇头高八尺，怒眼如灯，张牙如剑。

如写狮子林：

> 只见麒麟迅速，狮子峥嵘，摆尾摇头，出林迎接，口衔香花，皆来供养。

这种浅薄的叙述可以使我们格外赏叹明、清两朝小说技术的惊人的进步。

我们选录《诗话》中比较有趣味的一段——火类坳头的白虎精：

> ……只见岭后云愁雾惨，雨细交霏。云雾之中，有一白衣妇人，身挂白罗衣，腰系白襜，手把白牡丹花一朵，面似白莲，十指如玉。……猴行者一见，高声便喝："想汝是火类坳头白虎精，必定是也！"妇人闻语，张口大叫一声，忽然面皮裂皱，露爪张牙，摆尾摇头，身长丈五。定醒之中，满山都是白虎。被猴行者将金镮杖变作一个夜叉，头点天，脚踏地，手把降魔杵，身如蓝靛青，发似朱沙，口吐百丈火光。当时白虎精哮吼近前相敌，被猴行者战退。半时，遂问虎精甘伏未伏。虎精曰，未伏。猴行者曰，"汝若未伏，看你肚中有一个老猕猴"。虎精闻说，当下未伏，一叫猕猴，猕猴在白虎精肚内应，遂教虎开口吐出一个猕猴，顿在面前，身长丈二，两眼火光。白虎精又云，我未伏。猴行者曰，"汝肚内更有一个"。再令开口，又吐出一个，顿在面前。白

虎精又曰未伏。猴行者曰,"你肚中无千无万个老猕猴,今日吐至来日,今月吐至来月,今年吐至来年,今生吐至来生,也不尽"。白虎精闻语,心生忿怒;被猴行者化一团大石,在肚内渐渐会大;教虎精吐出,开口吐之不得,只见肚皮裂破,七孔流血。喝起夜叉,浑门大杀,虎精大小粉骨尘碎,绝灭除踪。

《西游记》里的孙行者最爱被人吃下肚里去,这是他的拿手戏,大概火类坳头的一个暗示,后来也会用分身法,越变越奇妙有趣味了。我们试看孙行者在狮驼山被老魔吞下肚去,在无底洞又被女妖吞下去;他又住过铁扇公主的肚里,又住过黄眉大王的肚里,又住过七绝山稀柿衕的红鳞大蟒的肚里。巧妙虽各有不同,渊源似乎是一样的。

以上略记《大唐三藏取经诗话》的大概。这一本小册子的出现,使我们明白南宋或元朝已有了这种完全神话化了的取经故事;使我们明白《西游记》小说——同《水浒》、《三国》一样——也有了五六百年的演化的历史:这真是可宝贵的文学史料了。

4

说到这里,我要退回去,追叙取经故事里这个猴王的来历。何以南宋时代的玄奘神话里忽然插入了一个神通广大的猴行者?这个猴子是国货呢?还是进口货呢?

前不多时,周豫才先生指出《纳书楹曲谱补遗》卷一中选的《西游记》四出,中有两出提到"巫枚[枝]祇"和"无支祁"。《定心》一出说孙行者"是骊山老母亲兄弟,无支祁是他姊妹"。又《女国》一出说:

> 似摩腾伽把阿难摄在瑶山上,若鬼子母将如来围定在灵山上,巫枝祁把张僧拿在龟山上。不是我魔王苦苦害真僧,如今佳人个个要寻和尚。

周先生指出,作《西游记》的人或亦受这个巫枝祁故事的影响。我依周先生的指点,去寻这个故事的来源;《太平广记》卷四六七李汤条下,引《古岳渎经》第八卷云:

> 禹理水,三至桐柏山,惊风走雷,石号木鸣,五伯拥川,天老肃兵,不能兴。……禹因鸿濛氏,章商氏,兜卢氏,犁娄氏,乃获

> 淮涡水神,名无支祁,善应对言语,辨江淮之浅深,原隰之远近;形若猿猴,缩鼻高额,青躯白首,金目雪牙,颈伸百尺,力逾九象,搏击腾踔,疾奔轻利。……颈锁大索,鼻穿金铃,徙淮阴之龟山之足下,俾淮水永安流注海也。

这个无支祁是一个"形若猿猴"的淮水神,《词源》引《太平寰宇记》,说略同。周先生又指出朱熹《楚辞辨证·天问》篇下有一条云:

> 此间之言,特战国时俚俗相传之语,如今世俗僧伽降无之祈,许逊斩蛟蜃精之类,本无稽据,而好事者遂假托撰造以实之。

据此,可见宋代民间又有"僧伽降无之祈"的传说。僧伽为唐代名僧,死于中宗景龙四年(710)。他住泗州最久,淮泗一带产生许多关于他的神话(《宋高僧传》十八,《神僧传》七)。降无之祈大概也是淮泗流域的僧伽神话之一,到南宋时还流行民间。

但上文引曲词里的无支祁,明是一个女妖怪,他有"把张僧拿在龟山上"的神话。龟山即是无支祁被锁的所在,大概这个无支祁,无论是古的今的,男性女性,始终不曾脱离淮泗流域。这是可注意的第一点,因为《西游记》小说的著者吴承恩(见下章)是淮安人。第二,《宋高僧传》十八说,唐中宗问万回师,"彼僧伽者,何人也?"对曰,"观音菩萨化身也。"《僧伽传》说他有弟子三人:慧岸,慧俨,木叉。木叉多显灵异,唐僖宗时,赐谥曰真相大师,塑像侍立于僧伽之左,若配飨焉。传末又说"慧俨侍十一面观音菩萨傍"。这也是可注意的一点,因为在《西游记》里,慧岸和木叉已并作一人,成为观音菩萨的大弟子了。第三,无支祈[祁]被禹锁在龟山足下,后来出来作怪,又有被僧伽(观音菩萨化身)降伏的传说;这一层和《取经神话》的猴王,和《西游记》的猴王,都有点相像。或者猴行者的故事确曾从无支祁的神话里得着一点暗示,也未可知。这也是可注意的一点。

以上是猜想猴行者是从中国传说或神话里演化出来的。但我总疑心这个神通广大的猴子不是国货,乃是一件从印度进口的。也许连无支祁的神话也是受了印度影响而仿造的。因为《太平广记》和《太平寰宇记》都根据《古岳渎经》,而《古岳渎经》本身便不是一部可信的古书。宋、元的僧伽神话,更不消说了。因此,我依着钢和泰博士(Baror A. von Staël Holstein)的指引,在印度最古的纪事诗《拉麻传》(Rāmāyana)里寻得一个哈奴曼(Hanumān),大概可以算是齐天大圣的背影了。

《拉麻传》大约是二千五百年前的作品,纪的是阿约爹国王大刹拉达的长子,生有圣德和神力;娶了一个美人西妲为妻。大刹拉达的次妻听信了谗言,离间拉麻父子间的爱情,把拉麻驱逐出去,做了十四年的流人。拉麻在客中,遇着女妖苏白;苏白爱上了拉麻,而拉麻不睬他。这一场爱情的风波,引起了一场大斗争。苏白大败之后,奔到楞伽,求救于他的哥哥拉凡纳,把西妲的美貌说给他听,拉凡纳果然动心,驾了云车,用计赚开拉麻,把西妲劫到楞伽去。

拉麻失了他的妻子,决计报仇,遂求救于猴子国王苏格利法。猴子国有一个大将,名叫哈奴曼,是天风的儿子,有绝大神通,能在空中飞行,他一跳就可从印度跳到锡兰(楞伽)。他能把希玛拉耶山拔起背着走。他的身体大如大山,高如高塔,脸放金光,尾长无比。他替拉麻出力,飞到楞伽,寻着西妲,替他们传达信物。他往来空中,侦探敌军的消息。

有一次,哈奴曼飞向楞伽时,途中被一个老母怪(Su-rasā)一口吞下去了。哈奴曼在这个老魔的肚子里,心生一计,把身子变的非常之高大;那老魔也就不能不把自己的身子变大,后来越变越大,那妖怪的嘴张开竟有好几百里阔了;哈奴曼趁老魔身子变的极大时,忽然把自己身子缩成拇指一般小,从肚里跳上来,不从嘴里出去,却从老魔的右耳朵孔里出去了。

又有一次,哈奴曼飞到希玛拉耶山(刚大马达山)中去访寻仙草,遇着一个假装隐士的妖怪,名叫喀拉,是拉凡纳的叔父受了密计来害他的。哈奴曼出去洗浴,杀了池子里的一条鳄鱼,从那鳄鱼肚里走出一个受谪的女仙。那女仙教哈奴曼防备喀拉的诡计,哈奴曼便去把喀拉捉住,抓着一条腿,向空一摔,就把喀拉的身体从希玛拉耶山一直摔到锡兰岛,不偏不正,刚刚摔死在他的侄儿拉凡纳的宝座上!

哈奴曼有一次同拉凡纳决斗，被拉凡纳们用计把油涂在他的猴尾巴上，点起火来，那其长无比的尾巴就烧起来了。然而哈奴曼的神通广大，他们不但没有烧死他，反被哈奴曼借刀杀人，用他尾巴上的大火把敌人的都城楞伽烧完了。

我们举这几条，略表示哈奴曼的神通广大，但不能多举例了。哈奴曼保护拉麻王子，征服了楞伽的敌人，夺回西妲，陪他们凯旋，回到阿约爹国。拉麻凯旋之后，感谢哈奴曼之功，赐他长生不老的幸福，也算成了"正果"了。

陶生（John Dowson）在他的《印度古学词典》里（页一一六）说："哈奴曼的神通事迹，印度人从少至老都爱说爱听的。关于他的绘画，到处都有。"除了《拉麻传》之外，当第十世纪和第十一世纪之间（唐末宋初），另有一部《哈奴曼传奇》（Hanumān Nātaka）出现，是一部专记哈奴曼奇迹的戏剧，风行民间。中国同印度有了一千多年的文化上的密切交通，印度人来中国的不计其数，这样一桩伟大的哈奴曼故事是不会不传进中国来的。所以我假定哈奴曼是猴行者的根本。除上引许多奇迹外，还有两点可注意。第一，《取经诗话》里说，猴行者是："花果山紫云洞八万四千铜头铁额猕猴王"。花果山自然是猴子国。行者是八万四千猴子的王，与哈奴曼的身分也很相近。第二，《拉麻传》里说哈奴曼不但神通广大，并且学问渊深；他是一个文法大家；"人都知道哈奴曼是第九位文法作者"。《取经诗话》里的猴行者初见时乃是一个白衣秀才，也许是这位文法大家堕落的变相呢！

5 现在我可以继续叙述宋以后取经故事的演化史了。

金代的院本里有《唐三藏》之目，但不传于后。元代的杂剧里有吴昌龄做的《唐三藏西天取经》，亦名《西游记》。此书见于《也是园书目》，云四卷；曹寅的《楝亭书目》（京师图书馆抄本）作六卷。这六卷的《西游记》当乾隆末年《纳书楹曲谱》编纂时还存在，现在不知尚有传本否。《纳书楹曲谱》中选有下列各种关于《西游记》的戏曲：

《唐三藏》　一出：《回回》。（续集二）

《西游记》 六出:《撇子》,《认子》,《胖姑》,《伏虎》,《女还》,《借扇》。(续集三)

又《西游记》 四出:《饯行》,《定心》,《揭钵》,《女国》。(补遗)

《俗西游记》 一出:《思春》。

我们看这些有曲无白的词曲,实在不容易想像当日的原本是什么样子了。《唐三藏》一出,当是元人的作品。但我们在这一出里,只看见一个西夏国的回回皈依顶礼,不能推想全书的内容。只有末段临行时的曲词说:

俺只见黑洞洞征云起,更那堪昏惨惨雾了天日!愿恁个大唐师父取经回,再没有外道邪魔可也近得你!

从末句里可以推想全书中定有"外道邪魔"的神话分子了。

吴昌龄的六本《西游记》不知是《纳书楹》里选的这部《唐三藏》,还是那部《西游记》。我个人推想,《唐三藏》是元初的作品,而吴昌龄的《西游记》却是元末的作品,大概即是《纳书楹》里选有十出的那部《西游记》。我的理由有几层:

(1)这部《西游记》曲的内容很和《西游记》小说相接近。焦循《剧说》卷四说:

元人吴昌龄《西游》词与俗所传《西游记》小说小异。

小异就是无大异。今看《西游记》曲中,"撇子"一折写殷夫人把儿子抛入江中,"认子"一折写玄奘到江州衙内认母,"饯行"一折写玄奘出发,"定心"一折写紧箍咒收伏心猿,"伏虎"、"女还"二折写行者收妖救刘大姐,"女国"一折写女国王要嫁玄奘,"借扇"一折写火焰山借扇:都是和《西游记》小说很接近的。"揭钵"一折虽是演义所无,但周豫才先生说"火焰山、红孩儿当即由此化生",是很不错的。十折之中,只有"胖姑"一折没有根据。但我们很可以假定这十折都是焦循说的那部"与《西游记》小说小异"的吴昌龄《西游记》了。

(2)吴昌龄的《西游记》曲,颇有文学的荣誉。《虎口余生》(《铁冠图》)的作者曹寅曾说:

吾作曲多效昌龄,比于临川之学董解元也。(见焦循《剧说》四）。

我们看《纳书楹》所引十折，确然都很有文学的价值。最妙的是"胖姑"一折，全折曲词虽是从元人睢景臣的《汉高祖还乡》（看《读书杂志》第四期末栏）脱化出来的，但命意措词都可算是青胜于蓝。此折大概是借一个乡下胖姑娘的口气描写唐三藏在一个国里受参拜顶礼临行时的热闹状况。中说：

（一绺儿麻）不是俺胖姑儿心精细，则见那官人们簇拥着一个大擂槌。那擂槌上天生有眼共眉。我则道，鲍子头，葫芦蒂：这个人儿也忒煞跷蹊！恰便似不敢道的东西，枉被那旁人笑耻。
…………

（新水令）则见那官人们腰屈共头低，吃得个醉曛曛脑门着地；咿咿呜，吹竹管；扑冬冬，打着牛皮。见几个回回，笑他一会，闹一会。
…………

（川拨棹）好教我便笑微微，一个汉，木雕成两个腿；见几个武职他舞着面旌旗，忽刺刺口里不知他说个甚的，妆着一个鬼：——人多，我也看不仔细。
…………

这种好文字，怪不得曹栋亭那样佩服了。这也是我认这部曲为吴昌龄原作的一个重要理由。

如果我的猜想不错，如果《纳书楹》里保存的《西游记》残本真是吴昌龄的作品，那么，我们可以说，元代已有一个很丰富的《西游记》故事了。但这个故事在戏曲里虽然已很发达，有六本之多，为元剧中最长的戏（《西厢记》只有五本）。然而这个故事还不曾有相当的散文的写定，还不曾成为《西游记》小说。当时若有散文《西游记》，大概也不过是在《取经诗话》与今本《西游记》之间的一种平凡的"话本"。

钱曾《也是园书目》记元、明无名氏的戏曲中，有《二郎神锁齐天大圣》一本，这也是猴行者故事的一部分。大概此类的故事，当日还不曾有大规模的定本，故编戏的人可以运用想像力，敷演民间传说，造为种种戏曲。那六本的《西游记》已可算是一度大结集了。最后的大结集还须等待一百多年后的另一位姓吴的作者。

6 我前年做《〈西游记〉序》,还不知道《西游记》的作者是谁,只能说:"《西游记》小说之作必在明朝中叶以后","是明朝中叶以后一位无名的小说家做的"。后来见《小说考证》卷二,页七六,引山阳丁晏的话,说据淮安府康熙初旧志艺文书目,《西游记》是淮安嘉靖中岁贡生吴承恩作的。《小说考证》收的材料最滥,但丁晏是经学家;他的话又是根据《淮安府志》的,所以我们依着他的指引,去访寻关于吴承恩的材料。现承周豫才先生把他搜得的许多材料抄给我,转录于下:

〔天启《淮安府志》十六,《人物志二·近代文苑》〕吴承恩性敏而多慧,博极群书,为诗文下笔立成,清雅流丽,有秦少游之风。复善谐剧,所著杂记几种名震一时。数奇,竟以明经授县贰,未久,耻折腰,遂拂袖而归。放浪诗酒,卒。有文集存于家。丘少司徒汇而刻之。

〔又同书十九,《艺文志一·淮贤文目》〕吴承恩:《射阳集》四册,□卷;《春秋列传序》;《西游记》。

〔康熙《淮安府志》十一,及十二〕与天启志悉同。

〔同治《山阳县志》十二,《人物》二〕吴承恩字汝忠,号射阳山人,工书。嘉靖中岁贡生(查《选举志》亦不载何年),官长兴县丞。英敏博洽,为世所推。一时金石之文多出其手。家贫无子,遗稿多散失。邑人邱正纲收拾残缺,分为四卷,刊布于世。太守陈文烛为之序,名曰《射阳存稿》,又《续稿》一卷,盖存其什一云。

〔又十八,《艺文》〕吴承恩:《射阳存稿》四卷,《续稿》一卷。

光绪《淮安府志》廿八,《人物》一,又卅八,《艺文》,所载与上文悉同。

又《山阳志》五,《职官》一,明太守条下云:"黄国华,隆庆二年任。陈文烛字玉叔,沔阳人,进士,隆庆初任。邵元哲,万历初任。"

焦循《剧说》卷五引阮葵生《茶余客话》云：

> 旧志称吴射阳性敏多慧,为诗文下笔立成,复善谐谑。所著杂记几种,名震一时。今不知"杂记"为何书。惟《淮贤文目》载先生撰《西游通俗演义》。是书明季始大行,里巷细人皆乐道之。……按射阳去修志时不远,未必以世俗通行之小说移易姓氏。其说当有所据。观其中方言俚语,皆淮之乡音街谈,巷弄市井童孺所习闻,而他方有不尽然者,其出淮人之手尤无疑。然此特射阳游戏之笔,聊资村翁童子之笑谑。必求得修炼秘诀,亦凿矣。(此条今通行本《茶余客话》不载。)

周先生考出《茶余客话》此条系根据吴玉搢的《山阳志遗》卷四的,原文是：

> 天启旧志列先生为近代文苑之首,云"性敏而多慧,博极群书,为诗文下笔立成,复善谐谑。所著杂记几种,名震一时"。初不知杂记为何等书。及阅《淮贤文目》载《西游记》为先生著。考《西游记》旧称为证道书,谓其合于金丹大旨。元虞道园有序,称此书系其国初邱长春真人所撰。而《郡志》谓出先生手。天启时去先生未远,其言必有所本。意长春初有此记,至先生乃为之通俗演义;如《三国志》本陈寿,而《演义》则称罗贯中也。书中多吾乡方言,其出淮人手无疑。或云有《后西游记》,为射阳先生撰。

吴玉搢也误认邱长春的《西游记》了。邱长春的《西游记》,虞集作序的,乃是一部纪行程的地理书,和此书绝无关系。阮葵生虽根据吴说,但已不信长春真人的话;大概乾隆以后,学者已知长春真人原书的性质,故此说已不攻自破了。

吴玉搢的《山阳志遗》卷四还有许多关于吴承恩的材料,今录于下：

> 嘉靖中,吴贡生承恩,字汝忠,号射阳山人,吾淮才士也。英敏博洽,凡一时金石碑版嘏祝赠送之词,多出其手。荐绅台阁诸公皆倩为捉刀人。顾数奇,不偶,仅以岁贡官长兴县丞。贫老乏

嗣,遗稿多散佚失传。邱司徒正纲收拾残缺,得其友人马清溪、马竹泉所手录,又益之以乡人所藏,分为四卷,刻之,名曰《射阳存稿》(又有《续稿》一卷)。五岳山人陈文烛为之序。其略云:"陈子守淮安时,长兴徐子与过淮。往汝忠丞长兴,与子与善。三人者呼酒韩侯祠内,酒酣论文论诗,不倦也。汝忠谓文自六经后,惟汉魏为近古。诗自《三百篇》后,惟唐人为近古。近时学者徒谢朝华而不知畜多识,去陈言而不知漱芳润,即欲敷文陈诗,难矣。徐先生与予深题其言。今观汝忠之作,缘情而绮丽,体物而浏亮,其词微而显,其旨博而深。收百代之阙文,采千载之遗韵,沉辞渊深,浮藻云骏,张文潜以后一人而已。"其推许之者,可谓至极。读其遗集,实吾郡有明一代之冠。惜其书刊板不存,予初得一抄本,纸墨已渝敝。后陆续收得刻本四卷,并续集一卷,亦全。尽登其诗入《山阳耆旧集》,择其杰出者各体载一二首于此,以志瓣香之意云。

据此,是隆庆初(约 1570)陈文烛守淮安时,吴承恩还不曾死。以此推之,可得他的年代:

嘉靖中(约 1550),岁贡生。

嘉靖末(约 1560),任长兴县丞。

隆庆初(约 1570),在淮安与陈文烛、徐子与往来酬应,酒酣论文。

万历初(约 1580),吴承恩死。

他大概生于正德之末(约 1520),死于万历之初。天启《淮安志》修于天启六年,当西历 1626,去吴承恩死时止有四五十年,自然是可靠的根据了。

最可惜的是我们至今还不曾寻到吴承恩的《射阳存稿》,也不曾见着吴玉搢的《山阳耆旧集》。幸得《山阳志遗》里录有吴承恩的诗十一首,我们转载几首在这里:

平河桥

短蓬倦向河桥泊,独对青旗枕臂眠。日落牛羊归牧笛,潮来鱼米集商船。绕篱野菜平临水,隔岸村炊互起烟。会向此中谋二顷,间揩藜杖听鸣蝉。

堤上

平湖渺渺漾天光,泻入溪桥喷玉凉。一片蝉声万杨柳,荷花香里据胡床。

对月感秋,四之一

湘波卷桃笙,齐纨扇方歇。秋来本无形,潜报梧桐叶。啼蛩代鸣蝉,其声亦何切!繁霜结珠露,忽已如初雪。六龙驱日车,羲和不留辙。群生总如梦,独尔惊豪杰。大笑仰青天,停杯问明月。

二郎搜山图歌

李在惟闻画山水(李在,明宣德时画家),不谓兼能貌神鬼。笔端变幻真骇人,意态如生状奇诡。少年都美清源公,指挥部从扬灵风,星飞电掣各奉命,搜罗要使山林空。名鹰攫拿犬腾啮,大剑长刀莹霜雪。猴老难延欲断魂,狐娘空洒娇啼血。江翻海搅走六丁,纷纷水怪无留踪。青锋一下断狂虺,金锁交缠禽毒龙。神兵猎妖犹猎兽,探穴捣巢无逸寇。平生气焰安在哉?爪牙虽存敢驰骤!我闻古圣开鸿濛,命官绝地天之通,轩辕铸镜禹铸鼎,四方民物俱昭融。后来群魔出孔窍,白昼搏人繁聚啸。终南进士老钟馗,空向宫闱咉虚耗。民灾翻出衣冠中,不为猿鹤为沙虫。坐观宋室用五鬼,不见虞廷诛四凶。野夫有怀多感激,无事临风三叹息:胸中磨损斩邪刀,欲起平之恨无力。救日有矢救月弓,世间岂谓无英雄?谁能为我致麟凤,长享万年保合清宁功?

这一篇《二郎搜山图歌》很可以表示《西游记》的作者的胸襟和著书的态度了。

7 《西游记》的中心故事虽然是玄奘的取经,但是著者的想像力真不小!他得了玄奘的故事的暗示,采取了金元戏剧的材料(?),加上他自己的想像力,居然造出一部大神话来!这部书的结构,在中国旧小说之中,要算最精密的了。他的结构共分作三个部分：

　　第一部分：齐天大圣的传。（第一回至第七回）

　　第二部分：取经的因缘与取经的人。（第八回至第十二回）

　　第三部分：八十一难的经历。（第十三回至第一百回）

我们现在分开来说：

　　第一部分乃是世间最有价值的一篇神话文学。我在上文已略考这个猴王故事的来历。这个神猴的故事，虽是从印度传来的，但我们还可以说这七回的大部分是著者创造出来的。须菩提祖师传法一段自然是从禅宗的六祖传法一个故事上脱化出来的。但著者写猴王大闹天宫的一长段，实在有点意思。玉帝把猴王请上天去，却只叫他去做一个未入流的弼马温；猴王气了，反下天宫，自称"齐天大圣"；玉帝调兵来征伐，又被猴王打败了；玉帝没法，只好又把他请上天去，封他"齐天大圣"，"只不与他事管，不与他俸禄"！后来天上的大臣又怕他太闲了，叫他去管蟠桃园。天上的贵族要开蟠桃胜会了，他们依着"上会的旧规"，自然不请这位前任弼马温。不料这馋嘴的猴子一时高兴，把大会的仙品仙酒一齐偷吃了，搅乱了蟠桃大会，把一座庄严的天宫闹的不成样子，他却又跑下天称王去了！等到玉帝三次调兵遣将，好容易把他捉上天来，却又奈何他不得；太上老君把他放在八卦炉中炼了七七四十九日，仍旧被他跑出来，"不分上下，使铁棒东打西敲，更无一人可敌，直打到通明殿里，灵霄殿外"！玉帝发了急，差人上西天去讨救，把如来佛请下来。如来到了，诘问猴王，猴王答道：

　　　　花果山中一老猿……因在凡间嫌地窄，立心端要住瑶天。灵霄宝殿非他有，历代人王有分传。强者为尊该让我，英雄只此敢争先！

他又说：

　　　　他（玉帝）虽年劫修长，也不应久住在此。常言道，"交椅轮流坐，明年是我尊"。只教他搬出去，将天宫让与我，便罢了。若还不让，定要搅乱，不得清平！

前面写的都是政府激成革命的种种原因；这两段简直是革命的檄文

了！美猴王的天宫革命,虽然失败,究竟还是一个"虽败犹荣"的英雄!

我要请问一切读者:如果著者没有一肚子牢骚,他为什么把玉帝写成那样一个大饭桶?为什么把天上写成那样黑暗,腐败,无人?为什么教一个猴子去把天宫闹的那样稀糟?

但是这七回的好处全在他的滑稽。著者一定是一个满肚牢骚的人,但他又是一个玩世不恭的人,故这七回虽是骂人,却不是板着面孔骂人。他骂了你,你还觉得这是一篇极滑稽,极有趣,无论谁看了都要大笑的神话小说。正如英文的《阿梨思梦游奇境记》(Alice in Wonderland)虽然含有很有意味的哲学,仍旧是一部极滑稽的童话小说(此书已由我的朋友赵元任先生译出,由商务出版)。现在有许多人研究儿童文学,我很郑重的向他们推荐这七回天宫革命的失败英雄《齐天大圣传》。

第二部分(取经因缘与取经人物)有许多不合历史事实的地方。例如玄奘自请去取经,有诏不许;而《西游记》说唐太宗征求取经的人,玄奘愿往:这是一不合。又如玄奘本是猴氏人,父为士族,兄为名僧;他自身出家的事,本传纪叙甚详;而《西游记》说他的父亲是状元,母亲是宰相之女。但是状元的儿子,宰相的外孙如何忽然做了和尚呢?因此有殷小姐忍辱报仇的故事造出来(参看《太平广记》一二二陈义郎的故事),作为玄奘出家的理由。这是二不合。但这种变换,都是很在情理之中的。玄奘的家世与幼年事迹实在太平常了,没有小说的兴趣,故有改变的必要。况且玄奘既被后人看作神人,他的父母也该高升了,故升作了状元与相府小姐。玄奘为经义难明,异说难定,故发愤要求得原文的经典:这种考据家的精神,是科学的精神,在我们眼里自然极可佩服;但这也没有通俗小说的资格,故也有改变的必要。于是有魏征斩龙与太宗游地府的故事。这一大段是许多小故事杂凑起来的。研究起来,很有趣味。袁天罡的神算,自然是一个老故事(参看《太平广记》七六,又二二一)。秦叔宝尉迟敬德做门神,大概也是唐人的故事。泾河龙王犯罪的故事,已见于唐人小说。

《太平广记》四一八引《续玄怪录》,叙李靖代龙王行雨,误下了二十尺雨,致龙王母子都受天谴。这个故事是很古的。唐太宗游地府的故事,也是很古的。唐人张鷟的《朝野佥载》有一则(王静庵先生引《太平广记》所引)云:

> 唐太宗极康豫。太史令李淳风见上,流泪无言。上问之,对曰,"陛下夕当晏驾"。……太宗至夜半,奄然入定,见一人云,"陛下暂合来,还即去也。"帝问君是何人,对曰,"臣是生人判冥事"。太宗入见判官,问六月四日事,即令还。向见者又迎送引导出。淳风即观乾象,不许哭泣。须臾乃寤。及曙,求昨所见者,令所司与一官,遂注蜀道一丞。

此事最有趣味,因为近年英国人斯坦因(Stein)在敦煌发现唐代的写本书籍中,有一种白话小说的残本,仅存中间一段云:

> "判官慄恶,不敢道名字"。帝曰,"卿近前来"。轻道,"姓崔名子玉"。"朕当识"。言讫,使人引皇帝至院门,使人奏曰,"伏维陛下且立在此,容臣入报判官速来"。言讫,使者到厅前拜了,启判官,"奉大王处太宗是生魂到领,判官推勘,见在门外,未敢引"。判官闻言,惊忙起立。(下阙)(引见《东方杂志》十七卷,八号,王静庵先生文中。)

这个故事里已说判官姓崔名子玉。我们疑心那魏征斩龙及作介绍书与崔判官的故事也许在那损坏的部分里,可惜不传了。崔判官的故事到宋时已很风行,故宋仁宗嘉祐二年加崔府君封号诏有"惠存滏邑,恩结蒲人;生著令猷,没司幽府"等语(引见《东方杂志》,卷页同上)。这个故事可算很古了。

如果上文引的《纳书楹曲谱》里的《西游记》是吴昌龄的原本,那么,殷小姐忍辱复仇,唐太宗征求取经人,等等故事由来已久,不是吴承恩新加入的了。

第三部分(八十一难)是《西游记》本身。这一部分有四个来源。第一个来源自然是玄奘本传里的记载,我们上文已引了最动人的几段。那些困难,本是事实,夹着一点宗教的心理作用。他们最能给小说家许多暗示。沙漠上光线屈折所成的幻影渐渐的成了真妖怪了，沙漠的风沙渐渐的成了黄风大王的怪风和罗刹女的铁扇风了，沙漠里四日五夜的枯燋渐渐的成了周围八百里的火焰山了，烈日炎风的沙河渐渐的又成了八百里"鹅毛飘不起"的流沙河了，高昌国王渐渐的成了大唐皇帝了，高昌国的妃嫔也渐渐的成了托塔天王的假公主和天竺国的妖公主了。这种变化乃是一切大故事流传时的自然命运，逃不了的，何况这个故事本是一个宗教的故事呢？

第二个来源是南宋或元初的《唐三藏取经诗话》和金、元戏剧里的《唐三藏西天取经》故事。这些故事的神话的性质，上文已说明了。依元代杂剧的体例看来，吴昌龄的《西游记》虽为元代最长的六本戏，六本至多也不过二十四折；加上楔子，也不过三十折。这里面决不能纪叙八十一难的经过。故这个来源至多只能供给一小部分的材料。

第三个来源是最古的，是《华严经》的最后一大部分，名为《入法界品》的（晋译第三十四品，唐译第三十九品）。这一品占《华严经》全书的四分之一，说的只是一个善财童子信心求法，勇猛精进，经历一百一十城，访问一百一十个善知识，毕竟得成正果。这一部《入法界品》便是《西游记》的影子，一百一十城的经过便是八十一难的影子。我们试看《入法界品》的布局：

（1）文殊师利告善财言，"善男子，于此南方，有一国土名曰可乐，其国有山名为和合；于彼山中，有一比丘名功德云。汝诣彼问，云何菩萨学菩萨行，修菩萨道，乃至云何具普贤行"。……

（2）功德云比丘告善财言，"善男子，南方有国名曰海门，彼有比丘名曰海云。汝应诣彼问菩萨行"。……

（3）海云比丘告善财言，"善男子，汝诣南方六十由旬，有一土名曰海岸，彼有比丘名曰善住。应往问彼云何菩萨修清净行"。……

（4）善住比丘言，"善男子，于此南方，有一国土名曰住林，彼有长者名曰解脱。汝诣彼问……"

这样一个转一个的下去，直到一百一十个，直到弥勒佛，又得见文殊师利,遂成就无量大智光明,"不久当与一切佛等,一身充满一切世界。"这一个"信心求法,勇猛精进"的故事,一定给了《西游记》的著者无数的暗示。

第四个来源自然是著者的想像力与创造力了。上面那三个来源都不能供给那八十一难的材料,至多也不过供给许多暗示,或供给一小部分的材料。我们可以说,《西游记》的八十一难大部分是著者想像出来的。想出这许多妖怪灾难,想出这一大堆神话,本来不算什么难事。但《西游记》有一点特别长处,就是他的滑稽意味。拉长了面孔,整日说正经话,那是圣人菩萨的行为,不是人的行为。《西游记》所以能成世界的一部绝大神话小说,正因为《西游记》里种种神话都带着一点诙谐意味,能使人开口一笑,这一笑就把那神话"人化"过了。我们可以说,《西游记》的神话是有"人的意味"的神话。

我们可举几个例。如第三十二回平顶山猪八戒巡山的一段,便是一个好例:

> 那呆子入深山,又行有四五里,只见山凹中有一块桌面大的四四方方青石头。呆子放下钯,对石头唱个大喏。行者暗笑,"看这呆子做甚勾当!"原来那呆子把石头当做唐僧、沙僧、行者三人,朝着他演习哩。他道:"我这回去,见了师父,若问有妖怪,就说有妖怪;他问什么山,我若说是泥捏的,锡打的,铜铸的,面蒸的,纸糊的,笔画的,——他们见说我呆哩,若说这话,一发说呆了。我只说是石头山。他若问甚洞,也只说是石头洞。他问什么门,却说是钉钉的铁叶门。他问里边多少远,只说入内有三层。他若再问门上钉子多少,只说老猪心忙记不真。"……

最滑稽的是朱紫国医病降妖一大段。孙行者揭了榜文,却去揣在猪八戒的怀里,引出一大段滑稽文字来。后来行者答应医病了,三藏喝道:

> 你跟我这几年,那会见你医好谁来?你连药性也不知,医书也未读,怎么大胆撞这个大祸?

行者笑道:

> 师父,你原来不晓得,我有几个草头方儿,能治大病。管情

医得他好便了。就是医死了,也只问得个庸医杀人罪名,也不该死,你怕怎的?

下文诊脉用药的两段也都是很滑稽的。直到寻无根水做药引时,行者叫东海龙王敖广来"打两个喷嚏,吐些津液,与他吃药罢"。病医好了,在谢筵席上,八戒口快,说出"那药里有马……"行者接着遮掩过去,说药内有马兜铃。国王问众官马兜铃是何品味,能医何症。时有太医院官在傍道:

> 主公,
>
> 兜铃味苦寒无毒,定喘消痰大有功。通气最能除血蛊,补虚宁嗽又宽中。

国王笑道:

> 用的当,用的当。猪长老再饮一杯。

这都是随笔诙谐,很有意味。

我们在上文曾说大闹天宫是一种革命。后来第五十回里,孙行者被独角兕大王把金箍棒收去了,跑到天上,见玉帝。行者朝上唱个大喏道:

> 启上天尊。我老孙保护唐僧往西天取经,……遇一凶怪,把唐僧拿在洞里要吃。我寻上他门,与他交战。那怪神通广大,把我金箍棒抢去。……我疑是天上凶星下界,为此特来启奏,伏乞天尊垂慈洞鉴,降旨查勘凶星,发兵收剿妖魔,老孙不胜战栗屏营之至!

这种奴隶的口头套语,到了革命党的口里,便很滑稽了。所以殿门傍有葛仙翁打趣他道:

> 猴子,是何前倨后恭?

行者道:

> 不是前倨后恭,老孙于今是没棒弄了。

这种诙谐的里面含有一种尖刻的玩世主义。《西游记》的文学价值正在这里。第一部分如此,第三部分也如此。

8 《西游记》被这三四百年来的无数道士、和尚、秀才弄坏了。道士说,这部书是一部金丹妙诀。和尚说,这部书是禅门心法。秀才说,这部书是一部正心诚意的理学书。这些解说都是《西游记》的大仇敌。现在我们把那些什么悟一子和什么悟元子等等的"真诠"、"原旨"一概删去了,还他一个本来面目。至于我这篇考证本来也不必做;不过因为这几百年来读《西游记》的人都太聪明了,都不肯领略那极浅极明白的滑稽意味和玩世精神,都要妄想透过纸背去寻那"微言大义",遂把一部《西游记》罩上了儒、释、道三教的袍子;因此,我不能不用我的笨眼光,指出《西游记》有了几百年逐渐演化的历史;指出这部书起于民间的传说和神话,并无"微言大义"可说;指出现在的《西游记》小说的作者是一位"放浪诗酒,复善谐谑"的大文豪做的,我们看他的诗,晓得他确有"斩鬼"的清兴,而决无"金丹"的道心;指出这部《西游记》至多不过是一部很有趣味的滑稽小说,神话小说;他并没有什么微妙的意思,他至多不过有一点爱骂人的玩世主义。这点玩世主义也是很明白的;他并不隐藏,我们也不用深求。

十二,二,四,改稿

(原载 1923 年 2 月 4 日《读书杂志》第 6 期)

附录　读《〈西游记〉考证》

董作宾

《西游记》的作者,自从丁晏在他底《颐志斋集》续编页二十三《书〈西游记〉后》里面,表明是他底同乡吴承恩以后;差不多可以说看《西游记》的人,都不曾注意到作者姓氏;甚至于拿邱处机来顶名冒替。就是善于给小说作考证的胡适之先生,在他底《〈西游记〉序》里面也不曾提到作者是谁。这未免令人替吴老先生不平。因此,我们便费了多天功夫,来搜求关于吴承恩的材料,终以为不甚完备,尚不曾着手整理。昨天看见第六期的《读书杂志》里面《〈西游记〉考证》,居然把吴老先生表彰出来,并且材料也还不少。从此吴承恩的姓名，借着他底文学作品得以永远不死。将来再经了适之先生的考索，或者竟替他作出一个年谱来，又何尝不是这位吴老先生的荣幸呢？现在我们索性把搜求所得，未曾见于《考证》里面的材料，写了出来，供献给适之先生，让他作个综合的研究。

同治十二年《长兴县志·名宦》，页十五：

> 吴承恩，字汝忠，山阳人，嘉靖中授长兴县丞。性耽风雅，作为诗，缘情体物，习气悉除；其旨博而深，其辞微而显，张文潜后殆无其伦。官长兴时与邑绅徐中行最善。往还唱和，率自胸臆出之。丞廳浮沉，绝无攀援附丽，其贤于人远矣！著有《射阳先生存稿》。

《志》中所载，系杂引李本宁《大本山房集》，和陈玉叔（文烛）《〈射阳存稿〉序》里面的话；李语也见于《明诗综》卷四十八页二十五，吴承恩七首下注：

> 李本宁云，汝忠与徐子与善，往还唱和；今按其集独不类七子，率自胸臆出之。以彼其才，仅为县丞以老！一意独行，无所扳援附丽，岂不贤于人哉？

据此，可知徐中行与吴承恩的交情，并且知道他们曾互相唱和。我们倘若把徐中行的诗文拿来看一看，定然能寻些关于吴承恩的材料；像适之先生在《四松堂诗集》找着曹雪芹的故事一样。徐中行是"后七子"之一，曾入《明史·文苑传》；王世贞的《艺苑卮言》里面，也极口称赞他。他的著作有：

《天目山堂集》二十卷，《附录》一卷。

《青萝馆集》，六卷。

以上二种，均见《四库存目》。可惜尚未觅得！

我们看了徐中行的传略，也可以作吴承恩官长兴时代的旁证。按《明诗综》卷四十六（页二十九），说：

> 徐中行，二首。中行字子与，长兴人，嘉靖庚戌进士。除刑部主事，出知汀州府……有《青萝馆集》。

中行成进士在庚戌，当嘉靖二十九年（1550）。而吴承恩得岁贡却不在此年。按光绪《淮安府志》贡举表，岁贡生有吴承恩，甲辰。

甲辰是嘉靖二十三年（1544）。周豫才先生看光绪《淮安志》，遗漏了这一条；适之先生假定的年岁，较此相差六年。

《考证》假定吴承恩任长兴县丞在嘉靖末，约当西历1560。乾隆十四年《长兴县志》职官，名宦，皆不载吴承恩之名。同治《长兴志》名宦的次序，系随便列入，不足为依据。他的职官表也无吴承恩作县丞的年岁。但此表中县丞的缺额上，尚有线索可寻。表如下：

嘉靖年	长兴县丞	附记
一六——二〇	李良材	
二一	张梓	
二二		
二三（甲辰）		吴承恩岁贡
二四——二五		
二六	张黼　沈天民	
二七——二八	马万椿	
二九（庚戌）	马万椿	徐中行进士
三〇	马万椿（本年升州判）	
三一——三四		
三五——三六	吴世法　谭以晋	
三七	周杭	
三八	盛忠烈	
三九——四五		

我初以为同治《志》"嘉靖中"的"中"字，当是指二四至二五两年，因为嘉靖在位四十五年，二十五年正在中间。适之先生以为"中"字不当这样拘泥看；况且岁贡在廿三年，而县丞在廿四年，似乎不合情理。此外只有两个缺额了，一是三一至三四年，一是三九至四五年。吴承恩丞长兴，不出这两个时代。适之先生主张三九至四五年（1560至1566）之间；因为文人作县丞，大概是迫于贫老，不得已而为之，故此事似以晚年为适宜。况且《明诗综》引李本宁的话，说："以彼其才，

仅为县丞以老。"这更可见他作县丞是在老年了。若此说不错,则《考证》原拟嘉靖末(约1560)为丞长兴之年,竟得一有力的旁证了。

适按《明史》二八七云:

> 徐中行,……由刑部主事历员外郎郎中,稍迁汀州知府。广东贼萧五来犯,御之,有功;策其且走,俾武平令徐甫宰邀击之;让功甫宰,甫宰得优擢。寻以父忧归。补汝宁,坐大计,贬长芦盐运判官,迁湖广金事;……累官江西左布政使,万历六年(1578)卒官。

我们在这时候,材料不完全,不能知道徐中行丁父忧的年岁。但徐中行是嘉靖二九的进士,做到汀州知府,立了功,然后丁忧回家,至少须有十年的时间。大概吴承恩做长兴县丞,和徐中行丁忧回籍,同在嘉靖三九年以后,故他们有往还熟识的机会。

《考证》上又假定:"万历初(约1580)吴承恩死",不知何据?但是这里却有一件可靠的证据,写来作他补充的条件。康熙《淮安府志》,卷十二,《艺文》,页十一载:

> 吴承恩《瑞龙歌》。(原注——事见蜕龙潭)忆昔淮扬水为厉,冒郭襄陵泅无际;皆云"龙怒驾狂涛,人力无由杀其势"。忽然溪壑息波澜,细草平沙得龙蜕;峥嵘头角异寻常,犹带祥烟与灵气;神奇自古惊流传,蛰地飞天总成瑞。高家堰报水土平,世运神机关进退;司空驰奏入明光,百辟趋朝笑相慰:独不见,当年神禹治九州,奏绩玄龟动天地;今兹告兆协神龙,千古玄符迥相继;贮看寰宇遍耕桑,万年千年保天佑。

又卷一,《祥异》及《山川》载有:

> 万历七年三月十八日,申,大雷雨……
>
> 蜕龙潭,万历七年。王世贞有记。

蜕龙潭故事,在万历七年(1579),承恩还够上替他作《瑞龙歌》,可以推想他的死在万历七年以后。《考证》约计他的死是(1580),恰恰万历八年,未免太凑巧了。总之:我们虽不能断定他是否死在七年或八年,或者八年以后若干年?然而有了这个证据,却是可以说他的死不在万历七年以前。

在《考证》里面,适之先生说:"花果山是后来小说有的;紫云洞,后来改为水帘洞了。"在这一点,我们也曾寻出来些踪迹。因为看《淮安志》的时候,偶然看见《艺文》里面有"朱世臣题云台山水帘洞"的标题,想到水帘洞是美猴王的发祥地;也算这部《西游记》的出发点;不无研究的价值。于是就加意探访,果然寻到了水帘洞的去处。

嘉庆《海州志》,卷第十一,山川:

> 姚陶《登云台山记》……夜半,呼仆夫乘月登山,观日出。由殿东石径上一里许,为水帘洞;洞中石泉极浅,冬夏不竭,泉甚甘美。云为三元弟兄修真处。

云台山,就是郁州。他有许多名字是:"苍梧山","青峰顶","青凤顶","覆釜山","逢山","郁州"等等。晋、宋之间,南北相争,颇为要地,并曾侨置青冀二州。云台的名字,是万历年间起的。此山是海边的一个孤岛,周围约有二百余里。《志》又称:

> 云台,向在海中,禁为界外;康熙十六年,奏请复为内地。

此山的形势,也似乎是花果山的背景。游览过此山的吟咏记载,有很多的人,我们一看,就可以知道云台山的价值了。

作赋的:孙斯位,汪枚。

作记的:吴进,姚陶。

作诗的:苏轼,刘峻,王时扬,周于德,张一元,黄九章,武尚行,纪映钟,杨锡绂,张宾鹤,吴恒宣,管韩贞。

此外关于吴承恩的遗诗,除了《山阳志遗》以外,在《明诗综》看见的有七首,题目如下:

> 《对月》,《富贵曲效温飞卿体》,《杨柳青》,《田园即事》,《秋夕》,《柬未斋陶师》,《勾曲》。

见《淮安志·艺文》的二首:

> 《堤上》,《瑞龙歌》。

以上所录,为给适之先生凑集材料起见,所以乱杂无章地写了许多。不过可以作《〈西游记〉考证》的一点补充的材料罢了,实在够不上说是一种研究。

十二,二,五

后记一

适

董先生供给我这些好材料,使我十分感谢。他所举的吴承恩遗诗,也都承他抄给我了。《淮安府志》里《堤上》一首,《明诗综》里《杨柳青》一首,皆与《山阳志遗》相重。今补录《田园即事》一首于下:

<blockquote>
田园即事　　　　吴承恩

大溪小溪雨已过,前村后村花欲迷。老翁打鼓官社里,野客策杖官桥西。黄鹂紫燕声上下,短柳长桑光陆离。山城春酒绿如染,三百青钱谁为携?
</blockquote>

(原载 1923 年 3 月 4 日《读书杂志》第 7 期)

后记二

适

这篇跋登出之后不多时,董先生又去检查康熙年间修的《汝宁府志》,他在卷八《官师(名宦)》里寻得这一条:

<blockquote>
徐中行(嘉靖四十一年至四十二年任)……丁巳(嘉靖三六,西 1557)出守汀州,以外艰归。壬戌(嘉靖四一,西 1562)起补汝宁。……官仅一载,竟中忌者之口,以京察左迁去。
</blockquote>

这一条可以证明我上文的假设:徐中行丁忧回籍,果在嘉靖三九至四一年,大概我猜想吴承恩作县丞也在此时,是不错的了。

现在可以修正我《考证》里拟的年表如下:

嘉靖二三(1544),吴承恩岁贡。

二九(1550),徐中行进士。

三九(1560),至四一(1562),徐中行丁父忧,在长兴。

三九(1560),至四五(?),吴承恩作长兴县丞。

隆庆初(约 1570),吴承恩在淮安,与陈文烛、徐中行往来酬应,酒酣论文。

万历六(1578),徐中行死于江西布政任上。

七(1579),吴承恩作《瑞龙歌》。

约万历七八年(约1580),吴承恩死;以他岁贡之年推之,他享寿当甚高,约七十多岁。生时当在弘治、正德之间,(约1505)。

这个表精密多了。我们不能不感谢董作宾先生的厚意和助力。

十二,三,九

《镜花缘》的引论

(一) 李汝珍

《镜花缘》刻本有海州许乔林石华的序,序中说"《镜花缘》一书,乃北平李子松石以十数年之力成之"。其余各序及题词中,也都说是李松石所作。但很少人能说李松石是谁的。前几年,钱玄同先生告诉我李松石是一个音韵学家,名叫李汝珍,是京兆大兴县人,著有一部《李氏音鉴》。后来我依他的指示,寻得了《李氏音鉴》,在那部书的本文和序里,钩出了一些事迹。

李汝珍,字松石,大兴人。《顺天府志》的《选举表》里,举人进士队里都没有他,可见他大概是一个秀才,科举上不曾得志。《顺天府志》的《艺文志》里没有载他的著作,《人物志》里也没有他的传。《中国人名大辞典》(页三八九)有下列的小传:

> 李汝珍〔清〕,大兴人,字松石。通声韵之学,撰《李氏音鉴》,定"春满尧天"等三十三母。征引浩繁,浅学者多为所震,然实未窥等韵门径。又有《镜花缘》,及李刻《受子谱》。

此传不知本于何书,但这种严酷的批评实在只足以表示批评者自身的武断。(关于李汝珍在音韵学上的成绩,详见下文。)

乾隆四十七年壬寅(1782),李汝珍的哥哥汝璜(字佛云)到江苏海州做官,他跟到任所。那时歙县凌廷堪(生 1757,死 1809)家在海州,李汝珍从他受业。论文之暇,兼及音韵(《音鉴》五,页十九)。那时凌廷堪年仅二十六岁;以此推之,可知李汝珍那时也不过二十岁上下,他生年约当乾隆二十八年(1763)。凌廷堪是《燕乐考原》的作者,精通乐理,旁通音韵,故李汝珍自说"受益极多"。

自乾隆四十七年至嘉庆十年(1782—1805),凡二十三年,李汝珍只在江苏省内,或在淮北,或在淮南(《音鉴》石文煃序)。他虽是北京人,而受江南北的学者的影响最大;他的韵学能辨析南北方音之分,也全靠这长期的居住南方。嘉庆十年石文煃序中说,"今松石行将官中州矣"。但嘉庆十九年(1814)他仍在东海(《音鉴》题词跋)似乎他不曾到河南做官。

乾隆五十八年(1793),凌廷堪补殿试后,自请改教职,选得宁国府教授;六十年(1795)赴任。此后,李汝珍便因道路远隔,不常通问了(《音鉴》五,页十九)。他的朋友同他往来切磋的,有

许乔林,字石华,海州人。

许桂林,字月南,海州人,嘉庆举人。于诸经皆有发明;通古音,兼精算学。著有《许氏说音》,《音鹄》,《宣夜通》,《味无味斋集》(《人名大辞典》页一〇三四)。许桂林是李汝珍的内弟(《音鉴》五,页十九)。

徐铨,字藕船,顺天人。著有《音绳》。(《音鉴》书目)

徐鉴,字香坨,顺天人。著有《韵略补遗》(同上)

吴振勃,字容如,海州人。

洪□□,字静节。

这一班人都是精通韵学的人。《华严字母谱》列声母四十二,韵母十三。李汝珍把声母四十二之中,删去与今音异者十九个,而添上未备的及南音声母十个,共存三十三个声母。他又把韵母十三之中,删去与今音异者两个,而添上今音十一个,共存韵母二十二个。他自己说,新添的十一个韵母之中,一个(麻韵)是凌廷堪添的,徐鉴与许桂林各添了两个,徐铨添了一个;他自己添的只有五个。(《音鉴》五,页十九)

嘉庆十年(1805),《音鉴》成书。(《音鉴》李汝璜序)

嘉庆十五年(1810),《音鉴》付刻,是年刻成。(吴振勷后序)

嘉庆十九年(1814),李汝珍在东海,与许桂林同读山阴俞杏林的《传声正宗》。俞氏书中附有《音鉴》题词四首;其第四首云:

　　松石全书绝等伦,月南后序更精醇。拊膺我愧无他技,开卷差为识字人。

此可见《音鉴》出版不久,已受读者的推重。

嘉庆二十一年(1816),他把俞杏林的题词附刻在《音鉴》之后,并作一跋。自此年以后,他的事迹便无可考了。

自乾隆四十七年至此年,凡三十五年,他大概已是五十五岁左右的人了。这三十五年中,他的踪迹似乎全在大江南北;他娶的夫人是海州人,或者他竟在海州住家了。

《镜花缘》之著作,不知在于何年。孙吉昌的题词说:

> ……咄咄北平子,文采何陆离!……而乃不得意,形骸将就衰,耕无负郭田,老大仍驱饥。可怜十数载,笔砚空相随,频年甘兀兀,终日惟孳孳。心血用几竭,此身忘困疲。聊以耗壮心,休言作者痴。穷愁始著书,其志良足悲。……古今小说家,应无过于斯。……传钞纸已贵,今已付厥剞,不胫且万里,堪作稗官师。从此堪自慰,已为世所推。

从这上面,我们可得两点:

(1)《镜花缘》是李汝珍晚年不得志时作的。

(2)《镜花缘》刻成时,李汝珍还活着。

最可惜的是此诗和许乔林的序都没有年月可考。但坊刻本有道光九年(1829)麦大鹏序,他说:

> 李子松石《镜花缘》一书,耳其尽善,三载于兹矣。戊子(道光八年,1828)清和,偶过张子燚亭书塾,得窥全豹,不胜舞蹈。复闻芥子园新雕告竣,遂购一函,如获异宝。

麦氏在1829,已知道此书三年了;1828他所见的"全豹",不知是否刻本;但同年已有芥子园新雕本;次年麦氏又托谢叶梅摹绘一百八人之像,似另有绘像精雕本,为后来王韬序本的底本。我们暂时假定1828年的芥子园本为初刻本,而麦氏前三年闻名的《镜花缘》为抄本。如此,我们可以说:

1805,《音鉴》成书。

1810,《音鉴》刻成。(以上均考见上文)

约1810—1825,——"十数年之力"——为《镜花缘》著作的时期。

约 1825,《镜花缘》成书。

1828,芥子园雕本《镜花缘》刻成。

1829,麦刻谢像本(广东本)付刻。

假定芥子园本即是孙吉昌题词里说的"今已付劂剞"之本,那么,李汝珍还不曾死,但已是很老的人了。依前面的推算,他的生年大约在乾隆中叶(约1763);他死时约当道光十年(约1830),已近七十岁了。

(二) 李汝珍的音韵学

关于李汝珍的《音鉴》,我们不能详细讨论,只能提出一些和《镜花缘》有关系的事实。《镜花缘》第三十一回,唐敖等在歧舌国,费了多少工夫,才得着一纸字母,共三十三行,每行二十二字,只有第一个字是有字的,或用反切代字;其余只有二十一个白圈。只有"张"字一行之下是有字的。每行的第一个字代表声类(Consonants),每行直下的二十二音代表韵部(Vowels)。这三十三个声母,二十二个韵母,是李汝珍的《音鉴》的要点。《音鉴》里把三十三声母作成一首《行香子》词,如下:

> 春满尧天,溪水清涟,嫩红飘,粉蝶惊眠。松峦空翠,鸥鸟盘翾。对酒陶然,便博个醉中仙。

这就是《镜花缘》里的

> 昌,茫,秧,"梯秧",羌,商,枪,良,囊,杭,"批秧",方,"低秧",姜,"妙秧",桑,郎,康,仓,昂,娘,滂,香,当,将,汤,瓢,"兵秧",帮,冈,臧,张,厢。(次序两处一一相同。)

承钱玄同先生音注如下:

春 ㄔ,ㄔㄨ(ch',ch'u)

满 ㄇ(m)

尧 ㄧ(齐),ㄩ(撮)(y,yü)

天 ㄊㄧ(t'i)

溪 ㄑㄧ,ㄑㄩ(ch'i,ch'ü)

水 ㄕ,ㄕㄨ(sh,shu)

清　ㄑㄧ,ㄑㄩ(ts'i,ts'ü)
涟　ㄌㄧ,ㄌㄩ(li,lü)
嫩　ㄋ,ㄋㄨ(n,nu)
红　ㄏ,ㄏㄨ(h,hu)
飘　ㄆㄧ(p'i)
粉　ㄈ(f)
蝶　ㄉㄧ(ti)
惊　ㄐㄧ,ㄐㄩ(chi,chü)
眠　ㄇㄧ(mi)
松　ㄙ,ㄙㄨ(s,su)
峦　ㄌ,ㄌㄨ(l,lu)
空　ㄎ,ㄎㄨ(k',k'u)
翠　ㄘ,ㄘㄨ(ts',ts'u)
鸥　口(开)ㄨ(合)(口,w)
鸟　ㄋㄋㄧㄋㄩ(ni,nü)
盘　ㄆ(p')
翩　ㄒㄧ,ㄒㄩ(hsi,hsü)
对　ㄉ,ㄉㄨ(t,tu)
酒　ㄗㄧ,ㄗㄩ(tsi,tsü)
陶　ㄊ,ㄊㄨ(t',t'u)
然　ㄖ,ㄖㄨ(j,ju)
便　ㄅㄧ(pi)
博　ㄅ(p)
个　ㄍ,ㄍㄨ(k,ku)
醉　ㄗ,ㄗㄨ(ts,tsu)
中　ㄓ,ㄓㄨ(ch,chu)
仙　ㄙㄧ,ㄙㄩ(si,sü)

他的二十二个韵母,和钱玄同先生的音注,如下:

　　《镜花缘》　　《音鉴》　　钱玄同先生的音注
(1)　　张　　　　张　　　ㄤ,ㄧㄤ ang,uang

(2)真	真	ㄣ,丨ㄣ	en, in
(3)中	中	ㄨㄥ,ㄩㄥ	ung, iung
(4)珠	珠	ㄨ,ㄩ	u, ü
(5)招	招	ㄠ,丨ㄠ	ao, iao
(6)斋	斋	ㄞ,丨ㄞ	ai, iai
(7)知	知	丨,ㄖ,ㄙ,	i, ih, ǔ
(8)遮	遮	ㄝ,丨ㄝ,ㄩㄝ	eh, ieh, üeh
(9)诂	诂(真衫切)	ㄢ	an
(10)毡	毡	ɛn, ɛin	
(11)专	专		uœn, yœn
(12)张鸥	周	ㄡ,丨ㄡ	ou, iu
(13)张婀	○(张歌切)	ㄛ,丨ㄛ	o, io
(14)张鸦	渣	ㄚ,丨ㄚ	a, ia
(15)珠逶	追	ㄨㄟ	uei
(16)珠均	谆(珠均切)	ㄨㄣ,ㄩㄣ	uen, ün
(17)张莺	征	ㄥ,丨ㄥ	êng, ing
(18)珠帆	○(珠鸢切)	ㄨㄢ	uan
(19)珠窝	○(珠窝切)	ㄨㄛ,ㄩㄛ	uo, üo
(20)珠洼	挝	ㄨㄚ	ua
(21)珠歪	○(珠歪切)	ㄨㄞ	uai
(22)珠汪	庄	ㄨㄤ	uang

附注：第十和第十一两韵，注音字母与罗马字皆不方便，故用语音学字母标之。ɛn略如上海读"安"之音；iɛn略如长江流域中的官音读"烟"，不得读北京读"烟"之音。uœn, yœn 二音当如苏州读"碗"、"远"之音，须作圆唇之势，方合。

在我们这个时候，有种种音标可用，有语音学可参考，所以我们回看李汝珍最得意的这点发明，自然觉得很不希奇了。但平心而论，他的音韵学却也有他的独到之处。他生于清代音韵学最发达的时代；但当时的音韵学偏于考证古韵的沿革，而忽略了今音的分类。北方的音韵学者，自从元朝周德清的《中原音韵》以来，中间如吕坤刘继庄等,都是注重今音而不拘泥于古反切的。李汝珍虽颇受南方韵学家的影响,但他究竟还保存了北方音韵学的遗风,所以他的特别长处是(1)注重实用,(2)注重今音,(3)敢于变古。他在《凡例》里说:"是编所撰字母,期于切音易得其响,故粗细各归一母。"他以实用为主,故"非,敷,奉"并入"粉",只留 f 音,而大胆的删去了国音所无的 v 音;故"泥,娘"并入"鸟",另分出一个"嫩",两母都属 n 音,而那官音久不存在的 ng 与 gn 两音就被删去了。这种地方可以见他的眼光比近年制造注音字母的先生们还要高明一点。他分的韵母也有很可注意的。例如"麻"韵分为"遮"(eh)、"鸦"(a, ia)、"挝"(ua)三韵;而那个向来出名的"该死十三元"竟被他分入四韵。这都是他大胆的地方。

本来这些问题不应该在这篇里讨论;不过因为《人名大辞典》很武断的说李汝珍"实未窥《等韵》门径",所以我在这里替他略说几句公道话。要知道实用的音韵学本和考古的音韵学不同道,谁也不必骂谁。考古派尽管研究古音之混合,而实用派自不能不特别今音的微细分别。许桂林作《音鉴后序》,曾说:

> 顾宁人言古无麻韵,半自歌戈韵误入,半自鱼模韵误入(适按,此说实不能成立;看北京大学《国学季刊》第一卷第二期汪荣宝先生所著长文,及钱玄同先生跋语)。然则必欲从古,并麻韵亦可废。若可随时变通,麻嗟何妨为二部乎?

这句话正可写出考古派与实用派的根本不同。李汝珍在《音鉴》卷四里曾论他的《著述本意》道:

> 苟方音之不侔,彼持彼音而以吾音为不侔,则不唾之者几希矣。岂直覆瓿而已哉?珍之所以著为此篇者,盖抒管见所及,浅显易晓,俾吾乡初学有志于斯者,借为入门之阶,故不避谫陋之诮。……至于韵学精微,前人成书具在,则非珍之所及矣。(四,页二六)

他是北京人,居南方,知道各地方音之不同,所以知道实用的音韵学是一件极困难的事。我们看他著述的本意只限于"吾乡",可以想见他的慎重。他在同篇又说:

> 或曰：子以南北方音，辨之详矣，所切之音亦可质之天下乎？
>
> 对曰：否，不然也。……天下方音之不同者众矣。珍北人也，于北音宜无不喻矣；所切之音似宜质于北矣。而犹曰未可，况质于天下乎？（四，页二五）

他对于音韵学上地理的重要，何等明了呀！只此一点，已足以"前无古人"了。

（三）李汝珍的人品

我们现在要知道李汝珍是怎样的一个人。关于这一点，《音鉴》的几篇序很可以给我们许多材料。余集说：

> 大兴李子松石少而颖异，读书不屑屑章句帖括之学；以其暇旁及杂流，如壬遁，星卜，象纬，篆隶之类，靡不日涉以博其趣。而于音韵之学，尤能穷源索隐，心领神悟。

石文煃说：

> 松石先生慷爽遇物，肝胆照人。平生工篆隶，猎图史，旁及星卜弈戏诸事，靡不触手成趣。花间月下，对酒征歌，兴至则一饮百觥，挥霍如志。

这两个同时人的见证，都能写出《镜花缘》的作者的多才多艺。许乔林在《〈镜花缘〉序》里说此书"枕经胙史，子秀集华；兼贯九流，旁涉百戏；聪明绝世，异境天开"。我们看了余集、石文煃的话，然后可以了解《镜花缘》里论卜（六十五回又七十五回），谈弈（七十三回），论琴（同），论马吊（同），论双陆（七十四回），论射（七十九回），论筹算（同），以及种种灯谜，和那些双声叠韵的酒令，都只是这位多才多艺的名士的随笔游戏。我们现在读这些东西，往往嫌他"掉书袋"。但我们应该记得这部书是清朝中叶的出产品；那个时代是一个博学的时代，故那时代的小说也不知不觉的挂上了博学的牌子。这是时代的影响，谁也逃不过的。

关于时代的影响，我们在《镜花缘》里可以得着无数的证据。如唐敖、多九公在黑齿国女学堂里谈经，论"鸿雁来宾"一句应从郑玄注，《论语》宜用古本校勘，"车马衣轻裘"一句驳朱熹读衣字为去声之非,又论《易经》王弼注偏重义理,"既欠精详,而又妄改古字":这都是汉学时代的自然出产品。后来五十二回唐闺臣论注《礼》之家,以郑玄注为最善,也是这个道理。至于全书说的那些海外国名,一一都有来历;那些异兽奇花仙草的名称,也都各有所本(参看钱静方《小说丛考》卷上,页六八至七二):这种博览古书而不很能评判古书之是否可信,也正是那个时代的特别现象。

(四)《镜花缘》是一部讨论妇女问题的书

现在我们要回到《镜花缘》的本身了。

《镜花缘》第四十九回,泣红亭的碑记之后,有泣红亭主人的总论一段,说:

> 以史幽探、哀萃芳冠首者,盖主人自言穷探野史,尝有所见,惜湮没无闻,而哀群芳之不传,因笔志之。……结以花再芳、毕全贞者,盖以群芳沦落,几至澌灭无闻,今赖斯而得不朽,非若花之再芳乎?所列百人,莫非琼林琪树,合璧骈珠,故以全贞毕焉。

这是著者著书的宗旨。我们要问,著者自言"穷探野史,尝有所见",究竟他所见的是什么?

我的答案是:李汝珍所见的是几千年来忽略了的妇女问题。他是中国最早提出这个妇女问题的人,他的《镜花缘》是一部讨论妇女问题的小说。他对于这个问题的答案是,男女应该受平等的待遇,平等的教育,平等的选举制度。

这是《镜花缘》著作的宗旨。我是最痛恨穿凿附会的人,但我研究《镜花缘》的结果,不能不下这样的一个结论。

我们先要指出,李汝珍是一个留心社会问题的人。这部《镜花缘》的结构,很有点像司威夫特(Swift)的《海外轩渠录》(Gulliver's Travels),是要想借一些想像出来的"海外奇谈"来讥评中国的不良社会习惯的。最明显的是第十一第十二回君子国的一大段;这里凡提出了十二个社会问题:

(1)商业贸易的伦理问题。(第十一回)

(2)风水的迷信。(以下均第十二回)

（3）生子女后的庆贺筵宴。

（4）送子女入空门。

（5）争讼。

（6）屠宰耕牛。

（7）宴客的肴馔过多。

（8）三姑六婆。

（9）后母。

（10）妇女缠足。

（11）用算命为合婚。

（12）奢侈。

这十二项之中，虽然也有迂腐之谈，——如第一，第五，诸项——但有几条确然是很有见解的观察。内中最精采的是第十和第十一两条。第十条说：

> 吾闻尊处向有妇女缠足之说。始缠之时，其女百般痛苦，抚足哀号，甚至皮腐肉败，鲜血淋漓。当此之际，夜不成寐，食不下咽；种种疾病，由此而生。小子以为此女或有不肖，其母不忍置之于死，故以此法治之。谁知系为美观而设！若不如此，即不为美！试问鼻大者削之使小，额高者削之使平，人必谓为残废之人。何以两足残缺，步履艰难，却又为美？即如西子、王嫱皆绝世佳人，彼时又何尝将其两足削去一半？况细推其由，与造淫具何异？此圣人之所必诛，贤者之所不取。

第十一条说：

> 婚姻一事，关系男女终身，理宜慎重，岂可草草？既要联姻，如果品行纯正，年貌相当，门第相对，即属绝好良姻，何必再去推算？……尤可笑的，俗传女命，北以属羊为劣，南以属虎为凶。其说不知何意，至今相沿，殊不可解。人值未年而生，何至比之于羊？寅年而生，又何至竟变为虎？且世间惧内之人，未必皆系属虎之妇。况鼠好偷窃，蛇最阴毒，那属鼠属蛇的岂皆偷窃阴毒之辈？牛为负重之兽，自然莫苦于此；岂丑年所生都是苦命？此皆愚民无知，造此谬论。往往读书人亦染此风，殊为可笑。总

> 之,婚姻一事,若不论门第相对,不管年貌相当,惟以合婚为准,势必将就勉强从事,虽有极美良姻,亦必当面错过,以致日后儿女抱恨终身,追悔无及。为人父母的倘能洞察合婚之谬,惟以品行年貌门第为重,至于富贵寿考,亦惟听之天命,即日后别有不虞,此心亦可对住儿女,儿女似亦无怨了。

这两项都是妇女问题的重要部分;我们在这里已可看出李汝珍对于妇女问题的热心了。

大凡写一个社会问题,有抽象的写法,有具体的写法。抽象的写法,只是直截指出一种制度的弊病,和如何救济的方法。君子国里的谈话,便是这种写法,正如牧师讲道,又如教官讲《圣谕广训》,扯长了面孔讲道理,全没有文学的趣味,所以不能深入人心。李汝珍对于女子问题,若单有君子国那样干燥枯寂的讨论,就不能算是一个文学家了。《镜花缘》里最精采的部分是女儿国一大段。这一大段的宗旨只是要用文学的技术,诙谐的风味,极力描写女子所受的不平等的,惨酷的,不人道的待遇。这个女儿国是李汝珍理想中给世间女子出气伸冤的乌托邦。在这国里,

> 历来本有男子;也是男女配合,与我们一样。其所异于人的,男子反穿衣裙,作为妇人,以治内事;女子反穿靴帽,作为男人,以治外事。

唐敖看了那些男人,说道:

> 九公,你看他们原是好妇人,却要装作男人,可谓矫揉造作了。

多九公笑道:

> 唐兄,你是这等说。只怕他们看见我们,也说我们放着好好妇人不做,却矫揉造作,充作男人哩。

唐敖点头道:

> 九公此话不错。俗语说的,习惯成自然。我们看他们虽觉异样,无如他们自古如此,他们看见我们,自然也以我们为非。

这是李汝珍对于妇女问题的根本见解:今日男尊女卑的状况,并没有自然的根据,只不过是"自古如此"的"矫揉造作",久久变成"自

然"了。

请看女儿国里的妇人：

> 那边有个小户人家，门内坐着一个中年妇人，一头青丝黑发，油搽的雪亮，真可滑倒苍蝇；头上梳一盘龙鬏儿，鬓旁许多珠翠，真是耀花人眼睛；耳坠八宝金环，身穿玫瑰紫的长衫，下穿葱绿裙儿；裙下露着小小金莲，穿一双大红绣鞋，刚刚只得三寸；伸着一双玉手，十指尖尖，在那里绣花；一双盈盈秀目，两道高高蛾眉，面上许多脂粉：再朝嘴上一看，原来一部胡须，是个络腮胡子。

这位络腮胡子的美人，望见了唐敖、多九公，大声喊道：

> 你面上有须，明明是个妇人，你却穿衣戴帽，混充男人。你也不管男女混杂。你明虽偷看妇女，你其实要偷看男人。你这臊货，你去照照镜子，你把本来面目都忘了。你这蹄子也不怕羞！你今日幸亏遇见老娘，你若遇见别人，把你当作男人偷看妇女，只怕打个半死哩！

以上写"矫揉造作"的一条原理，虽近于具体的写法，究竟还带一点抽象性质。第三十三回写林之洋选作王妃的一大段，方才是富于文学趣味的具体描写法。那天早晨，林之洋说道：

> 幸亏俺生中原。若生这里，也教俺缠足，那才坑死人哩。

那天下午，果然就"请君入瓮"！女儿国的国王看中了他，把他关在宫里，封他为王妃。

> 早有宫娥预备香汤，替他洗浴，换了袄裤，穿了衫裙，把那一双大金莲暂且穿了绫袜，头上梳了鬏儿，搽了许多头油，戴上凤钗，搽了一脸香粉，又把嘴唇染的通红，手上戴了戒指，腕上戴了金镯，把床帐安了，请林之洋上坐。

这是"矫揉造作"的第一步。第二步是穿耳：

> 几个中年宫娥走来，都是身高体壮，满嘴胡须。内中一个白须宫娥，手拿针线，走到床前跪下道："禀娘娘，奉命穿耳。"早有四个宫娥上来，紧紧扶住。那白须宫娥上前，先把右耳用指将那穿针之处碾了几碾，登时一针穿过。林之洋大叫一声"痛杀俺

了!"望后一仰,幸亏宫娥扶住。又把左耳用手碾了几碾,也是一针直过。林之洋只痛的喊叫连声。两耳穿过,用些铅粉涂上,揉了几揉,戴了一副八宝金环。白须宫娥把事办毕退去。

第三步是缠足:

接着,有个黑须官人,手拿一匹白绫,也向床前跪下道:"禀娘娘,奉命缠足"。又上来两个官娥,都跪在地下,扶住金莲,把绫袜脱去。那黑须宫娥取了一个矮凳,坐在下面,将白绫从中撕开,先把林之洋右足放在自己膝盖上,用些白矾洒在脚缝内,将五个脚指紧紧靠在一处,又将脚面用力曲作弯弓一般,即用白绫缠裹。才缠了两层,就有宫娥拿着针线上来密密缝口。一面狠缠,一面密缝。林之洋身旁既有四个宫娥紧紧靠定,又被两个宫娥把脚扶住,丝毫不能转动。及至缠完,只觉脚上如炭火烧的一般,阵阵疼痛,不觉一阵心酸,放声大哭道:"坑死俺了!"两足缠过,众宫娥草草做了一双软底大红鞋替他穿上。林之洋哭了多时。

林之洋——同一切女儿一样——起初也想反抗。他就把裹脚解放了,爽快了一夜。次日,他可免不掉反抗的刑罚了。一个保母走上来,跪下道:"王妃不遵约束,奉命打肉"。

林之洋看了,原来是个长须妇人,手捧一块竹板,约有三寸宽,八尺长,不觉吃了一吓道:"怎么叫作打肉?"只见保母手下四个微须妇人,一个个膀阔腰粗,走上前来,不由分说,轻轻拖翻,褪下中衣。保母手举竹板,一起一落,竟向屁股大腿一路打去。林之洋喊叫连声,痛不可忍。刚打五板,业已肉绽皮开,血溅茵褥。

"打肉"之后,

林之洋两只金莲被众官人今日也缠,明日也缠,并用药水薰洗,未及半月,已将脚面弯曲,折作凹段,十指俱已腐烂,日日鲜血淋滴。

他——她——实在忍不住了,又想反抗了,又把裹脚的白绫乱扯去了。这一回的惩罚是:"王妃不遵约束,不肯缠足,即将其足倒挂梁上。"

林之洋此时已将生死付之度外，即向众宫娥道："你们快些动手，越教俺早死，俺越感激。只求越快越好。"于是随着众人摆布。

好一个反抗专制的革命党！然而——

谁知刚把两足用绳缠紧，已是痛上加痛。及至将足吊起，身子悬空，只觉眼中金星乱冒，满头昏晕，登时疼的冷汗直流，两腿酸麻。只得咬牙忍痛，闭口合眼，只等早早气断身亡，就可免了零碎吃苦。吊了片时，不但不死，并且越吊越觉明白，两足就如刀割针刺一般，十分痛苦。咬定牙关，左忍右忍，那里忍得住！不因不由杀猪一般喊叫起来，只求国王饶命。保母随即启奏，放了下来。从此只得耐心忍痛，随着众人，不敢违拗。众宫娥知他畏惧，到了缠足时，只图早见功效，好讨国王欢喜，更是不顾死活，用力狠缠。屡次要寻自尽，无奈众人日夜堤防，真是求生不能，求死不得。不知不觉那足上腐烂的血肉都已变成脓水，业已流尽，只剩几根枯骨，两足甚觉瘦小。

一个平常中国女儿十几年的苦痛，缩紧成几十天的工夫，居然大功告成了！林之洋在女儿国御设的"矫揉造作速成科"毕业之后，

到了吉期，众宫娥都绝早起来，替他开脸梳裹，搽脂抹粉，更比往日加倍殷勤。那双金莲虽觉微长，但缠的弯弯，下面衬了高底，穿着一双大红凤头鞋，却也不大不小。身上穿了蟒衫，头上戴了凤冠，浑身玉佩叮当，满面香气扑人；虽非国色天香，却是袅袅婷婷。

不多时，有几个宫人手执珠灯，走来跪下道："吉时已到，请娘娘先升正殿，伺候国主散朝，以便行礼进宫。就请升舆。"林之洋听了，到像头顶上打了一个霹雳，只觉耳中嘤的一声，早把魂灵吓的飞出去了。众宫娥不由分说，一齐搀扶下楼，上了凤舆，无数宫人簇拥来到正殿。国王业已散朝，里面灯烛辉煌，众宫人搀扶，林之洋颤颤巍巍，如鲜花一枝，走到国王面前，只得弯着腰儿拉着袖儿，深深万福叩拜。

几十天的"矫揉造作",居然使一个天朝上国的堂堂男子,向那女儿国的国王,颤颤巍巍地"弯着腰儿,拉着袖儿,深深万福叩拜"了!

几千年来,中国的妇女问题,没有一人能写的这样深刻,这样忠厚,这样怨而不怒。《镜花缘》里的女儿国一段是永远不朽的文学。

女儿国唐敖治河一大段,也是寓言,含有社会的,政治的意义。请看唐敖说那处河道的情形:

> 以彼处形势而论,两边堤岸高如山陵,而河身既高且浅,形像如盘,受水无多,以至为患。这总是水大之时,惟恐冲决漫溢,且顾目前之急,不是筑堤,就是培岸。及至水小,并不预为设法挑挖疏通。到了水势略大,又复培壅,以致年复一年,河身日见其高。若以目前形状而论,就如以浴盆置于屋脊之上,一经漫溢,以高临下,四处皆为受水之区,平地即成泽国。若要安稳,必须将这浴盆埋在地中,盆低地高,既不畏其冲决,再加处处深挑,以盘形变成釜形。受水既多,自然可免漫溢之患了。

这里句句都含有双关的意义,都是暗指一个短见的社会或短见的国家,只会用"筑堤"、"培岸"的方法来压制人民的能力,全不晓得一个"疏"字的根本救济法。李汝珍说的虽然很含蓄,但他有时也很明显:

> 多九公道:"治河既如此之易,难道他们国中就未想到么?"
> 唐敖道:"昨日九公上船安慰他们,我唤了两个人役细细访问。此地向来铜铁甚少,兼且禁用利器,以杜谋为不轨。国中所用,大约竹刀居多。惟富家间用银刀,亦甚希罕。所有挑河器具一概不知。……"

这不是明明的一个秦始皇的国家吗?他又怕我们轻轻放过这一点,所以又用诙谐的写法,叫人不容易忘记:

> 多九公道:"原来此地铜铁甚少,禁用利器。怪不得此处药店所挂招牌,俱写'咬片'、'咀片'。我想好好药品,自应切片,怎么倒用牙咬?腌臜姑且不论,岂非舍易求难么?老夫正疑此字用的不解。今听唐兄之言,无怪要用牙咬了。……"

请问读者，如果著者没有政治的意义，他为什么要在女儿国里写这种压制的政策？女儿国的女子，把男子压伏了，把他们的脚缠小了，又恐怕他们造反，所以把一切利器都禁止使用，"以杜谋为不轨"。这是何等明显的意义！

女儿国是李汝珍理想中女权伸张的一个乌托邦，那是无可疑的。但他又写出一个黑齿国，那又是他理想中女子教育发达的一个乌托邦了。

黑齿国的人是很丑陋的：

> 其人不但通身如墨，连牙齿也是黑的。再加一点朱唇，两道红眉，一身黑衣，其黑更觉无比。

然而黑齿国的教育制度，却与众不同。唐敖、多九公一上岸，便看见一所"女学塾"。据那里的先生说：

> 至敝乡考试历来虽无女科，向有旧例，每到十余年，国母即有观风盛典。凡有能文处女，俱准赴试，以文之优劣，定以等第，或赐才女匾额，或赐冠带荣身，或封其父母，或荣及翁姑，乃吾乡胜事。因此，凡生女之家，到了四五岁，无论贫富，莫不送塾攻书，以备赴试。

再听林之洋说：

> 俺因他们脸上比炭还黑，俺就带了脂粉上来。那知这些女人因搽脂粉反觉丑陋，都不肯买，倒是要买书的甚多。俺因女人不买脂粉，倒要买书，不知甚意；细细打听，才知这里向来分别贵贱就在几本书上。
>
> 他们风俗，无论贫富，都以才学高的为贵，不读书的为贱。就是女人也是这样。到了年纪略大，有了才名，方有人求亲。若无才学，就是生在大户人家，也无人同他配婚。因此，他们国中不论男女，自幼都要读书。

这是不是一个女学发达的乌托邦？李汝珍要我们特别注意这个乌托邦，所以特别描写两个黑齿国的女子，亭亭和红红，把天朝来的那位多九公考的"目瞪口呆"，"面上红一阵，白一阵，头上只管出汗"。那

女学堂的老先生,是个聋子,不曾听见他们的谈论,只当多九公怕热,拿出汗巾来替他揩汗,说道:

> 斗室屈尊,致令大贤受热,殊抱不安。但汗为人之津液,也须忍耐少出才好。大约大贤素日喜吃麻黄,所以如此。今出这场痛汗,虽痢疟之症,可以放心,以后如麻黄发汗之物,究以少吃为是。

后来,多九公们好容易逃出了这两个女学生的重围,唐敖说道:

> 小弟约九公上来,原想看他国人生的怎样丑陋。谁知只顾谈文,他们面上好丑我们还未看明,今倒被他们先把我们腹中丑处看去了。

这样恭维黑齿国的两个女子,只是著者要我们注意那个提倡女子教育的乌托邦。

李汝珍又在一个很奇怪的背景里,提出一个很重大的妇女问题:他在两面国的强盗山寨里,提出男女贞操的"两面标准"(Double standard)的问题。两面国的人,"个个头戴浩然巾,都把脑后遮住,只露一张正面";那浩然巾的底下却另"藏着一张恶脸,鼠眼鹰鼻,满面横肉"(第二十五回)。他们见了穿绸衫的人,也会"和颜悦色,满面谦恭";见了穿破布衫的人,便"陡然变了样子,脸上的笑容也收了,谦恭也免了"(第二十五回)。这就是一种"两面标准"。然而最惨酷的"两面标准"却在男女贞操问题的里面。男子期望妻子守贞操,而自己却可以纳妾嫖娼;男子多妻是礼法许可的,而妇人多夫却是绝大罪恶;妇人和别的男子有爱情,自己的丈夫若宽恕了他们,社会上便要给他"乌龟"的尊号;然而丈夫纳妾,妻子却"应该"宽恕不妒,妒是妇人的恶德,社会上便要给他"妒妇"、"母夜叉"等等尊号。这叫做"两面标准的贞操"。在中国古史上,这个问题也曾有人提起,例如谢安的夫人说的"周婆制礼"。和李汝珍同时的大学者俞正燮,也曾指出"妒非妇人恶德"。但三千年的议礼的大家,没有一个人能有李汝珍那样明白爽快的。《镜花缘》第五十一回里,那两面国的强盗想收唐闺臣等作妾,因此触动了他的押寨夫人的大怒。这位

夫人把他的丈夫打了四十大板,还数他的罪状道:

> 既如此,为何一心只想讨妾?假如我要讨个男妾,日日把你冷淡,你可欢喜?你们作男子的,在贫贱时,原也讲些伦常之道。一经转到富贵场中,就生出许多炎凉样子,把本来面目都忘了;不独疏亲慢友,种种骄傲,并将糟糠之情也置度外。这真是强盗行为,已该碎尸万段。你还只想置妾,那里有个忠恕之道?我不打你别的:我只打你只知有己不知有人。把你打的骄傲全无,心里冒出一个忠恕来,我才甘心。今日打过,嗣后我也不来管你。总而言之,你不讨妾则已,若要讨妾,必须替我先讨男妾,我才依哩。我这男妾,古人叫作"面首"。面哩,取其貌美;首哩,取其发美。这个故典,并非是我杜撰,自古就有了。

读者应该记得,这一大段训词是对着那两面国的强盗说的。在李汝珍的眼里,凡一切"只知有己,不知有人"的男子,都是强盗,都是两面国的强盗,都应该"碎尸万段",都应该被他们的夫人"打的骄傲全无,心里冒出一点忠恕来"。——什么叫做"忠恕之道"?推己及人,用一个单纯的贞操标准:男所不欲,勿施于女;所恶于妻,毋以取于夫:这叫做"忠恕之道"!

然而女学与女权,在我们这个"天朝上国",实在不容易寻出历史制度上的根据。李汝珍不得已,只得从三千年的历史上挑出武则天的十五年(690—705)做他的历史背景。三千年的历史上,女后垂帘听政的确然不少,然而妇人不假借儿子的名义,独立做女皇帝的,却只有吕后与武后两个人。吕后本是一个没有学识的妇人,他的政治也实在不足称道。武则天却不然;他是一个有文学天才并且有政治手腕的妇人,他的十几年的政治,虽然受了许多腐儒的诬谤,究竟要算唐朝的治世。他能提倡文学,他能提倡美术,他能赏识人才,他能使一班文人政客拜倒在他的冕旒之下。李汝珍抓住了这一个正式的女皇帝,大胆的把正史和野史上一切污蔑武则天人格的谣言都扫的干干净净。《镜花缘》里,对于武则天,只有褒词,而无谤语:这是李汝珍的过人卓识。

李汝珍明明是借武则天皇帝来替中国女子出气的。所以他在第四十回,极力描写他对于妇女的德政。他写的那十二条恩旨是:

（1）旌表贤孝的妇女。

（2）旌奖"悌"的妇女。

（3）旌表贞节。

（4）赏赐高寿的妇女。

（5）"太后因大内宫娥,抛离父母,长处深宫,最为凄凉,今命查明,凡入宫五年者,概行释放,听其父母自行择配。嗣后采选释放,均以五年为期。其内外军民人等,凡侍婢年二十以外尚未婚配者,令其父母领回,为之婚配。如无父母亲族,即令其主代为择配。"

（6）推广"养老"之法,"命天下郡县设造养媪院。凡妇人四旬以外,衣食无出,或残病衰颓,贫无所归者,准其报名入院,官为养赡,以终其身。"

（7）"太后因贫家幼女,或因衣食缺乏,贫不能育,或因疾病缠绵,医药无出,非弃之道旁,即送入尼庵,或卖为女优,种种苦况,甚为可怜,今命郡县设造育女堂。凡幼女自襁褓以至十数岁者,无论疾病残废,如贫不能育,准其送堂,派令乳母看养。有愿领回抚养者,亦听其便。其堂内所育各女,候年至二旬,每名酌给妆资,官为婚配。"

（8）"太后因妇人一生衣食莫不倚于其夫,其有夫死而孀居者,既无丈夫衣食可恃,形只影单,饥寒谁恤?今命查勘,凡嫠妇苦志守节,家道贫寒者,无论有无子女,按月酌给薪水之资,以养其身。"

（9）"太后因古礼女子二十而嫁,贫寒之家往往二旬以外尚未议婚,甚至父母因无力妆奁,贪图微利,或售为侍妾,或卖为优娼,最为可悯,今命查勘,如女年二十,其家实系贫寒,无力妆奁,不能婚配者,酌给妆奁之资,即行婚配。"

（10）"太后因妇人所患各症,如经癸带下各疾,其症尚缓,至胎前产后,以及难产各症,不独刻不容缓,并且两命攸关,故孙真人著《千金方》，特以妇人为首，盖即《易》基乾坤，《诗》首《关雎》之义，其事岂容忽略？无如贫寒之家，一经患此，既无延医之力，又乏买药之资，稍为耽延，遂至不救。妇人由此而死者，不知凡几。亟应广沛殊恩，命天下郡县延访名医，各按地界远近，设立女科。并发御医所进经验各方，配合药料，按症施舍。"

（11）略

（12）略

这十二条之中，如（5）（7）（10）都是很重要的建议。第十条特别注重女科的医药，尤其是向来所未有的特识。

但李汝珍又要叫武则天创办男女平等的选举制度。注意，我说的是选举制度，不单是一个两个女扮男装的女才子混入举子队里考取一名科第。李汝珍的特识在于要求一种制度，使女子可以同男子一样用文学考取科第。中国历史上并不是没有上官婉儿和李易安，只是缺乏一种正式的女子教育制度；并不是没有木兰和秦良玉，吕雉和武则天，只是缺乏一种正式的女子参政制度。一种女子选举制度，一方面可提倡女子教育，一方面可引到女子参政。所以李汝珍在黑齿国说的也是一种制度，在武则天治下说的也只是一种制度。这真是大胆而超卓的见解。

他拟的女子选举制度，也有十二条，节抄于下：

（1）考试先由州县考取，造册送郡；郡考中式，始与部试；部试中式，始与殿试。……

（2）县考取中，赐文学秀女匾额，准其郡考。郡考取中，赐文学淑女匾额，准其部试。部试取中，赐文学才女匾额，准其殿试。殿试名列一等，赏女学士之职，二等赏女博士之职，三等赏女儒士之职，俱赴红文宴，准其年支俸禄。其有情愿内廷供奉者，俟试俸一年，量材擢用。……

（3）殿试一等者，其父母翁姑及本夫如有官职在五品以上，各加品服一级。在五品以下，俱加四品服色。如无官职，赐五品服色荣身。二等者赐六品服色，三等者赐七品服色。余照一等之例，各为区别，女悉如之。

(5) 试题,自郡县以至殿试,俱照士子之例,试以诗赋,以归体制(因为唐朝试用诗赋)。

(6) 凡郡考取中,女及夫家,均免徭役。其赴部试者,俱按程途远近,赐以路费。

但最重要的宣言,还在那十二条规例前面的谕旨:

> 大周金轮皇帝制曰:朕惟天地英华,原不择人而畀;帝王辅翼,何妨破格而求?丈夫而擅词章,固重圭璋之品;女子而娴文艺,亦增蘋藻之光。我国家储才为重,历圣相符;朕受命维新,求贤若渴。辟门吁俊,桃李已属春官;《内则》遴才,科第尚遗闺秀。郎君既膺鹗荐,女史未遂鹏飞,奚见选举之公,难语人才之盛。昔《帝典》将坠,伏生之女传经;《汉书》未成,世叔之妻续史。讲艺则纱幮绫帐,博雅称名;吟诗则柳絮椒花,清新独步。群推翘秀,古今历重名媛。慎选贤能,闺阁宜彰旷典。况今日灵秀不钟于男子,贞吉久属于坤元。阴教咸仰敷文,才藻益征竞美。是用博咨群议,创立新科。于圣历三年,命礼部诸臣特开女试。……从此珊瑚在网,文博士本出宫中。玉尺量才,女相如岂遗苑外?丕焕新猷,聿昭盛事。布告中外,咸使闻知!

前面说"天地英华,原不择人而畀",后面又说"况今日灵秀不钟于男子"(此是用陆象山的门人的话),这是很明显的指出男女在天赋的本能上原没有什么不平等。所以又说:"郎君既膺鹗荐,女史未遂鹏飞,奚见选举之公,难语人才之盛"。这种制度便是李汝珍对于妇女问题的总解决。

有人说,"这话未免太恭维李汝珍了。李汝珍主张开女科,也许是中了几千年科举的遗毒,也许仍是才子状元的鄙陋见解。不过把举人进士的名称改作淑女才女罢了。用科举虚荣心来鼓励女子,算不得解决妇女问题。"

这话固也有几分道理。但平心静气的读者,如果细读了黑齿国的两回,便可以知道李汝珍要提倡的并不单是科第,乃是学问。李汝珍也深知科举教育的流毒,所以他写淑士国(第二十三、四回)极端崇拜科举,——"凡庶民素未考试的,谓之游民"——而结果弄的酸气遍于国中,酒保也带着儒巾,戴着眼镜,嘴里哼着之乎者也!然而他也承认科举的教育究竟比全无教育好的多多,所以他说淑士国的人:

> 自幼莫不读书。虽不能身穿蓝衫,名列胶庠,只要博得一领青衫,戴个儒巾,得列名教之中,不在游民之内。从此读书上进固妙,如或不能,或农或工,亦可各安事业了。

人人"自幼莫不读书",即是普及教育!他的最低限度的效能是:

> 读书者甚多,书能变化气质;遵着圣贤之教,那为非作歹的,究竟少了。

况且在李汝珍的眼里,科举不必限于诗赋,更不必限于八股。他在淑士国里曾指出:

> 试考之例,各有不同。或以通经,或以明史,或以词赋,或以诗文,或以策论,或以书启,或以乐律,或以音韵,或以刑法,或以历算,或以书画,或以医卜,要精通其一,皆可取得一顶头巾,一领青衫。若要上进,却非能文不可。至于蓝衫,亦非能文不可得。

这岂是热中陋儒的见解!

况且我在上文曾指出,女子选举的制度,一方面可以提倡女子教育,一方面可以引到女子参政。关于女子教育一层,有黑齿国作例,不消说了。关于参政一层,李汝珍在一百年前究竟还不敢作彻底的主张,所以武则天皇帝的女科规例里,关于及第的才女的出身,偏重虚荣与封赠,而不明言政权,至多只说"其有情愿内廷供奉者,俟试俸一年,量才擢用"。内廷供奉究竟还只是文学侍从之官,不能算是彻底的女子参政。

然而我们也不能说李汝珍没有女子参政的意思在他的心里。何以见得呢?我们看他于一百个才女之中,特别提出阴若花、黎红红、卢亭亭、枝兰音四个女子;他在后半部里尤其处处优待阴若花,让他回女儿国做国王,其余三人都做他的大臣。最可注意的是他们临行时亭亭的演说:

> 亭亭正色道:"……愚姊志岂在此?我之所以欢喜者,有个

缘故。我同他们三位,或居天朝,或回本国,无非庸庸碌碌虚度一生。今日忽奉太后敕旨,伴送若花姊姊回国,正是千载难逢际遇。将来若花姊姊做了国王,我们同心协力,各矢忠诚,或定礼制乐,或兴利剔弊,或除暴安良,或举贤去佞,或敬慎刑名,或留心案牍,扶佐他做一国贤君,自己也落个女名臣的美号。日后史册流芳,岂非千秋佳话!……"

这是不是女子参政?

三千年的历史上,没有一个人曾大胆的提出妇女问题的各个方面来作公平的讨论。直到十九世纪的初年,才出了这个多才多艺的李汝珍,费了十几年的精力来提出这个极重大的问题。他把这个问题的各方面都大胆的提出,虚心的讨论,审慎的建议。他的女儿国一大段,将来一定要成为世界女权史上的一篇永永不朽的大文;他对于女子贞操,女子教育,女子选举等等问题的见解,将来一定要在中国女权史上占一个很光荣的位置:这是我对于《镜花缘》的预言。也许我和今日的读者还可以看见这一日的实现。

十二年二月至五月　陆续草完

(收入李汝珍著,汪原放标点:《镜花缘》,
1923年亚东图书馆初版)

跋《〈红楼梦〉考证》

1 我在《〈红楼梦〉考证》的改定稿(《胡适文存》卷三,页一八五——二四九)里,曾根据于《雪桥诗话》,《八旗文经》,《熙朝雅颂集》三部书,考出下列的几件事:

(1)曹雪芹名霑,不是曹寅的儿子,是曹寅的孙子。(页二一二)

(2)曹雪芹后来很贫穷,穷的很不像样了。

(3)他是一个会作诗又会绘画的人。

(4)他在那贫穷的境遇里,纵酒狂歌,自己排遣那牢骚的心境。(以上页二一五——六)

(5)从曹雪芹和他的朋友敦诚弟兄的关系上看来,我说"我们可以断定曹雪芹死于乾隆三十年左右(约1765)"。又说"我们可以猜想雪芹……大约生于康熙末叶(约1715—1720);当他死时,约五十岁左右"。

我那时在各处搜求敦诚的《四松堂集》,因为我知道《四松堂集》里一定有关于曹雪芹的材料。我虽然承认杨钟羲先生(《雪桥诗话》)确是根据《四松堂集》的,但我总觉得《雪桥诗话》是"转手的证据",不是"原手的证据"。不料上海、北京两处大索的结果,竟使我大失望。到了今年,我对于《四松堂集》,已是绝望了。有一天,一家书店的伙计跑来说,"《四松堂诗集》找着了!"我非常高兴,但是打开书来一看,原来是一部《四松草堂诗集》,不是《四松堂集》。又一天,陈肖庄先生告诉我说,他在一家书店里看见一部《四松堂集》。我说,"恐怕又是《四松草堂》罢?"陈先生回去一看,果然又错了。

今年四月十九日,我从大学回家,看见门房里桌子上摆着一部退了色的蓝布套的书,一张斑剥的旧书笺上题着《四松堂集》四个字!我自己几乎不信我的眼力了,连忙拿来打开一看,原来真是一部《四松堂集》的写本!这部写本确是天地间唯一的孤本。因为这是当日付刻的底本,上有付刻时的校改,删削的记号。最重要的是这本子里有许多不曾收入刻本的诗文。凡是已刻的,题上都印有一个"刻"字的戳子。刻本未收的,题上都帖着一块小红笺。题下注的甲子,都被编书的人用白纸块帖去,也都是不曾刻的。——我这时候的高兴,比我前年寻着吴敬梓的《文木山房集》时的高兴,还要加好几倍了!

卷首有永憲(也是清宗室里的诗人,有《神清室诗稿》)刘大观、纪昀的序,有敦诚的哥哥敦敏作的小传。全书六册,计诗两册,文两册,《鹪鹩庵笔塵》两册。《雪桥诗话》,《八旗文经》,《熙朝雅颂集》所采的诗文都是从这里面选出来的。我在《考证》里引的那首《寄怀曹雪芹》,原文题下注一"霑"字,又"扬州旧梦久已绝"一句,原本绝字作觉,下帖一笺条,注云,"雪芹曾随其先祖寅织造之任"。《雪桥诗话》说曹雪芹名霑,为楝亭通政孙,即是根据于这两条注的。又此诗中"蓟门落日松亭尊"一句,尊字原本作樽,下注云,"时余在喜峰口"。按敦敏作的小传,乾隆二十二年丁丑(1757),敦诚在喜峰口。此诗是丁丑年作的。又《考证》引的《佩刀质酒歌》虽无年月,但其下第二首题下注"癸未",大概此诗是乾隆二十七年壬午作的。这两首之外,还有两首未刻的诗:

(1)赠曹芹圃(注)即雪芹。

满径蓬蒿老不华,举家食粥酒常赊。衡门僻巷愁今雨,废馆颓楼梦旧家。司业青钱留客醉,步兵白眼向人斜。阿谁买与猪肝食,日望西山餐暮霞。

这诗使我们知道曹雪芹又号芹圃。前三句写家贫的状况,第四句写盛衰之感(此诗作于乾隆二十六年辛巳)。

(2)挽曹雪芹(注)甲申。

四十年华付杳冥,哀旌一片阿谁铭?孤儿渺漠魂应逐(注:前数月,伊子殇,因感伤成疾),新妇飘零目岂瞑?牛鬼遗文悲李贺,鹿车荷锸葬刘伶(适按,此二句又见于《鹪鹩庵笔塵》,杨钟羲先生从《笔麈》里引入《诗话》；杨先生也不曾见此诗全文）。

故人惟有青山泪，絮酒生刍上旧坰。

这首诗给我们四个重要之点：

（1）曹雪芹死在乾隆二十九年甲申（1764）。我在《考证》说他死在乾隆三十年左右，只差了一年。

（2）曹雪芹死时只有"四十年华"。这自然是个整数，不限定整四十岁。但我们可以断定他的年纪不能在四十五岁以上。假定他死时年四十五岁，他的生时当康熙五十八年（1719）。《考证》里的猜测还不算大错。

关于这一点，我们应该声明一句。曹寅死于康熙五十一年（1713），下距乾隆甲申，凡五十一年。雪芹必不及见曹寅了。敦诚《寄怀曹雪芹》的诗注说"雪芹曾随其先祖寅织造之任"，有一点小误。雪芹曾随他的父亲曹頫在江宁织造任上。曹頫做织造，是康熙五十四年到雍正六年（1715—1728）；雪芹随在任上大约有十年（1719—1728）。曹家三代四个织造，只有曹寅最著名。敦诚晚年编集，添入这一条小注，那时距曹寅死时已七十多年了，故敦诚与袁枚有同样的错误。

（3）曹雪芹的儿子先死了，雪芹感伤成病，不久也死了。据此，雪芹死后，似乎没有后人。

（4）曹雪芹死后，还有一个"飘零"的"新妇"。这是薛宝钗呢，还是史湘云呢？那就不容易猜想了。

《四松堂集》里的重要材料，只是这些。此外还有一些材料，但都不重要。我们从敦敏作的小传里，又可以知道敦诚生于雍正甲寅（1734），死于乾隆戊申（1791），也可以修正我的《考证》里的推测。

我在 4 月 19 日得着这部《四松堂集》的稿本。隔了两天，蔡子民先生又送来一部《四松堂集》的刻本，是他托人向晚晴簃诗社里借来的。刻本共五卷：

卷一，诗一百三十七首。

卷二，诗一百四十四首。

卷三，文三十四篇。

卷四，文十九篇。

卷五，《鸳鸯庵笔麈》八十一则。

果然凡底本里题上没有"刻"字的，都没有收入刻本里去。这更可以证明我的底本格外可贵了。蔡先生对于此书的热心，是我很感谢的。最有趣的是蔡先生借得刻本之日，差不多正是我得着底本之日。我寻此书近一年多了，忽然三日之内两个本子一齐到我手里！这真是"踏破铁鞋无觅处，得来全不费工夫"了。

十一，五，三

（原载 1922 年 5 月 7 日《努力周报》第 1 期）

2 答蔡孑民先生的商榷

蔡孑民先生的《〈石头记〉索隐第六版自序》是对于我的《〈红楼梦〉考证》的一篇"商榷"。他说：

> 知其《红楼梦》所寄托之人物，可用三法推求：一，品性相类者。二，轶事有征者。三，姓名相关者。于是以湘云之豪放而推为其年，以惜春之冷僻而推为荪友：用第一法也。以宝玉逢魔魇而推为允礽，以凤姐哭向金陵而推为余国柱：用第二法也。以探春之名与探花有关而推为健庵，以宝琴之名与孔子学琴于师襄之故事有关而推为辟疆：用第三法也。然每举一人，率兼用三法或两法，有可推证，始质言之。其他如元春之疑为徐元文，宝蟾之疑为翁宝林，则以近于孤证，始不列入。自以为审慎之至，与随意附会者不同。近读胡适之先生《〈红楼梦〉考证》，列拙著于"附会的红学"之中，谓之"走错了道路"，谓之"大笨伯"，"笨谜"；谓之"很牵强的附会"；我实不敢承认。

关于这一段"方法论"，我只希望指出蔡先生的方法是不适用于《红楼梦》的。有几种小说是可以采用蔡先生的方法的。最明显的是《孽海花》。这本是写时事的书，故书中的人物都可用蔡先生的方法去推求：陈千秋即是田千秋，孙汶即是孙文，庄寿香即是张香涛，祝宝廷即是宝竹坡，潘八瀛即是潘伯寅，姜表字剑云即是江标字剑霞，成煜字伯怡即是盛昱字伯熙。其次，如《儒林外史》，也有可以用蔡先生的方法去推求的。如马纯上之为冯粹中，庄绍光之为程绵庄，大概已无可疑。但这部书里的人物，很有不容易猜的；如向鼎，我曾猜是商盘，但我读完《质园诗集》三十二卷，不曾寻着一毫证据，只好把这个好谜牺牲了。又如杜少卿之为吴敬梓，姓名上全无关系；直到我寻着了《文木山房集》，我才敢相信。此外，金和跋中举出的人，至多不过可供参考，不可过于信任（如金和说《吴敬梓诗集》未刻，而我竟寻着乾隆初年的刻本）。《儒林外史》本是写实在人物的书，我们尚且不容易考定书中人物，这就可见蔡先生的方法的适用是很有限的了。大多数的小说是决不可适用这个方法的。历史的小说如《三国志》，传奇的小说如《水浒传》，游戏的小说如《西游记》，都是不能用蔡先生的方法来推求书中人物的。《红楼梦》所以不能适用蔡先生的方法，顾颉刚先生曾举出两个重要理由：

（1）别种小说的影射人物，只是换了他姓名，男还是男，女还是女，所做的职业还是本人的职业。何以一到《红楼梦》就会男变为女，官僚和文人都会变成宅眷？

（2）别种小说的影射事情，总是保存他们原来的关系。何以一到《红楼梦》，无关系的就会发生关系了？例如蔡先生考定宝玉为允礽，黛玉为朱竹垞，薛宝钗为高士奇，试问允礽和朱竹垞有何恋爱的关系？朱竹垞与高士奇有何吃醋的关系？

顾先生这话说的最明白，不用我来引申了。蔡先生曾说，"然而安徽第一大文豪（指吴敬梓）且用之，安见汉军第一大文豪必不出此乎？"这个比例（类推）也不适用，正因为《红楼梦》与《儒林外史》不是同一类的书。用"品性，轶事，姓名"三项来推求《红楼梦》里的人物，就像用这个方法来推求《金瓶梅》里西门庆的一妻五妾影射何人：结果必是一种很牵强的附会。

我对于蔡先生这篇文章，最不敢赞同的是他的第二节。这一节的大旨是：

惟吾人与文学书，最密切之接触，本不在作者之生平，而在其著作。著作之内容，即胡先生所谓"情节"者，决非无考证之价值。

蔡先生的意思好像颇轻视那关于"作者之生平"的考证。无论如何，他的意思好像是说，我们可以不管"作者之生平"，而考证"著作之内容"。这是大错的。蔡先生引《托尔斯泰传》中说的"凡其著作无不含自传之性质；各书之主人翁……皆其一己之化身；各书中所叙他人之事，莫不与其己身有直接之关系。"试问作此传的人若不知"作者之生平"，如何能这样考证各书的"情节"呢？蔡先生又引各家关于Faust的猜想，试问他们若不知道Goethe的"生平"，如何能猜想第一部之Gretchen为谁呢？

我以为作者的生平与时代是考证"著作之内容"的第一步下手工夫。即如《儿女英雄传》一书，用年羹尧的事做背景，又假造了一篇雍正年间的序，一篇乾隆年间的序。我们幸亏知道著者文康是咸丰、同治年间人；不然，书中提及《红楼梦》的故事，又提及《品花宝鉴》（道光中作的）里的徐度香与袁宝珠，岂不都成了灵异的预言了吗？即如旧说《儒林外史》里的匡超人即是汪中。现在我们知道吴敬梓死于乾隆十九年，而汪中生于乾隆九年，我们便可以断定匡超人决不是汪中了。又旧说《儒林外史》里的牛布衣即是朱草衣。现在我们知道朱草衣死在乾隆二十一二年，那时吴敬梓已死了二三年了，而《儒林外史》第二十回已叙述牛布衣之死，可见牛布衣大概另是一人了。

因此，我说，要推倒"附会的红学"，我们必须搜求那些可以考定《红楼梦》的著者，时代，版本等等的材料。向来《红楼梦》一书所以容易被人穿凿附会，正因为向来的人都忽略了"作者之生平"一个大问题。因为不知道曹家有那样富贵繁华的环境，故人都疑心贾家是指帝室的家庭，至少也是指明珠一类的宰相之家。因为不深信曹家是八旗的世家，故有人疑心此书是指斥满洲人的。因为不知道曹家盛衰的历史，故人都不信此书为曹雪芹把真事隐去的自叙传。现在曹雪芹的历史和曹家的历史既然有点明白了，我很盼望读《红楼梦》的人都能平心静气的把向来的成见暂时丢开，大家揩揩眼镜来评判我们的证据是否可靠，我们对于证据的解释是否不错。这样的批评，是我所极欢迎的。我曾说过：

> 我在这篇文章里，处处想撇开一切先入的成见；处处存一个搜求证据的目的；处处尊重证据，让证据做乡导，引我到相当的结论上去。

此间所谓"证据"，单指那些可以考定作者，时代，版本等等的证据；并不是那些"红学家"随便引来穿凿附会的证据。若离开了作者，时代，版本等项，那么，引《东华录》与引《红礁画桨录》是同样的"不相干"；引许三礼、郭琇与引冒辟疆、王渔洋是同样的"不相干"。若离开了"作者之生平"而别求"性情相近，轶事有征，姓名相关"的证据，那么，古往今来无数万有名的人，那一个不可以化男成女搬进大观园里去？又何止朱竹垞、徐健庵、高士奇、汤斌等几个人呢？况且板儿既可以说是廿四史，青儿既可以说是吃的韭菜，那么，我们又何妨索性说《红楼梦》是一部《草木春秋》或《群芳谱》呢？

亚里士多德在他的《尼可马铿伦理学》里（部甲，四，一〇九九a），曾说：

> 讨论这个学说（指柏拉图的"名象论"）使我感觉一种不愉快，因为主张这个学说的人是我们的朋友。但我们既是爱智慧的人，为维持真理起见，就是不得已把我们自己的主张推翻了，也是应该的。朋友和真理既然都是我们心爱的东西，我们就不得不爱真理过于爱朋友了。

我把这个态度期望一切人，尤其期望我所最敬爱的蔡先生。

十一，五，十

（原载 1922 年 5 月 14 日《努力周报》第 2 期）

附录 《〈石头记〉索隐》第六版自序
对于胡适之先生《〈红楼梦〉考证》之商榷

蔡孑民

余之为此《索隐》也，实为《郎潜二笔》中徐柳泉之说所引起。柳泉谓宝钗影高澹人；妙玉影姜西溟。余观《石头记》中，写宝钗之阴柔，妙玉之孤高，正与高、姜二人之品性相合。而澹人之贿金豆，以金锁影之；其假为落马坠积潴中，则以薛蟠之似泥母猪影之。西溟之热中科第,以妙玉走魔入火影之;其瘐死狱中,以被劫影之。又如以妙字影姜字;以玉字影英字;以雪字影高士字,知其所寄托之人物,可用三法推求:一,品性相类者;二,轶事有征者;三,姓名相关者。于是以湘云之豪放而推为其年;以惜春之冷僻而推为荪友;用第一法也。以宝玉逢魔魇而推为允礽;以凤姐哭向金陵而推为余国柱;用第二法也。以探春之名与探花有关,而推为健庵;以宝琴之名,与孔子学琴于师襄之故事有关而推为辟疆;用第三法也。然每举一人,率兼用三法或两法,有可推证,始质言之。其他如元春之疑为徐元文;宝蟾之疑为翁宝林;则以近于孤证,姑不列入。自以为审慎之至,与随意附会者不同。近读胡适之先生《〈红楼梦〉考证》,列拙著于"附会的红学"之中。谓之"走错了道路";谓之"大笨伯","笨谜";谓之"很牵强的附会";我实不敢承认。意者我亦不免有"敝帚千金"之俗见。然胡先生之言,实有不能强我以承认者。今贡其疑于左[下]:

(一)胡先生谓"向来研究这部书的人,都走错了道路……不去搜求那些可以考定《红楼梦》的著者,时代,版本等等的材料,却去收罗许多不相干的零碎史事来附会《红楼梦》里的情节"。又云:"我们只须根据可靠的版本,与可靠的材料,考定这书的著者究竟是谁;著者的事迹家世;著者的时代;这书曾有何种不同的本子?这些本子的来历如何?这些问题,乃是《〈红楼梦〉考证》的正当范围。"案考定著者,时代,版本之材料,固当搜求。从前王静庵先生作《〈红楼梦〉评论》,曾云:"作者之姓名(遍考各书,未见曹雪芹何名)与作书之年月,其为读此书者所当知,似更比主人公之姓名为尤要。顾无一人为之考证者,此则大不可解者也。"又云:"苟知美术之大有造于人生,而《红楼梦》自足为我国美术上之唯一大著述,则其作者之姓名,与其著书之年月,固为惟一考证之题目。"今胡先生对于前八十回著作者曹雪芹之家世及生平,与后四十回著作者高兰墅之略历,业于短时期间,搜集多许材料。诚有功于《石头记》,而可以稍释王静庵先生之遗憾矣。惟吾人与文学书,最密切之接触,本不在作者之生平,而在其著作。著作之内容,即胡先生所谓"情节"者,决非无考证之价值。例如我国古代文学中之《楚辞》,其作者为屈原,宋玉,景差等。

其时代,在楚怀王、襄王时,即西历纪元前三世纪间。久为昔人所考定。然而"善鸟香草,以配忠贞;恶禽臭物,以比谗佞;灵修美人,以媲于君;虙妃佚女,以譬贤臣;虬龙鸾凤,以托君子;飘风云霓,以为小人":如王逸所举者,固无非内容也。其在外国文学,如 Shakespeare 之著作,或谓出 Bacon 手笔,遂生作者究竟是谁之问题。至于 Goethe 之 Faust,则其所根据的神话与剧本,及其六十年间著作之经过,均为文学史所详载。而其内容,则第一部之 Gretchen 或谓影 Elsassirin Friederike(Bielschowsky 之说);或谓影 Frankfurter Gretchen(Kuno Fischer 之说)。第二部之 Walpurgisnacht 一节为地质学理论。Helena 一节为文化交通问题。Euphorion 为英国诗人 Byron 之影子。(各家所同。)皆情节上之考证也。又如俄之托尔斯泰,其生平,其著作之次第,皆无甚疑问。近日张邦铭、郑阳和两先生所译 Salolea 之《托尔斯泰传》,有云:"凡其著作无不含自传之性质。各书之主人翁,如伊尔屯尼夫,鄂仑玲,聂乞鲁多夫,赖文,毕索可夫等,皆其一己之化身。各书中所叙他人之事,莫不与其己身有直接之关系。……《家庭乐》叙其少年时情场中之一事,并表其情爱与婚姻之意见;书中主人翁既求婚后,乃将少年狂放时之恶行,缕书不讳,授所爱以自忏。此事,托尔斯泰于《家庭乐》出版三年后,向索利亚柏斯求婚时,实尝亲自为之。即《战争与和平》一书,亦可作托尔斯泰之家乘观。其中老乐斯脱夫,即托尔斯泰之祖。小乐斯脱夫,即其父。索利亚,即其养母达善娜,尝两次拒其父之婚者。拿特沙乐斯脱夫,即其姨达善娜柏斯。毕索可夫与赖文,皆托尔斯泰用以自状。赖文之兄死,即托尔斯泰兄的米特利之死。《复活》书中聂乞鲁多夫之奇特行动,论者谓依心理未必能有者,其实即米特利生平留于其弟心中之一记念;的米特利娶一娼,与聂乞鲁多夫同也。"亦情节上之考证也。然则考证情节,岂能概目为附会而拒斥之?

（二）胡先生谓拙著《索隐》所阐证之人名,多是"笨谜",又谓"假使一部《红楼梦》真是一串这么样的笨谜,那就真不值得猜了"。但拙著阐证本事,本兼用三法,具如前述。所谓姓名关系者,仅三法中之一耳;即使不确,亦未能抹杀全书。况胡先生所谥谓笨谜者,正是中国文人习惯,在彼辈方谓如此而后"值得猜"也。《世说新书》称曹娥碑后有"黄绢幼妇外孙齑臼"八字,即以当"绝妙好辞"四字。古绝句"藁砧今何在?山上复有山。何当大刀头,破镜飞上天"。以藁砧为夫,以大刀头为还。《南史》记梁武帝时童谣有"鹿子开城门,城门鹿子开"等句,谓鹿子开者反语为来子哭,后太子果薨。自胡先生观之,非皆笨谜乎?《品花宝鉴》,以侯公石影袁子才,侯与袁为猴与猿之转借,公与子同为代名词,石与才则自"天下才有一石,子建独占八斗"之语来。《儿女英雄传》,自言十三妹为玉字之分析,已不易猜;又以纪献唐影年羹尧,纪与年,唐与尧,虽尚简单;而献与羹则自"犬曰羹献"之文来。自胡先生观之,非皆笨谜乎?即如《儒林外史》之庄绍光即程绵庄,马纯上即冯粹中,牛布衣即朱草衣,均为胡先生所承认(见胡先生所著《吴敬梓传》及附录)。然则金和跋所指目,殆皆可信。其中如因范蠡曾号陶朱公,而以范易陶;萬字俗作万,而以萬代方;亦非"笨谜"乎?然而安徽第一大文豪且用之,安见汉军第一大文豪必不出此乎?

(三)胡先生谓拙著中刘老老所得之八两及二十两有了下落,而第四十二回王夫人所送之一百两,没有下落;谓之"这种完全任意的去取,实在没有道理"。案《石头记》凡百二十回,而余之《索隐》,不过数十则;有下落者记之,未有者姑阙之,此正余之审慎也。若必欲事事证明而后可,则《石头记》自言著作者有石头,空空道人,孔梅溪,曹雪芹诸人,而胡先生所考证者惟有曹雪芹;《石头记》中有许多大事,而胡先生所考证者惟南巡一事;将亦有"任意去取没有道理"之诮与?

(四)胡先生以曹雪芹生平,大端既已考定;遂断定《石头记》是"曹雪芹的自叙传","是一部将真事隐去的自叙的书","曹雪芹即是《红楼梦》开端时那个深自忏悔的我,即是书里甄贾(真假)两个宝玉的底本"。案书中既云真事隐去,并非仅隐去真姓名,则不得以书中所叙之事为真。又使宝玉为作者自身之影子,则何必有甄、贾两个宝玉?(鄙意甄、贾二字,实因古人有正统伪朝之习见而起。贾雨村举正邪两赋而来之人物,有陈后主,唐明皇,宋徽宗等,故吾疑甄宝玉影宏光，贾宝玉影允礽也。）若以赵嬷嬷有甄家接驾四次之说，而曹寅适亦四次接驾，为甄家即曹家之确证，则赵嬷嬷又说贾府只预备接驾一次，明在甄家四次以外，安得谓贾府亦指曹家乎？胡先生以贾政为员外郎，适与员外郎曹𫖯相应，谓贾政即影曹𫖯。然《石头记》第三十七回，有贾政任学差之说；第七十一回有"贾政回京覆命，因是学差，故不敢先到家中"云云，曹𫖯固未闻曾放学差也。且使贾府果为曹家影子，而此书又为雪芹自写其家庭之状况，则措词当有分寸。今观第十七回，焦大之谩骂，第六十六回柳湘莲道："你们东府里，除了那两个石头狮子干净罢了"，似太不留余地。且许三礼奏参徐乾学，有曰："伊弟拜相之后，与亲家高士奇，更加招摇。以致有去了余秦桧（余国柱），来了徐严嵩，乾学似庞涓，是他大长兄之谣；又有五方宝物归东海，万国金珠贡澹人"之对云云。今观《石头记》第五十五回，有"刚刚倒了一个巡海夜叉，又添了三个镇山太岁"之说。第四回，有"贾不假，白玉为堂金作马；阿房宫，三百里，住不下金陵一个史；东海缺少白玉床，龙王来请金陵王；丰年好大雪，珍珠如土金如铁"之护官符。显然为当时一谣一对之影子，与曹家何涉？故鄙意《石头记》原本，必为康熙朝政治小说，为亲见高、徐、余、姜诸人者所草。后经曹雪芹增删，或亦许插入曹家故事。要未可以全书属之曹家也。

民国十一年一月三十日

（收入蔡元培著：《石头记索隐》，1922年商务印书馆第6版）

《〈水浒〉续集两种》序

1　这部《〈水浒〉续集》是合两种书做成的。一部是摘取百十五回本《水浒传》的第六十六回以后,是为《征四寇》。一部是清初陈忱做的《水浒后传》。我们的本意是要翻印《水浒后传》;但后传是接着百回本《忠义水浒传》做的,不能直接现行的七十回本。因此,我们就不能不先印行石碣发现以后的半部故事;这是《征四寇》翻印的第一个原因。《征四寇》一书,外间止有石印的劣本。这部书确是百十五回本的后半部;我们现在既知道百十五回本里不但保存了百回本里征辽和征方腊的两大部分,并且还保存了最古本里征田虎和征王庆的两大部分,那么,这部《征四寇》确也有保存流通的价值了。这是翻印《征四寇》的第二个原因。百十五回(《英雄谱》)本的《水浒传》有许多地方用诗词或骈文来描写风景和军容,——例如此本第三十五回内写江上风景的《一萼红》(页四),和三十六回写淮西水军一段(页四),——都是今本《征四寇》所没有的。这种平话的套头还可以考见百十五回本之古,所以我们用百十五回本来校补《征四寇》,弄出这个比较完善的《征四寇》来。这是翻印《征四寇》的第三个原因。

但《征四寇》的部分,除了他的史料价值之外,却也有他自身的文学价值。我在《〈水浒传〉后考》里曾引了燕青辞主一段(《文存》三,页一七八),和宋江之死一段(《文存》三,页一六七)。现在我且引鲁智深圆寂一段:

却说鲁智深、武松在六和寺中安歇。是夜智深忽听江潮声响,起来持了禅杖抢出来。众僧惊问其故,智深曰,"洒家听得战鼓响,俺要出去厮杀"。众僧笑曰,"师父错听了。此是钱塘江上潮信响。"智深便问,"怎的叫做潮信?"众僧推窗,指着潮头,对智深说曰,"这潮信日夜两番来。今朝是八月十五日,子时潮来。因不失信,谓之潮信。"鲁智深看了,大悟曰,"俺师父智真长老曾嘱咐俺四句偈曰:'逢夏而擒',前日捉了夏侯成;'遇腊而执',俺生擒方腊;'听潮而圆,见信而寂',俺想应了此言。"便问众,如何是圆寂。众僧曰,"佛门中圆寂便是死"。智深笑道,"既死是圆寂,洒家今当圆寂,与我烧桶汤来,洒家沐浴。"众僧即去烧桶汤来。智深洗沐,换一身净衣,令军校去报宋江,"来看洒家。"又写了数句偈语,去法堂焚起真香,在禅椅上,左脚踏右脚,自然而化。

及宋江引众头领来看时,智深在禅椅上不动了。看其偈曰:

平生不修善果,只爱杀人放火。忽地顿开金枷,这里扯断玉锁。钱塘江信潮来,今日方知是我。

这种写法,自不是俗手之笔。又在末回写宋徽宗在李师师家中饮酒,醉后入梦,梦游梁山泊一段:

上皇到忠义堂前下马。上皇坐定,见阶下拜伏者许多人。上皇犹豫不定。宋江向前垂泪启奏曰,"臣等不曾抗拒天兵,素秉忠义。自从陛下招安,南征北讨,兄弟十中损八。臣蒙陛下命守楚州,到任以来,陛下赐以药酒,与臣服讫。臣死无怨,但恐李逵知而怀恨,辄生异心,臣亦与药酒饮死。吴用、花荣亦忠义而皆来,在臣冢上俱各自缢身死。……申告陛下,始终无异,乞陛下圣鉴。"

上皇听了大惊,曰,"寡人亲差天使,御笔印封黄酒。不知何人换了药酒赐卿。……卿等有此冤屈,何不诣九重深处,显告寡人?"

宋江正待启奏,忽见李逵手把双斧,厉声叫曰,"无道昏君,听信四个贼臣,屈坏我们性命!今日既见,正好报仇!"说罢,轮起双斧,径奔上皇。天子吃这一惊,忽然觉来,乃是一梦。睁开双眼,见灯烛荧煌,李师师犹然未寝。……

这种地方都带有文学意味。

《征四寇》的内容可分六大段:

(1) 梁山泊受招安的经过,——第一回至第十一回。

(2)征辽,——第十二回至第十七回。

(3)征田虎,——第十八回至第二十八回。

(4)征王庆,——第二十九回至第四十回。

(5)征方腊,——第四十一回至第四十七回。

(6)结束,——末二回。

关于这几部分的考证与批评,我在前两篇《〈水浒传〉考证》里已约略说过了(看《文存》三,页一二四——一二六;又三,一五七——一七一)。我希望读者特别注意此书中写王庆和柳世雄和高俅的关系一大段,用这一段来比较今本《水浒》第一回写高俅、王进、柳世权的关系的一段(看《文存》三,一五九——一六一)。这种比较是很有益的,不但可以看出今本《水浒》的技术上的优点,还可以明了《征四寇》在"《水浒》演进史"上的位置。

我在《〈水浒传〉后考》里曾略述百廿回本《水浒传》的价值,并且指出百廿回本写田虎、王庆的部分,和百十五回本有大不相同的地方(《文存》三,页一六四——一六六)。现在百十五回本已在这里保存了。今年上海涵芬楼收买到百廿回本的《水浒传》,前有《发凡》十一条,有杨定见序,与日本京都府立图书馆所藏本相同。听说此书不久也要排印出版。从此百十五回本与百廿回本都重在人间流通了,研究《水浒传》的人又可添许多比较参证的材料了。

2   《水浒后传》四十卷,原称"古宋遗民著,雁岩山樵评"。俞樾据沈登瀛《南浔备志》,考定此书是雁宕山樵陈忱做的。今年承顾颉刚先生代我在汪曰桢《南浔镇志》里寻出许多关于陈忱的材料,竟使我可以做陈忱的略传了。

《南浔镇志》卷十二,页廿二上云:

> 陈忱,字遐心,号雁荡山樵。其先自长兴迁浔,阅数传至忱(《研志居琐录》)。读书晦藏,以卖卜自给(《范志》)。究心经史,稗编野乘无不贯穿(《董志》)。好作诗文,乡荐绅咸推重之。惜贫老以终,诗文杂著俱散佚不传(《琐录》)。

这部志的体裁最好,传记材料俱注明出处。《研志居琐录》是范颖通的,《董志》是乾隆五十一年董肇铿的《南浔镇志》,《范志》是道光廿年范来庚续修的。

在《著述》一门里,有

陈忱　《雁宕杂著》(佚)

　　　《雁宕诗集》二卷(未见)

汪氏注云:

> 按《范志》,忱又有《读史随笔》。考……顺治中,秀水又有一陈忱,字用亶,甲午副贡,著《诚斋诗集》,不出户庭,录《读史随笔》、《同姓名录》诸书。……《范志》因以致误。……

《中国人名大辞典》一〇七二页上说:

> 陈忱,清秀水人,字退心,有《读史随笔》。

这也是把南浔的陈忱和秀水的陈忱混作一个人了。

《汪志》卷三十,页十七,又云:

> 浔人所撰,……弹词则有陈忱《续廿一史弹词》,曲本则有陈忱《痴世界》,……演义则有……陈忱《后水浒》。此类旧志不免阑入,今悉不载。

据此看来,陈忱做的通俗文学颇不少,可惜现在只剩这部《后水浒》了。《后水浒》开篇有赵宋一代史事的长歌一首,还可以考见他的《廿一史弹词》的一部分。

《汪志》卷三十五,为《志余》,也有几段关于他的话:

> 〔《南浔备志》〕陈雁宕忱,前明遗老,韩纯玉《近诗兼逸集》以"身名俱隐"称之。生平著述并佚。惟《后水浒》一书,乃游戏之作,托宋遗民刊行。

这就是俞樾所根据的话。《后水浒》绝不是"游戏之作",乃是很沉痛地寄托他亡国之思,种族之感的书。当时禁网很密,此种书不能不借"古宋遗民"的名字。今本《水浒后传》里还有几处可以看见著者有意托古的痕迹。第一是雁宕山樵的序末尾写"万历戊申秋杪"。万历戊申(1608)在明亡之前三十五年;这明明是有意遮掩亡国之痛的。第二,是原书有《论略》六十多条,末云:"遗民不知何许人。以时考之,当去施、罗之世未远,或与之同时,不相为下,亦未可知。元人以填词小说为事,当时风气如此。"这竟是把此书的著作人硬装在元朝去了。第三,《论略》末又云:"此稿近三百年无一知者。闻向藏括苍民家,又遭伧父改窜,几不可句读。余悬重价,久而得之。……"著者本是湖州南浔人,既自称雁宕山樵,又把此书的来源推到"括苍民间"去,使人不可捉摸。我们看他这样有心避祸,更可以明白他著书的本旨了。

《汪志》卷三十六引沈彤《震泽县志》云:

> 国初吾邑(震泽)之高蹈而能文者,相率为惊隐诗社,四方同志咸集。今见于叶桓奏诗稿与其他可考者,莒上……陈忱雁宕,……玉峰归庄玄恭,顾炎武宁人,……同邑吴炎赤溟,……王锡阐兆敏,潘柽章力田。……(原文列举四十余人,今仅举其稍知名者六人为例。)于时定乱已四五年;迹其始起,盖在顺治庚寅(七年,西1650,明亡后七年)。诸君以故国遗民,绝意仕进,相与遁迹林泉,优游文酒;角巾方袍,时往来于五湖、三泖之间。……其后史案株连,同社有罹法者,社集遂散(此指潘、吴史案)。

这一段可见陈忱是明末遗民,绝意不仕清朝的。他的朋友多是这一类的亡国遗民。这一层很可以解释他托名"古宋遗民"的意思了。

颉刚从《汪志》里辑得陈忱的遗诗三首:明陈忱敬夫。(颉刚案,据此,可知其字为敬夫。)

移居西村二首

> 流离怜杜老,还傥瀼西居,水作孤村抱,门开烟柳疏。裹沙移药草,带雨负残书。世故虽多舛,南薰且晏如。

> 溪上云林合,茅茨落照边。奇情负山水,杂兴托园田。老去诗真误,贫来家屡迁。苕西清绝处,栖逸在何年?

过长生塔院,访沈云樵、徐松之,兼呈此山师

> 寺门松动影离离,纵目西郊欲雪时。故国栖迟遗老在,新亭慷慨几人知?愁深失计三年别,乱极犹谈一日诗。虽是支公超物外,岁寒堂里亦低眉。

这诗里的此山和尚也是一个遗老,原姓周,名廖,字澹城;他本是一个

秀才，明亡后便做了和尚。长生塔院是他为他的师父明闻募建的，遗民黄周星题岁寒堂匾额。(《汪志》卷十五）黄周星字九烟，明朝遗臣，流寓在南浔，康熙间投水死。黄周星和吕留良（晚村）往来最密，晚村的《东庄诗存》里有许多赠他的诗。内有《寄黄九烟》一诗首句云："闻道新修谐俗书，文章卖买价何如？"自注云："时在杭，为坊人著稗官书。"可见当时那一班遗民常常替书坊编小说书为糊口计。这部《水浒后传》也许是陈忱当时替书坊编的。

陈忱的生卒年月，现已不可考了。他的自序假托于1608，而他们的诗社起于1650；我们也许可以假定他生于万历中叶，约当1590；死于康熙初年，约当1670，年约八十岁。郑成功据台湾在1660年。《水浒后传》写的暹罗，似暗指郑氏的台湾，故我们假定陈忱死在康熙时。

3 《水浒后传》里的人物，除了几个后一辈的少年英雄之外，都是《前传》里剩余的人物。《后传》的领袖是混江龙李俊。《忠义水浒传》第九十九回曾说宋江征方腊回来，到了苏州，李俊诈称风疾不起；宋江行后，李俊和童威、童猛三人自来寻费保等；他们到榆柳庄上，把家财卖了，造了大船，多贮盐米，开出太仓港，入海，到外国去。后来李俊做了暹罗国王，童威等俱做官人（此据日本译本）。这就是《后传》里李俊做暹罗王的故事的根据。《后传》因为《前传》有这样的一段故事，故不能不认李俊为主要人物，既认了一个浔阳江上的渔户作主要人物，自不能不极力描写他一番。《后传》第九回里写李俊"不通文墨，识见却是暗合"，这便是古人描写刘邦、石勒的方法了。

但《后传》的主要人物究竟还要算浪子燕青。凡是《后传》里最重要的事业，差不多全是燕青的主谋。所以后来在暹罗国里李俊做了国王，柴进做了丞相，燕青便做了副丞相；燕青是奴仆出身，故首相不能不让给门阀光荣的柴进；然而燕青却特别加封文成侯，特赐"忠贞济美"的金印，这又可见著者对燕青的偏爱了。本来在《前传》里，燕青已立了大功，运动李师师，运动徽宗，以成招安之局，都是他的成绩。末段征方腊回来，燕青独能看透功成身退之旨，飘然远遁，留诗别宋江道：

> 情愿自将官诰纳，不求富贵不求荣。身边自有君王赦，淡饭黄齑过此生。

这种地方，都可见百回本的著者早已极力描摹燕青的才能和人格；《后传》里燕青地位之高也是很自然的。

《水浒后传》是一部泄愤之书，这是著者自己在《论略》里说过的。他说：

> 《后传》为泄愤之书：愤宋江之忠义而见鸩于奸党，故复聚余人而救驾立功，开基创业；愤六贼之误国，而加之以流贬诛戮；愤诸贵幸之全身远害，而特表草野孤臣重围冒险；愤官宦之嚼民饱壑，而故使其倾倒宦囊，倍偿民利。

这是著者自己对于此书的意见。我们看他举出的四件事，第四事散见各回，不便详举；第一事在第三十八回，第二事在第二十七回，第三事在第二十四回。这都是著者寄托最深，精神最贯注的地方，我们可以特别提出来，以表示这书的真价值。

（一）救国勤王的运动　《后传》描写北宋灭亡时的情形，处处都是借题发泄著者的亡国隐痛。第七回先写赵良嗣献计，联合金国，夹攻辽国；第十五回写此策之实行，写燕云的收复；第十九回写宋朝纳张毂之降，与金国开衅，金兵大举征宋。在第十九回里，徽宗传位于太子，改元靖康；呼延灼父子随梁方平出兵防黄河；次回写汪豹内应，献了隘口，呼延灼父子被困，金人长驱渡河。第二十二回里，金兵进围汴京。第二十三回写姚平仲之败，郭京法术不灵，汴京破了，二帝被掳，康王即位于南京。

以上写北宋的灭亡，虽然略加穿插，大体都不违背历史的事实。第二十五回写金人立刘豫为齐帝，大刀关胜不肯降金，刘豫要将他斩首，幸得燕青用计救了他。此事也有历史的根据。《金史·刘豫传》说：

> 关胜者，济南骁将，屡出城拒敌。豫杀胜出降。

又《宋史·刘豫传》说：

> 刘豫怨前怨，遂蓄反谋，杀其将关胜，率百姓降金。百姓不

从,豫缒城纳款。

又王象春《齐音》云:

> 金兵薄济南,守将关胜善用大刀,屡战兀术。金人贿刘豫,诱胜杀之。(此据梁学昌《庭立记闻》上,页廿五引。原书未见。但梁氏说,"是胜未尝降金也,《宋史》误。"今按《宋史》并未言关胜降金,不误。)

第二十六回写饮马川的好汉李应、燕青等大破刘猊的金兵。大胜之后,他们决议"去投宗留守,共建功业,完我弟兄们一生心事"。他们南行时,在黄河渡口,遇着叛臣汪豹和金国大将乌禄的大兵,打了一仗,杀败金兵,生擒汪豹,用乱箭把他射死。但宗泽已呕血死了,兀术南下,汴京再陷,饮马川的豪杰无处可投奔,只好上登云山去落草,暂作安顿。

《后传》写这班梁山泊旧人屡次想出来勤王救国,虽多是悬空造出的事实,但也不能说是完全没有根据。关胜之死于国事,是正史上有记载的。当时人心思宋,大河南北,豪杰并起,收拾败残之局,以待国家大兵,——这是宗泽、岳飞诸人所常提及的事。直到二三十年后,山东尚有耿京、辛弃疾南归的事。所以我们可以说《水浒后传》所说勤王的豪杰,虽出于虚造,却也可代表当时的人心。

众豪杰后来都到暹罗去了,但他们终不忘故国,第三十七回特写宋高宗在牡蛎滩上被金兵困住,李俊、燕青等领水师,攻破阿黑麻的兵,救了高宗。这一段故事全是虚造的,但著者似乎有意造出此段故事来表现他心里的希望。那时明永历帝流离南中,郑成功出没海上,难怪当日的遗民有牡蛎滩救驾,暹罗国酬勋的希望了。

(二)诛杀奸臣的快事 金兵围汴京时,钦宗用当时的公论,贬逐一班奸臣。《水浒后传》为省事起见,把这班贬逐的奸臣分作两组。王黼、杨戬、梁师成为一组,押赴播州。李纲与开封府尹聂昌商议,派勇士王铁杖跟他们去,到雍丘驿,晚上把他们都刺死了(第二十二回)。这事也有根据。《宋史·王黼传》云:

> 金兵入汴,黼不俟命,载其孥以东。诏贬为崇信军节度副使,籍其家。吴敏、李纲请诛黼,事下开封尹聂山。山方挟宿怨,

> 遣武士蹑及于雍丘南辅固村,戕之民家,取其首以献。帝以初即
> 位,难于诛大臣,托言为盗所杀。

杨戬死于宣和三年,死时还赠太师吴国公。梁师成贬为彰化军节度副使,开封府吏护至贬所,在路上把他缢死了,以暴死奏闻,诏籍其家。这件事似乎也是聂山干的。陈忱把这三人凑在一起,把那善终的杨戬也夹在里面,好叫读者快意。

还有那蔡京、蔡攸、童贯、高俅的一组的结局,却全是陈忱想像出来的了。按《宋史》蔡京贬儋州,行至潭州病死,年八十。蔡攸贬逐后,诏遣使者随所至诛之。高俅得善终,事见宋人笔记。童贯窜英州,未至,诏数他十大罪,命监察御史张徽追至南雄,诛之,函首赴阙,枭于都市。陈忱却把这四个人合在一组,叫蔡京主张改装从小路往贬所去。不料行到了中牟县,被燕青遇见了。燕青走来对李应众人说道:"偶然遇着四位大贵人,须摆个盛筵席待他。"

这个盛筵席果然摆好了。

> 酒过三巡,蔡京、高俅举目观看,却不认得。……又饮够多时,李应道:"太祖皇帝一条杆棒打尽四百军州,挣得万里江山,传之列圣。道君皇帝初登宝位,即拜太师为首相,……怎么一旦汴京失守,二帝蒙尘,两河尽皆陷没,万姓俱受灾殃?是谁之过?"
>
> 蔡京等听了,跼蹐不安,想道:"请我们吃酒,怎说出这大帽子的话来!"面面相觑,无言可答,起身告别。
>
> 李应道:"虽然简亵,贱名还未通得,怎好就去?"唤取大杯斟上酒,亲捧至蔡京面前,说道:"太师休得惊慌。某非别人,乃是梁山泊义士宋江部下扑天雕李应便是。承太师见爱,收捕济州狱中;幸得救出,在饮马川屯聚,杀败金兵;今领士卒去投宗留守,以佐中兴。不意今日相逢,请奉一杯"。……蔡京等惊得魂飞魄散,推辞不饮,只要起身。李应笑道:"我等弟兄都要奉敬一杯。且请宽坐。"

接着便是王进和柴进起来数高俅的罪状。裴宣起来,舞剑作歌,歌曰:

> 皇天降祸兮,地裂天崩。二帝远狩兮,凛凛雪冰。奸臣播弄兮,四海离心。今夕殄灭兮,浩气一伸!

押差官起来告辞,樊瑞圆睁怪眼,倒竖虎须道:

> 你这什么干鸟,也来讲话!我老爷们是天不怕地不怕的。这四个奸贼,不要说把我一百单八个弟兄弄得五星四散,你只看那锦绣般江山都被他弄坏,遍天豺虎,满地尸骸,二百年相传的大宋,瓦败冰消,成什么世界!今日仇人相见,分外眼睁!……你这干鸟,若再开口,先砍你这颗狗头!

底下便是一段很庄严沉痛的文字:

> 李应叫把筵席搬开,打扫干净,摆设香案,焚起一炉香,率领众人望南拜了太祖武皇帝在天之灵,望北拜了二帝,就像启奏一般,齐声道:"臣李应等为国除奸,上报圣祖列宗,下消天下臣民积愤。"都行五拜三叩头礼。礼毕,抬过一张桌子,唤请出牌位来供在上面,却是宋公明、卢俊义、李逵、林冲、杨志的五人名号。点了香烛,众好汉一同拜了四拜,说道:"宋公明哥哥与众位英魂在上:今夜拿得蔡京、高俅、童贯、蔡攸四个奸贼在此。生前受他谋害,今日特为伸冤。望乞照鉴!"
>
> 蔡京等四人尽皆跪下,哀求道:"某等自知其罪;但奉圣旨,去到儋州,甘受国法。望众好汉饶恕!"
>
> 李应道:"……你今日讨饶,当初你饶得我们过吗?……只是石勒说得好:王衍诸人,要不可加以锋刃。前日东京破了,有人在太庙里看见太祖誓碑:'大臣有罪,勿加刑戮',载在第三条。我今凛遵祖训,也不加兵刃,只叫你们尝尝鸩酒滋味罢!"
>
> 唤手下斟上四大碗。蔡京、高俅、童贯、蔡攸满眼流泪,颤笃速的,再不肯接。李应把手一挥,只听天崩地裂,发了三声大炮;四五千人齐声呐喊,如震山摇岳。两个伏事一个,扯着耳朵,把鸩酒灌下。
>
> 不消半刻,那蔡京等四人七窍流血,死于地下。……李应叫把尸骸拖出城外,任从鸟啄狼餐。

这一大段《中牟县除奸》的文章,在第二流小说里是绝无而仅有的。这都因为著者抱亡国的隐痛,深恨明末的贪官污吏,故作这种借题泄愤的文章。他的感情的真挚遂不自由地提高了这部书的文学价值了。

(三) 黄柑青子之献 这一段是《水浒后传》里最感动人的文章。徽钦二帝被掳之后,杨林、戴宗要回到饮马川去了,燕青不肯走,说,"还有一段心事要完。"次早燕青扮做通事模样,拿出一个藤丝织就紫漆小盒儿,口上封固了,不知什么东西在里面,要杨林捧着,从北而去。他走进金兵大营里去,杨林见了那大营的军容,不觉寒抖不定;燕青神色自若,居然骗得守兵的允许,进去朝见道君皇帝。

……道君皇帝一时想不起,问"卿现居何职?"燕青道:"臣是草野布衣;当年元宵佳节,万岁幸李师师家,臣得供奉,昧死陈情;蒙赐御笔,赦本身之罪,龙剳犹存。"遂向身边锦袋中取出一幅恩诏,墨迹犹香,双手呈上。

道君皇帝看了,猛然想着,道:"元来卿是梁山泊宋江部下。可惜宋江忠义之士,多建大功;朕一时不明,为奸臣蒙蔽,致令沉郁而亡。朕甚悼惜。若得还宫,说与当今皇帝知道,重加褒封立庙,子孙世袭显爵。"

燕青谢恩,唤杨林捧过盒盘,又奏道:"微臣仰觐圣颜,已为万幸。献上青子百枚,黄柑十颗,取苦尽甘来的佳谶,少展一点芹曝之意。"

齐眉献上,上皇身边止有一个老内监,接来启了封盖。道君皇帝便取一枚青子纳在口中,说道:"连日朕心绪不宁,口内甚苦;得此佳品,可以解烦。"叹口气道:"朝内文武官僚世受国恩,拖金曳紫;一朝变起,尽皆保惜性命,眷恋妻子,谁肯来这里省视!不料卿这般忠义!可见天下贤才杰士原不在近臣勋戚中!朕失于简用,以致于此。远来安慰,实感朕心。"命内监取过笔砚,将手中一柄金镶玉靶白纨扇儿,吊着一枚海南香雕螭龙小坠,放在红毡之上,写一首诗道:

笳鼓声中藉氍毹,普天仅见一忠臣。若然青子能回味,大赉黄柑庆万春!

写罢,落个款道:"教主道君皇帝御书"。就赐与燕青道:

"与卿便面。"燕青伏地谢恩。

上皇又唤内监分一半青子黄柑:"你拿去赐与当今皇帝,说是一个草野忠臣燕青所献的。"

…………

两个取路回来,离金营已远,杨林伸着舌头道:"吓死人!早知这个所在,也不同你来。亏你有这胆量!……我们平日在山寨,长骂他(皇帝)无道;今日见这般景象,连我也要落下眼泪来。"

这一大段文章,真当得"哀艳"二字的评语!古来多少历史小说,无此好文章;古来写亡国之痛的,无此好文章;古来写皇帝末路的,无此好文章!

《水浒后传》在坊间传本甚少,精刻本更不易得;但这部书里确有几段很精采的文字,要算是十七世纪的一部好小说。这就是我们现今重新印行这部书的微意了。

十二,十二,二十

(收入罗贯中、陈忱著,汪原放标点:《水浒续集》,
1924年亚东图书馆初版)

《三国志演义》序

三国的故事向来是很能引起许多人的想像力与兴趣的。这也是很自然的。中国历史上只有七个分裂的时代：(1)春秋到战国，(2)楚汉之争，(3)三国，(4)南北朝，(5)隋、唐之际，(6)五代十国，(7)宋、金分立的时期。这六〔七〕个时代之中，南北朝与南宋都是不同的民族分立的时期，心理上总有一点"华夷"的观念，大家对于"北朝"的史事都不大注意，故南北朝不成演义的小说，而南宋时也只配做那偏于"攘夷"的小说（如《说岳》）。其余五个分立的时期都是演义小说的好题目。分立的时期，人才容易见长，勇将与军师更容易见长，可以不用添枝添叶，而自然有热闹的故事。所以《东周列国志》，《七国志》，《楚汉春秋》，《三国志》，《隋唐演义》，《五代史平话》，《残唐五代》等书的风行，远胜于《两汉演义》，《两晋演义》等书。但这五个分立时期之中，春秋、战国的时代太古了，材料太少；况且头绪太纷烦，不容易做的满意。楚汉与隋、唐又太短了，若不靠想像力来添材料，也不能做成热闹的故事。五代十国头绪也太繁，况且人才并不高明，故关于这个时代的小说都不能做好。只有三国时代，魏、蜀、吴的人才都可算是势均力敌的，陈寿、裴松之保存的材料也很不少；况且裴松之注《三国志》时，引了许多杂书的材料，很有小说的趣味。因此，这个时代遂成了演义家的绝好题目了。

《三国志演义》不是一个人做的，乃是五百年的演义家的共同作品。唐朝已有说三国故事的了。段成式《酉阳杂俎》说："予太和末，因弟生日观剧，有市人小说，呼扁鹊作褊鹊字，上声。"又李商隐《骄儿》诗云："或谑张飞胡，或笑邓艾吃。"这都可证晚唐已有说三国的。宋朝"说话"的风气更发达了。孟元老《东京梦华录》说北宋晚年的

"说话",共有许多科,内中"说三分"是一种独立科目,不属于"讲史"一科,竟成了一种专科了。苏轼《志林》说:

> 涂巷中小儿薄劣,其家所厌苦,辄与钱,令聚坐听说古话。至说三国事,闻刘玄德败,辄蹙眉,有出涕者;闻曹操败,即喜,唱快。以是知君子小人之泽,百世不斩。

宋金分立的时代,南方的平话,北方的院本,都有这一类的历史故事。现在可考见的,只有金院本中的《襄阳会》。到了元朝,我们的材料便多了。《录鬼簿》与《涵虚子》记的杂剧名目中,至少有下列各种是演三国故事的:

王　晔　《卧龙冈》。

朱　凯　《黄鹤楼》。

王实甫　《陆绩怀橘》,《曹子建七步成章》。

关汉卿　《管宁割席》,《单刀会》。

尚仲贤　《诸葛论功》。(《录鬼簿》作《武成庙诸葛论功》,不知是否三国故事。)

高文秀　《周瑜谒鲁肃》,《刘先主襄阳会》。

郑德辉　《王粲登楼》,《三战吕布》(二本)。

武汉臣　《三战吕布》(二本)。(按《录鬼簿》,武作的是一部分,余为郑作。)

王仲文　《诸葛祭风》,《五丈原》。

于伯渊　《斩吕布》。

石君宝　《哭周瑜》。

赵文宝　《烧樊城糜竺收资》。

无名氏　《连环计》,《博望烧屯》,《隔江斗智》。

这十九种之中,现在只有《单刀会》,《博望烧屯》(日本京都文科大学影刻的《元人杂剧三十种》之二),《连环计》,《隔江斗智》,《王粲登楼》(臧刻《元曲选》百种之一),五种存在。明朝宗室周宪王的《杂剧十段锦》之中,有《关云长义勇辞金》一种,现在也有传本(董康刻的)。

我们研究这几种现存的杂剧,可以推知宋至明初的三国故事大概与现行的《三国演义》里的故事相差不远。内中只有《王粲登楼》一本是捏造出来的情节;如说蔡邕做丞相,曹子建和他同朝为学士,王粲上万言策,得封天下兵马大元帅:都是极浅薄的捏造。其余的几本,虽有小节的不同,但大体上都与《三国演义》相差不多。我们从这些杂剧的名目和现存本上,可以推知元朝的三国故事至少有下列各部分:

(1) 吕布故事:《虎牢关三战吕布》,《连环计》,《斩吕布》。

(2) 诸葛亮故事:《卧龙冈》,《博望烧屯》,《烧樊城》,《襄阳会》,《祭风》,《隔江斗智》,《哭周瑜》,《五丈原》。

(3) 周瑜故事:《谒鲁肃》,《隔江斗智》,《哭周瑜》。

(4) 刘、关、张故事:《三战吕布》,《斩吕布》,及以上诸剧。

(5) 关羽故事:《义勇辞金》,《单刀会》。

(6) 曹植、管宁等小故事。

最可注意的是曹操在宋朝已成了一个被人痛恨的人物(见上引苏轼的话),诸葛亮在元朝已成了一个足计多谋的军师,而关羽已成了一个神人。(《义勇辞金》里称他为"关大王";《单刀会》是元初的戏,题目已称《关大王单刀会》了。)

散文的《三国演义》自然是从宋以来"说三分"的"话本"变化演进出来的。宋时已有很好的短篇小说,如新发现的《京本通俗小说》(在《烟画东堂小品》中),便是很明白的例。但宋时有无这样长篇的历史话本,还不可知。旧说都以为《三国演义》是元末明初一个杭州人罗贯中做的。罗贯中,或说是名贯,字本中(《七修类稿》);或说是名本,字贯中(《续文献通考》)。《水浒传》,《三国志》,《隋唐演义》,《平妖传》等书,相传都是他做的。大概他是当时的一个演义家,曾做了一些演义体的小说。明初的《三国演义》也许真是他做的。但那个本子和现行的《三国演义》不同。当明万历年间,《水浒传》的改本已风行了,但《三国演义》还是很浅劣的。胡应麟在《庄岳委谈》里说《三国演义》"绝浅陋可嗤",又说此书与《水浒》"二书浅深工拙,若霄壤之悬"。可见此书在明朝并不曾受文人的看重。

明朝末年有一个"李卓吾评本"的《三国演义》出现。此本现在也不易得了；日本京都帝国大学铃木豹轩教授藏的一部《英雄谱》，上栏是百十回本的《忠义水浒传》，下栏是这个本子的《三国演义》。我们不知道这个本子和那明初传下来的本子有什么不同的地方，但我们可以断定这个本子仍旧是很幼稚的。后来清朝初年，有一个毛宗岗（序始），把这个本子大加删改，加上批评，就成了现在通行的《三国志演义》。毛宗岗假托一种"古本"，但我们称他做"毛本"。毛宗岗把明末的本子叫做"俗本"，但我们要称他做"明本"。

毛本有"凡例"十条，说明他删改明本之处。最重要的有几点：

（1）文字上的修正："俗本（即明本，下同）之乎者也等字，大半龃龉不通；又词语冗长，每多复沓处。今悉依古本改正。"

（2）增入的故事："如关公秉烛达旦，管宁割席分坐，曹操分香卖履，于禁陵阙见画，以至武侯夫人之才，康成侍儿之慧，邓艾凤分之对，钟会不汗之答，杜预《左传》之癖：今悉依古本存之。"

（3）增入的文章："如孔融荐祢衡表，陈琳讨曹操檄，……今悉依古本增入。"

（4）削去的故事："如诸葛亮欲烧魏延于上方谷，诸葛瞻得邓艾书而犹豫未决，之类……今皆削去。"

（5）削去的诗词："俗本每至'后人有诗叹曰'，便处处是周静轩先生，而其诗又甚俚鄙可笑。今此编悉取唐、宋名人作以实之。""俗本往往捏造古人诗句，如钟繇、王朗颂铜雀台，蔡瑁题诗馆驿屋壁，皆伪作七言律体。……今悉依古本削去。"

（6）辨正的故事："俗本纪事多讹。如昭烈闻雷失箸，及马腾入京遇害，关公封汉寿亭侯，之类，皆与古本不合。又曹后骂曹丕，而俗本反书其党恶；孙夫人投江而死，而俗本但纪其归吴。今悉依古本辨定。"

我们看了这些改动之处，便可以推想明本《三国演义》的大概情形了。

我们再总说一句：《三国演义》不是一个人做的，乃是自宋至清初五百多年的演义家的共同作品。

这部书现行本(毛本)虽是最后的修正本,却仍旧只可算是一部很有势力的通俗历史讲义,不能算是一部有文学价值的书。为什么《三国演义》不能有文学价值呢？这也有几个原因：

第一,《三国演义》拘守历史的故事太严,而想像力太少,创造力太薄弱。此书中最精采,最有趣味的部分在于赤壁之战的前后,从诸葛亮舌战群儒起,到三气周瑜为止。三国的人才都会聚在这一块,"三分"的局面也定于这一个短时期,所以演义家尽力使用他们的想像力与创造力,打破历史事实的束缚,故能把这个时期写的很热闹。我们看元人的《隔江斗智》与此书中三气周瑜的不同,便可以推想演义家运用想像力的自由。因为想像力不受历史的拘束,所以这一大段能见精采。但全书的大部分都是严守传说的历史,至多不过能在穿插琐事上表现一点小聪明,不敢尽量想像创造,所以只能成一部通俗历史,而没有文学的价值。《水浒传》全是想像,故能出奇出色;《三国演义》大部分是演述与穿插,故无法能出奇出色。

第二,《三国演义》的作者,修改者,最后写定者,都是平凡的陋儒,不是有天才的文学家,也不是高超的思想家。他们极力描写诸葛亮,但他们理想中只晓得"足计多谋"是诸葛亮的大本领,所以诸葛亮竟成一个祭风祭星,神机妙算的道士。他们又想写刘备的仁义,然而他们只能写一个庸懦无能的刘备。他们又想写一个神武的关羽,然而关羽竟成了一个骄傲无谋的武夫。这固是时代的关系(参看《胡适文存》卷一,页五二——五三),但《三国演义》的作者究竟难逃"平凡"的批评。毛宗岗的凡例里说：

> 俗本谬托李卓吾先生评阅,……其评中多有唐突昭烈,漫骂武侯之语,今俱削去。

这种见地便是"平凡"的铁证。至于文学的技术,更"平凡"了。我们试看第四十三回诸葛亮舌战群儒一大段;在作者的心里,这一段总算是极力抬高诸葛亮了;但我们读了,只觉得平凡浅薄,令人欲呕。后来写"三气周瑜"一大段,固然比元人的《隔江斗智》高的多了,但仍是很浅薄的描写,把一个风流儒雅的周郎写成了一个妒忌阴险的小人,并且把诸葛亮也写成了一个奸刁险诈的小人。这些例都是从

《三国演义》的最精采的部分里挑出来的,尚且是这样,其余的部分更不消说了。文学的技术最重剪裁。会剪裁的,只消极力描写一两件事,便能有声有色。《三国演义》最不会剪裁;他的本领在于搜罗一切竹头木屑,破烂铜铁,不肯遗漏一点。因为不肯剪裁,故此书不成为文学的作品。

话虽如此,然而《三国演义》究竟是一部绝好的通俗历史。在几千年的通俗教育史上,没有一部书比得上他的魔力。五百年来,无数的失学国民从这部书里得着了无数的常识与智慧,从这部书里学会了看书写信作文的技能,从这部书里学得了做人与应世的本领。他们不求高超的见解,也不求文学的技能;他们只求一部趣味浓厚,看了使人不肯放手的教科书。《四书五经》不能满足这个要求,《廿四史》与《通鉴》、《纲鉴》也不能满足这个要求,《古文观止》与《古文辞类纂》也不能满足这个要求。但是《三国演义》恰能供给这个要求。我们都曾有过这样的要求,我们都曾尝过他的魔力,我们都曾受过他的恩惠。我们都应该对他表示相当的敬意与感谢!

十一,五,十六　在北京

(注)作此序时,曾参用周豫才先生的《小说史讲义》稿本,不及一一注出,特记于此。

(收入罗贯中著,汪原放标点:《三国演义》,
1922年亚东图书馆初版)

高元《国音学》序

我的朋友高元先生著的这部《国音学》，理论非常彻底，证据非常充足，本用不着我这个门外汉来说什么外行话。但他临去国时，几番叮嘱我，要我把我对于这部书的意见写出来做一篇短序；他的意思大概是因为这部书有许多"骇人听闻"的议论，故希望我们借这个机会先加入这个讨论，引起大家的兴趣。我不愿意孤负他的好意，故大胆说几句话。

他这部书的前半，专讲学理，加上实验的证据，在我个人看来，很是满意的了。后半除讲学理之外，还附有两个重要的辩论：一是他的辟等呼论，一是他的绝对废弃四声论。这两个都是很重要的主张，很可以算是《国音学》上的两大解放。辟等呼论，高先生近来另著专篇，说的更为详细，不用我再说了。他的废弃四声论，当这个时候，也许还要引出一些反动的论调。我是赞成这个主张的人，故借这个机会，表出我赞成的理由，并且对于他的主张，提出一个小小的修正。

当民国九年五月国语统一筹备会临时大会里钱玄同先生们提出"国音不必点声"的议案时，我是大会的主席，又是审查委员会的主席。我是赞成这个议案的，但为调和当时的意见起见，——当时有人提出恰相反的议案，——故我提议，把这个议案改为"教授国音时不必点声"。这个修正案，居然通过了。我们赞成废弃点声的人当时的意思大概是希望后来空气更顺溜时，然后作更进一步的计划。一年之后，虽不幸有规定五声标准的议案，虽使人不免有点失望，但同时也有像高先生这样明快的绝对废弃论出现，总可以算是满足了我们的期望了。

我可以预料，五声的标准是定不出来的。即使定得出来，即使用图用音谱表示出来，也无法能使多数教员学生懂得记得。现在的国语是北部与中部的调和，但中部的小部分虽保存入声，北部与西部久已没有入声了。北部与西部的废止入声，是语言自然演化的结果，决不是人力所能挽回的。使已经天然陶汰了的入声依旧回到国语里去，这个入声的复辟比满清帝室的复辟还要艰难一千倍，我们如不信这种困难，可以去请教王蕴山先生，问他怎样教授入声，就可以知道了。

中国各种方言的比较，可以看出一个很明显的趋势：就是由最古的广州话的九声逐渐减少到后起的北部西部的四声（北部虽是古文化的祖坟，但语言却是新进的晚辈；西部语言更晚）。我们知道这个自然趋势，便知道国语的有入声是一种劳而无功的调和。更进一步，我们可以说，这个趋势是<u>应该再往前进的</u>，是<u>应该走到四声完全消灭的地位的</u>。高先生说的不错：

> 假如不定五声标准，或者因为纷乱之结果，便可以促进国语的革命，——由单音会语变成复音会语。若服了这一服叫人不死不活的参汤，那革命的动机必定缓和了。可是进行无论迟慢，我相信他必定有可以达到之一日。

但我对于高先生主张促进这个革命的办法，却有一点怀疑，他主张两个办法：

(1) 设法把<u>复音会字</u>大造特造。

(2) 把"声随"的韵也大增特增。

第一条是不错的，但第二条是大可不必的，并且是不能用人力来勉强做的。现在只有极力向第一条做去，<u>增加复音会字</u>。实行的手续有两途：

(1) 实行"词类连书"之法，逐渐提倡把文字中之复音会字，——如"逐渐"，"提倡"，"复音会字"之类，——都连写起来，上下各空半格，如西文之写法。印刻时也如此排列。

(2) 作文说话时，避免单音字；凡有单音字，极力改为复音会字。造新名词时，决不可造单音字。例如英语之"From the concrete to the abstract"当译为"从具体的到抽象的"，决不可如复古派某君译为"由著之玄"。

　　将来这种复音会字的尾字也许有自然变作"声随的韵"的——"桌子"也许会变成 tʒuotz,——但我们尽不必去强求他。为什么呢？因为"声随的韵"容易消灭,而复音会字不容易消灭。古代的"声随",如 m,p,t,k,等,已消灭了。北部语言之中,古声随的保存,全靠他们的变成复音会字的尾音。例如"甚"的 m 音变成"甚么","恁"的 m 音变成"那么","怎"的 m 音变成"怎么","俺"的 m 音变成"俺们"。复数代名词"我们""你们"等的尾音"们",都是一个时代的 m 尾音,先变成"每",再变为"们"。变成"么"与"们"之后,就不像"m"那样容易消灭了。

　　这是我对于高先生的五声废止论的一点意见。同这一点稍有连带关系的是他第五章论中国语的特性的第一条"中国语为单音会语(Monosyllable)"。这句话只有一部分的真理。其实世上没有纯粹单音语的国家,也没有纯粹复音语的国家。中国语在今日决不能叫做"单音会语"了。如"我们","绝对的",岂可认为单音字吗？

　　　　　　十一,一,一二　　胡适　在上海大东旅社
　　（原载 1922 年 3 月 20 日《教育杂志》第 14 卷第 3 期）

赵元任《国语留声片》序

我的朋友赵元任先生去年在北京时,我们曾讨论到国音留声机片,赵先生说出对于制片的许多意见:第一,重在课本,课本选材不当,往往流于干燥无味,敷衍了事。第二,发音的人若不明白语音和音乐的原理,往往有读音错误和语气不自然的毛病。那时有一班热心国语教学的人便劝他自己编一部较完善的课本,自己发音。他很赞成这个意思,后来有了经济上的援助,这事居然实现了。现在赵先生发音的机片已做成了,他编的课本已印成了,我忍不住要说几句介绍的话。

我敢说:如果我们要用留声机片来教学国音,全中国没有一个人比赵元任先生更配做这件事的了。他有几种特别天才:第一,他是天生的一个方言学者。他除了英、法、德三国语言之外,还懂得许多中国方言。他学方言的天才确是可惊异的。前年他回到中国,跟着罗素先生旅行,他在路上就学会了几种方言。他不但能说许多方言,并且能在短时期之中辨别出各种方言的特别之点。例如一天他和我谈起北京话里"我们"和"咱们"有区别,不可乱用;〔看本书第九课(43.4)注〕我拿《红楼梦》的前八十回来细细检查,果然都有分别。我又问他中国方言中有几种是有这个区别的,他随口便举出了常州,无锡,福州,厦门等处的方言为例。这种天才真是很可妒羡的。第二,他又是一个天生的音乐家。他在音乐上的创作,曾得美国音乐大家的赞赏。他的创作的能力,我们不配谈;我们只知道他有两只特别精细的音乐耳朵,能够辨别那极微细的,普通人多不注意的种种发音上的区别;他又有一副最会模仿的发声机官,能够模仿那极困难的,普通人多学不会的种种声音。第三,他又是一个科学的言语学者。

单靠天生的才能,是不够用的,至多不过学一个绝顶聪明的"口技家"罢了。但是赵先生依着他的天才的引诱,用他的余力去研究发音学的学理;他在这里面的成就也是很高深的。所以无论怎样杂乱没有条理的对象,到了他的手里,都成了有系统的分类,都成了有线索的变迁。

赵先生有了这几种特别长处,所以最适宜于做《国音留声机片》的编著者和发音人。他这部课本就可以证明我们对他的期望是不虚的。他自己用两句格言包括他这部书的用处:"目见不如耳闻,耳闻不如口读。"这两句话说尽我们平常用的种种模糊影响的,非科学的国音教学法。我们的大病在于偏重目见,偏重纸上的字形。例如"他借去了三本书,至今还(ㄏㄞ)不曾还(ㄏㄨㄞ)我",上"还"字与下"还"字在纸上是一样的,在《国音字典》上也是一样的,但是耳朵里听起来,嘴上说起来,可是两样的了。又如本书里第十课(45)"他做了(ㄉㄧㄠ)了(ㄉㄜ)去了(ㄉㄚ)!"的三个"了"字,有三种不同的发音,也不是眼睛里看得出来的(《国音字典》上也只有一个"ㄉㄧㄠ"音)。又如第六课(35)(ㄇ)"供给(ㄐㄧ)给(ㄍㄟ)他"的两个"给"字读法不同。赵先生在这种地方辨别的最精细;这副机片的发音与编课本都出于赵先生一个人,故我们可以说他是能把眼,耳,嘴三项都打成一片的了。

赵先生的最大贡献是在论声调的第七八两课。这两课虽很简单,却包含着许多重要的学理。第一,他的分别五声的方法,用音乐来说明"阴阳赏去入"的腔调,又发明一个"赏半"的变声。第二,他对于"赏"声的研究最有价值。他整理出两条通则来:(1)赏声下连阴阳去入声或轻音字,就成"赏半";(2)赏声下连赏声,第一赏声变阳声。故赏声在句子的里面,几乎不存在了。第三,他又指出凡五声的字,在不应该重读的地位,一概读为"轻音"。故"张家外头屋里藏过贼的"的"家,头,里,过,的"五字竟无"声"可说,只是一种轻音。——以上三条都是很重要的,因为这三条都可以教大家了解"声"究竟是什么东西;又可以教我们知道"声"不是呆板的,是活用的;不是可以用机械的点声符号来死记的,是要随着语言的自然变动的。现在争执"点声"的重要的人,不可不细细研究这两课。

此外,本书还有许多同样重要的贡献。如第五六两课校正各处方音里最容易混乱国音的地方,也是极难得的教材。他举出的音,如"ㄈ"与"ㄏㄨ","ㄨ"与"ㄏㄨ","ㄉ"与"ㄋ","ㄒㄧ"与"ㄧ"与"ㄩ"与"ㄒㄩ","ㄐㄧ"与"ㄗㄧ","ㄑㄧ"与"ㄘㄧ","ㄒㄧ"与"ㄙㄧ","ㄓ"与"ㄗ","ㄔ"与"ㄘ","ㄕ"与"ㄙ","ㄅ"与"ㄥ","ㄥ"与"ㄨㄥ",……都是最容易混乱的音。这种材料最不容易搜的完备;这两课内中也许有不完备的地方(如里面用"安徽"二字,区域未免太广),但大致上是极有用,极可佩服的。我们看了这两课,便可以知道赵先生学方言的天才;又可以承认这样的材料,除了赵先生,是没有旁人能做的。

赵先生在他的许多特长之外,又是一个滑稽的人,生平最喜欢诙谐的风味,最不爱拉长了面孔整天说规矩话。我们读了他译的《阿丽思梦游奇境记》,都不能不佩服他的诙谐天才。他编这部书,也忍不住时时插入一点滑稽的材料。本来教发音是最枯燥无趣的事,有了赵先生的诙谐材料,读的人可以减轻多少枯窘的闷境。例如他在第一课里,"ㄩ"字读"迂夫子的迂","ㄛ"字读"阿弥陀佛的阿";第七课(37)举的例里"荤油炒面吃","偷尝两块肉";这都是他的滑稽生性的表现,别有一种风味,可以打破教科书的传统的沉闷!至于第十二课的两篇故事,完全是笑话,更是那"忍俊不禁"的赵元任出现了。有时他竟要请我们猜谜了(第七课(37.2)注)!我虽然猜不出他的谜儿,但他这点玩世的放肆,我们都该宽恕他的。

最后,我要加一条小注。第十五课里,赵先生选我的《鸽子》诗,他替我把末句"鲜明无比"改成"鲜明照地"。他的理由,我是承认的;但"照地"两字终不大妥当。去年冬间赵先生从美国寄信来,要我克期回答:恰巧我那时在百忙中,一时想不出满意的改法,他给我的限期早过去了,我只好随他改了。今年想想,这四字似乎可改作"十分鲜丽",不知赵先生赞成吗?

十一,六,三十　北京

(收入赵元任著:《国语留声片课本》,1922 年商务印书馆出版)

再论中学的国文教学

今天的讲题是"中学的国文教学",两年前民国九年,我曾在北京发表过一次(参看《胡适文存》卷一,页三〇三以下),那时候没有什么标准,全凭理想立言。两年以来,渐觉得我那些主张有一部分是禁得起试验的,有一部分是无法试验的,有一部分是不能不修正的。此次再来讲演这个题目,先就旧主张略说一说,再加以两年来修正的地方,作为我的新主张。为讲演的便利,分为以下四段:

(一)假定的"中学国文标准"

我在两年前定的——中学国文的理想标准是:
(1)人人能以国语自由发表思想。
(2)人人能看平易的古书。
(3)人人能作文法通顺的古文。
(4)人人有懂得古文文学的机会。

这几个标准,我现在修改作以下三条:

(1)人人能用国语自由发表思想——作文,演说——都能明白晓畅没有文法上的错误。这一条与旧主张第一条无大差异。我所持理由:因为国语文容易学习,容易通晓,而且实在重要。以我数年来的观察,可以说:中学生作古文的,都没有什么成绩。有许许多多中等学校毕业生都不能用古文发表他自己的思想。然而在这几年之中,能做通顺的白话文的中学生却渐渐多起来了。我们认定一个中学生至少要有一个自由发表思想的工具,故用"能作国语文"为第一个标准。

(2)国语文通顺之后,方可添授古文,使学生渐渐能看古书,能用古书。学生先学习国语文到了明白通顺的程度,然后再去学习古文,所谓"事半功倍",自然是容易的多。学外国文也是如此,先学好了一种欧洲语言,然后再去学第二种,必定容易的多。还有一个证据是:据我们的观察和研究所得,可以断定有许多文字明白通畅的人,都不是在讲堂上听教师讲几篇唐宋八家的残篇古文而得的成绩;实在是他们平时或课堂上偷看小说而来的结果。由此我们可以知道国语可以帮助古文的学习了。

(3)作古体文但看作实习文法的工具,不看作中学国文的目的。因为在短时期内,难望学生能作长篇的古文;即使能作,也没有什么用处。这次本社年会国语国文教学分组里,黎锦熙先生提了一个议案,他说:"中学作文仍应以国语文为主,……愿意学习文言文者,虽可听其自由,但只可当作随意科……",可以做个参考。

以上讲完了中学国文标准,现在讲第二段:

(二)假定的"中学国文课程"

前年假定的是:国语文占四分之一,古文占四分之三。四年合计,中学课程以二十时为准:国语文所占五小时内,白话文应占二小时,语法与作文一小时,演说一小时,辩论一小时;古文所占十五小时内,古文选本应占十二小时,文法与作文应占三小时。

现在我拟定两个国文课程的标准是:

(1)在小学未受过充分的国语教育的,应该注意下列三项:

(一)宜先求国语文的知识与能力。

(二)继续授国语文至二三学年,第三四学年内,始得兼授古文,但钟点不得过多。

(三)四学年内,作文均应以国语文为主。

(2)国语文已通畅的,也分为下列三项:

(一)宜注重国语文学与国语文法学。

(二)古文钟点可稍加多,但不得过全数三分之二。

(三)作文则仍应以国语文为主。

以上为中学的国文课程。以下再讲第三段:

（三）国语文的教材和教授法

（1）国语文的教材：国语文的教材与九年定的大略相同，不过现在的新主张比较旧主张略有增加。

（一）小说

（二）戏剧与诗歌

（三）长篇议论文与学术文

（四）古白话文学选本，依时代编纂，约自唐代的诗，词，语录起，至晚清为止。这种选本可使学生知道——白话文非少数人提倡来的，乃是千余年演化的结果。我们溯追上去，自现在以至于古代，各个时代都有各个时代很好的白话文，都可供我们的选择。有许多作品，如宋人的白话小词，元人的白话小令，明清人的白话小说，都是绝好的文学读物。

（五）国语文的文法

（2）国语文的教授法：此与九年所拟的完全相同。

（A）指定分量，由学生自修。讲堂上只有讨论，不用讲解。注入式的教授，自不容于当代的新潮流，教员在讲堂上，除了补充和讨论以外，实在没有讲解的必要。

（B）用演说，辩论，作国语的实用教授法。国语文既是一种活的文字，就应当用活的语言作活的教授法。演说，辩论……都是活的教授法，都能帮助国语教学的。我可以说："长于演说的人，一定能作好的文章；辩论家也是一样。"

各种国语教材的教授法，我在两年前已大略说过了。只有新添的"古白话文学"与"文法"两项可以提出来略说一点。

教授古白话文学时，应讲演白话文学的兴起，变迁的历史，指出选例的价值。

教授国语文法时，可略依下列之三条原则：

第一，于极短时期中，教完文法中"法式的"部分。所谓法式的部分，就是名词分几类，动词分几类，什么叫"主词"……等。

第二，然后注重国语文法的特别处。如"把他杀了"的"把"字；"我恨不得把这班贪官污吏杀的干干净净"的"的"字；"宋江杀了人了"的两个"了"字;"放了罢"的"了"字;"那个在景阳岗上打虎的武松"的"的"字……这些都是国语文法的特别处,是应当特别注重的。

第三,改正不合文法的文句。有许多的国语文句是不合文法的,应当随时改正。比如:

"除非过半数的会员出席,大会才开得成。"

这一句的上半句用"除非",下半句不能用肯定,所以应该改为:

"除非过半数会员出席,大会是开不成的。"

如此,才能免于文法上的错误。

以上讲完了国语文,现在讲古文之部。

(四)古文的教材和教授法

前年的计划之中,这一项惹起了最多的怀疑,而我自己这两年的观察也使我觉得这一项所以不能实施的原因了。现在先摘要说明我前年的主张:

(1)古文的教材:

第一学年,专读近人的文章,自梁任公到章太炎,都可选读。此外还应多看文言的小说,如《战血余腥记》,《稼者传》等。

第二三四学年,分两种:

(甲)古文选本,从《老子》、《檀弓》到姚鼐、曾国藩,每一个时代的重要作者,都应选入;于选本之中,包括古文文学史的性质。

(乙)自修的古文书,一个中学毕业生应该看过下列的几部书:

(A)史书:《资治通鉴》,或《纪事本末》等。

(B)子书:《孟子》,《墨子》,《荀子》,《韩非子》,《淮南子》,《论衡》,……

(C)文学书:《诗经》之外,随学生性质所近,选习两三种专集,如陶潜,杜甫,王安石,苏轼等。

(2)古文教授法:

(甲)教员分配分量,学生自己去预备。

(乙)讲堂上没有逐篇逐句讲解的必要,只有质疑问难,大家讨论两项事可做。

（丙）教员除解答疑难，引导讨论外，可以随时加入参考的材料。

以上是我三年前的主张。这个理想的计划，到现在看来，很像是完全失败了。教材的分量，早就有人反对了；教授古文，注重自修，大家也觉得难以实行。但这种失败，我还不肯认为根本的失败。我至今承认我当年主张的理由（看《文存》卷一，页三一五——六）没有什么大错。我以为我的主张此时所以不能不失败，只为了一个原因，就是没有相当的设备。

三四年前普通见解总是愁白话文没有材料可教；现在我们才知道白话文还有一些材料可用，到是古文竟没有相当的教材可用。我曾说，"那几本薄薄的古文读本是决不会教出什么成绩来的"。这话我至今认为不错。但除了那本古文读本之外，还有什么适当于教科的书籍吗？我提倡学生自读古书，但是有几部古书可以便于自修呢？我曾举《资治通鉴》，但现行的《资治通鉴》，——宋本，百衲本，局本，石印，——那一部可以供普通中学学生的自修呢？我又说过各种"子书"，但现在的子书可有一部适用的吗？就拿最简短的《老子》来说罢，王弼本与河上公本是最通行的了；然而清朝古学大师对于《老子》的校勘训诂，——如王念孙、俞樾等——至今没有人搜集成一种便于自修的"集注"。究竟"常无欲以观其妙，常有欲以观其徼"二句应该读"常无"、"常有"为两小顿呢？还是读两个"欲"字作小顿呢？"常"字还是作"常常"解呢？还是依俞樾作"尚"字解呢？

我又说过《诗经》，但是《诗经》不经过一番大整理是不配作教本的。二百年来，学者专想推翻朱熹的《诗集传》，但朱《传》仍旧是社会上最通行的本子。现在有几个中学国文教员能用胡承珙、马瑞辰、陈奂一班汉学家的笺疏呢？有几个能用姚际恒或龚橙的见解呢？究竟毛《传》，郑《笺》，孔《疏》，朱《传》……那一家对呢？究竟齐诗，鲁诗，韩诗，毛诗的异同，有没有参考比较的价值呢？究竟《关关雎鸠》一篇是泛指"后妃之德"呢？还是美文王的后妃呢？还是刺她的曾孙媳妇康王后呢？还是老老实实的一首写相思的诗呢？这一部书，经过朱熹的整理，又经过无数学者的整理，然而至今还只是一笔糊涂帐;专门研究的人还弄不清楚,何况中学学生呢?若我们也糊里糊涂的把朱熹的《诗集传》做课本,叫学生把《关雎》当作"后妃之德"的诗,那就是瞒心昧己,害人子弟了!

总之,我说的"没有相当的设备",是说古书现在还不曾经过一番相当的整理。古书不经过一番新式的整理,是不适宜于自修的,我们不看见英美学生读的莎士比亚的戏剧吗?莎士比亚生当三百年前,他的戏剧若不整理,也就不好懂了。我们试拿三百年前刻的"四开"(Quarto)"对开"(Folio)的古本《莎士比亚集》,比较现在学校用的那些有详序,有细注,有校勘记的本子,方才可以知道整理古书在教学上的重要了。

整理古书的方法,现在不能细说,只可说几个必不可少的条件:

(1)加标点符号。

(2)分段。

(3)删去繁重的,迂谬的,不必有的旧注。

(4)酌量加入必不可少的新注——这两条,我且举一个例。《诗经》的第一首,旧序与旧注都可删去,但注下列的几处:

(a)"关雎"是什么?

(b)"洲"字,"逑"字,"芼"字。

(c)"荇菜"是什么?

(d)"左右流之"的"流"字,下有"之"字,明是外动词,与"水流"的"流"不同,故应加注。

(e)"思服"二字,应酌采诸家之说,定一适当之注。

(5)校勘 用古本善本校勘异同,订正讹脱。

(6)考订真假 如《书经》的"古文"一部分是二百年来经学大师多认为假的了。如《庄子》的《说剑》,《让王》,《盗跖》诸篇,是宋人就认为假的了。

(7)作介绍及批评的序跋 每书应有详明的序跋,内中至少应有下列各项:

(a)著作人的小传。

(b)本书的历史 如序《书经》,应述"今古文"的公案。

（c）本书的价值　如序《诗经》，应指出他的文学价值。

有了这一番整理的工夫，我们就可以有一套《中学国故丛书》了。这部丛书的内容，大概有下列各种书：

(1)《诗经》　　(2)《左传》　　(3)《战国策》　(4)《老子》
(5)《论语》　　(6)《墨子》　　(7)《庄子》　　(8)《孟子》
(9)《荀子》　　(10)《韩非子》　(11)《楚辞》　　(12)《史记》
(13)《淮南子》　(14)《汉书》　　(15)《论衡》　　(16)《陶潜》
(17)《杜甫》　　(18)《李白》　　(19)《白居易》　(20)《韩愈》
(21)《柳宗元》　(22)《欧阳修》　(23)《王安石》　(24)《朱熹》
(25)《陆游》　　(26)《杨万里》　(27)《辛弃疾》　(28)《马致远》
(29)《关汉卿》　(30)《元曲选》　(31)《明曲选》……

（这不过是随便举例，读者不可拘泥。）

有了这几十部或几百部整理过的古书，中学古文的教授便没有困难了。教材有了，自修是可能的了，教员与学生的参考材料也都有了。教员可以自由指定材料，而学生自修也就有乐无苦了。到了这个时候，我可以断定中学生的古文程度比现在大学生还要高些！大家如不相信，请努力多活几年，让我们实验给你们看！

（附记）这篇前三段是用杨君的笔记，末一段是我后来重做的。

十一，八，十七

（原载1922年8月27日至28日《晨报副镌》）

《中古文学概论》序

做文学史,和做一切历史一样,有一个大困难,就是选择可以代表时代的史料。做通史的人,于每一个时代,记载几个帝王的即位和死亡,几个权臣的兴起和倾倒,几场战争的发动和结束,便居然写出一部"史"来了。但这种历史,在我们今日的眼光里,全是枉费精神,枉费笔墨,因为他们选择的事实,并不能代表时代的变迁,并不能写出文化的进退,并不能描出人民生活的状况。例如记五代十国的时代,史家只叫我们记着那许多无谓的梁、唐、晋、汉、周,和高祖、庄宗、世宗……和荆南、吴越、南唐……等等。但我们今日若作一部《新新五代史》,我们就应该知道,与其记诵五代十国的帝王世系,不如研究钱镠在浙江兴的水利或王审知入闽后种族上和文化上的影响;与其痛骂冯道的无耻,不如研究当日政府雕板的监本九经的历史;与其记载桑维翰的大话,不如研究李煜、冯延己一班人的小词;与其比较《新五代史》与《旧五代史》的文字优劣和义法宽严,不如向当时人的著作里去寻那些关于民生文化的新史料。范仲淹的文集里,无意之中,记载着五代时江南的米价,那是真重要的史料。敦煌石室里,前不多年,忽然发现韦庄详记北方饥荒的一首白话长诗,那也是真重要的史料。比起这种真正史料来,什么谨严的史传,什么痛快的论赞,都变成一个钱不值的了!

做文学史,也是如此。从前的人,把词看作"诗余",已瞧不上眼了;小曲和杂剧更不足道了。至于"小说",更受轻视了。近三十年中,不知不觉的起了一种反动。临桂王氏和湖州朱氏提倡翻刻宋元的词集,贵池刘氏和武进董氏翻刻了许多杂剧传奇,江阴缪氏、上虞罗氏翻印了好几种宋人的小说。市上词集和戏剧的价钱渐渐高起来了,近来更昂贵了。近人受了西洋文学的影响,对于小说,渐渐能尊重赏识了。这种风气的转移,竟给文学史家增添了无数难得的史料。词集的易得,使我们对于宋代的词的价值格外明了。戏剧的翻印,使我们对于元明的文学添许多新的见解。古小说的发现与推崇,使我们对于近八百年的平民文学渐渐有点正确的了解。我们现在知道,东坡、山谷的诗远不如他们的词能代表时代;姚燧、虞集、欧阳玄的古文远不如关汉卿、马致远的杂剧能代表时代;归有光、唐顺之的古文远不如《金瓶梅》、《西游记》能代表时代;方苞、姚鼐的古文远不如《红楼梦》、《儒林外史》能代表时代。于是我们对于文学史的见解也就不得不起一种革命了。

现在还有许多守旧的人,对于正统文学的推翻和小说戏剧的推崇,总有点怀疑。不过这是因为他们囿于成见,不肯睁开眼睛去研究文学史的事实。他们若肯平心静气地研究二千多年的文学史,定可以知道文学史上尽多这样的先例;定可以知道他们所公认的正统文学也往往是从草野田间爬上来的。《三百篇》中的《国风》,《楚辞》中的《九歌》,自然是最明显的例。但最有益的教训莫过于中古文学史。

中古文学史给我们什么教训呢?

当西汉的时候,当时所有典型的文学大概只有两种:一是周秦的散文,二是南方的赋体。(《三百篇》虽尊为"经",但四言的诗已不适用。)前者演为司马迁、班固以下的古文,后者演为司马相如、张衡等的赋。这是正统文学。但两汉时期内,民间忽然发生了不少的无主名的诗歌。后来经政府几度的采集,用作各种乐歌,这一类的诗歌遂得着"乐府歌辞"的类名。这一类平民文学之中,真有许多绝妙的文学作品。如鼓吹曲中的《战城南》,如相和歌辞中的《孤儿行》、《妇病行》,《陌上桑》等,如杂曲歌辞中的《孔雀东南飞》,都是绝好的作品,远胜于司马相如、扬雄一班人所作的那些铺张堆砌的笨赋。汉代虽然有了这种有价值的平民文学,然而当时的文人学士似乎还不曾完全了解乐府歌辞在文学上的地位。他们仍旧努力去做那堆砌艰晦的赋,而不肯做那新兴的民间诗体。故从正统文学的方面看起来,我们只见从贾谊的《鵩赋》到祢衡的《鹦鹉赋》,果然也成一条不断的正统。但我们现在知道,这一条线只能代表贵族文学和庙堂文学,而不能代表那真有生命的民间文学;只能代表那因袭模仿的古典文学,而不能代表那随时代变迁的活文学。直到建安、黄初的文学时期,曹操父子出来,方才大胆地模仿提倡那自由朴茂的乐府诗体。从此以后的诗人大部经过一个模拟古乐府的时期,于是两汉平民文学的价值方才大明白于世,而《孤儿行》、《陌上桑》一类的诗歌遂从民间文学一跃而升作正统文学的一部分了。这不是一个很有益的教训吗?

再说下去。南北朝时代,中国北方完全沦陷在北部异族的统治之下,中原文化只好搬到江南来避难。这个时期内,发生了两大系的平民文学:一是北方新民族的英雄文学,如《折杨柳歌辞》,如《琅玡王歌辞》,如《木兰辞》之类;一是南方民族的儿女文学,如《子夜》、《读曲》诸歌。一方面的慷慨悲壮,一方面的宛转缠绵,都极尽平民文学的风致。然而当时的贵族文人,一面虽也学时髦,居然肯模仿汉魏乐府,一面却不知道赏识眼前的活宝贝。他们只会作"拟"某人或"拟"某题的诗,而不能采用当日民间的文学新体。所以从表面上看去,我们也只看见江淹、颜延之、沈约一班人的古典文学,或是北方苏绰等人的假古董,而不看见那真有生气又真有价值的南北平民文学。直到萧梁以后,民间新乐府的价值才渐渐逼人承认了;那种简短精采的文学新体——这是六朝民歌的特点,为汉魏民歌所无,——渐渐成为时髦的诗体了。自此以后,南北朝的民歌——乐府歌辞——遂又从民间文学一跃而成为正统文学的一部分了。这又不是一大教训吗?

所以我们做中古文学史,最要紧是把这种升沉的大步骤一一指点出来,叫人家知道一千五百年前也曾有民间文学升作正统文学的先例,也许可以给我们一点比较的材料,也许可以打破我们一点守旧仇新的顽固见解。

云南徐嘉瑞先生编的这部《中古文学概论》,很大胆地采用上文所说的见解,认定中古文学史上最重要的部分是在那时间的平民文学,所以他把平民文学的叙述放在主要的地位,而这一千年的贵族文学只占了一个很不冠冕的位子。这种大刀阔斧的手段,一定有人要认为大逆不道的。但在我个人看来,徐先生的基本观念似乎是很不错的。无论如何,他这部书总是一部开先路的书,可以使赞成的人得许多参考的材料,也可以使反对的人得一些刺激反省的材料。至于为初学的人设想,一部提纲挈领,指出大趋势和大运动的书,总胜于无数记帐式列举人名书名的文学史多多了。

凡是开先路的书,总不免有忽略小节的毛病。徐先生这部书自然也有一些可以指摘的小疵。例如他说《霓裳羽衣舞》,费了二千多字;而写唐代的文学也只有三千字:这未免太不平均了。又如他叙述汉魏的乐府歌辞,往往每篇有详说;而那篇绝代的杰作《孔雀东南飞》,却只得着一两句话的叙述:这也未免轻重稍失当了。这一类的小疵,我们很盼望徐先生于再版时修改补正。

十二,九,廿四 胡适序于杭州烟霞洞

(收入徐嘉瑞著:《中古文学概论》,

1924年4月亚东图书馆初版)

评新诗集

（一）康白情的《草儿》

（上海亚东图书馆发行，1922年3月出版，价八角。）

在这几年出版的许多新诗集之中，《草儿》不能不算是一部最重要的创作了。白情在他的诗里曾有两处宣告他的创作的精神。他说：

凡经我做过的都是对的。（页二五四）

他又说：

我要做就是对的；
凡经我做过的都是对的。
随做我底对的；
随丢我底对的。（页二四三）

我们读他的诗，也应该用这种眼光。"随做我底对的"是自由；"随丢我底对的"是进步。白情这四年的新诗界，创造最多，影响最大；然而在他只是要做诗，并不是有意创体。我们在当日是有意谋诗体的解放，有志解放自己和别人；白情只是要"自由吐出心里的东西"；他无意于创造而创造了，无心于解放然而他解放的成绩最大。

白情受旧诗的影响不多，故中毒也不深。他的旧诗如"贰臣犹根蒂，四海未桑麻"（1916年）；如"多君相得乘龙婿，愧我诗成嚼蜡妪"（1917年），都是很不高明的。他的才性是不能受这种旧诗体的束缚，故他在1919年1月作的《除夕》诗（页三〇一——四），便有"去，去，出门去！围炉直干么？乘兴访朴园，踏雪沿北河"的古怪组合。"干么"底下紧接两句极牵强的骈句，便是歧路的情境了。笨的人在这个歧路上仍旧努力去做他的骈句，但是白情跳上了自由的路，以后便是《草儿》(1919年2月1日)的时代了。

自《草儿》(页一)到《雪夜过泰安》(页四八),是1919年的诗。这一组里固然也有好诗,如《窗外》,《送客黄浦》,《日观峰》,《疑问》;但我们总觉得这还是一个尝试的时代。工具还不能运用自如,不免带点矜持的意味。如《暮登泰山西望》:

> 谁遮这落日?
> 莫是昆仑山底云么?
> 破哟!破哟!
> 莫斯科的晓破了,
> 莫要遮了我要看的莫斯科哟!

又如:

> 你(黄河)从昆仑山的沟里来么?
> 昆仑山里底红叶
> 想已饱带着一身秋了。

这都不很自然。至于《桑园道》中的

> 山哪,岚哪,
> 云哪,霞哪,
> 半山上的烟哪,
> 装成了美丽簇新的锦绣一片。

现在竟成了新诗的滥调了!

自《朝气》(页四九)至《别少年中国》(页二八六),共二百四十页诗,都是1920年的作品。这一年的成绩确是很可惊的。当时我在《学灯》上见着白情的《江南》,就觉得白情的诗大进步了。《江南》的长处在于颜色的表现,在于自由的实写外界的景色。我们引他的第三段:

> 柳桩上拴着两条大水牛。
> 茅屋都铺得不现草色了。
> 一个很轻巧的老姑娘,
> 端着一个撮箕,
> 蒙着一张花帕子。

>   背后十来只小鹅,
>   都张着些红嘴,
>   跟着她,叫着。
>   颜色还染得鲜艳,
>   只是雪不大了。

这种诗近来也成为风气了。但这种诗假定两个条件:第一须有敏捷而真确的观察力,第二须有聪明的选择力。没有观察力,便要闹笑话;没有选择力,只是堆砌而不美。白情最长于这一类的诗;《草儿》里此类很多,我们不多举例了。

平心而论,这一类的写景诗,我们虽承认他的价值,也不能不指出他的流弊。这一类的诗最容易陷入"记帐式的列举"。"云哪,山哪,岚哪",固然可厌;"东边一个什么,西边一个什么,前面一个什么",也很可厌。南宋人的写景绝句,所以不讨人厌,全靠他们的选择力高,能挑出那最精采的印象。画家的风景画,所以比风景照片更有意味,也是因为画家曾有过一番精采的剪裁。近日许多写景诗,所以好的其少,也是因为不懂得文学的经济,不能去取选择。

白情的《草儿》在中国文学史的最大贡献,在于他的纪游诗。中国旧诗最不适宜做纪游诗,故纪游诗好的极少。白情这部诗集里,纪游诗占去差不多十分之七八的篇幅。这是用新诗体来纪游的第一次大试验,这个试验可算是大成功了。我们选他的《日光纪游》第六首:

>   马返以上没有电车了,
>   我们只得走去。
>   好雨! 好雨!
>   草鞋套在靴子上;
>   油纸背在背上;
>   颗颗的雨直淋在草帽上。
>   哈……哈……哈……哈……
>   好雨! 好雨!

哈……哈……哈……哈……
哈……哈……哈……哈……
一路赤脚的女子笑着过来了。
油纸背在背上；
"下驮"提在左手上；
洋伞撑在右手上；
颗颗的雨直淋在绣花的红裙上。
他们看了我们越是忍不住笑了。
我们看了他们也更得了笑的材料了。
哈……哈……哈……哈……
哈……哈……哈……哈……
好雨！好雨！

过幸桥，
过深泽桥，
我们直溯大谷川底源头沿上去。
我们不溜在河里也就是本事了！
哈……哈……哈……哈……
好雨！好雨！

这种诗真是好诗。"看来毫不用心，而自具一种有以异乎人的美"：这是白情评我的诗的话，他说这是美国风。我不敢当这句评语，只好拿来还敬他这首诗，并且要他知道这不是美国风，只是诗人的理想境界。

占《草儿》八十四页的《庐山纪游》三十七首，自然是中国诗史上一件很伟大的作物了。这三十七首诗须是一气读下去，读完了再分开来看，方才可以看出他们的层次条理。这里面有行程的纪述，有景色的描写，有长篇的谈话；但全篇只是一大篇《庐山纪游》。自十六至二十三，纪五老峰的探险，写的最有精采，使我们不曾到过庐山的人心里怦怦的想去做那种有趣味的事。白情在第二首里说：

山阿里流泉打得钦里孔隆地响，

>   引得我要洗澡底心好动,
>   我就去洗澡。
>   石塘上三四家荷兰式的茅店,
>   风吹得凉悠悠地,
>   引得我要歇憩底心好动,
>   我就去歇憩。

这就是"我要做就是对的"。这是白情等一班少年人游庐山时的精神。我们祝福他们在诗国里永远保持这种精神。

白情的诗,在技术上,确能做到"漂亮"的境界。他自己说:

> 总之,新诗里音节底整理,总以读来爽口听来爽耳为标准。

(页三五四)

这一层,初看来似是很浅近,很容易,所以竟有许多诗人"鄙漂亮而不为"!但是我们很诚恳的盼望这些诗人们肯降格来试试这个"读来爽口,听来爽耳"的最低限度的标准。

十一,八,三十
(原载 1922 年 9 月 3 日《读书杂志》第 1 期)

(二)俞平伯的《冬夜》

(上海亚东图书馆发行,1922 年 3 月出版,价六角。)

平伯这部诗集,分成四辑。他自己说,"第一辑里的大都是些幼稚的作品;第二辑里的,作风似太烦琐而枯燥了,且不免有些晦涩之处;第三辑底前半尚存二辑的作风,后半似乎稍变化一点;四辑……有几首诗,如《打铁》,《挽歌》,《一勺水啊》,《最后的洪炉》,有平民的风格"。

平伯主张"努力创造民众化的诗"。假如我们拿这个标准来读他的诗,那就不能不说他大失败了。因为他的诗是最不能"民众化"的。我们试看他自己认为有平民风格的几首诗,差不多没有一首容易懂得的。如《打铁》篇中的

>   刀口碰在锄耙上,
>   刀口短了锄耙长。

这已不好懂了。《挽歌》第四首是,

> 山坳里有坟堆,
> 坟堆里有骨头。
> 骏骨可招千里驹;
> 枯骨头,华表巍巍没字碑,
> 招什么？招个呸!

这决不是"民众化"的诗。《一勺水啊》是一首好诗,但也不是"民众化"的诗:

> 好花开在污泥里,
> 我酌了一勺水来洗他。
> 半路上我渴极了。
> 竟把这一勺水喝了。
> ············
> 请原谅罢,宽恕着罢!
> 可怜我只有一勺水啊!

这首诗虽不晦涩,但究竟不是民众能了解的。

所以我们读平伯的诗,不能用他自己的标准去批评他。"民众化"三个字谈何容易！十八世纪之末,英国诗人华茨活斯（Wordsworth）主张作民众化的诗;然而他的诗始终只是"学者诗人"的诗,而不是民众的诗。同时北方民间出了一个大诗人彭思（Burns）,他并不提倡民众文学,然而他的诗句风行民间,念在口里,沁在心里,至今还是不朽的民众文学。民众化的文学不是"理智化"的诗人勉强做得出的。即如平伯的《可笑》一篇（页二一七）,取俗歌"高山有好水,平地有好花;家家有好女,无钱莫想他"四句,译为五十行的新诗;然而他自己也不能不承认"词句虽多至数（十）倍,而温厚蕴藉之处恐不及原作十分之一"。这不是一个明白的例证吗？

然而平伯自有他的好诗。第四辑里,如《所见》一首:

> 骡子偶然的长嘶,
> 鞭儿抽着,没声气了。
> 至于嘶叫这件事情,
> 鞭丝拂他不去的。（页二四〇）

又如《引诱》一首：

> 颠簸的车中,孩子先入睡了。
> 他小手抓着,细发拂着,
> 于是我底头频频回了!（页二三○）

这种小诗,很有意味。可惜平伯偏不爱做小诗,偏要做那很长而又晦涩的诗！

有许多人嫌平伯的诗太晦涩了。朱佩弦先生作《冬夜》的序,颇替平伯辩护,他说,

> 平伯底诗果然艰深难解么？……作者底艰深,或竟由于读者底疏忽哩？

然而新出版的《雪朝》诗集里,平伯自己也说"《春底一回头时》稿成后,给佩弦看,他对于末节以为颇不易了解"（《雪朝》页六十一）。这可见平伯诗的艰深难解,自是事实,并不全由于读者的疏忽了。平伯自己的解释是"表现力薄弱"。这虽是作者的谦辞,然而我们却也不能不承认这话有一部分的真实。平伯最长于描写,但他偏喜欢说理；他本可以作诗,但他偏要想兼作哲学家；本是极平常的道理,他偏要进一层去说,于是越说越糊涂了。平伯说：

> 说不尽的,看的好；
> 看太仔细了,想可好？
> 花正开着,
> 不如没开去想他开的意思。（页七三）

这正是我说的"进一层去说"。这并不是缺点；但我们知道诗的一个大原则是要能深入而浅出；感想（impression）不嫌深,而表现（expression）不嫌浅。平伯的毛病在于深入而深出,所以有时变成烦冗,有时变成艰深了。

我们可举《游皋亭山杂诗》的第四第五两首来做例。第四首题为《初次》：

> 孩儿们,娘儿们,
> 田庄上的汉儿们,
> 红的,黑的布衫儿,

> 蓝的,紫的棉绸袄儿,
> 瞪着眼,张着嘴,
> 嚷着的有,默然的也有。
> …………
> 好冷啊,远啊,
> 不唱戏,不赛会,
> 没甚新鲜玩意儿;
> 猜不出城里客人们底来意。
> 他们笑着围拢来,
> 我们也笑着走拢来;
> 不相识的人们终于见面了。(页七七)
> …………

说到这里,很够了,很明白了,然而平伯还不满足,他偏要加上八九句哲学调子的话;他想拿抽象的话来说明,来"咏叹"前面的具体景物,却不知道这早已犯了诗国的第一大禁了(看页七七)。第五首为《一笑底起源》,这题目便是哲学调子了! 这首诗,若剥去了哲学调子的部分,便是一首绝妙的诗:

> 我们拿捎来的饭吃着,
> 我们拿痴痴的笑觑着。
> 吃饭有什么招笑呢?
> 但自己由不得也笑了。
> ………
> 他们中间的一个——她,
> 忍不住了,说了话了。
> "饭少罢! 给你们添上一点子?"
> 回转头来声音低低的,
> "那里像我们田庄上呢! ……"
> …………(页七八——七九)

这种具体的写法,尽够了,然而平伯还不满足。他在前四句的下面,加上了九句:

　　　　一笑底起源，
　　　　在我们是说不出，
　　　　在他们是没有说。
　　　　既笑着，总有可笑的在，
　　　　总有使我们他们不得不笑的在。
　　　　笑便是笑罢了，
　　　　可笑便是可笑罢了，
　　　　怎样不可思议的一笑啊！

这不是画蛇添足吗？他又在"那里像我们田庄上呢"的后面，加上了十三句咏叹的哲理诗：

　　　　是简单吗？
　　　　是不可思议吗？
　　　　是不可思议的简单吗？
　　　　…………
　　　　他们底虽不全是我们底，
　　　　也不是非我们底，……

他这样一解释，一咏叹，我们反更糊涂了。一首很好的白描的诗，夹在二十二句哲理的咏叹里，就不容易出头了！

　　所以我说：

　　　　平伯最长于描写，但他偏喜欢说理；他本可以作好诗，只因为他想兼作哲学家，所以越说越不明白，反叫他的好诗被他的哲理埋没了。

这不是讥评平伯，这是我细心读平伯的诗得来的教训。我愿国中的诗人自己要知足安分：做一个好诗人已是尽够享的幸福了；不要得陇望蜀，妄想兼差做哲学家。

十一，九，十九

（原载 1922 年 10 月 1 日《读书杂志》第 2 期）

《蕙的风》序

我的少年朋友汪静之把他的诗集《蕙的风》寄来给我看,后来他随时做的诗,也都陆续寄来。他的集子在我家里差不多住了一年之久;这一年之中,我觉得他的诗的进步着实可惊。他在1921,2,3,做的《雪花——棉花》,有这样的句子

> 你还以为我孩子瞎说吗?
> 你不信到门前去摸摸看,
> 那不是棉花?
> 那不是棉花是什么?
> 妈,你说这是雪花,
> 我说这是顶好的棉花,
> 比我们前天望见棉花铺子里的还好的多多。
> …………

这确是很幼稚的。但他在一年之后——1922,1,18——做的《小诗》,如

> 我冒犯了人们的指谪,
> 一步一回头地瞟我意中人,
> 我怎样欣慰而胆寒呵。

这就是很成熟的好诗了。

我读静之的诗,常常有一个感想:我觉得他的诗在解放一方面比我们做过旧诗的人更彻底的多。当我们在五六年前提倡做新诗时,我们的"新诗"实在还不曾做到"解放"两个字,远不能比元人的小曲长套,近不能比金冬心的自度曲。我们虽然认清了方向,努力朝着"解放"做去,然而当日加入白话诗的尝试的人,大都是对于旧诗词

用过一番工夫的人,一时不容易打破旧诗词的镣铐枷锁。故民国六、七、八年的"新诗",大部分只是一些古乐府式的白话诗,一些《击壤集》式的白话诗,一些词式和曲式的白话诗,——都不能算是真正新诗。但不久就有许多少年的"生力军"起来了。少年的新诗人之中,康白情、俞平伯起来最早;他们受的旧诗的影响,还不算很深(白情《草儿》附的旧诗,很少好的),所以他们的解放也比较更容易。自由(无韵)诗的提倡,白情、平伯的功劳都不小。但旧诗词的鬼影仍旧时时出现在许多"半路出家"的新诗人的诗歌里。平伯的《小劫》,便是一例:

> 云皎洁,我底衣,
> 霞烂缦,他底裙裾,
> 终古去敖翔,
> 随着苍苍的大气;
> 为什么要低头呢?
> 哀哀我们底无俦侣。
> 去低头!低头看——看下方;
> 看下方啊,吾心震荡;
> 看下方啊,
> 撕碎吾身荷芰底芳香。

这诗的音调,字面,境界,全是旧式诗词的影响。直到最近一两年内,又有一班少年诗人出来;他们受的旧诗词的影响更薄弱了,故他们的解放也更彻底。静之就是这些少年诗人之中的最有希望一个。他的诗有时未免有些稚气,然而稚气究竟远胜于暮气;他的诗有时未免太露,然而太露究竟远胜于晦涩。况且稚气总是充满着一种新鲜风味,往往有我们自命"老气"的人万想不到的新鲜风味。如静之的《月夜》的末章:

> 我那次关不住了,
> 就写封爱的结晶的信给伊。
> 但我不敢寄去,
> 怕被外人看见了;

>   不过由我底左眼寄给右眼看,
>   这右眼就是代替伊了。……

这是稚气里独有的新鲜风味,我们"老"一辈的人只好望着欣羡了。我再举一个例:

>   浪儿张开他底手腕,
>   一叠一叠滚滚地拥挤着,
>   搂着砂儿怪亲密地吻着。
>   刚刚吻了一下,
>   却被风推他回去了。
>   他不忍去而去,
>   似乎怒吼起来了。
>   呀,他又刚愎愎地势汹汹地赶来了!
>   他抱着那靠近砂边的小石塔,
>   更亲密地用力接吻了。
>   他爬上那小石塔了。
>   雪花似的浪花碎了,——喷散着。
>   笑了,他快乐的大声笑了。
>   但是风又把他推回去了。
>   海浪呀,
>   你歇歇罢!
>   你已经留给伊了——
>   你底爱的痕迹统统留给伊了。
>   你如此永续地忙着,
>   也不觉得倦吗?(《海滨》)

这里确有稚气,然而可爱呵,稚气的新鲜风味!

　　至于"太露"的话,也不能一概而论,诗固有浅深,到也不全在露与不露。李商隐一派的诗,吴文英一派的词,可谓深藏不露了,然而究竟遮不住他们的浅薄。《三百篇》里:

>   取彼谮人,
>   投畀豺虎;

> 豺虎不食,
> 投畀有北;
> 有北不受,
> 投畀有昊!

这是很露的了,然而不害其为一种深切的感情的表现。如果真有深厚的内容,就是直截流露的写出,也正不妨。古人说的"含蓄",并不是不求人解的不露,乃是能透过一层,反觉得直说直叙不能达出诗人的本意,故不能不脱略枝节,超过细目,抓住了一个要害之点,另求一个"深入而浅出"的方法。故论诗的深度,有三个阶级:浅入而浅出者为下,深入而深出者胜之,深入而浅出者为上。静之的诗,这三个境界都曾经过。如前年做的《怎敢爱伊》:

> 我本很爱伊,——
> 　十二分爱伊。
> 我心里虽爱伊,
> 　面上却不敢爱伊。
> 我倘若爱了伊,
> 　怎样安置伊?
> 他不许我爱伊,
> 　我怎敢爱伊?

这自然是受了我早年的诗的余毒,未免"浅入而浅出"的毛病。但同样题目,他去年另有一个写法:

> 愿你不要那般待我,
> 　这是不得已的,
> 　因你已被他霸占了。
> 我们别无什么,
> 　只是光明磊落真诚恳挚的朋友;
> 　但他总抱着无谓的疑团呢。
> 他不能了解我们,
> 　这是怎样可憎的隔膜呀!
> 你给我的信——

里面还搁着你底真心——
　　已被他妒恨地撕破了。
　　…………
　　他凶残地怨责你，
　　不许你对我诉衷曲，
　　他冷酷地刻薄我，
　　我实难堪这不幸的遭际呀！
　　因你已被他霸占了，
　　这是不得已的，
　　愿你不要那般待我——
　　一定的，
　　一定不要呀！（《非心愿的要求》）

这就是"深入而深出"的写法了。露是很露的，但这首诗究竟可算得一首赤裸裸的情诗。过了一年，他的见解似乎更进步了，他似乎能超过那笨重的事实了，所以他今年又换了一种写法：

　　我愿把人间的心，
　　一个个都聚拢来，
　　共总熔成了一个；
　　像月亮般挂在清的天上，
　　给大家看个明明白白。

　　我愿把人间的心，
　　一个个都聚拢来，
　　用仁爱的日光洗洁了；
　　重新送还给人们，
　　使误解从此消散了。（《我愿》）

这种写法，可以算是"深入而浅出"的了。我不知别人读此诗作何感觉，但我读了此诗，觉得里面含着深刻的悲哀，觉得这种诗是"诗人之诗"了。

静之的诗,也有一些是我不爱读的。但这本集子里确然有很多的好诗。我很盼望国内读诗的人不要让脑中的成见埋没了这本小册子。成见是人人都不能免的;也许有人觉得静之的情诗有不道德的嫌疑,也许有人觉得一个青年人不应该做这种呻吟宛转的情诗,也许有人嫌他的长诗太繁了,也许有人嫌他的小诗太短了,也许有人不承认这些诗是诗。但是,我们应该承认我们的成见是最容易错误的,道德的观念是容易变迁的,诗的体裁是常常改换的,人的情感是有个性的区别的。况且我们受旧诗词影响深一点的人,带上了旧眼镜来看新诗,更容易陷入成见的错误。我自己常常承认是一个缠过脚的妇人,虽然努力放脚,恐怕终究不能恢复那"天足"的原形了。我现在看着这些彻底解放的少年诗人,就像一个缠过脚后来放脚的妇人望着那些真正天足的女孩子们跳来跳去,妒在眼里,喜在心头。他们给了我许多"烟士披里纯",我是很感谢的。四五年前,我们初做新诗的时候,我们对社会只要求一个自由尝试的权利;现在这些少年新诗人对社会要求的也只是一个自由尝试的权利。为社会的多方面的发达起见,我们对于一切文学的尝试者,美术的尝试者,生活的尝试者,都应该承认他们的尝试的自由。这个态度,叫做容忍的态度(Tolerance)。容忍上加入研究的态度,便可到了解与赏识。社会进步的大阻力是冷酷的不容忍。静之自己也曾有一个很动人的呼告:

> 被损害的莺哥大诗人,
> 将要绝气的时候,
> 对着他底朋友哭告道:
> 牺牲了我不要紧的;
> 只愿诸君以后千万要防备那暴虐者,
> 好好地奋发你们青年的花罢!(《被损害的》)

十一,六,六　胡适

(原载 1922 年 9 月 24 日《努力周报》第 21 期)

歌谣的比较的研究法的一个例

研究歌谣,有一个很有趣的法子,就是"比较的研究法"。有许多歌谣是大同小异的。大同的地方是他们的本旨,在文学的术语上叫做"母题(motif)"。小异的地方是随时随地添上的枝叶细节。往往有一个"母题",从北方直传到南方,从江苏直传到四川,随地加上许多"本地风光";变到末了,几乎句句变了,字字变了,然而我们试把这些歌谣比较着看,剥去枝叶,仍旧可以看出他们原来同出于一个"母题"。这种研究法,叫做"比较研究法"。

《读书杂志》第二期上有一首歌谣:

> 沙土地儿跑白马,
> 一跑跑到丈人家,
> 大舅儿望里让,
> 小舅儿望里拉。
> 隔着竹帘儿看见他,——
> 银盘大脸,黑头发,
> 月白缎子棉袄,银疙疸。

这首歌是全中国都有的;我们若去搜集,至少可得一两百种大同小异的歌谣:他们的"母题"是"到丈人家里,看见了未婚的妻子",此外都是枝节了。比较研究的结果,可以看出:

(1)某地的作者对于母题的见解之高低。

(2)某地的特殊的风俗,服饰,语言等等——所谓"本地风光"。

(3)作者的文学天才与技术。

如我的邻县——旌德——的这一只歌谣,虽可以看出当时本地的服饰,在文学技术上就远不如上文引的北京的同题歌了:

> 东边来了一位小学生,
> 辫子拖到脚后跟,
> 骑花马,坐花轿,
> 坐到丈人家。
> 丈人丈母不在家,
> 帘子背后看见他。
> 金簪子,玉耳挖,
> 雪白脸,定粉擦,
> 雪白手,银指甲,
> 大红棉袄绣兰花,
> 天青背心胡蝶花,
> 百裥裙子海棠花,
> 大红缎鞋四面花。
> 我回家,告诉妈:
> 卖田卖地来娶他!

我们再举一个例。第十六期《努力》上,登出一首北京附近的歌谣:

> 蒲棍子车,(原注,大车上搭席棚的)
> 呱达达,
> 一摇鞭,到了家。
> 爹看见,抱包袱;
> 娘看见,抱娃娃。
> 哥哥看见瞅一瞅,
> 嫂子看见扭一扭。
> 不用你瞅
> 不用你扭
> 今天来了明天走。
> 爹死了,我念经;
> 娘死了,我唱戏;
> 哥哥死了,烧张纸;
> 嫂子死了,棺材上边抹狗矢!

这歌的"母题"是"小姑出嫁后回娘家,受了嫂嫂的气,发泄他对于嫂嫂的怨恨"。前天承常惠君给我抄了许多同类的歌谣,很可以供比较的研究。我们把他们都抄在这里:

(一)

蒲龙车,大马拉,
哗啦哗啦到娘家。
爹出来,抱包袱;
娘出来,抱娃娃。
哥哥出来抱匣子,
嫂子出来一扭挞。
"嫂子嫂子你别扭。
当天来,当天走。
不吃你饭,不喝你酒。"

(二)

小白菜,地里黄。
奴打烧饼看亲娘。
亲娘说,来了我的亲闺女。
爹爹说,来了我的一枝花。
哥哥说,来了我的小妹妹。
嫂子说,来了我的搅蛐扒。
哥哥说,打点酒儿。
嫂子说,钱没有。
哥哥说,买点肉儿。
嫂子说,钱不够。
姑娘闻听,套上车马徉徜走。
爹娘送到大门口,
嫂子送到锅台角儿,
哥哥送到十里庄。
十里庄,写文章:
写咱爹,写咱娘,

写咱嫂子不贤良。
有咱爹，有咱娘，
这条道儿走的长。
没咱爹，没咱娘，
这条道儿苦断了肠。

（三）

大麦穗，节节高。
俺娘不好俺瞧瞧。
进大门，见俺爹，
俺爹穿着格登靴，
格登格登上骡车。
进二门，见俺娘，
俺娘坐在象牙床。
进三门，见俺哥，
俺哥抱着书本儿不理我。
进四门，见俺嫂，
俺嫂一扭，扭到门格老。
嫂嫂嫂嫂你别扭。
不吃你的饭，
不喝你的酒。
剩下饭，你喂狗。
剩下酒，你洗手。
瞧瞧爹娘俺就走。
爹娘在，俺还来。
爹娘不在俺不来。

爹爹坟上蒸馍馍，
娘娘坟上炸油菜；
哥哥坟上挂白纸。
嫂嫂坟上拉泡屎。

（四）

秫[秸]裤儿，打滑挤。
新娶的媳妇想娘家。
想着想着哥来接，
四套骡子蒲龙车。
大绿袄，花云肩，
红缎裙子锦镶边。
指使丫头抱红毡。
问问婆婆住几天。
婆婆说
"天又冷，地又寒。
给你日子你作难。
爱住几天住几天。"
爹见了，接包袱；
娘见了，抱红匣；
嫂子见了一扭挪。
什么扭？
不吃你家的饭，
不喝你家的酒，
看看爹娘俺就走。
有俺爹娘来几趟，
没了爹娘略过手。

俺娘送到大门外，
哭哭啼啼拜两拜。
俺爹送到大门西，
哭哭啼啼作两揖。
哥哥送到枣树行，
背着哥哥记一张。
先写爹，后写娘，

再写嫂嫂不贤良。
爹死了,金棺材;
娘死了,银棺材;
哥哥死了油漆板;
嫂子死了拿席卷。
爹坟头,烧金子;
娘坟头,烧银子;
哥哥坟头烧钱纸;
嫂嫂坟头拉泡屎!

现在搜集歌谣的人,往往不耐烦搜集这种大同小异的歌谣,往往向许多类似的歌谣里挑出一首他自己认为最好的。这个法子是不很妥当的。第一,选的人认为最好的,未必就是最好的。第二,即便他删的不错,他也不免删去了许多极好的比较参考的材料。即如上文《蒲灵子车》一首,若单只有这一首,我们也许把他看作一个赶车的男子回家受气的诗。但有了这五首互相比较,他们的母题就绝无可疑了。参考比较的重要如此!

十一,十二,三

(原载 1922 年 12 月 3 日《努力周报》第 31 期,署名 Q)

北京的平民文学

近年来，国内颇有人搜集各地的歌谣，在报纸上发表的已很不少了。可惜至今还没有人用文学的眼光来选择一番，使那些真有文学意味的"风诗"特别显出来，供大家的赏玩，供诗人的吟咏取材。前年常惠先生送我一部《北京歌唱》（Pekinese Rhymes），是 1896 年驻京意大利使馆华文参赞卫太尔男爵（Baron Guido Vitale）搜集的。共有一百七十首，每首先列原文，次附英文注解，次附英文译本。卫太尔男爵是一个有心的人，他在三十年前就能认识这些歌谣之中有些"真诗"，他在序里指出十八首来做例，并且说，"根据在这些歌谣之上，根据在人民的真感情之上，一种新的'民族的诗'也许能产生出来呢？"现在白话诗起来了，然而做诗的人似乎还不曾晓得俗歌里有许多可以供我们取法的风格与方法，所以他们宁可学那不容易读又不容易懂的生硬文句，却不屑研究那自然流利的民歌风格。这个似乎是今日诗国的一桩缺陷罢。我现在从卫太尔的书里，选出一些有文学趣味的俗歌，介绍给国中爱"真诗"的人们。

十一，九，二十　胡适

（一）　（原三二）

出了门儿，

阴了天儿；

抱着肩儿，

进茶馆儿；

靠炉台儿，

找个朋友寻俩钱儿。

出茶馆儿，

飞雪花儿。
老天爷。
竟和穷人闹着顽儿!

　　(二)　(原六十)

喜雀尾巴长,——
娶了媳妇儿不要娘。
妈妈要吃窝儿薄脆,
"没有闲钱补笊篱。"
媳妇儿要吃梨,
备上驴,
去赶集;
买了梨,
打了皮,
"媳妇儿,媳妇儿,你吃梨!"

　　(三)　(原一一九)

隔着墙儿扔切糕,
枣儿豆儿都扔了。
隔着墙儿扔砖头,
砸了妞儿的两把儿头。(旗装妇女的头。)
隔着墙儿扔票子,
"怎么知道姑娘没落子"(落读如闹。)

　　(四)　(原一三三)

我的儿,
我的姣,
三年不见,长的这么高!
骑着我的马,
拿着我的刀,
扛着我的案板卖切糕。

　　(五)　(原一四○)

锥帮子儿,

纳底子儿,
挣了二升小米子儿。
蒸蒸烙烙,
吃他娘的一顿犒劳!

　　(六)　(原一五一)

小姑娘,作一梦,
梦见婆婆来下定:
真金条,
裹金条,
扎花儿裙子,绣花儿袄。

　　(七)

大哥哥,二哥哥,
这个年头怎么过!
棒子面儿二百多。——
扁豆开花儿,一呀儿哟!

　　(八)　(原一四六)

穷太太儿,
抱着个肩儿,
吃完了饭儿,
绕了个湾儿,
又买槟榔,
又买烟儿。

　　(九)　(一四三)

庙门儿对庙门儿,
里头住着个小妞人儿,
白脸蛋儿,
红嘴唇儿,
扭扭捏捏爱死个人儿!

　　(十)　(原九六)

小三儿他妈,

顶房柁,(房柁是屋梁,此句说屋低。)
窝抠眼,
挺长脖;(此两句说他瘦。)
穿着一件破袄裙,
窟窿儿大,
补丁多,
浑身的钮子没有两个。
告诉你妈嫁了我罢:
又得吃来又得喝。

　　(十一)　(原八二)
好热天儿,
挂竹帘儿。
歪脖儿树底下,
有个妞儿哄着我顽儿!
穿着一件大红坎肩儿,
没有沿边儿;
梳油头,别玉簪儿;
左手拿着玉花篮儿,
右手拿着栀子茉莉串枝莲儿。

　　(十二)　(原七〇)
风来啦,
雨来啦,
老和尚背了鼓来啦!

　　(十三)　(原五五)
红葫芦,
轧腰儿;
我是爷爷的肉姣儿,
我是哥哥的亲妹子,
我是嫂嫂的气包儿。
爷爷,爷爷,赔什么?

大箱大柜赔姑娘。
奶奶,奶奶,赔什么?
针线笸箩儿赔姑娘。
哥哥,哥哥,赔什么?
花布手巾赔姑娘。
嫂嫂,嫂嫂,赔什么?
"破坛子
烂罐子,
打发那丫头嫁汉子!"
　　(十四)(原四四)
一进门儿喜冲冲,
院子里头搭大棚;
洞房屋子把灯点,
新姑娘一傍泪盈盈。
新郎不住的来回观,
说,"你不吃点儿东西儿,
我可以疼!"
　　(十五)(原五)
沙土地儿跑白马,
一跑跑到丈人家。
大舅儿望里让,
小舅儿望里拉。
隔着竹帘儿看见他,——
银盘大脸,黑头发,
月白缎子棉袄,银疙疸。(原注,疙疸是钮扣。)
　　(十六)(原二〇)
金轱辘棒,
银轱辘棒,
爷爷儿打板儿
奶奶儿唱,——

> 一唱唱到大天亮。
> 养活了个孩子没处放,
> 一放放在锅台上,
> 嗞儿嗞儿的喝米汤!

(附注) 我选的原三二,四四,五五,六十,这四首在卫太尔指出的十八首之中。

（原载 1922 年 10 月 1 日《读书杂志》第 2 期）

附录　谈北京的歌谣

常　惠

《读书杂志》第二号,适之先生选了十几首韦大列(Vitale)的歌谣,说道是"真诗";我也很以为然。但我们也曾经介绍过一次,把他的序译出来,登在《少年》的第十五期。在那序的前面我说:

> 一本书在 1896 年出版的,共有一百七十首歌谣,是一位意大利学者所辑,里边的歌谣不但是中文,而且全都译成英文。惟有一样,因为这位先生太讲理解了,里边不免有点儿附会的地方。

我为什么说他太讲理解呢?因为他的第七十首,

> 风来啦,雨来啦,
> 老和尚背着鼓来啦!

这首确是"张三的帽子,给李四戴上了"。因为他极注意中国的风俗习惯,有一句谚语,"风是雨的头,屁是屎的头",他就以为这首歌谣也是说下雨的。风过去就是雨,雨来了跟着又是雷。所以他的注释里说,老和尚背着鼓是打雷呢。

还有一本书是周启明先生借给我的,我也说过:

> 一本在 1900 年出版的,共有一百五十二首歌谣,是一位美国何德兰女士所辑,不但有中文,还有译成英文的韵文。而且还有极好的照像,很能把二十年前北京的社会状态表现出来,这是我最喜欢看的。然而她译成英文因为韵的限制,将原意失了不少,这也是一个美中不足。

她在她的书里边就不那么说了:
> 狼来咯,虎来咯,
> 老和尚背着鼓来咯!

这首是对的。怎见得呢?一看《帝乡景物略》就知道了。"凡岁时不雨……初雨,小儿群喜",歌曰:
> 风来了,雨来了,
> 禾场背了谷来了。

可见这首歌谣的讹传,后又由"儿歌"变成"母歌"了。这也是演进的一个原因。所改"狼来了,虎来了",拿他来恐吓小孩子,使他速睡,颇为适宜。至于"和尚背着鼓来了"一句是衬韵的关系,并没有什么意义在里边。

什么叫作"母歌",这一层,周启明先生在《儿歌之研究》里说:
> 母歌者:儿未能言,母与儿戏,歌以侑之;与儿之自戏自歌异。其最初者即为抚儿使睡之歌,以啴缓之音,作为歌词,反复重言,闻者身体舒解,自然入睡。……此类虽视为母歌,及儿童能言,渐亦歌之,则流为儿戏之歌。

我时常听见老娘们抱着小孩儿,一边用手拍着,一边嘴里唱着:"呵!呵!小孩儿睡觉啦,呵!呵!"除去《狼来了》那一首,还有两首《催睡歌》:

(一)
> 杨树叶儿,哗啦啦,
> 小孩儿睡觉找他妈,
> 乖乖宝贝儿你睡罢,
> 蚂虎子来了我打他。

(二)
> 我儿子睡觉了,
> 我花儿困觉了,
> 我花儿把卜了,
> 我花儿是个乖儿子,
> 我花儿是个哄人精。

"把卜"这两个字是很难解的,韦大列的注释里面也曾提过,不知道是什么意思。我问了许多上年纪的人也都说不出来;后来有人告诉我说是蒙古话,我就有点儿相信,随去学蒙文,借此机会可以问蒙古人了。但是任凭你怎样问,他也不知道。我始终不服气,总疑惑有影响,后来才知道决不是蒙文。因为韦大列著有《蒙文的文法》;若是蒙古传来的,他决不会不知道。我又在《儿女英雄传》的第二十四回里见有"罢卜着睡",我想许是小孩儿嘴里含着乳头睡觉,叫做"罢卜",也未可知(英文里有个字"Pap"是"乳"的意思,倒也相近)。

还有韦氏第十七首:我总不相信是"自然的歌谣",我疑惑是坊间唱本《百花名》。后来我的朋友也给我搜集两首来,与这首差不多,于是我才相信韦氏确是由民间得来,但他的第一百十三首,则不足取了。如今把第十七首写在下面:

石榴花儿的姐,茉莉花儿的郎,
芙蓉花儿的帐子,绣花儿的床,
芝兰花儿的枕头,芍药花儿的被,
绣球花儿的褥子闹嚷嚷;
叫声秋菊海棠来扫地,
虞美人儿的姑娘走进了房;
两对银花镜,
梳油头桂花香。
脸擦官粉玉簪花儿香,
嘴点朱唇桃花瓣儿香,
身穿一件大红袄,
下地罗裙拖落地长;
叫了声松花儿来扫地,
松花扫起百合香;
茨菇叶儿尖,荷花叶儿圆,
灵芝开花儿抱牡丹,
水仙开花儿香十里,
栀子开花儿嫂嫂望江南。

再看坊间唱本儿的《百花名》,《十采花》:
  牡丹花的姐儿,芍药花的郎,
  丹桂花的幔帐,茉莉花的床,
  绣球花的枕头,芙蓉花的被,
  芝兰的褥子铺满床;
  到晚来秋菊花腊梅花把银灯掌,
  他二人并头莲花上了象牙床,
  脱去衣裳入了水仙花的帐,
  揉烂了巫云夜来花香;
  清晨早起又把菱花照,
  青丝花乌云玫瑰花香,
  梧桐刨花抿成骑马穗儿,
  纽丝派油头桂花香;
  柳眉杏眼花含露,
  罂粟花洋钱贴太阳,
  脸擦宫粉桃花润,
  嘴唇胭脂橘子花香,
  玄丹花鼻子,樱桃花口,
  雪花银牙豆蔻花香,
  元宝花的耳朵金银花的坠儿,
  鬓角上斜插花海棠;
  身穿一件石榴花的袄,
  鸡冠花的裤子大甩裆,
  栀子花裤腿儿,月季花的带儿,
  玉簪花裹脚秦椒花内藏,
  款冬花迈开金莲莲花步,
  春风一动百草花香。

我们看着虽不敢说第十七首不是"自然的歌谣",但不能说没有一点儿影响。再看何德兰的第一百十六首:
  树叶青,

>   齐王选他作正宫。
>   树叶黄,
>   齐王选他作娘娘。

这首我知道是由弹词里《英烈春秋》来的,一看便知:

>   桑叶青,桑叶青,
>   齐王聘我掌官庭,
>   无盐若进昭阳院,
>   九族叨恩荫父兄。

>   桑叶黄,桑叶黄,
>   天子封我掌国邦,
>   三官六院皆钦伏,
>   父兄加职伴君王。

英国有一首"儿歌"也与这首相近:

>   百合花的白,
>   迷迭香的青,
>   你要是国王,
>   我就是正宫。

>   蔷薇花的红,
>   蓼蔆香的绿,
>   你要不忘我,
>   我就不忘你。

但何氏也有大错的:在一百〇一页径直的把唱本儿《王二姐摔镜架》里的引场诗(滩头)给抄来了:

>   一场秋风一场凉,
>   一场白露一场霜,
>   严霜单打独根草,
>   蚂蚱死在草根上。

然而也确有一些人们唱他,不过是没有经一番陶冶罢了。就如街上小孩儿们唱的：
>天牌呀,地牌呀,奴不爱,
>只爱人牌对娥牌!

谁人不知道他是唱本儿的打骨牌,难道也算歌谣吗？然而我们实在也难怪有这些错误在里边:就如《王大娘探病》或叫《纱窗外罢》:
>纱窗,纱窗外呀,高底儿响叮当,
>问了一声谁呀,隔壁王大娘,
>许久不上俺家逛呵,我的王大娘儿咧。

>大娘进屋里呀,坐在象牙床,
>今日我无事呀,来看二姑娘,
>姑娘的病体可怎样呵,咻喉咻喉嗜!

>奴家的病儿烦呀,心内不自然,
>茶也懒怠吃呀,饭也懒怠餐,
>珍羞美味懒怠下咽呵,我的王大娘儿咧。

北京的"儿歌"里也确实的有这么一首:
>纱窗,纱窗外,厚底儿响叮当!
>"问了一声谁?
>——隔壁王大娘。
>——王大娘,请到屋里高凳儿上坐。"

>掀开红绫帐,瞧见二姑娘,
>二姑娘病的不像人样儿。
>"二姑娘,二姑娘,你怎么不梳头?
>没有桂花油。
>你怎么不洗脸?
>没有玫瑰碱。
>你怎么不吃饭?
>没有烙饼,摊鸡蛋。

你怎么不喝粥？
没有金钩儿如意八宝儿菜。"

还有一首是由《神仙传》里的《张果传》来的，或者是张果好诙谐的原故：

拍！拍！
谁呀？
——张果老哇。
——你怎么不进来？
——怕狗咬哇。
——你胳肢窝夹着什么？
——破皮袄哇。
——你怎么不穿上？
——怕虱子咬哇。
——你怎么不让你老伴儿拿拿？
——我老伴儿死啦。
——你怎么不哭她？
——盆儿呀！罐儿呀！我的老蒜瓣儿呀！

由此看来，要研究歌谣，不只要好的文学，——"真诗"——还要能知道民族的心理学。要研究民族心理学，万不可不注意一切的民俗的书籍。所以我爱读坊间的唱本儿，弹词，小说，比较那大文学家的著作爱读的多。我想本可以不必知道著者是谁，只要看他的内容取材于社会和影响于社会就得了。我们就从此努力研究"民俗学"（Folklore）罢！

十一，十月，七日

《国语月刊·汉字改革号》卷头言

我是有历史癖的;我深信语言是一种极守旧的东西,语言文字的改革决不是一朝一夕能做到的。但我研究语言文字的历史,曾发现一条通则:

> 在语言文字的沿革史上,往往小百姓是革新家而学者文人却是顽固党。

从这条通则上,又可得一条附则:

> 促进语言文字的革新,须要学者文人明白他们的职务是观察小百姓语言的趋势,选择他们的改革案,给他们正式的承认。

这两条原则,是我五年来关于国语问题一切论著的基本原理,所以我不须举例来证明了。

小百姓二千年中,不知不觉的把中国语的文法修改完善了,然而文人学士总不肯正式承认他;直到最近五年中,才有一部分的学者文人正式对这二千年无名的文法革新家表示相当的敬意。俗话说,"有礼不在迟"。这句话果然是不错的!

然而这二千年的中国的小百姓不但做了很惊人的文法革新,他们还做了一件同样惊人的革新事业:就是汉字形体上的大改革,就是"破体字"的创造与提倡。

例如一个"錢"字,有十六画;小百姓嫌他太难写了,就改用一个四画的"坉"字,甚至于改用一个两画的"爿"字。又如"萬"字改作"万"字,"劉"字改作"刘"字,"龜"字改作"龟"字,"亂"字改作"乱"字,"竈"字改作"灶"字,"蘆"字改作"芦"字,"聽"字改作"听"字,"聲"字改作"声"字,"與"字改作"与"字,"靈"字改作"灵"字,"喜"字改作"苦"字,"齊"字改作"齐"字,"齋"字改作"斋"字,"還"字改

作"还"字,"壞"字改作"坏"字,……这些惊人的大改革,处处都合于"经济"的一个大原则。我曾说过:

> 改变的动机是实用上的困难;改变的目的是要补救这种实用上的困难;改变的结果是应用能力的增加。(《胡适文存》卷三,页三四)

那几句话虽是为白话文法说的,但我现在用来褒扬破体字的改革,似乎也是很适当的。

小百姓总算尽了他们的力了;现在又轮到学者文人来做审查与追认的一步工夫了。

钱玄同、黎劭西诸位先生们对于古来这些破体字,曾经细细研究过,认为很有理由的改革;认为进步,不是退化。他们觉得这些破体的"新字"不是小百姓印曲本滩簧的专有品,乃是全国人的公共利器。所以他们现在以言语学家的资格,十分郑重的对全国人民提出他们审查的报告,要求全国人采用这几千个合理又合用的简笔新字来代替那些繁难不适用的旧字。

这虽不是彻底改革,但确然是很需要而且应该有的一桩过渡的改革。钱先生们的理论是很不容易驳倒的,他们的态度是十分诚恳的。我很盼望全国的人士也都用十分诚恳十分郑重的态度去研究他们的提议!

十二,一,十二　病中作

胡适之先生对于我们出《汉字改革号》是极赞成的,曾经答应给我们做一篇长文。不料胡先生现在病了,不能久坐作文;但他还扶病写了这一篇《卷头言》给我们。这是我们极抱不安,极应该感谢他的。

胡先生这篇《卷头言》,是用历史的眼光说明通行于民众社会的简笔字合理又合用,应该由学者文人来审查与追认。他一面固然发表了他自己的主张,一面就介绍我们的提议给全国的人们去做研究的资料。但字体改简,只是汉字改革的第一步,只是第一步中的一种方法,而且只是第一步中的一件事;此外应该研究的问题很多很多。本期中讨论字体改简的问题以外,还有好些提议,如赵元任先生的

《国语罗马字》,黎劭西先生的《词类连书条例》,以及沈兼士,蔡子民诸先生所发表的文章都是。我很恳切的希望大家对于这些文章一律注意,并且加入讨论。

钱玄同附志　1923,1,14

(原载1923年3月《国语月刊》第1卷第7期)

读王国维先生的《曲录》

读王国维先生《曲录》六卷,《晨风阁丛书》本。今早出门,买得《晨风阁丛书》,内有《曲录》及《戏曲考原》。我前曾见《曲苑》内所收《曲录》二卷,甚不满意;前次《小说月报》中颉刚的小记一条,始知《曲苑》本为初读不完全的稿本,故买此本读之。

《曲录》卷一为《宋金杂剧院本部》,凡九百七十七种,多采自周密的《武林旧事》及陶宗仪《辍耕录》。此外尚有采自钱曾《也是园书目》之《宋人词话》十二种,当日犹未知其非戏曲也;至近年江东老蟬觅得《京本通俗小说》九种,共四册,三册上有钱遵王图章,而其中《错斩崔宁》和《冯玉梅团圆》两种即见于《也是园书目》的,人始知此十二种乃是话本,不是戏曲。后罗振玉借得《唐三藏取经诗话》,影印行世,始知当日"诗话"、"词话"皆是当日平话的种类。钱曾误列此十二种入戏曲部,王先生沿其误而不及改。以此类推,周陶两目所列九百余种中,定有许多不是曲文,其以调名(如《金明池》,《山麻秸》)或以事系曲调者(如《四皓逍遥乐》,《请客薄媚》,《柳圯上官降黄龙》)固是曲,无疑;其以事系扮演之脚色者(如《货郎孤》,《贫富旦》,孤与旦皆脚色名目)亦无疑。但其中有以事名者(如《刺董卓》,如《悬头梁上》),有以人名者(如《王安石》,如《史弘肇》),皆不一定为曲文。《王安石》也许和《京本通俗小说》中的《拗相公》同是一本。其中最明显的是页二十八之《太公家教》一本,此本之非曲文,王先生后来在他处曾得着铁证,已无可疑。又页四二以下之《官名》、《飞禽名》、《花名》,等等,大概也都是话本。

卷二列有主名之元杂剧四百九十六种。卷三列有主名之明杂剧一百五十六种,元明无名氏杂剧二百六十六种,清杂剧有主名的六十九种,无名氏十四种:共五百〇五种。计二卷,可定为元明清三朝杂剧的,共一千〇一种。

卷四列传奇,有主名的二百六十七种,无名的百二十种。其首列之董解元《西厢》,乃弦索弹词,不当列在此。又此三百八十多种,只有五六种是元人做的,大概皆元末明初人;其余皆明人之作。

卷五列清代传奇,有主名的四百三十七种,无名的三百七十二种,附禁书目中六种,共八百十五种。中如归庄的《万古愁》明是弹词,高鹗的《红楼梦》明是小说,皆不当列入。又如舒位的《修箫谱》四种,皆是极短的杂剧,也不当列入传奇之部。此外,遗漏的当不少。如曹寅的《虎口余生》(《铁冠图》),原署《遗民外史》,此录列入无名氏。曹寅作曲大概不少,今皆不可考了。

计五卷所列,三朝曲本共存三千一百七十八种之目,其全本留传者,大概只有十之二三了。"正统文学"之害,真烈于焚书之秦始皇!文学有正统,故人不识文学:人只认得正统文学,而不认得时代文学。收藏之家,宁出千金买一部绝无价值之宋版唐人小集,而不知收集这三朝的戏曲的文学,岂不可惜?

全本既不可得,则保存一部分精华之各种总集为可贵了。《曲录》于此类总集,也有小错误。如《诚斋乐府》不当在"小令套数部";如重要选本如《缀白裘》,竟不曾收入;又如《曲谱》中既收那些有曲无白的谱,而反遗去曲白俱全之《六也曲谱》等:都是短处。

此书出版于宣统元年,已近十四年了。这十四年中,戏曲新材料加添了不少。我们希望王先生能将此书修改一遍,于每目下注明"存"、"佚",那就更有用了。

十二,二,十

(原载 1923 年 3 月 4 日《读书杂志》第 7 期)